美国名校学生喜爱的心理学教材 ☆

教育心理学

EDPSYCH
Modules

激发自主学习的兴趣

原书第2版

[美] 莉萨·博林（Lisa Bohlin）
谢里尔·西塞罗·德温（Cheryl Cisero Durwin） 著　连榕　缪佩君　陈坚　林荣茂　等译
马拉·里斯-韦伯（Marla Reese-Weber）

图书在版编目（CIP）数据

教育心理学：激发自主学习的兴趣（原书第2版）/（美）莉萨·博林（Lisa Bohlin），（美）谢里尔·西塞罗·德温（Cheryl Cisero Durwin），（美）马拉·里斯－韦伯（Marla Reese-Weber）著；连榕等译. —北京：机械工业出版社，2018.7（2023.8重印）

书名原文：EdPsych: Modules

（美国名校学生喜爱的心理学教材）

ISBN 978-7-111-60277-4

I. 教… II. ①莉… ②谢… ③马… ④连… III. 教育心理学－教材 IV. G44

中国版本图书馆 CIP 数据核字（2018）第 126986 号

北京市版权局著作权合同登记　图字：01-2018-0192 号。

Lisa Bohlin, Cheryl Cisero Durwin, Marla Reese-Weber. EdPsych: Modules, 2nd Edition.

ISBN 978-0-07-809786-7

Original edition copyright © 2012, 2009 by Copyright Owner, as set forth in copyright notice of Proprietor's edition.

All rights reserved. No part of this publication may be reproduced or transmitted in any form or by any means, electronic or mechanical, including without limitation photocopying, recording, taping, or any database, information or retrieval system, without the prior written permission of the publisher.

Simple Chinese translation edition copyright © 2018 by China Machine Press. All rights reserved. This edition is authorized for sale in the Chinese mainland (excluding Hong Kong SAR, Macao SAR and Taiwan).

版权所有。未经出版人事先书面许可，对本出版物的任何部分不得以任何方式或途径复制或传播，包括但不限于复印、录制、录音，或通过任何数据库、信息或可检索的系统。

本授权中文简体字翻译版 2018 年由机械工业出版社出版。版权所有。此版本经授权仅限在中国大陆地区（不包括香港、澳门特别行政区及台湾地区）销售。

本书封面贴有 McGraw-Hill 公司防伪标签，无标签者不得销售。

本书针对儿童早期、小学、初中、高中各年龄阶段的学生分模块讲解各种教育策略的应用，根据各阶段学生的典型特征，各部分开始均设置了相关的生动案例，使读者可以有效地将理论和实践结合起来，本书适合教育学、心理学等相关专业本科生、研究生使用。

出版发行：机械工业出版社（北京市西城区百万庄大街22号　邮政编码：100037）

责任编辑：王钦福　　　　　　　　　　　　责任校对：李秋荣

印　　刷：固安县铭成印刷有限公司　　　　版　　次：2023年8月第1版第6次印刷

开　　本：214mm×275mm　1/16　　　　　印　　张：27.5

书　　号：ISBN 978-7-111-60277-4　　　　定　　价：110.00元

客服电话：(010) 88361066　68326294

版权所有·侵权必究
封底无防伪标均为盗版

The Translator's Words 译者序

所有的乐器都有其本身的音质，但只有在音乐家手中，才能奏出美妙的旋律；所有的学生都具有学好的潜质，但只有在具有良好的教育心理素养的教师指导下，他们才会成长得更好。教育心理学作为一门研究学与教的心理特征和规律的应用性科学，为你提供了对学习、学生、教师、学校的心理学理解，并帮助你将这种理解转化为成功的教学实践。一本好的教育心理学教材，不仅是帮助你顺利开展教学实践的脚手架，也是一盏引导你专业发展的指路明灯。由美国著名教育心理学家莉萨·博林、谢里尔·西塞罗·德温和马拉·里斯-韦伯合著的《教育心理学》一书兼具专业性与实践性，无论是在内容体系的建构，还是在事例的科学性、实用性及可读性方面，都给人耳目一新的感觉，相信你必将被书中的专业知识和实践案例分析所深深吸引。

本书出版后成为广受欢迎的优质教材。在第1版的基础上，作者继续采用模块化的内容体系，用新增的近800个研究成果更充分地反映了该领域的新进展，更加重视帮助学习者建构科学的教学理念，关注学以致用，强调在应用中应充分考虑学习的个体性与情境性。

本书由9大部分组成：

第一部分个体发展。这一部分简要介绍了个体发展的背景和社会性发展、情绪发展、道德发展的基础知识，为你阅读本书提供了必要的理论基础。

第二部分发展中的学习者。这一部分论述脑生理的相关研究、认知发展及语言发展的理论以及在课堂中的应用。

第三部分学习理论。在这一部分里，作者介绍了几种科学的学习理论，并在此基础上详细探讨了每种学习理论在教学中的实际应用。

第四部分认知过程。这部分主要介绍元认知、迁移以及批判性思维和问题解决的教学原理、学习策略及具体的使用技巧。

第五部分动机。这一部分主要介绍了动机的行为理论、认知理论及自我理论，分析不同类型学生所表现出的不同的动机类型，为你提供了激发学生学习动机的有效方案。

第六部分课堂管理与教学。这部分主要讨论如何建立良好的班级内部和外部环境；如何处理学生的不良行为；如何进行有效的教学设计以及怎样对能力各异的学生进行分组。

第七部分个体差异。这部分阐述智力的相关理论，分析智力与天才和创造性之间的关系，介绍了认知、情绪、社交和行为障碍的表现特征及诊断标准，并提出有效的干预策略。

第八部分课堂测评。这部分探讨如何评估学生学习的主要问题，并在此基础上展望课堂评估未来的发展趋势。

第九部分标准化测验。这部分主要介绍标准化测验的类型、特征以及存在的问题。

本书鲜明的特点是：（1）典型实例、贴近教学。书中每一部分的开头都引入典型性的教学实例及思考题，激发读者的思考和阅读兴趣，吸引着读者带着疑问去书中寻找答案。在各章结束部分，针对之前的案例提出问题，让读者充分利用该章所介绍的科学理论思考实践对策，做到学以致用。（2）内容新颖、资料丰富。本书选用的资料内容丰富，资料翔实，收录了当代教育心理学各研究领域的许多新成果。本书还介绍了教育心理学领域的重要进展和发展动态，为教师开展教育教学研究提供了专业支持。（3）深入浅出、注重实践。全书对术语的解释精炼简洁，对原理的阐释精辟深刻，在解释原理时引入丰富多样的例子，便于读者深入理解。在各章节中，还针对教师经常遇到的焦点问题列出详尽的指南，可操作性强，为教师提供了最直接的帮助。

本书由连榕组织翻译，各章译者为：刘建榕、林媛媛（第2章、第3章、第4章、第5章）；孟迎芳、林荣茂（第6章、第7章、第8章）；连榕、郭凌健、张晓成、林荣茂（引言、第1章、第9章、第10章、第11章）；李宏英、林荣茂（第12章、第13章、第14章）；缪佩君、余芝云（第15章、第16章、第17章）；罗丽芳、余芝云（第18章、第19章、第20章、第21章）；杨丽娴、陈宛玉（第22章、第23章、第24章、第25章）；郑若宜、余芝云（第26章、第27章、第28章）；陈坚、陈宛玉（第29章、第30章）。连榕、缪佩君、陈坚、林荣茂对全部译文进行了反复修改和统稿。限于翻译水平，书中不当之处，敬请各位读者指正。

本书可供高校教师教育专业学生作为教材或教学参考书使用，也可作为各级各类教师培训教材使用。

感谢机械工业出版社引进了这本优秀教材，感谢机械工业出版社各位编辑所付出的辛勤劳动。

连　榕
2018年3月5日写于福建师范大学

Preface | 前　言

教育是一门关于如何做出教学决策的学问。撰写本书的目的是帮助学习教育心理学的学生掌握如何更好地进行教学决策。具体而言，本书第2版将帮助学生：

- 发展属于自己的教育理念，用于指导教学决策；
- 将教育理论和研究成果应用到具体的教学情境中；
- 理解学生的个体差异性，因材施教。

一、我们的理念

1. 灵活性

本书采用了模块化的内容呈现方式和原创的案例学习内容，便于学习者灵活地安排课程学习。每章的内容相对简洁，篇幅仅相当于典型章节内容的一半，并相对独立地阐述传统教材章节中一个主题的内容。章之间组织成有主题的部分，这与传统教材的章节形式也比较一致。但是，章之间具有高度的灵活性。我们既不希望看到两位不同的教师以相同的顺序教学所选的章，也不希望看到一位教师在课程中选取所有章的内容！采用模块化的方式，教师可以根据自己的课程灵活地选取教学内容，灵活安排教学顺序，甚至可以打破部分或章节体例进行随意选取！案例学习的内容同样也具有很强的灵活性。教师可以将案例学习用于个体学习、小组学习或整班学习等不同水平，也可以将案例综合起来学习。总之，相对独立的章节和原创的案例允许教师依据课程和学生的特殊性进行灵活选择。

2. 创新性

我们精心准备了丰富的教学资源，以满足教师的教学需要。首先，本教材采取的模块化的灵活编排方式为教师创造性地使用本书提供了非常有利的条件。其次，借助McGraw-Hill创作软件（www.mcgrawhillcreat.com），教师可以便捷地安排教学模块以及相关的教学资源，也可以快速地更新自己创作的内容，如教学大纲或教学笔记等。McGraw-Hill创作软件甚至允许教师通过选择封面、添加姓名、校名和课程信息等方式对教材进行个性化设计，教师可以在McGraw-Hill创作软件订阅教材（只限英文原版），系统将会在3～5个工作日内向您提供相应的纸质版，或数小时内通过邮件提供电子版。请及时登录 www.mcgrawhillcreate.com，完成注册，体验 McGraw-Hill 创作软件给您带来的创新性的教学方式！

3. 实用性

在每一个部分，我们都会通过实例来阐述教育理论和概念，彰显了本书的实用性和反思性，力图以此鼓励实用精神，提倡对个体差异和教学内容的批判性思考。

- **应用部分**　每一个部分均有应用部分，从实践视角为理论提供深度解析。该部分内容关注与研究相关的、以实证研究为基础的教学方法。
- **指导与实例**　该部分为课堂教学提供具体实例，便于在具体实例中反思本模块中的理论和研究。这些实例与本部分的理论和实践均直接、紧密相关。
- **案例研究**　全书共提供了 37 个不同的案例，为学生提供了丰富的应用理论和思考概念的机会。所选取的案例丰富、具体，均来自课堂和学校中常见的现象或问题。每个案例研究均包括 4 个不同的小案例，涵盖儿童早期、小学、初中和高中。
- **案例评估**　每个案例学习结束之后都有评估题，目的是促使学生切身体验每个部分中即将讲到的主题。学生运用先前所学的知识初步解释案例。
- **反思与评估**　在每个部分的末尾，有针对每个案例学习的反思与评估，鼓励学生检查自己对关键术语的理解，运用所学的知识进行案例学习，并批判性地思考章节中介绍的研究。

本书通过丰富的案例呈现形式，使学生可以有意识地将自己学习的概念、理论应用于教育教学。案例教学可以采取课堂内或课堂外等多种形式，无论采取哪种形式，学生都有机会实践其理论所学。

4. 前沿性、相关性和联系性

（1）经典与前沿的平衡

本教材的内容既包括经典问题，如认知发展、学习、信息加工和动机等，也包括前沿课题，如脑研究、情绪发展、干预反应和特殊教育等领域。

（2）注重深度与内在联系

每个部分的目标为章节的核心问题提供了更为深入的解释。例如，尽管我们将传统教科书中经典的章节"行为学习理论"和"社会认知学习理论"整合成了一个部分，但我们在不同的部分中，也对其进行了独立的阐述，以便充分、深入地阐释其理论、研究和应用。当然，本教材也对传统教材较少关注的问题进行了深入的阐述，如建构主义教学观、智力、小组学习和元认知等。教材中的概念，不仅在相应的章节中清楚地进行了阐述，在其他相关章节中也尽可能描述具体，并相互引证，提供索引，建构了一个更广阔的教学框架。

（3）整合差异性

本教材没有将差异性（如种族、民族、社会经济地位、身份、性别和残疾等）视为一个独立的问题，而是将其视为教育教学一个最主要的方面。

全书通过细致的标记标识差异性相关的内容。只要有充分的研究和理论支持，我们便对差异性问题相关的信息进行强调。通过已有研究，我们对差异性进行了整合：

- 表明个体差异在智力、动机和语言等心理结构中的重要性；
- 揭示不同群体在价值观、实践和社会关系中的差异；
- 提出不同群体对治疗、干预和教学方法反应的差异；
- 强调在班级中，对于不同的群体、个体应采用因材施教的教学办法。

上述整合之间相互关联，为教师提供了关键性内容，有助于教师进行教育决策，也将影响学生的健康和持续发展。

在案例学习中，你可以看到不同背景的学生和教师。在每个部分结束时，可以对课后的问题进行反思和评估，要求学生评估对于差异性的个体信念和看法。

二、各章节的变动情况

第 2 版变动之处主要有：

- 新增近 800 篇研究文献；
- 每个部分新增了将教育理论应用于具体教学的相关内容；
- 关注差异性，包括种族、性别、民族，甚至包括学习环境等，差异性的内容贯穿整本教材；
- 关于农村和城市教育环境的新信息。

具体来说，每个章节的变动情况如下：

引言

第 1 章　科学指导课堂教学实践

- 新增了与该领域更为一致的相关内容介绍；
- 以教学决策为线索，对教育进行结构化；
- 如何应用科学，提高教学实践；
- 新增关于课堂教学中个体差异性的完整介绍。

第一部分　个体发展

- 包括 80 篇新的参考文献。

第 2 章　发展的背景

- 新增学生欺凌，对不同学生和不同环境的干预等内容；
- 新增特殊教育学校和制度等（主要针对极度贫困学生和采取隔离教育学生）内容。

第 3 章　社会性发展

- 修改、重新撰写以便更有逻辑地呈现埃里克森的心理社会理论以及自我的相关理论；
- 补充社会性的组成，将社会性拓展为三个主要方面，即社会适应、社会行为和社会技能；

- 更新了种族认同的内容;
- 新增关于农村和城市环境下学生的社会性发展。

第 4 章　情绪发展

- 更新情绪发展的关键期、转折点等;
- 新增社会–情绪学习等内容;
- 新增关于父母对情绪表达的认知等内容;
- 新增情绪表达的性别和文化差异;
- 新增情绪智力。

第 5 章　道德发展

- 新增外显攻击和关系攻击;
- 新增道德过程缺陷和网络攻击;

第二部分　发展中的学习者

- 包括 82 篇新的参考文献。

第 6 章　大脑与发展

- 对本章内容进行了较大扩写,更为全面地涵盖了大脑与发展的相关内容;
- 检查了教育实践中与认知神经科学相关的新概念;
- 扩充了大脑的结构与功能方面的内容;
- 扩展了大脑的发展过程等内容;
- 拓展了学习过程中大脑的活动等内容;
- 补充了记忆、阅读和数学等方面最新的研究成果;
- 新增了与学习和大脑研究相关的情绪方面的内容;
- 补充了对"基于大脑的学习"评价方面的内容。

第 7 章　认知发展

- 新增基于建构主义的教学方法;
- 新增皮亚杰认知发生论及其评价;
- 补充了皮亚杰与维果斯基的差异;
- 新增维果斯基关于社会游戏方面的理论;
- 补充更贴近现实的关于具体运算思维阶段的实例。

第 8 章　语言发展

- 新增英语学习者的语言学习方法,如教学对话等;

- 新增语言与教学计划之间的联系。

第三部分　学习理论

- 包括40篇新的参考文献。

第9章　行为主义学习理论

- 更新了艺术课程与研究文献。

第10章　社会认知理论

- 新增自我效能感与挑战性任务等内容。

第11章　信息加工理论

- 新增记忆策略中的语音复述策略；
- 新增分散练习与集中练习的区别；
- 补充了工作记忆中的个体差异；
- 新增加工时间和认知负荷；
- 新增对不同社会信息感知、思考方式的文化差异；
- 新增关于信息编码与提取方面的观点。

第四部分　认知过程

- 包括58篇新的参考文献。

第12章　元认知

- 新增"向作者提问"教学策略；
- 新增SOAR方法。

第13章　技能和知识的迁移

- 新增有意练习；
- 新增"在问题解决练习中使用已解决的实例"；
- 新增关于"提问-回答"策略和"自我解释"策略的使用；
- 新增关于计算问题的学生建构模型技巧。

第14章　批判性思维和问题解决

- 修改了"提问"和"批判性思维"；
- 新增了思维能力教学标准化测验的影响因素；

- 新增了高级思维有效性的相关研究内容；
- 新增关于思维技能和智力差异的不同文化观点等内容；
- 新增儿童问题解决发展性差异；
- 扩充了关于问题解决一般策略和具体策略的应用；
- 扩展了关于问题解决学习及其挑战等方面的内容。

第五部分 动机

- 包括146篇新的参考文献。

第15章 行为理论

- 更新任务附着奖励、竞争和表现附着奖励等相关内容；
- 新增过程取向表扬和其他类型表扬；
- 新增沉浸理论；
- 新增自主学习活动；
- 新增挑战与技能平衡相关内容。

第16章 认知理论

- 新增能力信念与自我效能感之间的区别；
- 新增控制性取向目标和行为取向目标；
- 新增能力的实质观；
- 新增期望和价值的发展变化；
- 新增性别与能力信念
- 新增文化角色与种族差异；
- 新增提高学生的动机方面的应用。

第17章 自我理论

- 新增文化期望在性别差异中的作用；
- 新增性别、种族与自我效能感之间的关系；
- 新增主导性学习经验；
- 新增自我效能感的发展变化；
- 新增教师自我效能感的相关观点；
- 拓展马斯洛需要层次理论以及关于该理论的常见错误解读；
- 拓展自我决定理论；
- 修改自我动机理论的整合与应用。

第六部分 课堂管理与教学

- 包括133篇新的参考文献。

第 18 章 创设富有成效的学习环境

- 新增教学计划；
- 调整了"计划和组织"部分的结构，改为"环境能力、教学计划和时间管理"，使该部分结构更具逻辑性；
- 新增发展良好师生关系的指导原则。

第 19 章 理解和管理学生行为

- 新增教师对不良行为的看法；
- 新增自我管理技巧；
- 修改实例和指导原则；
- 新增零容忍与排除原则。

第 20 章 教学：应用行为、认知和建构的视角

- 全面修改具体教学方法；
- 新增行为主义教学方法，包括掌握学习和直接教学法；
- 新增认知学习理论教学法，包括发现学习、指导-发现学习和解释性教学；
- 新增建构主义学习教学法，包括探究学习和合作学习。

第 21 章 分组实践

- 修改以技能为基础的合作方法；
- 新增社会经济地位和种族差异；
- 新增自我概念及与目标取向之间的关系。

第七部分 个体差异

- 包括 173 篇新的参考文献。

第 22 章 智力

- 更新加德纳的多元智力理论、斯腾伯格的成功智力理论、智力测验中的性别和行为差异、测验效度等。

第 23 章 天才和创造性

- 新增创造性的种族和性别差异；
- 新增创造性理论：遗传与习得、整体创造性与具体创造性等。
- 新增提高学生创造性的新观点。

第 24 章 认知障碍

- 拓展智力-成就差异方面的内容；

- 新增项目反应理论；
- 新增帮助年龄较大学生获得基本能力和理解能力的技巧；
- 新增自主性训练方法，即探测-练习-修复法（Detect-Practice-Repair）。

第25章 情绪、社会和行为障碍

- 梳理了"缺陷"与"障碍"等概念；
- 梳理了内部障碍与外部障碍的分类；
- 新增焦虑障碍；
- 新增小儿多动症和品行障碍；
- 修改和更新了自闭症；
- 新增认知行为疗法。

第八部分 课堂测评

- 包括43篇新的参考文献。

第26章 学生学习评估

- 新增学生特殊需要的等级划分；
- 新增将评估数据用于调整、适应学生的即时性需要；
- 新增交互式测验软件的使用。

第27章 测验的编制和使用

- 新增测验检查列表的指导。

第28章 表现性评估

- 新增如何在不同的教学环境下使用测验；
- 新增基于网络的测验项目。

第九部分 标准化测验

- 包括11篇新的参考文献。

第29章 标准化测验和成绩

- 更新标准化测验程序和参考文献。

第30章 标准化测验中的问题

- 新增入学前而不是学校学习时的测验分数如何反映学习的认知能力；

- 更新NCLB及其在提高低收入学校学生学业成就上的局限性；
- 新增某些适应如何带来劣势；
- 新增证书与课堂行为作为未来教学有效性的差异证据。

三、关于我们

尽管我们三位作者在教授教育心理学方面的经验有明显的差异，但我们有一个简单、共同的需要，我们作为一个创作团队走到了一起。我们试图创作一本具有高度灵活性的教科书，满足我们非常具有差异性的课程需要。莉萨·博林所教的班级非常大，有120多名学生，他们在学习教育心理学之前接触了与中小学教育相关的工作。而谢里尔·西塞罗·德温和马拉·里斯-韦伯的学生在学习教育心理学之前则完全没有接触过相关工作。谢里尔教授的是小班英语写作训练课程，主要是帮助学生如何应用其所学，而马拉则教授40名学生的较大班级，侧重的是教育心理学的研究设计和科学方法。在我们各自的课程中，我们选择了差异性很大的主题，所强调和组织的问题差异性也很大，我们也有完全不同的教学风格。我们希望有一本满足我们各自需要的教材。

我们所撰写的这本教育心理学是第一部模块化的教育心理学教材。我们的模块具有连续性，但又相对独立地阐述一个传统教材里所描述的议题。这些模块又组合起了主题性的部分，这些部分与传统教材的章节基本一致。但是，我们的模块或部分具有较强的独立性，可以不考虑目录顺序，依据各自不同的目的随意组合。教师甚至可以根据需要，跳出模块或部分的框架。对于那些教授案例的教师来说，本教材在每个部分前提供了源自于具体教育情境中的四种不同水平的案例，即儿童早期、小学、初中和高中。教师可以依据自己的教学需要，选择不同层次的案例。无论你的教学计划、班级规模和教学重点有何不同，它都可以满足你的不同需要。

莉萨·博林（Lisa Bohlin）：芝加哥大学行为科学学士学位，印第安纳大学教育心理学与人的发展博士学位。过去15年执教多门本科生、研究生课程。从2004～2010年，莉萨在普渡大学教师教育项目中教授教育心理学和特殊教育课程。她现在主要从事写作与教授指导方面的工作。

谢里尔·西塞罗·德温（Cheryl Cisero Durwin）：南康涅狄格州立大学心理学教授。1996年获马萨诸塞大学安姆斯特分校教育心理学博士学位。近15年教授诸多形式的教育心理学课程，从近40人的中班教学到小班英语写作指导教学等。谢里尔教授的课程主要有研究设计、测验、认知发展和学习障碍，她的研究兴趣包括阅读与数学能力的发展、评估与矫正、大学教育与学习等。

马拉·里斯-韦伯（Marla Reese-Weber）：伊利诺伊州立大学心理学副教授。1998年获伊利诺伊州立大学博士学位。她在伊利诺伊州立大学教授教育心理学已有13年。马拉同时也教授大学生和研究生的青少年发展课程。她的研究兴趣有亲情暴力和婚姻暴力、成年早期的恋爱关系等。

目 录 | Contents

译者序
前 言

引 言

◇ 案例学习

中学教育的阶层差别 \2

第 1 章 科学指导课堂教学实践 \4

1.1 教学如同决策 \4

1.2 教育心理学：科学 \6
1.3 教育心理学：课堂教学实践 \9
本章小结 \13
如何阅读一项案例研究 \13

第一部分　个体发展

◇ 案例学习

儿童早期：爱哭的孩子 \16
小学：小团体 \17
初中：篮球明星 \18
高中：偷窃、欺骗和打架 \19

第 2 章 发展的背景 \21

2.1 布朗芬布伦纳的生态系统论 \21
2.2 家庭环境 \22
2.3 同伴背景 \26
2.4 扩展环境 \29
本章小结 \31
案例学习　反思与评估 \32

第 3 章 社会性发展 \33

3.1 埃里克森的心理社会理论 \33
3.2 同一性 \36
3.3 了解自我 \39
3.4 社会能力 \40
本章小结 \43
案例学习　反思与评估 \43

第 4 章 情绪发展 \45

4.1 什么是情绪 \45
4.2 情绪和个人成就 \47
4.3 应用：情绪智力教学 \51
本章小结 \53
案例学习　反思与评估 \54

第 5 章 道德发展 \56
    5.1 道德推理的认知发展 \56
    5.2 亲社会行为 \59
    5.3 攻击行为 \61
    5.4 应用：促进道德发展 \62
    本章小结 \65
    案例学习 反思与评估 \65

第二部分　发展中的学习者

◇ 案例学习

儿童早期：防火安全 \68
小学：课题汇报晚会 \69
初中：青蛙 \70
高中：代课老师 \72

第 6 章 大脑与发展 \74
    6.1 大脑的相关研究 \74
    6.2 大脑的结构和功能 \76
    6.3 大脑的发展 \77
    6.4 学习时的大脑活动 \80
    6.5 应用：大脑研究如何指导教学 \81
    本章小结 \84
    案例学习 反思与评估 \85

第 7 章 认知发展 \86
    7.1 认知发展的建构主义理论 \86
    7.2 在认知发展方面的问题：皮亚杰和维果斯基 \92
    7.3 应用：有效教学的建构主义原则 \93
    本章小结 \95
    案例学习 反思与评估 \95

第 8 章 语言发展 \97
    8.1 理解语言习得 \97
    8.2 语言技能的发展 \99
    8.3 应用：在课堂中促进语言发展 \104
    本章小结 \105
    案例学习 反思与评估 \106

第三部分　学习理论

◇ 案例学习

儿童早期：掐 \110
小学：无聊的学生 \111
初中：自习室 \112
高中：通融 \113

第 9 章 行为主义学习理论 \115
    9.1 行为主义学习理论的假设 \115
    9.2 经典性条件作用论 \116
    9.3 操作性条件作用论 \118
    9.4 应用：应用行为分析 \121
    本章小结 \124
    案例学习 反思与评估 \124

第 10 章 社会认知理论 \126
    10.1 社会认知理论的假设 \126
    10.2 观察学习 \127
    10.3 学习中的个人因素 \129
    10.4 应用：提高学生的自我效能感和自我调节 \131
    本章小结 \132
    案例学习 反思与评估 \132

第 11 章 信息加工理论 \134
    11.1 信息加工理论的假设 \134
    11.2 信息加工的三阶段模型 \135
    11.3 教学中的应用 \142
    本章小结 \144
    案例学习 反思与评估 \145

第四部分 认知过程

◇ 案例学习

儿童早期：空气 \148

小学：关于海盗的阅读 \149

初中：华盛顿总统 \151

高中：我不理解 \152

第 12 章 元认知 \154

12.1 什么是元认知以及为什么元认知很重要 \154

12.2 关于元认知的特别案例 \156

12.3 影响元认知使用和发展的因素 \158

12.4 应用：学习策略 \158

本章小结 \164

案例学习 反思与评估 \165

第 13 章 技能和知识的迁移 \166

13.1 什么是迁移以及迁移的意义 \166

13.2 我们真的将所学的知识迁移了吗 \168

13.3 应用：如何促进迁移 \170

本章小结 \175

案例学习 反思与评估 \175

第 14 章 批判性思维和问题解决 \177

14.1 思维技能和倾向 \177

14.2 批判性思维 \179

14.3 问题解决 \183

14.4 应用：传授问题解决策略 \184

本章小结 \186

案例学习 反思与评估 \187

第五部分 动 机

◇ 案例学习

儿童早期：任务表 \190

小学：写作障碍 \191

初中：复习数学 \193

高中：考试成绩 \194

第 15 章 行为理论 \196

15.1 行为主义对动机的定义 \196

15.2 奖励学生的学习 \198

15.3 表扬学生的学习 \200

15.4 当活动本身成为一种奖励 \202

本章小结 \204

案例学习 反思与评估 \205

第 16 章 认知理论 \207

16.1 动机的认知理论 \207

16.2 动机的发展和文化差异 \212

16.3 应用：如何提高学生的动机 \216

16.4 严重的动机问题 \218

本章小结 \220

案例学习 反思与评估 \221

第 17 章 自我理论 \223

17.1 自我效能感理论 \223

17.2 自我价值理论 \227

17.3 自我决定理论 \229

17.4 自我理论的整合 \232

本章小结 \234

案例学习 反思与评估 \235

第六部分　课堂管理与教学

◇ **案例学习**

儿童早期：毛毛虫圈　\238

小学：生态系统　\239

初中：课堂安全　\241

高中：拒绝换衣服　\242

第 18 章　创设富有成效的学习环境　\244

18.1　物理环境　\244

18.2　行为规范和期望　\249

18.3　创建积极的人际关系氛围　\252

本章小结　\257

案例学习　反思与评估　\258

第 19 章　理解和管理学生行为　\259

19.1　学生不良行为的界定　\259

19.2　行为管理的一般方法　\262

19.3　如何处理特殊的不良行为　\266

本章小结　\270

案例学习　反思与评估　\270

第 20 章　教学：应用行为、认知和建构的视角　\272

20.1　教学计划　\273

20.2　行为主义教学方法　\273

20.3　认知学习论教学法　\275

20.4　建构主义教学法　\276

本章小结　\280

案例学习　反思与评估　\281

第 21 章　分组实践　\282

21.1　按能力分组　\282

21.2　合作性学习　\286

21.3　应用：最佳实践　\288

本章小结　\291

案例学习　反思与评估　\292

第七部分　个体差异

◇ **案例学习**

儿童早期：字母 P 的一天　\294

小学：猎豹、狮子和美洲豹　\295

初中：数学问题　\296

高中：NSS　\297

第 22 章　智力　\299

22.1　智力的定义　\299

22.2　智力的测量：IQ　\302

22.3　生理、社会和文化问题　\304

22.4　应用：课堂上的智力理论　\308

本章小结　\309

案例学习　反思与评估　\310

第 23 章　天才和创造性　\312

23.1　天才和创造性：他们仅仅只是聪明吗　\312

23.2　天才　\313

23.3　创造性　\317

本章小结　\320

案例学习　反思与评估　\321

第 24 章　认知障碍　\323

24.1　当前班级里的认知障碍　\323

24.2　智力障碍　\325

24.3　特殊学习障碍　\327

本章小结　\334

案例学习　反思与评估　\335

第 25 章　情绪、社交和行为障碍　\337

25.1　班级中的情绪、社交和行为障碍　\337

25.2　障碍的特征　\340

25.3　应用：干预　\345

本章小结　\347

案例学习　反思与评估　\348

第八部分 课堂测评

◇ 案例学习

儿童早期：动物园 \352
小学：写作天赋 \353
初中：评估的自选
　　　模式 \354
高中：创新的评估
　　　策略 \356

第 26 章　学生学习评估 \358

26.1 什么是评估 \358
26.2 评估的规划 \360
26.3 课堂评估信息的
　　　交流 \362
本章小结 \366
案例学习　反思与评估 \367

第 27 章　测验的编制和使用 \368

27.1 高质量课堂测验的特点 \368
27.2 编制一份测验蓝图 \371
27.3 编制测验题目 \372
27.4 测验分析和修订 \378
本章小结 \379
案例学习　反思与评估 \379

第 28 章　表现性评估 \381

28.1 评估的宽泛视角 \381
28.2 表现性评估的制定 \383
28.3 表现性评估的评分 \385
28.4 表现性评估的优势与不足 \388
本章小结 \389
案例学习　反思与评估 \390

第九部分 标准化测验

◇ 案例学习

儿童早期：入园准备 \392
小学：测验中的勇气 \393
初中：教师在作弊吗 \394
高中：SAT 成绩 \395

第 29 章　标准化测验和成绩 \397

29.1 标准化测验的类型 \397
29.2 测量的基本概念 \401
29.3 测验分数的类型 \403
29.4 好测验的特征 \404
本章小结 \407
案例学习　反思与评估 \407

第 30 章　标准化测验中的问题 \409

30.1 高风险测验及其责任 \409
30.2 应用：帮助高危学生 \413
30.3 测验公平与测验偏见 \415
30.4 教师资格与执照 \416
本章小结 \418
案例学习　反思与评估 \418

参考文献⊖

⊖ 请到网站（www.hzbook.com）搜索书名后下载。

引 言

☐ **案例学习**

中学教育的阶层差别

☐ **第1章 科学指导课堂教学实践**

学习目标
1.1 教学如同决策
1.2 教育心理学：科学
1.3 教育心理学：课堂教学实践
本章小结
如何阅读一项案例研究

案例学习

中学教育的阶层差别

准备

当你阅读下列案例时，请注意：
1. 谁是该案例的主要人物？请予以描述。
2. 发生了什么事？
3. 案例发生在哪里？环境是影响因素吗？
4. 案例发生在什么时间？时间是影响因素吗？

贾洛德和塔玛拉·帕特森在大学期间相识，现同在芝加哥地区任教。他们居住在郊区，贾洛德在这里教三年级。而塔玛拉则在一所市内学校完成了她的教学工作，她想继续留在类似的学区里教书。于是她每天乘列车进城，到一所公立中学教历史。

这些年以来，贾洛德和塔玛拉在教育方面产生了许多自己的看法，其中一些分歧源于他们学生的发展性差异，因为贾洛德的学生年龄较小。但是，他们最激烈的争论是郊区课堂与城市课堂的差异。塔玛拉的学生90%都是非裔美国人，平均家庭年收入大约在33 000美元。相反，贾洛德的学生79%是白种人，9%是拉美裔，8%是西班牙裔，只有3%是非裔美国人，在贾洛德的学区里平均家庭年收入是83 000美元。

当他们开车到城市跑腿办事时，塔玛拉提醒贾洛德，要在她的教室旁边停车，得去取卷子。她昨天忘了取，而这些卷子必须在周一早上之前批改完。贾洛德没有回应，他已经趁着坐在车上的闲暇读报了。

"听听这个，"他说道，"一项新研究对学生的'成绩落差'问题进行调查，你知道的，就是非裔美国人的成绩不如白人。在这一点上，一些研究者发现在非裔美国人和白种人之间的成就水平差异已经不再存在。"

塔玛拉质疑："他们是怎么得出这些的？"

"据说这些研究者发现来自不同种族背景的学生，包括非裔美国人和白种人，他们在平均成绩上不存在差异。"贾洛德答道。

塔玛拉继续追问道："这些学生是谁？他们是如何知道这些学生的平均成绩的？他们用的是官方数据吗？"

贾洛德答道，"这里没有提到这么多的细节啊。"

当他们把车停放在学校停车场时，塔玛拉严肃地说道："报纸既然没有提供更多的细节，就不应该印出这些观点。"她从贾洛德手里夺过报纸，说："来吧！在我进去取卷子的同时，我们可以在网络上找到这个研究更多的相关信息。"

"一定要在今天做吗？"贾洛德抱怨道，他希望自己什么也没有说过。

"没错！"塔玛拉回答道。

当他们走进塔玛拉的教室时，贾洛德说："这栋楼里的每样东西怎么会这么破旧，我实在无法忍受。他们怎么就不能着手更新这些装潢设计呢，别老把注意力放在你们的教科书上？"

对此塔玛拉只当耳边风。她打开房间内唯一的一台电脑，在等待电脑启动的同时取回卷子，然后打开浏览器，顺便按字母顺序整理卷子，因为她明白在电脑完全进入可操作的状态前需要花上几分钟时间。

贾洛德不耐烦地等着，"还要多久啊？"

"唉，如果我们有和你们学校一样的无线网络电脑，那我们现在就可以离开这里。但是我没有那些福利，所以请再等我几分钟吧！"

塔玛拉根据报纸上那篇文章的研究者名字在网络上搜索其原始研究。"很好，这是在今年年初才发表的。"她边说边将文章传给总办事处打印，"走，我们去取打印稿，待会儿我可以在车上好好读读。"

当他们前往总办事处时，塔

玛拉情不自禁地感叹道:"我猜想,在你那里每个教室一定备有自己的打印机,而不用一直往返于总办事处吧。"

"确实如此,"贾洛德答道,"我想你也清楚,任何时候你都可以在我们那儿找到份工作。记住,是你选择在这里工作,而我没有,因为我不想给自己添麻烦。"

在他们开往下一站的路上,塔玛拉开始阅读文章,并且发表了一番长篇大论:"听着,他们用的是大学生,不是正接受基础教育的学生。噢,所以你能相信这些吗?他们得出的平均成绩不是采用官方的数据,而是简单地通过一项调查让他们提供自己的平均成绩而已。"

"为什么你这么在意?这只不过是报纸背面的一篇文章而已。"贾洛德说。

塔玛拉继续着她的长篇大论。"正因为家长和绝大多数的老师不会花时间来阅读目前的研究,而是看这些会被误导的新闻。这篇文章完全没有实事求是,人们不会意识到在当今的基础教育里仍然存在着成绩落差。如果记者真的是旨在为大众提供信息,而不是搜集电影明星小道消息,他们就该解释成绩落差为何存在。这一直就不是种族特点这类的原因,而是关乎社会经济地位。"

"你可以给编辑部写封信啊。"贾洛德建议。

"也许我会。"塔玛拉说。

评估

- 塔玛拉和贾洛德任教学校的不同如何影响他们对理解成绩差异的关注?
- 在报纸报道的那项研究中,你觉得老师是否应该关注参与研究的学生类型?为什么?
- 如果某些父母认为自己的孩子应该和其他学生表现得一样好,但结果却常不尽如人意,作为老师的你要如何解释?

第 1 章
科学指导课堂教学实践

学习目标

1. 解释为什么教育心理学是教师重要的资源。
2. 描述研究项目是否具有价值的三个基本要素。
3. 界定教学理念，解释基于科学事实的教学理论对教师的重要性。
4. 描述用来定义个体群体身份的四个多样性特征，并解释教师为什么需要理解群体间的差异。

1.1 教学如同决策

教学就像在做决策。无论身处课堂之上还是课堂之外，教师每天都面对着形形色色的教学问题：有没有在备课或创建新的学习任务？有没有评估和关注学习的行为？该如何分配文本阅读学习？学生是否理解该章节的内容，采取何种方法才能对此做出最好的评价？为什么学生不爱学习？

如果你想成为一名教师，那么你将面临诸多教学情境，需要你做出决定并付之行动。例如，你如何判断你的教育决策是否正确？许多领域的专业人士，如医护人员，他们将科学研究知识作为基础，对医疗事件进行评价和处理。教师也需要应用教育心理学的科学知识，对教学做出正确的决策。但也不仅限于此。一位成功的教师对自己解决问题的能力非常自信，能娴熟地满足不同学生的教学需要（Steffy, Wolfe, Pasch, & Enz, 2000）。如何成为一名成功的教师呢？有三点建议：

- 形成自己的教学理念，用它指导教学决策；
- 理解学生的个体差异性，因材施教；
- 将研究成果转化为自己的教学理念，并将它们应用到不同的教学情境中。

1.1.1 教学的机遇与挑战

教育是一项非常有价值的职业。作为一名教师，你有机会积极地改变你学生的生活，因为他们是日复一日受控制的听讲者。通常小学教师每年秋天都会接到一群新学生，然后每天平均花 7 个小时与他们相处，一学年下来会超过1 400个小时。在初中阶段，教师与每个学生相处的时间少了，然而每天可能接触到多达150名学生的生活。

这些学生来到你的课堂，带着多种多样的生活阅历和广泛的种族特点、社会经济和语言背景。你的学生可能在能力、先前成就和动机水平方面都存在差异。一些学生也许存在生理障碍，这可能会影响学习，也可能完全不影响；而另一些学生也许存在智力、学习、情绪、社交或行为障碍，这可能影响他们的成绩，同时还需要特别考虑那些超常儿童。

今天多样化的课堂为个人成长和学习提供了许多特有的机会。当他们体验着生理、社会、情绪和认知的改变时，你可以利用这个机会帮助学生跨越他们所面临的挑战。你可以通过教会他们评价自己的思维过程，识别自己的优缺点，同时学会如何与同伴沟通合作，从而使之充分地了解自己。通过接触不同的思想见解，你会帮助他们找到新的兴趣，重构以往的知识甚至挑战自我成见，这些不仅在课堂上发生，也发生在同伴交往中。你可以帮助学生学会小心地对待那些有障碍的同伴，也包括那些与他们有着不同学术和文化背景的同伴。

教学可以成为一项非常有价值的职业，但是它需要具备高度承诺。在当今教育的思潮下，教师对于每个学生的学业成功要负责，这是相当有压力的。如何明智地选择有效的教学方式由于今天多样化的课堂而变得更为复杂。为满足学生个性化的需求，你会采用哪种指导性的方法呢？你会如何使你的教学适应来自不同文化和社会经济背景的学生呢？你将会如何处理自己的成见，以及那些可能你自己都没有意识到的偏见呢？

1.1.2　教育心理学：教师的指导书

教师在处理多样性、动机、成绩差异、行为问题以及其他热点问题时，常常需要获得指导和帮助，他们便会求助于教育心理学。教育心理学将心理科学与教育实践相联系，为教师提供基于实证的理论知识，帮助教师决断日常课堂教学中的诸多问题。利用教育心理学研究和理论指导教学实践的教师可以更加深思熟虑、更为周全地解决课堂教学的问题（Bigge & Shermis, 1999；Eisner, 1985；Leu & Kinzer, 1995）。简而言之，教育心理学能够帮助教师成为更加优秀的教师。

在教育环境之外做研究的人们也许会猜想，良好的教学方法纯粹就是常识而已。但是，对于班级的经营与教学，这些常识性的方法往往收效甚微，甚至起反作用。

科学的方法 VS 常识

研究将处理课堂情况的最佳方法展现给教师，诸如孩子们不做作业相互打闹，如这里所示。常识性的做法未必总是带来最好的效果。

假如，一个学生在一堂课中不断地离开他的座位，一个常识性的做法就是委婉地让他回到座位坐好。然而，在某些情形下作为一种能够吸引教师注意的方式，这会加剧学生的不端品行。研究表明，一种更为有效的方法是将之视为学生的个性化，对这种不受欢迎的行为视而不见。所以，科学的方法是有效教学的最佳途径，有助于决策。作为一名教师，即使你身经百战，训练有素，也可能会对某些情形束手无策。当出现此种情况时，研究工作能帮助你做出明智的反应。

然而不仅教育心理学总需要依赖科学，2001年出台的《不让一个孩子掉队法案》(No Child Left Behind, NCLB) 也同样将科学的重要性推上一个新台阶。NCLB提出，学校和教育项目必须要使用"以科学为基础的研究"才可获得联邦基金。例如，"阅读优先"项目就是利用了联邦资金，来帮助一些阅读教师加强现有的技能并培养他们使用新的教学技术，这体现了以科学为基础研究的有效性。正是根据NCLB的建议，我们写下了这本书，为你提供教育的理论和实证，在教育道路上你可以利用它们来为自己的知识和能力加以武装，从而成为一名优秀的教师。

在通读整本书之前，你首先要对科学原理（科学），以及如何在真实的课堂情境下应用这些原理（应用）有个基本的认识。某种意义上说，你可能也会与教育心理学家一样，考虑到正面临的重大挑战。

- 科学：明确地阐述理论并进行研究。
- 应用：发展目前理论和研究的应用来促进教学。

1.2 教育心理学：科学

教育心理学这门科学旨在制定理论，用一整套的思想来解释现象并预测行为，然后对这些理论进行研究。理论与研究的关系是相互的，研究结论可以支持某个理论，但也可能对其进行修改，或者在足够的证据上发展新的理论。这个过程是不断前进的，今天的科学家们一直秉承（或者推翻）20世纪科学家的成果。

对当今的教师而言，可用的研究材料数量和种类非常丰富。评估研究是否可行的第一步是找到合适的资源（专栏1-1：寻找可靠的研究资源）。当你已经找到著名的文献报告之后，你该如何决定哪些研究可以应用于课堂？同时，你该如何评估研究结论，决定它们是否有益于你的教学？为确定哪些研究值得深思，你必须了解每一项研究的三要素。

1. 设计：本研究的目的是什么（如何描述，如何表达因果关系）？
2. 样本：本研究的对象是谁（中小学生，或大学生）？
3. 测量：如何进行测量（调查，观察）？

1.2.1 研究设计

研究者必须选择一种研究感兴趣变量的方法。变量可以是事件、特性或行为，诸如年龄、离异家庭、用药情况、注意缺陷多动障碍（ADHD）的诊断、数学成绩，或是攻击行为。为了对变量的某些特定方面进行研究，研究者不得不选择特定的研究设计，这些研究设计会为我们揭示变量之间是否存在关联、如何关联。如表1-1所示，让我们一起来考察这四种常用于教育的研究设计。

> **专栏 1-1**
>
> **寻找可靠的研究资源**
>
> 对于当今的教师而言，可用的研究材料数量大得惊人。因此，评估研究的第一步是找出合理的资源。以下是关于如何获取著名研究的指南。
> - 切忌使用报纸和杂志上的文章，因为它们不是研究论文。
> - 切忌使用搜索引擎进行互联网搜索，因为它们的消息来源可能不可靠。
> - 切记在一些诸如 ERIC 和 PSYCINFO 的数据库查找经同行评议的论文。
> - 切记浏览专业协会的网站，看其是否与教育课题组联结，诸如美国教育研究联合会（AERA）和美国心理学协会（APA）。
> - 切记在当地大学图书馆的学术性杂志里找到经过同行评议的文章。

表 1-1 研究设计概要表

类型	目的	举例	局限
描述性研究	系统地解释情况，如实准确地阐述	学生通过精熟测验的百分率是多少？百分率会因为年级水平或者社会经济地位的不同而不同吗	无法揭示变量间的关系
相关性研究	描述一个变量随另一个（或多个）变量变化的程度 允许研究者做出预测	• 在多大程度上，阅读成绩与社会经济地位相关 • 科研项目的分数是否与父母对科学的兴趣相关	相关性并不意味着因果联系。只是一个变量与另一变量存在相关，但不能说一个变量的变化引起另一变量的变化
实验研究	调查变量间的因果关系	学生被随机安排到进行精读训练组或无精读训练组。对阅读成绩测验的分数进行比较	许多研究由于无法随机分配被试而不能进行实验设计
准实验研究	利用已经存在的而不是由实验控制的自变量来说明变量间的因果关系	研究者利用同一所学校三年级的两个班级作为阅读训练组和控制组	研究者无法确定结果仅是由自变量引起的

1. 描述性研究设计是为了描述人口学变量的基本信息，而不是找出行为、事件或是环境之间的联系。例如，一个描述性研究可以确定学龄儿童患有 ADHD 的百分率。其中，两个特定的描述性研究设计可以提供更为深入的视角：案例研究和人种学研究。

- **案例研究**是对一个个体进行更为深入的描述性研究，继而展现其心理机能的丰富全貌。例如，研究者可能会观察一个孤独症孩子在家里和学校的行为，访谈他的教师与父母，查看他的测验成绩、学校记录以及其他信息来源。
- **人种学研究**则是通过直接参与特定的团体从而得出对该团体的深入描述。例如，某位研究者可能会参与到拉美裔学生的学校生活里，通过广泛的观察来了解这一民族独特的教育价值和社会挑战。

2. 相关性研究设计试图透过对行为的描述来找寻变量间的关系，并用一个统计学上的估计值表示，称为**相关系数**。相关系数的取值范围在 –1.0 到 +1.0 之间，表示两个变量关系的类型和相关的程度。

- 符号（正负）表示两个变量关系的类型。学习时间与分数的正相关（+）意味着随学习时间的增加，分数也会提高。旷课行为与分数的负相关（–）意味着缺席的增加，分数是降低的。
- 相关系数越是接近 +1.0 或 –1.0，表示两个变量的相关程度越高。例如，相关系数 –0.56 比 +0.43 的相关程度更高，因为前者绝对值比较大。

相关研究测量不同变量的关系，但他们无法确定因果关系。虽然我们可以得出学习时间和分数存在正相关，但是增加的学习时间并不会导致更好的分数。相反，这些正相关可能预示着一些可能性：1）更长的学习时间带来更好的分数；2）更好的分数使得个体更喜欢学习因此学习时间更长；或者 3）其他一些变量，比如父母的参与，也可以解释学习时间与分数的高水平。也许是父母积极参与教育使孩子更可能地投入学习，也更可能获得较高的分数。

当研究者想要了解关系存在的原因，他们会转向实验设计和准实验设计。研究者利用**实验设计**来确定自变量与因变量间的因果关系。自变量（IV）是研究变量，假定其影响因变量（DV）并最终导致研究结果。研究者将实验研究分为以下两个步骤。

1. 随机将被试分成两组：实验组与控制组。
2. 操纵自变量（处理或者干预），实验组接受实验处理，而控制组无须接受实验处理。

假设研究者想要确定在小学课堂使用计算机（自变量）是否会影响学生的学业成绩（因变量）。他们可能会给每个学生进行一场学业成就测验来筛选样本，然后随机安排这些学生到有计算机的课堂（实验组）或者无计算机的课堂（控制组）。

在一段指定的时间内，实验组将在课堂上使用计算机，控制组则不使用计算机。在研究结束时，研究者会发给每个同学一份相同的学业成就测验。如果随时间的推移，实验组比控制组表现得更好，那么就可以说明自变量（在课堂上使用计算机）会影响因变量（学业成绩）。

如果在某些情况下，研究者无法随机安排个体到不同组，或者操纵自变量也存在困难，那么他们会使用**准实验设计**（quasi-experimental designs）来推断因果关系。显而易见，研究者无法随机安排孩子们到离异家庭和非离异家庭，暴力家庭和非暴力家庭，男性和女性，或者高低社会经济群体。另外，研究者的行动也可能会受到学区规则或者时间经验等的限制，从而无法对实验组和控制组进行操控。正因为准实验设计不能确定自变量直接影响因变量，所以存在别的可能性，该研究结果可能是研究者没有控制的其他变量造成的。例如，一组是在计算机课堂学习的学生，另一组是在无计算机课堂上的学生，研究者将他们的成绩进行对比，前者学业成绩的高或低都不可能仅仅是因为计算机的存在，也可能是由于计算机的课堂相对于其他课堂来说，学生阅读能力更强和捣蛋鬼更少，或者是教师拥有更为丰富的教学经验。当无法随机安排的时候，研究者必须设法控制所有其他可能对实验组和控制组产生影响的变量。

尽管存在某些缺点，但准实验研究的确能让研究者来考察问题，包括群体间差异或者时间产生的差异。以下是关于准实验横断研究和纵向研究的两个实例。

（1）横断研究是指在同一时间点上对两组或更多组被试的行为进行横断比较。例如，研究者也许会考察：比起

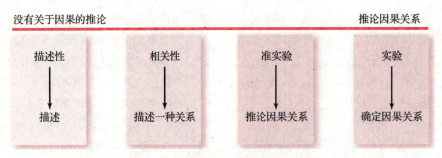

图 1-1　研究设计是一个连续统一体

设计决定着我们从教育研究中所做出的推论。

高中生，初中生花在家庭作业上的时间是更多还是更少。

（2）**纵向研究**则是随时间推移，反复地考察相同的样本，或者同类群体，从而提供关于行为如何随时间改变或者早期事件与后期事件存在怎样联系的报告。例如，一项研究可能会随时间推移追踪孩子们，考察小学时家庭的离异与青春期的学业困难是否相关。

为了有效地使用科学决策，教师必须精通科研领域的前沿消息。当你在新闻媒体、杂志期刊，或者在专题研讨会上面对科学证明时，你应该要意识到每个研究设计都可能存在不同的推论，如图 1-1 所示。唯有实验研究才能够回答因果关系。尽管如此，在教育学研究中相关性和准实验设计应用更为广泛，因为在调查研究许多关于教与学的假设中，它们比实验设计更加贴合实际，也比描述性研究能提供更多的信息。然而，在解释相关性和准实验设计时你必须小心谨慎，在这种情况下你无法做出因果推断，你应该时常质疑，其他在研究中没有定义的变量是否可能影响结果。

1.2.2　样本

研究设计一旦确定，研究者接下来就必须确定研究对象和抽取研究样本。假设研究者要研究不同年龄段的学生对于转学的压力是如何反应的。研究者不可能观察或者调查所有的转学生，因此他们需要一个**样本**，或者从研究总体中选出一小部分个体。样本必须具有代表性，样本的特性诸如性别、种族、年龄要与研究总体相似。确保样本代表性的最佳方法是**随机取样**，这意味着总体中每一个体被抽取的概率都相同。许多计算机程序能够获取大量的个体（例如，在一个学区里注册的所有学生），并且创建一个随机子集用于研究。

即便从总体的一个随机样本抽取出来，也并不是所有被选中的人都会同意参与研究。（你拒绝过多少次的电话调查？）**被试偏差**（volunteer bias）是指选择参与研究的人与那些拒绝邀请的人在某些方面是不同的。一般而言，相对于那些没有既得利益的人，怀有强烈的感情及意见或者投资于某一项研究成果的人更有可能参与其中。例如，像你一样的大学生很可能更愿意参与讨论校内停车服务或资助办公室工作效率的调查或访谈，而不是参与关于大学校长或教务长的工作效率研究。

1.2.3　测量

一旦选择样本之后，研究者就必须确定采取哪种测量方法，这是搜集信息的框架。如果研究者正在调查学生在上课期间完成作业的时间数，那么他们必须选择一个适合该任务的测量方法。在教育研究中被广泛应用的测量方法如下：

- **观察法**指对个体行为的观察，可以用于研究教师提问女生或男生的次数与两种性别举手人数的相关关系。
- **访谈法**指采访或给被试呈现若干问题，一般是高度结构化的简洁问题清单（你每天晚上花多少小时在家庭作业上？）或者也可以包括开放式问题（你是如何备考的？）。尽管开放式问题可以搜集更多的信息，但往往使被试的答案缺乏一致性。被试可能谈论花在学习上的时间，考前复习方法的使用，或是他们用于阅读、做笔记、记忆和自我检测的策略。
- **测验和调查**一般是涵盖若干个问题的纸笔测量。相对而言，测验和调查研究易在短时间内搜集大量个人信息。但是调查研究要求被试具有读写能力，即需要排除年幼的孩子和语言障碍的个体。

> **思考**：反思研究结果时必须考虑研究者所选用的测量方法。每种测量方法都有其局限性。如访谈法，研究者必须对被试使用相同的语言；测验和调查法，被试必须具备阅读与书写能力；观察法测量内在心理状态（如自信、悲伤等）的效度偏低等。

1.3 教育心理学：课堂教学实践

除了理解教育研究外，教师还必须具备将具体研究的实践性成果应用于不同教学实践的能力。为此，教师需要经历一个系统的发展以形成自己教学理念的过程。

1.3.1 形成教学理念

优秀的教师有自己的教学理念——关于如何建构课堂、教授学生以及回答问题的看法。一种教学理念就像一个透镜或过滤器，帮助教师在上课前考虑各种教学策略的优缺点，决定选用与否（Campoy，2005）。教学理念应该要建立在合理可靠的科学证明基础上，并且随着新知识的引入被不断地重新评估。因此从本质而言，教师是个终身学习者。专栏1-2显示了"州际新教师评估和支持联合会"（INTASC）制定的标准，全美各地的许多高等院校用其来评价教育学专业毕业生的能力。值得注意的是，有效教学的标准并不是阐明所教的科目内容或者所要使用的指导方法或者动机与管理策略。相反，该标准关注的是教师是否拥有在这些领域上做出明智决定所必需的能力。

做出明智决定所必需的能力，与参加师资培训的学生所学习的教育课程内容和方法同等重要，甚至可能会更重要。教师必须学会自我决策，而不是仅仅因为符合他们的个人信仰或是当时盛行便去采纳他人的方法、策略和技术。教师有必要在科学领域里有自己的见解，能够评估实证结论，决定如何应用这些结论来促进学生的学习。如果你是一名医生，你会考虑使用50年前最佳的医疗方法和设备吗？当然不会。当今的教师也不能想当然地认为，许多年前效果很好的方法在今天也会有同样的效果。

最佳实践

教师必须先检视当前的教学资源和已有的科学事实，然后再决定采用何种教学方法和策略，而不是一成不变地使用过去数十年使用的教学方法。

专栏 1-2

INTASC 核心教学标准（2011）

■ **该标准可分成四个基础大类**

学生与学习

标准1：学生发展。教师能够理解学生的成长与发展，认识到学习与发展在认知、语言、社会性、情绪和生理等方面的个体差异，能够设计和应用适合的方法改变学生的学习体验。

标准2：学习差异。教师能够理解学生的个体差异性，并能够创设包容的学习环境，使每个学生达到高标准。

标准3：学习环境。教师与他人合作，创设支持个性化和合作的学习环境，鼓励学生积极交流，参与学习，提高学习动机。

教学内容

标准4：教学内容的认识。教师能够理解本学科的结构、核心概念、探究工具和方法，能够为学生创设关于这些学科方面的有意义的学习体验。

标准5：教学内容的使用。教师能够理解如何将学科概念联系起来并从不同的角度进行应用，鼓励学生进行批判性思考，激发学生的创造性，采取合作的问题解决方式解决核心问题。

教学实践

标准6：教学评价。教师能够理解并应用多样化方法评价学生的学习目标，监控学生的学习过程，指导教师和学生进行决策。

标准7：教学计划。教师应制订教学计划，确保每个学生都能实现其学习目标。制订教学计划应综合考虑教学内容、课程、跨学科的教学技术、教学法以及学生的知识和理解能力等。

标准8：教学策略。教师通晓并使用各种教学策略，以促进学生的批判性思维、问题解决和实际操作技能的发展。教师运用个体和群体的动机和行为原理，创造鼓励积极的社会交往、主动的学习参与和自我激励的学习环境。

专业职责

标准9：专业学习与教学伦理。教师是一名反思性的实践者，不断地评价自己的选择和行为对他人（学生、家长和学习共同体中的其他专业人士）的影响，主动寻求专业成长的机会。

标准10：领导与合作。教师不断发展与学校同事、家长和更大共同体中的机构的良好关系，以支持学生的学习和发展。

1.3.2 考虑多样性

在美国，学生种族本身的多样性影响了课堂教学的有效性。学生的多样性决定着教师的教学方式，以及具体教学方法、教学技巧和教学策略的使用。多样性见诸教育活动的所有方面，本书仅在具体教学情境中探讨多样性。

优秀的教师往往能够意识到存在于教室里的多样性。个人与环境都能展现出大量的多样性特征。为了了解个体与群体差异，研究者时常要求被试报告他们的种族特点或人种、性别或者社会性别、社会经济地位和身心障碍。通过这些特性来分组，研究者能够将人口学变量分为不同的子集以供分析。例如，在2010年的美国人口普查中，调查对象被要求报告他们的人种：

- 白人；
- 黑人或非裔美国人；
- 美国印第安人；
- 亚洲人（要求具体选择是印度、中国、菲律宾、日本、韩国、越南还是其他亚洲国家，夏威夷土著人、乌克兰人或夏莫洛人、萨摩亚人或其他太平洋岛屿人）；
- 其他种族（多种族混血、西班牙裔或拉丁美洲人等）。

有些群体被认为是**弱势群体**（minority group），与主要群体相比，其权力相对较小，但数量上并不一定少。例如，在美国的女人比男人多，但是女人被认为是弱势群体，因为她们在商业（低收入的工作）、政治（更弱的政治立场）、宗教（在一些宗教里，妇女仍然不允许处于领导地位）相对缺乏权力。让我们进一步来分析群体身份。

- 术语**民族**（ethnicity）和**种族**（race）时常可以相互替换地来表示文化差异，但实际上二者意义不同（Betancour & Lopez，1993）。每个术语都有着其复杂的定义，但就像整个课程被分为两个学期来上那样，我们这也只是提供一个基本的区分。**民族群体**（ethnic group）指的是共享相似文化的人群——该环境具有其独特的历史、传统、习惯和态度，也可能是一种特有的语言。相反，**种族群体**（racial group）则是将具有共同生物特质的人划为一类（如头发和肤色）。时常一个人的民族特点与人种群组会出现重叠，但由于民族特点基于环境因素，人种基于生物基因，因此二者还是有本质区别的。例如，一个在亚洲出生的孩子，在美国中西部乡村的一个中产阶级白人家庭里长大，那么就会被认为人种上属于亚洲人，而在种族特点上属于白种人。
- 正如种族和民族，术语**性别**（sex）和**社会性别**（gender）也被时常替换，但是严格而言二者是不同的。性别（sex）是指生物上的身份，比如男性（阴茎）或者女性（阴道），然而社会性别（gender）指的是在环境中习得的行为，心理上认为自己是男性（阳刚）或者女性（阴柔）。性倾向则是另一种与性别和社会性别相关的，用于表示多样性的概念。术语性倾向（sex orientation）表示同性恋、异性恋或者双性恋。

- 大多数人认为社会经济地位（SES）仅以收入为基础，有更多收入的家庭被认为是高社会经济地位的，低收入家庭则被认为是低社会经济地位的。一个关于社会经济地位（socioeconomic status）更为准确的定义包括家庭成员的教育水平和职业而不仅是收入水平。虽然大多数情况下，教育和职业是与收入（更好的教育与更有声望的职业能带来更高的收入）高相关的。但是在某些情形下，相对于那些受过很好教育的个体，教育水平低的个体往往拥有更高的收入水平。具有代表性的例子是获得博士学位的大学教授，其收入水平却是中等的。

- 身心障碍（disability）是指无法执行某些行为、任务或技能。专业术语包括生理障碍（听力损伤、大脑麻痹）、认知障碍（智力障碍、学习障碍、语言迟缓）或者行为障碍或者情绪障碍（多动症、焦虑）。我们之所以将身心障碍作为一种多样性，是因为一个学生的身心障碍将会导致其产生不同的学习需求，同时在成就水平方面也可能与那些没有身心障碍的学生是不同的。

优秀的教师试图去了解群体间差异形成的原因。了解了差异存在的原因，教师就能学会区别对待不同背景学生的个性化需求。一般而言，环境的差异，而非生物或基因的差异，是群体差异的根源。以社会经济地位（SES）为例，在来自高社会经济地位家庭的学生往往在成绩测验里取得的分数更高，获得的等级更高。同时，比起那些来自低社会经济地位家庭的学生，他们往往受教育程度更高（Gutman, Sameroff, & Cole, 2003; McLoyd, 1998）。而这种差异主要是由于不同的环境导致的。（Evans, 2004; National Center for Education Statistics, 2000）：

成绩与社会经济地位

社会经济地位导致的成绩差异，可能是因为高低社会经济地位的学生在获取学习资源诸如书籍和电脑上，是存在差异的。

- 来自低社会经济地位家庭的学生，营养较差且更多地暴露于污染的环境中；
- 来自低社会经济地位家庭的学生，不常接触学校的阅读材料，诸如书籍和计算机，因为家庭缺乏经济来源或者缺乏培养幼儿阅读能力的意识；
- 来自低社会经济地位家庭的学生，父母参与子女教育较少，可能是因为工作时间以及教育水平的限制；而在低社会经济地位学校和幼儿园里，缺乏高素质的教师且人员调整率较高。

学生之间社会经济地位差异的研究数据有助于教师的教学实践。例如，教师可以提供额外的时间给那些缺乏阅读技能的学生，允许他们从教室借书带回家阅读，或者寻找一些新颖的方式来使父母参与子女的教育。

优秀的教师欣然面对并接受多样性。他们的教学并不是凭借对于不同群体的主观臆断。偏见是对于一类人固执且不合理的泛论。偏见在幼儿期就会出现,超过一半的6周岁和85%的5周岁白人小孩,会表现出白人至上、反对黑人的倾向(Doyle & Aboud, 1995; Katz, 2003)。几乎每个人都会对一类或者多类群体产生某种偏见,但也许他未必会意识到这种感觉。教师自己可能就相信低成就水平的学生需要着重加强基础技能的培养,认为来自较低的社会经济背景的学生是低成就型的,女孩在数学方面没有男孩强,亚裔学生生来就比其他种族更加聪明,天才学生的社会性发展不成熟。由于证实偏差与信念固着,偏见会随时间的推移而加强。证实偏差(confirmation bias)指人们倾向于寻找有利证实先验信念的各种证据,而不是寻找事实来驳倒他们的信念(Myers, 2005)。信念固着(belief perseverance)是指即使面对有冲突的证据,依然坚定我们的信念的倾向(Andersen, Klatzky, & Murray, 1990; Savion, 2009)。

偏见会对教师决定如何教学、分组、激励和评估的方式产生影响。基于对某些特殊群体的偏见而区别对待学生,这是一种歧视。教师和研究者必须识别自己的偏见,利用多样性问题的科学印证来教育自己。然而,即使是指出群体性差异的科学证明也需要谨慎解释,因为每个群体里都存在个体差异,例如,图1-2显示,男孩的数学平均成绩高于女孩,但是其重叠部分相当大。

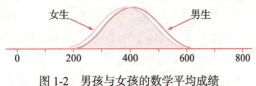

图1-2 男孩与女孩的数学平均成绩

> **思考**:想想你自己的经历和群体身份,你是否也曾因为人种、社会经济地位、性别或身心障碍的原因区别对待某些人?如果你感受到偏见,或者是偏见的受害者,你信念固着的原因和方式有哪些?

1.3.3 案例研究方法

在这个部分开始时,你应该看到一项开放式的案例研究,也许你会产生疑问,为什么要阅读这些?在阅读主要内容之前,这些案例会给我提供哪些帮助?要怎样将案例应用到我的职业生涯当中?案例研究促使我们把调查和理论应用于特定的课堂情境中,为职前教育阶段的教师提供解决问题的机会,思考最佳的做法。

开放式的案例研究提供了一个示例,关于在整篇文章中如何使用案例。你的导师也许会根据你追求的认证水平来要求你在每一系列里阅读一至多篇的案例研究。不管你读过多少的案例研究,我们相信在每一部分前,阅读案例研究将为你提供一个栩栩如生的教学情境,以此思考在部分专题里学到的相关理论、研究以及应用。

为更好地理解案例研究方法,我们在一些地方提供若干问题来帮助你成为积极主动的读者,在真实的情境下应用学到的知识。

1. 准备

阅读每一项案例研究之前,你应该做好准备,确认案例研究的相关信息。这里,你将会在每个案例描述中找到人物、事件、地点以及时间。

- 谁?注意找出教师、学生、父母的相关特征以及他们之间的关系。一些相关性的特征也许是教师的经验水平,或者诸如性别、种族特征、残疾或是学区父母的社会经济地位这样的多样性特征。
- 什么事?尝试识别案例研究中描述的主要问题,比如行为问题、学习问题、教育问题、还是课堂管理问题。注意,可能不止一个问题要处理。
- 在何地?考虑案例研究里描述的事件发生背景,比如传统的课堂、化学实验室、美术室、健身房、走廊、还是校长室。开始想象这场景并找出可能导致问题或是可以解决问题的特性。
- 在何时?识别案例研究中与时间相关的信息,比如故事发生于早上还是傍晚,学年之初、学年之中还是学年之末,或者再假期前还是假期后。开始思考时间与主题的关系。

2. 评价

当看完每个案例研究之后,会有3~4道问题来评估你对于该案例最初的看法和理解。在还没有学习本部分的内容前,你无法用科学与应用来帮助思考,所以你可以用以前的知识先做个预测或推断,这里关注的问题是,该案例研究是在什么情况下怎样提出问题的?

- 怎样？尝试用你先验知识推测该案例研究中描述的发生于教室、学校中的行为会是怎样或者你如何应对可能的情况。
- 什么？开始思考该案例研究中什么可能是最关键的特性，比如所涉及个体的哪些特征导致问题或是描述了哪些行为或解决方法。

在你思考完每个案例研究之后，你再来阅读这一部分的内容，你将在理论、研究以及最佳方法的建议基础上，获得对于该案例研究的新见解。

3. 反思与评估

在每一章的末尾，你会发现4～7道问题，请用该章节提到的信息对每个案例研究做出更为科学可靠的回答。

- 怎样？利用每一章讨论的科学与应用的知识，而非你个人意见与经验，确定案例研究里的行为如果发生在现实的课堂或学校背景下应如何界定，或者你在那样的情形下该如何反应。
- 什么？找出该章节里核心概念的事例。
- 为什么？跳出思考"什么"，关注于思考"为什么"，比如个体的某些特性或案例研究的各方面为什么是重要的，解决问题的方法为什么奏效或不能奏效。
- 如果……将会怎样？案例研究最初并没有对那些新方面进行考虑，而这些方面可能会对问题有所启发，设想应该如何改变以形成不同的问题解决方案。

呈现在每章末尾的问题衡量你对于该章核心概念的理解水平。此外，这些问题能鼓励你将所学知识应用于真实的情境中，提供给你评估方法，以及教你如何有效地将本章学到的概念、理论和原理应用于你的教学。

本章小结

1. 描述四个用来定义单一群体成员的多样性特征，并解释教师为什么需要理解群体间的差异

1）民族群体都有一个共同的文化或环境，而种族则是标志拥有共同的生物学特性的一群人。2）一个人的性别涉及他或她的生物属性，而社会性别指的是男性女性的这种社会定义。3）社会经济地位通过对家庭成员的教育水平和职业地位来定义。4）身心障碍也可作为一种多样性，因为个体在生理、认知、情绪能力上是不一样的。教师需了解由环境差异形成的一般性群体差异，以及意识到他们自己存在的偏见。即通过关注那些与他们信念或偏见一致的信息而忽略不一致的信息，从而导致了偏见的加深。解释教育心理学如何成为教师的重要的资源。教育心理学将心理科学与教育实践相结合，并为教师提供以证据为基础的知识，启发日常课堂上的教学决策。教师对方法策略的选择不能依赖于常识性的手段，而要靠科学研究。美国2001年出台的《不让一个孩子掉队法案》（NCLB）中也清楚强调了知识以证据为基础的重要性，该法案强制学校系统必须采用以科学为基础的实践，才可获得联邦基金。

2. 描述研究的三要素有助判断哪些研究值得考虑

第一，研究的抽样过程应当是随机的，并将被试偏差最小化。第二，测量的选择应当基于如何更好地回答所研究的问题。第三，给出研究结论时应当考虑到研究设计的局限性，比如是否能够确立因果关系。

3. 定义教学理念，并解释对于教师而言，观点基于科学证明的重要性

教学观放眼于如何建构课堂、教导学生，以及回答问题。因为纵观整个历史，当年适宜的教学法以及盛行的观念已经发生改变，并且未来仍将不断地变化着。教师应当不断获取评估研究所需的能力，将观点立足于目前的科学资讯上，成为终身学习者。

如何阅读一项案例研究

准备

当你阅读下列案例时，请注意：

1. 谁是该案例的主要人物？请予以描述。

2. 发生了什么事?
3. 案例发生在哪里? 环境是影响因素吗?
4. 案例发生在什么时间? 时间是影响因素吗?

案例

教育心理学课程中最大的挑战是通过已知的理论对行为做出预测。在《教育心理学》中，我们的案例研究给基于真实事件的课堂环境提供了一个观察机会。当你阅读对应章节的同时，回想这些案例，会更容易明白教育心理学的原理在真实情境中对儿童、青少年及教师的应用。要特别注意人物、事件、地点和时间！当你试图揭开事件背后的原因时，这些要素显得尤为重要。

阅读一项案例

案例研究说明了阅读时需要搜集的一系列细节。参与者是谁？正在发生什么？事件发生在哪里？什么时候发生的？一旦你搜集好这些信息，评价的问题将帮助你解释所搜集到的事实，并在已知的基础上引申出一些原始推论。

再读一遍案例

在你阅读每个部分时，注意对应章节中的原理琢磨案例。在每章的末尾，通过反思和评估问题，我们将重新回到案例。这些问题将案例中的真实情境与最能解释该事件的理论联系起来。正确答案通常不是唯一的，但是它能帮助你理解这些情形，考虑可以怎么做，将决策建立在合理的、以研究为准绳的基础上。这也是为什么教育心理学的精髓在于原理。

第一部分 个体发展

□ **案例学习**

儿童早期：爱哭的孩子
小学：小团体
初中：篮球明星
高中：偷窃、欺骗和打架

□ **第2章 发展的背景**

学习目标
2.1 布朗芬布伦纳的生态系统论
2.2 家庭环境
2.3 同伴背景
2.4 扩展环境
本章小结
案例学习：反思与评估

□ **第3章 社会性发展**

学习目标
3.1 埃里克森的心理社会理论
3.2 同一性
3.3 了解自我
3.4 社会能力
本章小结
案例学习：反思与评估

□ **第4章 情绪发展**

学习目标
4.1 什么是情绪
4.2 情绪和个人成就
4.3 应用：情绪智力教学

本章小结
案例学习：反思与评估

□ **第5章 道德发展**

学习目标
5.1 道德推理的认知发展
5.2 亲社会行为
5.3 攻击行为
5.4 应用：促进道德发展
本章小结
案例学习：反思与评估

案例学习

儿童早期：爱哭的孩子

准备

当你阅读下列案例时，请注意：
1. 谁是该案例的主要人物？请予以描述。
2. 发生了什么事？
3. 案例发生在哪里？环境是影响因素吗？
4. 案例发生在什么时间？时间是影响因素吗？

爱德华·阿伯特和琳达·哈斯德是当地一家儿童养育机构4岁学前班的教师。班上的20名学生来自不同的社会经济背景。在这家幼儿园，儿童要学习认识字母、颜色，学习精细动作和大动作技能，以及其他许多准备性技能。教师一天中也要花大量的时间来促进儿童学习社会技能，如分享、帮助、非攻击性地表达意见、谦恭地对待他人。教师们每年都要准备幼儿园的预备性报告，以便在简短的个别谈话中与家长们分享。为了准备家长-教师会谈，琳达上周花时间观察孩子们在养育中心的行为并对他们的技能加以评定，阿伯特则负责监管孩子。这周，阿伯特将观察并评定孩子们的社会行为，而由琳达监管孩子。养育中心有许多活动，包括扮演游戏、吃点心、涂颜色、搭积木、走迷宫等。孩子们四人一组，每项活动持续15分钟。

阿伯特从孩子们吃点心开始观察，此时孩子们正在享用奶酪薄饼和果汁。他很快注意到乔在帮艾莉森清理溢到薄饼上的果汁。乔把自己的薄饼分给艾莉森。阿伯特认为对乔而言这是很典型的行为，他是个很会体贴人的孩子，总是愿意帮助别人。然后阿伯特转而注意安妮和查达，她们正开始争吵。

安妮说："查达，你再也不是我最好的朋友了！"

查达回答："哦，你以前不把彩色蜡笔给我用，所以现在我也不把薄饼给你。"

阿伯特在笔记本上记下对安妮和查达的评价，这俩女孩都是天生的领导者，这就导致她们在想成为"领导者"时会时不时地出现问题。琳达进行了干预，她问查达："以前安妮没有和你分享她的彩色蜡笔时，你有什么感受？"

查达回答："她当时很不友好，我很伤心。"

"哦，我打赌安妮现在也很伤心，因为你不与她分享薄饼。"琳达说。

"好吧，但只有在过家家时让我扮演妈妈，她才可以吃这块薄饼。"查达回答。

安妮迅速回应："好。"

阿伯特和琳达交换了对此事的看法，他俩都知道，安妮的家庭生活与查达很不同。查达的父母已婚而且是中产阶级。她的父母花不少时间陪查达和她的兄弟。这俩孩子是他们父母在40多岁时领养的。昨天，查达告诉大家全家近期要去博物馆游玩。而安妮的父母离婚了，她的父亲与新妻子和安妮的新生妹妹住在一起。安妮的母亲白天在当地的医院做护士助理，一周有好几个晚上与朋友们在一块。

阿伯特转到积木区。他注意到泰勒和坦纳正在搭一座高塔。艾瑞卡开始往塔上搭更多的积木，泰勒吼了起来："那个不是放这儿的！"这响亮的吼声把艾瑞卡吓住了，她不小心撞上了塔，所有的积木都滚了下来。

坦纳叫了起来："你是故意的！我们说了，女孩是不会搭积木的。"

"是的！"泰勒补充道，"你毁了一切！"

艾瑞卡哭了起来。泰勒又说："瞧，你只是个爱哭的孩子。爱哭的孩子，爱哭的孩子……"

"小伙子们，我想你们不能对艾瑞卡说这样的话，"阿伯特说，"我看到了整个过程，艾瑞卡并不是故意要撞倒积木的。你们这么取笑她，你们觉得她会怎么想？"

泰勒说："哦，她可能会伤心，但那不是我们的错，我们不是撞倒塔的人。"

"她伤心也许是因为你们因这个事情指责她，然后又叫她'爱哭的孩子'，"艾迪说，"如果有人指责你们并叫你们'爱哭的孩子'，你们不会伤心吗？"

"我不管。"坦纳回答。

阿伯特在他的观察笔记上做了评价，泰勒总是很快地指责他人而很少对自己的行为承担责任。阿伯特思考所有的孩子在多大程度上难以理解其他孩子的感受，但有些孩子在这方面的困难更大。

评估

- 教室中这些行为的典型性如何？
- 你认为为什么有些孩子如此渴望与他人分享以及帮助他人，而有些孩子却快速地责备他人或以消极态度进行反应？
- 你如何考虑性别在孩子们的行为中所起的作用？

小学：小团体

准备

当你阅读下列案例时，请注意：
1. 谁是该案例的主要人物？请予以描述。
2. 发生了什么事？
3. 案例发生在哪里？环境是影响因素吗？
4. 案例发生在什么时间？时间是影响因素吗？

罗西欧·巴罗尼是一所规模较小的农村小学一年级两位教师中的一位。她在大城市长大，常惊讶于学生间的亲属关系。例如，今年一年级的三个学生，帕翠西娅、凯利和撒曼莎三个是表兄妹。除了亲属关系外，许多家长是高中同学、多年的好友，他们的孩子都是一起长大的。罗西欧总觉得社区中缺少亲属的孩子比较柔弱，凯西就是个很好的例子。她去年才搬来这个小小的农村社区，是一年级中唯一的非裔美国人。其他所有学生以及社区中的所有人几乎都是白人。对她而言，这是一次不愉快的转学，因为她的父母离婚了，她不得不搬来这里。去年，凯西试图结交朋友、调整自己以适应新课程。今年，她在学习上很努力，但孩子们好像没兴趣和她一起在操场上玩，在班级活动中似乎也不想和她合作。

凯西进入教室时，和班上年纪最大、个头却最小的帕翠西娅发生了争吵，帕翠西娅也经历过一年级调整适应的挑战。幼儿园毕业后，帕翠西娅加入特殊的一年级前的教育计划，该计划是为那些需要改善学业或社会性状况的孩子而设置的。虽然同处一班的表弟妹们已经在这一衔接中给了她帮助，但她仍需要在阅读和数学方面继续努力。

"啊，假如你吃午饭时不和我坐在一起，"凯西说，"你就不能待在我的组里。"

"我不想待在你这个组，"帕翠西娅答道，"妈妈说我能做我想在操场上做的一切，你知道，凯西，你不是老板。"

罗西欧进行干预，试图使局面平静下来。"姑娘们，尽量和睦，相互间说话愉快些吧。现在，坐到你们的座位上去，我们要开始今天的学习了。"

这一天继续着，罗西欧记录下帕翠西娅和凯西似乎已经解决了她们一时的分歧，一起进行她们的科学项目而没有再吵嘴。这种行为对这两个姑娘来说非常典型。她们一会儿在一起玩或学习得很好，都把对方当作"最好的朋友"，一会儿又告发对方说了或做了什么"小气"的事。罗西欧常常为她们的告状而烦恼。

当罗西欧要孩子们站成一队去吃午饭时，两个男孩，比尔和扎克，开始在队伍后面推推搡搡。比尔吼道："我很讨厌你总是撞我！"

罗西欧很快走到队尾，说："孩子们，别动手动脚……"

扎克插嘴道："哦，我不是故意撞你，另外我也讨厌你总是在午饭时插队。你就爱欺负大家，我爸爸说你就像你爸爸在学校时那样！"

"至少我爸爸不是胆小鬼，"高大、身强力壮的比尔说，"我没有伤害你或其他人。你就像个小姑娘。"

罗西欧坚定地说："你们两个马上停下。你们要为你们这样和对方说话感到羞愧。"

两个男孩生气地互望着，但他们没有继续口头和身体攻击了。罗西欧先带其他孩子去吃午饭，然后和这两个男孩进行了简短的交谈。

"比尔，事情的发生是偶然的，扎克并没有故意撞你。扎克，这样叫别人的外号不好。你们俩别动手动脚。"

两个男孩很快地说了声"好"，

就去吃午饭了。

在午餐时间，罗西欧查看了电子邮件。帕翠西娅的妈妈玛丽发了封邮件给罗西欧，讲述帕翠西娅为凯西在学校里对待她的方式感到很伤心。邮件是这样写的：

亲爱的巴罗尼：

我们已在晚上交流过好几次关于帕翠西娅和凯西的事。帕翠西娅告诉我，凯西有个"姑娘"团体，如果帕翠西娅不按凯西说的去做，她就不能留在这个团体里。她的爸爸和我都试图向她解释，她不能让别人指挥她，并让她做她不想做的事。我有点担忧帕翠西娅的自尊，希望她有足够的自信勇敢做自己。我通常在家会同帕翠西娅尝试讨论这个话题，但我想你应该意识到现在发生的一些事。上周，一个在咖啡店工作的朋友告诉我，帕翠西娅总是没有吃所有的食物，因为凯西告诉她只能吃凯西爱吃的东西。我知道一个老师无法了解一天中发生的所有事情，尤其是在操场上或午饭时间，但我想让你知道这个问题。希望你能给我们提供帮助帕翠西娅处理这个问题的有效建议。

玛丽

评估

- 你觉得罗西欧处理凯西和帕翠西娅争吵的做法合适吗？你觉得她对午餐队伍中发生的事件处理得好吗？你认为性别角色在她对问题的处理中起作用了吗？
- 发生了什么攻击事件？
- 在孩子们的生活中，哪些因素对他们的行为起作用了？
- 你对玛丽的邮件会有什么反应？

初中：篮球明星

准备

当你阅读下列案例时，请注意：

1. 谁是该案例的主要人物？请予以描述。
2. 发生了什么事？
3. 案例发生在哪里？环境是影响因素吗？
4. 案例发生在什么时间？时间是影响因素吗？

第龙·马丁是初中女子篮球队的教练。这所初中位于大都市的近郊，学生大多来自中产或中高产阶级。第龙曾在这所初中教过三年英语，他的前一项工作是担任男篮的教练，课余时间与学生一起度过。今年校长要他担任女篮教练，因为原先的教练休假了，他对这个机会感到十分兴奋。然而，他为了让这些姑娘们结成一个团队却碰到了一些困难。

当吉尔和西拉走进体育馆训练时，他无意中听到她们关于达拉的小声议论。达拉很擅长运动，但似乎不受女孩们的欢迎。达拉现在已经在训练了，距离很远没听到她们的议论。

第龙偶然听到吉尔在说："如果她觉得我们会让她在篮球场上大出风头，她可能会忘乎所以。"

"她表现很棒的唯一理由就是，她爸爸每天晚上让她打上大约3个小时的篮球，"西拉补充道，"他认为达拉会成为大明星！她没有妈妈教她该怎么做，这实在太糟糕了。"

萨拉似乎与达拉有交往，走到姑娘们的背后偶然听到了谈话。她大声说："好啊，西拉，你现在倒是有三个妈妈，你爸爸离婚又结婚，你仍然不是个淑女啊。也许你该花更多的时间与你爸爸待在一起。哦，是啊，他太忙了，没空关注你所做的一切。"

第龙为了缓和局面，宣布姑娘们各就各位准备比赛。他开始思考达拉的事。第龙以前就曾注意到达拉似乎没什么朋友。萨拉也常常试图让达拉参加社会活动，但达拉似乎并不感兴趣，也不感激萨拉，甚至连简单的"谢谢"都没有。她似乎对交朋友或社交生活没有兴趣。

第龙决定在训练之后与达拉谈谈，看看能否发现点什么。他从一般的询问开始："你今年对篮球的喜欢程度如何？"

达拉回答："我喜欢篮球。我希望其他姑娘在比赛中会更努力。她们似乎觉得她们将来会成为电影明星或模特。"

"哦，你长大后想做什么？"第龙问。

"我爸爸说我应该会成为篮球运动员，因为我有天赋。这就是为什么我不会为其他姑娘和她们如何说我而感到烦恼。我知道我是个优秀的运动员。到高中我准备学习商业课程，这样当我赚大钱时，我就能管理自己的事业和金钱。"达拉微笑着说。

第龙将问题又推进了一点："你考虑过做别的吗？"

达拉很快回答："没有，我爸爸真的希望我成为一名篮球运动员，这就是我。它已经深入我的血液。篮球使我成为达拉。我在其他方面不擅长，尤其是离开篮球场后的学校生活和交友。因此我确信我将成为一名篮球运动员。"

第龙结束了这次谈话，说："好的，达拉，我很高兴你对自己的未来有清晰的认识，但也别害怕改变观点。多数人在高中或大学时还会改变他们对自己将来做什么、想成为什么样的人的看法。保留你的选择权，好吗？"

"好的，但我已经知道我会成为什么样的人、我会走向何方了。"达拉说。

第龙撇开这件事，想到他前面所在学校的一个男孩马克。马克和达拉在许多方面非常相似。他没有很多朋友，或者说他缺乏交朋友的技能。而且，马克爱发脾气，特别典型的是当其他同学对他做了什么，或至少马克认为他们对他做了什么时，他会当着其他同学的面发怒。他从未想过自己的言论或报复性的行为和其他孩子一样坏。马克和达拉的家庭背景非常相似。他们的父母都离婚了，他们都和父亲而不是和母亲生活在一起。让第龙感到奇怪的是，虽然这两个来自相似却不寻常背景的孩子表现非常不同，但两个人的朋友都非常少。

评估

- 达拉似乎很孤独。这是坏事吗？为什么是或为什么不是？
- 举例说明什么是合理的社会行为，什么是攻击行为。
- 你认为达拉有多大可能成为篮球运动员？请给出理由。

高中：偷窃、欺骗和打架

准备

当你阅读下列案例时，请注意：
1. 谁是该案例的主要人物？请予以描述。
2. 发生了什么事？
3. 案例发生在哪里？环境是影响因素吗？
4. 案例发生在什么时间？时间是影响因素吗？

瑞贝卡·德宾是一个大约10万人口的小城市三所高中之一的校长。学校的注册人数大约2 500人。最近，学校里发生了不少诈骗、偷窃、酗酒的事件，还有许多吵架、打架的事件。瑞贝卡决定利用下周五的学校改进日提出这些行为问题。为了准备这次研讨，瑞贝卡给所有教职员工发了电子邮件，请大家收集这些行为的案例以及学校应该如何处理这些问题的建议。她收到了许多回复，具体如下：

史密斯先生（新生的英语老师）写道：上周我在课堂上花了5分钟时间才使丽莎和吕贝卡分开。她俩发生了口角，说着诸如"你又胖又难看""你妈妈是个荡妇"之类的话。我对她们的言论感到非常烦恼，但我没有太多建议。让我感到欣慰的是她们没有在我的课上打架。

巴克斯特女士（高年级数学老师）写道：我知道有好多不专心学习的学生。例如，一伙孩子放学后站在马路上抽烟（其中一个上周末还因为受这个影响驾车而在监狱里待了一晚），女孩们在学校里走来走去，就好像穿着晚礼服要到镇上去一样。但是，我认为学校并不是命令他们该如何穿着和干涉他们校外行为的地方。我更关心来这儿学习的学生，关心那些没有能力决定将来职业道路的学生。他们中的许多人很有学术天分，但却不知道该上哪所大学、该学什么专业。我认为我们应该把更多的时间花在指导他们进入好的大学和确立好的职业道路上。

普莱斯丽女士（办公室管理人员）写道：我有20多年的高中工作经验，老实说，我认为学校对这些青少年的控制太少。家庭破裂是一个主要问题，我们的学生中有不少来自没有妈妈或没有爸爸的破裂家庭，或者他们有着相反的问题——太多的父母和继父母。加上几乎所有的母亲都外出全职工作，当孩子下午放学回家后家里没人来照顾他们。我建议我们开设家长课程，进行家庭咨询来促进家庭的团结。

鲁斯特曼先生（生物教师）写道：问题在于我们只是没有时间来处理所有的问题。我的课程很多，没时间老是处理学生和他们朋友的问题。他们似乎不知道如何控制他们的愤怒，如何考虑他人的感受，也无法理解这世界并不是围绕着他们转的。他们所有人似乎都过度关注他们的友谊，谁和谁是朋友，谁被邀请或没被邀请参加聚会，他们却缺乏交友和保持友谊的技能。也许某些形式的社会技能训练对此会有帮助，但这不能占用我的上课时间。

卡吉尔先生（物理老师）写道：就在昨天，吉米因为打了鲍勃而被请到办公室。很显然，鲍勃说的是另一个人——吉姆，鲍勃对吉姆的姐姐做了些评论。所有的事情都在这个背景以外发生，吉米后退打了鲍勃。如果吉米花2秒看看鲍勃，注意他的口气和非言语行为，他就会意识到这些话不是不合适的和诽谤的，甚至就不是关于他姐姐的，而是吉姆姐姐的。鲍勃实际在说这个年轻的女士如何漂亮，还在自修课上辅导他做数学作业。这些孩子需要上一堂课，学习如何理解他人的动机和行为，如何控制他们的情绪。

肯尼尔女士（化学老师）写道：我主要关注女孩和学校里的少数民族学生。女孩们似乎缺少自信，尤其在学业上，特别是在数学和科学方面。我认为我们需要找到一种方法来促进她们的自我成长，给予她们离开学校以后在真实的世界中所需的自信。也许有多点自信，她们就会停止对诸如朋友、男朋友以及其他关系的担忧。少数民族学生也需要促进，但他们需要的是停止对他们的种族进行归类。您知道吗？我们现在的学生群体中存在"距离"，因为他们都说西班牙语。我们需要将所有种族的孩子并入到我们的学校，教育每个学生，让他们懂得我们国家存在着多样性。

梅女士（特殊教育）写道：学校中的偷窃、欺骗和攻击行为是由于缺乏基本的对权威的尊重。我们要有针对这些问题的强硬政策，并要坚持下去。多数学生只是没有认识到欺骗、撒谎或偷窃是大事，在许多班级里老师对他们睁一只眼闭一只眼。我们需要每个在职教师都执行学校的规定。

评估

- 在教职员工们的反应中，哪些是反复出现的话题？
- 对于每个人的电子邮件，根据你的赞同程度打分（1=完全不同意，2=有点不同意，3=有点同意，4=完全同意）。你的评价是基于实践、观察或你的观点？
- 你认为性别因素在处理这些问题上很重要吗？为什么是或为什么不是？
- 你觉得校长和老师们利用学校时间来讨论关于学生社会化和情绪行为的问题合适吗？

第 2 章
发展的背景

学习目标

1. 叙述布朗芬布伦纳的生态系统论。
2. 父母养育行为和家庭变迁如何与学校系统交互作用。
3. 同伴背景的各方面如何与学校系统交互作用。
4. 请解释扩展环境如何影响微观系统和个体的发展结果。

2.1 布朗芬布伦纳的生态系统论

目前在你的生活中谁是最具影响力的人？五年前这个人又是谁？你可能会想到在你的生活中有好几个人起作用。儿童和青少年在许多人的支持和影响下成长，例如家庭成员、朋友、老师，还有一些环境诸如邻居、学校。正是因为这些会对个人发展产生影响，所以这些人和环境被认为是发展的背景。关于发展背景最有名的理论——布朗芬布伦纳（Bronfenbrenner）关于人类发展的生态学理论（1994，2005）强调人（或遗传）与存在于环境中以及与发展相互作用的多种系统的联合作用，如图 2-1 所示。让我们详细考察一下这个模型，它是我们在这一章中讨论发展背景的框架。

- **微观系统**（microsystem），是个体最接近的环境，包括与发展中的个体直接相互作用的人、关系和系统，如家庭、同伴和学校。
- **中观系统**（mesosystem）将两个或多个微观系统联系起来。例如，父母和老师的交流将家庭和学校环境或家庭和儿童的养育环境联系起来。
- **外部系统**（exosystem）是由个体不直接参与的两个或更多的环境互动组成。对于发展中的儿童和青少年而言，外部系统包括家庭和他们父母的工作场所之间的联系。发展中的儿童与父母的工作场所通常没有直接的互动，但却受到这一环境的间接影响。例如，父母的工作压力会影响儿童的调适。
- **宏观系统**（macrosystem）包括许多更大的文化模式，如信仰、习惯、知识、道德等。布朗芬布伦纳认为，这不仅是指个体的种族或社会阶层，更

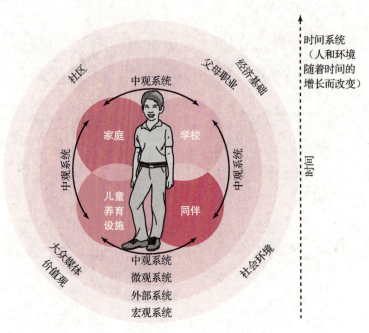

图 2-1 布朗芬布伦纳的生态系统模型

主要的是影响个体的社会特点。例如，低收入家庭儿童也许会在宏观系统中遭遇比中产阶级儿童更多的应激源，如低于标准的住房、拥挤或社区暴力（Evans & English，2002）。

- **时间系统**（chronosystem）是指存在于个体内部发展的时间特性以及围绕个体发展环境的历史。社会环境会随着时间的推移而变化，并在历史的各个时间点上对发展中的个体产生不同的影响。例如，在20世纪50年代，父母离异对儿童发展的影响被认为比今天更严重。

在过去的30年中有关发展的多数研究都涉及生态系统论的观点。本章中，我们将考察：

- 家庭和同伴的微观系统，尤其强调在教育系统中这些微观系统之间的相互作用（换言之，中观系统）；
- 父母的职业如何影响个体的发展（外部系统）；
- 种族和社会经济地位的联系（宏观系统），及它们与微观系统的关系。

2.2 家庭环境

可以说，在个体的生活中影响最大的微观系统就是家庭。让我们一起探索直接影响儿童的家庭的基本方面，父母养育、离异、再婚以及作为中观系统的一个成分，家庭如何与学校系统互动。

表 2-1 鲍姆林德的父母养育方式

	反应性	
	高 ←——————————————→ 低	
控制 高	**权威型** 设定权限或规则让儿童执行，但必要时父母也是很灵活的。父母和儿童表现出高水平的情感联系	**专制型** 设定权限或规则让儿童执行，但缺少情感联系。这种父母很不灵活，不能按照特殊情况通融一下
控制 低	**放任型** 父母既不给孩子设定权限，也不要他们执行规则。父母却与孩子有亲密的联系	**忽视型** 父母教养既缺少控制也缺乏反应性。父母通常没有意识到孩子的行为、朋友、困难或成绩

2.2.1 父母养育

父母养育方式，又称父母教养风格，是父母对孩子实施管教和表达情感的模式。其对儿童和青少年的发展具有重要的影响。戴安娜·鲍姆林德（Diana Baumrind，1966）认为典型的父母教养方式包括两个粗略的维度：控制和反应性。**控制**（control）指的是父母给予儿童限制与约束的方式和严厉性。**反应性**（responsiveness）包括教养中的情感、接受和关心。总之，控制描述的是教养的行为方面，而反应性则描述教养的情绪方面。基于这两个维度的各水平，鲍姆林德提出了四种教养风格，如表2-1所示。

- **权威型教养**（authoritative parenting）包括给儿童设定权限或规则让他们执行。亲子之间表现出高水平的情感联系，在必要时，父母也是很灵活的。例如，当父母知道孩子在学校里与同伴相处出现困难或正为没当成啦啦队的领队而伤心时，他们或许就没有平时那么严厉。

- **专制型教养**（authoritarian parenting）包括高控制水平的权限设置、要求执行规则，但却缺少情感联系。这种父母被认为是"独裁者"，很不灵活，不能按照特殊情况通融。例如，当父母看到其他所有孩子的分数都是A，而自己孩子的成绩报告单上是B时更倾向于做出消极的评价。

- **放任型教养**（permissive parenting）的父母控制相对较少，父母既不给孩子设定权限，也不要他们执行规则。但父母却与孩子有着亲密的联系，以致观察者认为这样的父母比其他父母都更像孩子的"朋友"。例如，父母会向杂货柜前发脾气的孩子妥协，给他们买糖果，或是不管正处青春期的孩子是否在家，通过这种不监控他们的方式来表达情感。

- **忽视型教养**（uninvolved parenting）既缺少控制也缺乏情感。父母通常没有意识到孩子的行为、朋友、困难或成绩。例如，父母也许不知道成绩报告单什么时候从学校寄到家中，说不出孩子朋友的姓名。这些父母处在忽略或虐待孩子的危险中。在专栏2-1中我们将看到更多关于虐待或忽略儿童的描述。除了家庭环境，虐待儿童也可能在微观系统中的其他各种环境下发生，如邻居、儿童保健机构、学校、教堂。在表2-2中我们将学习如何辨认虐待儿童的迹象。

专栏 2-1

关于有害家庭背景的案例——儿童虐待和忽略

虐待或忽略儿童对儿童的行为和身心健康有着十分负面的影响，其结果涉及身体、心理社会和环境等多领域。教室里的老师是在儿童的生活中最有机会觉察到虐待或忽略迹象以及干预孩子行为、终止虐待循环的人之一。

2004年，大约有872 000名儿童被确认为儿童虐待的受害者（U.S. Department of Health and Human Services，2006）。令人遗憾的是，尽管美国任何一天都有超过一半受虐待、被忽视的儿童在学校求学，但学校报告的虐待和忽略事件只占10%（McIntyre，1990）。这种来自学校的低报告率的一个原因也许是老师没有意识到这种虐待迹象。在近期的一项调查中，只有4%的老师"很清楚地察觉到"性虐待的迹象，17%的老师能察觉到明显的迹象，75%的老师完全不能察觉虐待的迹象（McIntyre，1990）。每一位教师都应该了解虐待的定义，有能力察觉潜在的虐待指标。表2-2列出了儿童虐待和忽视的类型。

报告指出，儿童虐待或忽略不仅仅是道德责任的问题，更是法律问题。最初于1974年制定的《防范与处理虐待儿童问题法案》（CAPTA）（P.L.93-247）是涉及儿童虐待和忽视的关键的联邦立法。该法案曾被多次修改，最近一次修改得到了2003年的《维护儿童和家庭安全法案》（P.L.108-36）的批准。报告对各州要求不同，但多数州要求任何一个有足够理由怀疑发生了虐待的人都要向当地社区的儿童保护组织或法律执行机构报告。教师们在没有掌握足够证据前或许不愿意报告，然而，假如报告未被证实，真诚的报告也不用承担任何责任（Fischer，Schimmel，& Kelly，1999）。对有虐待或忽视嫌疑不报告则可能导致犯罪和/或民事责任。多数州都设立了报告虐待和忽视的热线（一周7天，每天24小时开通）。关于如何报告的其他信息可通过（美国）国家儿童虐待帮助热线进行咨询，电话1-800-4-A-CHILD。

表 2-2 儿童虐待和忽视的类型

类型	定义	身体指标	行为指标
身体虐待	任何非偶然的对儿童的伤害或允许非偶然的伤害发生,包括踢、烧、摇、鞭打等	这种虐待类型的身体症状包括青淤、伤痕、肿块,无法解释的骨折,被香烟烫伤、浸入性烫伤。疑似案例包括皮肤上的手印,不同康复阶段的不断受伤,洗澡烫伤的痕迹,非接触区域的肌肉损伤	可能的虐待的行为指标包括对虐待的口头报告、抑郁、极端行为、角色逆转、表现出对照顾者的害怕、夸张的惊吓反应、旷课、低自尊
性虐待	一个成人(或有力量的儿童)与儿童之间的任何性行为,或者允许他人利用儿童。这包括抚摸、侵犯、性交、观看色情作品、暴露癖、儿童卖淫、口交以及被迫观看性行为	性虐待的身体症状包括任何性病,生殖器或直肠的受伤或肿大,膀胱、尿道或直肠有杂质,在走或坐时感到困难或疼痛,盆腔炎、一再发生的撕裂性泌尿系统感染,内衣被沾污或有血迹,16岁以下怀孕	可能的性虐待的行为指标包括过早的关于性行为的知识,攻击性的、外显的性行为,睡眠障碍,不断洗澡,强奸,自残,虐待动物,画生殖器或阴道的图片,对某人或某地点表现出特别的恐惧,对性虐待的报告
情绪虐待	任何妨碍儿童心理健康或社会性发展的态度或行为,包括吼叫、贬低、无礼,不给予情感和支持,缺乏关注、缺乏赞扬,对儿童自尊的系统性破坏	(情绪虐待没有对应的身体指标)	可能的情绪虐待的行为指标包括低自尊,难以建立积极的关系,不信任,移情能力差,违抗行为、排泄障碍、言语障碍、饮食障碍,从伤害他人中获得快乐,自杀倾向以及对虐待的报告
忽视	剥夺正常发展所需的必要条件(如食物、庇护、监护、教育、医疗)	忽视的身体指标包括卫生条件差,破损、肮脏,与季节不符的衣物,发展滞后,低体重,病弱的外表	忽视的行为指标包括单调或无精打采的行为,乞讨或偷窃食物,持续疲劳,酒精或药物的滥用,报告不被理会或被遗弃

研究结果一致将权威型教养与积极的发展结果联系起来。拥有权威型父母的学龄儿童和青少年健康调适的水平高,心理健康问题或问题行为较少(Kaufmann et al., 2000; Shek, 2005)。同时,最理想的父母教养风格应该建立在父母和儿童生活的文化大背景上。而且,权威型教养对于阻止那些生活在高失业率、低收入而且没有充足警力社区中的年轻人的反社会行为是很重要的。

父母教养与学校系统如何产生相互作用?两个微观系统间的相互作用(这里是指家庭和学校)被称为中观系统。家庭和学校微观系统之间的相互作用是明显的,因为权威型教养方式与不同种族的学龄儿童和高中生的学业成就有关(Gonzalez, Holbein, & Quilter, 2002; Mandara, 2006; Pong, Hao, & Gardner, 2005; Tam & Lam, 2003)。例如,拥有权威型父母的学生倾向于拥有较高的学业成就以及对学校更好的态度,他们在家庭作业上花更多的时间,更愿意接触老师、学习,课堂上的不良适应行为水平更低(Simons-Morton & Chen, 2009; Walker & Hoaer-Dempsey, 2006)。教师不大可能改变家庭中的父母养育方式,但他们能根据父母教养方式来了解儿童和青少年课堂行为的原因。

> 思考:你的家庭教养方式属于哪一种类型?如果你拥有双亲,他们的教养方式相同还是不同?你认为父母教养方式如何影响你的教育或学业成就?

2.2.2 离异和再婚

现在,大约50%的初婚和60%或更多的二次婚姻以离异告终(Fine & Harvey, 2006),结果就导致全美国儿童中大约一半的孩子将在单亲家庭中生活相当长的一段时间(Hetherington, Henderson, & Reiss, 1999)。尽管并不是所有的儿童和青少年都会经历父母离异带来的困难,但有一些孩子会。儿童和青少年也许在父母离异之前也经历困难。事实上,他们会在父母离异前后几年经历最为严重的困难,学业成绩很差(Sun & Li, 2002)。离异所带来的困难被认为是家庭功能改变而不是家庭结构改变产生的结果(Demo & Acock, 1996)。家庭功能改变可能产生包括以下的问题。

(1)因离异而产生的家庭冲突是与儿童和青少年心理调适有关的家庭功能的一个重要方面(Amato & Cheadle, 2008; Bing, Nelson, & Wesolowski, 2009)。尽管婚姻冲突发生在离异之前,但冲突水平通常会在离异这段时间增加。生活在高冲突完整家庭中的儿童也经历与离异家庭儿童类似的困难。注意力困难尤其会导致学校方面的问题。为他们父母关系的稳定而担心或焦虑的孩子可能会缺少集中力,从而导致在学校中糟糕的同伴关系和行为问题(Bascoe, Davies, Cummings, & Sturge-Apple, 2009)。

(2)在离异期间由于父母忙于应付他们自己的

痛苦，他们混乱的养育方式对由教师评定的儿童的社会性和认知功能都会产生影响（Forehand, Thomas, Wierson, Brody, & Fauber, 1990）。一度是权威型的父母也会由于他们自己的问题而很少给孩子提供有效的认知资源，并且放松对孩子的监护和管理（Hetherington, 1991; Nair & Murray, 2005）。如果父母在家中设定的规则一致，儿童伴随父母离异而遭遇的困难就相对较少。

（3）家庭经济下滑也对家庭功能有消极的影响（Amato & Keith, 1991; Pong, 1997, 1998）。没有职业的父母或许需要获得一份职业，有职业的父母则可能需要工作更长的时间或赚取第二份收入来维持家庭的经济水平（外部系统）。离异后的经济状况也许会导致搬家，搬到更小的房子中或与更低社会经济地位的家庭为邻居（宏观系统），这也可能使孩子学业成绩下降。

有些孩子由于他们的发展水平、性别、人格或关系的缘故，也许更难以应对父母的离异（Davies & Windle, 2001; Hetherington, Bridges, & Insabella, 1998），尤其是：

- 年幼儿童；
- 男孩比女孩更困难；
- 异性父母获得监护权的儿童（通常是男孩）；
- 拥有困难气质的儿童或总是对环境变化很难适应的儿童；
- 没能拥有直系亲属以外的支持性关系（如教师、阿姨、叔叔、教练）的儿童。

尽管儿童在父母离异时遭遇了很多困难，但在父母离异几年后，已经处于青春期的儿童可能还会遭遇困难，这种现象被称为"**睡眠者效应**"（sleeper effect）（Hetherington, 1993）。经历睡眠者效应的青少年会表现出诸如药物酒精滥用、行为问题、学业成绩差、人际关系差，包括他们自己在年纪较大时高离婚率等困难。这些困难的产生被认为是由于青少年时期有更多机会涉足药物和酒精的滥用、与同伴和恋人建立亲密关系，而这些因素在儿童阶段则较难获得。

还有些与离异有关的家庭功能问题，如家庭冲突、父母教养方式的瓦解，都会在再婚家庭中继续存在（Hetherington et al., 1998）。家庭内部的每一次转变或变化都会使儿童和青少年的心理健康受损。再婚导致了家庭动力的第二次变迁。结果是，来自再婚家庭的青少年比来自单亲家庭的青少年学业成绩更低、更多卷入违法行为（Amato & Keith, 1991; Hetherington, 1993; Sun & Li, 2009）。有些儿童更有可能处于经历再婚困难的危机之中，这些儿童包括（Hetherington et al., 1998; Sun & Li, 2009）：

- 年长的儿童；
- 女孩比男孩更严重；
- 困难气质的儿童。

离异和再婚如何在中观系统中与学校产生相互作用？来自离异和再婚家庭的儿童比来自完整家庭的儿童更可能出现学业成就低和更多的学校问题行为（Kurdek & Sinclair, 1988; Potter, 2010）。既然了解了家庭功能可能是这些困难的原因，也知道了特殊儿童更有可能经历这些困难，这就使得教育者要提供必要的支持来帮助这些处在家庭变迁中的孩子。儿童和青少年若拥有家庭以外支持性的成人关系，如与特定教师良好的关系，

家庭变迁

如果在家庭变迁时儿童和青少年拥有家庭以外成人的支持（如教师或教练），他们经历的困难就相对较少。

他们经历困难的可能性就更小（Dornbusch et al., 1985; Hetherington, 1993）。另一方面，教师也可能会基于学生个体的特点和家庭环境在不知不觉中形成消极期待，这会导致**实现**（self-fulfilling prophecy），一个无事实根据的期待会变成现实，仅仅是因为它被期待了。例如，一位教师了解到离异和学业成就之间的关系，可能就会对离异家庭的儿童产生较低期待，这可能导致学生在学校中较低的学业成就。

现今课堂上的教师们要面对来自各种不同家庭结构的孩子。关于家庭功能和结构的知识能帮助教师理解某些儿童为什么在学校中会经历困难。然而，家庭环境不应该只是被用于形成对某些学生的低期待，相反，它会提供关于谁最可能在学校的微观系统中需要额外帮助的信息。

2.3 同伴背景

除家庭之外，同伴被认为是影响个体发展第二重要的微观系统。我们一起来考察儿童和青少年的友谊和同伴群体的发展以及同伴地位与教育实践如何产生相互作用（中观系统）。

2.3.1 友谊和同伴团体

一般认为，在儿童和青少年时期拥有朋友与许多积极的结果相关，因此友谊非常重要。例如，有亲密友谊关系的儿童倾向于拥有更好的社会能力、更加自信、更高的自尊，同时也更少遭遇转学困难，有更高的学业成就（Hartup, 1996）。因此父母和老师们尽管知道友谊会随着个体发展而产生变化，但也应鼓励儿童和青少年们的友谊。

学前儿童的友谊与青少年时期的友谊有本质上的区别。在儿童早期和中期，他们的友谊建立在即时即地互动的基础上。例如，两个学前儿童在一起玩得很好，会认为他们是最要好的朋友，但一会儿又会因为没有分享或不愿屈服于对方的要求生气，宣称他们再也不是朋友了。在几分钟之内，他们会再产生互动，又宣称他们是好朋友了。儿童后期和青春早期的友谊是建立在更稳固、具有更相似品质的基础上，如特定的爱好（我们俩都喜欢芭比娃娃或电子游戏）或特定的分享和友好的特性。到了青春期，友谊则建立在共同的价值观和更复杂兴趣的基础上，如对学校的态度、职业抱负以及成就（Hartup, 1996）。其结果是，独立的同伴团体开始在青春期产生。

在过去的 20 年里，对青春期形成的同伴团体进行的许多研究是由 B. 布莱福德·布朗（B.Bradford Brown）和他的同事们进行并撰写的（Brown, 1990, 2004; Brown & Klute, 2006; Brown, Mory, & Kinney, 1994）。中学时期，同伴团体开始形成小集团和同伴群体。**小集团**（clique）是由 2～8 个相互之间十分了解的个体组成的小群体。小集团能提供学习社会技能，教授如何在人际关系中进行交流以及提供暂时的小团体领袖角色的机会。这些小集团拥有一定的社会结构和共同分享时光的地点。例如，一个小集团可能待在当地的旅馆里，另一个可能在学校集合，还有的可能待在某个青少年的家里。

友谊发展
学前儿童的友谊建立在即时即刻互动的基础上。

小集团成员通常在许多人口学特征上非常相似，如年龄、社会经济地位、种族，还有共同的活动（如穿着和音乐）和价值观（Hamm, 2000; Hartup, 1996）。例如，某个小集团成员通常都有关于学校重要性的相似信念以及在违法行为和物质滥用的卷入程度上相似的水平（Crosnoe, 2002; Hussong, 2002）。另外，小集团在中学时通常包含同性朋友，但到高中时就发展到混合性别的小团体（Xie & Shi, 2009）。小集团成员的相似性也许是由于：

- 同伴选择过程，青少年竭力找到与自己相似的人；
- 同伴社会化过程，不相似的青少年随着时间推移变得更相似。

与规模较小、以互动为基础的小集团相比，**同伴群体**（crowds）的规模更大，这是基于声誉来划分的，一般在整个学校辖区拥有共同的标志，并因性别不同而不同（Youniss, McLellan, & Strouse, 1994）。它们包括：

- 活跃分子，拥有众多朋友，知名度高，酷，社会性水平高（女孩比男孩更有可能性）；
- 体育明星，参与运动和身体活动（男孩比女孩更有可能性）；
- 书呆子，聪明，学习成绩优异（男孩和女孩皆有可能）；
- 普通人，一般人，社会性水平高（女孩比男孩更有可能性）；
- 孤独者，属于一个很小的群体，朋友少，不遵守规则（女孩比男孩更有可能性）；
- 边缘人，药物、酒精滥用，身体攻击（男孩比女孩更有可能性）。

到了九年级，多数青少年对于谁归属于学校系统中的哪个群体达成共识，这些标签为青少年们提供了同一性发展的基础，即了解了他们是谁、他们如何融入社会（Newman & Newman, 2001）。同伴群体在中学中有等级化倾向，因此它关系到自尊或成员在多大程度上积极地看待自己。处在较高地位同伴群体中的青少年，如活跃分子和体育明星，通常比处于较低地位的群体中的青少年，如边缘人有更高的自尊（Prinstein & La Greca, 2002）。同伴群体的等级会随时间而变，这些群体的成员在高中的后期更容易产生变化，因此个体也许不只属于一个同伴群体（Youniss et al., 1994）。

同伴和学校微观系统的互动是布朗芬布伦纳生态系统模型中中观系统的另一个例子。正如前面所讨论的，拥有朋友的儿童比缺少友谊的儿童更可能获得较好的学业成绩、能更好地处理学校转变，如从小学进入中学。同样地，在青春期加入小集团或同伴群体会促进社会技能和同一性的形成，这两者都与高水平的学业成绩相关（Denham et al., 2003；Streitmatter, 1989）。因此，教师应该促进学生在早期发展中的同伴间友谊，在整个青春期继续支持同伴团体的形成。

> 思考：你能列出你在高中时的小集团吗？高中时代，哪个群体标签最能代表你？同伴团体如何帮助或阻碍你的学业进步？

2.3.2 同伴地位

除了友谊和同伴团体，个体在同伴中的社会地位也是同伴微观系统中的一个重要因素。同伴地位通常是由适宜的社会行为（如照顾、领导技能）和攻击行为来决定的。积极的社会行为和攻击是个体发展各水平上的重要决定因素——学前儿童、小学生、初中生、高中生以及农村非裔美国青少年（Burr, Ostrov, Jansen, Cullerton-Sen, & Crick, 2005；Farmer, Estell, Bishop, O'Neal, & Cairns, 2003；Rose, Swenson, & Carlson, 2004）。

在讨论同伴背景时，攻击通常会让人联想到身体攻击或**外显攻击**（overt aggression），如打架、蓄意的

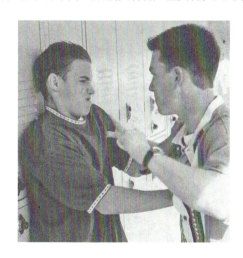

性别和攻击

初中时期，男孩更可能使用外显攻击，而女孩则更可能采用关系攻击。

肢体性伤害。近期研究又提出第二种攻击类型：关系攻击（Crick & Grotpeter, 1995）。**关系攻击**（relational aggression）特别是指在一个同伴团体中蓄意破坏另一个人的友谊、社会地位或融入感的行为。这些行为包括说闲话、散布谣言，排斥某人以达控制他们的目的。在儿童期和青春期，男孩们更可能使用外显攻击，而女孩们则更可能表现出关系攻击，尤其是在初中时期（Crick & Grotpeter, 1995; Mathieson & Crick, 2010; Ostrov & Crick, 2007）。

根据儿童和青少年在同伴关系中表现出的适宜社会行为或攻击行为，可以将他们的同伴地位分为几类：受欢迎型（popular）、被拒绝型（rejected）和被忽视型（neglected）。

受欢迎型。基于不同的观点，研究者们认为受欢迎实际上有两种独立的形式（Cillessen & Rose, 2005）。第一种类型，称为**社会人际的受欢迎型**（sociometric popularity），学生们对于班级中或年级里最喜欢和最不喜欢的同伴进行提名。在**知觉到的受欢迎型**（perceived popularity）中，学生们对最受欢迎或最"酷"的同伴和最不受欢迎或最不"酷"的同伴进行提名。社会人际的受欢迎型和知觉到的受欢迎型都包含积极行为的特点，如合作、表现出适宜的社会行为。与社会人际的受欢迎型个体不同的是，那些知觉到的受欢迎型个体有时会同时受到被喜欢和不被喜欢的提名，这意味着他们的受欢迎是有争议的。然而，这两种受欢迎型的最主要区别在于在同伴地位中是否表现出攻击行为。社会人际的受欢迎型与攻击行为无关，而拥有高水平的知觉到的受欢迎型个体则可能显示出较高水平的外显或关系攻击（LaFontana & Cillessen, 2002）。然而，关系攻击比外显攻击在同伴地位中起着更为重要的作用，在被知觉的受欢迎型女孩中的作用也比同样类型男孩大。从小学向初中转化的过程中，儿童更可能采用关系攻击来获得或维持高水平的同伴地位（LaFontana & Cillessen, 2002; Puckett, Aikins, & Cillessen, 2008）。高社会技能水平的初中生在实施威胁要收回友谊、将他人从同伴群体中排除出去或散布谣言等行为上更有效（Adler & Adler, 1998; Xie, Cairns, & Cairns, 2005）。

被拒绝型。并非所有表现出关系攻击或外显攻击的个体都被认为是受欢迎的（Rose et al., 2004; Vaillancourt & Hymel, 2006）。表现出攻击行为，却没有表现出合作和社会技能等积极行为的个体通常被认为是**被拒绝的青少年**（rejected youth）。被拒绝的青少年很少被同伴（包括他们自己所在的同伴小集团成员）喜欢，他们常常是更小的同伴小团体的一员（Bagwell, Coie, Terry, & Lochman, 2000）。另外，在被拒绝的学生中，暴力也许会引发暴力。例如，处于被拒绝的地位以及对关系攻击的使用与女孩关系攻击的提高有关。同样地，被拒绝和外显攻击与男孩女孩外显攻击的增加有关（Werner & Crick, 2004）。许多人认为欺凌（bullying）是攻击和强制行为的一种形式。被攻击会导致高水平的攻击，这样攻击的受害者自己就变得具有攻击性了。例如，一项关于八年级非裔美国学生的研究发现，遭受同伴外显攻击或关系攻击的受害者自己也很可能具有攻击性（Sullivan, Farrell, & Kliewer, 2006）。不幸的是，有轻度残疾的学生比一般的学生，更有可能成为欺凌的受害者；而一般的学生比那些有天赋的学生更可能成为欺凌的受害者（Estell et al., 2009）。

被忽视型。同伴地位的最后一种类型包括那些既不受欢迎也没有攻击性的个体，他们被认为是**被忽视的青少年**（neglected youth）。被忽视的个体通常都没有喜欢或不喜欢的提名，也没有显示出高频率的外显或关系攻击（Brown, 2004）。由于对这种同伴地位的研究证据很少，因此对于他们的相关特点也知之甚少。

> 思考：回忆一下，在你高中时，谁由于被大家喜欢而被认为是受欢迎的，谁被认为是受欢迎却不被大家喜欢的。攻击行为对这些不被喜欢的受欢迎学生起作用吗？

同伴地位与学校在中间系统中如何进行相互作用？受欢迎但未必被喜欢的学生更少参与到学业之中，而那些被同伴喜欢的学生则更多参与到学习活动中（de Bruyn & Cillessen, 2006）。由于受欢迎性和攻击都与学业卷入和后期的破坏行为有关，教师有必要确认并消除这些攻击行为。弗兰克·巴龙（Frank Barone, 1997）的一项研究显示，咨询员、教师和管理者常有低估学校中欺凌行为发生概率的倾向。对八年级学生的调查显示，60%的学生报告曾在初中时因校园欺凌而烦扰，而学校教职员工却认为只有16%的学生曾被欺凌过。当老师们发现小学男生的外显攻击并对其做出反应时，比之不怎么受欢迎的男孩，他们通常对更受欢迎的男孩表现出更多的责备（Nesdale & Pickering, 2006）。教师们认为受欢迎的孩子对其他孩子行为的影响更大，因此他们对受欢迎的男孩责备得更多。尽管受欢迎型会影响教师判断谁该受到责备，但攻击性男孩的受欢迎型并不影响教师对他们行为的惩罚。

目前的研究尚未考察教师们对女孩向男孩或女孩表现出外显攻击或关系攻击的反应。我们假设，由于女孩们的攻击行为更不明显、更不直接，所以教师们在确定关系攻击和应该责备谁上有困难。例如，当一个孩子打、踢或掌掴另一个孩子时，教师们可以清楚地看到外显行为，但他们却难以"看"到散布谣言或说闲话等关系攻击行为。基于关系攻击和消极结果的关系，教师们应该努力发现关系攻击，并就像对待外显攻击那样迅速对这些攻击行为做出反应。最近一项针对农村学校的干预方案成功地提高了教师识别学生是否参与欺凌的能力（Farmer, Hall, Petrin, Hamm, & Dadisman, 2010）。这些针对学校教职员工进行的有关攻击性的教育与培训是有益的。

2.4 扩展环境

尽管家庭、同伴和学校这些微观系统最直接影响儿童，布朗芬布伦纳的模型也包括了那些对发展中的个体影响较不直接的系统——外部系统和宏观系统。

2.4.1 父母雇用

在今天的经济情况下，父母通常都外出工作，这使得父母的工作场所成了学生外系统中的一个普通因素。也就是说，父母工作场所对发展有间接影响。30年前，当更多的母亲重返工作场所时，研究者们考察了这对儿童和青少年发展的影响，并未发现消极的结果。相反，还发现了许多积极的结果，尤其是对女孩而言（Hoffman, 1974）：

- 妈妈有工作的女孩比妈妈没有工作的女孩倾向于有更好的学业抱负或更希望在学业方面表现优秀，她们在学校的学业成绩也更好；
- 妈妈有工作的女孩比妈妈没有工作的女孩倾向于有更高的智力测验分数（IQ分数）；
- 妈妈有工作的女孩比妈妈没有工作的女孩更不可能卷入违法行为；
- 妈妈有工作的女孩比妈妈没有工作的女孩更有家庭责任、有与积极结果而非消极结果相关的情况，如更高的社会性发展水平。

近期更多的关于父母雇用的研究显示，双亲都工作在总体上并没有对儿童产生消极或积极的影响（Crouter & McHale, 2005）。例如，工作妈妈比非工作妈妈较少花时间与孩子在一起，但妻子工作的爸爸却比妻子不工作的爸爸更多参与孩子的养育。总之，父母雇用似乎对孩子没有什么影响，甚至与女孩积极的学业成就、抱负和智力有关。

父母雇用

妻子工作的爸爸比妻子不工作的爸爸更多地参与孩子的养育。

作为儿童和青少年生活中外部系统的父母雇用也会通过父母的工作满意度或职业压力对孩子产生间接的影响。20世纪70年代的数据显示，对自己工作满意的妈妈的孩子比想工作却没去工作或对不想工作的妈妈的孩子拥有更多的积极结果（Hoffman，1974）。同样地，近期多数研究显示，工作压力或许与父母教养方式有关。高水平的工作压力会导致妈妈从她的学龄前孩子那里退缩或与她正处于青春期的孩子产生冲突（Crouter, Bumpus, Maguire, & McHale, 1999；Crouter & McHale, 2005）。

由于父母的工作满意度和工作压力是外部系统中的成分，因此它们与学校系统的互动不是太直接，但也不是完全没有。体验高水平职业压力和不满意度的在职父母更少表现出有效的教育行为，而这会影响他们孩子的学业成绩（见图2-2）。教师们或许无法改变父母的雇用状况、职业满意度或教养行为，但他们必须了解外部系统的这一方面会间接影响课堂上的学生。

父母雇用对学校系统更为直接的影响是许多家庭对儿童养育机构的需要。儿童养育机构是儿童生活中的微观系统，但它们存在于父母雇用的扩展环境中。大约50%一岁以下婴儿的母亲和75%学龄儿童的母亲使用儿童养育机构（Scarr, 1998）。儿童养育机构存在多种选择，包括家庭的或养育中心的，有执照的、没执照的，营利性组织、非营利性组织等。在养育中心待的时间并不是和养育质量同等重要（McCartney et al., 2010）。从出生直到4岁的高质量养护对青少年时期的学业表现有积极的影响（Vandell et al., 2010）。高质的养育通常意味着一个温暖、支持性互动的安全环境，这样的环境能促进儿童发展。高质量养育的特点包括：

- 在家里或课堂的小班规模；
- 课堂上的教师和学生的生比率较低（老师多，学生少）；
- 拥有接受过儿童早期教育或儿童发展训练的有资格的教师或儿童养育者；
- 师资的高稳定性或低变动率。

尽管养育质量是一个很重要的微观系统，但其他因素似乎对后期发展有更重要的影响。1991年起，一项政

图2-2 外部系统的相关性
父母雇用对学业成就的间接影响。

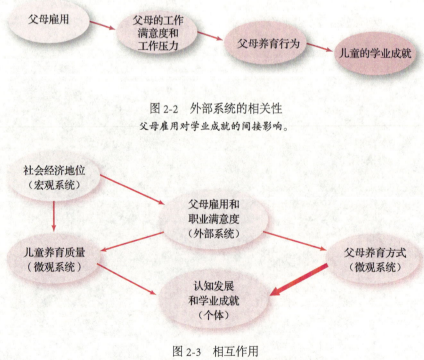

图2-3 相互作用
系统之间相互依赖，表现出对个体的直接和间接的影响。

府基金项目考察了儿童养育机构，对儿童从出生起追踪到六年级。最近的发现显示，父母养育方式比儿童在养育机构中的经历更能预测儿童后期的发展结果（Belsky et al.，2007；Pluess & Belsky，2010）。扩展环境因素与学校系统有关，它们比儿童养育质量对儿童的认知和学业表现出更大的影响。例如，尽管儿童养育质量与儿童的言语和认知发展有关，但由于与社会经济地位高的邻居生活在一起会有更多的机会接触高质量的儿童养育，因此这种关联就可以由家庭收入和社会化经济地位来解释（Brooks-Gunn，Han，& Waldfogel，2002；Scarr，1998）。图2-3描绘了微观系统、中观系统、外部系统和宏观系统如何一起影响个体的复杂特性。

2.4.2 文化因素

就像父母养育行为（微观系统）和父母的雇用情况（外部系统）那样，甚至是扩展环境因素，社会经济地位（宏观系统），也对儿童和青少年的发展产生影响。宏观系统不仅限于社会经济地位，还包括种族、文化价值观在内的多种因素。更具体地说，高度贫困的学校系统和高度隔离的非裔美国人学校系统可能对个人差异之外的教育成果产生负面影响（Borman & Dowling，2010）。

同样地，有关教育的文化价值观也在儿童和青少年的学业表现中起十分重要的作用。几乎所有的父母都希望自己的孩子在学业上上进、能够成功，但父母的期待会随着种族和社会经济地位的变化而变化。例如：

- 亚裔美国学生报告他们的父母比白人父母对学业成功有更高的期待和标准（Chen & Stevenson，1995）；
- 非裔美国学生也报告他们的父母对他们有更高的期待，但这种期待没有白人父母的高（Ogbu，2003）。

父母的不同期待与他们对教育效益的信念相符。例如，非裔美国人对教育的有用性表示怀疑，因为他们中的许多人相信即使接受了教育，他们仍会被区别对待，他们成功的机会是有限的（Ogbu，1994，2003）。因此，当非裔美国学生想到没有受教育时，他们对未来消极的观点更少，而亚裔美国学生则在考虑到没有接受教育时对失败或消极的结果表现出更大的恐惧（Steinberg，1996）。

认为教育会带来更大效益的文化信念会导致父母或多或少地卷入孩子的教育中。父母参与和更广泛的文化信念之间的联系是很重要的，因为父母高参与高学术成就之间有稳定的相关性（Jeynes，2008）。非裔父母比白人父母更少参与诸如家长-教师组织、工作坊、学校接待日等，也更不可能为孩子的家庭作业提供帮助或检查已经完成的家庭作业（Ogbu，2003）。非裔父母的低卷入最可能来自学校不需要他们帮助教育孩子的误解，结果是这些父母没有认识到他们在学校或作为家庭作业促进者的重要性（Ogbu，2003；Steinberg，1996）。相反，亚裔美国人对学校系统高度卷入，亚裔美国学生比白人学生花更多的时间在家庭作业上（Steinberg，1996）。简而言之，文化信仰的宏观系统会影响家庭微观系统，尤其与家长对教育的卷入程度有关，并与学校环境产生互动（中间系统）。

需要提醒教师和教育工作者的是，教育信念以及对教育支持的信念的不同不仅存在于不同种族之间，也存在于同一种族内部。每个学生的家庭对教育所持的价值观存在于他们的种族之外。正如我们已经讨论过发展的诸多背景那样，教师们很难改变学生家长的文化价值或信念。然而，教师们应该继续对所有学生提供教育重要性上的鼓励和支持，无论他们属于什么民族、什么人种或什么样的社会经济地位。

本章小结

1. 叙述布朗芬布伦纳的生态系统论

布朗芬布伦纳的生态系统论强调生物性的人与环境系统的互动，环境系统包括微观系统、中观系统、外部系统、宏观系统和时间系统，对于家庭和同伴的研究就基于这个理论，并有助于对发展结果做出解释。

2. 父母养育行为和家庭变迁如何与学校系统交互作用

根据控制和反应性水平可将父母教养方式分为四种。权威型教养似乎对儿童和青少年的学业成就和学校表现最有益。尽管来自离异或再婚家庭的儿童比来自完整家庭的儿童更可能学业成绩差、更可能在学校中表现出问题行为，但不是所有的儿童都会遭遇困难。困难确实会随着每一次家庭变迁而加剧，这意味着再婚家庭比单亲家庭的孩子可能在学业成绩上更差。教师们应该运用有关家庭环境的信息来帮助了解儿童的困难，并对这样的儿童和家庭提供额外的帮助。

3. 同伴背景的各方面如何与学校系统交互作用

拥有朋友和归属于一定同伴团体的儿童比没有朋友和同伴关系的儿童拥有更好的学校表现。另外，被同伴所喜欢的儿童或青少年比不被同伴喜欢或被同伴忽视的儿童和青少年更可能参与到学校生活中。由于外显攻击以及关系攻击和消极结果的相关，教师们有必要识别这两种攻击行为。

4. 请解释扩展环境如何影响微观系统和个体的发展结果

父母雇用等外部系统对儿童发展的影响与通过工作满意度和压力对儿童的间接影响不是同等重要的。另外，父母在外工作可能会导致儿童生活中出现新的微观系统——儿童养育，但儿童的发展更多受到社会经济地位和邻居的宏观系统的影响。宏观系统也会随着种族和文化价值而变化，因此父母对教育成就的期待和支持会在种族之间或种族内部发生变化，这有助于解释学生学业成就的差异。

案例学习：反思与评估

儿童早期：爱哭的孩子

1. 基于案例提供的信息，请推测安妮的妈妈和查达的爸爸最有可能采用什么样的养育方式。
2. 安妮和查达的家庭结构如何影响她们的行为？
3. 安妮声称自己不再是查达最好的朋友了，这样的话符合其发展特点吗？
4. 当泰勒进入小学时，她的攻击行为如何演变成与同伴的关系问题？
5. 安妮和查达父母的雇用状况在她们的发展中起什么作用？
6. 安妮和查达的家庭对教育有什么不同的信念？哪些因素可以解释这些差异？

小学：小团体

1. 布朗芬布伦纳的生态系统论对于理解凯西的经历有什么重要性？
2. 基于案例研究提供的信息，请推测帕翠西娅的妈妈玛丽最有可能采用什么样的教养策略？
3. 凯西父母的离异可能通过什么特定的途径影响她的行为？
4. 凯西的"团队"最有可能指什么样的同伴团体？
5. 基于案例提供的信息，扎克把欺凌者的标签贴给比尔正确吗？为什么对或为什么不对？
6. 罗西欧对待男孩和女孩的做法一样吗？基于本章的研究，教师应该怎样根据学生的性别和攻击类型做出不同的反应？

初中：篮球明星

1. 西拉的爸爸最有可能采用什么样的教养策略？达拉的爸爸呢？
2. 西拉、达拉和马克的家庭结构如何影响他们的行为？
3. 识别本案例中的小集团和同伴群体。这是在初中阶段形成的吗？在以后的几年中它们会发生怎样的变化？
4. 吉尔、西拉、达拉和马克拥有什么样的同伴地位？请提供能代表这些地位的他们特定行为的例子。他们的同伴地位如何影响他们的学校表现？
5. 吉尔和西拉采用什么类型的攻击？萨拉呢？马克呢？为什么老师对他们表现出的攻击行为反应不同？

高中：偷窃、欺骗和打架

1. 这些电子邮件的内容合起来如何更好地反映生态系统模型？
2. 普莱斯丽女士认为家庭该对这些行为负责。她认为家庭生活的哪些方面对这些行为有影响？
3. 普莱斯丽女士对离异、再婚和父母雇用的描述哪些是正确的，哪些是不正确的？
4. 教职员工们提供了哪些关于小集团和同伴群体的案例？高中有这些典型的团体吗？为什么有或没有？
5. 教职员工们提供了哪些关于关系攻击和身体攻击的案例？基于本章的研究，是青少年的性别使他们表现出了特定的典型或非典型的攻击吗？

第 3 章
社会性发展

学习目标

1. 描述环境对 8 个心理社会危机发展的影响。
2. 描述同一性状态的四种类型。
3. 解释种族同一性和性别认同的发展。
4. 比较自我概念和自尊。
5. 解释社会能力的三个组成部分

3.1 埃里克森的心理社会理论

艾里克·埃里克森（Erik Erikson，1958/1980）的理论是人跨越整个一生最合适的发展理论之一。其他理论通常都是从婴儿期开始，止于青春期，包括弗洛伊德的心理性欲理论和皮亚杰的认知发展理论。埃里克森的理论关注个体一生中影响发展的社会因素，如家庭和同伴的重要性，确定了 8 个发展阶段，如表 3-1 所示。在每一个发展阶段，个体都要面临和掌握（如果一切顺利的话）一种新的心理社会挑战，称为**心理社会危机**（psychosocial crisis）。每一种心理社会危机都有两种发展结果，积极的和消极的。埃里克森的前 5 个发展阶段和心理社会危机可直接用于教育情境下的儿童，而后 3 个阶段可用于成人，包括教育情境中的教师和管理者。我们来考察每一个阶段。

1. 信任对不信任

第 1 阶段包括婴儿期。父母和最初的照顾者是主导的环境或社会影响。通常对婴儿的需要做出可靠反应的照顾者会为婴儿提供一个世界，在这个世界中，婴儿认为他的需要会被注意到，他学会信任这个世界。他们的需要若未得到满足，他们则认为这个世界也许不能满足他的需要，他则发展出不信任感。无独有偶，依恋理论也描述了给婴儿提供一个温暖、安全环境的母婴联系的重要性（Bowlby，1969，1973）。实验数据证实了反应性教养和把自我看成是可爱的、将他人看作可依赖的或

表 3-1 埃里克森的心理社会理论

阶段	发展时期	心理社会危机	重要关系	重要事件
1	婴儿期	信任对不信任	父母或最初照顾者	喂养、换尿布
2	学步期儿童	自主对羞怯或怀疑	父母或最初照顾者	如厕训练，行走
3	学龄前期	主动对内疚	家庭和儿童早期的教育者	学会涂色、书写，角色扮演游戏
4	学龄阶段	勤奋对自卑	父母、教师和同伴	学会阅读和完成任务
5	青春期	同一性对同一性混乱	同伴群体和角色榜样	花更多的时间与朋友和恋人在一起
6	成年早期	亲密对孤独	朋友和恋人	尝试新事物的机会
7	成年中期	繁殖对停滞	同事	职业选择和志愿者实践
8	成年晚期	完善对绝望	人类，社会	反思自己的一生

资源来源：A. Lefton Lester, *Psychology* (5th ed.). Boston, MA: Allyn and Bacon. Copyright 1994 by Pearson Education. Adapted from Erikson (1959), *Identity and the Life Cycle* (*Psychological Issues*, Vol. 1, no. 1).

可信赖的自我观点之间的联系，而冷漠、拒绝的教养方式则与将自我看成是不可爱的以及他人是不可信任的自我观点有关（Cassidy，1999）。

2. 自主对羞怯或怀疑

第 2 阶段关注学步期儿童，这一时期的儿童继续受到父母和最初照顾者反应的影响。学步期儿童能自己移动，自己试图做很多事，如自己如厕、行走、自己玩等。父母若给孩子提供机会让其探索周围环境，不担心发生什么、不担心孩子犯错误，则可能在孩子心中逐渐注入自主感。相反，因为错误或意外惩罚孩子，或是过度保护的父母——不允许孩子自己向前移动，则会在孩子心中注入羞愧感或对自己能力的怀疑感。

由于儿童行动能力的发展和不断增长的语言能力，遵从父母和照顾者的要求也就成了发展自主性中的一项重要的任务。儿童可以选择遵守成人的命令，如当要求收拾玩具时会把玩具收拾干净，或者选择违抗权威，典型的情况是他们会说"不"。在这一阶段，儿童开始试探父母的底线，要求父母和照顾者建立规则、明确纪律的问题。儿童的气质和父母的教养风格会影响儿童如何解决自主危机。温暖和反应性的教养——提出合理的期待和选择，并提供适当的指导（既不过度控制，也不控制太少），基本上会使儿童积极地发展自主性。

尽管父母是自主性的最初促进者，但以下指导方针仍能帮助教师在学前时期继续这种自主发展：

- 提供合理的选择（如给孩子提供两种活动的选择，诸如"你喜欢听故事还是想去涂颜色"）；
- 允许孩子为自己做事，当出现错误时没有严厉批评（如上厕所）；
- 对掌握技能的尝试表示接受，即使结果是不完美的（如衬衣的前后穿反了）；
- 提供与儿童年龄相符的合理期待（如不要期待一个 2 岁的孩子安安静静地坐着听 2 个小时的故事）；
- 提供发展独立性的机会（如学步期儿童使用的吃饭器具和杯子、安全剪刀、大的彩色蜡笔）；
- 期待偶尔的不顺从——儿童在检验自己的独立性。

3. 主动对内疚

第 3 阶段关注学前儿童。除了父母和最初的照顾者，儿童早期的教育背景还包括他们与同伴更多的互动，以上三个群体都影响着这一阶段危机的解决。学前儿童因尝试新的东西而受到奖励，如涂色、书写、在装扮游戏中运用他们的想象力——这可能获得主动感。主动感为孩子提供目标感，并提供掌控环境的机会，这也许会涉及冒险，但这并不是冲动行为。因此，父母、儿童养育者和教师必须寻找在允许儿童尝试新事物以及潜在的失败和为儿童做点什么（例如，过度保护）之间微妙的平衡。对失败过分批评，或嘲笑儿童的创造和创新行为都可能将内疚逐渐输送给儿童。

以下建议能帮助教师们促进儿童的主动性，降低他们的内疚感：

- 提供能使儿童体验成功的合适的任务和活动（例如，在一个项目开始之前帮助分发用品、收拾玩具、用小杯子给植物浇水等）；
- 不要主动给儿童提供帮助，因为这意味着你认为她无法独立做这件事情；
- 避免对失败或退步的过度批评，因为这将导致内疚。面对失败，可以提供解决任务的选择性策略（如"也许下次你可以尝试……"）；
- 为装扮游戏提供玩具。

4. 勤奋对自卑

埃里克森理论的第4阶段关注小学和初中阶段学习和掌握诸如阅读、学校课程、躯体技能（如骑自行车）和运动等多种技能的儿童。尽管父母仍然是发展的重要背景，但学校系统中的教师和同伴也在不断增加影响。如果父母、教师和同伴都能提供让儿童成功完成任务、获取信息以及在某特定领域表现出色的机会，他们就会发展出勤奋感。如果儿童认为他们在与学校相关的功能领域（我不能阅读）中或家庭功能（我不会做早饭）中没有能力，他们就会发展出自卑感。不幸的是，具有学习障碍的儿童更不可能发展出勤奋感（Pickar & Tori, 1986），因此教师们应该对这些学生的努力保持敏感，以提高他们对成功和能力的看法。

学校环境的许多方面都会影响勤奋感。以下建议能帮助教师控制某些影响。

- 意识到在学生中强调有竞争性的活动或教学方式（如拼写比赛、竞技性运动、球队队长在体育课上挑选球员）会导致儿童关注技能水平的差异，这会导致自卑感。
- 要使学生之间的能力比较最小化，尤其是小学时的能力分组。多数学生能意识到他们的等级位置，对于那些处在较低等级分组中的学生，分组会强化他们的自卑感。
- 强调对技能的掌握（如学术、身体等）而不是强调与其他学生的竞争（如"你就处在你需要的阅读水平上，这就够了"）。
- 对所有学生都要有高期待。当老师对学生有不同期待时，他们就会以一种微妙的方式传递着期待，如主动给予帮助，表扬学生的努力或"好的尝试"。这些都可能导致学生认为他们缺乏能力。

5. 同一性对同一性混乱

埃里克森的第5阶段关注青春期。从这个阶段开始，个体自身的内部状态与诸如家庭、同伴、学校等个体发展的环境背景一样起着重要的作用。同一性是关于自我的感受以及对"我是谁"的理解，而同一性混淆包括对自我缺乏清晰的目标和抱负。在这一发展阶段，青少年需要一个**心理社会合法延缓期**（psychosocial moratorium），在这一时期，探索不同的角色机会多而责任少。许多青少年在实现家庭和学业抱负、实现职业目标，以及决定他们自己的道德和价值定位前，要经历好多年的延缓期状态。

尽管在青春期同伴的作用越来越重要，教师也要在同一性形成方面为青少年提供着支持。策略如下：

- 允许学生报名学习各种课程以及参加许多课程之外的活动；
- 乐于接受个体或同伴群体对音乐、服饰和其他小事情的偏爱；
- 促使学生思考多种选择的适宜性和结果（如在毕业后上大学和毕业后就业的利弊，或选择某一条职业道路）；
- 在学生探索自己的观点和价值系统时给学生提供多元观点来讨论道德问题。

同一性发展

教师和父母可以通过接受青少年在服饰、文身和发型上的偏爱来支持个体的同一性发展。

6. 亲密对孤独

埃里克森认为，成年早期应关注与他人发展亲密、私人的关系。埃里克森并没有将这一阶段限制在浪漫关系的发展上，还应该包括挚友和家庭关系的亲密性。在这个意义上，隔离不一定是一种"孤独"，而是一种这样的特征：个体从一种关系转移到另一种关系时通常具有高度的排斥恐惧，再也不能完全亲近他人。

7. 繁殖对停滞

发展的第 7 阶段主要是在成年中期，关注对下一代的回馈。认为自己以有意义的方式对社会做出贡献的个体会体验到繁殖感。相反，不能以有意义的方式对社会做出贡献的个体会对生命感到厌烦、发展出停滞感。多数教师和管理者在他们的大多数职业生涯中就处于这一发展阶段。给下一代提供受教育的机会或许是教师和管理者成功解决这一心理社会危机的一条途径。

8. 完善对绝望

最后一个阶段关注老年人或老年时期。完善是指活着是有价值的、死亡不是威胁的感受。绝望包括对个人生活的不满意，对更多时间的强烈渴望以及对死亡的恐惧。

乍一看，你也许认为这八个心理社会危机意味着一种非此即彼的情境，但这些标签意在说明一种连续（Marcia, 1994），这是一个可能性的范围，而不是非此即彼的选择。个体对每一个危机的解决都会影响他们关于自己和社会的观点。

很显然，埃里克森认为一个危机的积极解决并不意味着下一个危机的积极解决。一个危机的消极解决也不意味着所有其他危机的消极解决。然而，亲密对孤独的危机解决是一个例外。埃里克森早期的工作表明，个体必须获得自我感或同一性后才能成功解决亲密性危机。换句话说，为了获得真正的亲密感，个体必须有一个清晰的同一性。有人批评埃里克森理论在这一方面关注男性胜过女性。事实上，早期对大学男性的研究显示，同一性获得的个体拥有最高水平的亲密关系，而同一性混乱的个体亲密水平最低（Orlofsky, Marcia, & Lesser, 1973）。近期更多的研究显示，女性亲密性的发展先于同一性，或同一性和亲密感同时发展（Josselson, 1988）。

> 思考：埃里克森理论的哪个阶段最能代表你现在的发展处境？你自身的优缺点和你与家人、同伴的关系是如何帮助你解决这一心理社会危机的？

3.2 同一性

3.2.1 同一性状态

发展心理学家詹姆斯·马西娅（James Marcia, 1966,

表 3-2　马西娅的同一性状态分类

		承诺	
		有	没有
探索	有	**同一性获得** 青少年有探索包括职业、学业技能、友谊和价值观在内的许多机会，并确定某些目标和价值观 父母教养风格：同一性获得的个体的父母通常采用权威型的教养风格 成就：同一性获得与在数学成就测验中更好的成绩相关	**同一性延缓** 青少年积极主动地参与探索过程，但尚未做出决定或承诺。多数高中生和大学低年级学生都属于同一性延缓者 父母教养风格：采用权威型教养风格的父母给孩子一个延缓的时期允许他们尝试新事物，有充足的时间来探索他们的选择，推迟做决定 成就：处于同一性延缓状态的学生很可能旷课，但令人惊讶的是，他们在数学测验上的分数仍然很好
	没有	**同一性早闭** 这种类型青少年的父母通常采用专制型的教养风格，如告诉孩子他们是什么样的人，他们要成为什么样的人，他们要上什么样的大学 父母教养风格：青少年没有什么时间去探索，他们选择接受父母给他们安排的目标 成就：这种青少年很少旷课，但也很少在学业中表现良好	**同一性扩散** 青少年既没有开始探索过程（正如你对更小的儿童的预期那样）也没有经历过探索过程，还不能对他们的目标和价值观做出承诺 父母教养风格：父母对孩子很放任，他们允许孩子探索，但却从未要求他们做出承诺 成就：他们经常旷课，而且在数学测验上表现很差

1987)做了许多关于青少年和成年早期的研究来更好地理解埃里克森描述的同一性发展时期。他的研究借助两个变量来讨论同一性：探索和承诺。**探索**（exploration）是角色尝试和尝试新行为的时期，包括对道德和价值的沉思。**承诺**（commitment）是关于个人生活领域的决定，如教育和职业目标、家庭义务或目标，以及政治和宗教信仰。马西娅通过这两个维度的存在或不存在来划分青春期的同一性状态，如表 3-2 所示。同一性地位与父母教养方式（Harter，1990）、学校出勤、数学成就有关（Streitmatter，1989）。

- **同一性获得**（identity achieved）：这些青少年有探索包括职业、学业技能、友谊和价值观在内的许多机会，并确定他们的目标和价值观。他们的父母通常采用权威型的教养风格。同一性获得与更好的数学测验成绩相关。
- **同一性早闭**（identity foreclosure）：这些青少年的父母没有给他们时间去探索，他们接受了父母给他们安排的目标。他们的父母通常采用专制型的教养风格，如告诉孩子他们是什么样的人，他们要成为什么样的人，他们要上什么样的大学。这些学生很少旷课，但也很少在学业中表现良好。
- **同一性延缓**（moratorium）：这些青少年积极主动地参与探索过程，但尚未做出决定或承诺。多数高中生和大学低年级学生都属于同一性延缓者。他们的父母通常采用权威型教养风格，允许他们尝试新事物，推迟做决定。这些学生比其他学生更可能旷课，但令人惊讶的是，他们在数学测验上的分数仍很好。
- **同一性扩散**（identity diffusion）：这些青少年既没有开始探索过程（正如你对更小的儿童的预期那样）也没有经历过探索过程，还不能对他们的目标和价值观做出承诺。他们的父母对孩子很放任，允许孩子探索，但却从未要求他们做出承诺。他们更可能旷课，而且在数学测验上表现很差。

3.2.2 种族认同

自我概念、自尊和同一性的发展包含许多特殊的领域。对于多数个体而言，**种族认同**（ethnic identity），或对成员在一个种族和种族群体中有关的行为与心理态度，是这些领域社会性发展一个十分重要的方面（Phinney，1990）。发展心理学家吉姆 S. 菲尼（Jean S.Phinney，1990）认为种族认同包含以下几个要素。

- 自我认同，或者个体使用的与他的群体成员有关的种族标签。
- 归属感，包括种族群体的重要性水平或对其的关注程度。
- 对种族群体积极或消极的态度（这个对种族认同最为重要），通常以对种族群体接受（积极）或拒绝（消极）的形式出现。
- 种族卷入，或加入种族群体的社会和文化方面的活动。少数群体的女性比男性更可能获得种族同一性，在文化组织或活动方面更积极（Dion & Dion，2004）。

对拉丁裔青少年的研究表明，这些成分中的每一种可能以不同的速度发展，但这些发展通常发生在高中期间（Umana-Taylor, Gonzales-Backen, & Guimond, 2009）。上述成分的结合决定了一个个体种族认同的发展阶段。种族认同阶段与马西娅提出的一般同一性发展相似。菲尼（Phinney，1989）发现，亚裔美国高中生、西班牙高中生和黑人高中生更可能划入三种同一性阶段之一，这与整体同一性发展高度相关。

（1）扩散或早闭包括还没有考察他们种族的个体。
（2）延缓指那些目前正在探索以上成分的个体。
（3）获得描述的是那些对他们的种族群体成员有承诺的个体。

3.2.3 性别认同

任何关于性别的讨论必须从发展心理学所使用的一些概念的定义开始。**性**（sex）通常用来指男性或女性对自身生物性别的认同。而**性别**（gender）是个社会定义，包括在环境中习得的男性或女性的行为，后者包括许多方面。

（1）**性别认同**（gender identity）通常在 4 岁发展起来，指关于生物男性或女性的知识。
（2）在青春期，性别认同通常指**性别角色认同**（gender-role identity），或一个人按照社会对他的性别期待所表现出适当行为的知识。这种认同可以做如下定义（Bem，1974，1975）：

- **男性气质**（masculine）：男性性别角色的刻板行为，如活跃的、进攻性的、主导的、自力更生的、独立的；
- **女性气质**（feminine）：女性性别角色刻板行为，如慈爱的、温暖的、温柔的、愉快的、忠诚的；
- **双性化**（androgynous）：具有男性气质和女性气质的特点。

（3）**性别角色态度**（gender-role attitude）指对某一性别的社会期待赞同或不赞同的态度。

> 思考：你认为自己是男性气质、女性气质还是双性化的？在过去如家庭、同伴和媒体的影响中，哪些对你的性别角色认同起作用？

我们来考察一下用于解释性别问题的三个理论（Eisenberg, Martin, & Fabes, 1996; Galambos, Berenbaum, & McHale, 2009）。

（1）**生物学理论**认为，男性和女性的行为差异以及对他们的不同期待源于两性之间生物上的差别——如由于激素的差异男孩更可能参加扭打游戏。事实上，多数性别差异并不是仅仅源于生物差异，而是与文化和环境影响的相互作用，如较之女孩，父母可能更倾向于和男孩进行玩笑打闹。

（2）**社会学习理论**认为，儿童通过观察父母、教师、同伴以及大众媒体（电视、电影、书籍）所塑造的人物形象表现出的行为和态度来发展性别认同。儿童对他人的态度和行为进行模仿，发现他们通常会因为表现出与性别相合适的行为而受到奖励；因此，他们继续表现出这些行为，从而获得性别认同。

（3）**性别图式理论**：该理论以多数实验支持为基础，关注在性别认同中的思维过程。性别图式的发展分为三个步骤。

- 在**性别标签**（gender labeling）时期（2～3岁），儿童能对自己和他人是男性还是女性做出标识。儿童首先是对自己的性别做出正确标识。2岁时，儿童能正确标识成人是男性或是女性。到了3岁，他们也能正确标识其他儿童。
- 在**性别稳定**（gender stability）时期（3～4岁），儿童形成性别是不会随着时间而改变的知识。例如，他们能理解女孩长大后将变成女人而不是男人。
- 在**性别坚定**（gender constancy）阶段（4～5岁），儿童能理解性别不会随着行为、服饰、发型或其他特征的变化而变化。例如，一个男人拿着女式手提包，儿童能认识到他仍然是个男人，而不是女人。

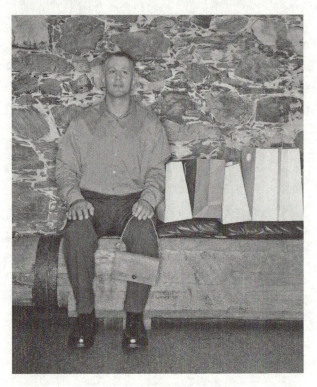

性别坚定

在4～5岁，儿童知道性别会保持不变。一个拎着女式手提包的男人仍然是男人。

一旦儿童发展出性别认同，他们就开始表现出社会所期待的性别角色行为（Maccoby, 1990）。家庭和同伴群体主要影响了他们对这些行为的采纳。通常，双亲和兄弟姐妹会在儿童的玩具选择中示范和鼓励与性别相适应的行为，在青春期给他们安排与性别符合的事务。例如，男孩更可能获得汽车、运动装备等礼物，被要求割草或倒垃圾。而女孩更可能获得娃娃、厨房用具等礼物，被要求帮助整理餐具或洗衣。同伴也对合适的性别行为提供榜样，对儿童表现出正常或相反的性别角色行为予以奖励或惩罚（以嘲笑的形式）。例如，假如一个幼儿园小女孩带一个蜘蛛侠的午餐盒到学校去，她的同伴就会嘲笑她，说蜘蛛侠是给男孩们用的。这个女孩就会很快地将其他蜘蛛侠的物品留在家里，也不和同伴谈论"男孩们"的东西。

到了青春期，多数个体对于他人预期的男性或女性行为有了清晰的认识，发展出**性别角色灵活性**（gender-role flexibility）或转变自己和他人行为预期的能力（Bem，1974，1975）。青春期的性别角色认同包括将灵活性与在多大程度上遵循社会期待。对于女孩和女人而言，双性化的性别角色认同相对于男性气质或女性气质对心理健康最有益（Galambos et al.，2009）。女孩需要拥有一些男性气质特点是因为社会对那些特点赋予较高的价值。例如，上层管理者和如律师、医生等技术性职业高度看重强大的领导技能和竞争性特点。相反，在我们的社会中，如教师、育儿等职业则需要像培育、关心这样的女性特点，这些职业受到的关注少，经济收入也少。意料之中的是，按照这些社会期望，被认为主要是男性气质的青春期男孩和男人比女性气质和双性化的男人具有更高的心理健康水平。

3.3 了解自我

尽管自我概念和自尊常常交替使用，但这两个术语有相当不同的含义。**自我概念（self-concept）** 指的是个体关于自我知觉的认知方面，如"我是一名学生"。**自尊（self-esteem）** 指的是个体对自我评价的情感方面，如"我是一名好学生"。自我概念会通过个体对所思考的东西的重视程度来影响自尊（Harter，1990）。例如，一个中学生可能认为自己在创意写作技巧方面比较薄弱。因为她计划上大学主修的是会计，而且没有对创意写作技能予以重视，所以她的自尊不会受到影响。相反，一个学生的职业理想是成为新闻工作者，他可能会降低自己的价值，因为他很重视创意写作技能。我们来仔细考察自我概念和自尊如何与教育机构相互影响。

> **思考：** 思考一下你特别不擅长的方面，但它并没有在你的自尊水平中起重要作用。

3.3.1 自我概念

自我概念的结构与教育体系有关，因为它包含了个体对许多活动领域的知识和能力的知觉，如数学、科学、阅读、体育和友谊（Bornholt，2005；Byrne & Shavelson，1986）。自我概念或对自己在某特定领域的知觉与在那些领域的成就有关，当代教育心理学家赫伯特W.马什（Herbert W.Marsh）和同事们（Guay，Marsh，& Boivin，2003；Marsh，Trautwein，Ludtke，Koller，& Baumert，2005）重复发现在学业自我概念和学业之间的关系是相互的：积极的自我概念会导致更高的学业成就，而更高的学业成就反过来也导致甚至更积极的自我概念。学业自我概念和学业成就之间的关系在小学、初中、高中以及许多如数学、科学、英语等特定领域里都存在。例如，威尔金斯（Wilkins，2004）发现，在一个40多个国家的国际样本中，对数学和科学拥有积极自我概念的儿童比那些在数学和科学领域有消极自我概念的儿童更可能在这些领域有高的成就。最近，研究农村和城市地区学生的结果表明，在特定领域的积极自我概念可能会导致学生对这些领域更多的兴趣和价值，这反过来会导致学生更多的学术参与和更大的学术成就（Bornholt & Wilson，2007）。

由于自我概念在很多方面与学业成就有关，教育者应该了解谁最有可能拥有积极的自我概念。

- 小学阶段，女孩的自我概念通常比男孩更积极，但在初中阶段就反过来了，男孩比女孩有更积极的自我概念（Bornholt，2005）。尤其是男孩在数学和科学方面比女孩有更高的自我概念水平（Steffens，Jelenec，& Noack，2010；Wilkins，2004）。
- 在言语和语言缺损的初中生身上也发现了这种差异，他们所报告学业能力方面的自我概念比正常发展的儿童更消极（Lindsay，Dockrell，Letchford，& Mackie，2002）。

尽管有些影响自我概念的因素，如性别和学习困难，是教育者无法控制的，但师生关系是积极自我概念发展的重要因素。例如，教师喜欢向高期待的学生提出更难的问题。较之那些低成功期待的学生他们也会花更多的时间等待反应、提供线索和提示，不打扰这些学生（Allington，1980；Rosenthal，1995）。积极的教师－学生关系与学术自我概念、学术动机联系在一起（Martin，Marsh，McInerney，Green，& Dowson，2007）。因此，教育者应该关注高质量的互动，以促进学生积极的自我概念，而这反过来又会提高了学生的学业成绩。

研究者们考察了用于提高自我概念的干预措施的有效性，并提出以下建议（O'Mara，Marsh，Craven，& Debus，2006）。

（1）**关注特定领域的自我概念。**帮助学生关注如数学或科学这样特定领域的自我概念，而不是两者都关注。

（2）**赞扬学生并对他们的成绩予以反馈。**对在学业任务中获得成功的学生予以表扬能传递关于他们知识掌握水平的信息，并有助于促进他们的内部学习动机，也就是说，学习是因为好奇、兴趣和领悟（Deci, Koestner, & Ryan, 1999a, 199b）。

（3）**关注高危人群。**对有行为障碍或阅读障碍的学生最好的办法就是干预。

3.3.2 自尊

我们可以从两个方面来考察自尊：

- 整体自尊，一种单一、相对稳定的自我特点；
- 特殊领域自尊，可以分成与特定领域有关的一些成分，如学业自尊或关系自尊（Harter, Water, & Whitesell, 1998）。

整体自尊与整体心理健康有关，而特殊领域自尊则与特定的行为结果有关。后者对教师来说似乎更重要，因为学业自尊比整体自尊对学业表现有更大的影响（Rosenberg, Schooler, Schoenbach, & Rosenberg, 1995）。

像自我概念那样，自尊也受到许多因素的影响，包括性别、种族、社会经济地位（SES）等。

- 来自高社会经济地位家庭的学生更可能具有高自尊（Twenge & Campbell, 2002）。
- 在青春期前，女孩在整体自尊上高过男孩或与男孩一样高，而青春期女孩的整体自尊则比男孩低（Simmon, 1987）。尽管在青春期男孩比女孩的自尊高，但这种自尊水平间的差异是很小的，表明男孩和女孩实际上很相似（Kling, Hyde, Showers, & Buswell, 1999）。这种小差异来自青春期身体外表在整体自尊中的重要性，尤其是女孩，她们报告对自己的外表更不满意（Harter, 1990; Gentile et al., 2009）。
- 男孩和女孩都受到从小学向初中过渡的影响，这种影响对女孩的自尊可能更不利（Dusek & McIntyre, 2006）。在学校的转换时期，女孩通常也正经历着生理上的变化（青春期），而男孩的青春期通常开始得较晚，因此不必同时面对两种变化（Galambos, 2004）。
- 非裔美国人比白人有更高的自尊（Gray-Little & Hafdahl, 2000），包括学业自尊，尽管他们的学业成绩比白人的低。非裔美国人通常将他们的学业成绩差归因于不可控制的因素，如学校系统差和种族歧视，这种归因方式对他们关于自己的感觉影响很小（van Laar, 2000）。与白人相比，种族认同对来自少数群体的个体的自尊有更大的影响（Gray-Little & Hafdahl, 2000）。
- 自尊的总体水平与前几代人相比有所增加。2006年美国高中生总体自尊心报告比1975年高中生要高；然而，几乎没有已经测试过的研究来解释这种差异（Twenge & Campbell, 2008）。

3.4 社会能力

心理学家为**社会能力**（social competence）的概念提供了多种定义。社会能力包括社会适应、社会行为和社会技能，以及导致积极社会结果的社会能力，比如结交朋友和社会定位（Cavell, 1990; Hubbard & Coie, 1994）。让我们更详细地来看看这三种构成。

（1）**社会适应**（social adjustment）包括个人在特定社会情境中如何表现，例如，个人是表达还是隐藏他们的情绪。

（2）**社会行为**（social performance）侧重于人际交流，例如积极参与社会活动并关注其他人在社会活动中的需求。

（3）**社会技能**（social skills）是人际关系中的具体行为，包括问候能力和解决冲突的能力。

3.4.1 社会适应

社会适应的一种特殊形式是情感能力，即表达、理解和调节自我与他人情绪的能力。情感能力有三个主要元素（Denham et al., 2003; Hubbard & Coie, 1994）。

- **情绪表达能力**（emotional expressiveness）是适当表达积极和消极情绪的能力。教师更倾向于将表现出更多积极和更少消极情绪的孩子评为友好的和自信的，而表达更多消极情绪的孩子则被教师视为带有侵略性的和悲伤的。
- **情感理解能力**（emotional understanding）是理解

他人的情绪，并使用语言来描述这些情绪的能力（例如，"他看起来很伤心"）。作为理解他人情绪的结果，具有情感知识的儿童可以根据他们的情绪状态更有效地回应同伴。2～3岁的儿童能够理解他人的痛苦情绪，并以适当的行为回应。

- 情绪调节能力（emotional regulation）是处理情绪的能力，例如通过监测和修正情绪反应来维持积极的情绪和避免不适当的情绪表露。

幼儿期情绪能力三要素中的每一个都与小学教育学生的社会能力有关。那些不能表达积极的情绪，调节情绪方面有困难，或不能理解他人情绪状态的儿童更可能会有同伴交往困难（Denham et al., 2003）。虽然大多数关于情绪能力重要性的研究对象是中产阶级家庭的学龄前儿童，但也有研究发现低收入家庭的学龄期前儿童的社会性也受益于情感能力。

3.4.2 社会行为

社会行为如社会性和亲社会性对于社会能力很重要（Chen, Li, Li, Li, & Liu, 2000）。社会性（sociability）是社会参与的水平，例如与他人保持关系和互动。例如，社会性高的个人可能成为社交活动或对话的积极参与者，而社会性低的个人可能会避免社交情境，并通过抑制行为不参与对话。亲社会性（prosociality）指的是基于社会规范和期望来帮助他人，或与个人、团体合作来关注他人的需要和兴趣（例如，与另一个没有钱吃午餐的人分享午餐或是帮助某人携带重箱子到教室）。虽然社会性和亲社会性都与一些社会发展结果（如同伴接受、社会地位、学业成绩和学校能力）有关，但这两个特征的重要性可能因结果和文化而异。较之社会性，亲社会性与学术成果之间的联系更强。

3.4.3 社会技能

最后，社会能力需要适应性社会技能的发展。社会技能（social skills）包括推理、情境思考、提取线索以及在人际关系方面做出合理的决定等能力。由于有些孩子没有获得这些技能，这就使得他们被同伴拒绝，教师和教育者应该培养学生的这些技能（Gresham, 1986）。值得一提的是，社会技能的获得可以提高残疾儿童的社会能力，包括那些被诊断患有自闭症的儿童（Cotugno, 2009；Richardson, Tolson, Huang, & Lee, 2009）。

有关研究提供了许多提高社会技能的建议（Elias & Weissberg, 2000；Han, Catron, Weiss, & Marciel, 2005；Sheridan, Hungelmann, & Maughan, 1999）。

（1）为儿童个体选择促进其发展的、特定的、至关重要的社会技能。这些可能包括人际交流、观点采择、自我控制和自我管理策略，最重要的还有社会问题解决（考虑其他选项、做决定等）。

（2）为特定社会技能的使用提供案例或直接的指导。不仅教师可以为学生做合适行为的示范，学生之间也可以。将缺乏社会技能的学生与社会技能好的学生分在一组，教育者可以为儿童提供观察学习的机会。

（3）提供练习社交技能的机会。教师可以在课堂上开展角色扮演游戏，并鼓励排练，以帮助学生记住和练习新学到的社交技能。来自教师的强化和反馈对于社交技能的学习也是必要的。

（4）促进技能的日常应用。采用提醒物、提示和线索让学生在课堂外的自然情境使用特定的社会技能。

（5）表扬学生的进步。通过一对一的互动，帮助学生认识到他们的行为怎样、何时以积极的方式在改变，并指导他们以更积极的方式对他人做出回应。社会能力会随着时间的推移，因技能的类型、过程和生命全程中逐渐出现的社会模式而发生变化。大多数关于社会能力发展的研究最初都聚焦于家庭背景。一些重要的家庭研究结果可能帮助我们了解哪些学生是社交能力欠缺的。

（6）有过不安全依恋经历的儿童倾向于在同伴关系中表现出更多的退缩和消极性，表现出更多的行为问题（Jaffari-Bimmel, et al., 2006；La Frenjere & Sroufe, 1985；Park & Walters, 1989）。

（7）父母的不敏感和不反应可能会导致支持同伴关系所需要的情绪和社会资源的缺乏和扭曲（Attili, Vermigli, & Roazzi, 2010）。

（8）父母应激与学前儿童的社会能力和课堂行为有关（Anthony et al., 2005）。如果学前儿童的父母经历高水平应激，如贫穷、搬家或其他重要的生活事件，这些孩子更少可能被教师评定为是有社会能力的。

（9）家庭中的情绪表达，尤其是积极情绪的表达，与儿童的情绪表达以及更高的自尊水平有关（Reese, Bird, & Tripp, 2007）。特别是，鼓励孩子调节负面情绪的母亲可能有助于儿童建立情感和社会发展（Eisenberg, Fabes, & Murphy, 1996）。

大量研究证据都表明了在儿童和青少年时期培养社

社会能力

具有社会能力的儿童和青少年有良好的人际交往能力,这使得他们有许多朋友且受同伴欢迎。

会能力的重要性。例如,社会能力与一些积极的结果相关,包括学龄前儿童的阅读能力、同伴地位以及小学的学业成就等(Attili et al., 2010; Denham et al., 2003)。社会能力对少数民族儿童,低社会经济家庭的儿童和城区儿童的学业成就尤其重要(Elias & Haynes, 2008)。表 3-3 列出了在儿童期和青春期培养社会能力的要点。

[思考:你现在认识或过去认识的人中有谁缺乏社会能力?思考一下此人可能缺乏的特定行为或技能。]

表 3-3　儿童和青少年社会能力的发展

发展阶段	特　点
儿童早期	● 以社会交换中互惠关系为开始(匹配、相符以及协调社会行为) ● 同时与多名同伴互动的迅速发展 ● 从非言语信号转变为稳定的言语交流模式 ● 开始关于性别、年龄和种族的自我分类
小学早期	● 社会反应中高水平的相互关系 ● 可以同时对一个以上的同伴做出反应 ● 自我概念系统变得相对稳定,没有相互矛盾的评价 ● 学会招募人参加活动 ● 在人际互动中更多使用口头策略而非身体策略
小学后期	● 同伴团体形成以及团体中的角色认同 ● 继续依靠权威形象来指导行为,但他们也在逐渐使用同伴机制来建立规则 ● 持续互惠关系以及社会互动模式的不断整合
青春早期	● 加入同伴群体来达到特定的目标 ● 同伴在规则建立的机制中起主要作用
青春中期	● 明确同性和异性关系间的策略,以及规则、行为、目标和结果 ● 更稳固的社会结构的发展以及行为的亚群体规则的发展 ● 形成彼此支持或满足的短暂的跨性别联系
青春后期	● 互动风格的多样性是个体所加入的社会群体的功能之一(编码系统转换) ● 性别刻板印象的加深 ● 采用认知能力来提高社会关系(更好的社会认知) ● 使用更复杂的技能来抑制、消除或控制他人行为

资料来源:Adapted from Cairns, 1986.

本章小结

1. 描述环境对 8 个心理社会危机发展的影响

埃里克森认为，父母或照顾者是头两阶段（信任和自主）最重要的影响因素，并在勤奋和同一性发展中起着重要的作用。然而，教师和同伴在第 3 阶段（主动性）开始变得重要，在第 4 阶段（勤奋）重要性进一步提高。尽管像父母和同伴这样的环境影响在第 5、6 阶段（同一性和亲密感）继续保持着，这些阶段的青少年和成年早期的个体自身对危机的解决也起着重要的作用。最后两个阶段（繁殖感和完善感）几乎只依赖个体自身的过程。

2. 描述同一性状态的四种类型

同一性状态由承诺和探索的是否出现来决定。同一性获得的青少年对个人价值和未来目标做过选择的探索并做出承诺。同一性早闭的青少年缺乏探索，但拥有强大的对目标和价值的承诺，这通常来自父母的期望。同一性延缓的青少年积极探索目标和价值，但未做出承诺。同一性扩散的青少年没有开始探索或没有经历过探索，也不能做出承诺。

3. 解释种族认同和性别认同的发展

种族认同是种族群体中个体的自我同一性，是一种对群体的归属感、对种族群体的态度以及对该群体的融入。种族认同的发展阶段与马西娅提出的个体同一性发展相似。性别认同在个体发展的不同阶段有不同含义。对于年幼的儿童，性别认同是关于在生物性上是男性或女性的认识。到了青春期，性别角色认同包括表现出与社会对生物性的男性和女性的期待相一致的行为。男性气质的男孩和男人的心理更为健康，而双性化而非女性气质的女孩和女人与更好的心理健康相关。

4. 比较自我概念和自尊

虽然自我概念指的是自我的认知方面，自尊指的是自我的情感评价方面，但二者都受到环境的影响、都与学校成就有关。教育者应该意识到与这些概念有关的人口学变量以及促进学生自我概念和自尊的策略。

5. 解释社会能力的三个组成部分

第一，社会适应包括个人在特定情况下的行为，如他们的情绪能力水平。第二，社会行为包括人际过程，如社交性和亲社会性。第三，社会技能包括思考社会情境和决定如何最好地做出反应。

案例学习：反思与评估

儿童早期：爱哭的孩子

1. 基于埃里克森的心理社会理论，这些儿童多数正在经历什么危机？
2. 学校的全部课程中有哪些可以帮助这些孩子度过这一阶段的心理社会危机？
3. 为什么学前方案要花如此多的时间和努力来促进、观察社会行为？
4. 课堂上有哪些明显的与发展相适应的社会技能？应该更强调哪些社会技能？
5. 坦纳似乎对性别有了清楚的认识，这在他这个年龄段是否典型？这些观念随着时间推移如何变化？

小学：小团体

1. 基于埃里克森的心理社会理论，这些儿童多数正在经历什么危机？你能确认在帕翠西娅和凯西的经历中什么因素对她们解决危机是十分重要的吗？
2. 你认为罗西欧能帮助她的学生发展出勤奋感、避免自卑感吗？
3. 玛丽为什么担心她女儿的自尊？这种担心合理吗？
4. 在这所特定的学校系统中，凯西的种族认同是否受到伤害？
5. 扎克对比尔父亲的评论为什么会对这个年龄阶段男孩的性别认同产生伤害？
6. 像扎克对比尔"像个小姑娘"这样的评论如何影响班上男孩和女孩的性别认同？

初中：篮球明星

1. 基于埃里克森的心理社会理论，这些青少年多数正在经历什么危机？请提供青少年处于这一发展阶段的证据。
2. 第龙要如何提高达拉的社会能力？请提供具体的建议。
3. 请根据案例所提供的信息描述达拉的自我概念和自尊。
4. 达拉目前似乎处于什么样的同一性状态？她的同一性状态最有可能归因于什么？
5. 第龙要如何促进达拉的同一性发展？
6. 达拉的性别角色行为有哪些？达拉如何看待篮球队其他女孩的性别角色行为？

高中：偷窃、欺骗和打架

1. 基于埃里克森的心理社会理论，这些青少年多数正在经历什么危机？请提供青少年处于这一发展阶段的证据，以及他们准备进入下一阶段的迹象。
2. 根据理论和研究，瑞贝卡利用学校时间来考虑社会行为对吗？鲁斯特曼先生不希望占用他的课堂时间进行社会技能训练，这对吗？
3. 肯尼尔女士对女孩们的自我概念和自尊的担忧在多大程度上是准确的？
4. 巴克斯特女士认为学生应该对将来上大学和职业道路的选择做出决定。在这一发展水平上这是合理的担忧吗？为什么是或不是？
5. 说西班牙语的学生应该如何通过创建基于他们的种族划分的同伴群体来提高或实现他们的种族认同？

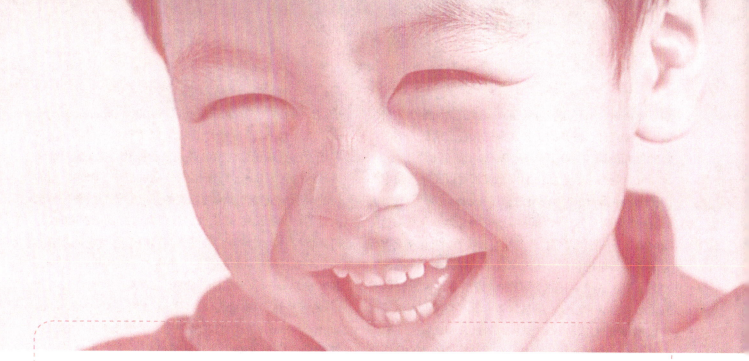

第 4 章
情绪发展

学习目标

1. 描述气质、父母养育方式、性别和文化对儿童情绪表达的一般影响。
2. 认识戈尔曼模型概括的情绪智力的五个维度，并讨论教师能促进学生每一维度发展的至少一种途径。
3. 描述情绪影响学习的两个主要途径。
4. 给社会–情绪学习下定义，并讨论构成 SEL 干预基础的三个最根本的原则。

4.1 什么是情绪

每个学年的每一天，教师们都会目睹学生们表现出来的各种各样的情绪。他们可能注意到生理上的表现（如手掌汗湿、脸颊通红）、行为表现（如担忧的表情、生气地握紧拳头），或者从诸如学生的反思日志中看到的对情感表现的意识或在课堂讨论中做的有说服力的论述。在本章，你会看到情绪（emotions）是生理、行为和情感体验的复合体，对学生在学校的表现有直接影响。

4.1.1 情绪和气质

气质（temperament）是指决定我们对环境刺激和事件反应模式的那些遗传上的情绪、活动性和自我控制方面的个体差异。它包括我们的各种能力：适应性、坚持性、冒险性、害羞、抑制性、易怒性以及注意的稳定性（Keogh, 2003；Pfeifer, Goldsmith, Davidson, & Rickman, 2002；Thomas & Chess, 1977）。尽管气质不仅仅包括情绪，但情绪变化确实是现代气质概念中最重要的（Lemerise & Arsenio, 2000）。研究者们已经认识到不同的气质类型在生命早期就出现了，而且似乎是相当持久的。从生命的第一天开始，有些婴儿脾气随和、愉快、放松，而有些婴儿却是难以相处的、消极被动的、烦躁的。在 2 岁时拘谨的、胆怯的孩子通常在 8 岁时相对是害羞的，其中大约一半的孩子到了青春期是内向的（Kagan et al., 1994；Kagan, Snidman, & Arcus, 1998）。3 岁时高度易激怒、冲动、难以控制的年幼儿童到了 21 岁时更可能出现药物滥用问题、工作困难以及关系冲突（Caspi, 2000；Williams et al., 2010）。教师们若能认识到上述这些持续模式,他们就能给学生提供理解和管理自己情绪的工具,来优化自己达到人生成功的机会(Rudasill, Gallagher, & White, 2010)。

气质会影响学生如何加入班级活动以及在活动中如何反应,也影响学生的学业成就(Keogh, 2003)。例如,稳定性水平高和分心水平低能促进学业成功。气质的遗传基础确立了某种情绪性行为的倾向。然而,文化在那些行为最终是否出现和如何出现中起了重要的作用(Keogh, 2003; Thompson, 1998)。例如,欧裔美国家庭倾向于鼓励儿童自信和独立,而墨西哥、日本和印度家庭更可能鼓励孩子沉默矜持和顺从(Joshi & Maclean, 1994; Rothbaum, Weisz, Pott, Miyake, & Morelli, 2000)。由于不存在保证成功的最好气质,教师需要考虑学生的气质特点,创造满足每个学生需要的最适宜的学习环境。例如,高焦虑的学生在嘈杂、混乱的班级中可能受到较大影响,他们需要一个更安静的空间来更有成效地学习。害羞和敏感的学生需要帮助他们寻找支持性的同伴联系。

> 思考:你如何描绘你的气质?能举例说明你的气质是否随着时间推移而相对稳定吗?你的气质如何影响参加学校活动的方式?

4.1.2 父母、性别和文化如何影响情绪

儿童首先在家庭中学习表达情绪,因此,家庭成员表达自己情绪的程度和这些情绪表达的形式,将塑造孩子的情绪模式(Dunsmore et al., 2009; Warren & Stifler, 2008)。父母对情绪的信念似乎有两个重要方面:关于情感可接受性的信念和儿童积极社会化/辅导情绪表达的信念(Hakim-Larson et al., 2006)。学龄前儿童的研究表明,重视儿童情绪教育的父母,他们的孩子拥有大量的情绪方面的知识(Denham & Kochanoff, 2002)。更具体而言,父母对引导孩子情绪的信念与学前儿童的情感交谈、情感理解和同伴关系有关(Cervantes & Seo, 2005; Dunsmore & Karn, 2001, 2004),即意味着与儿童的情感认知技能有关。家庭**情绪表达**(emotional expressiveness)的影响在最初的六年缓慢下降,这意味着学校也许是帮助儿童控制情绪的一个合适的转折点(Halberstadt & Eaton, 2002)。

不同性别情绪表达上的差异在某种程度上也可以追溯到家庭内的社会化。父母通常鼓励女孩除了生气以外的情绪表达。他们更可能控制男孩们的情绪表达,尤其是悲伤和痛苦。因此,当男孩们遇到诸如悲伤或恐惧的情绪时,更少表达情绪,但男孩会比女孩表现出更多的生气或支配情感(Brody & Hall, 2008; Eisenberg, Martin, & Fabes, 1996; Fuchs & Thelen, 1988)。成就情境更可能促使男孩们产生焦虑反应,而女孩更可能在人际情境中产生焦虑(Steinberg & Morris, 2001)。情感表达中的性别差异在多种文化中均有发现,尤其在性别角色存在更大差异的文化中最为显著(Brody, 1999; Hofstede, 2001; Safdar et al., 2009)。

每一种文化都有自己的**表现规则**(display rules),

教室里的情绪
每天,老师们都会看到学生表达大量的情绪。

用于控制人们在不同情境中表达合理的情绪以及被认为是可接受的应对策略（Elfenbein，2006；Mesquita & Frijda，1992）。例如，亚洲人很少表达消极或自夸的情绪，这会破坏紧密结合在一起的群体公共情感，但他们比美洲人更可能表现同情、尊重以及害羞等反映他们的社会联系和相互依赖的情绪。最近一项跨文化研究比较了日本、加拿大和美国学生的情感表达能力，发现日本学生为不同的互动伙伴改变自身表现规则的情况比另外两个北美国家团体要多（Safdar et al.，2009）。一名教师要确认和对学生的情绪状态做反应，就必须懂得不同个体表达情绪的方式以及影响情绪表达的父母教养方式、性别和文化。

4.2　情绪和个人成就

情绪和学习之间关系的研究表明，思考、学习和情绪是相互联系的过程，教师们要在课堂学习的每一方面提出多种认知目标和情绪目标（Coles，1998）。我们一起来考察情绪能力对个体在学业和更大的生活领域中的作用以及情绪如何影响学习。

4.2.1　情绪智力的维度

心理学家开始探索拥有良好情绪运用能力和更适应他人情绪的学生是否具有某种社会性或学业优势。心理学家彼得·塞洛维（Peter Salovey）和约翰·梅尔（John Mayer）首先提出**情绪智力**（emotional intelligence，EI）的概念，将其定义为知觉、表达、理解和控制情绪的能力（Mayer，DiPaolo，& Salovey，1990；Salovey & Mayer，1990）。随着1995年心理学家丹尼尔·戈尔曼（Daniel Goleman）最畅销的书《情商：为什么情商比智商更重要》（*Emotional Intelligence：Why It Can Matter More Than IQ*）的出版，公众开始关注情绪智力的构建。

情绪智力的概念将教学重点从孤立的认知能力作为学校和生活成功的预测因素转向情绪和社会因素。IQ只说明个体职业成功的20%，成功的大部分是由其他因素决定的（Goleman，2006）。研究显示：

- 总体的情绪智力比一般智力更能单独解释个体的认知成就（Lam & Kirby，2002）；
- 学前阶段的情绪智力与小学时期的社会能力有关（Denhem et al.，2003；Hubbard & Coie，1994）；
- 儿童的情绪智力水平高与学校的教师、同伴的联系有关，而情绪智力水平低与诸如辍学等有关（Hawkins，Catalano，Kosterman，Abbott，& Hill，1999）。

丹尼尔·戈尔曼（1995，2006）将塞洛维和梅尔对情绪智力（EI）的定义扩展到5个主要维度：
（1）情绪理解；
（2）对他人情绪的反应；
（3）情绪调适；
（4）自我激励；
（5）人际关系中的情绪。

虽然原始定义专注于理解和管理情绪，戈尔曼的版本却将情感组件与动机、社交技能相结合。让我们一起研究情感智力维度的每个维度，并探讨教师如何促进学生的技能发展。

1. 情绪理解

不同年龄的学生如何较好地理解自己和他人的情绪反应？**情绪理解**（emotional understanding）是一种区分和解释自己的情绪以及知觉和理解他人情绪的能力，它只有在达到某一认知里程碑时才有可能出现。婴儿在18~24个月时，自我意识的认知能力出现。这种能力包括确认自己的思想和情感，以及以我们能理解并按其做决定的方式来观察这些思想和情感（Goleman，1995）。缺乏自我意识的儿童会发现它们难以控制冲动行为、做出合理的决定以及表达他们的意思（Elias，Tobias，& Fridelander，1999）。儿童对他人情绪的理解与他们理解自己的情绪能力是密切相联的（Bretherton，Fritz，Zahn-Waxler，& Ridgeway，1986；Shatz，1994）。

研究者们指出了在情绪理解方面的几个发展趋势，如表4-1所示。当语言开始发展时，学步期儿童开始获得如高兴和悲伤等情绪词汇来表达他们的感受（Bretherton & Beeghly，1982；Bretherton et al.，1986）。到了4岁，他们能参与关于情绪因果的简单对话（Dunn，Brown，& Beardsall，1991）。一名儿童基于外部标准评价行为的能力在2~3岁出现，可能表现出如自豪、羞愧以及内疚等情绪（Kochanska，Gross，Lin，& Nichol，2002；Lindner，2006）。到了小学中年级，多数儿童会在他们没有达到成人为他们设定的道德

表 4-1 情绪发展的里程碑

年　　龄	情绪调适	情绪理解
从出生到 6 个月	几乎所有的情绪迹象都存在 社会性微笑出现 笑声出现 与家人互动时愉快的表现更多	存在对他人情绪线索的反应
7～12 个月	生气和恐惧增加 把照顾者当作安全的港湾 当爬行和行走能接近或回避某刺激时,情绪自我调适增加了	察觉他人情绪信号的能力出现 社会性参照发展起来
1～2 岁	自我意识的情绪出现,但要依赖他人	谈论情感的词汇量扩大 移情反应出现
3～6 岁	随着表征和语言的进步,参与到情绪自我调适中的积极行为和认知策略发展起来	理解情绪的因果和行为表现的精确性和复杂度提高。随着语言的发展,移情反应变得更熟练
7～11 岁	自我意识情绪与正确行为的内在标准整合在一起 情绪调适的策略的种类增加,更认知化,并随情境要求而调整 情绪表达规则一致性和意识水平提高	有能力从多方信息渠道解释他人的情绪表现 意识到人们能在同一时间经历多种情绪 情绪理解提高时,移情反应增加
12 岁及以上	在这一时间段,青少年发展出如下能力: ● 调控激情 ● 迅速调整优柔寡断的情绪 ● 在不受他人控制的情况下成功地意识和表达自己的情绪	青少年开始表现出以下能力: ● 理解自己和他人在遗传的情绪表达上的不同 ● 能将暂时的情绪经历和同一性区分开来,并认识到尽管存在情绪波动,自我仍能保持完整和连续性 ● 采用认知技能来收集有关情绪的性质和来源的信息 ● 在强烈的情感中协商和保持人际关系

注:这些里程碑代表整体的年龄趋势,但个体差异仍然存在。

标准时感到羞愧(Damon, 1988)。内疚来自儿童内部,知道其他人会看见以及会批评他们所做的事时,他们就会产生羞愧(Tangney, 2001)。尽管内疚和羞愧是不愉快的情绪,但他们是儿童发展对错感的一个很好的迹象。3～6 岁儿童对因果以及行为的情绪表现的理解在精确性和复杂度上有了提高。到 5 岁时,孩子们识别快乐面部表情的能力几乎和成人一样了;然而,他们对惊讶、厌恶、恐惧、愤怒或悲伤的微妙表情的敏感性发展得更慢,直到 10 岁或更晚之前可能都发挥不出其全部潜力(Gao & Maurer, 2010)。7～11 岁期间,个体表现出从多种信息来源(例如情境和人格因素)来解释他人情绪的能力(Gnepp & Gould, 1985)。教师借助在不同情境中的情绪成熟度对学生产生的期待应该反映了一种对发展性准则和变化的意识。

学生对自己情绪的理解能力与其更高的自信水平有关,因为理解情绪使得他们感到能更好控制自己的内在生活(Glodman, 1995; Hamacheck, 2000)。在一项纵向研究中,甚至在控制了口语能力和气质后,5 岁时最能准确识别他人情绪的儿童到了 9 岁,也是容易交到朋友、能与老师合作以及有效控制自己情绪的

(Izard, 2001)。

2. 对他人情绪的反应

作为一个人,我们能通过情绪性语言、预期、态度和音调(高或低)等口头上的以及通过我们的面部表情、身体姿势或手势等非口头的方式来传达我们的情绪。**副语言线索**(paralinguistic cues),如语速、音调或音质的变化可用于强化语言的内容。从生命的第一个月开始,婴儿就能获得交谈中的情绪线索(Cooper & Aslin, 1990; Morton & Trehub, 2001)。

面部表情,是情绪的非口头表现,似乎有跨文化的普遍性(Ekman, 1994; Matsumoto & Ekman, 1989)。例如:

- 大范围的跨文化成人研究都表明面部表情所代表的基本情绪意义是一致的,如高兴、伤心、厌恶、生气、惊奇和恐惧等(Ekman, 1994)。
- 儿童能普遍使用面部表情来表达各种情绪,即使是从没有见过他人面部表情的盲童也是这样(Eibl-Eibesfeldt, 1971; Galati, Scherer, &

Ricci-Bitti，1997）。

当儿童和青少年理解和解释情绪的能力提高时，移情反应增加。**移情**（empathy）是体验和理解他人情感、情境或动机的能力。2~3岁儿童能理解他人的苦恼情绪，并以适当的行为做出反应（Denham，1986，1998）。小学低年级儿童更频繁地显示出对他们认识的人的移情。到了高年级，他们的移情开始扩大到他们不认识的人，如无家可归的人或战争孤儿（Eisenberg，1982；Hoffman，1991）。

3. 情绪调适

儿童和青少年所经历和表达的情绪强度以及调适情绪的技能会发生变化。**情绪调适**（emotional regulation）是容忍和管理情绪的能力，能防止学生被应激事件压垮，并专注于自己的任务进行高效地思考和学习（Elias et al.，1997）。调适能力不好的学生面临着更大的失调危机并且表现出有限的社会能力（Eisenberg et al.，1996；Hughes，Dunn，& White，1998；Silk，Steinberg，& Morris，2003）。此外，情绪调适还包括遵循一定的规则适时、适当地表达情绪。随着儿童年龄增长以及能更好地理解在不同环境中表达适当的情绪，儿童的情绪调适会更熟练（Barnes，1995）。儿童和青少年经常使用**社会参照**（social referencing），这是一种运用他人反应来解释情境和做出反应决定的策略（Campos & Sternberg，1981）。教师可以通过表现出与自己情绪一致以及通过示范在不同环境中表现适当的情绪类型来指导学生的情绪反应。

有些情境刺激能引发几乎不可控制的情绪反应。大脑内部边缘结构的杏仁核控制着诸如恐惧、生气、攻击等情绪，对个体知觉到有威胁的刺激立即做出反应，并引发一系列行为的、心理的和激素层面的反应（LeDoux，2000；Winston，Strange，O'Doherty，& Dolan，2002）。这种快速反应模式具有适应性功能，就像学生对火警反应为心跳加快，想快速逃跑，寻找建筑物的出口那样。这种情境下的唤起状态使自我调控、计划以及理性思考变得更加困难（Metcalfe & Mischel，1999）。然而，通过参与火警演练（讨论和角色扮演），学生们会习得在紧急情况出现时应该做出什么行为，并练习这种行为，不会因紧急情况而出现情绪唤起水平提高和潜在的认知障碍发生。

情绪调适使个体从自动、激动的情绪反应转向更冷静、合理推理、反思的反应，这样就能获得更大范围的认知资源（Mischel，Shoda，& Rodriguez，1989）。在发展的早期，儿童很难调适和抑制自己的激动反应（这常常包含一些冲动或攻击的形式）。一名学前儿童也许会因被嘲笑而激怒去踢另一名儿童（激动的反应），而不是考虑其他可能的选择，如用语言制止该儿童或请老师干预（冷静的反应）。冷静的反应包括对话和协商、冲突解决技能，或如深呼吸等自我放松行为。冷静过程在4岁左右出现，随着年龄增长慢慢占主导地位（Rothbart，Ellis，& Posner，2004）。

4. 自我激励

自我激励（self-motivation）是指产生兴趣、热情、自信和持久性感受的能力，尤其是在面临挑战和挫折时（Goleman，1995）。对学习拥有乐观态度的学生会期待自己获得成功。动机被激发后，学生要设定他们认为重要的以及通过努力能够达到的目标。按照尼奇·克里克和肯尼斯·道奇（Nicki Crick & Kenneth Dodge，1994）的观点，情绪能够促进特定目标的成功，而目标选择和达成又能强化个体的情绪状态。无法理解他人情绪和表达移情的儿童更可能引发破坏性后果，因为他们不能"感受其他儿童的痛苦"（Cohen & Strayer，1996）。如果儿童卷入同伴冲突，友谊联系能促使他们努力追寻社会性关系目标来维持友谊联系。如果儿童没有朋友，他们也许就会转向其他目标（如报复或回避）。

5. 人际关系中的情绪

在日常的课堂交往中，同伴关系以不同形式为他人提供完成社会和学业任务必要的情绪支持（Schunk，1987）。积极、支持性的同伴关系会转化成更大的社会性调适和学业成功（Zin，Bloodworth，Weissberg，& Walberg，2004）。不能表达积极情绪、难以调整自己情绪，以及不能理解他人情绪状态的儿童很可能经历同伴困难（Denham et al.，2003；Wilson，Fernandes-Richards，Aarskog，Osborn，& Capetillo，2007）。发起、创建和保持社会关系的过程包括社会能力和情绪能力。思考以下技能：

- **问候能力**：向一个朋友打招呼不仅仅包括说"你好"。我们的面部表情、肢体语言、说话的语气全都向我们正在打交道的人传达着一种态度，并发送关于我们见到此人是否高兴的信息。
- **选择时机、筹划行动**：当一个朋友告诉你她很喜爱的宠物死了，此时就不适合说笑话或提出时尚的建议。朋友要能理解情绪背景，并能判断该如何反应。

在与他人的关系中，情感智力也与欺凌有关（Mayer et al., 2004）。通过观察、同伴报告和儿童自我报告等方法收集的数据表明，欺凌可能是幼儿在学习调节自己的情绪和行为时，为应对同伴冲突而产生的结果（Snyder et al., 2003）。潜在的欺凌者可能需要情绪调节的支持。受欺凌的情况似乎在很大程度上是出现在幼儿时期（取决于孩子正在做什么、孩子在哪里和与谁玩）相关证据表明，儿童对同伴的侵略所采取的方法是为了减少这种侵略影响并最终阻止越来越频繁的骚扰行为（Snyder et al, 2003）。所以，有"持久性受害者"特性的儿童（被研究者识别为有社会脱离和可识别焦虑的表现）往往比没有该特性的儿童更容易受到更多的骚扰（Snyder et al., 2003）。随着时间的推移，一些孩子学会如何管理他们应对骚扰时的情绪反应，以及操纵他人的情绪反应。情感智力的概念提供了一种理解欺凌行为的方法。

> **思考**：如果在一次职业面试中让你描述在你的班级里提高情绪智力的五种途径，你会做何反应？（提示：表 4-2 提供了许多如何培养情绪智力的例子，哪一个看起来与你最相关？）

表 4-2 教师能帮助促进学生情绪智力的方法

维度	促进情绪智力的方法
情绪理解	• 在课堂上模拟使用反省语言（如"当……时我感到局促不安"） • 创造机会谈论积极和消极的情感（如班会、日记、原创写作） • 指导学生识别复杂的情绪（如通过角色扮演、讲故事、案例研究、讨论小说中的情绪主题） • 给学生提供如何表达情感的语言（如使用"我"的陈述，比如"当……时我感到很失意"而不是抱怨性的陈述）
对他人情绪的反应	• 帮助学生识别他人正在经历的情绪 • 培养观点采择能力，这样学生就能更好地理解他人可能需要什么样的支持 • 认可和积极鼓励移情反应 • 示范照顾体贴他人情感的方法
情绪调适	• 告诉学生如何维持情绪平衡感，首先防止破坏性情绪失控。这一点包括教学生管理和识别自己积极和消极的情感，把情绪看成是人类经历的正常部分，训练观点采择能力以及培养耐心。管理情绪需要学习改变破坏性冲动以及摆脱消极的情感 • 运用示范、直接传授或训练来帮助学生认可和充分体验发生的情绪，鼓励学生克制住对他人不利影响的表现。这一步需要教授学生停止、收集自己想法以及思考情绪情境的多种选择性反应的策略 • 帮助学生将情绪崩溃看成一次学习经历，帮助他们认识到更有效的控制情境的方法 • 提供冲突解决和问题解决技能的训练
自我激励	• 给学生提供特定、具体的反馈，这样他们就能从自己的错误中得到学习 • 使学生明确自己能产生的力量 • 鼓励学生保持努力 • 和学生分享你自己关于某一话题的热情 • 示范面临挑战时的坚持不懈 • 开发与学生生活相关的有意义课程 • 为学生提供成功的机会
关系中的情绪	• 培养一系列能加强学生之间关系的技能，包括：1）有效的沟通技巧；2）情绪的自我控制和合理的表达；3）移情和观点采择；4）乐观和幽默感；5）非暴力冲突解决和问题解决技能 • 通过恰当的课题实践给学生提供促进他们相互了解以及练习这些技能的机会 • 选择包含合作而不是竞争的活动 • 创建包含班级所有成员的活动，如班会

4.2.2 课堂上的情绪

情绪会影响学生如何学习以及学什么。学生带进班级的情绪会对他们的表现起潜在的帮助或阻碍作用。当他们对重要的学科感到安全、愉快和兴奋时，他们就会学得和表现得更成功（Boekaerts，1995）。相反，消极情绪会阻碍在认知任务上的表现（Izard，2001）。学生头脑中如果充斥着杂念和各种乱七八糟的情绪，他们就很难将有限的注意力资源集中到课堂学习任务上（Ellis，2001；Hertel，1994）。有些使人分心的事，如在校车上与朋友打架，其作用也许只是暂时的。其他的如处理父母的离异，就需要更深入的干预来为学生提供必要的应对技能，使他们能将其智力资源集中在学习上。在这些情境中，学生需要额外的提示来帮助他们将注意保持在学习任务上，或者需要一对一地和老师或咨询师在一起以帮助他们探讨他们的情感问题，找到解决问题的办法。

课堂因素也会影响学生的情绪健康。学生会因为一个像考试失败或同伴的消极评论这样的事件而生气，做出妨碍进一步学习的反应。他们的反应随着他们如何看待这些问题（Weiner，1994）以及这一情境是否促发了情绪记忆（LeDoux，2000）而以不同的方式展开。假设两个学生在上课时观看同一部关于摩天大楼倒塌的影片，一个可能会说影片很有趣，而另一个可能会觉得很烦扰。老师知道了后者在2001年世贸大厦倒塌的恐怖事件中失去一个近亲后，就能理解学生们对同样影片的加工和反应有多大的差异了。

> 思考：你能记起一次引发情绪反应的课堂经历吗？这种反应如何影响你对课程的专注程度？

4.3 应用：情绪智力教学

心理学家罗伯特·斯滕伯格（Robert Sternberg，1996）认为，传统学业忽视了用于处理真实生活中的问题和挑战的实践技能。从理论上讲，学生学习的技能应该能使他们做好面对生命历程中出现的社会和情绪挑战的准备。罗格斯（Rutgers）大学的心理学家毛利斯·艾利尔斯（Maurice Elias）和他的同事们做的许多研究已经强调了有必要在公共教育中进行跨年级水平的社会-情绪学习（Elias et al.，1997；Elias & Weissberg，2000）。保罗·洛伯斯和彼得·塞洛维（Paulo Lopes & Peter Salovey，2004）建议，最好的方法是关注通过个人实践、模仿和观察习得的大量的技能。有些技能是无法通过单独的直接教育来习得的，要在课堂上给儿童提供机会来训练和改进这些社会和情绪技能。

4.3.1 什么是社会-情绪学习（SEL）

《促进社会和情绪学习：教育工作者指南》（*Promoting Social and Emotional Learning: Guidelines for Educators*）一书中系统地介绍了社会和情绪学习的概念（Elias et al.，1997）。这一术语反映了社会和情绪因素在成功的学业学习中所起到的重要作用。SEL是指学生为了管理他们的情绪、发展对他人的关爱、做出负责任的决定、建立积极的关系，以及有效地处理具有挑战性的情境而需要获得的能力（Ji & Weissberg，2010）。三条根本的SEL原则对指导课堂干预做了清楚有力的说明（National Center for Innovation and Education，1999）：

（1）重视关系是所有持续学习的基础；
（2）情绪影响我们学什么以及怎么学；
（3）目标设定和问题解决为学习提供了焦点、方向和动力。

这些原则强调了学习环境以及教师的角色在与学生建立关爱关系和帮助学生发展出与他人积极关系所需要的技能的重要性。

学生所面临的社会-情绪挑战会依发展水平和环境背景而变（Payton et al.，2008）。教师们也许不能消除课堂上所有的挫折、焦虑或冲突的来源，但他们能采取措施使这些消极情绪最小化，能给学生提供困难情绪发生时管理情绪所必需的技能。促进情绪管理的重要态度和技能包括：

- 有效的沟通技能（准确、清楚地倾听和交流）；
- 情绪自我控制和适当地表达；
- 移情和观点采择；
- 乐观和幽默感；
- 非暴力冲突解决和问题解决技能；
- 对他人和自己尊重以及对差异的正确评价。

在美国，许多辖区甚至全州都将 SEL 列为必修的课程。例如，在伊利诺伊州，已经建立了从幼儿园到高中最后一年的 SEL 能力的特定学习标准（Goleman，2006）。SEL 技能可以通过教授、建模和实践进行，以便儿童和青少年使用它们作为处理日常生活挑战的行为策略。有些课程教导学生应用 SEL 技能来预防风险行为（例如，药物滥用、暴力和欺凌），或为他们的班级、学校或社区做出积极贡献（例如，服务学习）（Durlak & Weissberg, 2010；Katulak, Brackett, & Weissberg, 2009）。许多班级制定的 SEL 方案都不同，但设计最好的方案应包含两个重要特点。

（1）它们将社会－情绪学习（SEL）技能与特定的干预目标相匹配。例如，如果防止暴力是首先要考虑的事，一个教师就会按主次顺序来排列冲突解决技能。

（2）它们关注能普遍运用于多种情境中的教学技能，如延迟满足和面对困难坚持下去的能力。

作为教师，我们可能会对我们如何能帮助学生发展情绪能力持怀疑态度。我们要教授所有的教学内容，如何还能承担 SEL 课程所要求的额外任务？为了效率最大化，一项有效的 SEL 计划必须对教师来说有意义、对学生来说可接受，并且满足现有的课程。有效的社会和情绪调节程序通常每周需要大约一个课时的教学时间（Little & Hopkins, 2010）。将 SEL 的内容整合入课程不难，表 4-3 列出了社会－情绪学习技能如何能整合入学业内容而不必向教学妥协。SEL 技能可以通过利用即兴教学时刻（反思和指导）、示范以及在课程中建立技能发展的机会来进行教学。

4.3.2 SEL 方案的益处

相对而言，在课堂、学校或辖区推行以发展社会和情绪能力为目的方案是一项新任务。SEL 方案的有效性还很难说，因为随时间变化对其结果所做的缜密评价相对有限（Lopes & Salovey, 2004）。制定基于实证的计划必须以良好的科学为指导，并进行评估以确定对儿童健康和发展的预期影响是否真的发生。在当今使用的数十个 SEL 程序中，大约有 20 个已经通过了第一个测试（Little & Hopkins, 2010；Durlak & Dupre, 2010）。这些来自设计得最好的方案的实证表明，其结果是非常令人鼓舞的（Durlak & Weissberg, 2010；Hawkins et al., 1999；Kusche & Greenberg, 2001；Weissberg & Greenberg, 1998）。PATHS 课程是基于美国、基于学校又具有普遍预防意义的计划，是历史最悠久也是被使用得最广泛的一种 SEL 课程。它已在主流教育以及有特定需求的学生之中（包括听力受损，特殊教育需求和天才儿童）进行过评估。原始 PATHS 计划已在 22 个国家成功实施。严格的评估表明学生的自我控制、理解和认知的情绪、应对技能和冲突的解决策略都获得了重大改进。SEL 方案的其他益处还包括：

- 50% 以上的儿童显示出学业成绩的提高；
- 38% 以上的学生提高了平均绩点；
- 品行不端的事件平均降低了 28%，停止的下降了 44%，其他惩戒事件下降了 27%，63% 的学生在行为上表现得更加积极；
- 出勤率提高。

（Doty, G. (2001). *Fostering emotional intelligence in K-8 students* (p. 14). Thousand Oaks, CA: Corwin Press, Inc., 2010; Durlak & Weissberg, 2005; Goleman, 2006）

有效实施基于实证的 SEL 计划的学校切实地取得了成功的结果。然而，实施 SEL 计划对许多教师来说是具有挑战性的。其原因包括缺乏学校领导的支持、员

表 4-3 将情绪智力整合进课程

学科	课程目标	情绪智力的益处
阅读	因和果	教师朗读著名故事中的章节，学生判断因果。全班同学讨论书中人物应如何更合理地解决问题
写作	个人叙事	在随笔练习中，学生有机会分享他们在生活中对糟糕情境的合理反应
社会研究	理解联邦成员对内战的观点	在合作小组中，学生们讨论联邦战士的情感和情绪
健康	停止抽烟	学生们参与班级讨论，对因为抽烟而可能失去所爱的人进行讨论

资料来源：Reprinted from Doty, G. (2001). *Fostering emotional intelligence in K-8 students* (p. 14). Thousand Oaks, CA: Corwin Press, Inc.

工职业发展有限、未能采用实证计划以及无法将 SEL 纳入现有的学校运作（Payton et al., 2008）。此外，在如今的教育环境中，存在将不参加考试科目的教学边缘化同时增加考试科目准备时间的趋势。资金、教职员工时间，课时和专业发展活动都用于教授与考试有关的具体内容和技能。"教育孩子的整体"指的是关注孩子的社会、情感、伦理、美学和身体发育以及他们的学业发展，但除学业外其他科目已经沦为次要（Schaps, 2007, 2010）。对于 SEL 课程，必须使其成为学校生活结构的一部分，而不是每周由几个教师实施的孤立课程，这样才能影响学校文化从而潜移默化地影响学生（Osher et al., 2008）。

可以理解，教育者们需要模型和策略来引导他们的努力，从而以高效、有效的方式实施 SEL。学术、社会，和情感学习协作组织（CASEL）在过去 20 年中一直是该领域的领导者，并且拥有一个网站（www.casel.org）来支持 SEL 计划。该网站提供实证研究（通过可搜索的数据库）、计划描述、实施指南、评估工具和各种其他正在进行的专业发展资源。

关于 SEL 的最后一点思考是，教学 SEL 涉及教师和学生的行为变化过程（Hamre & Pianta, 2007; Zins et al., 2007）。教师必须提高自己的情绪智力水平，以成为适应性社会情感技能示范的榜样，并创造一个有情感支持的学习环境（Jennings & Greenberg, 2009）。教师的情感支持直接为学生提供了促进学术功能的重要动机和学习相关过程的经验（Crosnoe, Johnson & Elder, 2004; Greenberg et al., 2003; Gregory & Weinstein, 2004; Zins, Bloodworth, Weissberg, & Walberg, 2004）。动机的理论表明，那些与教师具有灵敏的、共鸣的和积极的互动经历的学生认为，他们拥有更多的支持，因而在学校里的学术情景中更有动力（Fredriksen & Rhodes, 2004; Wentzel, 2002）。对于在学校有问题风险的儿童，与学校导师的支持关系发挥着重要的弹性机制功能。（Noam & Herman, 2002; Noam, Warner, & Van Dyken, 2001）。

> **思考：**当有家长抱怨老师促进社会-情绪技能的做法是在浪费宝贵的学习时间时，你如何做出反应？你认为 SEL 干预是值得做的一项任务吗？为什么是或为什么不是？

本章小结

1. 描述气质、父母养育方式、性别和文化对儿童情绪发展的一般影响

气质是指以遗传为基础的，在情绪、活动性和自我控制方面的个体差异，它决定了我们对环境刺激和事件的反应模式。家庭内的社会化训练塑造了儿童情绪表达发展的模式。父母更可能试图调控男孩的情绪，尤其是悲伤和痛苦，而鼓励女孩表达除了生气以外的情绪。情绪表达存在着文化差异，有些文化很少表现消极情绪，却更常表现出反映他们社会联系和相互依赖的同情、尊重和羞愧感。

2. 认识戈尔曼模型概括的情绪智力的 5 个维度，并讨论教师能促进学生每一维度发展的至少一种途径

情绪智力可以分为五个维度：（1）情绪理解；（2）对他人情绪的反应；（3）情绪调适；（4）自我激励；（5）关系中的情绪。培养这些维度的方法包括：（1）给学生提供表达他们感受的语言；（2）指导学生学会辨别复杂的情绪；（3）教给学生如何使自己平静下来、思考非暴力的问题解决办法；（4）提供冲突解决训练；（5）选择包含合作而不是竞争的活动；（6）创建包含班级所有成员在内的活动，如班会。培养方法当然不限于上述这些。

3. 描述情绪影响学习的两个主要途径

情绪能影响学生如何学以及学什么。当学生对主要科目感到安全、愉快、兴奋时，他们就能表现得更成功；当他们经历生气或抑郁等消极情绪时就会表现更差。学生对课堂事件（测验中得了较低的分数）的知觉会促使他们做出妨碍进一步学习或激励他们更努力的反应。课堂情境的方方面面会激发影响学生对信息的注意、加工和反应方式的强烈的情绪记忆。

4. 给社会-情绪学习下定义，并讨论构成 SEL 干预基础的三个最根本的原则

"社会-情绪学习"（SEL）这一术语用于认识社会和情绪因素在学业成就中的作用。指导干预的三个最根本

的 SEL 原则有：（1）重视关系是所有持续学习的基础；（2）情绪影响我们学什么以及怎么学；（3）目标设定和问题解决为学习提供了焦点、方向和动力。设计良好的 SEL 方案与有特定干预目标的社会－情绪－学习（SEL）相匹配，并关注在多种情境中普遍使用的教学技能。

案例学习：反思与评估

儿童早期：爱哭的孩子

1. 当泰勒向艾瑞卡叫喊时，艾瑞卡哭了。如果艾瑞卡是个男孩会怎么样？你会期待一个男孩在这样的情境中以哭泣作为反应吗？为什么是或不是？
2. 泰勒和坦纳在积木塔倒塌时都很快表达了他们的愤怒。根据你所了解的关于情绪表达的文化差异，如果他们在亚洲文化而不是美洲文化下长大，他们会有什么不同的反应？
3. 当阿伯特和男孩们谈论塔倒塌的事件时，他问："你们这样嘲笑她（艾瑞卡），你们认为她会有什么感受？"儿童在什么年龄段能理解和解释他人的情感？他们采用什么线索来识别他人的情感？
4. 在案例开始，把乔描绘成一个体贴关心的孩子，他总是愿意帮助别人。移情是天生的特质还是后天习得的？从本章中找出支持你答案的证据。
5. 安妮和查达都是外向的女孩，阿伯特把她们描绘成"天生的领导者"。根据气质研究，这些特点有遗传基础吗？你认为安妮和查达十年后会是什么气质类型？
6. 根据你所了解的情绪智力，这些教师应如何在课堂上融入社会－情绪学习？

小学：小团体

1. 帕翠西娅的父母鼓励她在和凯西的交往中维护自己的利益。这种父母鼓励女儿公开表达情感的做法典型吗？
2. 罗西欧告诉男孩他们应该为他们说话的方式感到脸红。像羞愧这样的复杂情绪什么时候开始发展起来？羞愧、内疚以及自豪等复杂情绪与诸如生气和恐惧这样的基本情绪有什么不同？
3. 假如罗西欧希望比尔和扎克采用冲突解决技能来解决他们的问题，她应该建议他们采用什么样的步骤？帕翠西娅和凯西如何应用冲突解决技能来解决他们之间的紧张关系？
4. 比尔和扎克表现得很激动，借助情绪调适，如果他们采取冷静的反应会有什么不同？
5. 罗西欧如何利用课堂上的事件作为契机来加强学生的社会－情绪学习（SEL）技能？

初中：篮球明星

1. 马克的情绪反应很激动，并难以自我调控。按照自我情绪调适的研究，像马克这样的学生可能面临什么样的消极结果？
2. 达拉在别人说她坏话时似乎不生气，然而马克却非常容易生气。是什么造成了他们在愤怒控制水平上的差异？
3. 达拉和马克都是由父亲带大的。父亲对儿童情绪发展的影响与母亲有何不同？
4. 达拉似乎为她的篮球运动员天赋感到自豪。自豪感发展的前身是什么？
5. 马丁教练采取了什么行动（给学生）提供情绪的支持性指导环境？他还采用了什么额外的步骤？

高中：偷窃、欺骗和打架

1. 鲁斯特曼先生拒绝在课堂上加入社会技能训练，这合理吗？可以采用什么观点来反驳鲁斯特曼先生不愿意在他的上课时间进行 SEL 技能训练。
2. 巴克斯特女士和鲁斯特曼先生提交的电子邮件暗含了非此即彼的情境：教师必须考虑要么社会－情绪问题要么学业问题，但不能两者都考虑。社会情绪性发展和学业成就之间有什么关系？
3. 高中生的家长－教师委员会要求学校董事会执行学校的一贯政策来解决诸如打架和欺骗等行为问题。他们认为，严格的着装规定可以使学生间有关服饰和其他象征地位的符号竞争的最小化，以此降低打架事件的发生，还可以帮助学生关注学业成功（使欺骗最小化）。基于本章关于社会–情绪学习（SEL）的研究证据，为执行 SEL 方案提供一个理论基础。

4. 史密斯先生抱怨浪费课堂时间来解决两个女孩的争吵。如果他曾示范过冲突解决技能而不仅仅是拆散吵架双方，情境会有什么不同？

5. 巴克斯特女士抱怨她的学生不能专心学习。她的言论与作为情绪智力维度之一的自我激励有怎样的关系？她应该做什么来提高学生们在课堂上的自我激励？

6. 卡吉尔先生描述了一个情境，在这个情境中，吉米失控打了鲍勃。基于你对管理破坏性情绪的了解，卡吉尔先生应该怎样将这场冲突作为教育的契机？

第 5 章
道德发展

学习目标

1. 解释关于道德问题的思考或推理如何随着时间推移变得更复杂，认识在道德推理中存在的性别差异。
2. 描述观点采择和移情对亲社会行为的重要性，了解亲社会行为中存在的性别差异。
3. 描述某些个体比其他人更可能采用攻击行为所存在的认知缺陷。
4. 解释家庭、同伴和学校对儿童和青少年的道德发展如何产生影响。

5.1 道德推理的认知发展

你认为撒谎是错的吗？我们有时可能为了不伤害他人的情感或让他人避免坏消息，会说"善意的谎言"。但是我们如何区分无害的小谎言和严重的欺骗？当我们思考这些道德问题时，这一过程被称作**道德推理**（moral reasoning），我们在找寻对错的理论基础。

正如你已经知道的，人们会思考什么是对的、什么是错的，但他们的行为总是无法与那些想法相一致。然而，个体必须在他们能够以适当的方式行动前理解对错。因此，有关道德推理的理论关注个体用于决定对错的思维过程，而不是关注个体表现出来的道德（或非道德）行为。在我们讨论课堂上对道德发展的理解如何服务于教师之前，我们要对几个著名的道德发展理论做个总结。

5.1.1 皮亚杰的理论

发展心理学家让·皮亚杰（Jean Piaget）因他的认知发展理论而闻名于教育界和心理学界。在他早期的《儿童的道德判断》（*The Moral Judgment of the Child*, 1932）一书中，他提出了道德认知发展的两阶段过程论。根据皮亚杰理论，道德认知发展的第一阶段被称为**道德实在论**（moral realism）。儿童认为对错是由行为的结果和成人的权威决定的。规则是绝对的，在任何情况下都不能打破。在这个阶段，意图是不重要的。当他们发展出更高级的思维技能时，儿童转到**合作的道德**（morality of cooperation）阶段，或自主性阶段，能理解在某种情境或在某特定的环境下，规则可以改变。换句话说，儿童开始看到对错的复杂性，例如，理解说谎也许是不伤害他人情感所必需的，在战争中或自卫时杀人是可接受的。

5.1.2 柯尔伯格的理论

劳伦斯·柯尔伯格（Lawerence Kohlberg）是皮亚杰的学生之一，他认为道德推理比皮亚杰提出的两阶段过程更复杂。柯尔伯格（1963，1981）提出了他自己的道德推理理论，分为三个水平，每个水平又包括两个阶段，如表5-1所示。

前习俗水平（preconventional level）的个体对于对错持自我中心、利己主义的观点，忽视社会标准或习俗。**自我中心主义**（egocentrism）只关注自我，不考虑他人或他人的观点。处于该水平第一阶段的儿童，即处于"惩罚/顺从"阶段的儿童，关注他们行为的结果，这与皮亚杰的道德实在论是相似的。例如，"撒谎是错的，因为我可能会被抓或课程不及格"。在第二阶段，即"幼稚的快乐主义者或个人奖赏"阶段，儿童关注他们是否会因为他们的行为而得到奖励。"这里边给我的东西是什么？"这时的个体关注行为的偿付，这有点涉及平等的交易，也称作控制的互惠主义。例如，"如果你对我好，我就对你好"。个体也可以通过可控的互惠主义为不正当的行为辩护。例如，"欺骗是可以的，因为老师的测验不公平"。要使儿童超越前习俗水平，就要将他们置身于自己的观点之外、产生新观点的人和情境之中（Shaffer，2000）。

习俗水平（conventional level），个体判断对错时关注外在的权威，如社会的习俗和标准。由于自我中心关注的减少以及思维技能的提高，处于习俗水平的儿童能够判断行为的意图，如"他不是有意绊倒我的"。在第三阶段，"人际权威"（interpersonal authority）有最高的优先权，意味着儿童希望拥有与父母和其他家庭成员一样的信念。因此，他们会遵守规则来获得权威人物的赞同、避免反对。例如，"撒谎是错的，因为妈妈告诉我，'你只是在欺骗自己，应该做你自己的事'"。习俗推理的下一个阶段是"社会权威"（social authority），关注决定法律和行为规则的社会系统。这时的个体声称欺骗是错的，因为它违反了学校的规定。

后习俗水平（postconventional level）超越了简单的推论和外部权威，转向内部权威，此时个体建立了个人关于对错的信念。认知发展再次使得个体转入推理的后习俗水平，大学生或接受过更长时间正规教育的个体比那些缺乏教育的个体显示出更复杂的道德推理（Speicher，1994）。第五阶段是"社会契约的道德"（morality of social contract），包括个体决定何时、为什么以及规则应该怎样改变，或在什么样的环境下，通常被认为是不良的行为实际却是合理的。例如，欺骗只有在任务不重要（如与朋友打牌）或使某些人受益（如作假让一个年幼的孩子赢，以提高他的自信）的时候才是允许的。在道德推理的第六阶段，即"个人原则的道德"（morality of individual principles）阶段，个体关注最能使全社会受益或更好的道德系统。例如，不应该容忍偷窃，因为随之而来的是社会混乱和崩溃。

柯尔伯格通过呈现道德两难故事和按照阶段评定个体的反应来测量个体的道德推理水平。道德两难问题的回答没有对错之分，因此柯尔伯格感兴趣的不是个体选择做或不做什么，而是关注个体选择的理论基础或推理所决定的道德发展阶段。

> **思考**：以下呈现的是柯尔伯格测量道德推理时所采用的经典海因茨两难故事。请阅读两难故事，并思考你是否会做出和海因茨一样的选择。更重要的是，解释你为什么做或为什么不做这样的选择。

表5-1 柯尔伯格的道德推理理论

水平	阶段	描述
前习俗水平	惩罚/顺从	• 关注行为的结果
	幼稚的快乐主义	• 关注平等交易、可控的互惠主义
习俗水平	人际权威	• 关注对父母及其他家庭成员的规则的顺从
	社会权威	• 关注遵守法律和社会规范
后习俗水平	社会契约的道德	• 关注个人对规则应该何时及怎样改变的决定
	个人原则的道德	• 关注最有利于社会总体的或更好的道德

在欧洲，一名妇女得了罕见的癌症，濒临死亡。医生说只有一种药能够救她，这就是本城药剂师新近发现的镭。药剂师索价2000美元，这是他发明该药成本的10倍。病妇的丈夫海因茨向他所认识的每个人借钱，只筹到一半的药款。他告诉药剂师，他的妻子快死了，请求药剂师把药便宜一点卖给他，或者允许他赊账。但药剂师不同意。海因茨走投无路，闯进了药剂师的商店，为他的妻子偷走了药（*Kohlberg*, 1984, p.186）。

柯尔伯格认为他的道德推理理论具有跨文化的普遍性，但他也相信，不是所有的成人都能达到道德推理的最高水平（Carpendale, 2000）。正如柯尔伯格所假设的，成年人常应用混合的道德推理策略，而儿童似乎从前习俗思维发展到后习俗思维（Colby, Kohlberg, Gibbs, & Lieberman, 1983; Rest, Thomas, & Edwards, 1997; Walker, de Vries, & Trevethan, 1987）。例如，高中生可能对道德两难故事提供与人际权威阶段一致的反应（习俗水平），而大学生则提供与后习俗水平的社会契约阶段一致的反应（Boom, Brugman, & van der Heijden, 2001）。柯尔伯格关于道德推理认知发展顺序的假设在以色列和土耳其也得到了支持，这表明，正如柯尔伯格自己所说的，该理论具有跨文化的普遍性（Colby & Kohlberg, 1987）。

5.1.3 吉利根的批评

卡罗尔·吉利根（Carol Gilligan）批评许多发展理论缺乏对妇女的关注以及将女性的观点排除在外。吉利根特别批评了柯尔伯格的道德推理理论将公平作为决定道德推理水平的核心。吉利根（1977）提出，男性通常更关注独立和个性，有**公正倾向**（justice orientation），关注个人的权利。而女性通常更关注人际关系，有**关怀倾向**（caring orientation），关注在亲密关系中对他人的需要做出反应。吉利根认为，用于测量个体道德推理水平的道德两难故事应该是在真实的生活情境中的，而不是像柯尔伯格提出的在假设的情境下（Walker, 2006）。

运用柯尔伯格的方法进行的早期研究只针对男性，因此吉利根批评该理论的样本基础。另外，早期以女性为样本的研究显示，女性对道德两难的反应更多的停留于第三阶段——人际权威阶段，而男性的反应更多被评定在道德推理的第四或第五阶段（Walker, 2006）。然而，柯尔伯格对道德两难的评分系统却只根据存在许多问题的先前少量实验研究进行了修订。劳伦斯·沃克（Lawrence Walker, 2006）综述了道德推理性别差异的文献后发现，总体来说，男性和女性在道德推理上是没有差异的。此外，没有证据表明这两种独立的倾向——公正对关怀存在。恰恰相反，多数人在给定的情境中共同采用公正和关怀来决定对错（Jorgensen, 2006）。尽管吉利根关于男性和女性在道德倾向上有差异的基本前提没有得到支持，但她的批评激发了人们关于道德发

被欺辱

禁止煽动、鼓励、协助或参加欺辱行为。欺辱是指任何为了加入于某一组织、俱乐部或运动团队而针对某一个学生的有意识以及鲁莽的行为。参加欺辱的学生将受到以下一项或多项纪律处分：
1. 关禁闭；
2. 取消课外活动；
3. 与学生家长进行会议；
4. 校内停课；
5. 转介适当的执法机构；
6. 如果足够严重，可能建议开除。

欺凌/骚扰

欺凌被定义为，但不限于：嘲弄、侮辱、戏弄、攻击、排斥、羞辱、异化、骚扰、恐吓等意图伤害某人的身体或情绪的任何重复的行为。

作弊

作弊是最严重的学术罪行和学校无法容忍的不可挽回的欺骗行为。作弊被定义为学生有意展示不是自己的学术作品。作弊将在学生提交作品的任何时间构成（1）欺诈地从另一个人处借用，包括但不限于当前学生和毕业生 或（2）欺诈地从已出版作者处借用。此外，任何学生在知晓他人有作弊可能发生的情况下有意识地借出他的作业，将被视为协助作弊。
作弊或协助作弊的后果如下：
1. 重新提交有关作业；
2. 不论提交作业的长度和重要性，均不给予学分；
3. 该学期的该课程不及格。

习俗水平的推理
处于这一阶段的学生认为行为错误或不道德是因为违背了学校在学生手册上所列的制度。

展、道德发展的测量问题以及关怀和移情在道德推理中重要性的兴趣。

5.2 亲社会行为

与皮亚杰和柯尔伯格的认知发展观不同，其他研究者们研究了个体同情和自我牺牲的基础。为什么人会自愿关心和安慰他人？为什么他们会与他人合作和分享？心理学家将人们的这种倾向称为**亲社会行为**（prosocial behavior），它包含那些旨在通过帮助或分享使他人受益的自愿的行动（Eisenberg, Spinrad, & Sadovsky, 2006）。

5.2.1 艾森伯格的理论

南希·艾森伯格（Nancy Eisenberg）关于亲社会道德推理的理论与皮亚杰和柯尔伯格的关注"积极公正"的认知发展观不同（Lapsley, 2006）。在本质上，"积极公正"关注我们为什么要做正确的事情，如帮助他人或分享。艾森伯格（1986）基于她的纵向研究提出亲社会道德推理的水平。尽管艾森伯格的水平涉及亲社会推理（思考），但许多成果也包含了行为。她区分了亲社会思考的5个水平。

- **水平1——快乐主义者或自我关注倾向**（hedonistic or self-focused orientation）：个体关注自我或自我兴趣的结果，将其作为亲社会行为的动机。"我会分享我的蜡笔，因为老师会高兴、会对我说好话。"
- **水平2——需要倾向**（need orientation）：个体关注他人的需要，甚至当那些需要与自我兴趣发生冲突时。"我会和珍妮分享我的蜡笔，因为她今天找不到她的了。"
- **水平3——赞同/人际倾向**（approval/interpersonal orientation）：个体基于对一个人的刻板信念来参与亲社会行为，帮助一个认为是"好人"的人，不帮助认为是"坏人"的人，目的是从他人那儿获得赞同或接受。"我要和比利分享我的蜡笔，因为他是好人，但我不和汤米分享，因为他对人总是很小气。"
- **水平4——自我反思的移情倾向**（self-reflective empathetic orientation）：个体采用移情和**观点采择**（perspective taking）（理解他人处境和心理状态的能力，如他们的思想或情感）来决定他们的行为是否导致积极的情感或内疚感（Damon, 1988）。"我会把课堂笔记借给丽莎，她因为参加祖父的葬礼没来上课，我为她感到难过，我想应该有人去帮助她。"
- **水平5——内在倾向**（internalized orientation）：个体因个人的价值而不是外部的权威或期待而表现出亲社会行为。"因为我认为更富有的人应该帮助他人，所以我会把我的部分假期奖金捐给慈善机构，给社会地位低的儿童购买礼物。"

亲社会推理和行为在儿童和青少年阶段不断提高，女孩比男孩更可能采用亲社会行为，尤其是在人际关系中（Eisenberg & Fabes, 1998; Eisenberg et al., 2009）。观点采择和移情是帮助理解为什么年长儿童和女孩可能表现出更高水平的亲社会推理和行为的两个成分。

5.2.2 观点采择

观点采择对于亲社会道德推理的发展十分重要，柯尔伯格也认为这对道德推理的认知发展十分重要。能进行观点采择的个体能够根据他人独特的背景和特性理解不同的人在面临相同的事件时会有不同的想法和感受。例如，两个初中生没有完成家庭作业，老师知道这一事件对他们的影响是不同的，因为他们对教育的责任以及他们因没完成作业而在家里面临的后果是不同的。但是，学前儿童还不能掌握他人的观点，因为儿童在整个学龄时期才慢慢发展出这一能力。罗伯特·塞尔曼（Robert Selman, 1971a）提出从儿童早期到青春期及青春期后观点采择发展的5个阶段。

- **阶段0——自我中心观点**（egocentric viewpoint）：学前儿童（3～6岁）理解他人有自己的想法和感受，但混淆了自己和他人的情绪，或难以理解他人情感产生的原因。
- **阶段1——社会信息观点采择**（social-information role taking）：小学低年级儿童（6～8岁）理解他人可能存在与自己不同的想法和情感，但不能理解不同观点之间有怎样的关系。因此，儿童可能只关注单方面的观点。"我知道她很伤心，但我很高兴得到了一块更大的蛋糕。"

- **阶段2——自我反思观点采择**（self-reflective role taking）：年长的小学儿童（8~10岁）能理解自我和他人观点之间的关系，能推测他人如何感受或他人在环境面前会思考些什么。"如果我插队，约翰尼会气疯的。"
- **阶段3——相互观点采择**（mutual role taking）：青少年早期（10~12岁）能采择第三方的观点来理解两个个体如何同时相互影响。"我能理解为什么珍妮和吉尔都希望自己在科学比赛中获一等奖，能理解为什么每个人都认为别人的项目没有自己的好。"
- **阶段4——社会和习俗系统的观点采择**（social and conventional system role taking）：到了青春中期（12~15岁）及以后，个体能理解与每个人都有关的社会习俗而不仅仅是单一个体的观点。"我知道考试不能偷看，即使老师的测验非常难。"

塞尔曼（1971b）发现，观点采择能力与柯尔伯格的道德推理阶段相关，观点采择能力低与前习俗推理相关，观点采择能力高与习俗推理相关。尽管观点采择能力会帮助个体发展社会推理，但这些能力并不必然产生亲社会行为。有些个体能够进行观点采择，但却没有思考他人观点的动机（Gehlbach，2004）。其他人也许会将观点采择能力作为自己的有利条件，知道如何使另一个人生气或伤心，并应用这种理解来控制或欺骗他人（Damon，1988）。

5.2.3 移情

亲社会行为的发展还依赖于**移情**（empathy），这是一种体验他人情绪或情感的能力，如会因他人伤心而感到伤心（Eisenberg et al.，1987；Eisenberg et al.，2006）。为了体验移情，个体必须具有观点采择能力（Hoffman，2000），因此这两种技能对于亲社会道德的发展都是最根本的。请注意，移情不同于同情。**同情**（sympathy）是与他人情绪状态有关的情绪反应。例如，我们会对他人因其所爱的人去世而表示同情，但我们不会体验他们的悲伤。心理学家马丁·霍夫曼（Martin Hoffman，2000）提出移情在生命早期的发展经历了三个阶段。

- **阶段1——全面移情**（global empathy）：当别的婴儿哭时，婴儿也会哭，但他们不能区分自己和他人的（哭）。当他们置于他人的哭声或痛苦情绪中时，他们会为自己的痛苦寻求安慰。
- **阶段2——自我中心移情**（egocentric empathy）：学步期儿童开始区分自己和他人（的情绪），会因他人的痛苦而试图安慰他人，但他们这么做是出于自我中心的观点。例如，一名儿童会把自己用于安慰的玩具或毛毯给别人，包括成人，而事实上，这种做法只能安慰他（她）自己。
- **阶段3——对他人情感的移情**（empathy for another's feelings）：2~3岁儿童对他人情绪和对需要的不同观点的认识提高了。因此，儿童开始理解什么能安慰他们、什么不能。随着语言和认知的发展，年长的儿童和青少年无须借助与他人一样的直接经历就能理解另一个人的情绪（如洞察他人）。

研究支持了霍夫曼移情发展的阶段以及移情与亲社会行为的关系。例如，学步期儿童会对研究者和母亲的受伤都做出移情反应，年纪稍大的儿童会试图安慰痛苦的兄弟姐妹（Eisenberg et al.，2006）。学步期儿童甚至能够关注到受到伤害但不公开表达消极情绪的他人。移情在青春期继续发展，并与亲社会行为有关，更高的移情水平与更高程度的亲社会行为有关。

女性比男性似乎更容易产生移情（Eisenberg & Fabes，1998；Maite，2009），但研究发现这一结果并不确定。用于测量移情的方法可以解释某些研究所发现的性别差异（Eisenberg et al.，2006）。要求被试报告他们自己的移情水平的研究或依赖教师和父母报告的研究稍微有利于女孩。对女孩更具有情绪性和更关心人的期待使这些报告产生偏差。采用行为观察来确定移情的研究者没有发现性别差异。因此，女孩是被期待有更高的移情水平，但事实上他们与男孩的水平是一样的。

> **思考**：思考一些具有观点采择能力却不会移情的案例。一个人会移情却没有观点采择技能，这可能吗？为什么可能或为什么不可能？

5.3 攻击行为

虽然某些道德发展理论关注个体积极的或亲社会行为，但攻击行为也是学者们在考察道德发展中的一个兴趣点。攻击行为通常是指个人意图伤害他人的身体或在物质层面进行的外显攻击。然而，一个人试图伤害另一个人的关系或社会地位的关系攻击行为也可以从道德的角度来审视。不管使用的攻击行为类型如何，问题都是：为什么有些个体比另一些人更多采用攻击？可能的答案如下：

- 生物性倾向，如遗传或激素会提高攻击；
- 家庭影响，如直接经历来自父母或兄弟姐妹的暴力和虐待；
- 同伴影响，如拥有攻击性的朋友；
- 文化影响；
- 其他变量，如置身于暴力电视或电子游戏。

上述所列因素常相互作用，共同提高一个特定个体的攻击可能性。这些因素的相互作用会导致个体对攻击思考方式上的差异。多数关于道德发展的研究考察了伴随攻击出现的认知缺陷。心理学家约翰 C. 吉伯斯（John C.Gibbs，1991）提出某些个体具有**社会道德发展延迟**（sociomoral developmental delay），或自我中心倾向，这些个体通常没有发展出更高级的道德发展水平。社会道德发展延迟的个体存在两种认知歪曲。

1. **责任外部化**（externalizing blame）：个体将自己看成受害者，而不是将他们伤害的人看成受害者。例如，学生会将他们对同伴的攻击解释成同伴总是亏待他。

2. **错贴标签或最小化**（mislabeling or minimizing）：个体会通过将自己的行为看得比社会习俗判定的严重程度小来逃脱自己的责任。例如，他们会宣称，攻击行为不是那么糟糕或攻击行为不会真正伤害其他人。

吉伯斯提出，个体采用这些认知歪曲来降低他们**以移情为基础的内疚感**（empathy-based guilt）或对他人造成痛苦而感到的痛苦和后悔（Hoffman，2000）。为了降低他们的内疚和痛苦，个体也许会使他们的攻击行为合理化，或者相信其他人在受害后不会经历消极情绪（Malti，Gasser，& Buchmann，2009）。

5.3.1 社会-认知领域

评定攻击行为的一种常见观点是以社会领域的模型为基础的，考察认知在攻击中如何起作用（Turiel，1983）。通过与环境的相互作用，儿童和青少年会在3个领域内思考社会情境。

1. **道德领域**（moral domain）包括与他人权利及福利有关的情境和环境。

2. **习俗领域**（conventional domain）关注社会组织所必需的行为规则。

3. **个体领域**（personal domain）关注影响个体的情境。

道德领域是涉及最严重违纪的领域，个人领域涉及得最少，习俗领域介于其中。在调查中发现，小学生通常将攻击行为认为是道德领域的，因为它影响人的健康和公平方面的问题（Murray-Close, Crick, & Calotti, 2006）。将攻击行为看成是习俗领域的儿童和青少年可能存在与最小化相似的认知缺陷（Tisak, Tisak, & Goldstein，2006）。

5.3.2 社会信息加工

肯尼斯·道奇（Crick & Dodge，1994）提出了另一个解释儿童和青少年攻击行为的理论——社会信息加工模型。该模型认为，个体加工社会信息遵循6个步骤。我们以某个体在学校受到欺凌为例来查看这6个步骤。

1. **线索编码**（encoding cues）：个体关注社会环境中的某些信息而不接受其他信息。（当他碰了我以后，我注意到他脸上惊愕的表情。）

2. **线索解释**（interpretation of cues）：个体明确社会环境中的线索以及他人行为的原因。（他惊愕的表情一定是意味着他看到我站在这非常惊讶。）

3. **目标分类**（clarification of goals）：个体根据情境明确目标或结果。（我不想让他发怒。）

4. **反应提取**（response access）：个体试图回忆过去类似情境中的反应。（上次他无意碰了我，我只是说"对不起"。）

5. **反应决定**（response decision）：个体对过去反应进行评价，选择达到预期结果的最合适的反应。（如果我不想惹麻烦，我就得走开。）

6. **行为实施**（behavioral enactment）：个体按照自己决定的反应行动。（我走开。）

虽然这个模型关注个体的认知或思维过程，情绪也在其中起了很重要的作用（Palmer, 2005）。例如，情绪激活或许会成为第一步编码的内在线索。同样地，以移情为基础的内疚感也与反应决定这一步有关。但是，攻击性儿童倾向于做出与非攻击性儿童不同的信息加工（Tisak, Tisak, & Goldstein, 2006），他们更少关注线索，如没有注意到碰他们的人的惊愕表情。攻击性儿童和非攻击性儿童在线索解释上也存在特定的差异。攻击性个体有**敌意归因偏差**（hostile attributional bias）或将他人的意图认为是有敌意的倾向。例如，一名攻击性学生会将他人在门厅碰了自己解释成故意的，而实际上这次碰撞是偶然发生的。攻击性儿童可能拥有类似这样的偏见（Bradshaw et al., 2009；Crick & Dodge, 1996），使得他们对自己的攻击行为责任外部化。这种责任外部化的认知缺陷、对情境的最小化或错误标签以及敌意的归因偏差使攻击性儿童不能正确地加工社会信息（Palmer, 2005）。最近的一项研究发现，这些同类型的加工缺陷也与网络攻击行为相关（Pornari & Wood, 2010）。

> 思考：你认为所有曾有过攻击行为的个体都有认知缺陷吗？在什么样环境下个体的攻击不存在认知缺陷？

5.4 应用：促进道德发展

我们已经快速粗略地审视了各个道德发展理论。你会注意到尽管这些理论使用的术语不同，但有些理论之间是有重叠的（见表 5-2 道德发展理论的比较）。这些理论的许多方面都基于家庭、同伴和学校背景进行研究，为我们提供了如何促进儿童和青少年道德发展的建议（Eisenberg et al., 2009）。

5.4.1 家庭环境

虽然父母在儿童年幼时是提供结果的外部权威性人物，但随着儿童年龄增长，他们逐渐放弃对外部结果的需要转而将自己的道德规范作为行为的准则（Dunn, 2006；Hoffman, 2000）。更确切地说，母亲的支持与反应性与儿童的移情和亲社会行为有关。如果父母采用一致的教养措施，包括解释错误行为的原因和提出合理的行为要求，儿童就更可能表现出高水平的移情和社会责任感（Bronstein et al., 2007；Eisenberg et al., 2006）。另外，兄弟姐妹也通过参与包含道德问题的想象游戏（如你的芭比娃娃从我的芭比娃娃那偷了东西，她不得不进监狱）和为年幼的弟弟妹妹提供移情的榜样而在道德发展中起重要的作用（Dunn, 2006；Eisenberg et al., 2006）。

表 5-2 道德发展理论的比较

理论	重点	婴儿期到儿童期	儿童期到青春期	青春后期到成年
皮亚杰	认知	道德实在论	合作的道德	
柯尔伯格	认知	前习俗水平	习俗水平	后习俗水平
艾森伯格	亲社会推理	快乐主义或自我中心倾向	赞同/人际倾向 自我反思的移情倾向	内在倾向
塞尔曼	观点采择	自我中心观点 社会信息观点采择	自我反思观点采择 相互观点采择	社会和习俗系统的观点采择
霍夫曼	移情	全面移情 自我中心移情	对他人情感的移情	
各理论的发展趋势		关注自我，很少考虑别人（自我中心）	开始通过如父母、社会以及他人的刻板观点等外部资源来思考他人	个人信念的发展以及将社会视为一个整体

在考察家庭的重要性时，心理学家们已经认识到几种养育策略能帮助促进道德发展（Berkowitz & Grych, 1998；Berkowitz, Sherblom, Bier, & Battistich, 2006）：

- 引导（induction），父母通过讲述每个选择的结果以及让儿童思考他人的情绪（如移情）来解释纪律；
- 教育（nurturance），父母通过向儿童表达温暖和情感对儿童情绪状态加以关心（如观点采择）；
- 提出要求（demandingness），父母为儿童制定了高水平的行为标准，对他们达到标准的尝试表示支持；
- 示范（modeling），父母做到他们所要求儿童做的行为，这样他们就成了道德行为的榜样；
- 民主程序（democratic processes），父母和儿童一起做决定，尤其是在需要他们倾听以及理解他人观点的时候。

这些养育策略能为教师提出促进道德发展的教育策略提供帮助。例如，教师也应该要学生考虑他人的情感来促进移情和观点采择，而这两种能力对亲社会行为都是最根本的。老师也要像家长那样，是示范合理行为和实践他们所倡导的有关道德行为的权威人物。

> **思考：** 教师和家长如何平衡为行为设定高标准以及以民主的程序允许儿童参与一些决定之间的关系？

5.4.2 同伴背景

同伴关系一定包括了互惠（分享、公平、平等方面），因为多数儿童不会与拒绝分享和公平游戏的孩子继续保持同伴关系。按照心理学家威廉·戴蒙（William Damon, 1988）的说法，年幼儿童间的分享是早期移情的标志，这被认为是亲社会行为的重要方面。他进一步指出，亲社会发展中的观点采择能力是在同伴互动中发展起来的。皮亚杰和柯尔伯格也都认为同伴互动是进入高水平道德认知推理和学会与他人合作来决定公正和公平的必不可少的成分。

因此，父母和教师应该鼓励儿童的同伴交往。教师要通过采用合作学习策略确保儿童有足够的同伴交往。合作学习要求学生在某些项目上进行协作，这能提高移情和观点采择技能（Solomon, Watson, & Battistich, 2001）。因此，在儿童和青少年中要求同伴互动为教师管理和示范高的道德推理水平所需要的技能提供了机会。

5.4.3 学校环境

虽然教师能够从家庭和同伴背景的研究中得到启发，但在教育环境中也有许多促进道德发展的特殊方法（Berkowitz & Hoppe, 2009；Jackson, Boostrom, & Hansen, 1993；Hucci, 2006；Watson & Ecken, 2003）：

（1）**信任的氛围**（climate of trust）：班级和学校系统应该拥有一个信任的氛围和关爱的道德规范。儿童表达情绪应该感到安全，知道他们会得到老师和教职人员的支持和关心。以下策略是基于对课堂和教师们的观察研究提出的：

- 教师可以在教学时间之外与学生互动，如和学生一起吃午饭，参与学生关于一些事情的日常谈话，与学生开玩笑，允许学生偶尔的"幼稚"表现；
- 教师可以和学生分享一些个人信息，如家庭、宠物和爱好，也要花时间了解学生的爱好、兴趣和家庭生活；
- 教师可以运用身体姿势来传达信任、关心的态度，如倾斜身体与儿童保持一个高度、与学生站得更近、把手搭在学生的肩上等；
- 教师应该保持他们的反应和常规行为始终如一，来传达可信赖感。

（2）**发展性训导**（developmental discipline）：正如父母可以采用引导和民主程序来建立标准和重要性以及鼓励移情那样，教师应该也可以在课堂上运用这些策略：

- 教师应该帮助学生理解规则背后的原因；
- 规则应该包括亲社会行为，如分享、轮换和尊重他人；

- 教师应该运用非惩罚性的方法来控制行为；
- 教师能召开常规班会和采用合作性的问题解决策略来制止课堂上的不良行为；
- 由于青少年开始越来越把问题当作个人的而非习俗的，越来越期待控制和力量，所以教师应该在课堂上给予青少年更多的机会来促成规则的发展以及做出选择（民主管理）。

（3）**服务学习**（service learning）：服务学习是将学习与社区服务相结合的一种教育方法。它包括社区服务（通常是志愿者活动，如充当家庭教师、在一个护理机构帮忙或在诸如"乳腺癌治疗竞赛"这样的组织做志愿者）、社区调查（体验教育，如在社区或户外/环境教育中实习）或社会活动（城市改革、社团提高）。参与服务学习与亲社会行为的提高、攻击行为的降低以及公民技能、态度和知识水平的提高有关。为了使服务学习更有效，学生们应该可以自主选择活动同时有机会来仔细思考他们的经历。学校可以通过提供一些认可以及对学生的贡献、学生－社区的合作关系（开宴会来庆祝工作成功，奖励、授予荣誉证书、提供社区赞助的奖学金）给予荣誉的方式来强化服务学习有益的效果。

（4）**课程**（curriculum）：道德课程不应该与学业内容相分离，二者应该在课堂和学校中相互联系并互相交织在一起（Berkowitz & Bier，2007）：

- 历史课和经典文学通常包括道德两难问题，就像社会研究课包括时事那样；
- 可以从道德的角度讨论学业内容中的人物（如马丁·路德·金、哈克贝利·费恩、罗莎·帕克斯）；
- 可以在课堂上提供视觉显示的方式来提高个体对道德问题的意识、鼓励慈善行为、形成积极的态度以及对环境问题的关注。

（5）**挑战现状**（challenging the status quo）：不仅要允许而且要鼓励学生挑战标准和社会习俗，以增进他们的观点采择能力和提高他们的道德推理水平。在许多情况下，情境中观点的模糊性可以用作道德两难的例子，要求学生从不同的观点中提取信息。课堂上关于道德两难问题的讨论是柯尔伯格用于提高道德认知推理、

服务学习
将课堂学习与社区服务相结合的教育能提高亲社会行为、降低学生的攻击行为。

群体公正的学校计划中的核心成分（Kohlberg，1975；McDonough，2005）。

（6）**以学校为基础的干预**（school-based interventions）：以学校为基础的课程能促进道德发展，它包括大范围的教师培训，促进观点采择能力发展的角色扮演游戏（Gibbs，1991）以及排练如何以亲社会的方式解决道德问题（包括改造儿童的社会认知缺陷、降低攻击发生的可能性）等课程（Guerra et al.，2007）。

本章小结

1. 解释关于道德问题的思考或推理如何随着时间推移变得更复杂，认识在道德推理中存在的性别差异

皮亚杰和柯尔伯格都描绘了道德推理的阶段，越来越少依赖于行为和外部权威（家庭，法律），越来越基于个人的、内部的关于对错的观点。尽管最初女性被认为在道德推理上水平较低，或有不同的道德推理倾向，但实验证据并没有支持道德推理认知发展中的性别差异。

2. 描述观点采择和移情对亲社会行为的重要性，认识在亲社会行为中存在的性别差异

亲社会行为是通过帮助或分享使他人受益的自愿的行为，这种行为倾向在儿童期和青春期不断提高。理解他人情绪或心理状态的能力（观点采择），如他们的情绪（移情），对亲社会行为的出现十分重要。观点采择和移情在儿童期和青春期逐渐发展起来。女孩比男孩更可能使用亲社会行为，尤其是在人际关系中。这种性别差异部分归因于人们期待女孩比男孩表现出更多的移情。

3. 解释某些个体比其他个体更可能出现攻击行为，这些个体存在的认知缺陷

实验数据支持了几个理论模型，表明攻击性个体存在认知缺陷，这些认知缺陷会提高他们使用攻击的频率。认知缺陷包括责备受害者、使攻击行为的严重性最小化或认为攻击是公正的（因为其他人先有敌意）。另外，攻击性个体没有把攻击看成对他人的伤害，而只是简单地认为是破坏了规则。

4. 解释家庭、同伴和学校对儿童和青少年的道德发展如何产生影响

家庭有两条重要的影响途径：（1）父母采用特定的养育策略来促进道德发展；（2）兄弟姐妹能通过角色扮演游戏和示范亲社会行为来促进道德发展。多数道德发展理论强调同伴互动在提高儿童道德推理中的重要性。最后，学校能通过课堂氛围、纪律、课程（包括道德问题和服务学习）、给学生提供讨论道德两难问题的机会，以及以学校为基础的旨在减少攻击行为的项目来促进道德发展。

案例学习：反思与评估

儿童早期：爱哭的孩子

1. 按照柯尔伯格的道德认知发展理论，查达关于分享的言论显示她处于哪一阶段？
2. 这个案例中有哪些亲社会行为？基于当前的研究，你觉得亲社会行为表现出性别差异奇怪吗？
3. 阿伯特和琳达该如何提高学生的观点采择和移情能力？
4. 基于泰勒的攻击行为和目前的思维水平，他可能存在什么类型的认知缺陷？
5. 教师还能运用其他什么策略来促进这一年龄的道德发展？

小学阶段：小团体

1. 基于这个案例中学生间的互动，按照柯尔伯格的道德认知发展理论，推测这些儿童的道德推理水平。
2. 罗西欧是促进学生道德发展的？
3. 罗西欧提供了哪些关于观点采择和移情的特殊案例？
4. 比尔对扎克的反应至少暗示了他在道德思维中的两种认知缺陷。有关这些认知缺陷是如何描述的？
5. 家庭因素在比尔的道德发展中怎样起作用？凯西呢？帕翠西娅呢？

初中：篮球明星

1. 按照柯尔伯格的道德认知发展理论，根据萨拉的行为和言论，她处在道德发展的什么阶段？吉尔和西拉呢？
2. 根据第龙对马克的回忆，马克应该处在柯尔伯格的道德认知发展理论的哪个阶段？

高中：偷窃、欺骗和打架

1. 根据这些综合反映，这些学生最有可能处在柯尔伯格的道德认知发展理论的哪个阶段？
2. 按照卡吉尔先生的说法，培养学生能力对消除这些破坏行为并代之以更多的亲社会行为是必要的。基于本章提供的信息，应该培养学生什么样的能力来提高亲社会行为？
3. 梅女士对学生行为的评价属于哪个社会认知领域？这

3. 这个案例呈现了学生间哪些亲社会行为？
4. 请解释萨拉如何应用她的观点采择技能。根据塞尔曼的理论和萨拉的年龄，你如何评定达拉的观点采择能力？
5. 为什么马克总是抱怨别人，却不重视自己的行为？

如何影响她对行为严重性的认识？
4. 卡吉尔先生描述了吉米的案例。什么理论可用于解释吉米的攻击行为？
5. 梅女士认为问题存在于学校的权威和纪律这一方面。假设她是正确的，许多教师在无形中让学生侥幸做成这些行为，那该怎么办？学校系统该采取什么样的策略来促进道德发展？

第二部分

发展中的学习者

☐ 案例学习

儿童早期：防火安全
小学：课题汇报晚会
初中：青蛙
高中：代课老师

☐ 第6章　大脑与发展

学习目标
6.1　大脑的相关研究
6.2　大脑的结构和功能
6.3　大脑的发展
6.4　学习时的大脑活动
6.5　应用：大脑研究如何指导教学
本章小结
案例学习：反思与评估

☐ 第7章　认知发展

学习目标
7.1　认知发展的建构主义理论
7.2　在认知发展方面的问题：皮亚杰和维果斯基
7.3　应用：有效教学的建构主义原则
本章小结
案例学习：反思与评估

☐ 第8章　语言发展

学习目标
8.1　理解语言习得
8.2　语言技能的发展
8.3　应用：在课堂中促进语言发展
本章小结
案例学习：反思与评估

案例学习

儿童早期：防火安全

准备

当你阅读下列案例时，请注意：
1. 谁是该案例的主要人物？请予以描述。
2. 发生了什么事？
3. 案例发生在哪里？环境是影响因素吗？
4. 案例发生在什么时间？时间是影响因素吗？

本周是罗灵希尔斯幼儿园（威斯幽的一个郊区小镇上的半天幼儿园）的消防安全周。园长是格雷斯·帕默太太，教龄已达20年，还有一个实习老师叫安赫拉·霍丹，来自附近城市的一所大学。今天的教学活动首先由安赫拉向孩子们解释哪些紧急事件需要拨打911，并让孩子们在玩具电话上练习如何拨打911。同时她还让孩子们列举出简单的安全信息，例如他们的名字、地址、电话号码以及父母的名字等。安赫拉为了帮助孩子们记住他们的电话号码制作了一些大抽认卡，孩子们在抽认卡上指出他们电话号码对应的数字，并用颜色描绘和装饰这些数字。

"我首先选粉红色。"米莎拉说。

"我更喜欢紫色，"她的好朋友布莱安娜说，"你知道吗，我爸爸是个消防员，他明天要来我们学校。"

安赫拉听着孩子们叽叽喳喳的讨论，看着他们用颜色描绘数字，她感到很满意，活动似乎进展得很顺利。

星期二上午，幼儿园教室里充满了兴奋的嘈杂声，孩子们正在期待来自威斯幽志愿消防局的消防员。点心时间过后，安赫拉宣布："孩子们，请在地毯上找个位置坐下，在等待消防员们到来的时间里，我们要讲一个关于防火安全的故事。"

布莱安娜和她的好朋友米莎拉冲到字母地毯的M字母上坐下，这个位置正好在老师的对面。两个女孩开始相互推挤，都希望能坐在M位置上。"我第一个在这儿的！"米莎拉大声喊着。

"你不是！"布莱安娜反驳她。

"而且，我的名字里有M，因此我应该坐在这儿！"米莎拉几乎是含着眼泪叫嚷着。

安赫拉要求女孩们互相道歉，并建议她们今天坐在两个不同的字母上，F代表消防员，D代表他们即将要听的故事中的主人公：龙。布莱安娜和米莎拉很高兴她们可以相邻坐着，因为还没有人选择坐在E上。安赫拉高兴地向大家宣布："小耳朵要开始听故事了。"当孩子们都坐好后，安赫拉也坐在地毯中间的小椅子上，开始读一本故事书：《没有茶龙：给孩子们的消防安全》，这个故事讲的是一条龙在一个女孩的茶会上引发了一场火灾。当安赫拉讲完故事后，远处的汽笛声越来越大。

"消防员来了！"一些孩子开始尖叫，兴奋地动来动去。于是，安赫拉带领着孩子们出去参观消防车。

回到教室后，孩子们都坐下，全副武装的消防员丹和特蕾西开始向孩子们讲解在火场中什么能做，什么不能做。"当你躺在床上看到有烟雾时，你应该躲到被子下面吗？"丹问孩子们。

"噢，噢，我知道，"布雷顿说，"不能躲在床上。故事里的龙在引起火灾后就是躲在毯子下面，那是不对的。"

"对，那样做不安全。如果起火了，你们不能躲在屋子里，必须出去！"特蕾西回答。接着消防员们介绍了一些消防小技巧，例如在开门前先感觉一下门是否很热，要躲开烟雾匍匐前进，以及停下-趴下-打滚等，然后让每个孩子轮流练习。当消防员们走后，每个孩子都得到一顶反光的红色消防帽，作为学会了消防规则的奖赏。孩子们急切地排队出去，他们等不及要到操场上玩消防员的游戏。

在课程的最后半小时里，安赫拉回顾了孩子们从消防员那学到的知识。"谁能告诉我如果我们的衣服着火了该怎么办？"几个孩子高兴地趴到地板上开始打滚。"很好，我看到你们已经记住了停下-趴下-打滚这个技巧。"现在，发现火警后我们应该打什么电话？"安赫拉又问。

"911！"孩子们都大声回答道。

"那么我们可以在哪里打911电话？"安赫拉继续问。孩子们看起来有点困惑了。"故事里的妈妈是在哪打的911电话呀？从她的屋子？"安赫拉问。

多米尼克举起了手："她是跑到邻居家。"

"对了，她到一个安全的地方打电话，"安赫拉说，"当我们打911时，需要给消防员我们的地址，这样消防员才知道是哪着火了。阿卡丝，你能告诉我你住在哪吗？"

"2-2……嗯。"阿卡丝停顿了。

"2249猎人……"赫拉提示说。

"2249猎人岭路。"阿卡丝回答出来了。孩子们转而开始回忆他们的地址和电话号码。

当孩子们都回家后，格雷斯和安赫拉讨论了消防安全课效果如何。安赫拉向格雷斯描述了哪些她认为效果较好的地方，以及哪些地方没有达到效果。然后她们一起分析了需要改进之处，并且对这周剩余的课程作了一些调整。他们决定在每天课程结束的时候一起评估一下孩子们的学习情况以及安赫拉的教学情况。

评估

- 你认为罗灵希尔斯幼儿园对于四岁的孩子来说是一个好的学习环境吗，为什么？

- 你认为安赫拉的教学适合幼儿园孩子吗，为什么？
- 根据你对幼儿园孩子的了解，描述一下他们的语言技能。你能在这个案例中找出幼儿园孩子语言技能的例子吗？

小学：课题汇报晚会

准备

当你阅读下列案例时，请注意：
1. 谁是该案例的主要人物？请予以描述。
2. 发生了什么事？
3. 案例发生在哪里？环境是影响因素吗？
4. 案例发生在什么时间？时间是影响因素吗？

3月，卡洛斯·莫拉莱斯的五年级学生开展社会调查课题汇报活动。学生从先前学习的所有社会调查中选择一个主题。卡洛斯从5个领域给他们提供了一串的题目：美国原住民、开拓者、殖民时代的美国、政府形成时期，以及西进运动。学生们在图书馆多媒体专家林达·波特的帮助下，首先从学校的多媒体中心开始进行。林达指导他们如何使用百科全书和网络搜索等方式查找与课题有关的资料。卡洛斯认为他的学生需要掌握和练习这些重要的研究技能。

当学生整理并阅读了他们所选主题的资料后，卡洛斯组建了"研究评估组"来帮助学生学习如何分辨重要的信息以及评价他们的资料来源。在研究组中，每个学生都有机会向别人说明哪些资料他们认为应该放在课题中，以及这些资料为什么很重要。为了帮助评估小组成员评价发言者的观点，卡洛斯让他们向发言者提问：

"能把你的观点陈述得更清楚一些吗？"

"更好的想法是……"

"关于……我想知道得更多一些。"

卡洛斯喜欢使用这些方法，通过让学生练习如何评价他们自己的以及别人的想法，能提高课题的质量。这些提问也非常有助于那些英语不是很熟练的双语学生。卡洛斯监控着研究小组的进展情况，并在任何他们需要的时候提供帮助。研究组持续了几周时间，直到每个人都轮流陈述了自己的课题资源。

然后学生们逐个与卡洛斯面谈，选择一个课题设计。他们有很多种选择，包括：

- 写一篇小短剧；
- 写一首诗；
- 作一幅画或雕刻；
- 构思一本故事书；
- 开发一个小游戏；
- 写一首歌来描述一个时代；
- 从一个历史人物的角度写一篇新闻报道或一封信。

卡洛斯认为多种选择让右脑型和左脑型学生都能发挥出他们的强项。他每周都安排一些时间让学生在学校里进行他们的课题，并提供尽可能多的材料来支持他们的课题（如颜料、黏土、服装等）。因为他的学生家庭经济背景都不一样，他希望每个孩子都有相同的机会去获得成功。

最后是课题汇报晚会，卡洛斯和他的学生都很喜欢课题汇报晚会。对于学生们来说，这是一个极好的机会，让他们能把自己的班级课题向其他年级、教师以及父母展示。卡洛斯喜欢看其他年级学生的课题，喜欢与他学生的家长交谈，喜欢享受所有学生的成功。当课题汇报晚会落下帷幕时，卡洛斯向学生们宣布："同学们，因为你们的努力工作和取得的成绩，我向你们所有人表示祝贺。给你们自己掌声吧。"家长和孩子们都热情地鼓掌。"尽情享用小点心，这是你们的战利品。谢谢大家，祝大家玩得开心！"

晚会过后，卡洛斯查看了一下每个学生在走之前交上来的课题自我评价报告。

"我喜欢我们的课题，因此我选择了一些我感兴趣的东西。"——艾哈迈德

"我最喜欢的科目是艺术。我喜欢这个活动，因为我可以做一些事情来展示我学到的东西。我非常高兴没有考试。在选择题上我总是做得不好。谢谢卡洛斯先生。"——艾萨克（一个有学习障碍的学生）

"在研究组中学习非常有意思，它让我更多地思考在课题中要做什么。做课题比考试好。我不喜欢去记一大堆的史实。"——利亚

"我学会了很多。研究很难，要花很长时间去阅读。但我在多媒体中心和研究组中获得了乐趣，做小组课题有趣得多。"——索尼亚（一个西班牙语-英语双语学生）

卡洛斯很惊讶，许多学生都和索尼亚一样喜欢以小组形式进行活动。他对于有些学生在自我评价中没有多少自我反思也感到很焦虑。但不管怎样，学生的评价使他对于如何提高明年的课题汇报单元教学有了更多的想法。

评估

- 卡洛斯对于学生是左脑型或右脑型的假设对吗？你的答案是基于自己的观点、推测还是根据一些信息资源，如某一课程、一本书或某篇新闻报告得出的？
- 你认为在学生自我评价中缺乏自我反省对于五年级学生来说是否是普遍的，为什么？
- 根据学生的自我评价，他们的语言技能是否是五年级学生的典型代表，为什么？

初中：青蛙

准备

当你阅读下列案例时，请注意：
1. 谁是该案例的主要人物？请予以描述。
2. 发生了什么事？
3. 案例发生在哪里？环境是影响因素吗？
4. 案例发生在什么时间？时间是影响因素吗？

埃克塞特中学，星期一早上第二节上课铃响了，八年级学生走进他们的科学实验室。今天上午在摩根·约朗德女士的生物实验室里，学生将解剖青蛙。解剖是该地区课程安排中新加的一门课，摩根已经教了三年的十年级生物课，她很想给初中学生上解剖课。她确信学生会喜欢这种实践操作的方式。

学生都坐下后，摩根简要地说明了一下处理和保存青蛙的实验程序，以及实验目的。她提醒学生该实验的一个目的就是比较青蛙与人

体的身体结构，讨论它们之间的相同与不同之处。然后她把学生分成六组，每三人一组。学生分别承担着不同的任务，包括解剖青蛙、用针探刺青蛙，画出青蛙的身体结构图，以及对他们的讨论进行实验记录等。在实验期间，摩根在教室里来回巡视查看每组的情况，并参与他们的讨论。

阿兰娜、尤米和基翁这组已经切开了第一个口，画出了他们解剖部分的图解，并讨论他们所看到的东西，尤米做记录。摩根停下来表扬了他们的进展。然后她走到哈雷、凯拉和埃林那组，他们似乎进展得没这么快。"凯拉，我似乎听到罗伯特约你出去，是真的吗？"哈雷问。这时埃林正在画青蛙解剖图，她也在听哈雷说。

凯拉说："是的，但我父母还不允许我出去约会。因此我们打算周末约一堆人一起去打保龄球。你也想……"这时摩根打断了她们的闲聊。

"小姐们，我不太确定你们所讨论的这些与生物有什么关系。请把你们谈话的内容集中在青蛙上。"摩根提出了警告。

这时摩根注意到杰伊、泰勒和文森特那组也在聊天。但他们认为他们组已经结束了。然而当摩根问他们有关青蛙消化器官的问题时，很明显他们根本没有讨论到。杰伊是一个开朗的、天生有着较好领导能力的学生，他做解剖，文森特描图，泰勒做笔录。泰勒出生时就患有胎儿酒精综合征，有语言障碍，他享受一些特殊的教育待遇，如延长考试和做笔记的时间。这组男孩分配泰勒做笔录，没有任何讨论或合作就快速地完成了实验，没有考虑到泰勒的情况等，这些都让摩根感到很不安。摩根继续巡视，试图让其他组学生都能进行讨论，她发现学生们在比较和对照方面较弱，需要得到比她最初预想的更多的帮助。

星期五，学生们进行实验考试。教室里设定了几个不同地方分别展示了进行青蛙解剖的不同阶段。学生们辨别器官，并用标签填在他们考卷的图解上。

下一周的星期五，在学生学完了身体结构单元学习后进行了一场笔试，笔试中除了一些与实验考试相同的题目，还有多选题和问答题。

星期一，摩根把实验考卷和笔试考卷发回给学生。"同学们，好消息是你们每个人在实验考试上都做得很好。但对于你们的笔试结果我很不满意。大多数同学在实验问题和多选题上都做得很好，但还有很多同学的问答题答案我不满意。我想看到的是你们的思考，但实际看到的很多都仅仅是对事实的描述。"

"但摩根老师，我已经学会很多了，"基翁说，"我甚至可以给你展示我的快速学习卡。"

这时哈雷插嘴说："是的，摩根老师，我们都是在一起学习的。我们相互测验了笔记和书本中的定义。"凯拉、埃林以及其他学生都在点头。

文森特举手说："你考试的问题太复杂了。我的意思是说……多选题与书上的定义并不完全一样。"

"我都不敢肯定其中一些问题我是否理解了！"阿兰娜接着说，"我意思是，你看，像举例是指什么，我甚至不知道如何比较前者与后者。"

摩根和学生继续讨论学习方法。她很高兴花时间与学生讨论这个重要的问题。但她心里知道，要想让学生以有意义的方式学习，她必须改变她的教学方式。

评估

- 你认为关于青少年大脑发育的知识在课程的教学安排和教学方法中有什么作用（如果有的话）？
- 摩根对在中学教生物和在高中教生物应该抱着相同的期望吗，为什么？
- 如何描述这个案例中中学生的语言技能。

高中：代课老师

准备

当你阅读下列案例时，请注意：
1. 谁是该案例的主要人物？请予以描述。
2. 发生了什么事？
3. 案例发生在哪里？环境是影响因素吗？
4. 案例发生在什么时间？时间是影响因素吗？

星期一早上第一节上课铃响了，一个年轻人迈着轻快的步伐走进教室，这时雷迪先生的英国文化班一下子安静下来。新的代课老师！雷迪先生在不久前动了个手术，虽然手术后回来工作过一段，但并发症使他这学期剩余的时间都将留在医院里。杰克·马休兹已被聘用为长期的代课老师。"早上好，同学们，我叫马休兹，在雷迪住院这段时间，我将接手他的班级。我知道你们正在读《双城记》，这是我最喜欢的一本书之一。"马休兹说。马休兹刚刚通过中级教育教师资格鉴定，充满着自信和能力。学生明显地还不太习惯如此年轻、有活力的教师。

雷迪先生比较墨守成规，或者说是有点枯燥乏味。他给学生分配书本的章节进行阅读，在他50分钟课堂里，大部分是在讲述故事情节的进展，或者关于作者狄更斯创作该小说的故事背景。学生做笔记，学习，然后对他们所阅读的书本内容进行考试。

但当今天早上马休兹先生站在讲台，斜靠在教师桌上时，学生之间都相互打量着，不知道会有什么样的变化。他们非常希望能打破雷迪先生的例行程序。

"你们讲到哪了？"马休兹先生问同学们。玛亚羞怯地举起了手。

"豺……第89页。我们讲到那了。"她说。

"很好，我们就从这开始。谁想第一个呀？你，坐在窗户边上穿黄衣服的那个，你叫什么名字？"

"迪伦。"男孩回答说。

"迪伦，在这个故事情节中发生了什么？"马休兹先生问。迪伦茫然地看着马休兹。他一直跟不上阅读进度，上课的很多时候都在睡觉。迪伦来自一个单亲家庭，他妈妈上夜班。最近晚上他都和一些年龄更大一点的年轻人闲逛到很晚，那些人有些已经退学了。传闻他已经开始喝酒抽烟。因此他在早上8点的时候很容易就睡着了，特别是当雷迪先生唠唠叨叨的时候。

"谁能帮他说说？"马休兹先生问。

"我们都不确定，"科林（该班开朗的副班长）说，"雷迪先生从来不问我们任何问题。我们只是听他说并做笔记。"

"嗯，"马休兹先生沉思了一下，"那，我们不再会这样。我知道这是一个有挑战性的故事，它有一些陈旧的语言。但理解它的唯一方法就是慢慢来，并喜欢它。我们先来讨论一下这个故事的历史背景吧。"马休兹先生是一个历史爱好者，他急切地想告诉学生关于18世纪后期伦敦的状况。

"请原谅，马休兹先生，我们需要做笔记吗？我的意思是……这些会考吗？"费利西娅问。费利西娅对于考试总是很焦虑，但都考得很好。

"现在不用担心任何考试。现在更重要的是你听，然后对课文的故事背景有个了解。"马休兹先生回答说。

学生们都坐直了，仔细听着马休兹先生说的每个字。他讲课的方式就像是围着篝火讲故事。迪伦又在睡觉。

下课铃响了，马休兹先生宣布："回去后一定要先阅读我们明天要讲的下一章节。我有一个特别的活动计划。"

第二天，学生坐在位子上，都很想知道马休兹先生为他们准备了什么活动。这时马休兹先生把书本合上。是要考试吗？学生们都很纳闷。

"同学们，这些是我为今天的课准备的剧本，"马休兹先生宣布，"不要担心。在我们结束故事时，你们每个人都参与一个短剧。今天我需要一些自愿者，谁先来？"

乔迪、梅森和德梅里举起了手。德梅里，双语学生，最近转到这个学校，他第一次感到很高兴地参与。因为学校都没有专门的双语课程，德梅里被安排到英国文化班，这没有任何的双语支持，即使他的英语阅读技巧比这个班其他学生低了两级水平。

"很好，有激情的一组！"马休兹先生说，"现在，其他人都需跟着你们的剧本。"学生们开始这个短剧，班上其他的人很认真地观看着。马休兹先生告诉他们要玩得开心。

在短剧结束后，马休兹先生把学生分成四组，分发了一张纸，纸上列着一些引导性问题，包括：

1. 把你自己放在今天你所扮演的故事情景中。
2. 你感觉如何，对你的行为你做何感想？
3. 你对这个角色感觉怎样。
4. 你认为接下来会发生什么？为什么？

马休兹先生指导学生说，"我希望你们首先自己回答问题。在笔记本上写下你的答案。这些不要上交，它们只是作为你的参考。一旦你小组的每个人都做完了，在小组中讨论你们的观点，时间15分钟。如果你想，可以做点笔记。"学生们马上开始写。很快教室里充满了喧闹声。

评估

- 假如你是一个类似于马休兹先生这样的高中新教师，你希望知道有关青春期大脑及其发育的什么内容？列出你可能存在的某些特定问题。
- 你认为英国文化课对于高中三年级学生来说适合他们的发展吗？如果是大一学生呢？
- 高中教师应该关注语言发展的哪些方面？

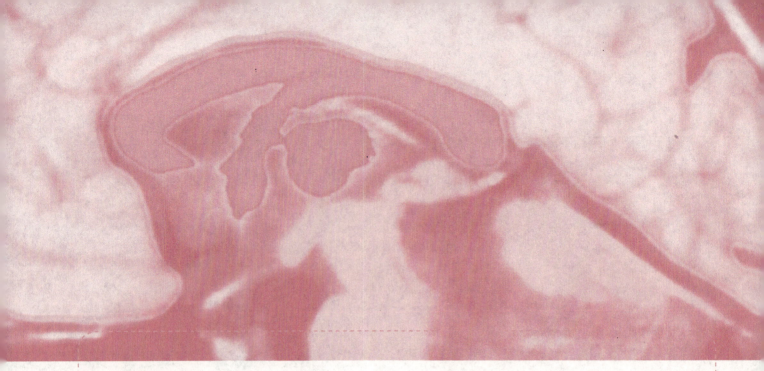

第 6 章
大脑与发展

学习目标

1. 了解关于教育教学相关脑研究的观点。
2. 掌握大脑四个功能分区及其主要功能。
3. 了解导致个体差异的大脑发展方面的主要因素。
4. 了解认知神经科学的贡献,理解其对学习的影响。
5. 讨论已经应用于课堂实践的神经科学成果。
6. 了解教师如何更好地评价基于脑的学习的基本理念。

6.1 大脑的相关研究

根据你对大脑的理解,下列哪种说法是正确的?

- 人出生后不久,脑细胞便停止生长。
- 人们仅使用了其脑细胞的10%。
- 存在左利脑和右利脑两种不同类型的人。

答案是:都不正确。这些观点即是认知神经科学的误区。事实是这样的:

- 人出生后不久,脑细胞便停止生长。在某些情况下是错误的。新的研究表明,一直到成年,至少在一些脑区,大脑可以产生新的细胞、发展新的连接(Bruel-Jungerman, Davis, Rampon, & Laroche, 2006;Tashiro, Makino, & Gage, 2007;Weisz & Argibav, 2009)。
- 人们仅使用了其脑细胞的10%。错误。现在并没有证据支持这一普遍观念。学习和思维均涉及到许多脑区(Ornstein, 1997;Thelen & Smith, 1998),即使是单一任务,如认知一个单词等,也会激活多个大脑皮层区域(Rayner, Foorman, Perfetti, Pesetsky, & Seidenberg, 2001)。
- 存在左利脑和右利脑两种不同类型的人。错误。但是,每个大脑半区都有各自特殊功能,这是不争的事实，两侧大脑大部分情况下是共同工作的（Bitan, Lifshitz, Breznitz, & Booth, 2010；Bakemore & Firth, 2005；Saffran & Schwartz, 2003）。

近年来，我们对脑的认识也发生了巨大变化。表 6-1 比较了我们对脑认识的旧观点和基于认知神经科学新进展的新认识。

过去 20 年来，认知神经科学快速发展，给教师们带来了一系列"基于脑的学习"的新闻、故事、书籍、教育工具和会议工作坊等。遗憾的是，许多作者或杂志编辑曲解了认知神经科学研究的成果，引起了人们对学习中脑作用的争论和迷惑。为了紧跟当代脑认知神经科学研究的进展，教师也必须理性地学习和评价，正确看待其在教育教学中的应用。

一些批判者认为，认知神经科学领域与教育领域隔得太远，二者之间难以建立联系（Bruer, 1997；Pylyshyn, 1984），在学校教育中，科学、实用的方法也难以将认知神经科学的成果与教育教学实践融合起来（Varma, McCandliss, & Schwartz, 2008）。而提倡者则认为，认知神经科学的相关研究成果可以与其他领域的诸多成果联系起来。例如，认知神经科学的新研究方法（表 6-2）可以为传统的教育和心理学研究提供真实可信的论据。不管是单独还是联合使用，这些研究方法都可以将认知神经科学的研究广泛应用于阅读、数学、社会过程和教育发展等诸多领域（Katzir & Pare-Blagoev, 2006；North & Biver, 2009）。认知神经科学研究者已开始研究大脑区域病变与个体学习的功能性影响之间的关系。

而折中的观点认为，通过结合来自心理学、教育学以及神经科学领域的科学数据，利用在不同环境下的多种研究方法，能够共同为教育决策做贡献。脑科学有助于我们了解大脑的生理方面，但要更好地理解和解释学习的生理，就需要根据心理学理论和研究来分析神经科学数据。一般来说，对于与某个理论框架有联系的研究，以及跨学科，有多种水平研究支持的教育理论，我们会更有信心。因此，最好的方法就是，只有当某种观点得到多种神经科学研究方法的支持，并且这种观点也得到传统心理学研究结果的支持时，我们再做出相应的结论。

表 6-1　关于脑认识的旧观点和新认识的比较

旧观点	新观点
脑的发展依赖于遗传基因	脑的发展受遗传基因和后天经验的共同影响
3 岁以前的经验对后期发展影响有限	早期经验显著影响大脑的可塑性，影响成年后的能力
脑的发展是线性的，从婴儿到成年，大脑学习能力及其改变稳定发展	脑的发展是非线性的，不同类型知识和技能的获得都有其关键期
儿童脑的活动水平远低于成人	3 岁儿童脑活动水平是成年脑活动水平的两倍
个体是左利脑（或右利脑）	大脑两个半区共同工作
到 5、6 岁，大脑停止发育	大脑终生都会改变

资料来源：Geake, 2008; Shore, 1997.

表 6-2　研究大脑的新技术

技　　术	测的内容
脑电图描记术（EEG）	脑波
脑磁图描记术（MEG）	在认知加工过程中发生的电和磁活动（活动的波峰称为事件相关电位或 ERP）
正电子发射层扫描术（PET 扫描）	在脑的各个区域中"放射性示踪剂更新"或活动水平
磁共振成像（MRI）和功能性磁共振成像（fMRI）	在认知过程中大脑对氧的使用状态 能够在厘米水平上定位激活的脑区
功能性磁共振光谱（fMRS）	在大脑活动过程中表现出的特定化学物质的水平
计算机轴断层摄影术扫描（CAT）	把 MRI 信息转化为三维的图片
大脑生化分析	在大脑中产生的神经递质（激素）的水平，如肾上腺皮质激素和血色素

注：以前研究大脑的方法局限于动物研究及对大脑的解剖。随着这些新技术的出现，我们开始能够以无创伤的方式研究有生命个体的大脑。

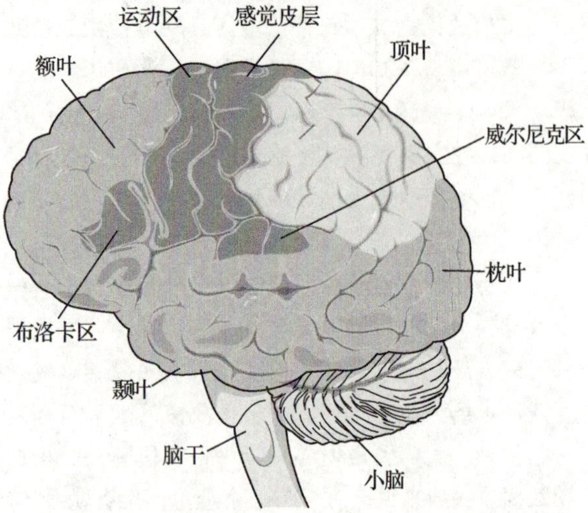

脑干：连接大脑和脊髓；控制许多重要的功能，如监控、感觉通路、心脏和呼吸功能、反射等
布洛卡区：位于大脑左半球，语言理解、口语表达、脸部神经的控制，特定的词汇和视觉任务
小脑：运动协调和平衡，如走路、姿势等
大脑（或大脑皮层）：有意识的思维、运动和感觉；由两个半球组成，分别控制相对的身体部分。每个半球包括4个主要区域：额叶、颞叶、枕叶和顶叶。两个半球之间由胼胝体相连，进行信息交换
额叶：兴奋与抑制加工，记忆和注意方面，特定的词汇和阅读技能，情绪加工，推理技能，压力
下丘脑：（本图不可见）与脑垂体一起控制人体激素过程、体温、心境、饥饿和干渴等
运动区：位于脑顶部中央区，帮助控制人体各部分的运动
颞叶：记忆方面、听觉信息、情绪反应
顶叶：记忆和注意方面、数学技能
枕叶：空间工作记忆、视觉加工
感觉皮层：位于顶叶前部，收集脊髓发来的关于触觉、压力、疼痛以及对身体另一侧感知及运动方面的信息
威尔尼克区：位于左侧颞叶区，被听觉皮层所包围，是理解和形成口语的关键区域，损伤会导致理解性失语症

图 6-1 脑的生理机能与功能

资料来源：http://massoudbina.com/neurodisorders/BrainAnatomy.php

本章的目的在于：

- 考虑如何将脑研究的成果应用于指导教育实践；
- 帮助教师正确理解当代科学知识与教育应用之间的关系。

表 6-2 根据神经科学的最新进展比较了关于大脑的旧观点与新观点。

> **思考：** 你对大脑研究与教师之间的相关性最初有哪些看法？看看当你阅读完该章后想法是否会发生改变。

6.2 大脑的结构和功能

要理解并较好地解释来自大脑研究的未来成果，我们首先需要对大脑解剖及其功能有个基本的了解。图 6-1 是脑的基本结构及其功能。覆盖在大脑最外层区域的看似皱褶的灰质区域，叫作大脑皮层（cerebral cortex）。它可以分为两个半球，每个半球又可分成四个主要区域：额叶、颞叶、枕叶和顶叶。大脑负责着大脑的高级功能，包括感觉、自发的肌肉运动、思考、推理以及记忆等。虽然许多学习任务包含了大脑多数区域的加工，大脑的一些特定区域也负责着特定的功能，例如视觉（大脑的后部）以及对身体运动的控制（运动皮层）。大脑皮层是脑最后发展成熟的区域，它占成年脑重量的 85%（Schacter, Gilbert & Wenger, 2009）。

大脑的各个部分通过大脑细胞的联结一起工作。**神经元**（neurons）是传递信息的脑细胞，它通过突触把信息传递给其他脑细胞。**突触**（synapse）是两个神经元之间的间隙，允许进行信息的传送。虽然神经元在形状和大小上不同，但它们都有着共同的特征（见图 6-2）。

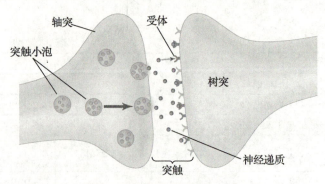

图 6-2 大脑内部化学物质的传递

通过研究突触，科学家已掌握了大量关于神经元的信息。通过突触，信号将从一个神经元传递到另一个细胞。神经递质穿过突触，到达另一个神经元树突的受体位置。

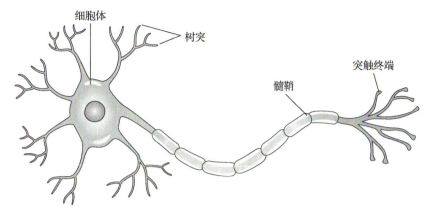

图 6-3 神经元

一个神经元由细胞体、轴突和树突组成。大部分神经元的轴突外表覆盖着一层髓磷脂,它能够加速神经冲动,使其传递到轴突。在树突的突触终端是与其他神经元的联系点。

- 细胞体,内含细胞核。
- 树突,从细胞体伸展出来的类似树枝的部分,负责接收来自其他神经元的信息。
- 轴突,从细胞体延伸出来的单一细长管道,负责把信息传递给其他神经元。单一轴突能多次延伸出去,这些细小的分支一直到终端,而终端内含有化学物质,称之为神经递质。

6.3 大脑的发展

6.3.1 发展过程

在胎儿 20 周左右,大脑会产生 200 多万个神经元,但随着时间的推移,最初的这些神经元中有 50%将被淘汰。神经元及神经网络早期的过度发展可以保证大脑在孩子出生时能够适应外界的任何环境,不论是在旧金山、圣保罗,还是在上海。比如说语言的发展。在出生时,每个孩子都有掌握世界上已有的 3 000 种语言中任何一些语言的本能。但大脑皮层仅会对那些在它所处环境中已形成规则的、有意义的声音进行加工进而发展,而摒弃那些似乎不需要的神经元,这一过程称之为"神经修剪"。再来看看大脑随着时间是如何发展的另外一些例子。

幼儿大脑神经元之间的联结要比大学生的大脑多了两倍,正如图 6-4 所示。幼儿大脑似乎也要比成人大脑花费更多的能量,因为它们会遇到许多对于它们来说是完全新的感官刺激(需要集中注意和精力去进行加工)。

在 3~6 岁,参与组织行为,计划活动以及集中注意的脑区会发生大量的重塑活动。这个过程能让孩子适应即将面对的幼儿园或一年级的正规学校教育。

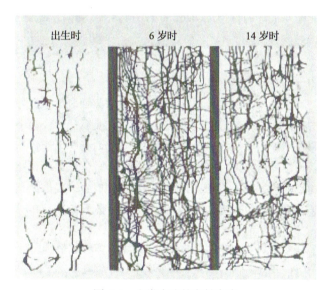

图 6-4 人类大脑的突触密度

神经元之间的突触联结的数量在儿童早期达到顶峰。随着时间的推移,这些联结被"修剪"以保证大脑能更直接、更有效地发挥作用。

资料来源:R. Shore (1997). *Rethinking the brain: New insights into early development* (p. 20). New York: Families and Work Institute.

虽然 6 岁后大脑在总体大小方面不会发生大的变化,但从 6 岁到 13 岁之间,专门负责语言和理解空间关系的脑区会出现惊人般的发展。一些任务中的行为依赖于髓磷脂(myelin)的发展,髓磷脂是一种能加速信息从一个神经元向另一个神经元传递的脂肪性物质。髓鞘化的速度（以及随后的加工速度）是与孩子的发展阶段联系在一起的（见图6-3）：

- 与眼手协调相关的大脑细胞髓鞘化要到4岁左右才完成；
- 负责集中注意的区域的髓鞘化要到10岁左右才完成（Posner & Rothbart, 2007）；
- 负责思考和推理的大脑区域最为广泛的髓鞘化直到成年后才会发生（Nelson, Thomas, & deHaan, 2006）。

在青年期，参与推理、冲动控制以及情绪的大脑区域还没有完全达到成年人水平，与推理和情绪相关的特定区域之间的联结还在不断加强（Blakemore & Choudhury, 2006; Gogtay et al., 2004; Sowell et al., 2004）。这些结果表明，在青春期，对高危险行为上的认知控制仍在不断成熟，因此青少年比成年人更可能参与危险的行为（Giedd et al., 1999; Sowell et al., 1999）。

6.3.2 影响因素

有些人在语言、数学或阅读等学习方面表现出良好的认知功能，这是他们与生俱来的，还是从后天经验中习得的？当我们检视脑的发展时，如何看待先天遗传和后天教养的作用？例如，当我们说某个群体在某些认知功能上较优时，研究者如果说该群体同时也表现出区别于其它群体的脑功能模式，那么，我们必须思考：

- 不同的脑功能模式是否提高了他们的认知能力？
- 或是不同的经验（如阅读障碍者的阅读经验更少）导致了不同的脑区功能？

大脑会根据环境和经验的不断变化，重新塑造自己（Begley, 2007; Tashiro et al., 2007）。在讨论大脑结构和发展的个体差异的影响因素之前，我们必须认识到：在发展的过程中存在鸡和蛋的现象，即当研究表明在某些认知功能上（如，阅读、计算、语言）存在着差异的个体其大脑功能也有着不同的模式时，我们在解释时必须小心谨慎。究竟是大脑功能的不同模式造成认知能力的差异，还是不同的认知能力导致了不同经验（例如，阅读能力较差的人得到更少的阅读练习），从而改变了大脑功能呢？神经科学方面的研究目前还不能确定这个关系的方向。对这个问题的两个方面都进行了一些可靠的研究，这些研究表明联系是双向的，意味着大脑功能化的特定模式有一定的基因基础，但大脑功能化的模式在经验的作用下又会发生一定的变化。

基因。虽然大脑发育的某些特征似乎有着一定的遗传成分，但研究表明，单单遗传基因是不能决定大脑结构的。研究者经常使用同卵双生子和异卵双生子的研究来确定基因在大脑发展中的作用。在这些结果中，有着完全相同基因的同卵双生子有时也会形成结构上不同的大脑，表明除了基因，其他因素也在起作用（Edelman, 1992; Steinmetz, Herzog, Schlaug, Huang, & Lanke, 1995; Yoon, Fahim, Perusse, & Evans, 2010）。

环境刺激。在马克·罗斯韦格（Mark Roseweig, 1969）进行的一项经典研究中，他把老鼠和其他动物分配到不同的环境条件下生存。一些动物被放在有着丰富刺激的环境中，诸如可以滚动的轮子，可以爬的台阶，可以压的杠杆以及可以玩的玩具等；而另一些动物被放在标准的笼子里，或被放在贫乏、隔离缺少刺激的条件中。与放在标准或隔离条件下生长的动物大脑相比，生活在丰富条件下的动物大脑更重，并且有着更厚的皮层，更多的神经元联结，以及更高水平的神经化学活动。类似的，研究也表明人类需要一个有刺激性的环境，以便获得最佳的学习和发展（Farah et al., 2008; Molfese, Molfese, Key, & Kelly, 2003; Yang et al., 2007）。有刺激性的、丰富的环境包括如下一些特征：社会交往、感官刺激、积极的情绪支持，新异的变化以及有挑战性但可以完成的任务等（Diamond & Hopson, 1998）。

关键期和敏感期。环境刺激对大脑结构有不同的作用，取决于它在发育过程中的哪个阶段出现。例如，在一项著名的研究中对小猫进行视觉剥夺实验，研究者发现在小猫出生后立即在完全黑暗的环境（通过手术将它们的眼帘缝闭）中喂养两周，小猫将变成永久失明；但是，如果在出生一段时间之后再进行视觉剥夺，小猫将形成正常的视觉技能。这类的研究结果得出一个结论：人脑发育过程中存在着**关键期**（critical period），即在这一段时间内某些经验对于大脑发育来说是必要的，它对应着认知技能的正常形成。关键期形成的假设是，在某个特定的阶段之后这一发展的机会窗口将会关闭，使之几乎不可能形成正常水平的技能。但是，对人类的研究还没有足够的神经科学方面的证据支持这一假设（Blakemore & Firth，2005；Breur，1999）。

多数神经科学研究者现在认为，发展是有**敏感期**（sensitive periods）的。在某个敏感期，大脑对环境影响会特别敏感（Knudsen，1999，2004）。虽然在敏感期过后特定的能力也可以发展起来，但那个时间段过后获得的技能会稍微有所差异，可能后者依赖于不同的策略和大脑通路（Hensch，2004）。例如，在青春期过后学习第二语言的人就无法获得与青少年相同水平的语法技能（White & Genesee，1996；Wartenburger et al.，2003）。

可塑性。对大脑损伤病人的研究表明，大脑对于某些功能的缺失能以补偿的方式重新进行塑造（Johnston，2009；Meehan, Randhawa, Wessel, & Boyd, 2010；Ward & Frack-owiak, 2006）。大脑这种在毕生过程中通过形成新的神经联结重新组织自己的能力称为**"可塑性"**（plasticity）。一些大脑系统可能比另一些更具有可塑性，一些系统在特定的阶段有更高的可塑性，而且一些大脑系统会对目标干预变化得更快一些（Begley，2007）。可塑性也可被认为是经验期待的可塑性或经验依赖的可塑性（Greenough, Blake, and Wallace, 1987）。**经验期待的可塑性**（experience-expectant plasticity）来自设想，指的是大脑具有调整自己以适应环境的能力。例如，虽然大脑接收并解释来自两只眼睛的视觉信号，但它也能重组自己来补偿一只看不见的眼睛的功能缺失。经验期待的可塑性还包括如果大脑识别出某个技能对个体来说是不需要的，可能逐渐关闭（或者至少是减少）该技能发展的机会窗口。**经验依赖的可塑性**（experience-dependent plasticity）是指获得某种特定文化或社会群体的技能。例如，某个学生从印第安纳州的农村来到纽约市，她需要激活或形成新的神经联结来帮助她适应新的不同的生活环境。这种形式的可塑性包括加强弱的突触，形成新的突触，并且这种可塑性似乎在人的一生中都可以发生（Bruer & Greenough, 2001；Merzenich, 2001）。

营养。动物的实验研究及人类的相关研究已表明，营养不良对大脑发展有不同的影响，取决于营养不良发生的时间以及持续的时间（Beard，2003；Schlotz, Jones, Phillips, Gale, Robinson, & Godfrey, 2010）。胎儿大脑在妊娠的第10周到18周发育得非常快，在这个成型阶段里，丰富的营养对于大脑的健康发展是非常重要的（Chafetz，1990；Dhopeshwarkar，1983）。大脑快速发展期营养不良会对**神经系统以及髓鞘**产生破坏性影响（Byrne，2001）。营养不良也会对神经递质产生影响，而神经递质是神经系统中的化学传递者，它允许神经元之间进行信息的传递，因此营养不良可能导致个体成为神经障碍及智力障碍的高危人群（Coleman & Gillberg，1996；Edelson，1988）。

药物。**致畸剂**（teratogens）是指一些能导致胎儿发育不正常的外来物质。例如，母体接触了太多的铅会增加自然流产的概率（McGee et al., 2009；Victor, Wozniak, & Chang, 2008；Weiss, St.John Seed, & Harris-Muchell, 2007），母亲摄入太多的酒精会导致胎儿一系列的认知和运动障碍（Henery, Sloane, & Black-Pond, 2007）。母亲在怀孕期间酗酒，生下的婴儿可能会出现某种形式的智力迟滞或行为问题。出生前接触到酒精有时会导致一种称之为**胎儿酒精综合征**（fetal alcohol syndrome，FAS）的疾病，其发生的概率大约为每1000个婴儿中就有3个。FAS表现为不正常的面部特征、发育缺陷，以及中枢神经系统问题。患有FAS的孩子可能在学习、记忆、注意范围、交流、视觉、听力等方面都存在问题。这些能力障碍经常会导致学业困难以及社会问题（Centers for Disease Control and Prevention，2007）。图6-5展现了一个健康的出生6周的婴儿与患有胎儿酒精综合征的婴儿在大脑上的惊人差异。

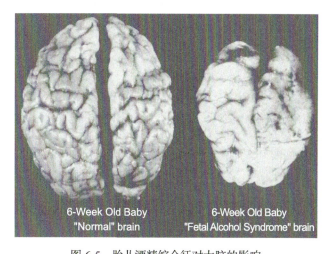

图6-5　胎儿酒精综合征对大脑的影响

左边是一个健康的6周婴儿的大脑，右边是患有胎儿酒精综合征的婴儿大脑。

资料来源：http://www.acbr.com/fas/fasbrail.jpg

性别差异。你是否想过大脑结构和发展过程存在性别差异？例如：

- 出生前脑部发展的性别差异可能导致男性在右半球脑功能上更具优势，如更擅长空间知觉、音乐、非语言性任务，而女性则更擅长于多方面的组织（Bitan et al., 2010; Halpern, 1997）。
- 神经传递的新陈代谢对认知具有重要作用，这方面也存在明显的性别差异（Becker & Hu, 2008; Laakso et al., 2002; Staley et al., 2001）。
- 在保持性激素水平以及管理繁殖行为上存在性别差异；在工作记忆、语义记忆和脑发展的调节等方面也存在性别差异（Bramen et al., 2010; Grigorova et al., 2006; Neufang et al., 2009; Sherwin & Tulandi, 1996）。

尽管神经解剖学的性别差异已受到关注，但是这些性别差异与认知行为之间的性别之间的关系仍不清楚。相关研究已表明脑区、智力水平和认知行为之间的相关，但这并不能证明其因果关系（McDaniel, 2005）。也有研究者发现社会行为（如女性的高合作性）与大脑皮层中的"社会脑"相关（Yamasue et al., 2008），但这仍然无法证明二者之间的直接关系。是因为"社会脑"导致女性高合作，还是女性经常的合作性活动导致"社会脑"的形成，目前并不能确定。

> **思考**：想想身体发展的其他方面，比如体重，以及这些方面是如何受基因、环境刺激、可塑性、营养以及药物的影响的？

6.4 学习时的大脑活动

孩子在学习阅读、弹钢琴或者骑自行车时，大脑内会发生什么变化呢？在学习过程中，神经元之间相互接触以形成新的联结或加强旧的联结。成人大脑包含了大约1 000亿个神经元，但当我们说"读词""数数""造句"或"做出一个假设"时，我们不是指单个大脑细胞在起作用。许多认知任务都需要数百万个相互联系的神经元共同起作用（Blakemore & Firth, 2005）。

但是，当我们谈及"读词""数数""造句"或"做出一个假设"时，并不会提及它们对应脑细胞的工作。实际上，也没有具体的"阅读""数学""音乐"或"科学"脑区。即使某些特殊的脑区具有其典型的功能特征，如左半球擅长语言，所有的认知活动都涉及大脑许多区域功能间的相互联系（Immordino-Yang & Fischer, 2009）。例如，阅读活动激活大脑左半球的许多区域，如图6-6所示。

某些技能和行为更可能形成精细的神经联结，这些联结几乎不可能被破坏。这样的技能和行为需要：

- 获得大量的时间、注意和练习；
- 对于情绪、个性或者生存至关重要。

当你重复使用某些特定的技能组合时，你的大脑会再认该模式，在执行任务时就会变得更快更有效（Begley, 2007; Hebb, 1949）。某些大脑细胞实际上学会了同时放电。神经科学家使用**"细胞同时放电，同时形成神经联结"**（cells that fire together, wire together）来描述大脑这种有效性提高的模式。已练习至自动化的行为（变得更快，且

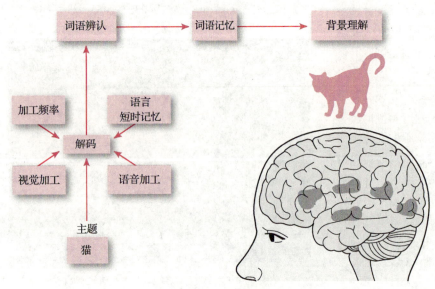

图6-6 参与阅读的脑区
阅读加工包含许多不同的技能，激活大脑的多个区域。
资料来源：http://www.brainconnection.com.Used with permission from PositScience.

没有错误，需要较少的认知资源）将集中在负责自动化、无意识加工的脑区中。这样就把负责新学习的意识大脑皮层给解放出来，因为已经熟练的技能在执行过程中不再需要学习者的完全注意。例如，当你读句子的时候，你已经形成了辨认词的自动化技能（即识别词和它们的意思），这让你可以集中更多的认知资源用于理解句子的意思上。

练习会加强神经联系，但特定技能如果不经常使用也可能会使突触联结变弱，或者衰退，这个过程称为"**突触修剪**"（synaptic pruning）。大脑的原则是"**用进废退**"（use-it-or-lose-it）。突触修剪将去除无用的联结，从而使保留的联结能更有效地工作。突触的一些损失是不可避免且有必要的。但这些如何应用于课堂呢？教师必须清楚地识别出重要的技能和概念，并确定它们经常被使用和复习，以确保这些技能和概念已被保留或学会了。

[思考：你有哪些技能已经达到自动化了？哪些技能由于你没有经常使用而被遗忘或变得没有效率了？]

6.5 应用：大脑研究如何指导教学

神经科学研究的新进展，加上教育心理学的研究成果，已证实了一些教育实践的有效性，而这些实践之前已被教师直觉上认为在教育上是合理的。现在我们来回顾一些研究结果，讨论它们对教师和学生的应用价值。

6.5.1 记忆、阅读、数学和情绪方面的研究现状

1. 记忆

心理学的记忆模型认为，如果教学包含了练习，并帮助学生产生了详细的表征，那教学就很可能成功。这个模型与心理学和神经科学的研究证据是高度一致的（Byrnes, 2001）。关于记忆的具体研究成果包括：

（1）**注意**。遗忘问题并不总是一个记忆问题。它经常是与注意相关的神经问题。过去的几十年里，研究者已明确三个完全不同的注意网络会在学习过程中发挥重要作用：注意警觉、注意导向和注意执行（Posner & Rothbart, 2007）。注意网络的个体差异与基因、环境和发展等因素有关。有脑成像结果支持的心理学研究表明，对于一年级孩子来说，某些方面的注意特别困难（如过滤无关信息），而某些方面的注意相对容易一些（如朝向有指导注意的地方）（Posner, 1995；Posner & Raichle, 1994）。提高学前儿童对外界环境注意的管理能力，可以有效地提升其在学期间的阅读能力和人际交往的能力等（Berger, Kofman, Livneh, & Flenik, 2007）。

神经科学家也在研究多动症（attention-deficit hyperactivity disorder, ADHD）的神经基础，也考虑到药物（如利他林）可能对大脑产生的作用（Durston et al., 2004；Sowell et al., 2010）。研究表明，多动症可能源于前额叶皮质层的激活或发育迟滞。前额叶皮质层与注意、计划、压力控制和运动有关（Ellison-Wright & Bullmore, 2008；Emond, Joya, & Poissan, 2009）。

（2）**模式和联结的建立**。记忆形成中起着重要作用的一个大脑结构——海马能够暂时性地把大脑皮层中与记忆有关的各个区域（例如某个物体看起来像什么，它叫什么等等）联系起来，直到大脑中建立了一个更为持久的联结（Squire & Alvarez, 1998）。学习包括在神经元之间形成相对持久的突触联结（Byrnes, 2001）。公开发行的以及定位于指导实践的书本都强调按建立突触联结的方式，以及以多种形式编码信息的方式进行教学的重要性，但神经科学研究还无法证实哪种教学方法能更好地促进大脑中突触方面的发展（Begley, 2007；Byrnes, 2001）。

（3）**新手与专家**。个体水平上的专长在相同信息的神经表征上显示出很大的差异。当我们比较"新手"和"专家"在执行相同任务或玩相同游戏时的大脑成像时，差异是非常明显的。专家在大脑中对信息的组织和解释与非专家是不同的（National Research Council, 2000）。通过给学生足够的时间练习基本的技能，教师能够帮助学生形成专长。许多心理学研究都证实了练习和重复的重要性，以及帮助学习、记忆和迁移的元认知策略的价值（Anderson, 1995；Flavell, Green, & Flavell, 2000；Weinstein & Mayer, 1986）。

2. 阅读

阅读可能是教育心理学与神经科学在更高水平上结

合的方面。教育研究者已经根据行为研究形成了复杂的阅读以及失读症的理论，这些理论为神经科学数据的解释提供了依据（Willingham & Lloyd, 2007）。下面是这两个领域的研究对课堂实践提出的建议：

（1）根据神经发展的研究以及认知发展的心理学研究，在三或四岁前进行阅读指导不会起到作用（Goswami, 2006; Katzir & Pare-Blagoev, 2006）。

（2）精细的大脑成像技术揭示，有阅读障碍的个体在进行需要语音加工的阅读任务时，特定的大脑区域活动衰减，因为语音加工是一种需要有意识地控制词里面的字母发音的技能（Begley, 2007; Shaywitz et al., 2002）。但是，到目前为止还不清楚，多大程度的大脑功能差异会导致阅读障碍中语音加工缺陷，还是说有着阅读障碍经验的个体在学习阅读时的语音加工缺陷造成了大脑功能差异。它们之间的关系似乎是双向的。神经病学对语音加工在阅读以及阅读障碍中的作用的证实已导致人们对如何定义和理解阅读障碍有了新的认识（Perfetti & Bolger, 2004）。

（3）大脑扫描揭示干预会对失读症学生的阅读行为产生影响。目标明确的教学程序有助于提高阅读障碍者的阅读成绩，且他们的大脑激活模式越来越像那些正常的阅读者（Shaywitz et al., 2004; Simos et al., 2007, 2009）。目前，大约有25万孩子参与了"快速向前阅读"项目（Fast Forword），该项目来自神经科学研究，由科学学习机构发起。认知-行为的以及神经病学的结果表明，通过提供大量的训练来改善听觉加工不足的特别补救项目，如同上述"快速向前阅读"项目，可以改变大脑的功能活动（Katzir & Pare-Blagoev, 2006; Temple et al., 2003）。

（4）阅读障碍的文化差异：MRI研究表明，脑区的跨文化差异对阅读障碍具有显著影响。一项脑成像比较研究表明，以意大利语、法语和英语为母语的语言障碍患者均表现出左半球颞叶侧部激活差的特点（Paulesu et al., 2001）。这种脑区活动模式仅存在字母语系中，在表意语系中（如汉语，其意义是通过象形、图式和会意来传递的），脑区活动模式不同。对中国的语言障碍患者和正常人的对比研究发现，语言障碍患者表现出视觉注意区的低活动度，而字母语系的语言障碍患者中并没有发现这一特点（Siok et al., 2004）。

3. 数学

对于数学技能的大脑研究很少有教育上的应用，因为到目前为止只有少量的相关，的神经科学研究。但是，通过目前已有的研究证据可得到以下一些初步结论（Duffau el al., 2002; Varma & Schwartz, 2008）：

- 个体的数学知识和程序似乎存贮在各自不同的大脑皮层区域（乘法口诀存贮在一个区域、减法计算存在在另一个区域等）；
- 计算技能似乎大部分限制在左半球（但不是经常）；
- 比较和排列信息的技能似乎位于右半球的后部区域（但不是经常）。

这些结果告诉我们进行数学计算时大脑活动的一些信息，但对于理解如何教数学却没有什么作用。对如何教数学最有利用价值的研究结果是一些来自教育心理学的研究，这些研究探讨了孩子们的概念理解、事实性知识以及计算过程等（Peterson, Fennema, Carpenter, & Loef, 1989; Resnick & Omanson, 1987）。

目前，由于认知神经科学的相关研究数量有限，对提升数学能力的相关教育意义不足。但是，一些研究也为教育工作者提供了有价值的见解，例如：

（1）**不同学习内容需要使用不同的学习策略**。Delazer等（2005）比较了两种不同的算术运算学习方法。一组被试要求使用记忆策略，另一组被试则使用解决问题策略。fMRI扫描的结果发现，记忆策略组激活更多的编码检索相关脑区，而问题解决策略组则激活更多的视空间处理脑区。这一研究说明，即使是解决相同的问题，由于使用的策略不同，导致脑区活动的模式也不同。

（2）**领域一般性与领域特殊性**。在不同的数学领域，学生需要的经验和实践能力不同，因此其数学能力的发展呈现由领域一般性（一般的分析和记忆策略）向领域特殊性发展（解决具体问题的具体策略）的趋势。Rivera等（2005）采用脑成像方法研究8～19岁儿童解决简单数学问题的认知神经特点。研究发现，尽管所有儿童都能很好地解决问题，但随年龄增长速度越来越快。脑成像数据发现，随年龄变化的解决速度变化并不是源于涉及数学的特定脑区效率的提高，而是因为不同年龄阶段的儿童使用了不同脑区来解决数学问题。低龄儿童使用的是控制一般记忆和分析能力的脑区，而年长儿童则使用的是控制视听过程的相关脑区。研究表明，年长的儿童解决问题的编码方式不同。

（3）**数学过程的文化差异**。Tang等（2006）选取英语为母语和汉语为母语的两组被试，在被试进行阿拉伯数字加数和比较任务时，进行脑区扫描，结果发现，英语组被试语言脑区（包括布洛卡区和威尔尼克区）激活较多，因为英语文化下的儿童进行数学计算时倾向于使用语言编辑；相反，汉语组被试在运动脑区（包括前运动区及额外区域），这可能是由于中国儿童学习算术更多使用珠算，使其更直观地理解了数的含义。

4.情绪

对于情绪与学习的相关模式，以及情绪的大脑研究如何应用于课堂实践，还有许多需要进行研究。然而，目前已存在两个有趣的研究路线。

（1）心理学家假设人类大脑表现出天生的社会性，以及关系的需要（Lefebvre，2006；Pinker，1997）。"社会脑"的假说能够解释为什么当孩子们在学校得到老师的关爱时会表现得更好（Wentzel，1997），同时也为课堂中使用单独的还是合作的方法提供了实践指导。今后对人类被试的研究需要进一步探查大脑中的社会和情绪中心与相关的学习结果之间的联系。

（2）长期的压力和恐惧会导致海马中神经元的物理性破坏，海马是前脑深处的一个区域，帮助我们调节情绪和记忆（McEwen，1995）。学习压力、失败带来的严重后果以及学生之间的竞争都会增加焦虑（Wigfield & Eccles，1989）。高度焦虑会分散学生对学习材料的注意力，从而干扰学习（Cassady & Johnson，2002）。

6.5.2 对基于大脑学习的理念的评价

2001年的《不让一个孩子掉队法案》（No Child Left Behind Act）以及2004年的《对身心障碍者教育法案》（Individuals with Disabilities Education Improvement Act）都要求学校给学生提供科学的、有研究支持的学习指导。不幸的是，许多基于大脑的教育理念都没有得到可靠的研究支持。而且，"基于大脑学习"的提议经常是建立在教育心理学研究结果的基础上，而不是建立在神经科学证据支持的基础上。其他研究是在动物上进行的，然后把结果泛化到人类，没有考虑到物种之间的差异。

大脑研究的热潮激起了教育者们的兴趣，他们对其在教育中的应用做出了一些仓促的结论，例如：

- Geoffrey和Renata Caine（1997）提出的假设：大脑研究证实了一种朝着更为主题的整合活动的转变。但目前还没有神经科学证据支持这样一个泛泛的结论。
- 加德纳（Gardner，2000）宣称大脑研究支持主动学习。但这种说法是来自行为研究，而不是神经科学的结果。
- 健脑术，一种流行的商业项目，在80多个国家都有销售，宣称已引起神经学的革命，及更大的全脑学习（www.braingym.org，2005）。大脑是能动的，会不断地重整自己，因此这种结果并不是健脑术所特有的（Varma，McCandliss，& Schwartz，2008）。

虽然对基于大脑学习的这些以及其他一些建议最终可能会有效果，但目前为止，这些建议还没有得到足够的数据支持，如图6-7所示。最经常采用的证据是来源于传统的心理学研究，而不是来自神经科学研究。当我们在看这些有关大脑学习的理念时，我们必须小心谨慎，必须以批判的眼光来分析这些资料。

图6-7 心理、脑和教育概念的调查

Tracey Tokuhama-Espinosa（2008）在关于心理、脑和教育概念的综合调查中发现：
- 仅有5%的人认为"可靠的"；
- 20%认为"可能"；
- 31%认为是"理论推测"；
- 44%认为"过于神秘"。

专栏 6-1

评价基于脑研究的教育产品

1. 看教育目标和目标群体；
2. 看教育目标与基于脑研究的产品目的之间的匹配性；
3. 看基于脑的理论逻辑和支持该产品的实证研究；
4. 看该产品的优点和不足；
5. 评价该产品对行为的影响。

由于认知神经科学的魅力，客观地评价基于脑研究的相关产品和项目非常具有挑战性。例如，脑成像的数据比其他任何数据都更易使读者觉得这个文章科学、可靠，哪怕是与论文无关的脑成像数据，也可以改变读者的判断（Weisber, Keil, Goodstein, Rawson, & Gray, 2008）。对于教师而言，重要是找到具体基于脑干预研究的相关科学家和实践者的有价值的、同行评审的论文。Sylvan 和 Christodoulou（2010）为教师工作者提供了评价基于脑研究教育产品的5个步骤，见专栏6-1。

> **思考**：你从一个朋友那听说，听古典音乐会提高婴儿的大脑功能。你如何判断这个说法是否正确？

本章小结

1. 描述赞成或反对大脑研究与教育者相关的主要争论

反对者认为神经科学的数据太新，不够有结论性，而且与教育框架有太大的差异，因此对教育者来说没有任何实际的价值。另一方面，赞成者强调神经科学中新的研究方法可以提供实践的证据来支持传统教育及心理学研究中发现的那些结果。他们建议，通过结合来自心理学、教育学和神经科学的数据，在不同的条件下使用多种研究方法，可以更好地制定教育决策。

2. 命名大脑皮层的4个脑叶及其主要功能

大脑皮层包括4个脑叶：额叶（注意、行为、抽象思维、智力、创造、判断、协调性、肌肉运动、嗅觉、生理反应和人格）、颞叶（视听记忆、语言、听觉和口语及行为）、顶叶（触觉、内部刺激反应、感知觉、语言、阅读和视觉）和枕叶（视、空间工作记忆）。

3. 指出导致大脑发展中个体差异的主要因素

导致大脑结构和发展差异的因素有：1）基因；2）环境刺激；3）可塑性，大脑中的神经元（神经细胞）对损伤和疾病进行补偿，以及调整它们的活动以适应新的环境或环境中的变化；4）营养；5）药物，或者外来物质，会导致胎儿的不正常发育。

4. 指出来自神经科学的贡献，以帮助我们理解它对学习意味着什么

在学习过程中，神经元以一种精细的分程序来连接之前还没联系的大脑细胞，使神经元之间相互接触，形成复杂的神经回路从而做出反应。神经元经常重组它们的联结以对新信息和经验做出反应。学习包括加强已有的突触或形成新的突触。在某些情况下，认知发展需要通过突触修剪减少突触。因此教师需要清楚地识别出重要的技能和概念，并确保它们被学生经常使用和复习，否则学生记忆和使用这些技能的能力可能会减弱或消失。练习能够加强神经联系，产生更有效地信息提取。

5. 讨论已经应用于课堂实践的神经科学成果

现在研究已表明大脑发展并不是完全由基因决定。大脑如何发展取决于你出生时的基因以及你的经验之间复杂的相互作用过程。记忆和注意的研究已表明专家在大脑中组织和解释信息的方式与非专家是不同的。通过给学生足够的时间来训练基本的技能，教师能够帮助学生形成专长。课堂干预，比如对有阅读困难的学生使用《快速向前阅读方案》，能够帮助学生做出认知适应，从而使大脑以更有效的，以及相互联系的方式重组自己。不幸的是，大脑研究的热潮激起了教育者们的兴趣，他们对其在教育中的应用做出了一些仓促的结论。"基于大脑学习"的课题的许多具体理念认为会促进大脑功能，但这并没有得到神经科学研究的支持。

6. 教师如何评价基于脑的学习相关观点

评价基于脑的教育产品的 5 个步骤：1）看教育目标和目标群体；2）看教育目标与基于脑产品目的之间的匹配性；3）看基于脑的理论逻辑和支持该产品的实证研究；4）看该产品的优点和不足；5）评价该产品对行为的影响。

案例学习：反思与评估

儿童早期：防火安全

1. 定义敏感期，解释为什么学前期是语言发展的关键期。
2. 解释刺激性环境与孩子大脑发展之间的关系。什么类型的活动、玩具以及合作可作为刺激性的学前环境？根据这些，评价罗灵希尔斯幼儿园是否是一个刺激性的学前环境。
3. 假定在罗灵希尔斯幼儿园有一个患胎儿酒精综合征的孩子。与案例中其他孩子比较，这个孩子的学习、记忆和交流技能有什么不同。
4. 安赫拉鼓励孩子们练习他们的安全信息，以便他们真正记住。解释当个体练习技能直到它们变成自动化时，大脑发生了什么变化。
5. 我们经常说学前孩子注意范围是有限的。根据与年龄相关的大脑发展模式中的证据评价一下这种说法是否正确。
6. 安赫拉引入了好几种不同的方式来让孩子们练习和记住电话号码。你能描述一下，在引入和使用每种新的方法时，大脑发生了什么变化？

小学：课题汇报晚会

1. 评价一下卡洛斯关于左脑型和右脑型学生的假定。根据你在这一章中获得的知识，你会对他说什么？
2. 解释一下为什么练习研究技巧，如使用互联网和多媒体，在自动化形成过程中非常重要，并解释一下当这些发生时大脑发生了什么变化。
3. 根据在注意方面的大脑研究，你为什么会认为五年级学生在区分课题资源中重要信息与次重要信息之间有困难。
4. 根据大脑发展与年龄相关的模式的讨论，为什么说在"研究组"中交换和评估资料对五年级学生来说具有挑战性。
5. 卡洛斯的课题汇报单元帮助学生形成对社会研究知识精细的、有意义的表征。解释在这时大脑发生了什么变化？

初中：青蛙

1. 泰勒有胎儿酒精综合征（FAS）。描述一下 FAS 的症状，并为摩根提供一些建议，她需要在生物实验室中为泰勒做出哪些调整。
2. 摩根认为，泰勒已经 13 岁了，因此对于他的语言技能她给不了太多的帮助，因为语言发展的关键期已经过去了。解释为什么摩根的推理是有误的。
3. 在摩根班上有个学生，他在小学期间学习一直很努力，但刚被诊断为有某种特定的阅读障碍。他请求摩根帮助他了解为什么他加工书面语言的过程与其他人不一样。根据在这章中提供的大脑研究，摩根应该对这个学生说什么？
4. 如果摩根的学生没有机会再做另一个解剖实验，对于他们的解剖技能最可能发生什么变化？根据你所知的大脑活动方式给出答案。
5. 如果学生重复多次解剖的步骤，他们会变得更熟练，这个现象如何用"细胞同时放电，同时形成神经联结"这一说法进行解释。

高中：代课老师

1. 迪伦似乎已经开始参与一些冒险性的活动。解释在青春期发生的，有助于冒险决策的大脑变化。
2. 马休兹在第一天上课时看到的学生并不习惯积极地参与课堂。解释马休兹使用的教学方法可能在大脑中形成怎样的方式来加工有关英国文化方面的知识。
3. 一个老师在教学大楼中碰到马休兹，对他说："你给英国文化班学生带来很大的影响，嗯，我听说你正在使用基于大脑研究的教学。"解释为什么该教师对基于大脑教学的评论是不正确的。教师应如何使用大脑研究来支持和引导他们的教学。
4. 如果在马休兹班上有一个学生有阅读障碍，有可能改变该学生在阅读时大脑加工信息的方式吗？根据神经科学研究的证据给出合理的解释。

第 7 章
认知发展

学习目标

比较个体和社会建构主义理论。
1. 描述皮亚杰的认知发展阶段，并且分辨导致我们思维变化的因素。
3. 描述主观互证、内化和最近发展区内的脚手架。
4. 比较皮亚杰与维果斯基在认知发展问题上的观点。
5. 根据建构主义理论讨论有效教学的五项原则。

7.1 认知发展的建构主义理论

建构主义（constructivism）是心理学的一个理论模型，强调学习是一个积极建构知识的过程。个体经常在社会交往的背景中，通过选择、组织信息，并把信息与其他知识进行整合等方式产生对新信息的意义和理解（Bruning, Schraw, Norby, & Ronning, 2004; Mayer, 2003）。建构主义关于智力发展的观点可追溯到 20 世纪早期两个非常著名的理论家：瑞典的科学家和哲学家让·皮亚杰以及苏联的教育心理学家列夫·维果斯基。他们的理论对美国的教育实践产生了很大的影响。许多建构主义的方法继续为心理学家所研究，并被教师应用于现在的课堂实践。

在 20 世纪 40～50 年代，学校一般都采用以教师为中心的教学方法，这种方法是建立在行为主义学习理论基础上。教师是知识的分配者，学习包含了把复杂的技能分解为小的子技能，学生分别独立地学习这些子技能，然后记忆并练习。在 20 世纪 70～80 年代，教育理念发生了转变，开始倾向于强调教师作为协助者，参与知识建构（而不是记忆），以及同伴间相互作用的教学方法。

7.1.1 个体和社会建构主义

建构主义经常被定义为个体或社会的。**个体建构主义**（individual constructivism）强调个体通过使用认知加工从经验中获得知识的方式建构知识，而不是通过记忆由别人提供的事实来建构知识。**社会建构主义**（social constructivism）强调个体是通过他们引入某个情境中的知识与那种背景下的社会/文化交换之间的相互作用来建构知识的。

虽然一般认为皮亚杰属于个体建构主义，而维果斯基属于社会建构主义，但个体建构主义与社会建构主义之间的界线并不容易区分：

- 虽然皮亚杰主要感兴趣于个体是如何建构意义的，但他也承认社会经验在认知发展中是一个重要的因素（Lourenco & Machado, 1996；Paris, Byrnes, & Pairs, 2001）。
- 虽然维果斯基主要认为是社会和文化的相互作用引起认知的变化，但他的理论实际上强调知识建构既是社会调节的，也是个体建构的（Moshman, 1997；Palincsar, 1998；Windschitl. 2002）。

接下来我们具体看看皮亚杰和维果斯基在知识构建方面的具体观点。

7.1.2 皮亚杰理论

1. 基本原理

皮亚杰最初的兴趣点是研究遗传和认识论——关注于知识来源的一个哲学分支。这些兴趣点影响着他对认知发展的观点，形成了基因认识论的理论——强调知识发展来源于遗传和后天抚养之间的相互作用。他提出，所有孩子思维的发展都是以下四个因素的结果（Piaget, 1970）：

- 生理成熟（遗传）；
- 对外界环境的积极探索（抚养）；
- 社会经验（抚养）；
- 平衡（或自我调节）。

（1）生理成熟。成熟意味着在生理上"准备好了"进行学习，为个体能从社会经验和积极探索中获得智力方面的发展打开了大门。认知功能的现有水平决定了我们能从经验中构建多少知识。例如，去参观水族馆，幼儿或学前儿童的知识建构可能只限于获得一些概念（例如海豚、鲸鱼、乌龟等），而大一点的孩子就能对水生动物进行分类，成人则可参与讨论水生动物是如何进化的。

（2）对外界环境的积极探索。当个体进行积极的自我探索，与环境中的物体发生相互作用时，个体就开始建构新的知识。在婴儿时期，图式的获得是所有进一步发展的基础。图式（schemes）是指身体动作的组织模式。婴儿的图式，例如抓和吸，或者把容器装满或倒空，能让他们探索周围的世界。学前儿童，大一点的孩子和成人的图式是通过思维来执行的，称为运算（operations）（Zigler & Gilman, 1998）。例如，计算2+2=4是一种运算，通过想象两个物体加两个物体得到4。

（3）社会经验。社会交往对于大孩子和成人的逻辑发展来说是必要的。这里过程（交往）和结果（解决方案）进行思维上的储存（Piaget, 1976a）。如果想要取得更佳的效果，与他人观点的交换和合作应该在同伴之间进行，而不是在成人与孩子之间进行，因为同伴之间更可能平等地进行合作，更容易理解相互之间的观点，以及更容易相互挑战（Damon, 1984；Piaget, 1976b）。在讨论反面观点时，学生会了解多种观点，并可能改变他们现有的想法（Brown & Palincsar, 1989）。但是，单单社会交往对于智力发展来说是不够的（Lourenco & Machado, 1996；Piaget, 1950）。

（4）平衡。皮亚杰（1950, 1985）认为，成熟和抚养本身并不足以解释思维上的变化，他提出了平衡的概念来调节，或控制在发展方面的所有影响因素。智力发展包含不断地适应，由此个体建构了新的、更复杂的认知结构（图式或操作）。平衡（equilibration）是指在已有知识和新经验之间维持一种认知平衡的过程。当个体面对新的经验时，他们会感觉到不平衡（disequilibrium），即他们已有的经验与新经验之间产生了矛盾。这促使他们去探索并形成一个结论来恢复他们认知系统上的平衡（Piaget, 1985）。例如，学生在学习交换性质时可能会对4+3=3+4这样的结论感到困惑，因为之前这是分开的、不相关的，把它们当成是无关的两件事情来进行学习的。学生的困惑促使他收集更多的例子来验证交换性质（如5+7和7+5，8+9和9+8），目的是为了取得认知平衡，即获得交换性质的知识。

认知适应可通过同化和顺应来完成，它们共同作用，帮助个体取得平衡（Piaget, 1970；Sternberg, 2003）：

同化（assimilation）是根据已有认知结构来整合新的信息或新事物的过程。例如，一个年轻女孩在杂货店看到Granny Simth苹果，把它称为"苹果"，因为它长得像她曾吃过的Macintosh苹果。但有时新的经验会被错误地同化，例如当一个学前儿童学习字母时，把R错误地当成字母P，因为字母P他已经学会，容易再认。

顺应（accommodation）是指当原有结构无法适应新的信息时，任何对现有图式的调节过程或形成一种新的认知结构的过程。例如，在重复多次练习后，学前儿童能够正确地掌握字母 R 的概念。

> **思考**：想想哪些方式会促使你将来的学生产生不平衡。

2. 阶段模型

在《智力心理学》（*The Psychology of Intelligence* 1950）这本书中，皮亚杰解释了知识是如何通过四个阶段建构的。通常阶段理论认为从一个阶段到下一个阶段儿童的思维方式有着不同的、突然的变化，儿童的思维方式跟之前相比有一个质的飞跃。与这种阶段理论相对比，皮亚杰认为儿童从一个阶段到另一个阶段的进展是一个认知结构不断适应的过程，每种新的能力都是在前一阶段取得的成就基础上产生的。每个阶段的定义是依据上一阶段表现不明显的新认知能力，以及与后一阶段相比的认知局限性来进行的。虽然皮亚杰并不关注儿童获得不同水平思维能力的具体时间段，但许多研究已经分辨出明显表现出这些认知能力的年龄阶段。

（1）**感知运动阶段**。感知运动阶段的主要任务是获得内化思维的能力。在大多数婴儿期，智力是外在的、行为的，婴儿通过感知觉和动作建构知识（Brainerd, 2003）。婴儿最终并没有意识到自己与环境中的物体和人是作为不同的实体存在的，或者说没有意识到物体和人是不依赖于他们的知觉而存在的（Zigler & Gilman, 1998）。在出生后的第一年，婴儿逐渐掌握他们作为独立实体的知识，到 8~12 个月时，他们开始获得**客体永久性**（object permanence）知识，即意识到被移出视野的物体和人仍然是存在的。获得客体永久性能让婴儿掌握对物体、人以及事件进行心理表征的能力，而这是下一阶段的一个重要能力。语言的获得和使用促进儿童的认知水平从婴儿期的感知运动能力进展到前运算阶段的心理表征（Piaget, 1970）。

（2）**前运算阶段**。在前运算阶段，儿童将掌握符号功能。符号（或象征）功能是指用符号表示物体或动作的能力，例如语言、想象、画画、象征性游戏以及延迟模仿（在心里记住一个动作，稍后一些重复出来）。概念的形成是这一阶段的主要任务，教师可使用专栏 7-1 中讨论的方法促进儿童概念的形成。

前运算阶段表明儿童还不能进行双向思维的操作，这是下一阶段的特征。相反，他们的操作局限于单向思维方式（Piaget, 1970）：

- 前运算阶段的儿童表现出**自我中心**（egocentric）的特点。他们主要从自己身体以及认知角度来思考世界，他们不会想到他们没有看过或参与过的未来行动或事件（Zigler & Gilman, 1998）。他们把画对着自己拿着，以便自己能看到，而不会把画转向给看的人，或者他们在跟奶奶讲电话时会点头，并没有意识到其实奶奶是看不到他们的。前运算的孩子典型地表现出**自我中心言语**

专栏 7-1　概念形成

在 K-12 课堂中规定的大部分课程涉及到如何进行概念教学，从特定例子中一般化形成抽象观念（Klausmeir, 1992, 2004）。概念形成帮助我们把大量的信息组织成更便于管理的单元。在课堂中促进概念形成是一项具有挑战性的任务，因为我们经常会拒绝改变对已有概念的理解，即使原有理解可能是错误的（Chinn & Brewer, 1998）。教师可以使用下面这些方法帮助学生以他们能理解和接受的方式形成概念：

- 评价先前知识。促进概念转变的第一步是辨别不正确的或不完整的概念理解。在这个基础上，老师可以展示给学生新知识是如何反驳他们现有理念的，然后促使他们改变想法。

- 使用概念最好的例子或原型开始学习。使用原型或最好的例子，某个概念最常用的例子，可以利用学生先前的知识。当教师向二年级学生讲授如四边形（有四边的物体）的概念时，首先会呈现如正方形和长方形的例子。当学生对四边形的理解更深入时，教师可加一些不熟悉的例子，例如平行四边形和梯形。

- 使用视觉辅助物。教师可以通过使用视觉辅助物，如地图、图示、图表等促进学生对复杂概念的理解（Anderson & Smith, 1987; Mayer, 2001）。

（egocentric speech），他们会大声地讨论自己感兴趣的事情，不考虑听者的兴趣，及听者的交谈。
- 前运算阶段儿童表现出**中心化**（centration）的倾向，不能注意到同时出现的两个维度，如表 7-1

中的孩子数木块。
- 前运算阶段儿童不能进行**可逆性**（reversibility）操作。例如，他们还没有获得**守恒**（conservation）概念，不懂得虽然外表发生了变化，但数量或总

表 7-1 对皮亚杰理论的批评

对皮亚杰理论的批评	对批评的支持观点	对批评的反对观点
1. 低估了孩子的认知能力	• 婴儿能够比皮亚杰提出的时间更早获得物体永恒性 • 如果修改任务让指导语简单一些，或减少记忆和语言要求，前运算阶段的儿童能够通过具体运算任务	• 对年幼婴儿的研究结果应该发现只有一种意识，即知觉排列已经发生变化，而不可能获得清晰的物体永恒性 • 儿童在简单的具体运算任务上获得成功可能是源于低水平的认知能力（如，在数量守恒中使用了计算策略），而不是逻辑数学推理能力（可逆性）
2. 关于认知发展不可能有意加速的看法	前运算儿童通过各种方法可以学会守恒（而不仅仅是记忆答案），如提供正确的反馈（对或错）、指导他们注意合适的视觉线索、成人示范以及与已掌握守恒的同伴一起活动	皮亚杰并不关注发展的速度，加速或延迟等，只是感兴趣于描述解释发展变化的过程。在不同阶段间的进展速度是变化的，取决于个体先前的经验
3. 错误地认为自我发现对于认知发展是必要的	几乎没有证据支持自我发现概念的好处	我们没有确凿的证据表明使用自我发现的教学方法是最好的，或者偏离自我发现经验的教学方法是无效的
4. 不太像阶段划分	儿童在不同的年龄会掌握不同的守恒任务，约 7 岁时掌握数量守恒，之后是质量守恒，在具体运算阶段结束时获得液体守恒，虽然守恒是具体运算阶段获得的	皮亚杰理论允许发展的非同步性，提出把发展较弱的思维通过连续的转化和整合形成更复杂形式的思维。阶段只是给我们关于这些转化的一个"大致蓝图"
5. 局限于西方文化	批评者认为皮亚杰理论不像他最初提出来的那么具有普遍性，能在全世界通用	通过四个阶段的发展顺序已经在世界范围内都有发现，从墨西哥和澳大利亚到泰国、卢旺达、巴布亚岛、伊拉克和加纳 研究表明，阶段间的发展速度在不同国家之间是变化的，这与皮亚杰提出的智力发展依赖于特定的文化和教育环境是一致的

资料来源：Au, Sidle, & Rollins,1993; Baillargeon,1991; Brainerd,2003; Chandler & Chapman,1991; Dasen,1977; Greenfield,1976; Lourenco & Machado, 1996; Miller & Baillargeon,1990; Piaget,1924,1932,1972b; Rogoff & Chavajay,1995; Smith,1993; Sternberg,2003; Zigler & Gilman, 1998.

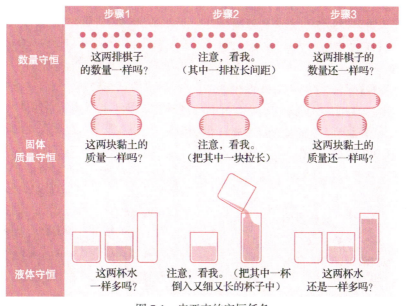

图 7-1 皮亚杰的守恒任务

这些任务分辨出前运算阶段和具体运算阶段。

资料来源：R. S. Siegler & M. W. Alibali (2005). *Childern's thinking* (4th ed).Upper Saddle River, NJ: Prentice-Hall.

量是保持不变的（或守恒的）。看看在图 7-1 中皮亚杰的经典守恒任务。一个孩子看到两行排列好的物体时，知道每行有着相同数目的物体。当成人在孩子注视下把其中一行物体距离拉开一些，然后问两行是否有相同数目的物体时，前运算阶段孩子会说长一些的那行有更多的物体，而认知上有着更大发展的孩子就会说，两行有着相同数目的物体，因为"你可以把它们按原来的方式放回去"（在心里能进行逆向的操作）。

伴随着符号功能，**身份恒定**（identity constancy）是前运算阶段的一个重要里程碑（Zigler & Gilman, 1998）。在该阶段的后期，儿童意识到即使一个物体的外表以某种方式发生了变化，但其实质是保持不变的（DeVries, 1969）。例如，把一张凶恶的狗皮披在猫身上是不会把猫变成狗的。身份恒定对于儿童获得守恒概念是必要的。

（3）**具体运算阶段**。在具体运算阶段，孩子形成了心理表征，能准确地反映在现实世界中的可能动作和事件（Zigler & Gilman, 1998）。不同于前运算阶段儿童，他们能控制自己的运算，也就是说，能进行双向的思维。这反过来促使他们获得推理的技能（Brainerd, 2003）。具体运算的儿童已获得守恒概念，对于图 7-1 中展示的两行物体，两片黏土，或两个不同大小的液体罐子，他们会得出结论说是相同的，因为他们可以在心里面进行逆向运算，而不需要通过实际检验假设来验证。虽然孩子们的思维变得更有逻辑更为系统化，但他们还不能操作抽象的运算。

在课堂里，我们能发现学生许多关于具体操作思维方面的迹象，如学生在写具有说服力的小品文时、在解决复杂的数学问题时，或采取动手实验检验科学假设时。同时，我们也可发现学生在具体操作思维方面存在的困难，如让学生表述或理解与当前相关的历史事件时，他们可能会存在预测困难等。

（4）**形式运算阶段**。当具体运算阶段的儿童还局限于具体的问题和工具时，形式运算阶段的孩子已获得了特有的思维方式，允许他们解决许多物理的、逻辑的以及数学的问题。他们可以：

- 表现出反射式和分析式的抽象推理能力（Brainerd, 2003）。

- 解决问题时不需要具体表征。
- 能够考虑暗示和不相容性，能进行假设性思考，会寻找替代物，以及不需要通过实际的验证就能拒绝不合适的解决方法（Piaget, 1970；Zigler & Gilman, 1998）。

在这一阶段，我们可以看到，学生们已经能够辩论和思考更长远的计划。

皮亚杰认为认知发展在形式运算推理上已达到顶点，即我们已经获得了思维，包括从计划和象征性思维到具体和抽象操作，所需要的所有认知过程（Inhelder & Piaget, 1955）。但是，每个人都能达到形式运算思维吗，以及在这个阶段后个体认知还会发展吗？研究表明，在许多国家，形式运算推理的发展依赖于大量的学校教育，根据这些研究，皮亚杰承认形式运算思维的获得在不同个体中存在着差异（Ashton, 1975；Goodnow, 1962；Laurendeau-Bendavid, 1977）。一个人可能在某个领域获得形式运算思维，但在另一个领域却没有（Piaget, 1972a）。同样，个体达到形式运算阶段的速度，如同其他的任何一个阶段一样，部分依赖于文化和教育因素（Piaget, 1970；Zigler & Gilman, 1998）。虽然我们对世界的思考方式最终达到形式运算方式阶段，但皮亚杰认为，我们终身都将继续获得知识，在我们的认知系统中积累更多的内容（Piaget, 1972a；Zigler & Gilman, 1998）。研究表明，形式运算阶段为我们理解成人智慧、道德推理以及专长的发展提供了坚实的基础（Baltes, 1987；Kohlberg, 1984；sternberg, 1990）。

皮亚杰在生物学、生理学、社会心理学和心理学领域均有建树。20 多年来，他推动了儿童发展研究的发展。当然，大量基于皮亚杰理论的研究也开始受到研究者们的质疑和批判。表 7-2 是对皮亚杰理论的批评的主要观点。作为教师，重要的是理解这些支持者或反对者的事实依据，从而全面地理解学生的认知发展。当然，教师也要意识到，没有任何一个理论是完美的，也没有哪个单一的理论可以完全解释或预测智力发展。尽管面对诸多批评，但是皮亚杰无疑改变了我们对儿童认知发展的理解（Lourenco & Machado, 1996）。

7.1.3 维果斯基理论

与皮亚杰相同，维果斯基（1978, 1993）也认为认知发展来自遗传和环境之间复杂的相互作用过程——这些他分别用生理和文化的发展路线来表示。为了理解文化是如何影响认知发展的，我们需要知道儿童已经形成并引入到学习情境的认知结构是什么（Vygotsky，1994）。维果斯基认为生理路线包含了基因因素，但他对这些因素的讨论远没有对文化因素的讨论来得多（Tudge & Scrimsher, 2003）。相反，他强调社会交往在认知加工如问题解决、自我调节以及记忆等发展中的作用。

（1）**最近发展区**。为了描述个体认知功能的社会起源，维果斯基（1978，1993）创立了一个著名的比喻：**最近发展区**（zone of proximal development，ZPD）。最近发展区是二者之间的差异：

- 儿童的实际发展水平（即儿童已经达到的发展水平）
- 儿童的潜在发展水平（即在成人指导下可获得的最高发展水平）

最近发展区包括在发展边缘的，只有在认知发展水平更高的他人（皮亚杰认为不包括同伴）帮助下才能执行的所有可能技能。与成人或更有能力的儿童的交往会形成最佳的学习发展区，此时儿童能形成新的技能，超过他们当前的认知水平，并内化更多高级的思维方式。例如，一个一年级学生自己学习时只能用短句及简单的词汇写一篇简短的故事，但在五年级伙伴的帮助下，她能写更长的、更详细的故事。参与最近发展区内的认知发展的因素包括：

（2）**认知变化的机制**。在最近发展区内，成人和学习者是以**主观互证**（intersubjectivity）的方式参与，或共同构建知识的。主观互证是指任务开始时两个个体有着不同的知识和观点，随着对对方的观点不断地适应，双方最后达成一个共同理解的过程（Newson & Newson, 1975；Vygotsky，1978）。在共同构建中，学习者与更有能力的他人是属于积极的合作伙伴。在前面一年级的例子中，虽然一年级学生与五年级学生有着不同水平的写作技能，也许对故事所包含的观点各不相同，但他们必须在他们之间的差距上建立一道桥梁，然后一起来构建故事。

那么较有经验和较少经验的合作伙伴之间应如何建立桥梁呢？在一个共同的活动中，成人，大一点的儿童，及更有能力的同伴通过使用**心理和文化工具**（psychological and cultural tools）（皮亚杰把这些称为感知功能）来调节儿童的思维，并塑造更复杂思想的发展（Rowe & Wertsch，2002；Vygotsky，1978）。广泛地说，工具可以是符号和信号（主要指语言）、记忆术、概念或任何活动、交往或文化提供的符号系统（Das，1995）。为了说明成人的作用，Wood等（1976）根据维果斯基的理论提出了"**脚手架**"（scaffolding）的比喻。脚手架是指一种暂时性的社会支持，类似于在盖房子时使用的临时搭建的平台一样，它能帮助儿童完成任务。当学前儿童以及更大一点的学生在学习新任务时，脚手架能够为他们提供支持（Barron et al., 1998；Brown & Kane, 1988）。

当儿童掌握了心理及文化工具的使用，将产生一个渐进的**内化**（internalization）过程，即他们慢慢获得更多的任务认知责任感，这时脚手架逐渐拆除（称为消退）（Vygotsky，1962；Wood，1989）。儿童从开始时在成人的帮助下社交性地执行认知过程，然后慢慢转化为自己在心理上执行（Leontiev，1961；Webb & Palinscar, 1996）。当这些工具为儿童所拥有时，新的认知过程就成为他们实际发展水平中的一部分，这时又将产生一个新的发展区，有着新的潜在发展水平（Karpov & Bransford, 1995；Vygotsky，1978）。

教师在课堂中应用最近发展区时应注意以下两点。

1）学生之间的最佳学习发展区是不同的。两个相同年龄的学生可能实际发展水平相同，但他们在某个特定学科上的学习潜能，或者从外部帮助获利的能力可能有很大的差别（Sternberg, 2002；Vygotsky, 1978）。一些学生的最近发展区可能会较窄，需要更经常以及更直接的帮助（Day & Cordon, 1993）。

2）脚手架实际上是由学习者驱动的，而不是被更有经验的他人所控制（Tudge & Scrimsher, 2003）。要想更为有效，成人给予的沟通和支持必须与学习者的需求和当前的认知水平相匹配（Dennen, 2004；Jacobs & Eccles, 2000）。维果斯基认为成人在儿童发展中起着推拉的作用，应该在最近发展区内建立一个共同构建的，双向的过程，而不是从成人到学习者的单一传送过程（Tudge & Scrimsher, 2003）。

对维果斯基理论，由于研究较少，所以较难做出评论。从1936年到20世纪50年代，所有关于儿童发展的研究以及与之有关的资料（包括维果斯基理论）都遭到指责和禁止，直到最近美国的研究者和教育家才开始翻译维果斯基的作品（Tudge & Scrimsher, 2003）。已有研究者基于维果斯基的最近发展区理论探讨各种有效的建构主义教学法，开始评估维果斯基的理论及其对教育的影响。

> **思考**：你能否举个例子说明在你自己的受教过程中，什么时候学习内容是过于简单——在你的最近发展区下，或过于困难——在你的最近发展区之上。

7.2 在认知发展方面的问题：皮亚杰和维果斯基

皮亚杰和维果斯基在20世纪早期同时提出了认知发展的理论。维果斯基对皮亚杰的工作写了很多的评论，但皮亚杰却没有读过维果斯基的任何写作，直到维果斯基死后几年（Piaget, 1962）。即使他们从来没有见过面，但在认知发展一些重要问题上，他们的观点为我们提供了一种对话。接下来我们看看这些问题。

7.2.1 发展先于学习还是学习先于发展

发展是指通过生理成熟自发地获得概念，而学习是指将新获得的认知结构应用到新的情境中（Lawton & Hooper, 1978；Piaget, 1970）。皮亚杰认为，发展先于学习，因为个体必须在发展上为学习作准备（Wink & Putney, 2002）。儿童的发展阶段限制了他能从教学中获得的内容和其程度（Brainerd, 1978；Inhelder, Sinclair, & Bovet, 1974）。因此在考虑应该教给孩子什么之前，我们必须知道他当前所处的阶段（Piaget, 1970）。

维果斯基使用最近发展区来解释理论式学习（学校中发生的一种学习方式）是如何把发展推向更高水平的（Karpov & Bransford, 1995）。在孩子进入学校之前，他们主要进行经验式学习，这是一种简单的学习方式，产生自发性概念。自发性概念来自儿童日常的具体经验，是不系统的、无意识的，有时甚至是错误的观念（Davydov, 1972, 1988）。自发性概念为科学概念的获得，或在理论式学习中概念的获得提供了概念框架，即先前知识。

在教学中，教师应该提供相关活动让科学概念符合学生个人的具体经验，以使他们的自发性概念变得结构化和意义化（Karpov, 2006；Vygotsky, 1987）。例如，小学生在上学前已获得花是如何从种子长成的知识（一个日常经验）。在学校里，他们将学习与植物有关的概念及定义，并进行科学的观察，记录影响植物生长的因素（浇水的量、阳光等）。他们关于植物生长的自发性概念或日常知识将被转化和重组为科学概念。

维果斯基也提出警告，只有对教学进行合理组织，使之集中在学生还没有完全掌握的认知功能上，学习才会导致发展（Karpov & Bransford, 1995）。教师应该创造一个最近发展区，在这个发展区内，社会交往和合作能引导学生使用和发展新的认知过程和技能（Vygotsky, 1987）。

7.2.2 语言在认知发展中的作用

皮亚杰与维果斯基对于语言在思维中的作用有着相同的观点。他们都认为内化（非口语）语言：

- 对有意识思维，即我们用词来进行思考是必要的（Das, 1995；Moll, 2001；Vygotsky, 1987）。
- 提供反馈功能，允许个体提到过去、现在和未来（Das, 1995）。
- 提供计划功能，借助它，个体在实际进行之前可先与一个假想中的个体进行对话（Piaget, 1926）。

他们也都认为语言在逻辑思维方面有作用，但对其重要性看法有所不同。维果斯基认为，语言和思维是相辅相成的：思维是心理过程，需要语言作为基础（Leontiev & Luria, 1972），而皮亚杰认为，语言在逻辑思维中起着必要但不是主要的作用。在具体和形式运算阶段，儿童通过使用语言来发展逻辑思维，思考问题以及表达他们已知和未知的东西（Das, 1995；Inhelder & Piaget, 1955）。但是，因为逻辑思维需要各种活动之间的不断协调（从感觉运动图式的组织到逻辑运算的协调）因此思维先于语言（Piaget, 1970）。

皮亚杰和维果斯基对于外部言语在认知发展中的作用也存在着异议。按维果斯基的理论，社会情境为儿童发展计划和自我调节策略提供了最初的背景（Rowe & Wertsch，2002）。成人和儿童使用社会化言语（socialized speech）（用于与别人交流的言语）作为工具来协调他们与其他人的行为。儿童逐渐学会使用内部言语（inner speech）——一种自我调节的、内在化的言语来调节他们的想法和行为。

在皮亚杰理论中，外部言语表现出自我中心言语的形式，它是前运算思维的一种认知不足。当儿童经过了前运算阶段的发展，并形成了具体运算阶段中的双向思维特征时，自我中心言语就会逐渐消失。但维果斯基认为皮亚杰的自我中心言语只是社会化言语和内部言语之间的一个必要过渡（Rowe & Wertsch，2002）。维果斯基在皮亚杰的自我中心言语方面做了研究，发现在认知上具有挑战性的活动中，自我中心言语大量增加（Kohlberg，Yaeger，& Hjertholm，1968；Rowe & Wertsch，2002）。因此，外部言语对于独立地计划和调节行为是一个有用的工具，例如，孩子解决数学上的一道难的文字题目，或独立组织一篇小论文。

> **思考：** 你能否举出一些其他例子来说明儿童或青少年大声说出问题解决过程的必要性。

7.2.3 游戏在认知发展中的作用

在皮亚杰和维果斯基理论中都强调游戏在学前儿童智力发展中的重要性。皮亚杰（1945/1962）把假想游戏看作是孩子使用和理解符号能力的表现，它在感觉运动阶段末出现，在前运算阶段得到发展（Smith，2002）。他也强调假想游戏是一种个体加工，表明孩子能够独自创造和使用符号（Smolucha & Smolucha，1998）。

维果斯基（1978）认为，假想游戏，甚至一个人的假想游戏是一种个体和社会现象。想象游戏会产生一个最近发展区，即孩子的行为超过了他们现有的发展水平，向更高水平的认知功能前进（Moll，2001；Whitington & Floyd，2009）。他们通过以下方式使用符号形式来促进认知的发展：

- 创造来自观念的行为（让我们假装我们是恐龙）。
- 把物体的意义与它们典型的表面特征分离开来（把一个枝条当成枪）。
- 允许他们练习在日常生活中已经历的角色、规则以及期望。

社会扮演游戏是一种特殊的游戏形式，在该游戏中，儿童创造并演绎某个想象场景。由于儿童在扮演之前必须思考，因此，他们须学会指导自己的行为（Vygotsky，1978）。在该游戏中，儿童也可以通过分享共同任务、交换知识和交流游戏经验、进行想象与现实场景的切换等方法（例如，脱离游戏以决定角色等），形成交互主体性（intersubjectivity）（Goncu，1993；Whitington & Floyd，2009）。社会扮演游戏有助于儿童的认知发展，为儿童以符号为基础的学习（如阅读和写作）做准备（Berk，2006；Bodrova & Leong，1997）。

当前研究表明，游戏经验在小学阶段后期也会继续支持儿童的认知发展。小学的同伴游戏与学业成功以及社会技能的发展是相关的（Bjorklund & Pellegrini，2000；Coie & Dodge，1998；Waters & Sroufe，1983）。在课间休息的时候，学生可以进行同伴游戏以及身体活动，减少学生的注意和记忆要求，让他们休息之后返回课堂时能更有效地加工信息（Pellegrini & Bohn，2005；Toppino，Kasserman，& Mracek，1991）。一系列研究都发现，即使课间休息在室内进行，没有太多的身体活动机会，小学生在课间休息后也会比休息前更能集中注意力（Pellegrini，Huberty，& Jones，1995；Pellegrini & Smith，1993）。

7.3 应用：有效教学的建构主义原则

在本章中讨论的建构主义理论可为教师设计课程提供几点指导原则。

（1）鼓励学生成为积极的学习者。鼓励学生成为积极的学习者并不意味着我们必须总是使用社会交往和合作学习（这种对维果斯基理论常见的误用），或者所有的学习必须是发现式学习（根据皮亚杰理论提出的一种假设）。社会交往只有在学生的最近发展区内适当地进行，以及给予学生合适的脚手架时才是有益的。同样，无指导的自我发现式学习在学习和知识迁移上比其他教学方法更低效,因为如果在发现过程中给予学生太多的自由,学习可能不会发生(Mayer, 2004; Mayer & Wittrock, 1996)。相反,**主动学习(active learning)** 可定义为任何类型的意义学习,即学生把概念、先前知识以及日常生活经验相互联系,建构一个丰富的知识基础(而不是记忆事实)(Bransford & Schwartz, 1999; Murphy & Woods, 1996; Renkl, Mandl, & Gruber, 1996)。各种建构主义教学方法都可以促进意义学习。

(2)**在设计课程和活动时考虑学生的发展水平**。两个理论家都认识到在设计教学前了解孩子现有的思维水平是非常重要的。根据皮亚杰理论,老师可以使用学生的认知发展阶段来确定合适的教学材料和教学活动(Brainerd, 1978; Piaget, 1970)。同样,维果斯基建议老师要先识别孩子可应用于情境中的已有内容,然后安排活动来促进即将出现的认知过程的发展(Tudge & Scrimsher, 2003; Vygotsky, 1998)。教师可以使用动态的测验来确定学生在帮助下能够学会的内容(ZPD),而不是依赖于只能测出学生已知内容的测验(Campione & Brown, 1990; Vygotsky, 1998)。动态测验是一种交互式的评估方式,在这种评估中,教师了解学生的思维方式,并在测验过程中提供帮助和反馈。这种测验可以辨别出学生在合适的帮助下能够达到在现有水平之上多少的程度,从而指出学生的学习潜能(Brown & Ferrara, 1985; Grigorenko & Sternberg, 1998)。

不论我们考虑发展阶段还是最近发展区,学生都能从他们认知水平上可以达到的经验中获益。当老师设计的任务具有适当挑战性,学生将在他们的最近发展区内进行操作或者以皮亚杰的话来说,他们将经历不平衡状态。

(3)**把新概念与学生先前知识联系起来**。教师利用学生已知的内容能够鼓励学生进行意义学习(以及把学习迁移到新环境中)。皮亚杰认为,个体首先会把一个新的经验同化到他们已有的认知结构中(认为鲸鱼是鱼),随后可能重组他们的知识结构以适应该新经验(修改鱼的概念)(Piaget, 1970; Zigler & Gilman, 1998)。类似的,维果斯基认为,儿童来自日常经验中的自发概念为日后学校中更为复杂概念的形成提供了基础(Karpov & Bransford, 1995)。

(4)**使用基于建构主义原理的教学方法**。为鼓励积极的、有意义的学习,教师应使用各种基于建构主义原理的教学策略和方法。

- 在真实活动下,认知见习为认知能力的发展提供了机会。学生参与到与其能力相当水平的活动中来,并逐步获得成长和进步。在认知学徒制中,教师常使用示范、搭脚手架和消退等策略。
- 教授阅读理解时,教师可使用交互式教学法和教育访谈等方法。这两种方法均是基于维果斯基的最近发展区理论,它们也都包含了认知见习的基本理念,如示范、搭脚手架教学等。而基于知识的相互建构的交互问题法,则可用在小学到高中的教学中,通过结构访谈的形式帮助学生理解新概念和技巧。
- 探究式学习:学生可以通过详细的研究方案和合作学习来解决问题,可以通过合作来实现共同学习目标。探究式学习方法也可应用于小学到高中的诸多学科教学中。

(5)**对内容提供多种呈现形式**。在不同的时间、不同的背景,以不同的目的,以及从不同的观点返回到学习内容可以提高学生的知识习得(Haskell, 2001; Spiro, Feltovich, Jacobson, & Coulson, 1991)。从不同的观点分析内容,例如在课堂争论和讨论中,可以促使学生重组或修改他们已有的知识。在不同的时间以及不同的背景下复习内容,可防止已学知识局限于特定的情景或背景中,从而促进知识的迁移(Salomon & Perkins, 1989)。

(6)**识别在学习情境中的社会文化背景**。根据维果斯基理论,老师需要考虑特定的教学活动的设置以及更大的文化背景可能会怎样影响学习(Criffin & Cole, 1999; Tharp & Gallimore, 1988)。在安排有社会交往的教学活动中,例如合作课题或班级讨论,老师需要考虑来自不同文化背景的学生之间的交往形式有何差异。例如,夏威夷本地的孩子会迫不及待地要说话,而纳瓦霍孩子可以等待较长的时间以确定说话者已经结束了谈话,他们在课堂的社会交往过程中可能有不同的要求(Tharp, 1989)。

> **思考**:想象一下你希望授课的年级中学生的水平,你会在课堂中如何使用上述的几项原则。

本章小结

1. 比较个体和社会建构主义理论

在个体建构主义中，个体通过使用认知加工从经验中获得抽象知识的方式建构知识。在社会建构主义中，个体在一种社会／文化背景下建构知识——社会交往和他们带入学习情境中的内容是相互联系的。

2. 描述皮亚杰的认知发展阶段，并分辨导致思维发展的原因

在感觉运动阶段，婴儿从感觉和运动经验中组建知识，为随后的符号式思维作准备。在前运算阶段，儿童能够形成心理表征，他们的思维方式是单向的。随后进一步发展到具体运算阶段，儿童能够进行逻辑性思维，并产生了逆向思维，但还是有具体化操作的特点。形式运算阶段孩子能够进行抽象概念的心智操作。成熟、积极探索、社会交互作用以及不平衡一起促进思维在第四阶段的进展。

3. 描述主观互证、内化以及在最近发展区内的脚手架

在最近发展区内，儿童和年长个体是主观互证式地参与，即一种对知识的积极的共同建构过程。当成人提供脚手架时，儿童逐渐获得更多的技能，并且对任务承担更多的责任。认知过程最初是在成人和儿童之间共享的，并由成人所搭建，然后由儿童逐渐将其内化，成人则慢慢去除脚手架。

4. 比较皮亚杰与维果斯基在认知发展问题上的观点

皮亚杰认为发展先于学习，然而维果斯基提倡在学校中正规学习将促使发展达到一个新的水平。两个理论家都强调游戏在幼儿认知发展中的重要性。但是，皮亚杰认为假想游戏是一种个体加工，而维果斯基认为其既是社会的也是个体的。两个理论家也都同意语言在逻辑思维中的作用，并且对内化语言在思维中的作用有着类似的观点。但他们对外部言语在计划行为和调节思维方面的作用有着不同的观点：皮亚杰把它看成是前运算儿童的认知不足，而维果斯基把它看成是计划和调节行为的工具。

5. 根据建构主义理论讨论有效教学的五项原则

教师可以使用以下五点建立在理论基础上的原则来进行有效教学：1）鼓励学生成为积极的学习者，进行有意义的知识获取；2）在设计课程和活动时考虑学生的发展水平，因为学生将从他们认知上能够达到的经历中获益；3）把新概念与学生先前知识联系起来。皮亚杰和维果斯基都认为儿童最初的思维方式将为新的学习提供基础；4）对内容提供多种呈现形式，从不同的观点分析内容会促使学生重组或修改他们已有的知识，在不同的背景下再学习知识将促进迁移；5）识别在学习情境中的社会背景。教师应该考虑在课堂中的社会背景，以及更大的文化背景会如何影响学生的学习。

案例学习：反思与评估

幼儿园：防火安全

1. 使用自我中心的概念，解释为什么米莎拉想坐在地毯的 M 字母上。
2. 在案例中，布莱安娜和米莎拉用颜色描绘他们的抽认卡，请用这个情景比较皮亚杰和维果斯基在外部言语上的观点。
3. 根据皮亚杰理论，为什么演示是教学前儿童有关防火安全的一种有效方式？根据他的理论，演示对于小学学生是否也是有效的。
4. 指出在该案例中安赫拉对脚手架的使用，并解释为什么脚手架可帮助最近发展区内的孩子们。
5. 提出一种新的防火安全活动（不是案例中已经提到的），该活动要与皮亚杰关于认知发展的理论一致。提出一种与维果斯基认知发展理论一致的防火安全活动。描述每种活动是如何由理论支持的。根据这些理论，哪些因素是老师在设计幼儿阶段教学时必须考虑的。

小学：课题汇报晚会

1. 用你自己的话解释为什么课题汇报单元可被认为是一种建构主义的学习方法。
2. 根据学生当前的认知发展阶段，解释为什么对于卡洛斯来说，把课题分解成更小的，更具有操作性的步骤是必要的。
3. 根据皮亚杰的认知发展阶段理论，你是否会认为学生的自我评估是非常肤浅的，为什么？
4. "研究小组"的方式如何证明维果斯基提出的对最近发展区内的知识的社会建构。

初中：青蛙
1. 根据皮亚杰的认知发展理论，摩根在设计生物课时应该考虑哪些因素？
2. 解释摩根在青蛙解剖之前应如何使她的学生产生不平衡状态，为什么不平衡对于认知变化来说是重要的。
3. 摩根认为，在解剖过程中以组的形式一起工作的这种社会交往会促进认知发展。根据在最近发展区内的认知变化的激发过程，评估小组解剖活动的有效性。
4. 根据维果斯基的最近发展区，摩根把泰勒和杰伊、文森特放在一组是否合适，为什么？泰勒需要从其他学生以及从摩根那获得什么类型的帮助，以便能够从有社会交往的教学中获益。
5. 解释为什么"研究小组"活动可能产生学生中的不平衡状态。解释同化和适应在该活动中是如何进行的。

高中：代课老师
1. 某老师认为高中学生应该是在发展的形式运算阶段，这种看法是否有道理？用皮亚杰理论来支持你的观点。
2. 根据皮亚杰的认知发展理论，小短剧是否是帮助马休兹先生的高中生理解《双城记》的有效办法，为什么？
3. 根据你对案例的阅读，雷迪先生在对他的英国文化班教学中犯了什么样的错误，请根据皮亚杰理论中发展变化的四个必要因素方面来说明。
4. 解释在案例最后的小组讨论如何证实主观互证和内化。
5. 假设你正在教授高中三年级的英国文化课。你对学生的期待是什么，你会如何教这门课？你的答案将如何与皮亚杰或维果斯基，或两者的理论相吻合？

第 8 章
语言发展

学习目标

1. 解释有助于语言发展的因素。
2. 描述从出生到青少年期在语义、语法、语用以及元语言意识方面的变化。
3. 解释对英语学习者教学方法的优点和缺点。
4. 描述从儿童早期到学龄早期这段时间出现的语言变化。
5. 描述在课堂中老师能够支持语言发展的方式。

8.1 理解语言习得

语言发展构成儿童早期到中学的多种学校学习的基础。语言技能可让儿童形成概念，进行假想游戏以及社会性交往——所有这些都将促进儿童的认知发展。从小学到中学，口语技能使学生能够从篇章和课文中进行学习，通过回答问题来展示已学会的知识，并且参与讨论和小组活动。口语也为阅读和写作技能，以及英语学习者学习第二语言提供了基础。在讨论语言发展的进程以及它对学校学习者的影响之前，先来看看影响语言习得的因素。

8.1.1 语言的生物基础

我们的脑为语言的产生和习得提供了很好的基础。大脑（脑的最大部分）是由两个半球所组成的。虽然两个半球都参与语言活动，但在大部分个体中，左半球更多负责语言功能，它在婴儿早期是专门负责语言功能的（Holowka & Petitto, 2002; Obler & Gjerlow, 1999）。当左半球受到损伤，脑的可塑性，即脑适应环境的能力允许右半球接管左半球的许多功能，从而促进相对正常的语言发展（Stiles & Thal, 1993）。但由于可塑性随着年龄的增长而逐渐退化，因此在婴儿期之后右半球较难承担起语言的功能（Stiles, Bates, Thal, Trauner, & Reilly, 2002）。

人类能够如此容易地习得语言是因为我们在基因上已预先有安排——也就是说，生理上已准备好习得语言（Ritchie & Bhatia, 1999; Spelke & Newport, 1998）。

从出生开始，婴儿更喜欢有人类言语特征的声音：频率在1 000～3 000Hz的声音，以及在频率上有变化的声音，而不是单调的声音（Schneider, Trehub, & Bull, 1979）。

许多语言特征在不同文化之间的类似性也表明人类有先天的语言能力。

（1）虽然文化之间存在着差异，但世界各国的儿童都在较短的时间内、以大致相同的速度习得语言（Kuhl, 2004）。不管是提倡儿童与成人进行对话的文化中，还是不鼓励成人与儿童交流的文化中，这个规律都是类似的（Snow, 1986）。

（2）不论是符号语言还是口语，语言技能的顺序在不同的文化之间也是类似的（Kent & Miulo, 1995；Petitto, Holowka, Sergio, & Ostry, 2001）。

（3）在婴儿的**咿呀学语**（babbling）中，许多种语言中都会出现b，p，m，d，n等声，以及重复的元音辅音混合（如：dadadadada）（Gopnik, Meltzoff, & Kuhl, 1999；Locke, 1983）。

（4）所有的符号语言和口语都具有：

- 最早会说的一些词如果汁、牛奶、狗等（Caselli et al., 1995；Marschark, West, Nall, & Everhart, 1986）。
- 表示在时态和复数形式上变化的规则，以及把词组成合乎语法规则的句子的规则（Goldin-Meadow & Morford, 1985；Goldin-Meadow & Mylander, 1983）。

8.1.2　模仿和强化

语言学习在一定程度上包含模仿和强化（Skinner, 1957）。儿童会试图通过自发模仿的声音、词及短语来产生语言，以反映成人对其进行的语言塑造。父母也会鼓励孩子进行**诱发模仿**（elicited imitation），如父母要求孩子说出一个完整的词（说"bottle"，而不是"ba-ba"）。在许多情况下，孩子会因为自己的努力得到**正强化**（positive reinforcement）（对行为的积极结果），例如，照料者对婴儿的咿呀学语进行对话，或者对婴儿的要求进行反应（"想要牛奶"）。

塑造和模仿在不同文化间是不同的。有些文化中不鼓励孩子在没达到特定年龄阶段之前就开始进行对话或交谈，只要求孩子通过听或观察成人语言进行学习（Schieffelin & Ochs, 1986）。在美国，诱发模仿就不被认为是一种非常重要的教学方法。孩子只能无意识地发现模仿是增强他们交流技能的有利方式。在他们生活中经常发生的，可预见的事件中，孩子们经常重复成人之前在相同事件中说过的言论（Snow & Goldfield, 1983）。但模仿和父母的强化并不能完全解释儿童合乎语法规则的语言发展（James, 1990）。看看以下这些研究结果：

- 儿童会产生他们从来没有在成人那听到的句子（我在运动场上摔倒了）。同时，儿童在2岁后很少使用模仿，即使他们仍有许多语言需要习得（Otto, 2006）。
- 儿童语法的强化对于语言发展来说不是必要的。父母倾向于根据意义或真理来强化和矫正孩子的言论，而不是矫正他的语法（Brown & Hanlon, 1970）。当一个学龄孩子说，"我没有得到更多的钱。"父母可能会说，"真的吗，你没有更多的钱吗？你想把钱花在哪里了？"
- 我们都被要求学会按语法规则说话，虽然不合语法的陈述也能很好地表达我们的意思（Siegler & Alibali, 2005）。

8.1.3　社会交往

语言习得也是儿童早期与成人社会交往的结果。婴儿在他们能产生语言之前就能进行社会性的交流和沟通。他们在对成人的音调和语调进行反应时会发出不同的咿呀声，在节奏上根据成人的语调而变化，当成人停止说话时会发出更多的声音——这类似于典型交谈的一种模式（Ginsburg & Kilbourne, 1988；Locke, 1995；Masataka, 1992）。

成人也会以特定的方式引起交流，并促进语言发展。他们会对婴儿的眼睛接触、打嗝或咯咯声进行反应，尝试着开始交流，并对婴儿的咿呀声或第一次说出单词进行反应。在婴儿1岁时，许多国家的成人都会用更多的技巧来促进婴儿的语言技能发展，见表8-1。但照料者的方法可能不都是一样的（Harkness, 1977；Ochs & Schieffelin, 1984）。因此，虽然成人的行为对于语言习得来说不一定是必要的，但他们能够促进语言发展。最近研究表明，照料者好几种形式的反应都

表 8-1 照料者的社会交往技巧

照料者技巧	描 述	结 果	例 子
儿童言语	用婴儿或儿童的语言方式，主要以高声调、夸张的语调，拉长的元音，短且简单的句子以及重复为特征	增加婴儿对语言的注意，加快他们对语言的理解和习得	（玩躲猫猫）Tommy 在哪里？（夸张的语调）躲-猫-猫，我-看-见-你了
参与注意	成人对孩子集中注意的物体命名并进行描述	促进词汇的习得	成人注意到婴儿在看一只鸟，对他说：那是一只鸟，你听到它在叫吗
扩充	成人对孩子不完整的表述进行补充或扩充，以这种方式来塑造儿童更为复杂的语言	促进更复杂语法的形成	当孩子说小狗在睡觉，大人说：是的，小狗在睡觉，她累了
重组	成人用语义上相似的表述重复孩子的言论，通过添加新的信息来塑造儿童更为复杂的语言	促进更复杂语法的形成	孩子说我们回家吗？大人回答：不，我们要去商店

资料来源：Adamson, 1996; Brown & Bellugi, 1964; Butterworth, 2001; Campbell & Namy, 2003; Fernald, 1985; Karrass, Braungart-Rieker, Mullins, & Lefever, 2002; Kasari, Sigman, Mundy, & Yirmiya, 1990; Rollins, 2003; Sachs, 1989; Scherer & Olswang, 1984.

能促进婴儿表达性语言的发展：如使用扩展，描绘物体，问关于物体的问题（那是什么？），以及使用词语提示（我们来喂玩具娃娃）(Hoff, 2003a, 2003b; Tamis-LeMonda, Bornstein, & Baumwell, 2001)。

成人的行为也可能有长期的好处。如果不考虑家庭的社会经济状况或种族身份，会变化言语，命名物体，问问题，回答孩子问题以及对孩子参与交谈提供积极反馈的父母，他们的孩子更可能有较好的语言发展 (Hart & Risley, 1995 Snow, Tabors, & Dickinson, 2001)。在九岁时，照料者与孩子之间词汇交流的量会是该孩子词汇、语言技能以及阅读理解等方面的一个明显预测值 (Hart & Risley, 1995, 2003)。在活动中与孩子交谈，或与孩子讨论该活动应该是家庭或早期儿童课堂中每天的常规内容。

> 想象在其他国家长大的孩子，他的语言发展与在美国长大的孩子会有怎样的相似之处，又会有什么不同之处？

8.2 语言技能的发展

8.2.1 儿童早期的语言习得

咿呀语是婴儿产生语言能力的第一个信号，大约从6个月开始。在8～12个月期间，婴儿通过手势和参与注意（成人对孩子集中注意的物体进行命名和交谈）能够很容易地与成人进行交流。他们也会越来越熟练地理解词的意义，能够对要求做出合适的反应 (Benedict, 1979; Morrisette, Ricard, & Gouin-Decarie, 1995)。

在1岁左右，随着第一个词的习得，儿童逐渐掌握语义、语法、语言的运用，以及元语言意识方面的能力。

1. 语义

语义（semantics）（词如何表达意义）在婴儿首次用词中是非常明显的。他们的语言经常被称为**单词句**（holophrastic speech），即用单个词来表达整句话的意思。例如，"果汁"可能意思是"果汁都喝完了"或"我把果汁溅出来了"。单词语阶段的儿童可能会出现以下错误：

- **外延过宽**（overextensions），使用一个词来表示一系列的概念，如说"小猫"来表示所有四条腿的动物。
- **外延过窄**（underextensions），一个词局限于表示它所对应物体的某个子类，如使用"小猫"只表示家里的猫。

2. 语法

语法（syntax）（把词组合成有意义的短句子）的发展始于**电报式言语**（telegraphic speech），即根据儿童语言的语法规则组织两到三个词的一种方式 (Brown & Fraser, 1963; Tager-Flusberg, 1997)。这样的言语被称为电报式言语是因为它类似于电报，主要由实意词构成（名词和动词），省略了功能词（冠词、连接词等）。例如，"坐地板妈妈"表达的意思是"跟我一起坐在地板上，妈妈。"孩子在儿童早期也发展出好几种其他形式的语法，包括：

- 语素变调，或词的结尾。例如，狗狗、热狗、快跑、烤过的。
- 否定式。例如，我不会做。
- 问题式。例如，妈妈正在做什么呢？
- 并列分句。例如，我去参加聚会和我吃蛋糕。

照料者和早期儿童的教育者不应该关注孩子对过去时结尾的过度规则化（overregularizations）（例如，说"winned"，而不是"won"），因为在这个发展阶段，这种现象是一种典型特征，并且还会持续到学龄期（Brown, 1973; Otto, 2006）。

3. 语用

语用（pragmatics）（关于如何在交流环境中使用语言的知识）在儿童学步期开始出现，这时孩子学会使用语言来（Otto, 2006）：

- 调节他人的行为（"不"或"爸爸，看"）；
- 想象（如在假想游戏中）；
- 通过问问题来了解他们的环境（"为什么""这是什么"）；
- 通知他人（"我有一个新的照顾者"）。

学前儿童开始把语言用于更广泛的目的，例如要求许可，使用社会规则，表达情绪，做出判断，开玩笑和恶作剧，以及提出要求等（Owens, 1998）。

4. 元语言意识

元语言意识（metalinguistic awareness）（关于语言以及它如何工作的知识）是一种重要的技能，出现于儿童早期，在小学早期阶段得到发展。元语言意识的一些早期表现是：

- 对不同的听者说不同的言语，当儿童在 2 岁的时候，对弟弟妹妹说话就会与对父母说话不同（Warren-Leubecker & Bohannon, 1983）。
- 学龄前儿童会假装翻书在阅读，并复述一个他们之前听过无数次的故事。
- 问正在计算机前打字的父母"你在造字吗？"
- "写作"，即学前儿童会在纸上做个记号，然后要求成人读出来（Schickedanz, York, Stewart, & White, 1990）。

音位意识（phonological awareness），即知道口头表达的词句包含了更小的声音单元，是元语言意识的一种形式，它对随后的阅读习得是重要的。词可划分为：

- 音节，最大的声音单位（but-ter）。
- 节首音和韵脚，在一个词中如"bat"，节首音是对应于第一个单字母"b"的发音，韵脚是元音和剩余的单字母发音"at"。
- 音素，最小的声音单位。（在词 bat 中的 b, a, t）。

到幼儿园和小学一年级，孩子通过在阅读教学中获得印刷字的经验，继续促进音素意识的发展。

音位意识以及字母名称的知识使孩子可以进行阅读学习（Adams, 1990; Wagner, Torgesen, & Rashotte, 1994）。音位意识帮助孩子习得**解码**（decoding）和发音（Liberman, Shankweiler, & Liberman, 1989）的技能。有音位意识的孩子能够识别字母的发音，帮助他们在阅读中分辨新的单词。在音位意识上的直接教学能帮助孩子学会阅读和拼写（National Reading Panel, 2000）。学前和幼儿园老师也可以通过有趣的活动如唱歌、童谣及游戏来教音位意识。表 8-2 中的指导原则可帮助儿童早期教育者判断孩子在音位意识发展上是否正常。

表 8-2 音位意识正常发展的标志

年 级	儿童平均能力
幼儿园刚开始	能说出两个词是否同韵 对一个简单的词能产生一同韵词（如 cat 或 dot），或者能够很快学会做这样的任务
幼儿园结束时	能分离出一个单词的首音，并进行发音（如 nose 中的 n，fudge 中的 f） 能组合两音位的发音
一年级中期	能够区分出二或三音位词中的所有音，并正确发音 能连读以辅音字母组合开始的四音位词的发音
一年级结束	能够区分出以组合开始的四音位词中的所有音，并正确发音 能连读以组合开始和结束的四和五音位词的发音

资料来源：J. K. Torgesen & P. G. Mathes (2000). *A basic guide to understanding and teaching phonological awareness*. Austin, TX: Pro-Ed.

8.2.2 青少年期的语言习得

有人认为孩子在 5 周岁时已经掌握了语言，与之相反，语言习得将继续到小学阶段，一些语言形式甚至要到青少年期才会掌握。

1. 语义

当小学生在学校内外学习概念时，他们的词汇量会以每天增加几个新单词的速度增长——一年级时大约 6 000 个词汇量，到五年级时增加到 40 000 个词汇量（Anglin, 1993；Johnson & Anglin, 1995）。形象语言（语义的一种形式）的理解和使用从小学到高中也在不断发展（Owens, 2005）。到三年级，学生开始懂得双关语和谜语，他们认识到一个词可以表达两种意思（McGhee, 1979；Pepicello & Weisberg, 1983）。小学生也开始理解明喻（他吃得像只猪）、暗喻（她是天使）、谚语（欲速则不达）和成语（Did the cat have your tongue），并且他们也开始意识到比喻不能照字面意思来解答（"stealing" home base）。但是，只有到青少年后期才能掌握谚语中比较复杂的形象语言以及比较深奥的幽默（Lund & Duchan, 1988；Nippold & Duthie, 2003）。因此，中学和高中教师应该意识到，含有形象语言的诗歌和文学对于许多学生来说是有一定难度的。

2. 语法

不论口语还是书面语言，儿童产生的句子都会越来越丰富，并由更复杂的语法结构组成：

- 在 10 或 11 岁时，学生开始用复杂的连词如"因为、如果、那么"等来组成从句（Hulit & Howard, 2006；Wing & Scholnick, 1981）。
- 在 7 岁左右开始理解和使用镶嵌句（I saw a movie that you would really like）。到 12 岁，开始理解在句子中间的镶嵌句（The dog that chased the cat ran away）(Abrahamsen & Rigrodsky, 1984)。
- 在 8~11 岁之间，他们也开始能够较好地理解和使用被动句（Baldie, 1976；Horgan, 1978）。例如，在句子"The boy was loved by the girl"，年幼的儿童无法确定谁是爱的发出者，谁是爱的被动者。

中学老师应该预期到青少年在一些语法方面，特别是在写作的时候还是会有困难的。甚至成人在口语中使用 who/whom/that 和 I/me 这样的语法形式时也会感到困难（Otto, 2006）。青少年在写作中使用代名词来指代名词时也会出现错误。教师经常会在青少年写作中发现如图 8-1 中所示的错误。

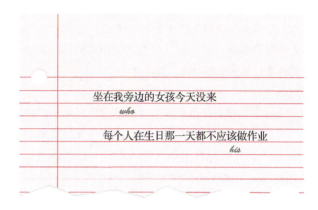

图 8-1　语法

甚至青少年的语法也会出现扩展。他们在写作中对于复杂的形式也会有困难，如图所示。

3. 语用

小学生开始能够较好地领会间接要求的意图，并对这些要求做出合适的反应（Menyuk, 1988；Owens, 2005）。间接要求是以较有礼貌的方式请求别人做某件事情，例如"你能关掉电视吗"，而不是"请关掉电视"。学前孩子较多是直接说"好"来进行反应，6 岁孩子开始能对许多类型的间接要求做出更合适的反应，而完全精通要到青少年期才得以达到（Cherry-Wilkinson & Dollaghan, 1979）。到青少年期，与平常社会经验有关的语用技能大部分都有较好的发展（Berko Gleason, Hay, & Cain, 1988）。

4. 元语言意识

虽然关于语言以及它是如何工作的知识在 5～8 岁期间有着惊人般的增加，但这种发展将持续整个青少年期（Bernstein, 1989）。小学高年级和中学的学生能更好地理解多义词，知道什么时候句子中的词用得不正确，并知道如何组成不同类型的句子（主动态、被动态等等）。他们也能更好地使用阅读和写作策略，如使用词典或百科全书,监控他们的理解,计划和修正他们的写作。

> 在你以后将教学的班级中,你会怎样促进学生语义、语法、语用以及元语言意识方面的发展。

8.2.3 双语习得

虽然母语为英语的孩子和双语的孩子(说两种语言)可能有非常不同的文化和社会经历,但他们学习英语的方式非常相似(Bialystok, 2001):

- 从出生就习得两种语言的孩子与单一语言的孩子遵循着同样的发展模式,以相同的速度达到相同的几个重要的发展阶段(Genesee, Paradis, & Crago, 2004; Nicoladis & Genesee, 1997)。
- 双语孩子说出他们的第一个单词,以及达到50个词的词汇量的年龄与单语孩子几乎一样(Nicoladis & Genesee, 1997)。
- 当两种语言的词汇结合在一起时,双语孩子与单语孩子至少有同样大的语汇量(Nicoladis & Genesee, 1996; Pearson, 1998)。

双语的学习需要发展两种不同的、相互作用、相互补充的语言系统。在孩子能产生第一词之前,他们就有能力区分出两种语言,包括手势语言(Petitto, Katereles, et al., 2001)。**代码混合(code mixing)**,即使用一种语言的词或短语来代替另一种语言,这在双语孩子和成人中都是普遍的,不是他们对两种语言的混淆(Genesee et al., 2004; Nicoladis & Genesee, 1997)。它能让个体的各种语言能力以更为完整的方式进行交流,这比使用单一语言更为有效(Genesee et al., 2004)。小学儿童也可以把他们母语在音位意识,词汇以及单词再认技能等方面的能力迁移到他们的第二语言(Carlo & Royer, 1999; Cisero & Royer, 1995; Proctor, August, Carlo, & Snow, 2006)。但是,专家们不认为哪种教学方法能够最有效地促进英语学习者的英语熟练能力。表8-3描述了每种教学方法的目标。

过渡式双语教育已经流行了30余年,它强调母语技能的发展。因为第一语言技能可以迁移到第二语言,当孩子在小学低年级以母语进行教学时,学生可获得更大的学业成就(Garcia, 1992; Marsh, Hau, & Kong, 2002)。与之对应,在没有任何教学改变的英语沉浸式课堂中,学生需要在学业上付出更多的努力,因为他们要理解老师以及表达自己的知识都是困难的(DaSilva Iddings, 2005; Gutiérrez, Baquedano-López, & Asato, 2001)。

最近通过的《英语习得法案》(English Acquisition Act)把对双语教育的争论转向支持沉浸式方法,特别是

表8-3 双语教学方法

教学方法	目标	教学语言
过渡式双语教育	确保英语语言学习者在学业上不会差于那些主要以母语进行教学的学生	• 以母语教学为主要内容;英语作为第二语言教学 • 一旦学生熟练后,转变为以英语教为主要内容,通常是在三到五年级的时候
英语沉浸式	使英语语言学习者在英语方面尽可能快地达到流利	• 与母语为英语的同学同一个班,在课堂中以英语进行所有的教学 • 一般来说在教学或材料上没有任何改变
结构式英语沉浸式	促进向英语语言教学的快速转变	• 在课堂中以英语进行所有教学,但与母语为英语的同学不同班,一般教学时间为一年 • 设计适合于正在学英语的学生的课程和教学方法 • 最小化母语的使用 • 一旦学生在英语方面"大概熟练"了,就被转入到与母语为英语的同学同一个班,以英语进行教学
双向双语沉浸式	使英语语言学习者和母语为英语的学生都容易习得两种语言	• 对母语为英语的学生以及非英语语言的学生(如西班牙语)以英语和一种非英语语言进行教学 • 以两种语言进行教学和班级活动,要求至少有一半时间使用非英语语言。 • 在教学期间只用一种语言,没有转变

资料来源:Crawford, 1997; Kogan, 2001; Lessow-Hurley, 2000; Lindholm-Leary, 2004-2005.

结构式英语沉浸法和双向双语沉浸法，如表 8-3 所示。关于双向双语沉浸法（TWBI），最近一些研究发现了很有意思的结果：

- 在 3～4 岁，TWBI 能同时提高英语语言学习者和单一语言孩子的西班牙语语言能力，且在英语语言技能上也没有任何损失（Barnett, Yarosz, & Thomas, Jung, & Blanco 2007）。
- 从小学早期就参与 TWBI 项目的英语语言学习者及母语为英语的学生，到小学高年级时都表现出在两种语言上口语、阅读及写作的熟练化（Howard, Sugarman, & Christian, 2003；Serrano & Howard, 2003）。到中学，他们在两种语言的阅读和数学上也都获得或超过相应的水平（Collier & Thomas, 2004；Lindholm-Leary, 2001）。
- 从小学就参加 TWBI 的高中学生，特别是来自西班牙和葡萄牙的学生，他们对学校都表现出相当积极的态度（Lindholm-Leary, 2001）。

8.2.4 语言习得中的个体差异

典型的语言发展在幼儿之间有相当大的差异，表现在习得速度以及习得词汇的风格上。婴儿在 8～18 个月期间发出它们的第一个词，电报式言语在 18 个月到 3 岁。1～2 岁的孩子一般来说词汇量在 20～170 个之间（de Boysson-Bardies, 1999；Morrow, 1989）。但这些只是个粗略估计——因为一些 2 岁的孩子可能还掌握不到 10 个词，而另一些孩子口语词汇量可能达到 668 个之多（Fenson et al., 1994）。

孩子们习得词汇的不同方法也意味着他们对语用方面有不同的看法（Flavell, Miller, & Miller, 2002）。获得大量有关人名和物名单词的孩子表现出一种**参照式风格（referential style）**，集中于语言的信息方面。获得大量在社会关系中使用的单词的孩子表现出**表现式风格（expressive style）**，集中于语言的人际方面。但差异只是指程度上，而不是指类型上，因为所有的孩子都可以习得两种类型的单词（Goldfield & Snow, 2005）。

女孩在习得第一个词方面会比男孩快，倾向于有更多的词汇量，更有可能采取参照式习得风格（Flavell et al., 2002）。但这种差异很小，而且有许多例外的情况。正如其他认知能力一样，男女之间似乎相同的地方比不同的地方要更多。

从学前阶段到小学早期，许多孩子都会存在如发音清晰度或缺乏言语流畅性等语言问题，这些问题最终都会被克服。但也有一些孩子出现更多的且无处不在的语言困难。从婴儿期到学前阶段，孩子会产生许多普遍存在的发音错误，如表 8-4 所示（Kostelnik, Soderman, & Whiren, 2004；McLean & Snyder-McLean, 1999）。当熟悉的大人不能理解 3 岁孩子的言语时，或孩子在 8 岁时发音错误仍明显时，就可诊断该孩子有**发音障碍（articulation disorder）**（Patterson & Wright, 1990）。类似于发音错误，**言语不流利（dysfluency）**（在言语表达缺乏流畅性）在小学第一年典型地增长过快（Weir & Bianchet, 2004）。语言不流利包括以下几种错误类型（Gottwald, Goldbach, & Isack, 1985；Swan, 1993）：

- 重复音节、单词或短句（那……那个布娃娃）；
- 感叹词（我看……到……校车了）；
- 停顿（妈妈，我想……喝果汁）；
- 修改（我……我们看医生）；
- 延长发音（兔……子）。

孩子的言语不流利可能是由于情绪紧张、说话太

表 8-4 在幼儿早期普遍存在的发音问题

发音问题	例子
以一个音代替另一个音，因为它们在发音方式上相似	把 three 说成 free 用 s 来代替 sh 的发音，w 代替 l 发音，th 代替 s 发音
在发音方式之间替换，用牙齿发音来替代嘴巴后部发音	把 cookie 读成 tookie
忽略发音，有时是整个音节	把 remote 读成 mote，把 computer 读成 puter
产生扭曲的音	把 run 读成 sun
对辅音字母组合的错误发音	把 spaghetti 读成 pasketti

快,或者更可能的原因是他们在语音、语法、语义、语素以及语用等方面知识的快速扩张所导致的(Otto, 2006)。

口吃是一种最常见的言语不流利现象。大约有80%有口吃的孩子在口吃出现后18～24个月之内会克服口吃现象(Ratner, 2004)。口吃包括对单音的不自觉重复,拖长的发音,或在说话过程中完全停顿(Cook, Tessier, & Armbruster, 1987)。以下这些言语问题暗示着有口吃现象出现(Otto, 2006; Yairi & Ambrose, 2005)。

- 随着时间的推移,音和音节重复现象仍继续。
- 重复一个词的一个部分超过两次,或在100个词中重复两个字或音节。
- 经常拖长发音,或拖长发音超过一两次。

与有发音清晰度或言语不流利问题的学生不同,有特定型语言障碍经历的学生在整个语言发展中都会有相当大的延迟。**特定型语言障碍(specific language impairment SLI)** 学生在接受和表达语言上都有障碍,虽然他们有正常的听力,平均的非言语智力,没有发展缺陷,但在语言发展上明显低于相同年龄的其他孩子(Bishop, 1997; Montgomery, 2002)。与正常发展的孩子相比,SLI孩子词汇量较少,只能说一些简单但有较多语法错误的句子,在语言实用方面(如在交谈中理解他人或被他人理解方面)也有困难(Fey, Long, & Finestack, 2003; Fraser, Goswami, & Conti-Ramsden, 2010)。SLI最初通常在学前阶段被发现,这时孩子会在交谈环境中表现出困难。在小学阶段,当孩子在口语和书面语言中表现出理解和组句困难时,或与同伴进行交流表现出困难时,也表明他也许有语言障碍(Fey et al., 2003; Fraser et al., 2010)。

> 一位母亲对她的2岁孩子只能说出几个单词感到很焦虑,你会给予这位母亲怎样的帮助?如果是8岁口吃孩子的母亲呢?

8.3 应用:在课堂中促进语言发展

课程安排如果考虑到语言经验是学业学习的基础,那么它将有助于学生的学业发展(Garcia, 1992)。下面我们看一些普遍适用的指导原则。

(1)**跟幼儿说话、唱歌和阅读**。照顾者和幼儿早期教育者通过与儿童交谈,跟他们一起唱歌,给他们读书等方式可促进儿童语言的发展。

- 刺激词汇交流能促进表达性语言技能和词汇量的发展(Hart & Risely, 2003; Tamis-LeMonda et al., 2001)。
- 唱歌能够提高对节奏、重复和表达性语调的注意力(Squibb & Deitz, 2000)。歌曲中的韵律通过把注意力指向词中的组成音节,也能促进音位意识的发展(Maclean, Bryant, & Bradley, 1987)。
- 母语为英语的孩子和双语孩子如果每周阅读三次或更多,在家有看书,并经常去图书馆,他们就会比那么没有这些经历的孩子拥有更多的词汇量,并自然形成读写能力(DeTemple, 2001; Payne, Whitehurst, & Angell, 1994; Santiago, 1994)。
- 有特定型语言障碍的学前或幼儿园孩子通过分享故事书可以学会与别人交流他们的想法、问题和观点(McNeill & Fowler, 1996)。在分享故事书的过程中,老师可以让孩子说说他们正在阅读的内容,帮他们详细描述他们的评论,当他们对内容有合适的评论,或他们在阅读和表述上表现出兴趣时给予赞扬。

(2)**鼓励倾听技能的发展**。在课堂讨论或交流的过程中,教师都可以为学生示范有效的倾听策略,如**积极倾听策略(active listening)**,即以一种非防御性方式来倾听,并弄清信息,而不是评论信息(Farris, Fuhler, & Walther, 2004; Wolvin & Coakley, 1985)。学生需要倾听技巧来帮助他们理解概念的解释,在课堂讨论中听,在小组合作活动中听同伴说。

(3)**提供词汇教学**。不仅练习阅读会促进词汇的增加,不断增加的词汇知识也有助于学生阅读理解(Miller & Gildea, 1987; Nagy & Herman, 1987; Stanovich, 1986)。教师可以通过在不同情况下重复使用某个词汇的直接教学方式,也可以通过阅读和班级讨论的间接方法促进学生词汇量的增长(National Reading Panel, 2000)。

表 8-5　促进言语不流利学生语言发展的指导原则

幼儿早期的老师应该	小学阶段的老师应该
为孩子示范较慢但流畅的言语，降低对孩子的谈话要求	以不慌不忙的方式与学生说话
保持眼睛的交流，并表现出耐心，让孩子不会感到老师不愿意与他们交谈	通过适当的眼睛交流、身体语言以及反馈等向学生表示：老师只注意听学生说话的内容（而不是语法）
不要跟孩子说：慢点说，从头再来，想一想，或做个深呼吸等，因为这些意味着他们的言语没有得到承认，可能会增加他们的焦虑情绪和言语不流畅现象	告诉所有学生花时间考虑清楚问题，而不是着急地回答问题
让其他孩子不要打断或制止一个有交流困难孩子的说话	监控社会交往过程，确保同伴不会取笑有口吃的学生，或使这些口吃学生感到尴尬，鼓励所有的学生轮流说
在课程中增加小组合唱，合声反应或合声朗读，因为这些可为口吃的学生提供机会进行流畅性言语交流。最新的神经学研究表明，合声言语在大脑中激活的范围与交谈中进行的言语激活的范围是不同的	鼓励所有的学生配对练习朗读（轮流或同时），鼓励他们在班级上口头朗读之前，先在家里练习朗读他们的故事

资料来源：Büchel & Sommer, 2004; Scott, 2007; Weir & Bianchet, 2004.

（4）**提供使用口语和书面语言的机会**。直接的语法教学和练习（如写故事、小说和杂志）可帮助学生发展口语技能，如词汇、词法、语法和语义上的知识等。同样，合作性小组活动，社会交往以及讨论也能提供很好的机会让学生发展语言和读写技能，它们的效果会比大班上课和分别学习要更好（Raphael & Hiebert, 1996）。

（5）**要关注学生之间的个体差异**。教师应该通过问问题，阐明并扩展学生的评论等方式来促进所有学生的语言习得，而不是直接矫正语言。开放式问题能帮助有特定型语言障碍的学生参与语言学习，建立自信心，并有能力对问题做出反应（McNeill & Fowler, 1996）。对于有口吃或表现出言语不流利的学生，老师也可以通过使用表 8-5 中所总结的原则来努力营造积极的课堂经历，并促进他们的语言发展。

此外，教师如果对英语语言学习者的需求表现出积极关注，将促进他们英语语言的习得以及学业成绩的提高。教师可向学生提供符合其语言发展水平的阅读机会，让他们听大量趣味盎然的故事，而不是当他们表现出口语方面的优势时，再向其传授这些经验，这样才有助于学生的语言发展。教师必须意识到，英语语言学习者的交流风格可能与教师期望他们在课堂中使用的语言类型是不同的（Crago, 1992；Genesee & Nicoladis, 1995）。例如，虽然母语为英语的孩子知道与成人进行交流，与其他孩子进行词汇方面的比赛，进行眼睛接触，以及展示他们所拥有的知识等方式都是很好的，但一些本土美国孩子被期望在成人面前保持沉默，不要进行眼睛交流。他们的行为可能会被误解为语言发展延迟或缺乏知识（Nicoladis & Genesee, 1997）。同样，当老师接受孩子用母语来理解内容和回答问题时，双语学习者会对两种语言都表现出积极的态度，从而有着更好的语言、学业和社会成绩（Bhatnagar, 1980；Brisk, 1991；Jalava, 1988）。

> **思考**：想象一下你希望教授的年级。你会怎样使用表 8-5 中的原则来促进学生的语言发展。

本章小结

1. 解释有助于语言发展的因素

人类在生理上已为学习语言做好了准备，我们的脑已具备产生和习得语言的能力。语言习得也需要能加快语言学习的经验。照料者为孩子提供语言示范，孩子因语言上的尝试得到强化。照料者也进行语言和非语言的交流来教孩子语言。虽然不同国家用于支持语言发展的方法是不同的，但所有国家的孩子都以大致相同的速度发展语言。

2. 描述从出生到青少年期在语义、语法、语用以及元语言意识方面的变化

孩子在幼儿早期快速地获得语言技能。他们从 6 个月开始咿呀学语，在 1 岁左右说出第一个词。在 2～5

岁，孩子的语法大量扩展。幼儿和学前儿童能够使用他们已出现的语言技能来达到不同的目的，开始获得语用知识。当学前儿童能够理解如何阅读、写作以及语言发音是如何工作的时候，表明他们也获得了元语言意识能力。从小学到高中，随着学生词汇量的快速增长，他们的语法知识也持续扩充，开始能够理解形象语言。学生的句子也变得更精细，可以使用更复杂的语法结构造句。语用和元语言意识在整个青少年期都在不断发展，学生能更好地理解和使用语言技能来进行阅读、写作以及社会交往。

3. 解释针对英语学习者教学方法的优点和缺点

过渡式双语教学能够促进学业成功，因为母语的技能会易化英语语言技能的获得，学生在学业上不会落后。英语语言学习者在英语沉浸式方法中要更为努力，因为该方法不会修改教学内容以帮助他们进行英语学习。结构式英语沉浸式教学在传统沉浸式的基础上进行了改进，会提供适当的帮助来适应语言学习者的需求。双向双语沉浸式能够促进两种语言上的学业成功，并使不同语言背景的学生都产生对学校的积极态度。

4. 描述从儿童早期到学龄早期这段时间出现的语言变化

孩子在语言发展的速度以及获得语言的方式上都表现出差异。女孩一般比男孩更早说出第一个词汇，掌握更多的词汇。幼儿普遍表现出发音错误以及流利性问题。在学前和小学低年级时，当某个孩子在接受和表达性语言发展上都明显低于相同年龄的其他孩子时，就被认为是一种特定型的语言障碍，即使他有正常的听力，中等的非语言智力，也没有发展缺陷。

5. 描述在课堂中教师能够支持语言发展的方式

教师如果对孩子语言模式的差异有一定的敏感性，那么他就能够促进孩子的语言发展，包括对有语言障碍的学生以及来自不同语言背景的学生。通过问问题，阐述和扩展学生的言论等方式，而不是直接矫正语言，教师能支持所有学生语言能力的发展。教师也能通过向学生示范积极的倾听策略，把词汇教学编进他们的课程，并通过提供机会让学生进行口语和书面语言的练习等方式来促进所有学生的语言习得。

案例学习：反思与评估

儿童早期：防火安全

1. 指出在该案例中扩充和重组的例子。
2. 指出在该案例中对动词过去时的过度规则化问题。这种现象对于学前孩子的语言发展来说是普遍的吗？根据语言发展的研究，解释为什么矫正孩子的过度规则化以及其他的语法错误是不必要的？
3. 安赫拉给孩子们读一本关于防火安全的故事书。解释吸引学生对故事的注意力可以怎样帮助提高音位意识，以及随后的阅读发展。学前老师还可以通过其他什么方式促进孩子的音位意识发展？
4. 在学前阶段，阅读故事是一种常用的活动。解释它如何帮助学生促进语言发展。

小学：课题汇报晚会

1. 卡洛斯把写一首诗作为一个课外课题选项。根据学龄儿童语言发展的规律，解释为什么诗歌对于五年级学生来说可能具有挑战性？
2. 卡洛斯计划怎样促进学生的语言发展？对于该课外课题单元他能做怎样的改变来进一步支持学生的语言发展？

初中：青蛙

1. 描述学龄阶段孩子的语言发展水平。根据该案例中的

5. 想象有一个4岁的女孩米瑜，她最近从日本移民到美国，不太会说英语，刚来到罗灵希尔斯幼儿园。根据对双向双语沉浸式教学的研究，解释当米瑜在幼儿园学习英语时，这种教学为什么有利于说英语的学前孩子学习日语（假设老师是说日语的双语老师）。
6. 假设有一对父母找到格雷斯，说她的孩子有语言障碍。孩子的许多言语都不能让人理解，因为他把"s"发成"sh"的音（把 see 说成 she）。你怎样向该父母解释这些发音错误？你会如何在学前课堂中增强该孩子的语言发展？

3. 卡洛斯可以怎样更好地支持双语学生的语言发展？
4. "研究组"怎样帮助学生形成更复杂的语言技能？
5. 根据你对该章的阅读，你能针对有特定型语言障碍的学生或英语语言学习的学生在研究组活动上做一些修改吗？

信息，指出八年级学生语言技能的缺陷。

2. 摩根对解剖实验可进行怎样的修改，从而促进八年级学生的语言发展。
3. 摩根的教学可进行怎样的修改来帮助双语学生的语言发展。
4. 摩根如何帮助像泰勒这种有语言障碍学生的语言发展？假设你是老师，想想你会对生物实验活动以及你的日常教学进行哪些修改？
5. 摩根正在参加一个关于儿童语言发展的必修讲习班，但感到很沮丧，因为必须了解幼儿的语言技能是如何获得的知识。她想："我教的是青少年学生，为什么我一定要了解幼儿的语言发展呢？"根据你对本章的阅读，向摩根解释了解从婴儿期开始的语言发展可以如何促进她对青少年语言发展的理解。

高中：代课老师

1. 描述从小学到高中期间学生的语言发展。为什么阅读如《双城记》这样的材料对于青少年来说具有一定的挑战性。
2. 马休兹可运用哪些方法来促进学生的语言发展？你会给马休兹先生哪些其他建议。
3. 对于像德梅里这样的双语学生，你会给马休兹什么建议以促进这类学生语言技能的发展。
4. 如果这个案例中有些学生存在语言障碍，那会怎样？你会给马休兹什么建议来促进在他的英国文化课上有语言障碍学生语言技能的发展。
5. 假设你现在参加一个关于双语教育的学校理事会。根据参加过双向双语沉浸教学的青少年会获得的特定益处，对幼儿园至十二年级双向双语沉浸式（TWBI）做一个推荐式演说。

第三部分
学习理论

□ 案例学习

儿童早期：掐
小学：无聊的学生
初中：自习室
高中：通融

□ 第 9 章　行为主义学习理论

学习目标
9.1　行为主义学习理论的假设
9.2　经典性条件作用论
9.3　操作性条件作用论
9.4　应用：应用行为分析
本章小结
案例学习：反思与评估

□ 第 10 章　社会认知理论

学习目标
10.1　社会认知理论的假设
10.2　观察学习
10.3　学习中的个人因素
10.4　应用：提高学生的自我效能感和自我调节
本章小结
案例学习：反思与评估

□ 第 11 章　信息加工理论

学习目标
11.1　信息加工理论的假设
11.2　信息加工的三阶段模型
11.3　教学中的应用
本章小结
案例学习：反思与评估

案例学习

儿童早期：掐

准备

当你阅读下列案例时，请注意：
1. 谁是该案例的主要人物？请予以描述。
2. 发生了什么事？
3. 案例发生在哪里？环境是影响因素吗？
4. 案例发生在什么时间？时间是影响因素吗？

拉娜女士是当地一所特教幼儿园的园长。这是一所公立幼儿园，主要收留来自社会经济地位较低家庭、单亲家庭或者存在发展性迟滞的3~5岁的特殊儿童。一天早上，她早早来到幼儿园，布置海绵绘画的场地。当她开始为配对成组的儿童安排座位便于共用绘画材料时，助理教师安博小姐交给她一张她安排的配对分组表。

拉娜看了安排表，说："把雷根和艾米丽分为一组很好。艾米丽自从那天把颜料全喷到比利的鞋上之后都不愿意参加绘画活动。"

"是的，"安博回答，"我也认为这是把他们俩分到一组更好一些。雷根很喜欢绘画，但是，我希望她今天能管住自己的手。"

三岁的雷根是幼儿园最年幼的儿童之一。从整体表现来看，她是一个表现良好的孩子。但是在上课时，她总是喜欢掐坐在她旁边的孩子。雷根从不试图掩饰这个坏习惯，当老师质问她时她总是老实坦白。刚开始，拉娜和安博不去理会她的这种行为，结果发现许多的孩子也开始掐自己的同学。后来，拉娜和安博尝试阻止雷根掐其他的孩子或者将她带出课堂，结果也不尽如人意。最近，他们决定采用鼓励的办法：如果雷根一整天都没有掐别的孩子，就奖励她一张贴纸（贴纸是当孩子们做出值得赞许的行为时所给予的特别奖励）。这种方法的效果也不好，雷根在过去三周中只获得一张贴纸，因为每隔一天她至少要掐一个孩子。昨天下午，拉娜和安博又谈论了这个问题，决定使用另一个对策。他们计划在课堂刚开始的时候吸引住雷根。具体做法是：在雷根有机会掐别的孩子之前，表扬她把自己的手管住了，然后每隔一段时间他们就用类似的方式表扬雷根和其他的孩子。

当孩子们踏进教室时，拉娜像往常一样和大家打招呼："早上好，孩子们。"

艾米丽走进教室，沿着墙安静地走向自己的位子，挂起自己的外套，将书包放到写着自己名字的卡片后面。当艾米丽在自己的位子坐下的时候，安博和她打招呼："你好，艾米丽。我很高兴看到你把自己的东西都放好了还坐在自己的位子上。看起来你已经准备好了。"

和往常一样，艾米丽对老师的表扬没有反应。接着，其他孩子也很快在自己的位子上坐下。雷根刚坐下，拉那就说："雷根，我很高兴看到你的手好好地放在膝盖上。大家看，雷根很好地为我们示范了在围圈活动中坐的时候手应该怎么放。"雷根立刻显示出了自豪的神情。

上课时的日期和天气的问答环节过后，安博开始朗读书本。安博

让孩子们听到"叶子"这个单词时就鼓掌，通过这个方法集中孩子们的注意力。老师时不时地表扬雷根和其他孩子们管住了自己的手以及听故事的时候依照老师所说的规则鼓掌。读完故事，安博问："昨天我们读的是关于叶子的一个不同的故事，今天的故事和昨天的故事有什么不同呢？"一些孩子举起手分享了他们的看法。接着，老师告诉孩子们他们今天绘画活动的分组情况，并让孩子们坐在指定的地方。

安博站在四对孩子的面前，拉娜则站在另外四对孩子的面前。当拉娜注意到有些孩子在窃窃私语的时候，说："孩子们，看过来。"老师举起绘画工具，展示如何轻轻地把叶子形状的海绵放在颜料盘以及如何把这些海绵轻轻地放在纸上。拉娜告诉孩子可以开始绘画，然后他仔细观察雷根和艾米丽的互动。

雷根问艾米丽："你想要先用红颜料吗？"

"嗯，你拿吧。"艾米丽很快地回答。

"我最喜欢红色了。"雷根说。当艾米丽没回答的时候，雷根继续问："你最喜欢什么颜色？"

艾米丽回答："我不知道。我猜是粉色。"

艾米丽的海绵沾了太多的颜料，她的纸上也沾了太多的颜料。她小声地说："我不会。"

拉娜到她身边鼓励她。雷根模仿老师用"我也喜欢这个"来鼓励她。

两个孩子继续聊着，共同使用着绘画材料。拉娜在教室里走来走去，提供帮助。她注意到雷根和艾米丽嬉笑谈话。她还从未在课堂上看到艾米丽嬉笑。

拉娜抓住机会鼓励艾米丽："你做得很好。你真是一个小艺术家。"

评估

- 最初阻止雷根掐其他孩子的策略为什么没成功？
- 你认为如果是一个男孩掐了其他孩子老师是否也会用同样的方法处理？为什么？
- 为什么安博在一项新活动开始时要集中孩子们的注意力，如果她不能集中孩子的注意力，如果如何？

小学：无聊的学生

准备

当你阅读下列案例时，请注意：
1. 谁是该案例的主要人物？请予以描述。
2. 发生了什么事？
3. 案例发生在哪里？环境是影响因素吗？
4. 案例发生在什么时间？时间是影响因素吗？

这是艾丹·林赛在这所小型乡村小学任教的第一年。这所小学的大部分学生来自社会经济地位中等或较低的家庭。他所在的四年级的班级有25个学生，男女生人数大致均等。艾丹将3～4张桌子排成一组以便于学生在某些课程项目上的合作。学生似乎都挺喜欢这样的安排。但是，在这一学年的前几周仍然出现了一些捣乱行为。

艾丹向同年级其他班级的老师安娜、埃尔萨求助。午餐时间，在教师休息室里，他问安娜、埃尔萨老师："当一组的三个孩子看起来对什么都不感兴趣，总是聊天，回答问题的时候总是给出一些没有意义的答案，你们是怎么做的呢？"

埃尔萨说："你问的什么问题，他们是怎么回答的？"

"我时常向他们展示如何做一些事情，如乘法计算。我写在白板上，让他们在练习本上计算，"艾丹说，"我告诉他们不可以抄袭小组同学的答案。但是，我鼓励他们互相帮助。这个方法通常都挺有效。"

"我看到过一些学生向其他学生展示如何演算。但是，比利、杰森、梅根这三个孩子总是装作互相帮助在讨论或者在练习本上比画着。但是，当我经过他们身边的时候发现他们是在谈论其他的事情，并没有完成练习。此外，他们的嬉闹影响了其他学生，尤其是他们小组的第四个成员萨拉。因此，也就不奇怪为何上周的数学测验里他们四人的成绩都比较差。"

安娜问："你做了哪些尝试引导他们呢？"

"我反复地提醒他们安静并要求他们完成练习。我也试过忽略他们的嬉闹，但是他们已经严重干扰到了其他学生。所以，昨天，我开始采取新的措施，如果他们不完成练习就剥夺他们的休息时

间。但是我不知道这样做是否能更有效。"艾丹说。

"我建议,如果他们完成练习,你给他们额外的时间聊天。"安娜说。

埃尔萨补充:"是的,你也许可以一开始就告诉他们,如果他们能完成练习并且不打扰别的孩子就允许他们在这节课的最后几分钟聊天。"

艾丹带着迟疑离开了教师休息室,他疑惑为什么要奖励那些其他同学都已经可以做到的行为。埃尔萨和安娜的教龄比他长,而且她们也一直都很支持他帮助他,因此他还是决定采用这些建议。

当孩子们午饭和休息时间过后走进教室的时候,艾丹让他们坐在位子上。他在白板上演算今天的乘法题。当孩子们在自己的小组里做练习的时候,他走近比利、杰森、梅根和萨拉的小组。

"我有一个新的想法,"艾丹说,"如果你们三个能在下面的10分钟内安静地做练习,我就会给你们3分钟时间聊天。你们可以轻声讨论但是必须专注于数学练习,不错吧?"

一周后,在教师休息室里,埃尔萨问:"你的那群无聊的孩子们的问题怎样了?"

"噢,你的建议就像咒语一样。那三个淘气的孩子比以前专注,确实在互相帮助,为了能有时间聊天而努力完成练习。但是,现在的问题是小组里的第四个孩子,萨拉,她越来越感到受挫因为其他的孩子都在她之前完成了练习。很多次我听到她说'我做不到'或者'太难了'。她甚至把笔丢在桌子上号啕大哭。"

"我试着让她明白她能做得很好,只是她需要在必要的时候求助他人,但是萨拉坚持认为她学不好数学。有什么建议吗?"

"你可以把那三分钟的前提条件改为四个学生都完成任务,"埃尔萨建议,"那么学生就会有兴趣帮助萨拉而萨拉就不需要向别人求助了。"

"是的,"安娜说,"我还想建议你尽可能多地提供机会给萨拉让她证明自己可以做得很好,你可以继续提醒她现在做得很好,同样也可以提醒她从前也做得很好。也许设立一个布告栏,这样你可以看到学生们的作业情况。"

评估

- 你认为四年级学生互相帮助是个好的想法吗,为什么?
- 你觉得艾丹对两名教师的依赖是不是没有能力的表现,为什么?
- 如果你是这个班级的老师,你会采取什么样的策略去帮助这些捣乱的孩子专注于课业?

初中:自习室

准备

当你阅读下列案例时,请注意:

1. 谁是该案例的主要人物?请予以描述。
2. 发生了什么事?
3. 案例发生在哪里?环境是影响因素吗?
4. 案例发生在什么时间?时间是影响因素吗?

米洛斯是一个多民族小城市的中学七年级老师。这个中学有三个七年级老师在他们负责的年级教室指导阅读和社会学习的科目。但是,每一个人指导所有的七年级生一门学科(数学、英语或者是科学)。米洛斯的科目是英语。

米洛斯很担心杰米,他班上的一名学生。当杰米努力表现自己的时候似乎是个聪明的孩子。他在课上表现很活跃,能够解释很难的概念，举出生动的例子，特别是在他最喜欢的科目——社会课上。而他的麻烦似乎是在第六节数学课上。虽然格雷迪思从不抱怨杰米在课上太过顺从，但是杰米在数学课上的表现是很糟的。他几乎从不按时完成作业，数学成绩远远落后于其他人。他没有掌握好上学期所教的数学基本规则。

在每周四的早会上，三个七年级的老师聚在一起讨论学生的表现。结果发现，格雷迪斯的学生贾斯敏完成英语作业时有许多困难。和杰米一样，贾斯敏课堂表现良好，她在英语课上也未表现出对英语的抵触情绪。但是她同样没能完成作业。

米洛斯和格雷迪斯制订了计划，米洛斯将在自习课的时候帮助杰米补习数学，而格雷迪斯将帮贾斯敏补习英语。虽然在自习课中他们也会关注其他学生，但是他们尽可能地多帮助那两个孩子。

在帮助杰米补习的时候出现了一些问题。第一天，米洛斯走到杰米的桌子旁："我会在你学习数学时提供帮助，拿出作业本，我们开始吧。"

杰米回答："我认为我们可以像往常一样讨论你今天上的社会课。"

"不，我认为你最好能在自习课期间完成数学功课，这样我就能帮助你。"

"可是我忘记把波迪里克先生发的作业本带来。那我只能明天再完成它了。现在我们开始聊聊社会课好吗？"杰米回答。

连续几天都是忘带作业本和转移话题这样的对话。最后，米洛斯告诉他，在他完成数学作业之前他不会和杰米讨论社会课的内容。在米洛斯拒绝讨论的第二天，杰米开始把他的作业本带到自习室。虽然完成数学作业过程困难重重，但是为了能和米洛斯讨论他竭尽全力去完成它。

在格雷迪斯的自习室，计划执行得很顺利。贾斯敏似乎很高兴在自习室得到更多的关注。格雷迪斯发现她给了贾斯敏一两个范例之后，贾斯敏在完成作业时就不那么困难了。格雷迪斯决定把贾斯敏和另一名很擅长英语的学生配对学习，这样她就能有时间帮助其他的孩子、备课。

评估

- 为何刚开始在自习室杰米的补习计划没有成功？为何同样的

计划在贾斯敏身上却很奏效？
- 你认为格雷迪斯安排的配对学习是否会有效，为什么？这样的策略对杰米是否有效？
- 你认为记忆在完成格雷思迪的数学作业上扮演什么样的重要角色？而在米洛斯的英语课上又扮演着什么样的重要角色？

高中：通融

准备

当你阅读下列案例时，请注意：
1. 谁是该案例的主要人物？请予以描述。
2. 发生了什么事？
3. 案例发生在哪里？环境是影响因素吗？
4. 案例发生在什么时间？时间是影响因素吗？

丹·哈迪是一名非裔美国教师。他在高级社区的中学任教五年内只教过一个科目：美国史。在这所高中，学生的学习积极性高，都志愿进入州立的顶级大学深造。大部分学生都很喜欢丹，他在课上花费大量时间举例示范如何将历史书中的观点与现实相联系，他经常在课上组织小组活动，例如就一个有争议的历史问题进行辩论，预测如果某一历史事件没有发生，历史将会发生什么样的变化。丹布置的作业多为对课上讨论过的问题的思考与描述。因为他布置的作业总能激发学生的思考，学生都渴望学习。丹很少碰见学生不及时完成作业这样的问题。

在丹的第三节课开始的时候，他让学生把作业传到第一排。当他走到第三组的时候，他注意到杰森的作业不在这叠作业里。这是两周来的第四次，杰森没能完成作业。上一次，老师就告知杰森如果再没完成作业就得接受放学留校的惩罚。

下课后，丹让杰森留下："为什么你今天仍然交不出作业？"

"我不知道，"杰森回答，"我想我是忘记了，哈迪先生。"

丹想了解他是真的忘记了还是理解材料或者组织想法上有困难，"那今天你得留在学校完成作业。这是我们的班规。通知你的父母你今天会晚点回家。"

"我今天不能留校，我有篮球队的练习，"杰森回答，"如果我没有参加练习，我就不能参加周五晚上的比赛。"

"我上次就提醒过你，如果未能完成作业就得留校，你得遵守班规。我认为你今天最好补上你未完成的作业。"

当这一天最后的下课铃响起时，杰森来到吉尔教练的办公室，说自己将缺席今天的练习。吉尔很担心，杰森的留校就意味着与劲敌比赛时少了一名主力。他主动找到丹和校长艾利斯讨论这个问题。

在校长办公室，吉尔把这件事告诉丹和艾利斯，"我明白杰森因未完成一些历史作业而现在不得不被留校。为此，他必须缺席今天的训练，按照我们的规矩，他就无法参加周五晚上的比赛。这个问题是否有回旋的余地呢？"

艾利斯转向丹，说："你班级的班规对未能完成作业的学生留校是怎么规定的？"

"班规规定4次未完成作业就得留校。我从不特别强制这个规定，但是，杰森已经未完成作业4次，"丹解释，"在他第三次未完成作业我已经能够警告过他。但是他今天仍然未能完成。"

"难道不能通融吗？"吉尔建议，"杰森从总体来说是个好学生，还是个优秀的运动员。"

艾利斯说："我认为规矩就是规矩，这是丹为他的班级建立的规范，我们应该支持他。杰森不能参加练习因此无法参加周五的比赛。"

"缺席练习，就不能参加比赛，这是我们队里的规矩，不是学校的规矩。我愿意通融。曾经也为病假和家庭假期而通融过。"吉尔回答。

"我从前没注意到这个，"艾利斯回答，"我认为你应该修改一下规矩以便更有利于练习。但是，我们可以稍后在私下里讨论。"

留校的杰森开始准备收集笔记来完成他这几周未完成的作业。很快地，他认识到，他没有做好笔记，没有清楚地记住丹对如何完成作业的解说。他也没参与小组讨论活动。杰森想起他以前的初中历史成绩很糟，因为他不擅长记忆时间和历史事件。

评估

- 让杰森留校对他是否有益，为什么？
- 当一个女孩遇到这样的学习与课外活动的冲突时老师是否该同样处理，为什么？
- 你用什么办法记住历史课的事件与时间？你可以用什么样的方法完成丹布置的作业？

第 9 章
行为主义学习理论

学习目标

1. 描述传统的行为主义学习理论的假设。
2. 解释经典性条件作用与相关教育情境的关系。
3. 解释强化和惩罚对行为的影响，二者的使用频率对行为影响的有效性。
4. 解释教师如何有效地运用结果。
5. 描述教师所采用的增加良好行为、减少不良行为的策略。

9.1 行为主义学习理论的假设

你是如何学会写自己的名字呢？你是如何学会在课堂上举手发言？虽然大部分心理学家和教育家把学习定义为行为和知识的变化。传统的行为主义理论关注的是学习行为而很少关注知识、心理过程和记忆。

关于学习是如何发生的理论观点，行为主义心理学家们逐渐分为两派：经典性条件作用论和操作性条件作用论。在我们分别察看两种理论之前，我们先看看他们在学习是如何发生的假设上有什么共同之处：

- 学习必然包括行为的变化。传统行为主义者断言新的信息必然引发行为的变化，这种变化表明学习发生了（Watson，1913）。如果一个人确定自己的行为没有变化，那就说明学习并没有发生。
- 行为的产生源于环境中的经历。英国哲学家约翰·洛克（1632—1704）认为儿童出生时心灵如同白板一样可以被任意地教导。人和行为都是基于他们在环境中的经历（Locke，1892）。
- 学习必然包含刺激与反应的联结（Kimble，2000）。刺激是个体可以与某种行为相联结的事件。通过联结进行学习被称为**联结学习**（contiguity learning）。当儿童和青少年面临大量信息的学习时，联结学习是很重要的。
- 刺激与反应的发生时间是紧紧相连的。记住，时间是相对的。立竿见影的效果对幼儿而言是很有必要的，因为对他们来说30分钟就已经是很漫长的了。但是，跨文化研究发现，较大的儿童与成人更愿意推迟小的奖励，为换取更大奖励等待更长的时间（Green, Fry, & Myerson, 1994；Rotenberg & Mayer, 1990）。虽然这种发展趋势表明年纪较大的儿童和成人可以等待更长的时间，但是及时反映在学习设计上仍然是最有效的。比如，反复的研究发现当涉及课堂测验的表现以及材料学习的成功时，立即的反馈比延迟的反馈更加有效（Kulik & Kulik, 1988）。

- 不同物种的学习过程十分相似。田鼠、鸽子和人类的学习是一样的。因为传统的行为主义者认为不同物种的大部分学习过程是一样的。行为主义的研究从不关注种族、性别、社会经济地位的不同或者是人类中的多样性问题。根据传统行为主义的观点，无论你是男人、女人、黑人还是白人，所有人类的学习行为具有同样的机制。

行为主义的视角

行为主义者假设动物与人类的学习过程是相似的

[思考：你可以从你的校内校外经验中找到一些联结学习的例子吗？]

9.2 经典性条件作用论

我们都关注无意识的行为，如肢体的反应。例如，当一个物体快速地向眼睛移动时，人们都会自动地眨眼（孩子们玩的游戏"你眨眼了"）。这些无意识行为包含两个要素：

- **非条件刺激**（unconditioned stimulus），引发自动反应的行为或事件（如，将手快速地伸到某人的面前）。

- **非条件反应**（unconditioned response），由刺激引起自动的反应，是生理性的（当你的手接近的时候某人眨了眼睛）和情绪性的（如害怕）。

简而言之，我们不需要学习联结无条件刺激和无条件反应。我们通过遗传获得不随意行为。

经典性条件作用，或者说经典学习论，建立在不随意行为和不能引起自动反应的刺激之间的联结的基础上。这些不能引起自动反应的刺激称之为**中性刺激**（neutral stimulus），它包括形状、行为、声音和气味等。当中性刺激反复地与一个无条件刺激配对的时候，学习就产生了。就如伊凡·彼德罗维奇·巴甫洛夫（1849—1936）的一个著名研究所述。生理学家巴甫洛夫研究狗的消化系统（注意，他并不是心理学家）。在巴甫洛夫的研究中（1927/1960），实验者将报警器装在狗笼的门上，使报警器如同门铃一样发出声音，然后给狗食物。反复数次后，巴甫洛夫发现，门铃响起即使没有呈现食物，狗仍然会分泌唾液。

经典学习论认为，非条件刺激（实验中食物的呈现）以及非条件反应（狗自动分泌唾液）可以与先前的中性刺激（铃声）配对。结果，先前的中性刺激变成了**条件刺激**（conditioned stimulus）或者可称为习得刺激，可以引发**条件反应**（conditioned response）或者是习得反应。当狗听到铃声（条件刺激）即使没有食物仍然分泌唾液（条件反应）。根据我们所说的第一个假设，行为发生变化时，学习就产生了。

虽然巴甫洛夫的研究展示的是生理反应，经典性条件学习同样告诉我们情绪（尤其是恐惧）是如何习得的（Waston & Rayner, 1920）。在一个研究中，实验者将一个婴儿小阿尔伯特放在桌子中间，在他身后发出巨大的响声（非条件刺激，UCS），他自动地产生了害怕的反应（非条件反应，UCR）。一个中性刺激——一只白鼠和巨大的响声反复地配对。几次配对之后，小阿尔伯特学会了害怕白老鼠，当白老鼠出现的时候，即使巨大的响声没有出现，他也会哭叫试图爬走。曾经的中性刺激（白老鼠）变成了条件刺激（CS），害怕白老鼠变成了条件反应（CR）。正如图9-1所显示的。行为的变化确认了学习的产生。（请注意，现在的道德伦理不允许这样的实验。）

习得的或者是行为的变化产生后，行为就可以延续、改变甚至是消失。经典行为主义者将这些额外学习变量称之为：泛化、分化和消退。

- **泛化**（generalization）：条件学习可以从一个特定的刺激延伸到其他相似的刺激。在形成对白老鼠的条件反射后，当小阿尔伯特看见白兔的时候，也会产生恐惧。他把对白老鼠的恐惧泛化到了白兔。
- **分化**（discrimination）：物种可以学会辨认类似刺激的不同。通过白兔出现的时候不出现巨大的响声，小阿尔伯特可以学会分辨白兔与白鼠。小阿尔伯特可能也能学会对动物进行分辨或者是分化。
- **消退**（extinction）：如果条件刺激没有和无条件刺激进行反复地配对的话，先前的习得行为就会消失或者消退。试想一下在巴甫洛夫的实验中，如果铃声没有反复地与食物配对，结果，狗就可能不会对铃声做出反应分泌唾液。条件反应就会消失。

虽然经典性条件反射在认知科学和神经科学等现代心理学领域中有较为广泛的应用，但在课堂教学中却几乎没有应用的实例（Rescorla, 1988）。但是，经典性条件作用可以通过教师、学校和学科影响学生的情绪（情绪也是自动的反应）。例如，当一个孩子在操场上被其他孩子骚扰或者侵害时，他可能开始将退缩与害怕联结起来。高中生则可能把严厉又刻薄的老师和羞辱联结起来，或者可能把他们所害怕的科目与自卑相联结（例如，数学焦虑）。相反地，学生会将自信义支持他们的老师和自豪感相联结，把一些学科与快乐的感觉相联结。许多的例子，包括考试焦虑和学校恐惧症，显示了人们常把一些事情与某种情绪相联结。

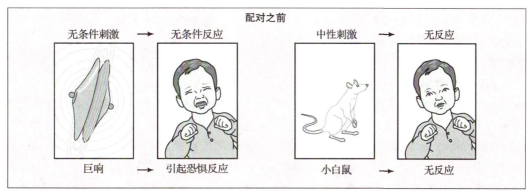

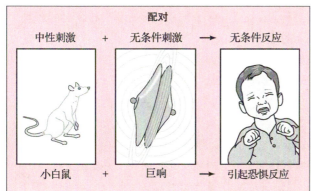

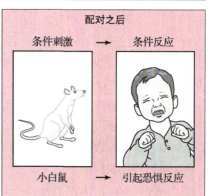

图9-1　华生的经典条件反射实验——小阿尔伯特

原本是中性刺激的白鼠变成了条件刺激（CS）。害怕白老鼠变成了条件反应（CR）。

> **思考**：想一想在你的教育经验中是否有把恐惧和焦虑与某件事相联结的体验。指出其中的非条件刺激、条件刺激、条件反应。

9.3 操作性条件作用论

操作性条件作用，如同经典性条件作用一样，包括配对的事件。但是操作性条件作用不依赖于无意识的行为如生理反应或情绪反应。它包括新的自发行为，例如上课举手。

9.3.1 基本理念

操作性条件反射源于爱德华·桑代克。他和许多其他的行为主义者一样，用动物做实验。实验的结果证实了**效果律**（law of effect）。效果律认为，与好的结果相联结的行为日后再出现的概率会增加，而与不好的结果相联结的行为再出现的概率则会降低。例如，当一个孩子被表扬积极参与课堂活动的时候（好的结果），以后他再参加课堂活动的概率会提高。相反，当一个孩子被其他孩子或老师取笑或羞辱（不好的结果），这个孩子以后参与课堂活动的概率就会降低。斯金纳（1904-1990）将这些观点延伸到 ABC 学习理论（1953）。前因（antecedents）A 发生在行为（behavior）B 之前，导致结果（consequence）C。早期的行为主义理论假设则是前因、行为、结果几乎是同时发生。

前因可以是线索或提示。**线索**（cue）是非言语的刺激，能表明期待某种行为。例如，许多幼儿园老师使用关上灯（A）这种非言语的线索，告诉孩子们要安静下来回到座位上（B）。同样，几乎所有的中学通过铃声来暗示学生新的一节课开始了。教师的非言语提示对维持课堂纪律增加学生某种行为的发生概率有很重要的意义（Wool & Brooks, 1985）**提示**（prompt），主要是伴随着暗示的言语提醒。幼儿园老师在初期关灯的时候，会说："安静下来，坐回你的座位。"提示在教导有特别需要的学生时特别有效。例如，研究发现，运用提示可以有效地教导有孤独症的学生在进行游戏时如何开启话题（Shabani etal., 2002；Taylor & Levin, 1998）。

行为的结果（C）既可以增加也可以减少日后行为的发生频率。**强化**（reinforcement）是一种行为的结果，可以增加日后这种行为发生的概率。当老师表扬一个学生课堂上表现积极时，学生觉得这种称赞令人很愉快，为了获得更多的称赞，则日后积极参与课堂的可能性就增加了。**惩罚**（punishment）也是一种行为的结果，可以降低日后发生此种行为的概率。大部分参与了课堂活动之后，认为被老师或同龄人嘲笑或羞辱很丢脸，因此他们对课堂活动逐渐失去兴趣，以避免这种不好的结果。

强化和惩罚是通过给予（+）想要的愉快刺激或者消除（−）厌恶刺激来实现的，如图 9-2 所示。

- 正强化：给予（+）个体想要的愉快刺激如奖励、糖果、所需的关注。
- 负强化：消除一个体不想要的厌恶刺激，如嘈杂的声音、不愉快的杂事、不需要的关注。
- 正惩罚：也被称为呈现惩罚。给予（+）或呈现厌恶刺激如生理上的疼痛、不愉快的杂事、不需要的关注。
- 负惩罚：也被称为消除惩罚，拿走（−）个体所喜爱的刺激，如玩具、自由的时间、所需的关注。

无论强化是正是负，都是增加行为发生的概率。惩罚无论正负，都是减少行为发生的概率。

当行为初步发生的时候，为让个体建立联结和持续这种行为，每次行为发生时都需要结果来强化，这就称作**连续性强化程序**（continuous schedule）。行为建立之后，只需要周期性的强化来继续维持这种行为（Skinner, 1954），这就是**间隔性强化程序**（intermittent schedule）。间隔性强化程序如表 9-1 所示。

- 比率程序：基于行为发生的频率，如每三次儿童就举手。
- 间隔程序：基于间隔的时间，如每次学生安静地做功课的 5 分钟后就给予表扬。
- 固定程序：精确至每三次（固定频率）或者每五分钟（固定间隔）才发生，以便让个体掌握强化发生的时间。
- 变化程序：每三次（不固定频率）或者每五分钟（不固定的间隔）但是随时间变化而变化。变化程

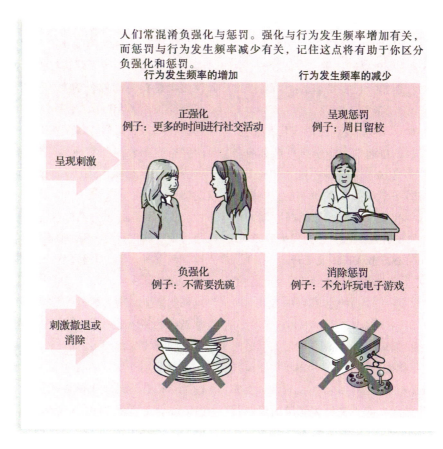

图 9-2　强化和惩罚的类型

序更有效率也更有效,因为学生无法预期强化何时发生。

虽然间隔性强化程序的强化效果较好,但是,也需要在犯错时实行惩罚才能达到好的效果。换句话说,惩罚需和间隔性强化程序相配合。接下来让我们仔细研究结果的有效应用。

表 9-1　间隔性强化程序的例子

	固　定	变　化
比率	每当第三个读书报告完成时就给予读书报告的反馈	老虎机得到的回报取决于拉杆的次数,但是你不知道哪一次拉杆可以使你获胜
间隔	每周五就给予完成当周读书任务的学生爆米花	在整个学期里不定期地获得参与课堂活动的学分

9.3.2　有效地运用结论

这里我们提供一些有效利用结论的技巧,如表 9-2 所示。虽然许多技巧同样地运用强化和惩罚,但是我们仍然要强调这二者使用上的不同。

表 9-2　有效地利用结论的技巧小结

	技　巧	例　子
1	了解个体的发展水平	幼儿更喜欢铅笔、糖果、贴纸。年长的孩子和青少年喜欢有时间与他人交流或者是听音乐
2	了解个体的好恶	虽然我们假设大部分幼儿喜欢糖果和贴纸,但是部分幼儿却不喜欢。了解这些特别学生的喜好
3	了解关注的作用	一些学生希望得到老师的关注(如表扬、批评)。但是一些人不希望得到关注或者只希望得到正面的关注
4	了解提供结果的时间以及频率。	连续强化程序不需要关注每一个规范行为。连续惩罚程序需要关注每一个不规范行为
5	多使用强化而不是惩罚。	间隔强化更有效,多使用强化,少用惩罚
6	不可采用某些惩罚	心理与生理的惩罚,额外的作业,取消课间休息,停学都是无效的惩罚

技巧1：了解个体的发展水平。 为了能有效地利用结果，教师要了解特定发展时期，学生的主要好恶。贴纸和笑脸是幼儿和小学生所想要的结果，但是对初中生和高中生却影响甚微，他们宁可要更多的时间与朋友交谈。

技巧2：了解个体的好恶。 为了使用强化和惩罚，教师必须了解学生个体的好恶，一个学生可能喜欢巧克力，但是另一个并不喜欢。所以，巧克力对一个学生而言是正强化，对另一个学生而言却不是。根据个体不同的喜好来选择强化物，用一个他们高度偏好的强化物比其他强化物能更有效地增加行为发生的频率。（Bowman, Piazza, Fisher, Hagopian & Kogan, 1997；Fisher & Mazur, 1997）教师必须找到学生在课堂上的喜好，在表9-3中列举了一些基于学生喜好的有针对性的课堂策略例子。

技巧3：了解关注的作用。 只有当学生对实际的奖励有特别的偏好，在强化或惩罚中对学生给予关注可以得到有效的结果（Maag, 2001）。例如：总是让学生安静坐好的老师通过关注学生的不良行为来增加规范行为发生的频率，即为正强化。同龄人对不良行为的关注可能会强化这种不良行为，如嘲笑或旁观不良行为（Flood, Wilder, Flood & Masuda, 2002）。相反，如果老师总是表扬一个学生的规范行为可能会降低这种行为发生的频率，因为学生不想要这样的关注，即为正惩罚。通过增加或减少关注的程度，教师可以改变课堂上的问题行为（McComas, Thompson & Johnson, 2003）。老师必须估计他们对问题行为的关注是增加或减少学生行为发生的频率，然后相应地改变教师与同龄人的关注。

技巧4：了解提供结果的时间以及频率。 正如我们先前讨论的，行为的发生及其反馈结果的联结要及时。由于时间的流逝，幼儿安静地坐着听故事的隔天再奖励贴纸是无法将此与儿童的行为相联结的。谨记，强化和惩罚在设置提供结果的频率上是不同的。间隔强化可以同连续强化一样对儿童和青少年起作用（Bowman et al., 1997；Freeland & Noell, 1999）。虽然这两种程序得到的结果是一样的，但是间隔强化程序更加有效因为它不要求教师抓住每一个积极行为。但是如果要实施有效的惩罚，就要抓住每个不规范的行为，让问题行为学生认识到惩罚是可以避免的。

技巧5：多使用强化而不是惩罚。 因为很难实行惩罚连续程序，所以惩罚与强化相比效果较差。此外，仅使用惩罚只能教会学生什么事不能做的，而不是什么事应该做（Alberto & Troutman, 1999）。鉴于惩罚的这些局限，心理学家更倾向于认可老师用强化增加所需行为的发生频率而不是专注于用惩罚减少不需要行为的发生频率。（Cheyne & Walters, 1970；Magg, 2001）。

长期以来，教师在课堂上多采用否定（惩罚）而不是肯定（强化）。许多教师都学会运用惩罚。例如，每当老师大喊，学生大都会立刻安静下来变得很温顺。因此，老师体验了对她的喊叫声的正强化。但是，当学生越来越适应喊声，惩罚就变得渐渐无效。最近，学生发现老师更多地采用肯定而不是否定的方式，虽然这是一个老师行为变化的重要信号，但是这个研究也指出，肯定主要应用于学业表现而较少应用于适应性社会行为。教师可以强化课堂上的规范行为来增加主动学习时间。（Beaman & Wheldall, 2000, for a review of approval and dispproval）。

技巧6：不可采用某些惩罚。 一些惩罚被认为是毫无效果的。首先我们要先定义什么是有效的惩罚，什么是无效的惩罚。如果有效的惩罚仅仅是指个体不再做出某些行为，那么，只要实行连续程序大部分的惩罚都是有效的。但是，大部分学者认为，有效的惩罚不仅能阻止不需要的行为还可以使人明白为什么不可以做出这样的行为，使个体泛化到其他类似的行为中（Pfiffner & Barkely, 1998）。另外，有效常常意味着使用这个惩罚的合理性远远超过其负面影响（Alberto & Troutman, 1999）。下面几种惩罚不符合有效的标准。

（1）**体罚**。体罚往往是击打，但同样也包括用肥皂冲洗嘴巴或是使某人处于生理上不舒服的环境（如太冷、太热）。体罚的一个负面影响就是教会了个体接受年长的有权威成人的踢打、推打。虽然研究数据不支持使用体罚，但许多教育者仍然相信体罚是很有必要的，而且很难改变他们的想法（Robinson, Funk, Beth, & Bush, 2005）。研究发现，特别是在非洲的博茨瓦纳，老师坚定地相信体罚，这是他们的文化传承（Tafa, 2002）。

表 9-3 基于学生喜恶的课堂策略

策略	描述	注意事项
代币制	给予学生信物当作规范行为和优秀功课的奖励。信物积累到一定时期就可兑换基于学生喜好的玩具或其他奖励	管理好这种信物兑换体系很耗时
相关联的协议	老师事先与每一个学生约定好规定所要强化的行为的细分目标以及强化物。学生可以参与设定目标和奖品	老师要记住许多学生的目标和奖品
集体绩效	强化是基于全班的表现或者是成绩。学生可以选择班级的奖品	当偏科或有行为问题的学生拉班级后腿时就会被排除在外

（2）**心理惩罚**。心理惩罚包括公开羞辱，例如老师在课堂上嘲笑学生，将会导致学生的自卑心理（Davis & Thomason，1989）。这种惩罚对个体的长期负面影响已远远超过减少问题行为的效果。因此，学者建议不宜使用心理惩罚（Walker, Shea, & Bauer, 2004）。

（3）**额外的作业**。把布置额外的作业当作一种惩罚，老师想要传递一种信息：学生的功课完成的不理想。而老师应该传递这样的信息：学习是重要的，必要的，主动的，而不是消极的，糟糕的或者是不需要的（Corno，1996）。

（4）**取消课间休息**。课间休息对学生集中注意力和规范行为是很有必要的，此外还有为保持健康参加体育活动的作用（DeAngelis，2004；Rich，2004）。由于长时间的课堂限制，注意力慢慢减弱，需要在休息期间改善（Holmes, Pellegrini, & Schmidt, 2006）。一项研究发现休息对 ADHD（多动症）的儿童有重要意义。当这些孩子们这一天内没有课间休息的时候更有可能出现问题行为（Ridgway, Northup, Pellegrin, LaRue, & Hightshoe, 2003）。除了提高注意力和减少问题行为，课间休息的活动还有助于儿童的认知发展以及培养社交能力（Pellegrin & Bohn, 2005）。课间休息的积极影响远超过使用取消休息作为惩罚所带来的好处。

（5）**停学**。在大多数情况下，学生并不把停学视为惩罚。他们大都把惩罚看作负强化，撤走他们不想要的东西（上学）。此外，研究数据表明停学大部分都施加在家庭经济地位较低，少数民族的儿童身上，而且男生多于女生（Gregory & Weinstein, 2008；Krezmien, Leone, & Achilles, 2006；Mendez & Knoff, 2003）。

另一个方法就是留校察看，可以就近监察学生，在他们学习困难的时候提供帮助（Gootman，1998；Huff，1988）但是，在校察看同样是一种负强化，一些学生不想留在教室就故意捣乱。此外，老师和管理者要注意不要把留校察看更多地施加在家庭社会经济地位低或少数民族的儿童，或者是男生身上。

> **思考**：想想看你在课堂上是怎样使用正强化和负强化的。哪些东西是学生认为很想要的或是很希望撤销的（注意，不要布置额外的作业，如果你不想暗示学生学习是很讨厌的话）

9.4 应用：应用行为分析

我们讨论了许多操作性条件作用在教学情境中的应用例子。教师可以基于操作性条件学习使用特定的策略来影响课堂上学生的表现。这些策略主要涉及应用行为分析或者是行为修正。许多这样的策略关注的是增加规范行为，而其他策略则关注减少不良行为。让我们具体来看看这些策略。

9.4.1 增加规范行为的策略

普雷马克原则（Premack principle）：使用普雷马克原则（Premack，1959，1965），教师通过提供一种活动（如游戏，与朋友交谈、绘画）而不是提供一种有形的奖励（贴纸、微笑）作为强化物。早期研究发现，利用普雷马克原则即通过奖励自由时间来教导幼儿（3岁）静坐看着老师十分有效（Homme, DeBaga, Devine, Steinhorst, & Rickert, 1963）。这个原则对年长的儿童同样有效。初中或高中生提前完成功课的可以在剩余时间里用Ipad听音乐或是与朋友小声地交谈。

塑造（shaping）：当一个行为无法在当前表现出来因此不能被强化的时候就可以使用塑造。比如，某个学生从来都不带铅笔和纸张。教师没有机会强化他的行为，因为那个行为没有发生。塑造包括将强化分成一个个小步骤，每一小步骤都指向所需要的行为，每一步都进行强化直至整个行为都呈现出来（Skinner，1953，1954）。

教师可以塑造学习行为和课堂表现。一个在朗读学习上有困难的孩子，老师可以先鼓励他说出一个困难的或者不熟悉的单词，然后每一次孩子正确发音就表扬他，然后是增加朗读的频率，最后是回答阅读理解的问题。在初中和高中课堂，学生每次努力尝试参与课堂都受到强化，如眼神接触、举手，回答问题无论是否回答正确（Hodge & Nelson，1991）。

强化不相容行为（reinforcing incompatible behaviors）：学生不可能一边坐下一边在教室里跑动，这两个行为是不相容的。在这个策略里，教师强化规范行为（做功课）减少不相容行为（传递笔记）。虽然这个策略对很多行为都能奏效，但是仍然要正确使用，要连续地频繁地强化规范的行为。学生才不会回到原先的不规范行为（Alberto & Troutman，1999）。

表扬与忽视（praise-and-ignore）：如同不相容强化策略一样，表扬与忽视策略建议教师忽视学生的不规范行为，表扬他们的规范行为。例如，教师忽略脱口而出就回答问题的学生，表扬其他耐心举手的学生。一些早期的研究发现这有利于增加规范行为（Becker, Madsen, Arnold, & Thomas, 1967；Madsen, Becker, & Thomas, 1968）。注意，有些学生认为公开表扬是一种正强化，有些学生却认为它是正惩罚。此外，一些行为不可以被忽略，例如，身体上的攻击或是破坏财产。忽略这些行为是不安全，不符合道德规范的。

积极练习（positive practice）：在运用这个策略时，教师需要一个学生示范正确或规范的行为（Kazdin，2001）。学生可以写下他们拼错的单词，然后用正确的方法拼读。教师也可以让在走廊上乱跑的学生回到走廊的另一端练习走路，以减少学生再次在走廊乱跑的可能性，增加学生在走廊上行走（而不是乱跑）的可能性。

9.4.2 减少不良行为的策略

满足（satiation）：在使用这个策略的时候，教师要求学生反复地实行负面的或不规范的行为直到它变得没有意义。满足通过要求学生反复实行来减少实行这种不良行为的满足感（Krumboltz & Krumboltz，1972）。例如，要求乱扔纸团的学生整节课都在做纸

普雷马克原则
强化包括听音乐、与朋友聊天等喜欢的活动。

团，并对一个特定的目标丢纸团。起初，其他学生通过关注和嘲笑来强化这种行为（也许他们过去也是这样做的）。但是，最后做纸团和丢纸团就变得无趣，没有意义。这种策略确保大家都有"足够了"的感觉，不要太快停止。当学生表示对这种行为厌烦时，再保持一段时间。只有当这种行为不危害他人时才可以使用满足策略（Krumboltz & Krumboltz，1972）。也就是说，不要对会导致危害的行为如抽烟点火柴使用满足策略。

满足策略可以是无意中使用的，使一个特定的强化不再有效。例如，一个高中教师用上课时间聊天来强化学生促使他们先完成功课。如果其他教师也开始在他们班级使用同样的策略，这个聊天时间就变得不重要、没有意义了。因此，教师应该不停地评估强化策略的有效性，当原来的强化已经饱和了或是不再对行为有影响，就要改变策略。

消退（extinction）：与经典条件反射的应用相似，消退意味着行为停止或被消除。但是，根据操作性条件反射，出现消退是由于不再给予强化（Skinner，1953）。消退在处理一些不良行为时十分有效（Alberto & Troutman，1999）。例如，假设老师以不赞同的态度，关注说话不合时宜的学生，就是在减少正强化（关注）。不规范行为（说话不合时宜）就会减少或者消退。

如满足策略一样，只有当不恰当行为可以轻易被忽略且不具有危险性的时候才可以使用消退（Krumboltz & Krumboltz, 1972）。

使用消退时注意：当教师撤销曾经的间隔强化时，则学生会出现消退激增（extinction burst）——由于强化的撤销导致行为的增加。想想看，对经常说话不合时宜的学生，老师已提供了正强化：对学生不规范行为（说话不合时宜）进行关注（否定的关注）。当老师减少强化时，学生希望老师屈服，为获得先前的强化而增加不规范行为。数次之后，学生就学习到不合时宜地说话无法得到老师的关注，不规范行为就会减少。当消退与其他行为方法如强化规范行为一起使用的时候，个体较少产生消退激增（Lerman & Iwata, 1995）。

过度矫正（overcorrection）：过度矫正包括补偿不规范行为（Alberto & Troutman, 1999）。教师不仅要求在教室课桌上涂画的学生清除自己的涂画，还必须清除所有桌子上的涂画，这便是在过度矫正他们的行为。

谴责（reprimand）：谴责是对行为进行言语批评，是一种正惩罚。当老师面对学生的不良行为时，他们就会关注学生。一些学生很需要这样的关注，因为他们喜欢成为焦点，但是其他学生不认为这样可取。老师需要评估他们的批评是增加了还是减少了这种行为。进行口头批评时，老师应与学生目光接触，需靠近学生而不是站得远远的。这种平静而隐秘的方法能使老师指出他的不良行为，同时避免聚光灯效应（O'leary, Kaufman, Kass & Drabman, 1970；Van Houten, Nau, Mackenzie-keating, Sameoto & Colavecchia, 1982）。

反应成本（response cost）：许多运动项目中的预防药物滥用政策应用了"反应成本"这一概念。学生运动员使用药物或酒精就得面临一定次数的停赛或是承担被驱逐出队的反应成本。反应成本是一种负惩罚，通常是撤走个体想要的东西。对青少年而言，这种成本是指无法与朋友一起活动，如不允许和朋友一起在食堂吃午饭或者是不能参加班级的实地考察旅行。反应成本的介入有效地减少了问题行为并且效果持久（Sullivan & O'leary,

1990）。一项关于ADHD（多动症）儿童的研究发现，用失去自由时间作为反应成本将比开处方，如利他林更能有效地增加儿童的主动行为和学业学习（Rapport, Murphy, & Bailey, 1982）。这种策略的有效性在于老师偏爱这种对他人的惩罚（McGoey & Dupaul, 2000）。使用反应成本的关键在于从发展水平和个体水平决定哪些东西是个体渴望得到的，并在发生不良行为之后撤走它。

社交孤立（social isolation）或者隔断（time-out）：这种暂停策略包括将个体从给予强化的情境中移出转至另一处没有强化的情境（Walker et al., 2004）。暂停策略最著名的形式是不仅将学生移至一个空旷乏味的房间，还将他从一个活动中移出使他独自一人。为了更有效地使用暂停策略，教师应该参考以下的指导方针。

- 暂停策略只有在其他策略无效以及充分地考虑了时间与年龄问题之后才可以使用（Lentz, 1988）。暂停策略的持续时间按一分钟一岁的标准不应该超过其实际年龄，它的对象不可以是两岁以下的儿童。因此，对5岁的孩子使用暂停策略不能超过5分钟。这种计时的应用增加了这个策略的一致性和公平性，可以让师生留心持续时间（Walker et al., 2004）。

- 只有当强化不呈现以及学生渴望与班级的其他人在一起的时候，暂停策略才会有效。喜欢独自一人不想得到其他人关注的儿童会很渴望这种强化，则使它变成了负强化（Walker et al., 2004）。同样，在育儿中心和幼儿园暂停策略会变得无效因为老师不能将孩子置于单独的房间之中与其他人隔离。所以当儿童受到老师监督管理的时候可以从老师和其他孩子那里得到关注。在这种条件下，关注会与暂停策略相联结，暂停策略就会变成正强化而不是惩罚。

> **思考**：想想你想教的年级。你怎样对这群孩子采取普雷马克原则和反应成本策略？想一个具体的例子。

本章小结

1. 描述传统行为主义学习理论的假设

不同物种的学习过程是一致的，都包括刺激与反应的联结，刺激与反应几乎是同时发生。刺激与结果反映的联结导致了行为的变化，就产生了个体的学习。

2. 解释经典性条件作用以及它与教育情境的关系

非条件刺激与中性刺激的配对，导致联结学习。经典性条件作用解释了为何一些儿童把恐惧或焦虑与学校相联系。情绪，是无意识的反应，可以和教育情境中的一些重要方面相联系，如特定的教师，某个学科或者是学校。

3. 解释强化与惩罚是如何影响将来的行为以及二者使用的频率达到多少才最有效

紧跟着某种行为的强化将会增加此行为日后发生的可能性。当一种行为刚开始形成时，必须给予连续强化。一旦行为建立了，只需要间隔强化就可维持这种行为。紧跟着某种行为的惩罚将会降低这种行为发生的可能性。利用惩罚消除某种行为使这种行为日后不再发生，每次行为发生时都必须给予惩罚。

4. 解释教师怎样有效地利用结果

教师必须了解个体发展水平和个体偏好特别是对教师关注的偏好是如何影响惩罚和强化的使用。强化的给予必须比惩罚更加频繁，但是可以使用间隔强化。一些惩罚不可采用，其他的惩罚则需要一致地持续地使用才能有效。

5. 描述教师可以使用的增加规范行为、减少不规范行为的策略

可以使用许多策略增加规范行为。普雷马克原则强调用活动作为强化的手段；塑造则是使用一步步接近目标行为的方法进行强化；强化不相容行为和表扬－忽略策略强调强化规范行为忽视其他行为；积极练习通过让学生练习规范行为给予强化来增加规范行为。减少不规范行为的策略包括满足、消退、过度矫正、社交孤立等，这些策略用不同的方式消除先前对不良行为的强化。谴责或言语批评是正惩罚的一个具体例子。反应成本是负惩罚的一个具体例子，指在产生不规范行为之后撤走个体想要的东西。

案例学习：反思与评估

儿童早期：掐

1. 为什么拉娜和安博的谴责不能阻止雷根掐别的孩子？为什么雷根很愿意承认她的行为？
2. 为什么在一天结束之后给予贴纸这样的强化不能有效地制止雷根的不规范行为？需要做哪些变动才能增加贴纸强化的有效性？
3. 拉娜和安博很难持续地称赞雷根让她把手放好，他们必须要怎样调整策略？
4. 是否可用行为塑造来增加在圆圈活动中与雷根一起绘画的艾米丽的行为，如果可以请说明如何实行。
5. 什么策略适合在幼儿园中增加规范行为减少不规范行为？

小学：无聊的学生

1. 艾丹最初用来应对三个捣乱学生的策略是什么？根据操作性条件作用原理解释为什么这些策略不能减少他们的不规范行为？
2. 艾丹注重惩罚的行为策略而其他四年级老师的建议则注重强化。解释为何从注重惩罚转向注重强化更能增加规范行为？
3. 虽然取消课间休息可能减少学生的不规范行为，但为什么这不是个好的决定？
4. 提供学生课上三分钟的聊天时间会减少艾丹上课的可利用时间或者减少学生完成作业的可利用时间。艾丹可以怎样改变这三分钟的奖励？
5. 你认为在幼儿和年长儿童身上同样的强化是否同样有效，为什么？

初中：自习室

1. 在英语课、数学课和自习时间里采用什么样的强化能提高作业的完成效果？

2. 同样的强化怎样对不同的学生产生不同的结果？这些强化与对小学生使用的奖励策略有什么不同？
3. 普雷马克原则是怎样应用在杰米身上的？
4. 老师关注的重要性在事例中是如何显示出来的？这些关注在英语和数学课上是如何强化行为的？
5. 还可采用哪些其他的策略增加杰米或者是贾斯敏的完成行为？对这两个学生实施的策略会有哪些不同，为什么？

高中：通融

1. 这所高中是强调强化还是惩罚？在这所学校中还有哪些强化和惩罚的具体事例？
2. 一些教师运用的行为策略比其他人更好吗？他们运用了哪些策略？为什么这些策略有效或无效？
3. 通融是如何影响杰森家庭作业的完成的？为什么会有这种影响？对其他学生作业的完成有什么影响？
4. 教师、教练和校长还能用其他什么策略来增加学生的规范行为减少他们的不规范行为？
5. 在班级和学校中，如果考虑到学生心智发展水平，这些策略是否合适？

第 10 章
社会认知理论

学习目标

1. 描述社会认知理论的基本假设。
2. 描述观察学习中榜样、环境和模仿者的特点。
3. 解释自我效能感和自我调节是如何与学生的积极学习结果相联系的。
4. 解释教师如何提升学生的自我效能感和自我调节能力。

10.1 社会认知理论的假设

你是否听过小孩子说脏话，你小时候说过吗？小孩说脏话是从其他地方学来的吗？你是否认为不用示范就可以教会儿童如何投篮或写自己的名字？你是否有这样的经历：你不希望儿童模仿我们的某些行为时，他们却偏偏会这样做，例如骂脏话。然而，我们也经常希望他们通过模仿我们的行为来学习。20 世纪 60 年代，阿尔伯特·班杜拉（Albert Bandura）开始研究个体如何通过在环境中观察他人的行为进行学习。最初，班杜拉有关观察学习的观点被称为社会学习理论。随着这个理论的发展，加入了更多的个体因素例如认知，这个理论便重新标记为社会认知理论。在我们详细讨论这个理论之前，先看看班杜拉（1986）社会认知理论的几个假设：

- 学习是通过观察他人而产生的。个体不需要直接体验环境刺激，例如行为的强化和惩罚。个体通过观察他人的体验来学习新行为，或者学习什么样的行为可以得到奖励，什么样的行为将被惩罚。通过观察他人的行为进行学习称为**替代学习**（vicarious learning）或者是**观察学习**（observational learning）。
- 学习可包含，也可不包含行为的变化。学习包括观察他人的行为获得知识但不一定表现出这些行为。例如，一个人通过观察学习到如何把铅笔放入卷笔刀以及如何削铅笔，但是如果没有必要的话就不会表现出削铅笔的行为。
- 个体因素对学习有重要作用。行为不仅仅受环境因素的直接影响，还包括个体因素，例如对自己能力的信任。例如，相信自己能在历史考试中取得成功的学生更可能认真学习材料。可以通过环境因素来影响个体因素来促进学习，如学生在历史测验上的高分加强她对成功的信心。

观察学习最著名的例子就是研究攻击性行为的经典实验研究（Bandura, Ross, & Ross, 1961）。实验组中的年幼儿童被一个个带入玩具屋，让他们看到一个成人对波比娃娃的攻击行为。控制组的幼儿被一个个带到同样的玩具屋，看到一个成人在安静地玩游戏，并未攻击波比娃娃。接着成人离开房间，观察孩子们在玩具屋的攻击行为。与预期的一样，无论是身体攻击还是言语攻击，观察到成人攻击行为的儿童比控制组的儿童表现出更多的攻击行为。

> 思考：想一些观察学习的例子。你的学习中是否包括行为的变化？在你的观察学习中哪些是重要的因素？

经典的不倒翁研究

该研究表明，儿童可以通过观察学习习得攻击性行为。

10.2 观察学习

观察学习包括几个影响我们将学到哪些内容的因素。榜样行为的特点以及模仿者的特点将会影响到学习能否发生。即使是最有效的榜样和模仿者，环境因素仍然会影响行为出现的与否。

10.2.1 榜样的特点

个体做出某种行为被其他个体所观察到，这是观察学习发生的必要条件。**榜样**（model）是这样的个体：他的行为会被人观察，做出的行为也会被人模仿。榜样可以是活生生的也可以是象征性的（Bandura，1986，2002）。**真人榜样**（live model）是指可以直接观察到的，可以是观察者的朋友、父母、兄弟姐妹、同学和老师。**象征性榜样**（symbolic model），不与观察者生活在同一环境的个体，可以通过各种媒介进行观察到，如电影、书籍、电视节目。真人榜样和象征性榜样都给个体许多机会使他们可以进行观察。

无论是活生生的还是象征性的榜样，他们身上的一些特征能增加他们被观察到的可能性。

（1）**关联**。榜样的行为必须与观察者有所关联，观察者必须对进行中的行为产生兴趣，榜样需与观察者相似（Schunk & Hanson, 1989）。例如，一些孩子可能对象棋不感兴趣，学校里杰出的象棋手就无法引起他们的注意。此外，个体更可能模仿在年龄、性别、种族、社会经济地位等方面与自己相似的榜样的行为。观察同龄人行为的学生会比观察老师的学生更能提高数学能力（Schunk & Hanson, 1989）。

（2）**能力**。榜样必须是观察者所认为的被观察行为中的佼佼者。学习数学的学生会更加注意数学学得好的学生的行为而不是数学学得差或者是学得吃力的学生的行为。

（3）**地位高**。地位较高的榜样较有可能被人模仿。地位高包括：

- 家庭地位高（父母或者是其他兄姐）；
- 同龄人群体中地位高（学校受欢迎的学生）；
- 权威（老师和校长）；
- 大众媒体（名人）；
- 特殊文化里地位高（政治或宗教人物）。

（4）**性别合宜行为**。一个有效的榜样更有可能是与观察者性别相同并做出性别合宜行为的个体。性别合宜行为是主流社会所划分的男性和女性的行为（Bussey & Bandura, 1999）。在先前的波比娃娃实验中，与女性榜样相比，教室里的男孩和女孩更倾向于模仿男性榜样的攻击性行为。男性榜样与男孩行为的紧密关联很可能是因为与女性比较，社会更加认可男性的肢体攻击性行为（Bandura et al., 1961）。

教师可以在班级里挑选一个优秀的学生作为榜样。教师不需要描述这个榜样的所有特点，如同样的性别或种族等，但是他可以通过让学生对榜样产生兴趣或是使榜样和学生有所关联来促进观察学习。要确保榜样在某一学科上很有能力以及保持他们权威人物般的崇高地位。教师也要注意不要示范可能会被学生模仿的不规范行为。

10.2.2 模仿者的特点

很多时候，具有以上所述的特点如学术水平高或是做出规范的社会行为的教师或者榜样，学生却经常不模仿他们的行为。因此，除了要求榜样具有以上的特征外，观察学习也要求模仿者有以下的条件。

（1）**注意**。模仿者需要关注榜样。教师可以做出希望被学生所模仿的行为，如在白板上完成数学等式，但是学生必须关注这个行为以便随后他们能自己独立运算。

（2）**保持**。学生不仅需要注意教师在白板上完成数学等式的行为，还需要在稍后完成作业时能保持对这个行为的记忆。

（3）**再现**。模仿者必须能再现行为。例如，许多个体关注20世纪90年代迈克尔·乔丹传奇式的篮球技巧，甚至记住他的肢体动作，但是很少有人能再现同样的行为。

（4）**动机**。一个模仿者能够注意行为、保持信息以及再现行为，但他仍然需要具有日后再现这些行为的动机。一个学数学的学生可能注意榜样的行为并保持行为信息，也能再现行为，但是却没有动机去完成数学作业。

近期研究表明，使用学生个人信息（如姓名、朋友姓名和喜爱的故事等）编制应用题，可提高学生的兴趣。与传统应用题相比，尼日利亚学生在使用了个人信息编制的应用题测试中，得分明显更高（Akinsola & Awofala, 2009）。通过这种方法，教师可以增加学生模仿行为的动机。

学生只能或多或少能满足以上的条件。例如，幼儿无法拥有像年长个体那样的注意力和记忆策略。随着认知的发展，个体能模仿比较复杂的行为。同样，从幼儿到青少年，体力和能力也在发展，一些行为也就更容易再现。此外，一些地区，如萨摩亚，将观察学习作为社会行为教学的基本模式，并将观察学习作为一种策略，指导学生将通过观察所习得的技能应用于实际生活（Odden & Rochat, 2004）。

10.2.3 环境特点

假如有一个具备所有必要条件的榜样和一个同样具备所有必要条件的模仿者，是否所有的榜样行为都会被模仿？答案是否。环境因素能增加或减少个体模仿榜样行为的可能性（Bandura, 1986; Schunk, 2004），让我们来看看一些必要的环境条件。

- **诱发效应**：如果榜样的行为被强化，这个行为将会被频繁地模仿，称作**替代强化**（vicarious reinforcement）。一名学生看到另一名学生因为在课上完成作业而得到了与朋友聊天的自由时间，他也很有可能完成作业（增加行为）来获取同样的强化。
- **反应抑制效应**：如果榜样行为受到惩罚，这一行为则较少被模仿，称作**替代惩罚**（vicarious punishment）。如果一名小学生的同学因为在班上骂脏话被送进校长办公室，这名小学生在班上骂脏话的可能性就会较低。
- **反应去抑制效应**：如果某一行为会被惩罚但是榜样做出这一行为却未被惩罚，那么这个行为将会被频繁地模仿。例如，考试作弊是应该被惩处的行为。如果一些学生考试作弊却没被惩罚，其他学生则极有可能做出同样的行为。

研究发现一些支持观察学习的证据。例如，一项通过自然观察法研究市区托儿所低收入幼儿工作者的攻击性行为的调查发现，攻击性行为更经常发生在一个得到不错结果的攻击性行为之后（替代强化），而较少发生在一个得到不好结果的攻击性行为之后（替代惩罚）（Goldsten, Arnold, Rosenberg, Stowe, & Ortiz, 2001）。研究也发现了一些证据支持将观察学习应用到学术领域，如幼儿阅读、中学写作（Braaksma, Rijlaarsdam, van den Bergh, & van Hout-Wolters, 2004; Horner, 2004）。教师不仅要亲身示范学习技能和规范行为，也要强化学生的规范行为，因为学生会去模仿同龄人。

> **思考**：名人和运动员是象征性的榜样，他们拥有很高的地位，但他们可能做出不适当的行为，可能做出不好的行为以后不会受到惩罚。老师应该如何避免这样的榜样对学生造成的影响呢？

10.3 学习中的个人因素

班杜拉(1986)扩展了他的观察学习理论,超出环境与行为的历史性联系,包含了更多的个人变量。他的理论发展成了具有因果关系的三元交互决定论模型,解释三个方面的交互作用(见图10-1)。

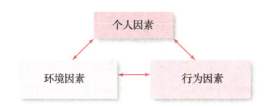

图10-1 班杜拉的因果关系三元交互决定论模型

在这个模型中,个人因素、环境因素、行为因素三者之间有双向的作用。

(1)**行为因素**包括行为和表现的抉择。

(2)**环境因素**由不同的环境背景(家庭、学校,媒体)以及在这些背景下的各种社会化因素(父母、教师、象征性榜样)组成。

(3)**个人因素**包括性、气质、情绪和身体特征(性别和种族)以及内部的认知加工(目标、信念、态度)。

这个模型有两个特点。第一,这三个因素之间的影响是双向的或是相互的。一名教师的指导风格(环境因素)可能会影响到学生的表现(行为因素),而学生的表现也会影响到教师的指导。第二,个人因素很重要,与环境因素相互作用从而影响行为。在社会经济地位较低的社区学校上学的高度焦虑的学生(个人因素),得到较少的资源(环境因素);而在社会经济地位较高的社区学校上学的充满自信的学生(个人因素),他们拥有优秀的老师和较好的资源(环境因素)。这些学生在标准化考试中,前者的分数低于后者。虽然影响学习的个人因素很多,但是以下两个因素在教育领域得到较多的关注:自我效能感和自我调节。

10.3.1 自我效能感

自我效能感(self-efficacy):指个体对自己是否具备成功所需要能力的信心。这个问题已经有较为完善的研究结果(Bandura, 1997)。自我效能感高的个体相信他们能够成功,自我效能感低的个体则相信他们可能会失败或者不相信自己有成功的能力。自我效能感的建立受到以下四个因素影响。

(1)**过去的行为**。个体过去在某个特定的领域中获得成功则很有可能拥有对此领域较高的自我效能感。例如,一个学生数学学得不错,他就有可能预期日后在数学领域获得成功。相反,一个在数学上苦苦挣扎或者是有很多失败体验的学生则会预期在以后在数学上继续失败。教师给学生提供获得成功的足够机会将可能增加学生的自我效能感并使学生愿意接受更有挑战性的任务。

(2)**榜样作用**。当个体看到与他相似的人取得成功时,他们也可能拥有较高的自我效能感,相信自己也能成功。

(3)**言语说服**。当个体被告知他们将会成功时,他们也会相信自己能成功从而产生较高的自我效能感。被告知会失败的学生则会形成较低的自我效能感并认为他们自己将会失败。鼓励性的话语也能提高学生的自我效能感。

(4)**生理状况**。身体的强弱会影响到自我效能感的水平。一个身体较差的学生在运动领域的自我效能感比身体较强的学生要低,经常感觉疲劳的学生不太相信自己能成功。

高自我效能感

高自我效能感的学生认为,他们有能力取得成功,因此,在课堂上他们都是高高举着手,积极参与课堂学习的。

不同的文化也会影响自我效能感（Bandura, 2002; Schunk & Pajares, 2002）。教师和媒体人物不太可能代表少数民族群体。由于少数民族学生可利用的相似的榜样很少，所以他们的自我效能感很低。例如，一个研究发现，少数民族学生预测他们自己以及他们群体里其他人在标准测验中的表现，他们的预测都在平均线以下。在同一个标准测验里相较于男性，女性的自我效能感较低（Mayo & Christeneld, 1999）。在美国文化里，女性拥有极少的事业成功的榜样。劝说女性加入某种学术领域（数学、科学），并不能鼓励她们反而会令她们沮丧（Bussey & Bandura, 1999）。最近有研究表明，在一些文化中，这种模式在逐渐消失。一项跨文化研究发现在东欧和西欧的国家里，在中学与男生相比，女生在学术活动中的自我效能感更高（Pastorelli et al., 2001）。教师通过劝服和尽可能地提供成功的相似榜样来弥补少数民族学生数目有限的榜样。

少数民族身份

奥巴马当选美国总统对许多美国公民来说具有重要意义，因为他是美国历史上首个人口多元化的总统。

自我效能感被认为是学习中一个重要的认知过程。因为它影响了行为的决策、努力、坚持以及成就（Bandura, 1982, 1989, 1997）。让我们具体来看看。

- 行为的选择。如果个体对某个行为有较高的自我效能感，个体将会选择难度较大的行为，而自我效能感较低的个体则会避免这些行为。例如，对阅读有较高效能感的学生会选择阅读较难的书，而对阅读有较低效能感的学生则会尽量避免这个行为（Mucherah & roder, 2008）。同样，一项研究发现对数学和科学自我效能感较高的中学生更可能持续参与这些领域的课程（Fouad & Smith, 1996）。

- 努力和坚持。有较高自我效能感的学生将会更加努力和更坚持去追求成功，即使这一过程充满艰辛。例如，在数学方面有较高的自我效能感的学生即使在第一次作业上表现得差强人意，他们也会投入更多的时间和精力去完成下一次的作业。这些学生会继续努力地追求成功，因为他们相信他们一定能成功。相反，在数学方面自我效能感较低的学生会将他们第一次作业的失败和遇到的困难看作是他们不会成功的证据，他们会更轻易地放弃。（Bandura, 1982）

- 成就。拥有较高自我效能感的个体比低自我效能感的个体更可能取得较高水平的学术成就（Tella, Tella, & Adeniyi, 2009; Weiser & Riggio, 2010 Valentine, DuBois, & Cooper, 2004）。具体来说，学习的自我效能感与数学学习、阅读和写作技巧相关（Schunk, 2003）。

> **思考**：想想你自己的自我效能感。你觉得你是否在一些学术领域有很高的自我效能感而在另一些领域则自我效能感低？在这些领域里，什么样的因素最能影响你的自我效能感？

10.3.2 自我调节

三元交互决定论模型在教育情境中得到很多关注的是个人因素，即自我调节。**自我调节**（self-regulation）通过提供结果来控制调节个人情绪、认知和行为的能力。班杜拉（Bandura, 1989）建议个体必须学会自我调节，因为环境不可能总是提供强化和惩罚。在不同领域不同背景下的学习过程十分不同，所以自我调节并不是一个通用的特征，它具有高度的情境性（Schunk, 2001）。例如，一个学生有能力独立掌握数学知识，但却无法掌握美国文学方面的知识。

学习的自我调节包括一个含有三个成分的循环过程，如图10-2所示（Bandura, 1986; Zimmerman, 2001）。

（1）**自我观察**（self-observation）或者是自我监察。审视自己的行为可能会记录自己的行为。

（2）**自我判断**（self-judgment）把自己的行为与预定的目标和标准进行比较。

（3）**自我评价**（self-evaluation）决定判断的质量（好或坏）可能会提供自己施加的结果（强化或者惩罚）。

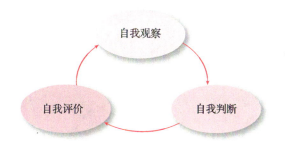

图 10-2　自我调节
自我调节的主要成分的循环过程

让我们通过一个为考试而学习的学生的例子来自仔细看看这三个成分。这个学生可能会自我观察她的学习策略，包括记录读课文或做笔记的时间。接着，如果这个学生设置了80分的目标，结果考了90分，她就会自我判断达到了目标。最后，她就会积极地评价自己的表现，可能会自我施加一个奖励，如和朋友一起去看电影。这种循环的过程表明学生会利用自我观察、自我判断和自我评价来总结学习策略是否有效、未来是否可继续实行这种策略。当判断和评价得出的结果不是很理想，那么她很有可能改变学习策略，重新开始自我观察的过程。

自我调节的发展始于与家长、老师和同龄人的社会互动。他们示范学习策略，提供口头的劝导。在社会经历中显现出来的学习过程通过内部标准、信念和自我强化变得越来越自主。幼儿比大龄的儿童更难做到自我调节，因为幼儿有以下特点：

- 注意广度更短；
- 记忆策略更少；
- 倾向于高估或低估他们的进步（显示出较差的自我判断和自我评价能力）；
- 需要更多即时反馈。

由于以上因素的限制，自我调节能力直到小学才能开始发展。（Schunk & Zimmerman，1997；Zimmerman & Schunk，2001）。在成长过程中，自我调节机能将会继续发展，高中学生会发展出比初中生水平更高的自我调节能力（Zimmerman & Martinez-Pons，1990）。

学生较高水平的自我调节能力是与教学情境中较多的积极结果相联系的，包括以下几点（Zimmerman，1998）。

- 高自我效能感；
- 设定较高的学习目标；
- 更加关注学习，从学习中得到更多的乐趣；
- 将学习上的成功归因于自己的学习策略。

10.4　应用：提高学生的自我效能感和自我调节

考虑到自我效能感和学习成绩的关系，教育者需要提升学生的自我效能感。为此，教师要向学生提供精确的、详细的反馈，而不应提供不恰当的积极反馈（Linnenbrink & Pintrich，2003）。自我效能感建立在对个体的能力进行精确地评价之上，精确且积极的结果比不精确的评价更有助于自我效能感的建立。尤其是幼儿，由于他们有限的认知能力和过往的行为，他们不太可能精确地评价自己的能力（Schunk & Pajares，2002）。教师可以为学生提供口头的劝导，尤其是幼儿，以便提高评价的精确性以及提高自我效能感。

教师应该成为高自我效能感的榜样（Bandura，1989）。**教师效能感**（teacher efficacy）是指教师对自己传授知识的能力和管理班级的能力的信心。教师效能感是很重要的，因为它影响到学生的自我效能感以及学生的成就（Woolfolk & Hoy，1990）。具有较高效能感的教师设计更加具有挑战性的课程，投入更多的时间在学习活动上，更坚定地帮助学习上有困难的学生。相反，效能感较低的教师倾向于对学生的动机有较消极的看法，更容易因为学生的问题行为感到压力，工作满意度也较低（Bandura，1997；Schunk，2004 Viel-Ruma，Houchins，Jolivette，& Beson，2010）。可以通过观察其他教师、不断练习（如教学）以及在自己的领域获得更多知识转来提高教师效能感。

学生的自我效能感的提高可以利用学校系统中的集体效能感（Viel-Ruma et al., 2010）。**集体效能感（collective efficacy）**是指对在群体或社会系统中取得成功的信心，例如对同一学校系统的教师和学校管理者的信任（Schunk, 2004）。

班杜拉（1997）建议学校中的集体效能感需要具备以下特征。

- 管理者寻求途径提高办学条件。
- 管理者与教师有丰富的经验和较高的标准。
- 教师提供能提高学生自我效能感的活动。
- 班级管理良好，可以投入更多时间在提高办学条件上而不是强调纪律。
- 学校鼓励与家长的合作，包括开放式交流。

可以通过榜样学习策略和指导教学策略的实行来加强自我调节（Schunk & Zimmerman, 2007）。教师首先需要起到榜样作用并提供反馈。接着，教师可以提供一些需要自我评价的独立练习的机会如布置家庭作业。有研究发现，自我调节（设置目标、反思）的训练不仅能够有效地提高学习技能和自我效能感（Schunk, 2001），也可以提高习得性无助个体的表现和学习（Bulter, 1998）。

本章小结

1. 描述社会认知理论的基本假设

学习的发生可以通过观察和在环境中的亲身体验但是不一定伴随行为的变化。学习不仅仅是环境的产物，也包含个体、个人因素如认知信念等。

2. 描述观察学习所必需的榜样、模仿者和环境的特点

与模仿者相似、有较高地位完全地表现出模仿者感兴趣的性别合宜行为的榜样更可能被模仿。只有当模仿者注意榜样的行为，记住所观察的行为，可以再现行为，有再现行为的动机时，观察学习才能发生。如果榜样因为这个行为而受到强化，这个行为更可能被模仿。如果因这个行为被惩罚，那么这个行为将不可能被模仿。当榜样做出理应被惩罚的行为却没被惩罚，那么这个行为极有可能被模仿。

3. 解释自我效能感和自我调节是如何和学生的积极结果相联系的

自我效能感或者说是对个人实现成功的能力的信心，与行为的决策、努力和坚持以及成就相互关联。自我调节包括一个自我观察、自我判断、自我评价的循环的过程。这三者能提高自我效能感，能促进设定更高的目标、将学术成就归因于自己和体验学习的快乐。

4. 解释教师如何提升学生的自我效能感和自我调节

教师可以通过提供成功的榜样和对学生行为的精确积极的反馈来提升学生的自我效能感。在指导方面有较高效能感且具有学校集体效能感的教师更有能力提高学生的自我效能感。教师可以先通过示范和反馈再给学生独立练习的机会来提升学生的自我调节能力。

案例学习：反思与评估

儿童早期：掐

1. 举出个案中的应用在幼儿园的替代强化的例子。
2. 虽然有时忽略不良行为是有效的，但是为何这个策略却导致更多孩子掐别的孩子？
3. 为什么拉娜和安博要展示如何用海绵绘画？
4. 为什么艾米丽无法照老师所说的那样使用海绵绘画？

小学：无聊的学生

1. 举出例子说明榜样在艾丹班级的应用。需要怎样改进这些应用？

5. 自我效能感是怎样影响艾米丽的绘画活动的？为何将雷根和艾米丽搭档成组可以提高艾米丽的自我效能感？拉娜和安博还可以采取哪些措施提高艾米丽的自我效能感？

2. 这些学生需要提高哪些模仿者因素来提高他们完成作业的能力？

3. 安娜建议用什么方法提高撒拉的自我效能感？艾丹还可以采取哪些其他的措施来提高撒拉的自我效能感？
4. 艾丹在午餐时间向另外两名四年级的老师求助。为什么这种互动对艾丹和学校很重要？
5. 艾丹是非裔美国人而他的学生主要是白人这个信息是怎样改变你对榜样和提升自我效能感预期的，为什么？

初中：自习室
1. 哪些榜样因素对杰米完成作业和贾斯敏完成英语作业有重要作用？
2. 如果杰米是个女孩儿，贾斯敏是个男孩，你认为这个计划还会顺利吗？如果米洛斯是女性而格雷迪斯是男性这个计划会顺利吗，为什么？
3. 让贾斯敏和其他学生一起学习是否妥当？用有效的榜样来解释原因。
4. 杰米曾经在数学课上的表现怎样影响他完成作业的能力？贾斯敏以往在英语课上的表现是怎样影响她的完成作业的能力的？还有哪些其他影响因素？
5. 帮助杰米和贾斯敏完成作业是如何提高或降低他们的自我调节的？可以采取什么策略来提高他们的自我调节能力？

高中：通融
1. 在丹的班级里包含了哪些观察学习的具体问题？
2. 根据社会认知理论，哪些模仿者的因素使大部分学生的完成作业进行得很顺利？哪些模仿者的因素给杰森带来了困难？要怎样改变这些因素？
3. 为什么通融能影响其他篮球运动员作业的完成情况，以及怎样影响？
4. 什么因素影响了杰森的自我效能感，要如何改变？
5. 你要如何描述这个学校的集体效能感，如何改变它？

第 11 章
信息加工理论

学习目标

1. 描述信息加工理论的假设
2. 描述信息加工三阶段模型的每一阶段，讨论每一阶段的记忆容量和持续时间。
3. 比较长时记忆存储信息的复述和编码策略的作用
4. 讨论吸引和维持学生注意的方法
5. 总结能有效地帮助学生存储和提取信息的教学策略

11.1 信息加工理论的假设

人类总是试图了解他们周围的环境和他们的经验。当我们看、听、闻、触摸或者是尝某样东西，我们的大脑总是能即刻辨认出这是什么，它与先前的经验有什么联系，它是否值得被记住。本章主要考察我们是如何进行信息加工的，如何记住和遗忘，教师要如何教导学生理解和记住关键的信息、技能和概念。在我们开始研究信息加工论之前，我们先来看看关于学习是如何产生的基本假设。

- **认知过程影响学习**。认知心理学家提供了许多关于人们大脑处理信息的解释。当学生学习遇上难关时，可能是由于无效的或者是不合理的认知加工。教师不仅要考虑学生必须掌握的内容还要考虑教会学生在学习时如何有效地处理信息。
- **人们在注意和学习的时候是有选择性的**。学生经常会面临众多的感官刺激和信息，所以他们需要有所选择地将注意力集中在他们认为重要的内容。教师应该帮助学生做出明智的决策，决定什么样的概念或信息值得注意、需要加工和记忆。
- **意义是学习者个人所建立的，受到先前的知识、经验和信念的影响**。个体接受许多零散的信息然后将它们拼接在一起，以了解他们所生存的世界。学生带着不同的先前的知识、经验、信念来到教室，这些都会影响他们对新概念和事件的解释。虽然在同一间教室里，老师向班上所有学生呈现同样的信息，但是每个学生却会对这些信息有不同的理解和不同的记忆。

> **思考**：你是否曾经与别人比较过笔记，发现你们关注的东西不同？你是否曾经和一个家庭成员或者是朋友一起回忆一件曾经发生过的事并发现你们回忆的细节不同？

11.2 信息加工的三阶段模型

信息加工理论包含不同的关于人类认知加工的专门理论（Bereiter，1997；Schunk，2004）。这些理论挑战了行为主义的观点，即所有的学习都是刺激与反应的联结。认知理论很少关注外在的行为而是注重内部的心理过程，即学习者选择信息注意环境中的特征，转化和复述信息，将新信息与先前的知识相联系，组织知识使其有意义（Mayer，1996）。

虽然有许多理论试图解释人类的记忆和学习，但最常见的是信息加工理论（Ashcraft，2006）。早期的信息加工理论将人类的学习类比为计算机信息处理（Atkinson & Schiffrin，1968；Broadbent，1958；Newell & Simon，1972）。如同计算机一般，人脑接收信息进行运算，并改变信息的形式，即**编码**（encoding），存储信息，在需要的时候提取信息。如图 11-1 显示了信息加工的三阶段模型，说明了我们的记忆有三个阶段：感觉记忆、工作记忆和长时记忆。

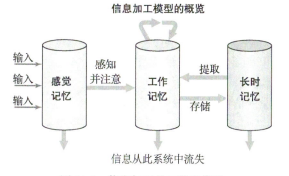

图 11-1　信息加工的三阶段模型

11.2.1 感觉记忆

当你坐在教室里的时候，你的**感觉记忆**（sensory memory）登记着无数的信息，包括你所座椅子的牢固程度（触觉）、周围的人的香水味（嗅觉）、粉笔和黑板的摩擦声（听觉）和你的老师所穿的衣服（视觉）等。如果之后你被询问时，你是否能记得住所有的这些细节呢？当然不能，并非所有的信息都能被意识所接收。你可能会忽略一些信息，粗略地注意一些信息，对极少的信息进行深入地加工。

作为信息加工系统的第一步，感觉记忆保持着我们所登记的转瞬即逝的感觉信息（如香水的气味），但是大脑并不对其进行加工。感觉记忆能无限量地存储原始状态的信息，非常形象，几乎与我们感知到的信息一样（视觉、听觉、嗅觉等），没经过任何处理。但是，感觉记忆的保持时间极其有限。视觉信息仅维持一秒，听觉仅两三秒。乔治·斯珀林（1960）的研究表明，人类的视像记忆（图像存储）极其短暂。虽然我们的双眼能接收大量详尽的图像，但是这些图像很快就会消逝。听觉刺激，储存在声像记忆里，似乎也是一样地短暂（Cowan，1988；Lu，Williamson，& Kaufman，1992）。新信息的侵入会干涉并很快地取代原有的感觉信息。如果我们的大脑认为接收的感觉信息不值得注意，就会很快地丢弃它，不让它进入记忆的下一个阶段。事实上，转瞬即逝的感觉信息是有益的。如果每一个环境中的感觉信息都要占用我们的**注意**（attention），那么我们大脑的加工就会停滞不前，我们就无法有效率地活动（Mangels，Piction，& Craik，2001）。

为管理这些瞬间的密集信息，我们注意一些信息或忽略其他信息。我们会有意地集中注意力在拥挤的餐厅中寻找失散的朋友，或者在塞得满满的桌子里寻找丢失的铅笔。但是，我们有时会找出刺激，有时我们会被另一个刺激转移注意力。广告商清楚地认识到哪些刺激能吸引我们的注意力，将其以大写字母的形式嵌在信息里来出售他们的商品。人类用至少六条标准来决定什么样的信息值得注意（Franconeri & Simons，2003；Hommel & Akyurek，2009）。

（1）**大小**：较大的物体。
（2）**强度**：亮而嘈杂的刺激。
（3）**新颖度**：新奇的不寻常的东西。
（4）**不协调**：在既定的情境下不明所以的物体。
（5）**情绪**：有情绪感染力的刺激。
（6）**个人意义**：对我们个人而言很重要的东西。

注意决定了什么样的刺激可以被接受进入下一步的加工。

> **思考**：在教室里，什么样的东西能够吸引和保持你的注意力？你认为哪些课程最容易让你走神？

11.2.2 工作记忆

当我们注意一个刺激的时候，我们就会将这个信息转换到**工作记忆（working memory）**里，在此信息是可利用的。工作记忆加工从感觉记忆中获得的信息，使新信息保存在活跃状态，并从长时记忆中提取相关的任务信息以便于当前的使用，如当我们在做数学测验时回顾数学公式（Unsworth & Engle，2007）。工作记忆可以理解为含有一个中枢执行系统和三个子系统：语音回路，视觉空间初步加工系统，情境缓冲器，如图 11-2 所示（Baddeley，2001；Baddeley & Hitch，1974）**中枢执行系统（central executive）**在工作记忆中像是信息的监察员，将注意力集中在被认为是重要的信息上，把感觉记忆和长时记忆中的信息统合起来，选择合适的信息加工策略，计划和组织复杂的行为（Carlson & Moses，2001；Willingham，2004）。

个体不能同时处理两个视觉信息或两个听觉信息。但是，个体有时可以同时进行不同系统的任务。例如，可以一边听音乐一边读书。阿兰·巴德莱和格兰汉姆·希契提出还存在着语音回路和视觉空间初步加工系统来解释以上不同的加工系统。**语音回路（phonological loop）**包括能存储声音信息并保持一段时间的听觉编码和复述系统。复述系统允许个体反复重复声音信息以便于延伸至工作记忆中方便使用、增加对信息的记忆能力。**视觉空间初步加工系统（visuospatial sketchpad）**能暂时存储视觉和空间信息，并允许复述这些信息。**情境缓冲器（episodic buffer）**，最新加入这个模型的部分，是一个暂时的存储系统，可以统合视觉空间系统、语音回路和长时记忆的信息合成单个的表征（Baddeley，2000）。工作记忆的成分可解释为什么我们不能同时处理两项语言或听觉任务，但我们有时可以胜任需要不同感觉通道参与的任务，如边听音乐边阅读书籍。

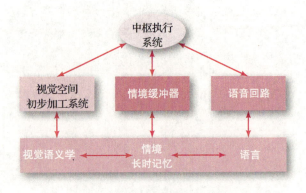

图 11-2 巴德莱的工作记忆模型

资料来源：Redrawn from figure retrieved from http://www.smithsrisca.demon.co.uk/PSYbaddeley2000.html, copyright © 2004, Derek J. Smith. Based on a black-and-white original in Baddeley (2000, p. 421; Figure 1). Reprinted by permission of Derek Smith.

1. 容量和持续时间

与感觉记忆的无限容量相比，工作记忆一次只能保持 5～9 个组块的信息（Miller，1956）。这个发现被当作标准持续了 50 多年，但是最近的研究发现这并不是影响回忆项目的精确数字，而影响回忆的是在信息消逝之前我们所能进行复述的项目的多少。例如，如果瞄了一眼一张在计算机屏幕上显示的单词表，我们能够记住更多的单音节单词（如 hat），而不是多音节单词（如 opportunity），因为处理较短的单词的速度更快（Baddeley，1999；Byrnes，2001）。研究表明，在儿童和成人中，更长的处理时间会导致回忆困难（Portrat，Camos，& Barrouilet，2009）。与其他任务相比，一些任务需要更高的认知负荷，需要更多的工作记忆参与（Nesbit & Adesope，2006）。认知负荷量受诸多因素影响，如任务的复杂性、学生先前的知识和技能，以及提供的各种支持信息等（van Merrienboer & Sweller，2005）。

工作记忆的观点被证明是很有价值的，但是它不能解释复杂的认知活动如语言理解。因为这种活动需要更大量的信息而不是能在极短的时间内进行加工处理的信息。近几年，研究者引进积极长时记忆模型（ALTM）来解释这个问题（Oberauer，2002，2005；Wolta & Was，2007）。这些模型有以下几点共识。

1）工作记忆包括我们意识之外的记忆加工过程。

2）一些在工作记忆中的信息比其他信息更容易被利用。

3）我们在工作记忆中处理信息的能力随着记忆激活程度（在近期是否使用过信息）的改变而改变。

大部分工作记忆中的信息在 5～20 秒之后就会消失。但是如果我们积极地使用信息，那么我们就能延长信息在工作记忆里的维持时间（Anderson，1995；Baddeley，2001）。当我们停止思考一些东西的时候，它们就会脱离工作记忆，可能被丢弃或是被存储在长时记忆里。当新信息干扰了原有的信息或者是当我们对原有信息产生动摇（如一个刺激任务转移了我们的注意）的时候，新信息就能取代原有的信息（Davelaar, Goshen-Gottstein, Ashkenazi, Haarmann, & Usher, 2005）。

2. 编码过程

编码是一种我们修改信息并转换信息以便于信息转入长时记忆的加工。一些编码常常是自动进行的，使大脑有余力去处理一些需要意识参与的加工。例如，刷牙是**自动化加工过程（automatic processing）**。一旦刷牙变成了日常的习惯，你就不再需要有意识地去注意它，可以使你在刷牙的同时考虑带什么做午餐或者是在脑子里复习即将到来的小测验。其他的信息和技能需要**有意识加工（effortful processing）**，这是需要意识和注意参与的加工。例如，学习阅读是一种意识加工，刚开始要求读者注意基本的阅读技巧如读出声，通常伴随对所读的内容的理解。更加复杂的任务需要更多的意识加工和更大的工作记忆容量，因此工作记忆就很容易变得超负荷。幸运的是，经过一段时间，意识加工就会变成自动加工，否则我们学习新信息和技能的能力会很有限。

个体可以通过**复述（rehearsal）**或者是一直重复信息来保持信息。当你被介绍给某人，试图将他的名字记住的时候，你就会这样做。如果信息不被复述，则很快就会被遗忘（Peterson & Peterson, 1959）。儿童在 7 岁左右开始使用语音复述，并且随着时间的推移，他们对于这种记忆策略的使用会越来越熟练（Lehmann & Hasselhorn, 2010；Tam et al., 2010）。

有两种复述形式：

- **保持性复述（maintenance rehearsal）**是指不停地重复信息以便信息能在工作记忆里保存。如果给你一个密码锁的一串数字，当你试着记住它们的时候就会不停地重复这些数字。
- **精细复述（elaborative rehearsal）**是指把你想要记住的新信息和旧信息相联系。当我们为我们的计算机或互联网设立密码的时候，我们经常会设立一些我们长时记忆中的与生活重大的信息相关的数字（生日或是纪念日）。这个策略使一连串无意义的数字转化为有特殊意义的东西。

个体也可以通过**记忆术（mnemonic devices）**来保持新信息。记忆术是赋予信息更多的意义便于我们的记忆。记忆术包括首字母缩略、连接法、关键字记忆法、位置记忆法和谐音法，如表 11-1 所示。当他们很难发现新知识与旧知识的关系或者是当所学的知识看似没有逻辑和组织结构时，记忆术有助于学生记忆。

个体同样可以用**组织策略（organizational strategies）**来保持新信息。如：

- **组块（chunking）**把零散的信息组织成有意义的组群。看看下面的数字：

61397 5248 和 123456789

自动加工

通过练习，刷牙会变成自动加工，使工作记忆有余力去处理别的事情。

表 11-1　记忆术策略

记忆术	描述
首字母缩略	利用缩写，如"ROY G BIV"来记住彩虹的颜色
连接法	将所要记住的项目按韵律串起来，例如"I before e，except after c"这样一个拼写法则
关键字记忆法	将概念与声音或图像联系在一起，例如一个母语是英语的学生在学习西班牙语时可以想象"a cow on vacation"来记住西班牙语单词 vaca（母牛）
位置记忆法	将需要记忆的项目和熟悉的情境中的位置相联系。例如，记住一张杂货清单，想象将这清单上的物品摆放在自己家中：冰箱里的牛奶、桌子上的麦片、躺椅上的脆饼干等。
谐音法	用一个词或短语将两个信息连接起来，如，"the principal is my pal"来记住学校的管理者是以 pal 结尾而不是 ple

哪一组看起来更容易记住呢？你可能会说第二组。第一组的记忆任务对我们具有挑战性，但是我们却能很快地识别第二组的 1～9 的数字，这是一个我们很容易记住的组块。大脑积极主动地寻找有意义的样式（Lichtenstein & Brewer, 1980）。如当我们看见这些词汇：沙发、橘子、香蕉、狗、梨、地毯、菠萝、灯、马、田鼠、桌子和羊，个体可以通将这些词分成家具、水果和动物三个种类来进行记忆。组块可以增加意义、提高效率。当一名儿童开始学习字母表的时候，每一个字母都被当作一个相对独立的信息来记忆。一旦儿童掌握了字母表，ABC 等字母都成为一个信息组块，就为工作记忆腾出了加工空间。

有意识加工

一些任务例如阅读，尤其是在刚开始学习的时候，需要高度集中的注意力。

- **层次**（hierarchies）：将大的概念分成较小的概念和方面。当信息被组织成层次的形式（见图 11-3）时更容易被记住（Gorden, 1969）。
- **视觉表象**（visual imagery）：建构心理图像（绘画、模型或者图表）。有研究表明，与文字相比，人们更容易记住图像。例如，想想你对林肯的了解。你是更容易提取出林肯的图像还是这位总统的语言事实，如任期和出生地？当图像和文字混合着学习的时候，图像比文字更容易被回忆出来（Roedigger, 1997）。

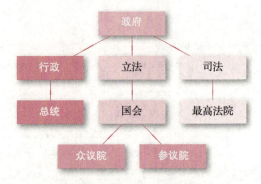

图 11-3　如黄金内存般的层次

按层次地组织信息使信息被记住的可能性大大增加。

> 思考：思考我们所讨论的记忆策略。你用过哪一种？当你尝试用这些策略记忆的时候效果如何？

11.2.3　长时记忆

长时记忆（long-term memory）：信息加工的第三个阶段，让我们能够存储大量的信息并维持数日、数周或数年（见表 11-2）。

1. 知识的类型

我们的大脑存储外显的或内隐的知识。**外显知识**（explicit knowledge）是指我们能意识到并有意识地使用的知识，包括学术信息如乘法表和语法规则。我们意识不到的就叫作**内隐知识**（implicit knowledge），包括条件反射（习惯），对日常生活和程序的记忆，存储在长时记忆里的相关概念的启动。虽然我们意识不到，内隐信息可以影响我们的行为和思考。比如，一条蛇穿过你面前的小路。你可能不会意识到任何和蛇有关的先前记忆，但是，这种事件的内隐记忆将使你做出害怕的反应。

表 11-2 信息加工系统的每一成分的特点

	感觉记忆	工作记忆	长时记忆
容量	无限	5～9个单位	无限
存储形式	保持信息被感知的原始状态（视觉听觉嗅觉等）	从感觉记忆和长时记忆中抽取的经过积极加工的信息	各种形式的陈述性知识，程序性知识，情境知识或者是概念性知识（视觉听觉）
持续时间	视觉信息 1 秒 听觉信息 2～4 秒	如果没有积极运用只有 5～20 秒，否则可以无限期地使用	永久
对教师的启示	如果学生要要保持新信息就需要注意新信息，教师应该指导他们注意重点概念或观点	当学生加工新信息把新信息与以前的信息相联系的时候需要复述和复习的机会	有效地利用长时记忆要求学生为长时存储进行有意义的编码，在需要的时候有效地利用提取策略回忆信息

根据外显和内隐之分，人们拥有四种知识（Byrnes, 2001；Sadoski & Paivio, 2001）。

（1）**情景知识**（episodic knowledge）是对经历过的事件或情景的记忆，有时涉及自传体记忆（Shimamura, 1995）。

（2）**陈述性知识**（declarative knowledge）也称作语义知识，是言语信息或事实的累积。

（3）**程序性知识**（procedural knowledge）指知道如何做某件事。是技能和你所形成的习惯的累积（Byrnes, 2001）。

（4）**概念知识**（conceptual knowledge）表明为何事物是这样的知识，是对陈述性知识和程序性知识的理解（Byrnes, 2001）。一方面了解陈述知识（天空是蓝色的）另一方面理解为何事实是这样的。

2. 记忆是如何存储的

我们知道外显和内隐知识与脑的不同区域相关联（Ashcraft, 2006）。但是我们对大脑的归档系统一无所知。我们知道存储在长时记忆的心理记录可以以不止一种的方式编码（Anderson, 1995；Paivio, 1971）。例如，假设你被告知"如果你在两件东西的基础上另加上两件，那么你就有四件东西。"你可以重新表达这个命题。

$$2+2=4$$

或者

双重编码理论说明当视觉编码和听觉编码一起使用时记忆的效果最佳（Kulhavy, Lee, & Caterino, 1985；Winn, 1991）。

理论家提出了几种方法解释长时记忆里的不同片段信息是如何连接在一起的。让我们来看看其中两点。

- **网络理论**（network theory）表示信息是以命题形式被存储的。命题是知识的最小单位，是有真假之分的。包含信息的命题被连接成一个命题网络。比如这个句子"萨拉穿着我的新雨衣"。这就包含着两个命题：1）萨拉穿着我的雨衣；2）这件雨衣是新的。认知心理学家表示大部分的信息都是以命题表征存储在命题网络中，虽然这个网络并不是我们意识的一部分。一项任务，如识别人脸，可能包含着网络中的不同水平的加工和联结。回忆某一个信息会激活网络里与它相联系的信息，这就叫作**扩散激活**（spreading activation）（Anderson, 2005）。

- **图式理论**（scheme theory）表示与已有的图式或概念结构相合的信息更易被理解和记忆（Anderson & Bower, 1973）。图 11-4 描绘了波的概念图式。一个**脚本**（script）或是事件图式代表着日常生活情境下典型事件顺序的一种模式（例如，每天早上准备上学的每一个步骤）。另一种图式，**故事语法**（story grammar）通过呈现一个同样的结构来引导学生进入故事来帮助学生理解和记忆故事（例如，典型的侦探小说的模式）。

我们已经了解了信息是如何进入长时记忆，但是只有我们需要的时候能够提取的信息才是有用的。

3. 记忆是如何提取的

我们是如何从长时记忆中提取信息的呢？为什么有

时候我们能很容易记起某个信息（有时是很细小的信息）但是有时却很难想起其他的信息？

在日常生活中经常发生的或是牢牢掌握的事件或程序，当我们试着去回忆时能很快地回忆出。不经常发生的或是不经常使用的信息较难被提取出来（Byrnes, 2001; Karpicke & Roediger, 2008）。教育心理学家区分了 分散练习（学习发生在分开的不同阶段）和 集中练习（学习集中在一个大的阶段）。分散练习在长期的信息保持和再现方面比集中练习更加有效（Bird, 2010; McCabe, 2008）。

长时记忆里的信息都有一个 激活水平（activation level）表明这个信息在意识水平里现在可以利用的程度。处在较高激活水平的信息是可以立即使用的。其他激活水平低的信息闲置在长时记忆里，等着日后被提取（Anderson, 1995）。关于在哪里可以提取到特定的信息 提取线索（retrieval cues）或者是提示可以用来把信息从较低的激活水平中移出（Watkins, 1979）。唤起我们回忆的提取线索可以是任何一个感觉通道的（如熟悉的气味、一个视觉图像、一种声音）。例如，要求回忆你上小学时的一些细节，你会发现你回忆出很少的细节。但是，如果让你亲自去那所学校，很多景象、声音和气味就会接踵而至，引起你对小学的回忆。提取线索和情境（context）有关，情境指的是一种特别的地点、感觉或事件周围的环境（Godden & Baddaley, 1975）。例如，你曾就读小学的走廊和教师就为你的回忆提供一个物质情境（physical context）。情绪语境 也可以帮助长时记忆存储和提取信息。当我们对某件事有着强烈的情绪反应，这个事件就会被深加工，我们对这个事件或信息的记忆就会更加持久（Ainley, Hidi, & Berndorf, 2002; Pintrich, 2003）。你是否可以精确地回忆出你在2001年9月11日身在何处正在做什么呢？

当我们为满足当前的需要尝试着找出先前编码过的信息的时候，我们就可以利用提取信息（Brown, Preece, & Hulme, 2000 Rugg et al., 2008）。那是一个需要我们分辨长时记忆里的有关的信息和无关信息的过程（Unsworth & Engle, 2007）。一些任务需要我们回忆先前所学信息的大概意思或是要点。而一些任务则要求我们回忆细节（Koustaal & Cavendish, 2006）。回忆（recall）是指，不经由我们的意识而提取信息，如一名学生在考试时被要求写一篇作文。再认作业（recognition task）包括提取线索，要求个体只要辨认出先前所学的东西，如在测验中的多选题出辨认出所学的项目。回忆和再认对记忆系统的要求不同。在一项关于高中毕业生的研究中，哈利·巴里科和同事发现毕业25年的毕业生不能回忆出许多老同学的名字，但是他们可以在高中的毕业班年刊中再认出90%的同学的名字和照片（Bahrick, Bahrick, & Wittlinger, 1975）。当老师在准备课堂评价时，他们需要注意不同记忆任务的认知要求。

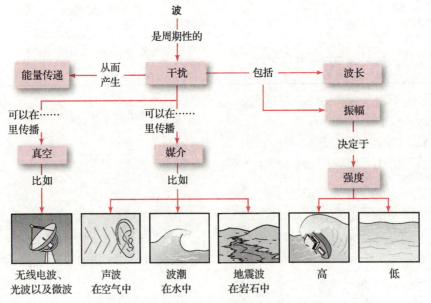

图11-4　"波"的概念地图

在这张地图上显示了"波"的图式可能包含的要素。

再认和回忆

一个研究显示毕业25年的人不能回忆出许多老同学的名字，但他们可以在高中的毕业班年刊中再认出90%的同学的名字和照片。

4. 遗忘

假如你在考试前夜好好地复习，在今早考试中考得不错。但是在下一周的突击小测中，你就无法回忆出一样的信息。这些信息是怎么了？认知心理学家用三个主要的理由解释遗忘。

（1）编码失败。未能成功地将信息编码，意味着它将无法存储到长时记忆里。

（2）记忆消退。新信息的记忆快速地消退之后保持一定的水平，这就叫作消退（decay）。之后的研究证实了艾宾浩斯的发现：遗忘的进程在最初进展很快，但是随着时间的延长而逐渐平缓（Bhrick，1984；Wixted & Ebbesen，1991）。心理学家赫尔曼·艾宾浩斯（1885）称此为"遗忘曲线"。

（3）提取失败。无法利用已存储的信息是由于提取失败。当我们确定我们确实学习过某个信息但是却无法从记忆里提出相关的记录，这就被称为提取失败。

提取失败有许多潜在的原因。一个常见的原因就是干扰（interference），指所学的东西影响了其他信息的提取。干涉可以是前摄也可以是后摄的。你在中学所学的法语单词与你在高中的西班牙单词相混淆，这就称作前摄干扰（proactive interference）。后摄干扰（retroactive interference）则是相反。如果你在舞蹈课上新学了舞步，然后让你排练上个月学习到的舞步，新学的舞步会干扰到你先前所学舞步的记忆。重建错误（reconstruction error）是提取失败的一种形式，我们只能回忆出关于一个主题或事件的有限信息，然后无意识地基于我们所了解的事情进行猜测和假设来填补信息的空白。我们通过这种途径提取的信息是不完整的不精确的。

> 思考：你是否有这样的经验：知道你曾学习过一些东西，但是在你需要的时候，你却无法从记忆里挖掘出来？是什么导致了你记忆障碍？

11.2.4　信息加工过程中的个体差异

两个目睹同样事件的个体可能会注意事情的不同方面，以不同的形式进行编码，当事后再要求他们回忆时，他们对事件的重述会有所不同。在信息加工过程中，他们根据自己的兴趣、技能、经验进行建构。在一个班级里，教师必须认识到学生对同一门课或同一个活动反应是不同的。让我们来看看信息加工不同阶段的影响因素。

1. 感觉记忆

发展阶段的不同影响了感觉信息传递的速度和提取并解释视觉信息的速度（LeBlanc，Muise，& Blanchard，1992）。这就意味着幼儿处理信息的速度比年长的儿童慢。在信息进行编码和存储之前容易丢失更多的信息。我们过滤信息的能力，称作选择性注意（selective attention），随着年纪的增加而提高，因此年长的儿童在关注重要信息方面更具优势（Bjorklund，1995）。在执行某种记忆任务时，女生对任务关注的保持时间会优于男生，例如记住单子上的物件或者是回忆生活中的细节（Das，Naglieri，& Kirby，1994；Haplern & Lamay，2000）。

2. 工作记忆

由于个体在主动保持信息的能力和提取相关信息的能力方面的差异，导致个体在工作记忆容量方面的差异（Unsworth & Engle，2007）。幼儿的工作记忆能力弱于年长的儿童和成年人。两个原因可以解释这种发展阶段的差异。第一，年长个体可以更快地处理信息，因此也能够在记忆消退之前提取更多的信息。第二，幼儿作为初学者可能是第一次接触信息，因此他们开始加工的时候会更加吃力，占用更多的空间（Schneider & Shiffrin，1985）。渐渐地，儿童就培养出抵挡来自外来信息的能力，干扰和抑制可能会干扰工作记忆的与任务不相关的想法

（Dempster，1993；Engle & Kane，2004；Harnishfeger，1995）。他们也会获得更多的不同种类的知识，他们较为丰富的知识基础将会使他们在工作记忆中处理信息的效率更高。一个人掌握的知识越多，他就越能理解、组织和保持新信息（Engle，Nations，& Cathor，1990；Kuhura-Kojima & Hatano，1989）。在完成具体的记忆任务方面，如识记一列项目或回忆具体的生活事件，女生可能比男生具有一些优势（Das，Naglieri，& Kirby，1994；Halpern & LaMay，2000）。

3. 策略应用的不同

18～24个月的幼儿在玩耍的过程中处理信息（DeLoache，Cassidy，& Brown，1985）。在中学，复述策略变得更加有效。年长的儿童运用更多不同的策略而幼儿则主要使用保持性复述（Ornstein，Naus，& Liberty，1975）。训练儿童和青少年使用策略不能保证他们能在学习中使用这些新的技能或是在新的情境中能使用这些技能。

一些发展阶段的限制影响策略的使用，毕竟幼儿的注意资源是有限的。有限的和无组织的知识基础削弱了幼儿工作记忆的组块能力（Chi，1978）。不仅如此，子例程（执行复杂任务所需的较简单的例程）还未自动化。例如，数学学习中，让学生记住基本的加法和减法的公式直到这些知识能够快速地轻易地被提取，这是很重要的。当加法公式的子例程达到**自动化**（automaticity）的水平，学生就能更有效地完成较复杂的数学题。在此之前，完成每一个数学问题都需要更多的持续性的注意和努力（Anderson，2005）。

不同的文化可能影响学生体验不同学习任务和策略的程度。例如，北美的学生和亚洲的学生更多地经历了学习列表，而非洲、澳大利亚和美洲中部的某些文化的学生更多地经历了回忆口述的历史或空间位置（Purdie & Hattie，1996；Rogoff，2001，2003）。文化心理学家一致发现，不同的社会文化具有不同的思维和认知方式，某些社会文化偏向于分析性的思维模式，而另一些社会文化则更偏向于全面的思考认知方式（Kitayama et al.，2009；Varnum et al.，2010）。

11.3 教学中的应用

11.3.1 帮助学生集中注意力

有能力的教师会通过各种策略引发学生对一个话题的兴趣，随后在课堂中能维持学生的兴趣。

（1）**注意根据学生的心理发展水平设计课程**。随着时间的推移，学生获取新信息的能力和分辨重要信息的能力在不断变化。通过不断引入变化和新奇的东西维持学生的好奇心学生（记住在本章前面所提的能引起学生注意的因素）。合理安排座位使学生的注意力能集中在老师或彼此身上（根据活动需要）。不合理的位置很容易使你身边的学生走神。坐在教师身边的学生能更好地集中注意力（Murray，2006）。要使教室里的注意力分散降到最低，这样就不会干扰学习。

（2）**利用注意信号**。设计出一种信号告诉学生停下手中的事将注意力集中在你的身上（如以铃声、一种掌声、一种熟悉的口号来开始一堂课）。在课上，指导学生将注意力放在最重要的概念或观点以及这些观点或概念很重要的原因上（Jensen，1998）。学生的感觉记忆里充满了大量的知识，他们很难将重要的信息从不重要的信息中分离出来。利用重复将学生注意力集中到重点上。

（3）**维持学生的注意力**。在课堂上综合采用多种教学方法使学生集中注意力。如果有条件，可以让学生亲身参与角色扮演、演示、做实验以及调查研究。让他们做笔记、画概念图或者是图表，鼓励学生与学习内容互动。问学生关于材料的问题来指引他们注意的方向。向全班提出问题，或者是向某个学生提问都可以帮助学生注意相关的问题并开始加工（Bybee，2002）。除了口头回答之外，让学生在小组中或班级里发表自己想法之前写下自己的回答。这就保证了所有的学生而不仅仅是部分学生注意这个问题。在从一个活动转向另一个活动或者转向另一个主题之前，让学生记录刚才讨论过的或学习到的问题或是总结。这种做法鼓励学生在活动、讨论和讲座进行的时候注意它们并在结束前进行信息加工（National Research Council，2000）。

考虑注意资源的有限性。读懂学生的肢体语言和面部表情，识别他们节奏变化的时机。在久坐之后提供频繁的休息时间，特别是对幼儿十分有效。一节课前几分钟由老师讲课和演示，之后可以考虑停下来给学生讨论和练习新的概念，或是让他们以小组形式完成一项任务。

> 思考：如果让你列出引起和保持学生注意的十种最佳方法，你会列出哪些？

考虑注意资源的有限性

如果学生在课堂上看起来焦躁不安或者是很无聊。一个有效的策略是重新整理节奏，加入一些变化，给学生物质上的吸引。

11.3.2 帮助学生有效地存储和提取信息

经验丰富的教师了解自己领域的内容，但是，最重要的是他们知道什么样的教学活动能帮助学生理解这些内容。这样的教师了解学生在学习上可能遇上的困难，知道如何把新知识融入学生已有的知识里使新信息有意义，知道如何评价学生的进步（National Research Council, 2000）。表 11-3 复习了先前讨论的编码策略。让我们来看看老师如何帮助学生对不同领域的信息进行有效的编码。

表 11-3 促进长时记忆存储的编码策略

策　略	如何使用	有效性
复述	反复地练习	效果最弱，这种方法适用于初次接触的需要深加工的感觉信息
有意义学习	让学生用自己的语言组织信息，提供例子增强理解	有效，用已有的知识解释和理解新信息
组织	提供新信息与已有知识的链接。帮助学生将信息组块或分层	如果能形成信息紧密联系的图式即为有效
精细策略	通过填充学生的知识空白来增加新信息	如果能形成信息紧密联系的图式即为有效
视觉表象	提供视觉辅助如照片、图表、概念图或表格	利用视觉信息来解释某个要点时很有效

组织。个体组织信息的能力不同，可以为他们提供策略进行辅助（Pressley & Woloshyn, 1995）。有助于组织信息的教学策略包括（Mestre & Cocking, 2000；Murray, 2006）。

- 以清晰而有逻辑的方式呈现信息。给学生大纲，在每堂课结束时总结内容。
- 帮助学生了解信息是如何相互联系的。提供视觉组织材料如概念图、图表、数据图。

组织歪用

资料来源：Harley Schwadron.

- 将新信息与先前的知识联系起来。利用类比将新信息与情境和学生所熟悉的概念相联系，在介绍新信息之前通过提问和讨论激活学生先前的知识进行复习。
- 给学生时间组织想法和回答，可以用恰当的**等待时间**（wait time）。当教师在课上问学生问题的时候，他们都会等上一会儿再听学生的回答。当教师把等待时间再延长一阵，他们会发现学生参与的增加以及质量更高的回答（Rowe，1987）。

概念理解。不同学科的专家围绕大的观点组织问题的解决，注重重要的概念（Bransford et al，1988；Sabers，Cushing，& Berliner，1991）。教师可以通过以下的方法加强学生对概念的理解，帮助学生培养专长。

- 帮助学生分辨重要概念，认识有意义的模式。
- 关注含义而不是背诵。
- 当你在讲述重点的时候可以停顿、反复和要求学生进行复述。
- 通过布置任务、小测验和课堂活动为学生提供联系和复习重点知识的机会。频繁地反馈信息给学生，更正他们的误解，澄清他们的认识。
- 在一个单元里经常提供练习机会，尽量在本学期课程中使相同的学习内容在不同情境下出现。这种额外的加工将形成精细加工，使新信息和其他信息建立稳固的联系，使学生能有效地把知识迁移到新的情境中（Murray，2006）。

任务分析。学生只能一次性加工有限的信息量，所以教师应该考虑用各种方法使工作记忆中信息加工的效率最大化。负荷过多的信息将妨碍学习的进行。如果任务很复杂，就要限制其次数，考虑将它分成小的任务。**任务分析**（task analysis）是最常见的一种方法，即把大块的教学任务分成一个个可实行的小任务。从认知的角度看，任务分析包括确定特定的知识、行为以及掌握特定技能的认知过程。例如，解决数学难题的任务可分为第一步了解如何将任务分类（是要求减法还是加法，是否需要公式）；第二步提取数学公式和数学规则。

关联。有时，学生完成了任务却不能理解知识可以在哪些情境下应用。例如，一名学生可能顺利地完成了某一个单元各个部分的练习任务，但是面对综合这个单元内容的小测验却束手无策。不幸的是，一些老师在讲解这些公式和规则的时候并没有充分认识到要教导学生什么时候使用这些公式是合适的。一个设计巧妙的活动可以让学生明白什么时候在什么地方为何要使用这些策略和信息（Lesgold，1988）。

自动化和外存储记忆辅助。在自动之前，学生可以从练习的过程中受益。自动化的信息就可占用较少的空间。有时，可通过外存储记忆（如计算器或者字典）辅助工作记忆，为工作记忆腾出更多的空间。外存储辅助的使用应该与教学目标相一致。如，三角函数教学的目标是选择正确的公式，教师便会允许使用计算机。在演算中使用计算器并不会干扰教学的最终目标。但是，如果教学的最终目的是练习算术公式的笔算，使用计算器就不恰当了。外存储记忆的辅助不能替代基本技能的自动化，因为基本技能的自动化为更高水平的思考和问题解决奠定基础。

掌握程序性知识。程序性知识，由简单到复杂，包括动力和认知技能的结合。学习复杂的程序包括以下方式。

- 观察其他人成功地完成任务（观察学习）。
- 接受指导者的指导和反馈。
- 应用编码策略（将信息分成一系列较小的可完成的任务）。
- 在实践中学习（练习，练习，再练习）。

> 思考：你会使用以上哪一种策略帮助学生完成学期报告？或者是解决一个数学的应用题？或者是学习射罚球？

🌸 本章小结

1. 描述信息加工理论的基本假设

1）因为认知加工影响学习，所以教师不仅要考虑学习的内容还要考虑如何使学生在学习中更有效地加工信息。2) 在学习中,学习者是有选择地注意。教师应该帮助学生认识到什么样的信息需要注意、进行加工、存储在记忆里。3) 学生带着不同的已有的知识、经验和信念走入教室,这都会影响他们对新信息和事件的解释。虽然教师在同一堂课里向所有的学生呈现了同样的内容,但是个体对知识的理解和记忆却是不同的。

2. 描述信息加工的三阶段模型的每一阶段,并讨论每一阶段的记忆容量和持续时间

三阶段模型包括相继的三个阶段:感觉记忆、工作记忆和长时记忆。从环境而来的最初的感觉信息进入感觉记忆,在此仅仅是一瞬即逝的感觉记忆。感觉记忆的记忆容量是无限的,但是信息的保存时间是很有限的。信息会从感觉记忆进入工作记忆,为长时记忆存储和日后的提取进行编码。工作记忆可以存储 5~9 个单位的信息组,持续时间 5~20 秒。如果工作记忆的信息时常被激活,那么其就可持续得更久。虽然有很多阻碍长时记忆提取的因素,但是长时记忆的容量是无限的也是相对持久的。

3. 比较长时记忆存储信息复述和编码策略的作用

当首次接触必须进行深加工的感觉信息时,保持性复述是十分有效的。精细复述,是基于先前的知识解释新信息,使新信息更有意义更易被记住。记忆术是赋予那些本身结构不明、不易被记住或者是与先前知识没有联系的信息有意义的结构。组织策略,如组块和分层可以使新信息和先前知识相联系。研究表明视觉表象比单独的文字更易被记忆,视觉和听觉的双重编码对长时记忆的存储和提取是很有效的。

4. 获得和保持学生注意的方法

教师让学生把注意力放到所要学习的重要概念、公式和程序上和帮助学生分辨相关信息和不相关信息,这是很重要的。教师应该关注获取注意的方法:在课前或课中利用信号获得学生的注意力,利用各种不同的方法保持学生的注意力,考虑学生的注意力的极限。

5. 总结能有效地帮助学生存储和提取信息的教学策略

教师要注重课堂学习材料的理解,要鼓励学生与已有只是相联系、综合信息、组织观点、积极主动地在新情境中运用新信息,练习基本技能使其达到自动化,为更加复杂的思考腾出加工空间。

案例学习:反思与评估

儿童早期:掐

1. 为什么安博要让孩子们在她读故事时定点拍手?
2. 要求儿童比较今天的故事和昨天的故事激活了什么样的记忆系统?
3. 拉娜是如何让孩子们注意她的绘画教学的?解释原因。
4. 在绘画教学中,教师要如何帮助学生掌握程序性知识?
5. 艾米丽因为曾经把颜料洒在了比利的鞋子上而不愿再绘画。从信息加工论的角度,为何这样的事情让艾米丽很难忘?

小学:无聊的学生

1. 座位的安排如何影响比利、杰森、梅根和萨拉的注意力水平?
2. 比利、杰森、梅根和萨拉的数学成绩都很低。如何解释他们在小测验中无法提取他们解题所需的信息?
3. 艾丹在数学课上用什么策略帮助学生有意义地组织自己的观点?
4. 当萨拉试着完成作业的时候感觉很受挫。艾丹可以采取什么策略帮助她掌握解答问题的程序性知识?
5. 在什么情况下,艾丹的学生可以用计算器?计算器的使用将如何影响他们工作记忆的信息加工方式?

初中:自习室

1. 杰米似乎不记得上学期所学的基本数学规则。根据信息加工论,利用三种方式解释他的遗忘。
2. 米洛斯采用什么策略帮助杰米理解基本的数学概念?
3. 米洛斯采用什么策略帮助杰米发展出解答数学问题所必需的程序性知识?
4. 当格雷迪斯帮助贾斯敏的时候,她发现贾斯敏从未完

成过英语课的家庭作业。完成平时的作业对贾斯敏有什么帮助?

高中：通融

1. 杰森忘记了丹的如何完成作业的演示。解释注意力在他的遗忘中的作用。
2. 丹可以采取什么策略帮助学生在课上集中注意力？
3. 杰森回忆起在初中时历史学得较差这件事。假设他在最初的记忆阶段使用的是保持性复述。解释这种方式的局限性，提供能长期记住信息的方法？

5. 贾斯敏的同学可以与她分享什么样的完成作业的策略？
6. 格雷迪斯给贾斯敏的范例是如何帮助贾斯敏提取信息的？

4. 在信息加工论中，可以用什么样的组织策略学习历史？举出具体的事例。
5. 丹在历史课上是如何联合概念知识和情境知识的？教师在课上还可以用什么方法帮助学生加强对概念的理解？

第四部分
认知过程

□ **案例学习**

儿童早期：空气
小学：关于海盗的阅读
初中：华盛顿总统
高中：我不理解

□ **第 12 章 元认知**

学习目标
12.1 什么是元认知以及为什么元认知很重要
12.2 关于元认知的特别案例

12.3 影响元认知使用和发展的因素
12.4 应用：学习策略
本章小结
案例学习：反思与评估

□ **第 13 章 技能和知识的迁移**

学习目标
13.1 什么是迁移以及迁移的意义
13.2 我们真的将所学的知识迁移了吗
13.3 应用：如何促进迁移
本章小结

案例学习：反思与评估

□ **第 14 章 批判性思维和问题解决**

学习目标
14.1 思维技能和倾向
14.2 批判性思维
14.3 问题解决
14.4 应用：传授问题解决策略
本章小结
案例学习：反思与评估

案例学习

儿童早期：空气

准备

当你阅读下列案例时，请注意：

1. 谁是该案例的主要人物？请予以描述。
2. 发生了什么事？
3. 案例发生在哪里？环境是影响因素吗？
4. 案例发生在什么时间？时间是影响因素吗？

巴伯·卡森是一位有着15年教龄，经验丰富的幼儿园老师，这是她在罗斯福小学全日制幼儿园执教的第六年。她喜爱和孩子们在一起，她惊奇地发现，这个年龄段的孩子们一旦得到足够的支持和鼓励就能够取得很大的成绩。

这天早晨，孩子们围坐在巴伯的摇椅旁的地板上，聚精会神地听她讲一本特大型彩色图画书中"风"的故事。她先给孩子们看书的封面，并问孩子们他们认为这个故事讲了哪些内容。她热情地与孩子们讨论他们的想法，然后翻开第一页开始讲故事，就这样揭开了大家的悬念。当她快讲到结尾的时候，她请多米尼克总结一下这本书中发生了什么事情。随后，巴伯把一套写有简单句子的卡片摆在地板上，每个卡片上都有一个图，描述着这个故事中的一个主要事件。她告诉学生们，他们要玩一个游戏，需要一起把这些图片打乱顺序，最后再根据故事把图片排好顺序。她让乔斯挑出描述这个故事第一个事件的图片。乔斯绞尽脑汁地想着每张卡片上词汇的意思，巴伯提醒他也可以用那些图片作为线索。何塞成功地找到了第一张图片，接着巴伯又叫玛丽亚找出与这个故事的下一个事件相对应的图片。就这样一个接一个地，巴伯请学生们帮着理顺了故事的顺序，她还提醒全体学生他们需要仔细观察，如果发现有的同学对于接下来发生什么事情还不太清楚，就需要互相帮助。

当全班同学完成了这个活动之后，巴伯让同学们回到座位上坐好，围坐在四张桌子旁边。在讲故事的那段时间里，一个家长志愿者已经把后面做实验要用的材料放在位于教室前面空的大桌子上，并在每个孩子的座位上放了一张预测纸。

"我们刚才读了一个关于风的故事，"巴伯说，"风是由什么形成的？"

"空气！"几个孩子立刻喊了出来。

"好的，"巴伯回答，"我们打算做一个实验，看看用空气、一些水、一个软木塞和一个塑料杯会发生什么。"

这些孩子们兴奋地挤作一团。他们知道这些课堂实验通常都很有趣。

"今天让我们带上科学家的帽子。"当巴伯走向教室前面的桌子时说道。她把一个软木塞放在一碗清水中，又拿起一个塑料杯，"看看我们能不能预测一下——当我们把这个软木塞套在这个塑料杯下面并且它仍然在水里时，这个软木塞会发生什么事情呢。大家可以想一会儿，然后在预测纸上画一个图，用这个图来告诉我你认为这个软木塞会发生什么事。"巴伯在教室里走着，看着孩子们坐在椅子上画画。看起来多数孩子都完成了，于是巴伯请托尼来回答问题。

"托尼，告诉我你的预测。"她说。

托尼拿起自己的画解释说："我画的是软木塞向下落在了碗底附近，但仍然在塑料杯下面。"

"还有其他人画出这个软木塞落在碗底吗？"几个孩子举起手来。"关于这个软木塞到底会怎样还有没有人有其他不同的预测？"

谢尔比举起手来。

"好的，谢尔比。把你的预测告诉我们。"

"我画的是这个软木塞漂到了顶部，但还在杯子下面。"其他几个同学点头表示他们做了相同的预测。

"我们怎么才能知道这个软木塞真正发生了什么事情呢？"

"我们检测一下！"几个同学

回答道。

"好的，我们就检验一下我们的预测。科学家们，抬起头来集中注意看这里。"巴伯把杯子放在软木塞上，它下沉了逐渐接近碗底。

"怎么了？"巴伯问大家。

"软木塞向下沉了。"托尼回答。

"你认为这是为什么呢，玛丽亚？"巴伯问。

玛丽亚停下来想了一会儿，才说道："哦，杯子向下推去，这就让向下的水更多了。"

"这是因为空气的作用，"乔斯插言道，"杯子里面有空气，是空气让向下的水更多了。"

巴伯继续提问以便理清同学们的想法，并帮助他们把这个实验和这一周当中所学到的有关空气属性的知识联系起来。当她觉得大家对实验结果都有了清晰的理解时，她让同学们把实验结果画在预测纸张的"现在我知道的"一栏里。

午餐后，巴伯向孩子们提出挑战，让他们做出真正能在"幼儿园风筝日"飞得很高的风筝。这个周末，这些孩子的父母和兄弟姐妹们都被邀请到学校后面的空地上放风筝。"你如何让你的风筝符合空气动力学呢？"巴伯问。凯恩提笑了，因为他记得空

气动力学是巴伯的"本周百万美元词。"她喜欢在课堂上尽可能用准确的词汇，她也发现每当她让几个有挑战的词汇涌现在课堂上让同学们识记时，他们都很重视。接下来的几分钟里，孩子们就如何设计一个能真正抓住风的风筝，用大脑风暴提出了很多想法。当他们列出一份很长的备选方案表后，巴伯教他们如何严格地评价这组想法并缩小选择范围。当孩子们安静下来专注于自己的设计时，他们忘记了时间，完全被自己"制作史上最伟大风筝"的计划吸引了。

评估

- 巴伯给学生树立的是一种什么样的学习行为和态度？
- 你会如何描述巴伯的课程中所展现的挑战水平？这种挑战水平和你的幼儿期课堂的概念相符吗？
- 你认为巴伯的学生会如何描述在她课堂上的经历？

小学：关于海盗的阅读

准备

当你阅读下列案例时，请注意：

1. 谁是该案例的主要人物？请予以描述。
2. 发生了什么事？
3. 案例发生在哪里？环境是影响因素吗？
4. 案例发生在什么时间？时间是影响因素吗？

兰·马福尔森是一所小学的二年级老师，已经参加了本地一所大学的职业发展学校（Professional Development School，PDS）合作计划，这个PDS合作计划主要是为公立学校的老师、大学教师和接受教师教育的学生提供协作研究、培训和职业发展的机会，最终的目标是提高公立学校孩子们的教育水平。最近，兰加入了一个小组，其主旨是探索基于证据的实践教学。为了把这项活动贯彻到底，小组希望老师能对教学活动情况建立一个日志，然后可以进行回顾，并评估可以通过基于证据的实践教学进行改进的教学环节。下面是兰的日志的一个节选片段。

昨天我开始安排学生晨读，让学生阅读三个小故事，随后完成一些问题。我指导学生在读完故事后给里面的图片上色，这样就让他们不至于闲着无事。当这些学生理解了他们需要做的事情，开始勤快地活动起来时，我就让第一阅读小组回到指定的阅读桌上。当学生们围坐在阅读桌旁以后，我确认每个学生都在积极地学习，于是我也在阅读桌旁坐了下来。当我和坐在桌子旁边的这群学生开始阅读课的时候，凯安娜打断了我，她说她很累不能再学了。以前我也见过这种行为。凯安娜的阅读技能在同学中是属于中等水平的，但是在我们的晨间阅读小组的轮换过程中，她经常缺少坐下来把一项任务上坚持下去的动机。在确定她没有生病之后，我告诉让她还是继续读下去，并且提出我们大家都要休息一小会儿去吃些点心。我尽力让自己听起来是体贴大家的，然后凯安娜回到自己的座位上继续看自己的故事书了。

当我继续阅读小组的活动时，为了让小组中的每个同学都参与进来，我提出一些直接的问题，让每个学生都依次大声读出短文，并确保每个同学都能理解我们正在阅读的内容。当我们开始阅读关于海盗和埋藏的宝藏这样一些节选的段落时，我们开始分析文字并开始寻找在上周的课堂上曾经提到的元音对。在阅读小组课的最后阶段，我回顾了使用字典时要用到的一些基本技能。我们讨论了字母表的顺序和字母的位置，并且对一些策略进行了练习，例如根据页面顶端的黑体字母从而快速确定在字典中的什么位置。我接着让学生做了一个工作表，在工作表中他们查找一些单词并写下在字典中它所在的页码。一个学生的看法是找一个词就好像寻找一个宝物——也确实如此。词表中所写的词有"金、银、珠宝、箱子和地图"等。这个活动使得同学们在阅读小组的任务结束后自觉地再次回到座位上。

当我快要结束阅读课程的时候，我很失望地看到几个学生自顾自地坐在椅子上，心不在焉。他们并不吵闹也没有扰乱课堂，但是显然他们没有在做课堂作业。凯安娜在乱写乱画，兰迪无精打采地坐着正准备打瞌睡，凯尔塞坐立不安地把钥匙链缠绕在书包上。

在这一天的晚些时候，兰回顾了他上午的工作记录。他看到了一些他认为比较成功东西，也看到了一些有待改进之处。当他复查自己的笔记的时候，他发现把阅读任务安排在各自的座位上这一点是有待提高的。他试图提出一个能更好地开展阅读任务的计划，接着他开始列出一系列的方法，以便能更有效地进行阅读小组教学，同时提升孩子们在课桌旁独立阅读时的阅读感受。他并不太确定，与以前已经开展的工作相比，这些工作计划是否更能切中要害，于是他停了下来去和琳达·安瑞娜交谈，琳达是一个二年级的老师，在隔壁教室上课。兰和琳达就各种可能性展开了大脑风暴。当兰回到家的时候，他对第二天的计划充满信心。他并不能真正确信自己走在了正确的轨道上，除非他有机会在课堂上检验这些想法，但是他感到自己已经有了两三个值得一试的方法来调整上午的教学。

评估

- 你认为兰上午的授课在哪方面是有效的？
- 你认为他在哪些方面还有待提高？
- 兰写了一个教学日志。你认为做日志对你的教学会有效吗，为什么？

初中：华盛顿总统

准备

当你阅读下列案例时，请注意：
1. 谁是该案例的主要人物？请予以描述。
2. 发生了什么事？
3. 案例发生在哪里？环境是影响因素吗？
4. 案例发生在什么时间？时间是影响因素吗？

汤姆·莱德克里夫正在他的第二学期八年级社会研究课堂上，面向他的学生们。由于开场白很好，他的学生们正把注意力集中在他的关于革命战争时期的演说上。他的开场是向凯莉·乔森提问："谁是美国的第一任总统？"

"乔治·华盛顿，"凯莉回答，凯莉对于他问她这个如此简单的问题感到迷惑不解，同时也有点担心在后面还有更难的问题。

"我们为什么关心这个问难题呢？"汤姆问。

凯莉犹豫着，最后说："我不知道。"

"克莱顿，知道乔治·华盛顿是第一任总统会使你更富有吗？"汤姆问。

克莱顿，这个坐在第三排的头发有点凌乱的学生开始用心听讲了。"不，除非我上了《谁想成为百万富翁》这个节目，并且这是要赢得那100万美元的最后一个问题。"克莱顿回答道全班同学发出一阵轻微的笑声。

"不一定。"插话的是克莱顿的好朋友布莱德。

"知道乔治·华盛顿是第一任总统会使你成为一个更好的朋友吗，凯西？"汤姆向坐在他前排的女孩问道。

"不。"凯西回答。

"知道乔治·华盛顿是第一任总统会让你更受女士欢迎吗？"汤姆向楚克这个优秀的篮球运动员问道。

"不，但是我认为我不需要这个领域知识的任何帮助。"楚克略带调侃地回答。凯西翻了翻眼睛。

"好的，那么我们为什么会关注这些知识呢？"

全班同学坐在那儿都被难住了，这时汤姆问道："完全自动地知道这个事实可能真的没有太多意义。但是要是你们知道了使华盛顿成为一个伟大的人和一个伟大的领导者的品质是什么又怎样呢？要是你们理解了他如何使用权力又怎样呢？你们当中有多少人知道乔治·华盛顿获得了成为总统的机会并拒绝了呢？"几双手举了起来；大部分同学都觉得很吃惊。

"你们中有多少人能拒绝成为总统的机会呢？"同学们都上钩了，汤姆深知这一点。汤姆为了引起话题而提出的这些问题激起了小小的争议，大家都很感兴趣。他继续讲课，他确信现在同学们真的想对乔治·华盛顿有更多的了解。

一个星期以后，汤姆对社会研究单元进行了一个测验。学生们对与乔治·华盛顿有关的主要问题都回答得非常好，但是与他的预期相比却缺少了更多的细节。第二天，他做了一个"笔记检查"，要求同学们拿出他们的笔记本找出上一周所做的笔记。他们的笔记非常的稀少，在某些部分根本没有笔记。

"好的，同学们。怎么会没有一个人能做出完整的笔记呢？"他听到了各种各样的回答。

"我当时太注意听讲了。"

"我已经了解华盛顿了，所以我认为自己没必要记下任何内容了。"

"你没告诉我们该把什么内容记下来。"

"我根本没想到那些内容会在考试中出现。"

汤姆以极其夸张的手势让大家停了下来，然后说道："现在我打算给你们一个绝对免费的建议，不过还有其他很多人，如果他们想得到这个建议，那么至少要付5美元。"同学们都笑了。他转过身来，在黑板上写下了几个非常大的字母，'好好记笔记'！"记笔记这个过程会帮助绝大多数人更好地保持信息，即使他们从未去复习那些笔记。如果他们第二天真的能去复习那些笔记，那么就会在一定程度上提高记忆。如果他们能在五天之后再次复习笔记，他们的记忆就会进一步增强。"

在接下来的五天中，汤姆特

别重视教授学生各种记笔记的策略。他鼓励学生们通过"笔记测验"来做出完整的笔记，笔记测验中的正确答案都是那些能直接从课堂笔记中提取出来的内容，当然前提是如果他们在听讲的过程中能花些时间把那些信息记下来。作为革命战争这个单元活动的结束，汤姆给同学们提供了下面的脚本：

1775年5月，一场战争在这之前刚刚结束，你是一个英属殖民地时期的代表团成员，将要参加第二欧洲大陆国民大会。在为国会会议做准备期间，列出一个发言提纲，就殖民主义者应如何应对近期的事件来发表你的见解，尤其要关注一些无法承受的行为。星期四我们将召集欧洲大陆会议，你们将有机会一起来决断这段历史。

评估

- 作为一个教师在讲解乔治·华盛顿时，汤姆的开场白是如何做的？
- 汤姆犯了什么错误？
- 汤姆看到学生们的考试结果之后采取了什么措施？这些措施会给学生们带来哪些变化？

高中：我不理解

准备

当你阅读下列案例时，请注意：
1. 谁是该案例的主要人物？请予以描述。
2. 发生了什么事？
3. 案例发生在哪里？环境是影响因素吗？
4. 案例发生在什么时间？时间是影响因素吗？

苏云·帕克是阳光高中的老师，自己的教师生涯刚刚开始两个月。她最近刚给她的十年级代数班上完课，结果使她非常泄气。那天晚上，她想向她的导师寻求建议，于是给她的导师发了下面的电子邮件：

克姆先生：

今天我没能像我期望的那么好。我的计划是教全班同学学习把循环小数转换为分数。刚开始我让同学们打开书本来看这部分内容并拿出纸来记笔记。我在黑板上给大家复习了有限小数和分数。学生们在复习时没有提出任何问题。我接着在黑板上写了一个循环小数，并问同学们怎么把它变成分数。只有几个同学有一些想法，但他们都发现很难用以前学到的转换分数和小数的方法来得到一个正确的分数。我把循环小数化为分数的步骤一步一步地教给他们，我对自己的能力是有信心的。

我讲了一遍例题，然后问他们是否有什么问题。全班同学都一脸困惑地看着我。我不知道困惑他们的东西是什么，于是我对例题中的每个步骤都提了一些问题。这个做法使我找到了问题的关键，于是我调整了讲解每个步骤的方法。我使用不同的词汇，把每个步骤都和以前的课程联系起来，又针对每个步骤向同学们提出了更详细的问题。我相信只有几个同学抓住了要领，而全班大多数学生还是看上去"我不懂"地坐在那里。

我回答了举手的学生们提出的一些问题，我也让同学们回答了一些问题，以期让同学帮助同学更好地理解。当我继续讲解例题时，许多学生还是没有理解这堂课，我也放弃了帮助他们的打算。我感觉自己也和这些学生一样丧失了对我惯用的教学策略的兴趣。我担心他们的头脑已经僵化了，因为他们看起来几乎没有掌握什么技能，甚至仍然停留在以前所学的单一步骤阶段，例如从等式的两边减去相等的数量。我的学生们开始泄气，整个教室也由于闲谈和分心而显得不安。我也泄气了，但我试图不让自己的泄气表现出来，因为我不想将我自己恼怒的情绪施加到教室里已经很紧张的情绪中。

我认识到自己作为一个老师已经失败了，同时我还不知道该做什么。学生中还是有很多问题，而我并不确定下面该怎么做。我注意到学生们更注重发现解决这个问题的捷径。我的学生们已经忽略了我一直在教给他们的策略，因为他们太热衷于寻找跳过这些步骤的途径。我未曾料到他们会不喜欢把精力放在获得解决每个问题的实际工作程序上。

我并未预料到学生们在新内容上会如此困惑。学校里一直在讲授新的知识和课程，我本以为学生们会将以前所学到的方法转化过来，帮助自己找到解决这些数学问题的方法。我相信没有哪个老师会像我教这堂课这样感到如此失控、毫无准备和毫无组织。我没料到学生们会放弃，对于由教学内容导致的全班同学的困惑如何处理我也没有准备。我想我原本准备的是一堂成功的课，但是今天我没能真的教会我的学生。您看起来总是把自己的课程处理得特别好。您对于我该采取什么不同的做法有何建议吗？我需要您的帮助！

苏云

科姆先生回信：

苏云：

不要对自己太过严厉。基于你所描述的情况，听起来你真的在很努力地上这堂课。尽管你认为这节课不是特别难，但是当看到一个全新的内容时，很多学生会一筹莫展……

评估

- 苏云担心她的整个课程教学都是失败的。在她的课堂教学中有没有什么地方是做得比较好的？
- 当课堂上的大部分同学都不太理解课程内容时，教师该怎么做呢？
- 全班同学不能把以前教过的内容用在小数课程上，你会感到奇怪吗？为什么会？

第 12 章
元 认 知

学习目标

1. 描述元认知的两个成分。
2. 解释儿童心理理论的四个特征。
3. 解释与青少年自我中心有关的两个结果。
4. 解释影响元认知技能使用和发展的因素。
5. 描述教师如何能够帮助学生提高阅读理解和写作技能。
6. 解释记笔记和学习时间的重要性以及教师应如何帮助学生提高这些学习策略。

12.1 什么是元认知以及为什么元认知很重要

当你开始阅读这个模块的时候，你可能手里拿着一支铅笔、一支钢笔或一支彩色高亮笔，准备开始对一些重要的概念或例子进行一些标记。刚才你看了本章学习目标了吗？六个学习目标中你能回忆起来几个？你打算记住哪些关键词？这些问题正在促使你开始使用元认知（metacognition）——对你的思维过程进行思考，包括学习技能、记忆容量和监控你学习的能力（Hertzog & Robinson, 2005; Metcalfe, 2000）。

元认知对于教学和学习都非常重要。学生们越是能更多地了解学习策略是什么以及应该如何、何时和什么情况下有效地使用不同的学习策略，就越可能使用这些策略并因此提高自己的学业成就（Perkins, 1995; Peterson, 1988）。不应期望学生凭借自己之力去自然获得元认知，教师需要清楚地教给学生元认知技能以及内容上的指导。教会学生元认知技能以及如何使用元认知需要理解元认知的两个成分：元认知知识和元认知调节（见图 12-1）。

元认知知识（metacognition knowledge）是关于我们自己认知过程的知识，以及在如何调节认知过程从而获得最佳学习效果方面所形成的理解。元认知知识分为三类（Flavell, Miller, & Miller, 2002; Manning, 1991）：

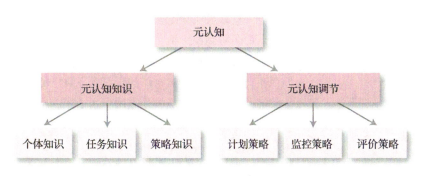

图 12-1 元认知的构成

（1）**个体知识**（person knowledge），也称为陈述性知识，是指我们对自己能力的理解，如"我擅长记忆材料""我不擅长理解课本内容"等。个体知识从幼儿园到高中期间会发生相当大的变化。较大的学龄儿童能更准确地判断自己在一个特定时间内能掌握多少信息（Flavell et al.，2002）。

（2）**任务知识**（task knowledge），也称为程序性知识，指我们对任务难易程度的认识。在学校里，学生们在判断任务难度时一般是基于任务的以下三个方面。

- 内容。例如，"这是一个有关西班牙语的不规则动词的复习"。
- 长度。例如，"这个字母很长"。
- 任务类型。例如，"论文式考试需要对信息进行回忆而不是像在多选题考试中那样需要的是再认"。

非常年幼的孩子往往知道较少的材料会比较长的材料容易理解，也知道学习一组简单的概念（如三种颜色）会比学习一组几乎没有什么联系的概念更容易（Flavell et al.，2002）。较大的孩子知道一个任务的难度水平会影响他们使用的学习策略，例如，学习过程中总结信息与学习过程中逐字重复信息（Schunk，2004）。

（3）**策略知识**（strategy knowledge），也称为条件性知识，指我们使用学习策略进行学习的能力。通常，年幼的儿童不擅长使用策略性知识（Flavell et al.，2002）。一个三岁大的孩子可以在一个特定的任务上通过学习学会使用一种策略，但是他不会自发地将这个策略应用到类似的任务上（Hertzog & Robinson，2005；Palincsar，2003）。到了8岁的时候，孩子们就会自发地使用策略

而不必靠他人的推动（Beal & Fleisig，1987；Ritter，1978）。在小学高年级阶段，学生对于在某种情境下使用何种策略会更好开始具有更好的理解，他们也开始更有自信地去应用这些策略（Flavell et al.，2002）。

总体上，年幼的儿童，尤其是那些参与早期儿童教育计划的儿童，不大可能准确地估计自己的记忆能力（个人知识）、判断任务难度（任务知识）或将适当的策略应用到新的情境中（策略知识）。

元认知调节（metacognition regulation）是指个体有目的地控制自己认知、信念、情绪和价值的行为。它允许我们使用自己的元认知知识，从而在学习情境中有效地发挥作用。元认知调节需要使用执行控制功能，这是一种对包括计划、监控和评价策略等心智过程的整合（Brown，1987；Flavell et al.，2002）。

（1）计划（planning）包括制定学习策略以及在不同的情境中选择使用不同的策略。

（2）监控（monitoring）包括定期检查预设策略的执行是否良好，例如，我们能够通过自测来监控自己的成绩。

（3）评价（evaluating）指对认知策略结果的评价。不仅仅是"取得更好的等级，"这个过程测量的是我们的计划如何，我们对所选择的学习策略的监控对我们的成绩影响到何种程度。

儿童早期的孩子不大可能对记忆策略的使用进行规划。他们也不大可能准确地监控自己的学习进程，他们更可能坚持认为自己已经理解了，或者已经学会了一些材料但实际上可能并未学得很好（Chi，1987）。监控技能是随着年龄增长而提高的，7～10岁的孩子会比年幼的孩子更能准确地评价学习策略或记忆能力的效果（Hertzog & Robinson，2005）。孩子需要得到关于学习策略使用效果的明确反馈，以增强他们的体验，提高他们的元认知调节能力。然而，即使是成年人，对于某些任务如阅读理解也无法形成准确的判断（Schunk，2004）。

> **思考：**你在哪里学会了元认知知识和元认知评价呢？你的老师给你提供了能提高你的元认知技能的信息了吗？

12.2 关于元认知的特别案例

12.2.1 儿童期的心理理论

早在2岁的时候，儿童开始意识到其他人有自己的想法。这种认识可以帮助他们理解为什么其他人的感知会与自己的不同。这种关于思想和"心智世界"的早期理解被称为**心理理论**（Flavell et al., 2002）。关于心理理论的研究已经定义了四个特征。

（1）**错误信念**（false-beliefs）：一个信念只是许多心智表征之一，它可能是错误的也可能是正确的。3岁的孩子还不能理解某个人会拥有一个错误信念。相反，他们只能感知到一个信念，并认为那个信念是正确的。然而，到了4岁或5岁，大多数孩子能理解人们会相信一件错误的事情（Flavell et al., 2002）。专栏12-1中的糖果箱实验就提供了错误信念一个实例。

（2）**外表－现实区分**（appearance-reality distinctions）：是指一个人能够理解某些事情看起来是一种样子（外表），但实际上却是另一回事（现实），例如设计逼真的塑料蜘蛛（现实）看起来栩栩如生（外表）。一旦孩子们了解到"鸡蛋"实际上是一块上色的石头（现实），他们就会坚持认为他看上去更像一块石头而不像一个鸡蛋（Flavell, Flavell, & Green, 1983）。使用多种不同的刺激还做了很多类似的实验，例如海绵（现实）看上去像石头（外表）。

这些研究结果表明孩子们还不能理解外表是可以被欺骗的或是错误的，直到4岁或5岁的时候才能理解。

（3）**视觉观点采择**（visual perspective-taking）：由于人们观察角度的不同，对物体的理解也不同。研究者发现学龄前儿童的观察角度发生在两个水平（Flavell et al., 2002）：

- 水平一（2～3岁）：儿童认为，如果一个人张开眼睛，从适当角度观看，就能看见东西。在这种水平上，观点采择指的就是断定是否能看见某些东西（例如"妈妈能看见游戏板"）。
- 水平二（4～5岁）：儿童认为，一个人能以不同的方式或从不同的视角看到自己看不到的东西。这里观点采择是指判定一个东西是被如何看见的（例如"妈妈看到的游戏板是反过来的因为她隔着桌子坐在我的对面"）。

（4）**内省**（introspection）：儿童意识到并能理解自己的想法（Flavell, Green, & Flavell, 1995, 2000; Flavell, 2000, 2004）。到5岁的时候，儿童可能既会高估也会低估他们自己以及他人的思维能力。例如，5岁大的儿童认为他们知道自己何时睡着（高估），也相信一个人能数日不进行思考（低估）。甚至当他们确实认为他们头脑中正在进行思考的时候，5岁的孩子也无法清晰地了解自己或他人的头脑中正在想着什么。例如，

专栏 12-1

糖果箱实验

■ **实验一，5岁儿童**

一位发展心理学家给一个5岁大的儿童看一个糖果箱并问她，"里面是什么？"

"糖果。"她说道。她接着向盒子里面看去，令她惊讶的是她发现里面实际上装的是铅笔，而不是糖果。

"另一个没有打开盒子看的孩子会认为里面有什么呢？"实验者问道。

"糖果！"这个孩子说，对这个恶作剧感到非常开心。

■ **实验二，3岁儿童**

这个实验者接着又给一个3岁大的儿童做了相同的实验。"里面是什么？"

"糖果。"她说道。她接着向盒子里面看去，也惊讶地发现了里面的铅笔。

当她被问道："另一个没有打开盒子看的孩子会认为里面有什么呢？"这个孩子回应说："铅笔！"这个孩子还坚持认为她原本就认为这个盒子里面装的就是铅笔。

■ **结论**

3岁大的儿童还不能理解其他人或他们自己会拥有一个错误信念。

资料来源：Flavell et al., 2002.

让一个孩子想一想他的牙刷在房子里的什么地方时，他会否认正在想着浴室（Flavell et al., 1995）。到了8岁，儿童能更好地描述自己的一连串思想，也能理解这种描述是很难的，在任意一段时间内停止思考也并非不可能（Flavell et al., 2002）。

因此，在经过学龄前和学龄期之后，心理理论变得越来越复杂。

12.2.2 青少年期的自我中心

随着对自己和对他人思维的逐步了解，青少年的**自我意识**（self-concious）逐渐觉醒，他们对自我高度关注，非常关心他人如何看待自己。幼儿的自我中心是指难以区分自己和他人对一个物体的看法，而**青少年自我中心**（adolescent egocentrism）是指难以区分自己和他人的想法。艾尔肯（Elkind, 1967）提出了青少年自我中心的两种具体的结果。

（1）**假想观众**（imaginary audience）：由于不能对自己和他人想法进行区分，青少年想象或相信他或她在一个社会情境中是关注的焦点。例如，一个青春期男孩可能会认为其他人的想法都集中在自己身上，但这只是出于他自己的想法（例如，"我不能不想我下巴上的丘疹，并且其他人也正在盯着它"），假想观众可以通过两种方式来证明。

- 一个青春期女孩可能会过于严格要求自己并预料他人也会从负面来评价自己。例如她试图换一种新发型，却又非常担心看上去不适合自己。当她的朋友圈中没有一个人评价自己的发型时，她就会问，"你们认为我的新头发剪得怎么样？"即使听到的回答是"我们根本没注意"，她也会怀疑那人的回答不诚实。
- 一个青春期男孩可能会自我欣赏并假设其他人也会发现自己的优点。可能他认为他在教室中表现出来的幽默、讽刺风格具有一种讨人喜欢、有吸引力的品质。他难以理解为什么他的父母和老师却不能认同他的行为。

（2）**个人神话**（personal fable）：青少年错误地相信他们是独特的，以至于任何人都不能理解他们的处境。例如，大多数青少年不相信他们的老师能理解他们在学习中或在获得优秀成绩过程中所遇到的困难。他们可能认为他们的朋友也没有经历类似的压力或者拥有同样的失望情绪（例如，"我的朋友们没有一个人会在数学课上有这种困难"）。

对于青少年期出现这种假想观众和个人神话有两种不同的解释。第一，根据皮亚杰的认知发展理论，认为假想观众和个人神话是个体发展到形式操作思维阶段的负面结果（Elkind, 1967）。形式操作思维的发展不仅使青少年能使用元认知，还能引导他们进行更多的自我思考并关注其他人如何看待自己。第二种解释认为，假想观众和个人神话并非完全都是负面效果，而是随着青少年与其父母之间关系的变化而引发的两种具有适应性的应对过程（Lapsley, 1993）。在青春期过程中，当儿童变成成人时，儿童和父母之间的关系必须重新调整使得独立性和联通性之间得以平衡（Gavazzi & Sabatelli, 1990；Sabatelli & Mazor, 1985）。假想观众可以帮助青少年保持自己和他人之间的联结，而个人神话可以帮助他们保持自己的独立性和独特性。假想观众和个人神话可以作为一种应对机制一直保持到成年期。当然，与青春期相比，成年期对假想观众这两种应对机制的使用在频率和强度上都稍弱一些（Frankeberger, 2000；Lapsley, 1993；Quadrel, Fischhoff, & Davis, 1993）。

假想观众

青少年相信或想象着其他人正看着或关注着他们，特别是关注他们的外表。

思考：回想你认为没有一个人能理解你的处境或情感的时期。

12.3 影响元认知使用和发展的因素

有许多因素会影响元认知的发展,这包括生物差异和环境差异(Flavell et al., 2002)。神经生理缺陷能阻止元认知的发展。例如,孤独症儿童理解自己和他人想法的能力受到了神经生理的损伤(Flavell et al., 2002;Hamilton, Brindley, & Frith, 2009),智力缺陷儿童在诸如计划、监控和评价策略等过程中存在困难(Campione, Brown, & Ferrara, 1982)。此外大脑额叶损伤也会影响元认知能力(Shimamura, 1994)。

我们的环境,尤其是我们的家庭经历,也在元认知的发展中起了作用。儿童会通过聆听父母和兄弟姐妹们关于信念、情感、知识、如何学习和如何研究的谈话来学习元认知。家庭谈话对女孩的影响要比对男孩的影响更大,因为与儿子相比,父母更倾向于向女儿表达自己的思想和情感(Flavell et al., 2002)。

学生们拥有独立的个性,这就决定了他们会选择使用他们已经发展起来的元认知技能。

- **关于任务本质的信念(任务知识)**。那些相信所要学习的信息是容易的学生不大会使用诸如计划、监控和评价等高级技能和策略(Schunk, 2004)。而且,当任务需要的是记忆而不是重要思想或精细思想之间的联结时,学生们更可能使用较为低级的策略(例如,机械记忆)或改变他们的策略以便应对老师所确定的考试类型或任务类型(VanMeter, Yokoi, & Pressley, 1994)。
- **动机**。与对学习不感兴趣的学生相比,对学习任务本身有很大动机的学生更可能通过元认知策略来分配时间和精力(Schunk, 2004)。
- **预备知识**。学生对一个主题了解得越多,对新的信息就越能更好地理解、组织和保持(Engle, Nations, & Cantor, 1990;Kuhura-Kojima & Hatano, 1991)。明白自己懂得什么和不懂得什么的学生能更好地使用计划策略增加自己的学习时间,以学习那些自己还未透彻理解的信息(Brown, Bransford, Ferrara & Campione, 1983)。
- **成功经验**。对元认知技能的成功使用会激发学生更多地使用这些技能。那些不理解元认知技能如何能够促进学习的学生将来也不太可能使用这些策略(Schunk, 2004)。

> **思考**:想一想老师能帮助学生理解元认知技能的重要性并鼓励学生们使用元认知技能的具体方式。

12.4 应用:学习策略

通常情况下,学生会将学习或研究策略等同于与能帮助他们记住信息的基本记忆技能(见表12-1)。以下几个学习策略是和元认知有关的,主要是阅读理解、写作技能、记笔记和学习时间等。阅读和写作在教育规划的早期阶段就被引入了,而通常直到小学阶段的后期或中学时才会要求学生记笔记和做研究。下面让我们更为详细地分析一下每种学习策略。

表 12-1 记忆策略

记忆策略	描述
背诵策略	
保持性背诵	反复地简单重复信息
精细性背诵	将新的信息和先前的知识联系起来
组块	将独立的信息以有意义的方式组织起来
记忆术	
取首字母组成缩写词	取每个词的首字母形成一个词来记住,获取一组材料中每个项目的首字母组成一个短语或句子来记忆
记忆链条	将第一个要记忆的项目与第二个联结起来,第二个和第三个联结起来,如此下去,或者将要记住的项目组织成一种琅琅上口的押韵的形式
关键词法	把新词和新概念与发音类似的线索词或形象联系起来
位置记忆	想象一个熟悉的场景,选择特定的位置,以这些位置为挂钩,把列表中的每个项目挂在钩子上

12.4.1 阅读理解

学习策略包括从阅读材料或阅读理解中扩展信息。阅读理解能力随着年龄增长而提高，部分程度上是随着元认知技能而提高的，也会在多个任务和领域中得到重复的展现（Schunk，2004）。在提高阅读理解方面有两种流行的指导技术：一是交互教学，通常用于年幼儿童；二是PQ4R策略，通常用于年龄较大的学生。

交互教学（reciprocal teaching）是一种结构式谈话，其中教师和学生一起来讨论课文的一部分（Palincsar & Brown，1984），如同在专栏12-2中所描述的。交互教学包括四个步骤。

专栏 12-2

交互式对话例子

课文：	在美国，盐是通过三种基本方法来生产的：日光（太阳）蒸发、采矿和人工加热蒸发。对于通过日光蒸发萃取而来的盐来说，天气必须是热而干燥的。因此日光盐出产于沿东海岸和大盐湖这样类似于热带的地区。
克丽丝：	说出生成盐的三种基本方法。
安哥拉：	蒸发、采矿、蒸发……人工加热蒸发。
克丽丝：	正确，非常好。我对这一段的总结是介绍如何生成盐的几种方式。
老师：	非常好。你能选择下一位同学继续阅读吗？（克丽丝选了另一个同学来阅读）
课文：	产盐的第二种古老的方式是采矿。以前，这项工作十分危险和困难，而今天的方法与早期方法不同，它使用特殊的机械，并且采矿业更加容易和安全。"回到盐矿中去"这句老话也没什么意义了。
罗根：	说出过去常用来描述盐矿的两个词。
肯：	回到盐矿中去？
罗根：	不对，肯。安哥拉，你说呢？
安哥拉：	危险和困难。
罗根：	正确。这个图主要比较老式的采盐矿和现代的采盐矿。
教师：	非常好！
罗根：	我有一个预测。
教师：	好的。
罗根：	我认为它可能要讲首次发现盐是在什么时候，它可能还要讲盐是由什么构成的和盐是如何形成的。
教师：	好的。我们能再找一位老师吗？
课文：	精制食盐是通过第三种方法——人工蒸发制成的。水从管道进入地下盐床，将盐溶成盐水并送到地面上来。在高温提纯后，就是为我们的餐桌而准备的盐了。
肯：	高温提纯后的盐是为什么而准备的？
克丽丝：	我们的餐桌。
肯：	正确。总结一下就是：高温提纯过后，盐就放在餐桌上了。
教师：	这是一个很好的工作，肯，我感激所有这一切工作，但是我认为一定还有些其他内容可以补充到我们的总结中。我认为还有更重要的信息需要我们进行归纳和总结。这一段主要是在谈什么？
安哥拉：	人工蒸发这第三种方法。
布莱恩：	它可能在告诉我们地下盐床管道中的水溶解了盐使之变成盐水，并被带到地面上来。
教师：	安哥拉说到了关键点上。这一段主要是在介绍人工蒸发这种方法，这一段中的其他内容也在谈论这个过程。好的，下一位老师。
课文：	几千年来，人们已经对盐有所了解——咸味，使用它满足生命所需。有时它也被视为像黄金一样；有时也会迷信地被扔到肩膀上来驱邪避灾。不管怎样，人一直和盐在一起，但要描述这种紧密的关系时什么也不如说一个好人是"地球之盐"来得形象。
克丽丝：	我的问题是，最好的人被称为什么？
罗根：	地球之盐。
克丽丝：	为什么？
罗根：	因为盐和人类很久以来一直在一起。
教师：	克丽丝，你还有什么要补充的吗？好的，真的不是因为他们一直在一起；那与什么有关系呢，布莱恩？

> 布莱恩：（阅读）"人们和盐一直在一起，但从未如此完整地联系在一起。"
> 教师：　好的，但我们什么时候使用这种表达方式呢？"那个人是地球之盐。"我们知道这是指那个人是一个好人。我们怎么知道这一点的呢？
> 布莱恩：因为我们珍惜盐，就像我们珍惜金子一样。
>
> 资料来源：Palincsar & Brown, 1984.

（1）**总结**：学生必须口头总结课文，这就要求他们能够抓住重点并检查或监控自己的理解。

（2）**提问**：学生需要根据课文来提出问题，这是一种监控自己理解的形式。

（3）**阐明**：要求学生阐明难点以批判性地评价自己对材料的理解。

（4）**预测**：要求学生对将来的内容进行预测，以便检测他们对要点的推论。

当使用很多学习策略时，教师首先需要示范一些能够使用这些策略的良好阅读理解技能。接着学生开始在教师的支持下使用这些策略，教师可以给予提示、鼓励和反馈（Palincsar, 2003）。教师的提示可能源于相关的教学策略，如"问作者"策略（"Questioning the Author"）（Beck & McKeown, 2001）。以下是关于教师提示的一个实例，相关的问题包括：

- 作者想表达什么？
- 作者想让我们知道什么？

教师可以通过以下问题来提示学生：

- 这是作者所说的内容，但他的意思是什么？
- 为什么作者想让我们知道这些？

教师在交互式教学和"问作者"策略方面的训练，首先教师要聚焦于过程，其次要学会将这些策略作为出发点，更加深入地分析和讨论，促进阅读理解（Kucan, Palincsar, Khasnabis, & Chang, 2009）。这些教学策略的有效性，已在不同年龄组群中得到验证，从小学生到成年人，也包括学习障碍的中小学生（Gajria, Jitendra, Sood, & Sacks, 2007；Lederer, 2000；Rosenshine & Meister, 1994）。使用交互式教学在从小学到成人等各种年龄组中都可以充分提高阅读理解能力（Rosenshine & Meister, 1994），对于从小学到中学有学习困难的学生也同样具有促进作用（Gajria, Jitendra, Sood, & Sacks, 2007；Lederer, 2000）。在同伴交互或合作学习指导过程中使用这一策略也是有效的（Palincsar, Brown, & Martin, 1987）。

在教授高年级学生学习阅读理解技能方面，一种悠久历史而且目前仍很流行的系统就是称之为 PQ4R 的一系列步骤（Robinson, 1961；Thomas & Robinson, 1972）。这些步骤如下。

（1）**预览**：和对计划的执行控制过程一致，阅读理解中的第一步对要阅读的材料纵览或预览。学生阅读章节本章概要，扫视章节的主要论题，识别阅读计划中的主要部分。

（2）**提问**：根据本章概要或段落标题提出问题，使学生得以进行规划或识别出在阅读任务中需要获得的重要信息。例如，"心理理论"这个标题就可以转述为"什么是心理理论？"

（3）**阅读**：当阅读指定的章节、文章或一本书时，学生们试图回答学习目标或段落标题提出的问题。

（4）**反馈**：对一个人的阅读理解进行监控的过程包括在阅读材料时进行停顿，以便将信息和先前的知识联系起来，并提出能够超越材料本身所提供的例子。反馈包括提出诸如以下这样的问题："我抓住要点了吗？""我理解这个内容了吗？""这一点和课文中的其他信息是如何联系的？""我能想出一个例子吗？"

（5）**背诵**：背诵课文中的信息就是尝试将信息储存在长时记忆中。一个策略就是不去翻看课文材料就来回答学习目标或段落标题提出的问题（步骤2）。

（6）**复习**：尽管可能会认为复习意味着重新阅读，但实际上这需要学生用心来思考章节内容而不是仅仅走形式，这样就能监控自己已经学习了多少材料。

实验研究同样发现，使用诸如交互教学和 PQ4R 等阅读理解策略能促进学生对课文中重要思想的回忆和理解（Anderson, 1990；Palincsar, 2003）。这也同样适用于有学习困难的儿童（Schewel & Waddell, 1986）。

12.4.2 写作技能

写作技能越来越需要诸如计划、监控和评价等元认知技能（Bereiter & Scardamalia, 1987）。然而，即使是幼儿园阶段的儿童也具有找出解决问题的计划策略和将想法写在纸上的能力。当问及他们的写作技能时，幼儿园儿童通常会使用诸如"认为""记得"和"想法"这样的词汇。他们回答关于在哪里及如何形成写作的能力也不断增强（Jocobs, 2004）。对中学阶段的学生而言，修订是写作过程中的一个重要部分，因为学生们能更好地对自己的写作进行监控和评价，也能发展出批判性思考的能力（Berninger, Mizokawa, & Bragg, 1991）。

干涉策略表明对元认知技能的直接指导和示范能提高写作技能（Conner, 2007；Hooper, Wakely, de Kruif, & Swartz, 2006）。教师可以做如下指导。

- 在计划策略中提供指导和示范，例如：1）决定作文的读者；2）识别主要思想；3）概括结构；4）粗略精炼和修改（Bereiter & Scardamalia, 1987；Scardamalia & Bereiter, 1985）如表12-2所示。使用程序性帮助的小学生可以用更多的时间进行计划并能提高其写作质量（Scardamalia, Bereiter & Steinbach, 1984）。同样，通过粗略精炼来设计写作的中学生能够达到和大学生相当的水平（Brown, Day, & Jones, 1983）。
- 在监控和评价过程中提供帮助。对于年幼的儿童，这可能还包括要求他们大声思考或完成写作任务时回答与其写作思想有关的问题（Jacobs, 2004）。对于高年级的儿童和青少年，可以要求学生重新阅读（大声或默读）和充分修改，而不是简单地修改。

12.4.3 记笔记

当学生继续发展自己的元认知技能时，记笔记在很多中学和高中的课堂上就变得非常必要了。学会记笔记非常重要，因为信息的数量和记笔记过程中使用的技术和学业成就水平是相联系的。

1. 记笔记的作用

在我们考察笔记这项最好的实践之前，我们需要理解记笔记的三个作用（Kiewra, 1985；Kiewra et al., 1991）。

（1）编码：这个过程将为材料的编码提供帮助，因为从讲课材料中记下来的思想是编码的第二种形式，超

表12-2 题纲样本：写文章的思路要点

新想法	详细描述
一个更好的想法是……	一个例子是……
我还未考虑到的一个重点是……	这是事实，但还不够充分，因此……
一个更好的论点是……	关于这一点我的感觉是……
另一个不同的方面是……	我会通过……对此稍作修改
考虑这个课题的一个全新的方式是……	我这样想的原因是……
任何人都未曾想到的是……	另一个理由也比较好…… 我会通过增加……来进一步发展这个想法 使用另一种方式将会…… 这个观点从另一方面来看比较好的一点是……
促进	目标
关于我刚才所说的问题我想我还不是特别清楚，因此……	这个目标我想我可以写下来……
我能让我的观点更清楚一些……	我的目的是……
我要在论文中处理的一个批判是……	
我确实认为这是不必要的，因为……	汇总
我已经开始这个专题了……	如果我能从我的最强烈的想法开始我将……
这一点不是特别令人信服因为……	我可以通过……将这些联系在一起
但许多读者不会赞同……	我的主要观点是……
为了使这一点更为生动，我将……	

资料来源：Adapted from Scardamalia, Bereiter, & Steinbach, 1984.

越了对讲课的简单听讲。一些研究也对编码的作用提供了支持，表明记笔记即使有时候并未对其进行复习，也会比不做笔记获得更高的学业成绩（Kiewra，1985；Peverly，Brobost，Graham，Shaw，2003）。

（2）**编码与储存**：记笔记时可以起到编码的作用，复习笔记有助于学生在复习阶段得以返回到讲义材料中，并有助于将材料储存到记忆中。实验研究同样发现，记笔记并复习笔记的学生比那些没有复习笔记的学生获得更好的学业成绩（Kiewra，1985；Kiewra et al.，1991）。

（3）**外部储存**：外部储存（或者复习借自他人的笔记）也能有助于信息的存储。虽然与编码或编码加存储相比，外部存储对于回忆任务的益处较少，但对于要求学生进行思想整合或综合的任务而言，外部存储实际上会比单一地编码（听讲）更有益处（Kiewra et al.，1991）。

2. 记录信息的数量

记笔记的一个重要方面是学生笔记中所包含的信息数量。所记讲课材料中日益增加的数量和逐渐提高的成绩是相关的。例如，记在笔记中的信息在考试中得以回忆出来的机会约有50%，而未记在笔记中的信息被回忆起来的可能性只有15%（Aiken，Thomas，Shennum，1975）。开始，大多数学生只记下来约30%的重要信息（Kiewra，2002）。学生不能记下重要的信息是因为他们缺少识别有关信息和无关信息的元认知能力。

通过下面的方式，教师能够提高学生识别记录下来的重要信息数量（Kiewra，2002）。

- 教师可以提供讲义笔记，这可以为学生提供一个得以识别重要概念的示范。可是，很多教师尤其是那些中等教育等非主流教育的教师，认为学生应该自己负责记笔记。给学生提供详细的笔记不能鼓励他们发展或提高自己记笔记的能力。
- 教师可以提供梗概式的笔记，这种笔记只包含要点，并有空白之处留待学生自行补充细节。由教师提供并由学生来完成的梗概式笔记包括超过50%的重要信息，而在未曾得到帮助的笔记中重要信息只有不到30%。
- 教师可以提供讲义线索来标示重要内容，例如在黑板上写出概念、口头重复信息、一个信息开讲后的停顿或明显确定出组织结构（例如，"有三

种类别"）。组织结构线索会将重要信息的记载比率提升至65%，而写在黑板上的信息中，80%会记在学生的笔记中。

- 教师可以允许，甚至鼓励学生来录音或录像，使其有机会再次聆听讲座并将重要信息补充在笔记中。听觉或视像载体不能用以替代记笔记，除非学生不能记笔记，例如存在生理或学习障碍的情况下。学生听或看一个讲座能回忆出30%的重要信息，如果学生听或看两遍那么就会超过50%。

3. 记笔记的技巧

几个研究对常规纲要式笔记和矩阵式笔记的使用进行了比较（比较结果见图12-2，图中给出了每种技术的一个例子）。矩阵式笔记一贯运用在大批量学习中（Kiewra，2002；Risch & Kiewra，1990）。矩阵式笔记的好处在于它的完整：学生的矩阵式笔记通常包括了讲座思想的47%，而在常规纲要式笔记中只有32%。此外矩阵式笔记还可以对关键术语和思想进行联系和比较，这也有助于学生对讲义中提到的信息进行整理和综合（Kiewra et al.，1991）。教师可以用以下方式来帮助学生制作矩阵式笔记。

- 由老师准备好矩阵式笔记并提供给学生。
- 由老师准备好矩阵框架，并交给学生要求其完成。
- 教师可以通过直接指导、示范、反馈和练习来训练学生制作矩阵式笔记。

12.4.4 学习时间

学生能够阅读课堂材料、完成写作任务和记笔记，但是测验和考试还是需要学习。学习的起始发展水平差异相当大。小学低年级学生一般是在拼读和数学科目上进行测验。在小学高年级又增加了社会学习考试，拼读考试也变成了词汇考试，学生不仅要学习拼读还要学习定义。在中学水平又增加了科学考试，社会考试也很普遍。可是在学校、教室、关注培训的教师和所需学习技能的难度水平方面通常存在着巨大的差异。

更为高级的元认知技能包括<u>学习时间的分配</u>，或者说是在一个较长的时间内用于学习的时间。特别要指出的是，学习时间分配与程序性知识或对学习难度的判断（JOLs）有密切的联系。例如，一个学生可能认为这个星

	野猫			
	老虎	狮子	印度豹	山猫
叫声	吼叫	吼叫	呜呜叫	呜呜叫
重量	450	400	125	30
寿命	25	25	8	6
生活环境	丛林	平原	平原	森林
社会行为	独居	群居	群居	群居

纲要式笔记：

野猫
I. 老虎
  A. 叫声
    1. 咆哮声
  B. 重量
    1. 450磅
  C. 寿命
    1. 25年
  D. 生活环境
    1. 丛林
  E. 社会行为
    1. 独居
II. 狮子
  A. 叫声
    1. 吼叫
  B. 重量
    1. 400磅
  C. 寿命
    1. 25年
  D. 生活环境
    1. 平原
  E. 社会行为
    1. 群居
III. 印度豹
  A. 叫声
    1. 呜呜叫
  B. 重量
    1. 125磅
  C. 寿命
    1. 8年
  D. 生活环境
    1. 平原
  E. 社会行为
    1. 群居
IV. 山猫
  A. 叫声
    1. 呜呜叫
  B. 重量
    1. 30磅
  C. 寿命
    1. 6年
  D. 生活环境
    1. 森林
  E. 社会行为
    1. 独居

图 12-2　纲要式笔记和矩阵式笔记

资料来源：K.A.Kiewra (2002). How classroom teachers can help students learn and teach them how to learn. *Theory into Practice*, 41, 71-80.

期英语考试所要求的词汇表很容易，而另一个学生可能认为这个词表很难学。按照差异减小模型的观点，有较高元认知技能的个体将判断所要学习材料的难度水平，并在更难的材料上分配更多的时间（Dunlosky, Hertzog, 1998）。可是在较难材料上施以额外的时间并不一定能在考试或评价中得到更好的成绩（Metcalfe, 2002）。

关于学习时间分配的另一个观点认为，学生应该将时间集中在较难的材料上，或是集中在特别难但仅处于刚好无法掌握的材料上，这就是维果茨基（Vygotsky）所称的最近发展区。根据维果茨基理论所建立的最近学习区模型，认为个体应该学习将要学会还未掌握的项目。（Metcalfe, 2002）。学习时间分配应该向较难的项目倾斜，这将在学生的最近学习区上的变化中表现出来。实验研究也支持了这一观点，当根据最近学习区来分配时间，而不是分配到最难的项目上时（如差异减少模型所说），往往会得到更好的成绩（Kornell, Metcalfe, 2006; Metcalfe, Kornell, 2005）。

为了使最近学习区更为有效，学生必须进行元认知调节，尤其是针对计划和监控技能方面。

- 计划：学生必须能够对自己什么学会了和什么没有学会做出准确的判断，必须能够做计划或对要学习的信息区分出先后次序。教师可以通过要求学生把要学习的项目按照从最简单到最难的顺序列出来的方式帮助学生计划学习时间。
- 监控：通过对自己在学习时间内已经掌握什么和还未掌握什么做出持续的判断，学生必须能够监控他们的学习。然而，甚至连大学生也不善于对自己在考试前的准备水平进行监控（Peverly et al., 2003）。

SOAR方法是一项将许多理念综合在一起的学习策略。尽管该策略是为大学生设计的，但同样也可以传授给高中生。SOAR方法包括直接考虑常见学习错误的四个成分（Jairam & Kiewra, 2009, 2010）：

- S——选择（selection）教师提供完整的笔记、大纲笔记或线索，使学生改变常见的倾向，而不是记录所有重要的内容。许多情况下，学生以彩笔标记教材内容，以表示选择，但通常他们会选取过多或过少的内容。教师的帮助，即在教材里确定哪些是重要内容，如给学生提供一个框架，对学生而言就特别有益。
- O——组织（organization）学生接受或创造组织图形，如线路图或层级图，而不是罗列笔记。教师可以通过线路图或层级图的形式向学生生动地呈现学习内容，使该策略模式化。

- A——联系（association）学生确认学习项目之间的区别与联系而不是将每个学习项目相互割裂开来，分别学习。同样地，教师也可以通过比较概念的方法使该策略模式化。
- R——规则（regulation）学生应摒弃简单重复策略，而使用自我测试策略，即通过问自己问题以帮助自己检查是否已经掌握新学习的内容。学生可以将教材章节的标题转换为问题，进行自我检测。教师也可以向学生提供一些简单问题，给他们一些小测试，或要求学生自己写测试题等。

之前所讨论的对特定学习和学习策略的指导应该遵循以下一般性原则（Bruning, Schraw, & Ronning, 1995）。

- 解释学习策略的价值。许多学生没有使用策略是因为他们不理解策略使用将如何促进他们的学习和成绩。
- 一次只介绍几个学习策略以减少认知超载的可能性。
- 为学生示范策略如何使用。
- 给学生提供丰富的机会，将学习策略运用于实践。
- 对学生学习策略的使用情况和在使用过程中的提高程度向学生提供反馈。
- 鼓励学生思考策略的有效性。
- 提示能够将学习策略迁移到其他课程或领域的机会。

> 在你可能教授的年级中，你将怎样促进学生们使用这些学习策略呢？

本章小结

1. 描述元认知的两个主要成分

元认知知识，是元认知的第一个成分，指的是关于我们自己认知过程的知识。它分为个人（陈述性的）、任务（程序性的）和策略（条件性的）知识。元认知调节是一种有目的的行为，用以控制我们的思维、情感和价值，它包括计划、监控和评价三种功能。元认知知识和元认知调节均随时间而发展，与高级学业成就有关。

2. 解释儿童心理理论的四个特征

儿童心理理论，它描述了儿童对心理世界的早期理解，包括四个特征，这四个特征起源于学龄前期，并在整个学龄期间日益复杂化；（1）错误信念，即对一种正确的或错误的信念的理解；（2）外表－现实区分，即理解某些事情看起来的样子和实际是不同的；（3）视觉观点采择，理解对一个物体的观察会由于人的观察角度的不同而不同；（4）内省，儿童意识到并理解自己的想法。

3. 解释与青少年自我中心有关的两种结果

青少年自我中心包括：（1）假想观众，认为其他人都在关注自己；（2）个人神话，相信自己是独特的，以至于任何人都不能理解自己的情感或想法。青少年自我中心的出现源于试图对父母－儿童关系进行重新谈判，因此就通过在独立性和联通性之间进行平衡变得越来越具有成人－成人似的关系。通过对假想观众和个人神话的使用，独立性和联通性之间的这种平衡会一直持续到成人期，尽管与青春期相比使用不那么强烈。

4. 解释影响元认知的使用和发展的因素

元认知的发展受到几个因素的影响。生物因素，诸如神经生理缺陷和大脑损伤；家庭因素，诸如聆听父母和兄弟姐妹们关于信念、情感、知识、如何学习和如何研究的谈话，这些因素都会影响元认知的发展。一旦元认知技能开始发展，个人因素就会决定在学习情境中是否会使用这些技能。这些因素包括任务的本质和个人的动机水平、预先掌握的知识和先前成功使用元认知技能的经验。

5. 描述教师如何帮助学生提高阅读理解水平和写作技能

教师可以通过在年幼儿童中使用交互教学和在年龄更大的学生中使用PQ4R策略来提高学生的阅读理解能力。这两种策略都需要使用诸如计划、监控和评价等元认知技能，都需要提高学生的对重要信息的回忆和理解能力。教师可以通过鼓励学生制定概括结构来提高写作技能。教师也可以帮助学生提高监控能力，对于年幼的儿童可以要求他们大声"思考"或在完成写作任务时回答与其思想有关的问题，对于较大的儿童和青少年可以要求他们重新阅读最初的纲要并进行修改。

6. 解释记笔记和学习时间的重要性并解释教师如何帮助学生提高这些学习策略

记笔记和学习时间与高的学习成绩成正相关。尽管更多的笔记与更好的学习成绩有关,但大多数学生并不能记下大批量的重要信息。教师可以通过教会学生具体的记笔记策略(诸如使用矩阵式笔记)来提高学生记笔记的信息量。学习时间应该以学生的最近学习区为依据,这就要求教师能够对学生已经具有的知识和将要学习的知识进行准确的判断。教师在帮助学生提高对学习时间的计划和监控能力时,可以要求学生把要学习的项目按照从最简单到最难的顺序列出来,可以教会他们掌握自查的技能,同时教师也可以提供问题范例。

案例学习:反思与评估

儿童早期:空气

1. 巴伯为了帮助学生提高阅读理解使用了什么策略?
2. 玛丽亚和罗丝所表现的是心理理论的什么特征?就罗丝的心理理论而言这能告诉你什么?
3. 任务的本质能影响学生使用元认知策略的方式。你认为学生会如何看待巴伯所展示给他们的科学实验的本质?这个观点会影响他们的元认知策略的使用吗?
4. 巴伯是怎样将计划和监控策略整合到她学生的风筝项目中去的?为什么这些技能很重要?
5. 巴伯的学生如何能在儿童风筝节上使用评价策略来评估他们的空气动力学思想的效果?

小学:关于海盗的阅读

1. 假定那些就座学习的学生认为阅读小组的学习任务更简单。解释哪种元认知知识可以引导学生得到这种结论。
2. 兰在阅读小组中使用了什么元认知策略?具体描述一下。
3. 兰可以教给学生什么元认知策略来让学生提高阅读理解能力?
4. 兰如何能够让不在学习小组中的学生使用交互式教学?
5. 兰如何能帮助学生坐在自己的桌子旁来监控自己的学习进程?
6. 写作技能如何能够结合到坐在自己的座位上的学生的学习中去?如何结合到阅读小组的学习中去?

初中:华盛顿总统

1. 哪些元认知因素与学生在考试时不能回忆起学习内容的细节有关?
2. 什么是青少年自我中心?它怎样影响学生不记笔记?
3. 学生关于华盛顿的先前知识怎么能够成为学生在这一章的学习中使用元认知技能的一个因素?
4. 对于汤姆而言,为什么花些时间教会学生各种记笔记的策略比不仅仅是告诉他们一定要记笔记更为重要?
5. 为了帮助学生在考试前更好地使用时间汤姆给出了什么建议?
6. 当学生记下连续性谈话的要点时他们是如何使用计划和监控策略的?

高中:我不理解

1. 在苏云关于自己的教学的思考中明显表现出来的是哪种类型的元认知知识?在关于课程中的学生的反应和行为方面明显表现出来的是哪种类型的元认知知识?
2. 学生对交互式教学的理解如何能影响他们在数学课上对元认知策略的使用?
3. 苏云在哪些方面表现出她具有个人神话的特征?你认为一个教师可能具有个人神话吗?
4. 学生在课堂上的笔记能帮助他们更好地理解这些材料吗?解释一下。
5. 学生如何能在课堂上使用自我监控和评价?苏云应该如何帮助学生在课堂上使用自我监控和评价?
6. 作为一种元认知策略,苏云在授课时如何使用自我监控?

第 13 章
技能和知识的迁移

学习目标

1. 从"高路迁移"和"低路迁移"的视角，比较具体迁移和一般迁移。
2. 解释为什么高路迁移为什么比低路迁移更难实现。
3. 区分支持迁移的四种教学原理，解释每种原理如何促进迁移的。

13.1 什么是迁移以及迁移的意义

作为教师，我们都希望学生掌握课堂上所学习的内容，并能把知识应用到其他课程以及生活中的其他情境中去。换句话说，将所学知识迁移。但是技能和知识的迁移说起来容易做起来难。研究者发现我们很难示范我们如何本能地、成功地将所学的知识从教育情境迁移到其他情境（Haskell, 2001; Marini & Genereux, 1995）。研究结果表明，我们不应在教会学生知识之后就期待他们能够找到一种方式在校外使用这些知识。相反，我们应该教会他们迁移。要教会他们迁移，教师就必须更清晰地理解迁移的本质，并在设计教学时不要忘记迁移（Marini & Genereux, 1995）。

迁移（transfer）可以广义地定义为先前知识、技能、策略或原理对新知识学习的影响。我们应该注意并不是所有的迁移都是正迁移，**正迁移**（positive transfer）是指以前的学习促进对新任务的学习。学习者也可能会遇到负迁移。**负迁移**（negative transfer）指先前的学习妨碍了新任务的学习。例如，一个初中生关于"鲸鱼是鱼"的错误概念会导致他在科学课上做出错误的动物分类。学习者也会经历**零迁移**（zero transfer），这是指以前的学习在新任务的学习成绩上不起作用。例如，一个高中生可能无法将商务课上学到的知识应用于管理他兼职所赚的钱。

先前的知识如何影响我们在新环境中的行为呢？心理学家一直在探讨迁移是否包含着特定的反应或者更为复杂的一般性原理和策略。这种争论形成了几种不同的关于迁移的定义。

13.1.1 特殊性迁移和一般性迁移

20世纪初，一个流行的观念是形式训练学说（doctrine of formal discipline），提倡关于迁移的一般性观点（general view），按照该观点，诸如拉丁文和几何学等课程的学习能提高个体的逻辑思维，这种提高后的心智功能随后将迁移到其他学科中。在20世纪初期，桑代克（Thorndike，1923，1924）提出了反对形式训练学说的证据，证据表明学习了拉丁文和几何学的学生在智力推理测验中并未比学习其他学科的学生表现得更好。

桑代克提出与形式训练说相对的学说被称为相同要素理论（theory of identical elements），这是关于迁移的特殊性观点（specific view），按照这一理论，如果新的技能或行为所包含的成分与先前任务所包含的是相同的，那么迁移将在两种学习任务之间发生。例如，掌握个位数加法能促进学生学习两位数加法，因为个位数加法是两位数加法所需要的一种成分式技能（Mayer & Wittrock，1996）。一个新的学习情境和一个已经学会的技能的背景越相像，迁移就越有可能发生。

低路迁移

在滑冰中自动获得的技能会低路迁移到直线滑动类的运动中，使人能够在温暖的天气中练习打曲棍球。

13.1.2 低路迁移和高路迁移

萨洛蒙和伯金斯（Salomon & Perkins，1989）提出了比早期的特殊性迁移和一般性迁移更为具体的解释。与早期理论不同，他们的迁移模型详细说明了究竟是什么发生了迁移以及迁移是如何发生的这两个问题。下面我们来探讨这一理论中的迁移类型。低路迁移（low-road transfer）包含着"得到高度训练的技能本能地、自动化地迁移，几乎不需要深入思考"（Salomon & Perkins，1989，p.118）。低路迁移是一种技能在各种情境下广泛训练直至变得灵活并发展为自动化的结果（Salomon & Perkins，1989）。自动化（automaticity）发生于一个人快速、准确地掌握一个技能，几乎无需注意和认知负荷。培养技能自动化使得一个人不仅无需过多的思考就能执行技能，而且能将技能迁移到其他类似的情境中。阅读和算术就是自动化技能的实例，它们能自动化地迁移到校内外的其他许多情境中，因为它们已经在各种情境中得到了广泛的训练。

在高路迁移（high-road transfer）中，个体有目的地、有意识地将一些在一种情境中已经学会的一般性的知识、策略或原理应用到不同的情境中去（Salomon & Perkins，1989）。例如，一个孩子已经解决了一个谜题，就可以在一个新的、更具挑战性的谜题中使用在前面的谜题中用过的策略。如同自动化是低路迁移的关键特征，潜心概括（mindful abstraction）是高路迁移的定义性特征。概括是寻找有意义信息（有意义地、积极地学习信息而不仅是记忆信息）并将其应用到一个新的学习情境中的过程。在受到元认知（我们对思维的觉知、监控和评价）指导时，概括是一种潜心的过程，使得学习者能识别出迁移情境，并在不同的情境中使用概括的知识（Fuchs et al.，2003）。在前面提到的谜题例子中，这个孩子会回想起她所知道的谜题解决的知识，并把这种知识应用到新的谜题中。

这个谜题例子说明了一种高路迁移类型，称为问题解决迁移（problem-solving transfer），在这种迁移中，我们回忆起在解决一种问题类型中学到的一般性策略或原理，并应用它来解决另一种问题类型。类比迁移（analogical transfer），是高路迁移的另一个例子，包括创造或使用一个已有的类比来帮助自己去理解一个新概念。例如，科学老师会把一个原子中的电子轨道（新知识）与太阳系中的行星轨道（已有知识）进行比较。

高路迁移可以用一种简单的与时间顺序排列的概念来描述。顺向迁移（forward-reaching transfer）是指在充分掌握一个原理或策略之后，将来一旦遇到适当的情境个体就可以轻松快速地选择使用它们。例如，一个高中生已经对集合学有了深入的概念性理解，将来就可以在其他课堂上、真实的生活情境中或将来的事业中轻松地根据这些几何学原理解决问题。逆向迁移（backward-reaching transfer），它指的是为了解决眼前的问题有意

问题解决迁移

儿童正在学习拼益智拼图。她习得的游戏策略，如从边角处纸牌开始的策略，可以被有意识地存储起来，并应用于解决新的、更具挑战性的益智游戏。

地从过去的知识中寻找策略或原理。一个高中生在木工课上建造一个鸟窝时就可能从过去学过的几何课上寻求一些知识以便帮助自己对鸟窝的尺寸进行计算。

> **思考：**想想你自己的学习经历。你什么时候使用过顺向迁移，什么时候使用过逆向迁移？

13.2 我们真的将所学的知识迁移了吗

13.2.1 低路迁移的成功

想一想你能够自动化地使用的所有技能。当你还是一个小学生时，你学会了阅读，当你成为大学生时，你会把这些阅读技能广泛地应用在读杂志、交通地图和网页等活动上。这些例子说明了低路迁移的成功：一旦学生自动化地发展出一种技能，他们就能很容易地将它迁移到新的情境中。就好比棋手、音乐家和运动员在自己的行业中必须经历数千小时的训练一样，学生也必须在阅读、计算、计算机应用、说外语、运动和使用乐器等领域中花费大量的时间才能掌握一种技能（Anderson，1982；Hayes，1985）。个体要熟练掌握一种技能至少要经过100小时的练习（Anderson，1982）。

要成功地实现迁移，仅仅在头脑中熟练掌握技能还不够。如果采用死记硬背（未经理解的记忆）的方式来进行大量的练习，那么在长时记忆中保持的只是一些不连贯的信息或技能存储的单元，无法有意义地联结在一起，会随着时间的流逝而逐渐消退，这样就不大可能发生迁移。为了确保能够发生低路迁移，学生应该进行反思和有意练习而不是死记硬背（Haskell，2001）。**反思练习**（reflective practice）是指发展出一种概念式的理解。例如，学生必须练习 2×3=6 直到自动化的程度，但是他们也需要理解这个事实背后的概念。

13.2.2 高路迁移的问题

为了理解高路迁移的问题，我们先阅读下面的故事和问题。以下材料来自吉克和霍利约克（Mary Gick & Keith Holyoak，1980，1983）的研究。

1. 军事问题

一个独裁者凭借一个强大的堡垒统治着一个小国。这个堡垒坐落在这个小国的中部，周围分布着农场和村庄。从郊外有很多路可以通向这座堡垒。一个反叛的将军希望占领堡垒。将军知道凭借其整个部队足以占领堡垒。他在一条路口集结了部队，发动了大规模的直接进攻。可是，将军随后才知道原来独裁者已经在堡垒周围多条向外延伸的路上均埋上了地雷。埋设了这些地雷之后，只有小分队才能安全通过这些道路，因此无法进行大规模攻击。任何大规模的攻击不仅会破坏这些道路，也会摧毁周围的村庄。由此看来似乎很难占领这个堡垒了。可是，将军想到了一个简单的计划。将军解决的方法是把军队分为许多小分队各走一条路。当

有意练习

乐队的音乐家经过大量的练习来获得娴熟的技能。

一切准备就绪,将军就发出信号,每个小分队最后在堡垒同时会师。用这个方法,将军最后攻占了堡垒推翻了独裁者(Gick & Holyoak,1980,p.351)。

2. 医疗问题

假设你是一个医生,面对一个胃内有恶性肿瘤的患者。肿瘤不切除,患者就会死去,但是,在肿瘤上又不能动手术。有一种辐射能摧毁肿瘤。如果辐射以足够高的强度立刻到达肿瘤,肿瘤会被摧毁。但不幸的是,其他的健康组织同时也会被摧毁。而辐射强度较低时,射线对健康肌体无害,但对肿瘤也就不起作用。那么,应该用什么类型的辐射去摧毁肿瘤同时又能避免伤害健康的组织呢?(Duncker,1945,pp.307-308)

你能解决这个医疗问题吗?如果不能,那么再读一遍那个军事故事,希望你能从中得到一些提示。在这个研究中,大学生在阅读军事故事后阅读医疗问题,这为他们解决医疗问题提供了一个相似的解决方案。当试图用军事问题来帮助被试解决医疗问题时,大多数学生都提出了正确的解决方案:将几种射线以低强度从不同的角度汇聚起来使用。这个例子,和其他几个经典的实验研究一样,说明了一个广为人知的发现——学生常常不能自发地将自己在以前的问题解决过程中得到的经验迁移到另一个类似的问题上,甚至当这个新问题紧跟在前一个问题之后出现时,学生也同样难以迁移(Gick & Holyoak,1983;Hayes & Simon,1977;Reed,Ernst & Banerji,1974)。

实验研究表明,包含问题解决和类比的高路迁移是很少发生的,因为缺少成功迁移时所需要的三个技能中的一个或两个技能(Mayer & Wittrock,1996)。

(1)**识别** 学生常常不能从记忆中识别出相似问题的解决方案用以解决一个新问题。例如在上面描述的研究中,大多数学生不能想出汇聚的方法来解决肿瘤问题,除非研究者明显引导他们从前面阅读的故事中寻找提示以便找到解决方法。

(2)**抽象** 学生常常不能抽象出一般性原理或策略。在上面描述的研究中,阅读两个具有相同解决方法的故事与阅读两个不相干的故事相比,前者提高了学生抽象出相似策略的能力促进其形成肿瘤方案。这说明学生需要大量地接触问题,这样才能识别并抽象出相似的策略。

(3)**映射** 学生可能会因为难以映射而不能迁移,映射是指将以前的问题和现在的新问题准确地联系在一起,尤其是当问题表面上看起来不那么相似的时候(Holyoak & Koh,1987;Reed,1987)。例如,在专栏13-1中出现的两个问题,虽然有相同的解决方法,但表面上看来确实是不同的——一个是硼酸溶液的混合,另一个是花生和杏仁的混合。学习解决一个问题常常无法帮助学生去解决其他看起来不同,但实质上有相同解决方法的问题(Gick & Holyoak,1983;Hayes & Simon,1977;Reed,1974)。

将学校所学知识迁移到其他情境的迁移研究也一样令人失望。尽管一些研究表明存在从一个学科到另一个不同的学习背景的成功转化(Adey & Shayer,1993;Chen & Klahr,1999),但也有些研究表明学生需要将学校学习的知识迁移到其他任务中时通常是失败的(Brown,Campione,Webber & McGilly,1992;Nickerson,Perkins & Smith,1985)。例如,对于数学问题的解决,学生一般无法迁移(Bransford & Schwartz,1999;Mayer,Quilici,Moreno,1999)。这种情况在小学生中尤其明显,当问题出现较小的变化时他们就很难

专栏 13-1

一个数学问题解决的例子

■ 训练问题

一个护士把浓度为6%的硼酸溶液和浓度为12%的硼酸溶液混合在一起。那么上面的这两种溶液分别需要多少品脱(品脱为容量名,1品脱=1/8加仑)才能配制出4.5品脱浓度为8%的硼酸溶液?

资料来源:Reed,1987。

■ 迁移问题

一个杂货店把每磅售价1.65美元的花生和每磅售价2.10美元的杏仁混和在一起。那么上面的花生和杏仁分别需要多少磅才能混合出30磅的每磅售价为1.83美元的混合果仁?

表 13-1 近迁移和远迁移的区分

领域	描述	近例子	远例子
学科问题	知识可以迁移到一个相似的或不同的主题事件中	把微积分课堂上的知识来解决物理课堂的等式	（英语课上）辩论写作任务的一部分就是对科学方法知识的使用
物理情境	知识可以从一个情境迁移到另一个相似的物理情境中，也可以迁移到一个不同的环境背景中	使用关于液体度量的知识来解决学校中的数学应用题	使用关于液体量度的知识在家烘焙蛋糕
功能情境	出于一个目的而学到的知识可以迁移到一个相似的目的中，也可以迁移到一个不同的目的中①	使用数学课堂上的百分率知识来解决应用题（二者都是理论上的目的）	使用百分数计算的知识（理论的）来算出最喜爱选手的击球率（娱乐的）
时间情境	近迁移和远迁移可以通过学习和迁移之间的时间长度来区分	经过一段短暂的时间（同一天或第二天）后就迁移知识	经过更长的一段时间后（几个星期，几个月或几年之后）才迁移知识
社会情境	学习中的知识和迁移情境可能包含了一个相似的或者不同的社会情境	在学习和迁移情境中独立工作	使用团体活动中学到的知识来进行独立研究
形式	学习中的知识和迁移情境可能包含了一个相似的或者不同的形式	听一个关于幼猪解剖的讲座，并向朋友描述这个过程（都是听觉形式）	听一个关于幼猪解剖的讲座，并能动手操作（一个是口头的，一个是动手的）

① 物理情境和功能情境有时也相互重叠。例如，在家里烘焙蛋糕可以是物理情境（学校以外）和功能情境（真实生活的目的）的远迁移的例子。可是，物理情境和功能情境也可以是不同的。一个学生可以在学校的课后项目中用百分数来计算自己喜欢的球队队员的击球率（相似的物理情境，不同的目的）

资料来源：Adapted from Barnett & Ceci, 2002.

应用其计算技能，类似于专栏 13-1 所示的情况（Durnin, Perrone & MacKay, 1997；Larkin, 1989）。同样，儿童和成人也很少将在学校习得的技能应用到真实生活中，例如在超市中判断买哪一个商品更好（Lave, 1988；Saxe, 2002；Schliemann & Acioly, 1989）。

为什么很少有人能够将学校学到的知识迁移到真实生活情境中呢？一系列研究表明可能是因为人们在一开始时不能以有意义的方式学会这些知识（Bereiter, 1995）。那些主要依赖于死记硬背或集中思维（获得一个问题的一个正确答案）的教学只能产生一种狭隘的能力，只能用以解决某一种问题而不能鼓励学生形成具有灵活性的知识，而这种灵活性的知识才能迁移到新的情境中去。实验研究已经表明，那些理解了概念和程序的学生比那些死记硬背的学生更可能将自己的知识迁移到新情境中去（Adams et al., 1988；Bransford et al., 2000）。例如，如果四年级和五年级的学生掌握了某一概念而不是仅仅死记硬背，那么他们更可能在数学问题上进行迁移（Perry, 1991）。

另一类研究表明学校所学知识的高路迁移可能受到学习情境和迁移情境之间相似程度的制约（Barnett & Ceci, 2002）。如表 13-1 所示，学习情境和迁移情境可能在几个维度上是不同的，包括主题、自然特征和目的的几个方面。我们很容易进行 近迁移，即将先前的知识用到与学习情境不同但相似的情境中。然而，我们不大可能进行 远迁移，也就是把先前的知识应用到与之前学习情境不同的新情境中。我们可能无法意识到，一个新情境中所需要的知识与之前的学习情境中获得的知识有关（Driscoll, 2000；Singley & Anderson, 1989）。我们也发现，当我们面对一个真实生活中的任务时，如果学校中所讲授的内容与目前我们要达到的目标或目的没有任何联系，我们很难识别出这个知识的用途（Barnett & Ceci, 2002；Gick & Holyoak, 1987）。不同背景之间的迁移很少发生是因为这需要更多的努力（Gage & Berliner, 1992）。

> 思考：想想你在学校的经历。老师曾经鼓励你进行记忆、思考、问题解决或是鼓励你应用所学的知识吗？这在多大程度上影响了你的迁移？

13.3 应用：如何促进迁移

教师可以采用几种具有研究基础的原理来帮助自己设计能够促进迁移的教学。类似的，这种指导能帮助学生采用学习策略，进行有效的迁移。这些原理包括以下四个方面。

- 发展自动化技能。
- 促进有意义学习。
- 讲授元认知策略。
- 激励学生去评价学习。

13.3.1 发展自动化技能

为了促进学业技能的低路迁移，应该为学生提供练习和获得学业技能自动化的机会。有效的练习需要注意（Haskell，2001）以下三方面。

- 思考而不是死记硬背。
- 在多种情境中练习。
- 过度学习，学生在已经掌握之后还需要一段连续性的练习。即使个体能完全准确地掌握这些技能，较长的时间之后技能还可以持续提高（Schneider，1985）。

发展自动化不一定意味着教师就要使用训练和练习这种依赖速记卡和死记硬背的方法。自从20世纪70年代以来，练习和训练就大幅减少了，因其被冠以"训练和扼杀"之名，这种缺乏有意义背景或学习目标的方法会扼杀学生的动机。然而，广泛的练习所得到的自动化也可以在有意义的学习背景和有趣的学业任务中获得，这些活动包括问题解决、协作活动、计算游戏和课堂游戏，等等。

发展自动化也能促进高路迁移。学生获得了词汇解码和算术运算等低水平技能的自动化之后，就能将更多的认知资源集中在高水平的认知技能上，例如，理解、计划、监控和问题解决，等等（Case，1985；Geary，1994；Perfetti，1992）。在学习期间，多关注高水平技能的掌握可以提高小学生、初中生和高中生进行高路迁移的可能性。例如，一个能自动化地执行代数运算的高中生，就比勉强进行数学运算的学生更可能理解和迁移代数问题。

虽然自动化促进了阅读理解、问题解决和推理等高水平认知技能的发展，但缺乏自动化不应该成为延迟学生接触复杂认知技能的借口。通常，学业成绩较低的学生将持续获得基本的技能指导、训练和练习，这些都是获得高水平技能指导的先决条件。作为一个学生，学业成绩较低者在这些技能方面接受的指导较少，当他们升到高年级时，复杂的认知技能越来越重要，他们就会远远落后于同龄人（Means & Knapp，1994）。在指导学业成绩较低的学生时，教师可以这样做：

- 创设没有自动化限制的问题解决任务。学生能使用计算器来解决数学问题，设置没有语法限制的论述题，草拟短文或期刊而不必担心书写、拼读或标点符号（Glynn, Britton, Muth, & Dogan, 1982；Scardamalia, Bereiter & Goelman, 1982）。
- 在基本技能指导和侧重复杂认知技能的教学方法之间取得平衡。教师可以重点帮助学业成绩较低的学生进行数学问题解决，因为他们还无法在数学知识上达到自动化，如同专栏13-2中所示。他们也可以使用**交互式教学**（reciprocal teaching），这是一种针对阅读能力较差的学生在阅读理解方面培养元认知策略的重要方法。使用这种方法，教师就可以为总结、提问、分类、预测等策略做出示范并提供脚手架（即支持、提示和促进），这样就能帮助学生获得这些策略并在之后的学习中能够使用，而不必依赖教师的帮助。交互式教学已经使一些从小学升入中学时阅读理解能力较差的学生提高了阅读理解水平（Palincsar & Brown, 1984；Rosenshine & Meister, 1994）。对于那些从小学升入中学过程中学习困难的学生，交互式教学同样有效（Gajria, Jitendra, Sood, & Sacks, 2007；Lederer, 2000）。

专栏 13-2

学业成就较低的学生解决数学问题的例子

当大多数一年级的孩子都能独立地或以很小的小组形式来解决应用题时，J女士和三个孩子——瑞嘉、埃里克和爱瑞斯特坐在桌子旁。每个孩子都有可以联结在一起的塑料立方体、一支铅笔和一厚沓写有相同问题的纸张。他们一起读着第一道题:"瑞嘉做了18个黏土恐龙。爱瑞斯特做了9个。瑞嘉比爱瑞斯特多几个恐龙?"

学生们用不同的方式解题。瑞嘉把18个立方体放在一起。她从中拿出9个,数着其余的几个。她数的结果是11。她把结果写在纸上,抬头看着老师以期得到确认。J女士看看答案,又回头看看题目,然后说道:"你真的很接近了。"当瑞嘉重新计数立方体时,J女士注视着她。这次瑞嘉数数的结果是9。

爱瑞斯特也连接了18个立方体。接着她数出9个并把它们拿掉。她数了数还剩几个。爱瑞斯特大声喊道:"我算出来了!"J女士看看爱瑞斯特的答案,然后说道:"不对,但你也真的很接近了。"爱瑞斯特又把这个程序重新做了一遍。

埃里克连接了9个立方体,他又在另一组中连接了18个立方体。他把它们相邻放在一起,数出每排的数量是9个。接着埃里克拿掉了没有连接在一起的立方体,并数出了个数。"我知道了!"他喊道。

看着这几个孩子,J女士开始提问:"好的,现在我们来看,你们是怎么得到自己的答案的呢?记住,最重要的是:你如何得到答案的呢?让我们看看这次我们是否能用不同的方法得到答案。(埃里克举起手来。)埃里克,你是怎么做的?"

埃里克:我有9个立方体,我又放了18个立方体,我把它们放在一起。那么18个立方体……我从18个立方体中拿走了几个。

J女士:好的,让我们看看我们是否能理解埃里克怎么做的。好的,你得到——给我看18个立方体。

埃里克:好的。(他在面前摆了3组立方体,每组9个,他拿了2组。)

J女士:好的,这样你这里有18个立方体,你还有9个。

埃里克把9个立方体放在另一只手中,把它们一个一个地排在一起。

J女士:那么你比较一下。

埃里克:(按照J女士的指导)那么把它们放在一起了。

J女士:那么你把它们放在一起了。

埃里克:那么我把……

J女士:拿走9个。

埃里克:拿走9个,我来数一数(数剩下的立方体),有9个。

J女士:好的。那么这是一种方法。做得好,埃里克。你是怎么做的,瑞嘉?

J女士与瑞嘉和爱瑞斯特讨论他们的解决方法。

J女士:那么我们已经——我们解决这个问题用了几种方法?(小组的同学们讨论着不同的方法。)因此我们用了3种不同的方法解决了这个问题。让我们来看下一个问题。

资料来源:Means & Knapp, 1994.

13.3.2 促进有意义学习

高路迁移依赖于积极的、有意义的学习,在这个过程中学生们能掌握深水平的知识结构(而不是通过死记硬背而获得的离散的事实),这些知识与相关的概念、前期知识以及真实生活经验都有关联(Bransford & Schwartz, 1999;Renkl, Mandl, & Gruber, 1996;Salomon & Perkins, 1989)。教师可以使用各种技巧来鼓励学生进行有意义学习。

(1)**在开始新课之前检查学生先前的知识**。为了防止负迁移,教师可以先判定学生们关于一个主题已经理解了什么内容,识别出不准确的前期知识,在讲授新课之前先纠正这些错误认识。找到学生的前期知识还有助于学生看到新旧材料的相关性,使他们能用已有的知识来解释它们,促进顺向迁移。要做到这一点,教师可以让学生就自己关于一个主题了解了什么开始一个大脑风暴,当学生们阅读一个课本或研究主题时,他们可以采取向自己提问"关于这个主题我已经知道了什么?"这个策略。KWL,是一个在学校中比较流行的方法(见图13-1),即让学生把自己关于一个主题的已经掌握的知识(Knowledge)和在教学之前自己有什么(What)样的问题列出来(Ogle, 1986),要完成这个过程,学生还需要在授课后列出自己学到(Learn)了什么。

(2)**要求学生建构新、旧知识之间的联系**。教师可以要求学生通过自己已有知识中的实例来记住某个概念,而不死记教科书上给出的概念。该策略可以有效地用于阅读、数学、科学、经济学和地理学等诸多

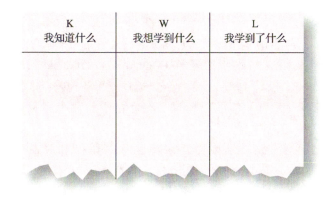

图 13-1 激发先前的知识

KWL，如图所示，通过在课前评估学生的先前知识能防止负迁移。

学科的教学中（Mackenzie & White, 1982; Osborne & Wittrock, 1983; Peled & Wittrock, 1990）。这些策略也同样适用于家庭社会经济背景较低的学生（Kourilsky & Wittrock, 1992）。在数学、科学等涉及需要用计算方法解决问题的学科中，教师可鼓励学生建构对问题的自我表征或模式，以帮助他们理解问题。如，小学生在解决涉及5×6计算的应用题时，可指导学生分别画5组6个圆圈，帮助学生理解和计算；而对于高中生，则可指导他们画变化趋势线或其他标识，以帮助他们解决相关物理问题。建构自己的问题表征有助于学生的学习和知识迁移（Terwel, van Oers, van Dijk, & van den Eeden, 2009）。

（3）鼓励学生使用"提问-回答"和"自我解释"的策略。学生在阅读教科书时，教师可以给学生设置一些问题，让学生在阅读的过程中寻找问题答案。问题设置要"走出"学习内容本身，关注于如何应用，而不是仅为寻找具体问题的答案，这种问题才有利于学生的迁移（Shavelson, Berliner, Ravitch, & Loeding, 1974; Watt & Anderson, 1971）。学生在完成解释性作业、解决数学或科学问题、抑或按部就班地解决他们自己的问题时，教师也可鼓励他们多进行"自我解释"。因为自我解释有助于学生整合新学内容与已有知识，学生在使用自我解释方法时，便表现出深度学习的能力和较好的迁移能力（Chi, 2000; Tajika & Nakatsu, 2005; Tajika et al., 2007）。

（4）使用可以操作的内容。这是一些可以鼓励学生积极学习的内容，可以帮助学生将具体的情境和一个更为抽象的原理关联起来（Mayer & Wittrock, 1996）。基于科学原理的动手实验，以及珠子、木块等任何实际的物体都能帮助小学生在数学课上学会计算原理（Champagne, Gunstone, & Klopfer, 1985; Montessori, 1964）。

（5）进行类比教学。科学教育工作者越来越经常把类比作为一种方法用于激发学生关于某个主题的先前知识（Haskell, 2001）。例如，可以用管道中的流水向学生介绍电子电路中的电流和电压的概念（Brooks & Dansereau, 1987; Gentner & Gentner, 1983）。如果学生在映射方面（在一个类比和一个新问题之间建立起联系）还是有困难，就应该对学生的理解进行检查，以防出现对类比的错误使用（即负迁移）。

（6）使用已解决的实例。在一个成功解决问题的例子中，学生可以看到在达成结果的过程中所使用的方法和步骤。在以下三种情况下，使用已解决的实例最为有效。

- 已解决的问题与当前需解决的问题结构上相似。这种情形对于初学者而言尤其重要（Gentner, Loewenstein, & Thompson, 2003; Reed, 1987）。
- 学生不是仅仅被动地重复阅读已解决的实例，而是积极、主动地理解该实例（Chi, Bassock, Lewis, Reimann, & Glaser, 1989; Zhu & Simon, 1987）；
- 学生不是仅仅检验某一实例，或孤立地研究两个实例，而是对它们进行比较（Gentner & Namy, 2004; Silver, Ghousseini, Gosen, Charalambous, & Strawhun, 2005）。

（7）在多种背景中使用多种例子和类似的概念。最理想的教学应该从不同的水平和不同的情境中不断回归到某些主题或概念上来（Haskell, 2001）。教师也应该鼓励学生在更多的情境中学会基础的策略或原理，这样他们就能灵活地将所学到的知识应用于各种情境中（Perkins, Jay, & Tishman, 1993; Prawat, 1989）。通过这种方式可以鼓励学生进行潜心概括，并防止学生仅仅在特定的情境中使用某种知识（Salomon & Perkins, 1989）。

13.3.3　传授元认知策略

因为成功的迁移需要一种能识别恰当迁移情境的能力，为了识别出能够使用先前知识的情境，为学生讲授元认知策略是非常重要的。一项关于小学三年课堂上数学问题解决的研究表明（Fuchet et al., 2003）：

- 向学生清楚地讲授什么是迁移，与不向学生进行解释相比，前者能在新问题上产生更多的迁移。在这项研究中，教师教给学生迁移的概念（即移动的意思），举例说明学生们如何迁移他们的能力（从两维的水平问题迁移到两维的垂直问题），并在每章中回顾了迁移的意义。无论是学业成绩较低的学生还是学业成绩较高的学生都从这种指导中受益。相比之下，早期的研究表明，迁移对学业成绩较低的学生来说更为困难（Fuchs, Fuchs, Kams, Hamlett, Karzaroff, 1999；Mayer, 1998；Woodward & Baxter, 1997）。

- 给予元认知策略的指导和训练能促进迁移。在这个研究中，学生们练习对不同的问题进行分类，解决了一部分可以解决的问题，又提醒他们回想在以前遇到一个新问题时所用的解决方法。用各种类型的问题来进行训练能帮助学生克服抽象出原理和获得解决方案的困难，也能帮助学生克服将先前知识迁移到新问题中的困难。

教师可以用多种方式把元认知策略整合到课程中来，包括从简单的线索提示到更为清楚的指导。教师可以让学生给自己找出线索："我知道其他科目或其他问题的知识在这里有用吗？"（Salomon & Perkins, 1989）。近期学过的知识之间的相关性或任务之间的相似性都能促进背景之间的迁移（Cartrambone & Holyoak, 1989；Ross, 1987, 19989）。为了使学生能独立识别出迁移情境而不需要外在线索的帮助，教师可以在更多不同的主题上，清楚地讲授元认知策略，诸如科学的方法、在互联网搜索以便找到研究来源、阅读理解策略和问题解决策略。无论是在课堂活动中还是在课外作业中，都要在主题指导的背景下给学生提供练习各种策略的机会。在阅读和数学策略中，清楚的指导能鼓励高路迁移，尤其是对于学业成绩较低的学生更是如此（Fuchset al., 2003；Gajria et al., 2007）。

13.3.4　激发学习动机，重视学习

学生的学习动机以及充分利用迁移的策略可使学生获得更高水平的迁移（Colquitt, LePine, & Noe, 2000；Pea, 1987）。教师可以通过使用各种技巧来鼓励学生对学习产生兴趣，进行有价值学习，由此来促进迁移。

（1）**鼓励学生设立掌握目标**。具有**掌握目标**（mastery goals）的学生能把注意力放在掌握一个任务、增长才智和获取新技能和新知识（与学习仅仅是为了通过一个考试或得到一个好成绩相比）等方面的活动上。由此，他们就更可能（Grant & Dweck, 2003；Wolters, 2004）：

- 沉浸在有意义学习中（或深度加工中）；
- 使用元认知策略；
- 表现出更高水平的努力。

所有这些行为都和更高程度的迁移有关系（Paugh & Bergin, 2006）。具有掌握目标的学生更可能专心致志于顺向迁移中，寻找各种方式来应用他们新近学会的知识。要成为一名好学生，在一定程度上，就需要具有这种独立地寻找迁移机会的倾向性（Salomon & Perkins, 1989）。

（2）在讲授新主题时**利用学生的直接兴趣**。学生带着**个人兴趣**（individual interest）来到学校——这是一种对某一专题或活动上固有的兴趣，具有这一兴趣的学生更可能在学习这方面的内容时使用深加工（Ainley, Hidi, & Berndorff, 2002；Schiefele, 1991）。对某个专题感兴趣的学生会有意识地寻找一些方式，使得这些材料可以应用在其他背景上，进行顺向迁移（Salomon & Perkins, 1989）。例如，一个想成为一名医生的高中生对其他学科如何应用于医学感兴趣，因此就更可能在科学课堂上产生顺向迁移。

（3）**激发学生的情境兴趣**。教师在介绍一个新材料时如果能使用热情、新奇和惊奇，那么就会激发学生的**情境兴趣**（situational interest）——这是在某一个课堂上的即时兴趣（Covington, 2000；Stipek, 1996）。一些学生认为，情境兴趣会产生深加工，并因此产生迁移（Hidi, 2001；Hidi & Harackiewicz, 2000；Krapp, 1999），其他研究发现情境兴趣可能不会产生迁移，因为它是很表面化的，和学习目标无关（Bergin, 1999；

Lepper & Malone，1987）。看看下面的例子。

- 经常使用各种教具的小学数学教师认为使用教具能让数学课变得很有趣，而不认为这些教具能帮助学生思考数学原理（Moyer，2002）。
- 阅读包含**诱人细节（seductive details）**科学课文的学生（诱人细节是指一篇课文中非常有趣的段落，往往并未传达出关键的信息），与阅读不含诱人细节的同一篇课文的同学相比，他们回忆出的主要思想更少，能解决的迁移问题也更少（Harp & Mayer，1997，1998；Wade，2001）。这些细节会激发起先前知识，而这些知识和将要学习的材料并无关联，这就使得学生们不大可能对重要的知识点进行深加工（Harp & Mayer，1998；Pugh & Bergin，2006）。在课堂和讲座中使用诱人细节能引起学生的兴趣，但是它却破坏了能引起迁移的有效的学习。

（4）**鼓励学生持批判的态度**。高路的、远的迁移需要学生形成一种有意识的、有目的地获取知识的方法（Langer，1993；Salomon & Globerson，1987）。教师如果能针对一些特定学科如科学、数学或文学等学科中的概念鼓励学生进行科学的、批判性的思考，学生将认为这类思考是有价值的，就更可能将这种倾向迁移到其他学科中、迁移到真实生活经历中（Bereiter，1995）。

> **思考**：想出一些能够在你要执教的年级中执行这些指导方针的具体补充方式。

本章小结

1. 比较特殊性迁移和一般性迁移的观点与高路迁移和低路迁移的观点

迁移的一般性观点认为，某种学校经验可以使得一般性的心理机能迁移到新的情境中，迁移的特殊性观点认为，只有当新旧两种情境包含相同的成分时，才能产生特定行为的迁移。低路迁移和高路迁移观点则对迁移提出了比早期的特殊性/一般性迁移理论更为具体的解释。二者的区别在于低路迁移/高路迁移观点详细说明了是什么在迁移和如何迁移这两个问题。在低路迁移中，得到高度训练的技能将自动化地从一个情境应用到另一个情境，在高路迁移中，个体有目的地、有意识地将一些抽象的知识从一个情境应用到不同的情境中去。

2. 解释为什么高路迁移比低路迁移更难实现

低路迁移（自动化技能自发的迁移）相对更容易实现，因为学生已经掌握了在各种情境中得到广泛训练的技能，这些技能已经发展到自动化的程度。高路迁移（将从一种情境中学会的抽象知识、原理或策略有意识地应用到另一种不同的情境中去）它更难实现，因为有时知识并不是通过一种有意义的方式学会的。而且，从一种情境应用到另一种不同的物理的、功能的或社会的情境时，需要更多的认知努力。

3. 区分支持迁移的四种教学原理，并解释每种教学原理是如何促进迁移的

1）要求学生形成自动化技能。这样可以促进低路迁移，并释放认知资源使其可以用在高水平的任务上。2）促进有意义学习，在此过程中学生可以形成丰富的有内在联系的由概念、原理和策略组成的知识基础。深度掌握的知识更可能迁移到广泛的情境中。3）讲授元认知策略，使得学生能够识别出高路迁移的情境。4）激发学习动机，重视学习，这样能够提供迁移的可能性。学生们在某一主题上具有个人兴趣和掌握目标时，更可能深入地加工信息，并寻求能够应用这些知识的途径。

案例学习：反思与评估

儿童早期：空气

这些问题与第四部分开篇的儿童早期案例学习有关。

1. 解释为什么谢尔比关于软木塞的预测代表了负迁移。
2. 巴伯怎样为学生创造一种采用有意义的方式建立知识的机会？又如何影响了迁移？

3. 巴伯关于空气的课程是从一个故事开始的，接着又做了一个实验，最后是以风筝设计结束。使用表13-1来讨论风筝设计活动是否可以被看作近迁移。
4. 巴伯课堂上的学生会把空气动力学知识迁移到其他学习活动中吗？
5. 总结巴伯用来鼓励学生进行迁移的教学原理。

小学：关于海盗的阅读

1. 使用表13-1，讨论阅读小组所做的字典工作表活动可以被看作为近迁移还是远迁移。
2. 兰为了使字典任务让学生看起来更有趣使用了什么策略？他成功地激发起学生的兴趣了吗？考虑到学生的观点，兰会如何评价自己的这部分教学活动？
3. 根据你在本章的阅读，你会如何刺激学生的兴趣来促

初中：华盛顿总统

1. 为了激励学生使自己的学习更有价值汤姆是怎样努力的？为什么这对迁移很重要？
2. 汤姆使用关于乔治·华盛顿的问题激发了学生的兴趣，一旦学生开始着迷他就开始讲课了。解释为什么一个讲座可能不会有益于进行有意义学习，给出一个可能促进迁移的可选方法。

高中：我不理解

1. 在对将循环小数转化为分数这个课程的理解中，学生的前期数学知识是如何起作用的？想一想苏云为了确保学生在开始课程之前有相应的前期知识所使用的一些技巧。
2. 这个班级正在学习如何将循环小数转化为分数。像这样的一种技能向一种新情境的迁移可以被视为高路迁移还是低路迁移？给出你的解释。
3. 苏云的代数课堂上的学生在小学时学会了如何将分数转化为小数。根据表13-1，讨论是否可以将学习如何

6. 一些家长出于对教学的关注向巴伯提出建议，认为巴伯没有对讲授基本的阅读技能和数学技能给予足够的重视。他们承认讲授复杂问题解决和思维技能很重要，但他们认为首先要确保低水平技能的自动化。设想你是巴伯。你会如何回应这些家长？

进迁移？
4. 兰在阅读小组中使用的什么技能会发展到自动化水平？为什么这些技能的自动化对迁移很重要？
5. 使用这一模块中所讨论的教学原理来评价兰的方法在促进高路迁移方面的益处。给兰提供一些具体的策略来提高他的教学。

3. 汤姆教了学生什么元认知策略？这些策略有助于促进学习的迁移吗？解释一下。
4. 总结汤姆所用的最能支持迁移的教学原理。
5. 举一个例子说明在汤姆的课堂上学到的一种技能或一条信息转化到一种新的学习情境时所使用的方式。你的例子是高路迁移还是低路迁移？

将循环小数转化为分数看作近迁移或者远迁移？
4. 苏云怎样做能使任务对学生更有意义？在这个案例中，代数以外的迁移的可能性是什么？
5. 苏云为了鼓励学生将以前的数学知识逆向迁移是怎样做的？想一想她可以用来鼓励逆向迁移的其他途径。
6. 使用在这一模块中所讨论的教学原理来评价苏云的教学方法在促进高路迁移方面的益处。给苏云提出一些可以改进教学的具体策略。

第 14 章
批判性思维和问题解决

学习目标

1. 理解高级思维方法和特质之间的区别，领会二者的重要性。
2. 解释批判性思维的含义。
3. 掌握五种培养批判性思维的教学策略。
4. 理解问题解决的定义并解释定义良好的问题和定义不良的问题之间的区别。
5. 讨论算法、启发式、IDEAL 方法和基于问题的学习在讲授解决问题过程中的作用。

14.1 思维技能和倾向

苏格拉底对他同时代年轻人的自由思维提出了质疑，他问道："证据是什么？""如果这是真的，难道另一件事也是真的？"他提出了一种方法，不仅可以训练学生的思维，也可以预防人们接受不合逻辑的观点和无根据结论的倾向（Resnick, 1987）。今天，各个学科和各个年级的教师常常问自己同样的问题："我如何能让我的学生思考？"教育和职业的成功需要的是思维技能的发展和在适当的情境中使用这些技能的动机（Facione, Facione & Giancarlo, 2000）。

14.1.1 什么是高级思维技能

高级思维方法（higher-order thinking）包括能转化和应用知识、技能和想法的复杂认知过程。梅尔（Norman R.F. Maier, 1933, 1937）使用推理和产生式行为这两个概念来描述高级思维，用习得的行为和再生式行为来描述低级思维。他用实验证明这是两种不同本质的行为模式类型。通过反复练习学会复制表格就是低级思维的一个例子——再生一个以前观察过或练习过的行为。高级思维超越了再生以前的学习而且吸收了分析、综合和评价技能（Lewis & Smith, 1993）。比如，一个学生可能知道如何计算出矩形的面积但可能面对的却是让他求平行四边形面积的任务。如果这个学生能知道如何将平行四边形转化成具有同样大小和比例的三角形，他就从对以前学习经验的整合中产生了新知识。对之前行为的简单复制是不够的。学生还要用新的方式去转化和应用以前的学习经验。

问题解决技能

卓有成效的教师会鼓励学生成为批判性思维者和问题解决者。

思维可以分成高级思维和低级思维的想法是由布卢姆（Bloom）和他的同事在其《教育目标分类学》（*Taxonomy of Educational Objectives*）中提出来的，通常被称为布卢姆的分类（Anderson & Krathwohl, 2001; Bloom, Englehart, Frost, Hill & Krathwohl, 1956）。表14-1提供了低级思维和高级思维之间的区分。在教学和学习的过程中，高级思维技能常常埋没在基本技能中（Resnick, 1987; Shaw, 1983）。例如，为了让孩子理解他们阅读的东西，他们不得不做出解释，采用写作课本以外的知识和信息，因此讲授阅读需要将培养基本阅读技能和高级思维过程交织起来。

表14-1　低级思维和高级思维的对比

低级思维	高级思维
再生式行为	产生式行为
重复过去经验	整合解释过去经验
沿用或机械式应用过去获得的信息	解释、分析或其他操作信息
回忆信息	操作信息
知识、理解和应用	分析、综合或评价

资料来源：Bloom et al., 1956; Maier, 1933; Marzano, 1993; Newman, 1990.

许多人认为，为了在21世纪的竞争中立于不败之地，美国的学生需要上一门能平衡核心知识和学会如何思考的课程，使其在基础知识（例如数学、科学和阅读等课程）与关于如何思考（例如批判性思维）的学习之间取得平衡（Wallis & Steptoe, 2006）。提高所有孩子的思维品质很重要，但更重要的是提升那些与经济条件较好的同龄人相比学习成绩较差的少数民族学生的思维品质（Armour-Thomas, Bruno, & Allen, 2006）。对于那些经济条件较差的学生而言，一门强调高级思维技能的课程能稳固地提高其数学成绩和阅读理解成绩（Pogrow, 2005）。

虽然学习理论家将高级思维的发展视为所有学生都要达到的重要目标，但教师常常认为激发高级思维仅仅对于学习成绩较好的学生是必要的（Torff, 2005）。按照这个观点，学习成绩较差者在很大程度上无法处理那些需要高级思维技能的任务，他们参与这类的任务将体验到沮丧感。这种将高级思维仅仅服务于学习成绩较好的学生的原则并未得到研究文献的支持。相反，一些研究结果有力地表明，教师应该鼓励学业成绩上所有水平的学生都参与那些包含了高级思维技能的任务（Miri, David, & Uri, 2007; Zohar, & Dori, 2003）。

14.1.2　什么是思维倾向

判断良好思维者的标准不是其卓越的认知能力或特定的技能，而是"探索、质疑、寻求真相、进行有智慧的冒险和批判地、充满想象地思考的倾向"（Tishman, Jay, Perkins, & 1992, p.2）。这些倾向被称为**思维倾向**（thinking disposition）。训练思维的教学包括培养这些倾向（Facione et al., 2000; Tishman, Jay & Perkins, 1992）：

- 寻求真相。清晰地理解、寻求联系和解释的要求。
- 开放思想。探索多种观点、产生多种选择的倾向。
- 分析式思维。寻求精密、完整、彻底和准确的强烈欲望。
- 系统计划。设立目标、制订计划、执行计划和预想结果的驱动力。
- 求知欲。感到惊奇、探询和发现问题的倾向，进行调查的热情。
- 使用推理和证据的信心。对于给定的答案提出问题、要求证实并权衡和评价推理过程的倾向。

- 元认知。理解和监控自己的思维和行使成熟的判断能力的倾向。

实验研究表明，思维技能和思维倾向是两个截然不同的实体（Ennis，1996；Perkins, Jay, & Tishman, 1993；Taube, 1997）。思维技能是一个认知策略，而思维倾向是一个人的个人属性（Dewey, 1933）。传授思维技能和激发学生维持对思维技能长期的好奇心和探索欲是完全不同的（Fisher & Scriven, 1997）。技能和倾向是互相强化的，因此，应该明确传授技能和激发好奇心的共同整合（King & Kitchener, 1995）。教师有责任促进学生思维技能的提高，还要激发学生学会养成高级思维习惯。

> 思考：你的思维方式中的具有稳定特征的智力倾向是什么？在哪些领域你具有思维技能但缺少使用这些技能的动机？

发明家托马斯·爱迪生
开放性、敏锐的观察力和分析思维能力等特质在他们的成就中起着关键性作用。

14.2 批判性思维

具备良好批判性思维的个体有以下特点：天生好奇、知识丰富、相信推理、思维开放、灵活、评价公正、诚信面对个人偏见、谨慎判断、乐于审慎考虑、能明确问题、对复杂问题条理清晰、勤勉寻求相关信息、通过推理选择标准、注重探寻、执着寻求如同调查许可证的题目和细节一般精确的结果（APA，1990，p.3）。

14.2.1 什么是批判性思维

批判性思维（critical thinking）是一个评价信息和推理思路的准确性和价值的过程。批判性思维的特征是使用批判性思维技能来决定相信什么和做什么的稳定的内部动机（Facione et al., 2000）。一个批判性思维者不仅能够谨慎思考、探索和分析，而且能选择以高级的、复杂的方式进行思考（Esterlee & Clurman, 1993）。我们无时无刻不在使用批判性思维，如通过比较食物标签来看看哪种食物最有营养、在选举中判断哪个候选人值得投票、评价广告诉求等等。再如，在小学的课堂上，教师可能会给学生们一组物体，问他们哪个物体会先浮起来或先沉下去，学生就这个问题提出假设、检验假设。在批判性思维过程中，学生在解构问题、论点或论据时通常采用下面的指南（Marzano et al., 1988；Paul & Elder, 2006）。

- 理清要点：从问题的表达方式出发，理清问题的要点。
- 提出假设：建立关于该问题的最初假设，或者说在思考该问题时，首先想到的是什么。
- 确定核心概念和思想：确定与该问题相关的、最为重要的概念和思想。
- 确定原理或理论：确定能够支持某一观点的理论，阐明该理论、提出问题、考虑不同的理论、精准地应用理论。
- 搜集证据、数据或推理：识别一系列的推理和建立推理的证据。使用逻辑判定一种表述或观点是否有稳固的事实基础，识别出矛盾。
- 形成解释或主张：检验每种解释或主张的形成是否有效的和有证据支持的。
- 形成推论：根据形成的推论理性地辩论。形成并思考关于推论可能出现的异议。
- 形成结论：找出一系列推理或行动过程之后的含义和结果。

让我们通过阅读一篇文学作品来思考这些技能。作为一个批判性思维者，读者可能会考虑不同人物的观点、确立书中的中心主题、寻找支持假设的证据、考虑其他结果、记录可能暗示各种人物性格的提示。

批判性思维能力是逐渐形成的（King & Kitchener,

表 14-2 批判性思维的维度

维度	描述
清晰	如果一个学生的表述是不清晰的，我们不能真正分辨出他的思维水平，因为我们不能知道这个学生在说什么
正确	一个学生可以是表述清晰的但可能不正确，就像"大多数狗的重量超过 300 磅（约 135 千克）"
精确	一个表述可以是清晰的和正确的但是不够精确。例如，"杰克超重了"。我们不知道杰克是超重了 2 磅（约 0.9 千克）还是 200 磅（约 90 千克）
适当	一个表述可以是清晰的、正确的和精确的，但是与眼下的问题无关
深度	一个表述可以是清晰的、正确的、精密的、适当的，但可能仍然是表面化的。例如，"就是不行"这种表述，常用来阻碍孩子服用药物，但在对药物使用和同伴压力这个复杂的问题上的反映缺少深度
广度	一连串的推理可以展现出上面已经提到的所有维度，但是缺乏广度。例如，一个政治辩论可能只从自由主义的立场来看待问题，却忽视了保守派的观点
逻辑	学生可能会把很多相互对立的或无关的想法放在一起，这种情况下的思维就是无逻辑的

资料来源：Paul & Elder, 2006.

2002；Pillow, 2002）。批判性思维的发展是分阶段进行的，每个阶段都反映了一种能力的提高，即分析自己的思维是否有所提高的能力（Paul & Elder, 2006）。在最初阶段，个体可能完全不了解自己思维中的任何显著问题。一旦他们面对思维中的问题（通过自我发现或由他人对其想法和信仰提出直接挑战），他们就可能试图改进。在下一个阶段，他们认识到常规练习的需求，并从练习良好的思维习惯这种方式中获益。在最后的阶段，当个体成为一个"熟练思维者"时，批判性思维习惯变成第二自然状态（自动化）（Paul & Elder, 2006）。反映个体批判性思维的维度有：清晰、正确、精密、适当、深度、广度和使用逻辑推理（Paul, 1990；Paul & Elder, 2006），如表 14-2 所示。

14.2.2 应用：培养批判性思维

提高学生的批判性思维不能仅仅是一个内心的期望，而需要通过外在的具体训练来实现。已有研究表明，批判性思维是可以训练的（Abrami et al., 2008）。在教学中，首先要让学生了解批判性思维的内涵。教师可以让学生观察和分析具备批判性思维的个体的生活和工作，也可以让学生分析和讨论自己的思维过程。一旦学生明确批判性思维的特点，便可以鼓励他们对自己的思维过程中类似的特征进行监控。其次，建立了批判性思维的基础之后，教师可以使用一些具体的指导策略来帮助学生进行批判性的思考，这些策略包括在课堂讨论中提问、写作技巧、假设检验、归纳推理和演绎推理、讨论分析，下面逐一介绍这些策略。

1. 在课堂讨论中提问

提问是引发批判性思维和分析的最常用方法之一（Marzano, 1993）。课堂讨论提供了一个展示各种不同提问类型的逻辑场所，它主要有三种组织形式（Paul, Binker, Martin, & Adamson, 1989）。

- **自发讨论**提供了一种批判性地聆听和探索个人信念的模式。当学生对一个话题感兴趣、在课堂上提出一个重要的问题或是当学生刚好处于掌握一个观点的边缘状态时，这种模式尤其有效。
- **探究式讨论**，在这种讨论形式中，教师提出一些问题，评价学生的先前知识和价值，同时来揭示他们的信念或偏见。也可以用探索式讨论来判断学生的思维在哪些方面是模糊的或不清晰的。
- **具体问题讨论**用于"深入探索某一问题或概念，评价想法和观点，区分已知的内容和未知的内容，整合相关的信息和知识。"（Paul et al., 1989, p.28）。

表 14-3 提供了可以有效使用这些讨论形式的一般性问题。为了在课堂讨论中最大程度提高学生的批判性思维，教师必须提供足够的等待时间，即通过在提出一个问题之后停顿几秒让学生进行思考，然后再叫学生做出反应（Tobin, 1987）。如果教师在提问后平均至少等待 3 秒，那么学生之间的交互作用就越大，在课堂讨论中学生的参与程度就得到提高（Honea, 1982；Swift & Gooding, 1983）。

表 14-3　能有效用于课堂讨论中的提问步骤

问题类型	问题
解释	你说 _____ 的意思是什么？ _____ 和 _____ 的关系是怎样的？ 你能举一个例子吗？ 你为什么那么说？
假设	你的全部推理的依据是你认为 _____ 。 为什么你的推理依据是 _____ 而不是 _____ ？ 事实一直都是这样的吗？为什么你认为那个假设在这里是成立的？ 我们还可以做怎样的假设？那会怎样改变我们的结论？
推理和证据	你是如何推理得到刚才那种说法的？ 我们还需要知道的其他信息是什么？ 有理由怀疑这些证据或者这些信息的来源吗？ 是什么让你得到这样的结论？ 还有什么其他让你信服的证据吗？
观点	你看来是从 _____ 观点提出这个问题的？你为什么使用这个观点而不用其他的观点？ 其他小组/人对这个问题会有什么反应？ 那些不同意这个观点的人会怎么说？ 肯和洛克森的观点相似之处在哪里？不同之处在哪里？
含义和结果	你的说法的含义是什么？ 但是如果那种情况发生了，还可能发生什么结果？那样会有什么效果？

资料来源：Paul, R., Binker, A. J. A., Martin, D., & Adamson, K. (1989). *Critical Thinking Handbook: High School*. Rohnert Park, CA: Center for Critical Thinking and Moral Critique.

近年来，研究者已经就使用在线讨论形式作为高级思维工具进行了探索（Dutton, Dutton, Parry, 2002；Garrison, Anderson & Archer, 2001）。对在线讨论的内容分析已经表明，学生们的信息很丰富，很有认知深度，富有推论和判断等批判性思维技能，也具有与关于经验和自我觉知进行思考有关的元认知策略（Hara, Bonk, Angeli, 2000）。当然，进行某种分组讨论（面对面或在线）也是很有益处的，设计良好的在线讨论能扩展集中在课程目标上的时间，也使得学生有更多的时间进行思考（Meyer, 2003）。为了进一步扩展使用讨论这种形式，教师可以使用如下方法（Pierce, Lemke, Smith, 1988）。

- 将一个原本复杂的问题分解成相对简单的若干部分，让学生选择自己感兴趣的部分进行探究；
- 讨论结束后，要求学生立即写小结。鼓励学生相互合作，弥补不足，使问题更加清晰，提出新的想法或新的问题。

2. 写作技巧

作为一项基本技能，写作的重要性已经得到承认，雷蒙德和尼克森（Raymond, Nickerson, 1984）最先提出将写作当作一种工具以提高高级思维的价值。写一篇文章是一项复杂的任务，包括计划、回顾、权衡和做出重要决策——实质上，教师可以在任何一个领域使用写作任务（Martin, 1987）。笔记写作是课堂教学中普遍采用的一种形式，它能够提高学生关于内容的理解水平，说明学生的思维过程，从而一方面可以使教师采取相应的教学策略，另一方面也可以给学生提供一个自我反省的机会（Marzano, 1993）。

3. 假设检验

假设检验（hypothesis testing）指为决断结论的合理性，判断其是否可用于支持或反驳提出的假设，而检验研究数据和结果的方法。在一个小学课堂中，可以把学生们分为一个个小组，给每个小组一些材料，让他们点亮一个小灯泡。这些学生就会首先形成假设，设想将如何对这些材料进行组合才能点亮小灯泡，然后开始实际操作来检验这个假设。假设检验不仅仅与科学活动关系密切。例如，在一个文献课堂上，让学生们根据已经阅读的材料，就一个故事将如何结尾做出假设，并让他们将自己的假设与实际的结局进行比较。

4. 归纳推理和演绎推理

教师可以提供机会让学生进行**归纳推理**（inductive reasoning）的实践，归纳推理是一个逻辑性的思考，是从具体的实例来形成一个一般性的原理。例如，一个教师可以提供一组来自不同国家的纪念品，让学生们一起合作，发现这些物品的共同之处。学生们能够从需要他们进行**演绎推理**（deductive reasoning）的活动中受益，演绎推理也是一种逻辑思维形式，它是从一般性原理到具体的事物。例如，如果给一个学生看了几个美国本土出生的人的特征，让他们描述这些特征最适合描述哪一个部落，那么学生就必须使用演绎推理。当福尔摩斯（Sherlock Holmes）把一系列线索放在一起破解迷案时，他就是使用演绎推理——从一般到特殊。

5. 论证分析

论证分析（argument analysis）指为了鉴别可支持结论和不可支持结论，要求学生对批判性分析的过程进行分析的方法。例如，一个教师可以组织全班学生就穿校服问题进行辩论，一方支持的论点是应该穿校服，另一方则反对这一观点。每一方不仅要提出自己的论据，而且要分析对方提供的论据，以便决断哪一个论据对于支持现有的结论是有效的。

使用具体的教学策略固然重要，但教室中的求知氛围对于形成批判性思维同样重要。学生们需要一个开放的、充满挑战的且相互支持的氛围。在这种氛围中，学

演绎推理

演绎推理大师福尔摩斯说："如果你消除了不可能，无论剩下什么——哪怕是不可能的——那也必然是真实的。"像福尔摩斯一样，学生们逐步地推理，逐步缩小可能性，并得到建立在有效证据基础上的结论。

生们将得到鼓励进行探索并表达自己的观点，可以站在各种不同的立场看待一个有争议的问题并修正自己的观点（Gough，1991）。专栏14-1总结了建立有益于培养批判性思维的课堂环境的技巧。

> **思考**：想想你自己曾经在课堂上度过的时光。识别出你曾经使用批判性思维的具体课堂事件或课堂作业。批判性思维的发展是如何随着年纪或学科的不同而不同的？

专栏 14-1

形成有助于批判性思维课堂氛围的技巧

- 建立批判性思维技能和倾向的模型。
- 解释不同思维策略之间的区别，并将学生的注意力集中在批判性思维的重要方面（例如，检验证据）。
- 奖励良好的批判性思维。
- 挑战不严谨的批判性思维。
- 为训练推理能力提供各种环境，使学生积极参与批判性思维活动。
- 通过作业、课堂讨论和合作学习等活动，创设缜密探究的氛围。
- 通过指导学生如何检验自己的思维过程，培养学生元认知能力。

资料来源：Facione, Facione, & Giancarlo, 2000; Tishman, Perkins, & Jay, 1995.

14.3 问题解决

14.3.1 什么是问题解决

一个问题，简而言之，就是一种情境，即需要不断尝试以达到某些目的，或需要通过某种方法以达到某种目的的情境。它有一个起始点、一个目标（所要求的结果）和一个或更多的达成目标的途径。问题解决（problem solving）就是我们在遇到一个或一系列障碍的时候用来达成目标的一种方式。有些问题有明确的目标和解决方法，但有些问题则没有明确的目标和解决方法。依据问题的特征，可以将问题可以分为定义良好的问题和定义不良的问题（Hamilton & Ghatala, 1994）。在定义良好的问题（well-defined problem）中，有清晰表达的目标，解决问题所需要的任何信息都是可以得到的，只有一个确定的解决方法。例如，一个幼儿园小朋友需要把单词"two"和一个数字匹配起来，他所面对的就是一个定义良好的问题，有着明确的目标和唯一的答案。一个定义不良的问题（ill-defined problem）就是其所要达成的目标并不明确，解决问题所需要的必要的信息也是缺失的，并且存在几种可能的答案。例如，一些高中学生在历史课堂上参加一个关于改善权利的讨论时所面临的就是一个定义不良的问题，因为具体的目标并不清晰，许多重要的事实也没有成为论据，"正确的"答案可能也不止一个。

问题解决需要一系列复杂的技能，而这些技能的发展速度是不同的。儿童天生就具有好奇心，常常会自己去努力寻求答案，然而他们解决问题的策略和方法并非是最有效的。学前儿童在解决问题时能够正确利用可获得的信息，但是他们常常不能从记忆中识别或回想信息。小学高年级学生不仅能利用当时的信息，而且能够从先前的知识中提取信息，从而理解并解决一个问题（Kemler, 1978）。小学高年级学生会记得在以前的情境中什么能够起作用和什么不起作用，能够持久地拒绝一个曾经失败的假设，但是年幼的孩子就不太可能去反省以前的策略效果如何，会继续使用一个无效的假设（Carr & Biddlecomb, 1998; Davidson & Sternberg, 1998）。

一些关于新手和专家问题解决的研究也提供了进一步的证据，证明经验水平不同的学生，他们解决问题的方法也大相径庭。新手或没有经验的问题解决者倾向于随心所欲地使用一些问题解决策略，对于他们正在做什么或为什么这么做缺少真正的理解（Carr & Biddlecomb, 1998; Davidson & Sternberg, 1998）。专家问题解决者则往往更可能采用以下的做法（Bruning, Schraw, Norby, & Ronning, 2004; Chi, Glaser, & Farr, 1988）。

- 识别出本质问题。
- 从已知的信息中感知出有意义的模式。
- 快速地完成任务，并极少出现错误。
- 工作记忆或长时记忆系统中贮存着大量的信息。
- 解决问题之前，花一些时间仔细分析问题。
- 善于监控自己的行为并能及时做出调整。

14.3.2 影响问题解决的因素

在问题解决过程中，可能会由于问题解决者缺乏经验，或者是存在认知障碍，而使得这个问题解决过程中断下来。下面我们依次来考察这些问题。

- **功能固着**（functional fixedness）是指无法采用一种新的方式来使用一个物体或工具（Dunker, 1945）。例如，你需要画一条直线，附近有一把尺子；可是你只把尺子当作测量长度的工具，可能就不会把它用来画直线了。
- **反应定势**（response set）是我们的一种倾向性，我们只会用我们最熟悉的方式来对事件或情境进行反应：当把图14-1呈现给你时，要求你用四条或者更少的线条并且不抬笔地、连续地把所有的点都连起来。这个问题的答案（见图14-2）要求我们打破反应定势，画出的线条要超越你给这些点直觉地想象出来的心理边界。

图 14-1 定势问题

假设给你一张纸，上面画有九个点。把这九个点用四条直线连接起来。你必须不抬笔地连续地画四条线。你不能以任何方式将纸张折叠、剪切或撕开。

- **信念坚持**（belief perseverance）是一种即便在相反的事实面前也要坚持自己的信念的倾向性。例如，学生们对于自己能够多快完成一个写作作业往往过度自信。甚至当实际的写作过程已经是其预期时间两倍的时候，学生们仍然会倾向于保持高度的自信，在以后的写作任务中也无法对自己的预期进行调整（Buehler, Griffith, & Ross, 1994）。

这些障碍的普遍问题是缺少灵活性。一个固执的心理定势缩小问题解决的可能性，而一个开放的心理则会提高你采用另外的框架重塑问题的机会并最终促进解决问题。

14.4 应用：传授问题解决策略

教师可以传授并示范一些学生们将会在某个领域中常用的具体策略，由此来提高学生们的问题解决技能，可以给学生提供一些能在各种背景下解决问题的规则，或者为学生提供各种情境和机会，让学生对问题解决技能进行实践。

1. 一般性和特殊性策略

问题解决策略通常对应于具体的问题领域（例如，在周长等计算领域中使用公式；在编辑论文过程中使用识别语法和标点错误的策略）。尽管领域的内容十分重要，但特定的问题解决策略在不同的情境中同样有效（Davidson, Sternberg, 1998; Dominowski, 1998）。伯兰斯福特与斯坦（John Bransford, Barry Stein, 1993）使用 IDEAL 这个缩写词来区分在许多不同的问题解决方法中发现的五个重要的步骤：（1）识别问题，（2）定义目标，（3）探索可能的策略，（4）预期结果，和（5）回顾和学习。表 14-4 描述了这些步骤。如同 IDEAL 方法中所描述的，人们常常会徘徊于使用一般策略和与特定内容有关的具体方法之间，这取决于情境的需求以及人们的经验水平。在一个我们鲜有经验的情境中，我们更可能依赖于一般的知识和问题解决策略；然而，在我们经验丰富的领域，我们更可能应用我们知道的有效具体策略（Alexander, 1996）。

表 14-4 IDEAL 问题解决步骤

步骤		描述
Identify	识别问题和机会	识别出问题的存在是问题解决过程中一个关键的步骤
Define	定义目标和保证问题	问题解决的成功常常依赖于我们如何表征问题。这个步骤包括关注相关的信息，理解问题的本质，激活与当前问题相关的先前知识框架
Explore	探索可能的策略	考虑可能用于解决问题的方法和策略
Anticipate	预期结果和行为	对在前面的步骤中提出的不同策略的可能结果进行考虑，并执行所选择的策略
Learn	回顾和学习	在执行一个策略之后，评价这个问题是否得到有效解决

资料来源：Bransford & Stein, 1993.

2. 运算法则和启发式

有些问题是通过**算法**（algorithm）来解决的，算法是指要达成目标的一系列步骤。例如，如果你想计算一个圆柱体的面积并且知道它的容积，你就可以用一个特定的公式来算出正确的答案。这个问题解决过程会花一点时间，但如果选择了正确的算法，并且每个步骤都保证正确，那么就一定会得到答案。

不是所有的问题都能找到方向。在缺少具体方向的时候，你可能需要使用启发式来解决当前的问题。**启发式**（heuristic）是一种普遍的问题解决策略，它可能会引导我们找到与最佳答案最为接近的一个正确的答案或解决方案。它是一种经验，一种有根据的推测，或者是一种常识。算法和启发式的区别类似于正式的步骤与非正式的经验规则之间的差别，或者是类似于精确和近似之间的差别。学生们在做乘法题时会围绕最大值给出一个比较接近的答案（例如，19×18 约等于 400），这时经常使用的就是启发式；购物者在查看价格标签时，也会使用启发式来看看哪个商品性价比更高。启发式能帮助我们缩小寻找正确答案的范围（Stanovich & West, 2000）。下面我们来看三个基本的启发式。

（1）**手段-目的分析**（means-end analysis）是一种启发式，指将主要的问题解决目标分解为子目标。例如，在你从教的第一年中，制订你的教室管理计划是一个主要的目标，可以将其分解为一些制定规则的子目标，列出教室使用的程序，依照程序安排教室、安排时间帮助学生理解教室使用规范。

（2）**逆向工作策略**（working-backward strategy）是一种系统化的方法，是指从最后的目标开始，向前追溯以便识别达到目标所必需的步骤。例如，在三个星期后要上交学前论文的学生们就可以逆向工作，算出在研究和写作过程中要做的每个步骤需要多少时间，然后制订出每个步骤的时限。

（3）**类推思考**（analogical thinking）可以将搜索范围限定在与目前的问题情境最类似的其他情景中去寻找答案。例如，一个班级的学生分析当地河流的污染源，就可以参考与此地区情况类似的其他地区的河流中其污染源是什么。

明确指导学生如何使用算法和启发式，对于帮助学生成为更好的问题解决者非常有帮助（Dominowski, 1998；Kramarski & Mevarech, 2003）。表14-5给出了在使用每种问题解决方法时的指导原则。在实际生活中，学生们面对着许多定义不良的问题，这些问题很难用一个清晰的算法来解决。因此教师需要特别注意给学生提供可靠的学习经验，让学生练习解决复杂的问题（Resnik, 1988；Sternberg et al., 2000）。

> **思考**：在阅读这章的内容之前，你可能从未听说过算法和启发式这样的概念，但是毫无疑问你已经使用过这些问题解决策略很多次了。在什么情境中你会使用算法策略？你什么时候使用过启发式？

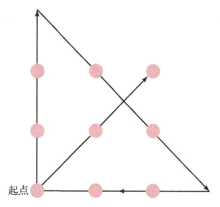

图14-2　心理定势问题的答案

如果你从未看过这个问题，你可能就会如期所料以一种特定的方式来思考——你会假定这四条线一定在这九个点组成的周长当中。要解决这个问题，你必须走出这些点组成的框架。

3. 以问题为导向的学习

以问题为导向的学习（problem-based learning，PBL）是一种经验式的、动手的学习，广泛应用于人们对真实世界纷繁复杂的问题探索过程中（Loyens, Kirschner, & Paas, 2009；Torp & Sage, 2002）。以问题为导向的学习旨在帮助学生：

（1）建构丰富、灵活的知识基础；
（2）成为有效率的合作学习者；
（3）发展有效的问题解决能力；
（4）培养内在学习动机；
（5）发展自我导向的学习能力（Hmelo-Silver, 2004；Loyens, Magda, & Rikers, 2008；Otting & Zwaal, 2006）。

表14-5　在使用算法和启发式时的指导方针

方式	指导方针
使用类推	● 描述和展示具体的算法 ● 一起解决一个问题，在算法的每一个步骤中都与学生进行交流 ● 帮助学生学会检查他们的工作，找出自己在使用算法过程中的错误 ● 让学生解释当他们遇到一个问题时是如何做的，并让学生以书面方式展示自己的过程。这就使得教师能够更容易查明有哪些误解或错误，并给予正确反馈 ● 将那些需要使用算法的情境给出定义。这个步骤是必需的。在教学中，例如，学生们会记住一些计算各种图形面积的公式，可是如果他们并不能理解什么时候使用哪一种公式，那么就不能正确地解决问题
使用假设	● 教会学生如何对定义不良的问题进行定义。这包括选取一个大的、模糊的问题，将其分解为几个便于解决的更小的问题或步骤 ● 当与学生一起收集数据来解决问题时，教会学生如何去区分重要的信息与非重要的信息 ● 给学生展示从哪里找到和如何找到解决问题所必须的信息 ● 给学生创造集体解决问题的机会。如果学生们有机会一起分享思想，彼此示范不同的解决问题的方法，并一起探讨不同的解决问题的方法的益处，那么这种团体工作就有利于培养问题解决能力

资料来源：Atkinson, Derry, Renkl, & Wortham, 2000; Renkl & Atkinson, 2003; Rogoff, 2003.

想象你想教会你的学生学会如何识别矿石。传统的课程是给学生提供几种工具（例如，晶体形状的图片、条纹盘子、玻璃盘子、钉子、弱酸、手持透镜），一步一步地演示如何使用这些工具，课堂活动就是学生们根据演示的程序来识别矿石。在 PBL 学习中，在为同样的课程内容所设计的教学单元中，你将会告诉学生他们将扮演地理学家的角色。他们的任务是识别在本地遗址中找到的一些矿物，目的是进一步了解本地区的风俗习惯。你会给学生各种工具和矿物；学生们会分成小组来识别矿物。课堂内容在这两种情况下是相同的，可是，PBL 课程是为了鼓励学生的好奇心并将他们的学习和现实生活紧密联系在一起而设计的。

PBL 也面临着挑战。首先，PBL 强调学生的个体责任和自我导向，易使学生产生困惑、缺乏共享，也难以得到教师的有效反馈，学习交流不足（Maudsley, Williams, & Taylor, 2008; Nel et al., 2008; Park & Ertmer, 2008）。其次，学生进行 PBL 本身就存在困难，同时又强调个体责任，易导致学生焦虑，在学习过程中有强烈的抑制感（Duke, Forbe, Hunter, & Prosser, 1998）。进行高效 PBL 的建议：1）提供在线学习资源，更好地帮助学生进行学习准备；2）对小组讨论和执行力进行评价；3）有效使用时间（如，课前让学生确定问题的核心点，然后再在课堂里围绕核心点进行分享和讨论等（Vardi & Ciccarelli, 2008）。

> 思考：作为学生，你认为 PBL 的基础是什么？你认为 PBL 是有价值的方法吗？为什么？

本章小结

1. 解释高级思维技能和思维倾向之间的区别，并讨论为什么技能和倾向都很重要

实验研究表明，思维技能和思维倾向是两个截然不同的实体。高级思维技能反映了个体为了解决问题或做出决策而使用和转化信息的能力。思维倾向反映了个体使用思维技能的一致的内部倾向。拥有能够进行高级思维活动的能力并不能保证拥有这种倾向；因此，教师必须理解如何帮助学生建立这些智力技能以及如何在日常生活和学习中来培养学生使用这种技能的倾向。

2. 解释批判性思维的含义

批判性思维是一个评价信息和推理路线的准确性及其价值的过程。在批判性思维过程中，学生们会对一个问题进行分解，从而识别出问题的特征并进行认真的思考，诸如所述观点的框架、已经形成的假设、已知的证据和某一具体决策的含义及其将要产生的结果等。

3. 给出能够培养批判性思维的五种指导策略

教师可以使用五种普遍的而且有效的策略来促进批判性思维。1）提问技巧能帮助识别学生的前期知识和价值，揭示他们的信念或偏见。2）写作技巧实质上可以在任何一个领域使用，可以在计划、回顾、权衡和做出重要决策等方面向学生提出挑战。3）假设检验包括检查研究数据和结果，以决断地推论出何种结论来支持或反驳所提出的假设。4）归纳推理和演绎推理是两种逻辑思维形式，归纳推理是从具体的实例来形成一个一般性的原理；演绎推理是从一般性原理到具体的事物。5）论据分析过程向学生提出挑战，让他们批判性地评价推理过程，以便将能够支持结论的证据和不能支持结论的证据区分开来。

4. 给出问题解决的定义并解释定义良好的问题和定义不良的问题之间的区别

一个问题就是任何一种这样的情境，在这种情境中你需要达成一个目标，并需要你找到达成这个目标的一种方法。问题解决有一个起点，一个目标（所需要的结果），和达成这个目标的一个或更多的途径。在定义良好的问题中，有清晰表达的目标，有解决问题所需要的任何信息，只有一个确定的解决方法。一个定义不良的问题，就是其所要达成的目标并不明确，解决问题所需要的必要信息也是缺失的，并且存在几种可能的答案。

5. 讨论在问题解决过程中，算法、启发式、IDEAL 方法和以问题为导向学习等方法的作用

算法是指达成目标所需的一系列步骤。启发式是一种普遍的问题解决策略，它可能会引致与最好的答案最为接近的一个正确的答案或解决方案。算法和启发式的区别类似于正式的步骤与非正式的经验规则之间的差别，或者是类似于精确和近似之间的差别。在

IDEAL 这个缩写词中概括了在许多不同的问题解决方法中发现的五个重要的步骤：1）识别问题，2）定义目标，3）探索可能的策略，4）预期结果，5）回顾和学习。以问题为导向的学习（PBL）是一种经验式的、动手的学习，遍布于人们对真实世界的纷繁复杂问题的探索过程中。

案例学习：反思与评估

儿童早期：空气

1. 巴伯在课堂中鼓励了哪种思维倾向？
2. 描述一下在软木塞和杯子实验中，巴伯是如何使用提问技巧来促进批判性思维的。
3. 在风筝动力学的讨论中，巴伯是怎样向学生提出挑战进行批判性思考的？
4. 风筝方案是一个定义良好的问题还是一个定义不良的问题？解释一下。
5. 在风筝方案中，你能看到 IDEAL 问题解决序列中的哪几个步骤？

小学：关于海盗的阅读

这些问题与第四部分开篇的小学案例有关。

1. 你会如何描述凯安娜在阅读小组的轮换过程中的思维倾向？
2. 在兰的课堂上发生的学习活动中，是否有高级思维技能表征出来？如果有，它们是什么？
3. 兰让学生们坐在座位上阅读故事书这个任务有益处吗？或者他还可以给他们什么更能引发思考的任务吗？
4. 兰怎样做能将批判性思维整合到团体阅读活动中去？
5. 在这个案例中，你能看到 IDEAL 问题解决模型中的哪几个步骤？

初中：华盛顿总统

1. 在汤姆的课堂上发生的学习活动中，表征出哪些思维倾向？
2. 汤姆的关于乔治·华盛顿的讨论是怎样激发起学生们关于领导力这个概念的批判性思维的？
3. 在评价学生们在大陆国民大会活动中的思维活动时，汤姆应该考虑批判性思维的什么维度？
4. 大陆国民大会活动给学生提出了一个定义良好的问题还是一个定义不良的问题？解释一下。
5. 大陆国民大会活动是一个基于问题的学习的例子吗？解释一下。

高中：我不理解

1. 为了促进学生们对新的数学概念的学习，苏云试图提高学生们的什么思维倾向？
2. 信念坚持是如何阻碍学生们解决数学问题的？
3. 对于苏云布置的这种类型的学习任务，是需要使用算法还是需要使用启发式？解释一下。
4. 苏云的学生们使用了 IDEAL 模型中的哪些步骤？

第五部分

动　机

□ **案例学习**

儿童早期：任务表
小学：写作障碍
初中：复习数学
高中：考试成绩

□ **第15章　行为理论**

学习目标
15.1　行为主义对动机的定义
15.2　奖励学生的学习

15.3　表扬学生的学习
15.4　当活动本身成为一种奖励
本章小结
案例学习：反思与评估

□ **第16章　认知理论**

学习目标
16.1　动机的认知理论
16.2　动机的发展和文化差异
16.3　应用：如何提高学生的动机
16.4　严重的动机问题

本章小结
案例学习：反思与评估

□ **第17章　自我理论**

学习目标
17.1　自我效能感理论
17.2　自我价值理论
17.3　自我决定理论
17.4　自我理论的整合
本章小结
案例学习：反思与评估

📖 案例学习

儿童早期：任务表

准备

在你阅读此案例时，请注意：
1. 指出并描述此事例中的主要参与者。
2. 发生了什么事情？
3. 这个案例发生在什么地方？环境是影响因素之一吗？
4. 这个案例发生在什么时候？时间是影响因素之一吗？

有两年教龄的伊丽莎白·卡维是菲茨杰拉德一所小学的教师，她喜欢在幼儿园上课，因为她觉得幼儿园的孩子们都渴望学习新知识，迫不及待地希望有新的体验。对于很多幼儿园来说，都存在一个普遍的问题，即孩子们升入小学后，很难适应结构化的、重视学业的小学教育环境。伊丽莎白试图通过社会互动和游戏的方法平衡常规的教学。今年对她来说是充满挑战的一年，她所教的班级有21名不同背景的学生。3名学生还需要学习英语，许多学生之前没上过幼儿园，这些学生的阅读技能存在很大的差异。

在今天的早会上，伊丽莎白和孩子们一起讨论日程安排、天气情况、午餐份数以及其他新鲜的事情。早会后，伊丽莎白开始上数学概念这一堂课，课上要求学生完成"侦查数字"的任务。在集体授课后，学生回到他们自己的座位上开始完成这项任务。伊丽莎白告诉他们要将课本页面左边的数字配对到页面右边相应的物体上。她给学生做示范，完成了第一个任务：将左边的数字5连线到右边的5顶帽子上。"当你们完成后，按页面底部的颜色给物体上色。"伊丽莎白一边说，一边指着页面的底部。

当孩子们开始完成他们的任务时，伊丽莎白在教室里来回走动，检查他们的进度。她注意到梅丽莎正在涂颜色而不是在配对数字。

"梅丽莎，你为什么不开始配对数字？"伊丽莎白轻声问道。

"我不会做。"梅丽莎低垂着头回答道。

"我相信只要你尝试一下，你就能做到。"伊丽莎白微笑地鼓励梅丽莎。梅丽莎似乎需要老师额外的鼓励，过了一会，她开始进行数字配对。伊丽莎白说道："我一会儿再回来，看看你做得对不对"。

梅丽莎一岁起就由她的奶奶抚养。从三岁开始，她就参与一个专门为家庭经济困难的儿童准备的学前教育项目——领先一步（Head Start）。虽然她的学业技能逐步提高，但是她始终缺乏自信心。

伊丽莎白继续在教室里巡视，她发现伊曼纽尔、克里斯蒂娜和马丁正在搭积木。她走近他们身边，说道："现在不是建筑的时间。""但是我们已经完成数学任务了！"马丁大声说，"我早就认识数字和加法了，所以我没必要做这些幼稚的任务。我妈妈说我有数学天赋。"

"是的，我知道你们三个数学都很好，"伊丽莎白说，"给我看看你们完成的任务表，我需要检查你们是否做得正确，如果都做对了，你们就可以在其他人完成之前先玩积木。"

伊丽莎白需要遵循当地的课程进度，所以她经常让那些优秀的学生在其他学生完成任务前玩游戏。她并不能确定优秀学生玩游戏是否影响到其他学生的积极性。在她班上，经常有一些学生为了能玩游戏而快速完成他们的任务。

伊丽莎白走到另一张桌子前说道："阿兰娜、真广，你们做得真棒！"说完她便走到凯文身边，俯下身子对凯文说："凯文，这7条鱼不能跟那个数字配对，应该是这个数字，来，跟我一起数。"

克莱尔从不容许任何地方出错。她拉着伊丽莎白的衣角，焦虑地等待伊丽莎白检查她做得是否正确。

"卡维老师，我已经将数字配对好了，我做得对吗？我现在要开始涂颜色了。"克莱尔说道。伊丽莎白简略地浏览了任务表，对她点了点头。每个人似乎都做得不错，伊丽莎白一边想着一边转身去检查梅丽莎和凯文的完成情况。

评估

- 在这个案例中，你觉得梅丽莎、马丁、凯文和克莱尔的学习动机如何？哪些证据能支持你的

- 观点？
- 你认为伊丽莎白是否应该允许马丁和其他学生在等待别人完成任务时玩游戏，为什么？
- 你最关心哪一位学生的动机？为什么？

小学：写作障碍

准备

在你阅读此案例时，请注意：
1. 指出并描述此事例中的主要参与者。
2. 发生了什么事情？
3. 这个案例发生在什么地方？环境是影响因素之一吗？
4. 这个案例发生在什么时候？时间是影响因素之一吗？

由衣子是白鹰小学三年级的教师，她认为实践经验对于学生理解能力的发展非常重要。由衣子采用许多不同的方法帮助学生提高写作技能。每周，她要求学生给父母写一封信，告诉父母自己在学校都学了什么，参加了哪些有趣的活动，正期待参与哪些活动等等。大部分学生很愿意给父母写信。每周四上午，由衣子采用另外一种写法方式，即"自由写作"，要求学生在30分钟内完成指定话题的作文，如"你喜欢的季节"或者"家庭的传统"，等等。由衣子依据学生是否完成写作来打分。之后，她将学生的作品全部贴到教室外的公告板上。

这周四上午，由衣子宣布："今天写作的主题是'你最喜欢的暑假娱乐活动'。写完作文后，你们可以看书、使用计算机，也可以在教室后面安静地玩棋盘游戏。"

话音刚落，詹姆斯、扎拉、罗妮和香提就开始讨论，并麻利地拿出纸张开始写作。

"我喜欢写作。"香提一边说着，一边开始动笔。

"我喜欢和其他同学一起分享我们的作品。"扎拉小声说。

"我只喜欢写我感兴趣的东西，这比阅读有趣多了，"詹姆斯补充说，"何况老师还不给我们阅读表现打分。"詹姆斯不喜欢阅读，更喜欢数学、体育和计算机。但他还是挺喜欢学校，算是个好学生。因为他的父母不断告诉他要努力学习，取得好成绩。

卡特拿出纸和笔，在纸上写

下自己的名字，接着黯然神伤地、默默地盯着空白的纸张。卡特在写信给父母、写日记和其他写作任务中表现得很好，很受大家的欢迎。但是在自由写作时他似乎遇到了麻烦。不久前，在由衣子宣布完自由写作的主题后，卡特报告说想要去医务室，但是被由衣子看穿了他逃避写作任务的企图。

由衣子注意到卡特的行为，问道："卡特，你怎么了？"

"我不知道该写什么，"卡特说到，在每次自由写作时他都会这么说，"我希望能写出一篇最好的作文，但是我不知道该从哪里开始。"

由衣子在卡特身边坐下，帮助他应用头脑风暴进行思考。"你觉得去年暑假最有趣的事情是什么呢？"

"我第一次乘帆船！"卡特回答。他开心地笑了，然后开始写作。

由衣子离开卡特，走到马森身边，看看他写得如何。马森有阅读和拼写障碍，虽然他从不主动要求，但他在写作时确实需要一些帮助。由衣子很高兴看到马森正在努力地写作。由衣子看了一眼他的作业，说："我有一个建议，尝试着多用一些形容词吧，这样你的文章将更精彩。"

15分钟后，香提和詹姆斯将写完的作业交到由衣子的桌子上。香提径直走向阅读角，从书架上抽出一本书开始看。詹姆斯则急匆匆地奔向计算机，他想在其他同学完成写作前先开始玩计算机。由衣子浏览了他们的作文，起身向他们走去。

在阅读角，由衣子低声对香提说："香提，你的故事里词汇用得非常好。"接着，她走向詹姆斯，半蹲在他身边严厉地说："詹姆斯，你的写作思路不连贯，标点符号的用法也不正确。回到你的座位上，继续完成你的作文。我知道你完全可以比现在做得更好。"

评估

- 你认同哪一位学生的行为，为什么？用你自己的话来描述这位学生的动机。
- 由衣子允许学生完成任务后可以读书、玩电脑或者在教室后面安静地玩棋盘游戏，你觉得这种做法合适吗？这样做有可能会出现哪些问题？有没有其他更好的做法？
- 由衣子把所有学生的作文张贴在教室外面的公告栏上，你觉得这样做好吗？请说明原因。

初中：复习数学

准备

在你阅读此案例时，请注意：
1. 指出并描述此事例中的主要参与者。
2. 发生了什么事情？
3. 这个案例发生在什么地方？环境是影响因素之一吗？
4. 这个案例发生在什么时候？时间是影响因素之一吗？

华盛顿中学的校园里，上课铃声响了，杰克·潘多拉对他所教的八年级的学生宣布："我们今天开始复习数学，为下周的全州摸底测试做准备。"话音刚落，教室顿时一片哀怨声和叹息声。杰克理解学生的不满，但他意识到这次考试的重要性。去年华盛顿中学学生的数学水平没有达到年度目标，只有27%的八年级学生在州考试中达到掌握水平。

"来吧，同学们，我们数学复习课将很有趣，"杰克解释道，"全班同学分成四人一组，小组中的每位同学都需要解决一些问题，每个人先独立解答这些问题。等小组中的每个成员都完成任务后，大家可以互对答案，一起讨论有疑问和不理解的地方，确保小组中的每个成员都掌握解决问题的方法。最早正确完成所有题目的小组将能获得一份奖励……"

"奖励是什么？"杰里米打断杰克的话。

"将是个惊喜，"杰克说道，"先让我说完。如果最后所有的小组都正确完成了题目，那么全班同学都会得到一个惊喜。"

杰克希望这种奖励能激励学生合作学习，相互帮助。班上一些学生数学非常好，有些学生对数学概念总是弄不明白，还有一些学生在学习数学时很焦虑。

学生们正在分组学习，杰克在教室里来回走动，查看学生的完成情况。当杰克走向第一组时，他发现阿伦不见了。阿伦跑去削铅笔了，削到一半竟停下来和本聊天。杰克有些生气地说："阿伦，现在不是社交活动时间。你应该和你的组员一起完成任务，你竟然连第一题都还没有开始写。"阿伦的数学成绩很好，但是他似乎缺乏强烈的学习热情。

"第二小组看起来很可能会是第一名哦，每个组员都很努力地解题。"杰克大声说。他在第三组学生身边停下来，因为他注意到萨姆正在擦掉所有的答案。"萨姆，你在做什么？"杰克问道。

她忍着泪水说："我的数学一点也不好，我的答案都是错误的。"

"你怎么知道你的答案都是错的？萨姆，你真的需要对数学多一点信心。"杰克有些困惑地说。"你的所有作业都得了A，上次期中考也得了B。我已经说过你真的做得很好！"杰克极力地劝说，让萨姆相信他。

"这些我都懂，但是每次遇到限时考试或是这种竞赛，我的大脑就一片空白。我一定缺乏数学方面的天赋。"萨姆叹气道。

"要学好数学需要努力和练习。再努力一些，我相信你会获得回报的。"杰克说道。

"但是阿伦根本没有付出一点努力就可以得到A。"萨姆回答。

意识到自己还要去别的组查看进度，杰克劝导萨姆不要将自己与其他同学进行比较，他要求萨姆先完成剩下的题目，并建议他们在课后可以再深入交谈。

杰克听到一些争吵，径直走向第五组，看看究竟发生了什么骚乱。

"你们这些人，快点！我要赢得这次的奖励。"杰里米对着加布里埃尔和雷切尔大喊。

"我需要在大家一起讨论之前自己先理解所有的题目，而不是要得到那个愚蠢的奖励！"雷切尔回答。

"雷切尔说得对。"杰克搭着杰米里的肩膀说，他看了一眼杰里米的作业，"杰里米，你的解题步骤是正确的，但是你应该再次检查你的作业。你在三个问题上都犯了简单的计算错误。慢点做，认真对待你的任务。"

杰克环视着全班学生，严肃地说："我希望看到大家合作学习。"

"我们都做完了。"第四组的勒妮举起手，大声说道。杰克走过去检查他们的完成情况。

"冠军诞生了！"杰克宣布道，"其余的小组要继续努力，我们还有15分钟的时间，如果你们在15分钟的时间内全部完成，那么全班同学都可以得到奖励。"

评估

● 杰克通过友好的小组竞争学习

方法鼓励他的学生解决数学问题，你觉得合适吗？请说明合适或者不合适的原因。

• 你认为杰克激发萨姆学习的方法有效吗？如果是你，你会怎么做？

• 你有过类似的考试经历吗？这些经历怎样影响你的动机？

高中：考试成绩

准备

在你阅读此案例时，请注意：
1. 指出并描述此事例中的主要参与者。
2. 发生了什么事情？
3. 这个案例发生在什么地方？环境是影响因素之一吗？
4. 这个案例发生在什么时候？时间是影响因素之一吗？

坐落于大型都会城市的戴维斯高中，拥有多样的课程体系如大学先修（AP）课程、职业课程、技术课程及艺术课程等。

今天是星期一。早晨，一年级的老师柯蒂斯·沃马克将改好的试卷带到班上。上课铃响后，柯蒂斯开始了第二学期的科学概论课，他一边分发试卷，一边说："同学们，我非常遗憾地告诉你们，你们中成绩最高的是C+。但是我并不吃惊，因为大多数同学在开考后20分钟就交卷了，要知道，一共有25道多选题和一篇文章，这说明你们没有花多少心思答题。我不知道这是怎么回事，谁能帮我回答这个问题？"

"C+听起来很好啊。"雷吉淘气地笑着说。

"对呀，没怎么学就得了C+，太棒了。"塔米卡接着说，"我们可以放弃得分最低的课程，而在其他的课程中获得额外的学分。"

"但是你们本该可以在这门课程中获得好成绩，"柯蒂斯回答说，"不要轻易就放弃学习。"

"沃马克老师，我并没有放弃学习，"卡拉解释说，"我只是想花更多的时间学习其他课程，冒昧地说，我想学习那些对我的艺术专业更重要的课程。"

"是啊，我们为什么要学习这门课呢？"雷吉接着说，"我们并不想成为一名工程师或者科学家。"

柯蒂斯显然十分担忧这个班级学生的学习动机。他已经花了半个学期的时间与他们讨论抱负、动机和学习习惯。他急切地想理解学生的想法，希望能找到激发学生动机的方法。但是今天的课程安排让他没有太多的时间去想那么远。铃声响了，这节课结束了，柯蒂斯卷起另一叠改好的试卷走向他的另一个班级，大学物理先修班。

"早上好，同学们。我要把改好的卷子发给大家。"柯蒂斯大声说道。话音刚落，教室顿时一片哀怨声和叹息声。

"不要太担心。"柯蒂斯说道："考得相当不错。恭喜玛德琳，得了最高分：A-，最差的成绩是C-。虽然还存在进步空间，但是你们已经做得很好了。"

柯蒂斯继续分发试卷，尼古拉斯弯下身子轻声问他的好朋友切尔西："你考了多少分？"

切尔西的回答有些犹豫："C+，天哪，简直不敢相信，我还从来没有得过这么糟糕的分数。"她接着问，"你呢？"

"我也得了C+，"他说，"看来要想下次取得好成绩，我们得更努力一些。"

"是啊，我们总是不用努力学习就能得到A。"切尔西说。她并不打算告诉她的好朋友其实她已经很努力学习，并很想知道尼古拉斯是否跟她一样。

课后，切尔西走近柯蒂斯。"沃马克老师，我不知道该怎么做。我在考前已经很努力地复习，但是成绩却这么差。我想我是不是该放弃物理先修课程，改修其他的科学课程。"切尔西说。

"切尔西，如果我是你，我不会只根据这一次的考试成绩就做出鲁莽的决定。再努力一些，也许你只是需要多学一些知识。"柯蒂斯回答道："告诉我，你当初选择物理先修课程的原因？"

"因为我喜欢数学和科学，我爸爸是工程师，一直以来我就梦想当个工程师。我觉得选择物理先修课程能为我将来在大学的学习工程专业做好准备。"

"那么，你现在要放弃你的梦想吗？"柯蒂斯坚持道。

"不想，呃，我不知道。我不想失败，但是我不希望这门课的成绩影响我的平均分。那将减少我进入理想大学的机会。虽然我想选择工程专业，但我并不像我认为的那样擅长学习科学方面的知识。我在班上一向是个'聪明'的学生，得了C+意味着我比其他人笨。"

"不，我决不这么认为，"柯蒂斯安慰地说，"我现在有些累了，我们明天再谈这个话题。"

评估

- 你认同哪位学生的学习动机？为什么？
- 对于切尔西的问题，你会建议柯蒂斯怎么做？对于科学概论班上的学生，你会提供怎样的建议？
- 柯蒂斯在物理先修课程班上公布得分最高的学生，你觉得这种做法好吗？请说明原因。

第 15 章
行为理论

学习目标

1. 阐述从小学升入初中后，学生的动机是怎样变化的。讨论这种变化的影响因素。
2. 解释为什么任务附着奖励会减弱内在动机，而表现附着奖励倾向于提高内在动机。
3. 探讨在何种情景下表扬能提高内在动机或减弱内在动机，解释有效表扬的个体差异和发展差异。
4. 探讨教师如何营造一个能激发学生内在动机的环境。

15.1 行为主义对动机的定义

许多学生追求教育事业是因为他们曾经受到某个老师的启发。对于老师来说，没有什么比激发学生的学习兴趣、培养学生对学习的热爱更让他们满足的了。动机对于学生成功的重要性从学生早期就开始，并且贯穿整个青春期（Gottfried, Fleming, & Gottfried, 2001；Vansteenkiste, Simons, Lens, Sheldon, & Deci, 2004）。

15.1.1 内在动机和外在动机的定义

早期的动机研究源于行为主义关于学习理论的研究，具体来说就是操作性条件反射理论。根据操作性条件反射理论，个体的行为如果得到积极结果的**强化**（reinforcement），将有可能导致该行为在类似情况下再次出现（Skinner, 1953）。换句话说，强化能激发个体的行为。早期研究称之为**外在动机**（extrinsic motivation），意味着它是"外部"的行为动力，并将外在动机定义为通过参与某一行为，获得不同于行为本身的结果（DeCharms, 1968；Lepper & Greene, 1978）外在动机可以是有形的，例如：奖杯、奖金、奖品、小贴纸和成绩单；也可以是无形的，例如：赞美、注意和认同。

当然，个体并不总是需要外部刺激。对一些活动来说，如看电视或玩游戏，这些活动本身就是一种奖励。**内在动机**（intrinsic motivation）指个体参与某一行为，行为本身就成为一种奖励。人类和动物所参与的探险行为或是由好奇心引发的行为就不需要强化（White,

1959)。例如，小孩子们用方块建造高塔，给它们涂上颜色或者进行角色扮演等游戏就不需要外部的奖励。小学生喜欢课外阅读，中学生喜欢写博客或听音乐，成年人有自己的业余爱好，这些行为都是由内在动机激发。在学校里，教师鼓励学生形成内在动机，即由学习本身所具有的特征所激发的动机，这些学习特征点包括好奇心、坚持性、学习的挑战性、任务的新颖性以及个体对知识和技能掌握的重视程度（Gottfried, 1994; Gottfried & Gottfried, 1996）。

> 思考：一些由内在动机和外在动机激发的行为。例如，列出三项你现在正在进行的，但是如果缺乏外部的奖励，你将放弃的事情。

15.1.2 动机的影响因素

研究者认为，将动机分为内在动机和外在动机的二分法过于简单。许多学习行为同时由内在和外在动机共同激发。例如，使用这本教材的学生在课堂上很努力地学习，可能是因为他们喜欢学习教育心理学，也可能是为了得到好成绩。这个问题不仅仅是学生行为由内在动机激发还是外在动机激发，而且是在什么条件下，学生行为在多大程度上由内在动机或外在动机激发。

学生的成长过程和文化背景对他们的动机有着重要影响。

- 儿童在家庭生活中的早期经历可能影响他们的动机。不考虑家庭的社会经济水平，在青少年早期，经常采用内部奖励的家庭环境将鼓励孩子形成内在学习动机，如果父母依靠外部的奖励提高孩子的学习成就，则孩子的内部学习动机较低（Gottfried et al., 1994; Gottfried, Fleming, & Gottfried, 1998）。
- 在强调相互依赖的文化中，内在动机和外在动机相互关联。白人儿童认为来自父母的外部压力和内在动机是两种完全不同的驱动力。与高加索儿童相反，亚裔美国儿童认为取悦成年人这种外在动机和内在动机是相互联系的（Lepper, Corpus, & Iyengar, 2005）

儿童早期并不需要外在的奖励，因为这一发展阶段的孩子充满好奇、爱刨根问底、渴望学习新的知识（Harter, 1978）。当学生从小学高年级升至中学时，他们的内在动机逐渐减弱（Lepper et al, 2005; Spinath & Spinath, 2005）。他们更愿意选择低挑战性的任务，对学习的兴趣和好奇心也下降（Dotterer, McHale, & Crouter, 2009; Harter & Jackson, 1992）。学生也不喜欢阅读、数学及科学等课程，因为这些课程要求达到一定的成绩水平（Gottfried et al., 2001; Jacobs, Lanza, Osgood, Eccles, & Wigfield, 2002）。

中学校园及班级的结构和氛围有助于解释外在动机激发学习的发展趋势。在中学，学生们需要面对不同科目的教师，不断变换的教室以及课程表中经常插入的短期课程。教师需要教很多学生，他们更多采用讲授的方式而较少亲身示范。中学的学习和行为规范比小学更严格，这导致控制氛围更明显，学生行为更多的依赖外在动机（Eccles, Wigfeld, & Schiefele, 1998; Lepper & Henderlong, 2000）。结果，学生很少有机会做决定，需要面对更多的规则和纪律，而且师生关系较差（Anderman & Maehr, 1994）。随着学生从小学升入中学，他们也会明显感受到表现目标（例如：考试分数）

竞争和外在动机

这个男孩正在查看他的学期平均成绩，说明中学的学业竞争加剧将导致更高的外在动机。

比学习本身受到了更多的关注（Lepper & Henderlong, 2000；Wigfeld & Wagner, 2005）。学校日益强调学生之间的竞争，这从学校里的荣誉榜、班级排名以及标准化测验中可见一斑。在学生成长过程中，他们会花更多的时间将自己的学业表现和同学比较，这导致了在青少年学生中日益激烈的竞争，和对表现目标的日益关注（Wigfeld & Wagner, 2005；Wigfeld, Eccles, Schiefele, Roeser, & Davis-Kean, 2006）。

所有的这些经历将导致学生的学习行为对外在动机的依赖，和从内部控制到外部控制的迁移。**控制点（locus of control）**是将个人行为的结果归因为内控或者外控因素一种观点。外控是由个体无法控制的外部因素决定的，如运气或其他人的行为，内控是由个体可以控制的内部因素决定的，如能力和努力（Rotter, 1966, 1990）。需要注意：并不是所有的外在动机都会导致外控或破坏内在动机。外部激励策略如果应用得当，可以成为教师激发学生动机的重要手段。让我们一起来看看教师采用的两种外部激励方法如何激发学生的学习动机：奖励和表扬。

15.2　奖励学生的学习

教育者经常使用外部奖励激发学生的学业内在动机。教师经常采用实物奖励激发学生的行为。当学生的课题作业或家庭作业做得好时，他们会贴上小贴纸作为奖励，或者让学生有机会从百宝箱中挑选一个奖品。教师还采用一些活动作为强化物。例如，奖励完成指定任务的学生额外的休息时间或与同学们聊天的时间（Premack, 1959, 1963）。这些外在动机是如何影响学生的内在动机呢？

还记得必胜客的有奖读书项目吗？这是一项在全国范围开展的鼓励学生读书的项目，目前已经鼓励了大约一千万个孩子产生阅读的兴趣。当学生达到教师设置的阅读目标时，他们就能得到一份免费的比萨饼券。操作性条件反射为这种奖励学习的行为提供了依据。对行为的奖励将增加行为再次出现的可能性，提高个体行为的动机（Skinner, 1953）。

但是，一旦学生们不再获得奖励，他们还会继续阅读吗？根据操作性条件反射原理，外部奖励撤销后，个体的行为最终将退回到奖励之前的水平（Skinner, 1953）。在一项经典的实验研究中，爱德华·德西和他的同事证实了这种行为。当外部奖励撤销后，个体行为出现的频率低于奖励前（Deci, 1971）。因此，奖励实际上削弱了个体的内在动机。

要想有效地利用奖励，教师不仅需要考虑奖励的内容和原因，还需要考虑到奖励的时机和方法。实际奖励对内在动机产生的不同效果取决于以下几个因素。

- 奖励的目的。
- 学生对奖励的看法。
- 奖励的背景。

奖赏

奖赏可以有多种形式，例如，额外的休息时间，获得贴纸，没有家庭作业，或者如图所示从百宝箱中挑选一个玩具。当学生很好地完成任务时给予一个贴纸作为奖赏。

15.2.1　任务附着奖励和表现附着奖励

任务附着奖励（task-contingent rewards）是参与某项活动的奖励或是完成某一活动的奖励。学生倾向于认为任务附着奖励控制他们的行为，因此这种奖励逐渐削弱他们的内在动机（Deci et al., 1999a）。学生只完成教师要求的任务以获得奖励。教师如果经常使用这种奖励，将降低学生对活动的内部兴趣，导致学生参与行为的频率低于受奖励前（Deci et al., 1999a；Deci, Koestner, & Ryan, 2001）。

类似于任务附着奖励，其他具有控制作用的教育方法也会降低学生的内在动机。这些方法包括：

- 教师的密切监督（Plant & Ryan, 1985）；

- 设置强加的目标和截止日期（Amabile, DeJong, & Lepper, 1976; Manderlink & Harackiewicz, 1984）；
- 采用威胁和命令（例如，"开始！"或"不，要这样做！"）（Assor et al., 2005; Koestner, Ryan, Bernieri, & Holt, 1984）；
- 外部评价（Harackiewicz, Manderlink, & Sansone, 1984; Hughes, Sullivan, & Mosley, 1985）；
- 竞争（Reeve & Deci, 1996; Vansteenkiste & Deci, 2003）。

这些教育方法产生的不同效果取决于具体的情境和关注点（Stipek, 2002）。例如，如果鼓励学生设置目标并强调学生的掌握水平或关注个人成长，这种目标就能提高学生的内在动机（Deci, Koestner, & Ryan, 1999b; Stipek, 2002）。在竞争中，怎样才能提升学生的内在动机？当学生感觉到赢得竞争是有压力的，即使最终获胜仍会削弱其内在动机（Vansteenkiste & Deci, 2003）。如果教师给予学生行为表现的积极反馈，即使学生输掉了比赛（比如拼字大赛，科学赛事）或考试分数不理想，他们仍然能感觉到自己的内在动机得到了加强。积极反馈，就是提供给学生其掌握水平的信息，这会比赢得一场竞争更能提升学生的内在动机（Vansteenkiste & Deci, 2003）。

表现附着奖励（performance-contingent rewards）针对做得好的行为或者达到一定水平的表现，如正确解答所有的数学问题才能获得小贴纸作为奖励。学生将表现附着奖励作为自己成就水平的一种信息反馈。这种奖励通过增强学生的能力感，提高他们的内在动机（Deci et al., 1999b; Ryan, Mims, & Koestner, 1983）。

表现附着奖励对内在动机的削弱程度低于任务附着奖励。因为在某个活动上表现出色而收获表现附着奖励的学生，即使他们日后参加这项活动的频率下降，学生仍会持续对这项活动感兴趣并且很乐意继续参与这项活动（Deci et al., 1999a）。表现附着奖励可以通过对学生能力给予积极反馈来增强学生的内在动机（Cameron, 2001; Deci et al., 1999b）。

但是在一些特定的情境中，表现附着奖励也可能削弱学生的内在动机。当学生期望获得针对某一特定掌握水平的表现附着奖赏时，这种被评价的期望，就可能会影响学生的内在动机。例如，小学生可能会被事先告知，当他们在数学测验中获得A的时候，就没有家庭作业。或者高中生知道如果他通过了历史课的期末标准化测验，他们会获得学分。这会导致学生可能更关注预期的评价和结果，而不是课程本身的学习。

如果学生接收到负面的、暗示自己能力低下的反馈，这种奖励不会提高学生的内在动机（Stipek, 2002）。一项研究显示，在班级中，如果只有表现最好的学生获得奖励，而表现较差的学生只获得很少的奖励或者根本没有奖励，这种表现附着奖励会明显降低学生的内在动机（Deci et al., 2001）。

> **思考：**一些你在校内外的学习受到奖励的例子。它们是任务附着奖励还是表现附着奖励？这些奖励提高了你内在动机还是降低了你的内在动机？

15.2.2 应用：有效使用奖励

怎样使用奖励才能最大程度降低其对内在动机的不利影响呢？以下研究将为你提供一些指导（Deci et al., 2001）：

不定期给予意外的奖励。例如，当学生很好地完成一项团体活动后给学生一个惊喜——看电影，这种奖励不会显著影响内在动机。学生不是为了奖励而学习，因此学习更有可能由任务本身所激发（Cameron, 2001; Deci, Koestner, & Ryan, 2001）。

谨慎使用实物奖励。实物奖励（如证书、奖状）将逐渐减弱学生的内在动机，对小学生来说尤其如此（Deci et al., 1999a, 2001）。例如，对课外阅读感兴趣的学生受到教师的奖励。一开始，他们觉得受到奖励是因为他们的阅读能力强（内控），但最终他们会认为奖励是教师强加的一种外部控制手段（外控）。随着时间的推移，学生逐渐认为他们的成功更多是出于外部的奖励而不是自己的能力和努力（Brockner & Vasta, 1981; Pittman, Cooper, & Smith, 1977）。实物奖励的一个例外是：所奖励的实物与被奖励的活动相关，比如将获得一本书作为阅读行为的奖励（Marinak & Gambrell, 2008）。

尽快消除实物奖励。 在某些情境下实物奖励是很有效的。尤其针对那些学生必须掌握但对于学生而言又缺乏内在价值和兴趣的任务。例如，小学生可能会抱怨练习单词拼写，初中生不愿意解答数学问题，高中生最初不会主动欣赏希腊悲剧。在这种情况下，教育者可以使用实物奖励，吸引学生参与，提高学生对这些任务的兴趣。因为如果提高了学生对某项任务最初的兴趣，他们将很可能形成对这些任务的内在动机（Hidi，2000）。学生缺乏最初学习兴趣时教师可以使用实物奖励激发学生的动机，但是教师应尽快消除实物奖励以防止学生仅仅为了奖励而学习（Stipek，2002）。

尽可能使用适度而小的奖励。 个体会用最显而易见的理由来解释自己的行为。获得奖赏容易导致个体将自己的成功表现更多地归因于奖赏本身，即一个非常显而易见的理由，而不是内在因素，如兴趣、活动本身的趣味性或学生自身的能力等（Deci & Ryan，1985；Deci et al.，1999a），由此可能会引起个体从内控到外控的迁移。使用小的不起眼的奖励，不会变成个体参与学习活动的主要原因，因为小的奖励并不是用来解释学生行为的一个显而易见的理由（Stipek，2002）。

依据完成任务的质量给予奖励（Ames & Ames，1990；Deci, Eghrari, Patrick, & Leone，1994）。表现附着奖励对内在动机的削弱程度低于任务附着奖励。表现附着奖励具有信息性，是对学生能力的反馈，强调能力和努力。奖励学生熟练完成特定任务所付出的努力可以提高学生的内在动机（Harter，1978）。对于那些付出更多努力取得更大进步的学生，给予表现附着奖励对他们是很有用的，特别是对那些还没有意识到通过努力可以获得成功的学生（Seligman，1994；Urdan, Midgley, & Anderman，1998）。让学生相信经过努力可以取得更大的成功将会提高学生的成就水平（Craske，1985；Van Overwalle & De Metsenaere，1990）。

尽量减少使用专制型教学。 专制型教学（包括使用控制性语言、命令学生、使用威胁及密切监控等）将降低学生的内在动机（Deci et al.，1994；Koestner et al.，1984）。当学生遭遇学业失败时，教师应避免使用指责的方式激发学生。惩罚学业失败将抑制学生对学习任务的内部兴趣（Harter，1978）。对失败的指责和惩罚将导致学生更愿意选择容易的任务，避免承担可能失败的风险（Stipek，2002）。

15.3 表扬学生的学习

在某些情况下，掌握某项技能所表现出的行为本身成为个体直接的强化物（Stipek，2002）。例如一位5岁小孩学会系鞋带，或者一个青少年打破游戏历史的最高纪录，他们的行为表现获得了及时反馈。在另一些情况下，个体行为的强化需要社会因素介入。例如，得知你的棒球挥击技术有进步，你的期末论文有说服力，你的家庭作业符合成人的要求等，在这些情况下，**表扬**（praise）、口头或书面形式的积极评价对个体的行为提供了有益的反馈。

从发展角度看，表扬的效果有限。7岁以下的孩子会将表扬解释为得到权威人物的肯定，而不是对自己行为表现的反馈（Brophy，1981）。小学生能从表扬中获益，因为他们能认识到只有特定的行为表现才能获得奖励，例如服从要求或者学习好。然而，当学生从小学升至中学后，他们将教师的表扬视为低能力的象征（Henderlong & Lepper，2002）。对于高年级学生，在不要给学生安排太简单任务的前提下，表扬必须是真诚的，确保能为学生提供关于个人能力的积极反馈，如此表扬才会有效（Henderlong & Lepper，2002）。

表扬的效果因人而异，这取决于学生对表扬的看法。

- **外控型学生比内控型学生更愿意接受表扬。** 外控型学生认为教师表扬自己是由于外在因素（教师喜欢自己），而不是内部因素（个人的成功）（Brophy，1981）。
- **成就水平较低的学生以及社会经济背景较低的学生更能从表扬中获得学业上的鼓励。** 经常在学业上受挫的学生认为教师的表扬意义重大（Brophy，1981）。

表扬是一种被广泛使用的强化方法，因为不受限制，还能给予鼓励，提高自尊（Brophy，1981）。表扬能对学生产生积极的影响，因为它是无法预期的，使学生相信他们确实需要做一些值得表扬的事情（Brophy，1981；Deci et al.，1999a）。然而，类似于我们之前讨论过的实物奖励，表扬也会提高或降低内在动机，这取决于怎样给予表扬以及学生对表扬的看法。

15.3.1 过程取向表扬、绩效取向表扬和个人取向表扬

教师可以给予学生过程取向表扬（process praise）或者绩效取向表扬（performance praise）作为反馈去鼓励学生的进步。过程取向表扬是对任务过程的评价，例如，"你涂色涂得多么认真啊！"绩效取向表扬是对任务结果的评价，例如，"你的期末论文中的论据既清晰明了又有说服力"（Corpus & Lepper，2007）。过程取向表扬或结果取向表扬均是指出学生哪些方面做得好，并提示学生下次该怎么做，因此研究者把它们称为视为信息型表扬。

信息型的表扬有利于提高学生的内在动机。具体赞美给学生提供了关于其能力的具体信息，有助于提升学生的控制感，具有以下积极效果。

- 增强学生的学习兴趣。
- 更积极的自我评价。
- 激发学生更积极的学习态度。
- 增强毅力。
- 增加在课余时间继续参与这项活动的可能性。

个人取向表扬（person praise）对学生个人态度和行为给予赞许性评价，例如，"你真擅长学数学"（Corpus & Lepper，2007）。与过程取向和绩效取向表扬不同，个人取向表扬很笼统，并没有具体指出学生在什么方面做得好。研究者认为个人取向表扬具有控制性。学生的学习动机受控于老师的赞许性评价，而不是学生的内在兴趣和自我评价。学生学习的目的是为了获得一个又一个赞许性评价。

个人取向表扬可能有损内在动机。这种表扬形式会产生能力实体观的信念，即能力是稳定的，是不可控制的（Corpus & Lepper，2007；Mueller & Dweck，1998）。当学生面对重复失败时，容易产生习得性无助（Kamins & Dweck，1999）。学生易将自己的失败归咎于不可控的因素，从而放弃尝试（Seligman & Maier，1967）。个人取向表扬可能会降低学生的自我价值感，因为这种表扬形式容易使学生相信，他人会根据个人的绩效表现来推论个人的整体价值（Kamins & Dweck，1999）。

由控制性语言组成的积极反馈（如"你应该""你应当"）也会降低学生的内在动机（Kast & Connor，1988；Ryan，Mims，& Koestner，1983）。例如，当学生的作业完成得很好时，教师不应说："你上交家庭作业很工整，你应该继续保持这种良好习惯。"而应该说："我注意到你的家庭作业更工整了，我很欣赏你的努力！"

个人取向、绩效取向和过程取向表扬的效果具有性别差异。个人取向表扬更易激励小学阶段男孩的内在动机，尤其是在他们成功时表扬他们的能力（Corpus & Lepper，2007；Koestner，Zuckerman，& Koestner，1989）。处于小学阶段女孩的内在动机则更容易受到绩效取向和过程取向的激励，特别是对她们为成功而付出的努力的表扬（Corpus & Lepper，2007；Koestner et al.，1989）。与男孩相比，在不能确定表扬是属于信息型还是控制型的情况下，女孩倾向于认为表扬具有控制性（Kast & Connor，1988；Koestner，Zuckerman，& Koestner，1987）。

15.3.2 应用：有效使用表扬

教师合理地使用表扬可以鼓励学生重视学习的内部价值。杰雷·布罗菲（1981）提出许多有效的建议，指导教师如何在不妨碍内在动机的前提下使用表扬，如表15-1所示。有效使用表扬，需要记住以下指导原则。

表扬应针对特定的行为。教师不该使用诸如"做得很好""干得漂亮""你真聪明"等这类笼统的评语。教师应该明确指出哪些行为是可取的。具体的表扬更可信，能提供学生行为表现的信息反馈。况且，如果表扬儿童和青少年是聪明的，将让他们认为学习是为了不犯错误以及看起来很聪明（Dweck，1999）。这些学生相信智力是天生的和稳定的，当他们遭遇失败时，学习的内在动机降低。具体的表扬应不包含社会比较——将学生的表现和其他同学进行比较，因为这样做会削弱学生的毅力（Henderlong & Lepper，2002）。如果学生认为学业成功是基于和他人的比较而不是个体对知识的掌握，那么当别人表现得更出色的时候，他会觉得很难应对。

表扬必须是真诚的。教师的表扬必须具有可信度，学生才能相信他们的表现值得表扬。教师的以下做法会削弱学生的内在动机。

表 15-1 有效表扬指南

有效表扬	无效表扬
根据具体情况给予表扬	随机或无规则地表扬
具体指出所完成工作的特别之处	只限于通用的表扬方式
发自内心的、形式多样及可以信任的表扬，始终关注学生的成就	表现平淡、冷漠，敷衍应付
奖励达到明确绩效标准的行为（包括努力程度）	只要有参与任务就给予奖励，不考虑行为的过程和结果
对学生的能力和成就价值提供信息反馈	没有提供信息反馈或只告诉学生在班级的排名
指引学生重视与他们任务相关的行为本身，鼓励学生解决问题	指引学生与他人进行比较，重视竞争
以学生之前取得的学业成就为基础，描述学生目前的成就	以其他同学的学业成就为基础，描述学生目前的成就
认可学生解决难题（对该生而言）所付出的努力或成绩	不考虑学生的努力程度或成功对学生的意义
将成功归因为能力和努力，暗示学生今后可以取得类似的成功	仅仅将成功归因为能力或外部因素，如运气好或者任务难度低
鼓励内部归因（例如，学生愿意努力完成任务是因为他们喜欢任务或者希望掌握任务相关的技能）	鼓励外部归因（例如，学生认为努力完成任务是为了外部因素——让教师高兴，赢得竞争或奖励等）
鼓励学生关注与任务相关的行为	鼓励学生关注教师或权威人士对他们的评价
学生完成任务后，鼓励学生对相关行为进行合理的归因	干扰正在进行的活动，分散对相关任务的注意力

资料来源：J. Brophy (1981), "Teacher praise: A functional analysis." *Review of Educational Research*, 51(1), 5–32. Copyright © 1981 American Educational Research Association. Reprinted by permission of Sage Publications.

- 表扬每一位学生，因此学生无法将表扬归因于任何具体的行为（Brophy, 1981）。
- 表扬完成简单任务的学生，因此学生认为自己受到的表扬不值得（Marzano, Pickering, & Pollack, 2005）。他们认为这种表扬意味着自己能力低下（Miller & Hom, 1997；Weiner, 1990）。
- 表扬完成任务又快又轻松，这种表扬在于表扬学生"很聪明"，而不是表扬他们为此付出的努力（Dweck & Master, 2008）。这种表扬方式容易促使学生认为能力是稳定且不可控的。其实，老师们应说这项任务太简单了，然后提供给学生一个具有挑战性的工作。这表示老师重视努力，因为挑战性的工作需要更多的努力才可以完成（Dweck & Master, 2008）。

表扬依随于需要强化的行为。如果教师依据学生成功与否给予表扬，学生会将表扬解释为自己取得成功的反馈（Brophy, 1981；O'Leary & O'Leary, 1977）。然而老师常常在课堂上随机地使用表扬，从而导致表扬经常是非依随性的。很多研究发现教师的表扬呈以下特点：

- 教师的表扬经常是随机的，不具有依随性。教师因学生的成功而给予表扬的相对频率只达到10%，意味着虽然教师观察到学生很多的成功表现，但是并没有每次都给予表扬（Brophy, 1981）。
- 教师也经常改变他们认为"成功"的标准，导致他们时而表扬特定的成就，时而不给予表扬（Mehan, 1974）。
- 除了表扬正确的行为，教师有时还表扬错误较少的行为（Anderson, Evertson, & Brophy, 1979）。例如，教师表扬朗读错误较少的学生和阅读存在小错误的学生。

> 思考：你被表扬的一些例子。这些表扬提高了还是降低了你的内在动机？请指出原因。

15.4 当活动本身成为一种奖励

15.4.1 沉浸理论

有些学生的行为由学习任务本身激发，他们完全沉浸其中，不需要外部的奖励。你有过这样的体验吗？在大学课堂上参与一项非常有趣的实验或活动，你惊讶地发现时间过得飞快。如果有这种体验，你当时就处于沉浸状态，也称为高峰体验或者用体育运动中的说法——"进入最佳状态"。**沉浸（flow）**是一种内心愉悦的感觉，使个体完全融入同时具有挑战性与回报的任务中。米哈里·契克森米哈（1990，2000）提出了沉浸理论，描述个体因为活动本身而参与其中的主观体验。

一些特定的活动更容易使个体产生沉浸的体验。例如，下象棋、攀岩、冲浪及弹奏乐器，这些活动很容易让人们沉浸其中。总的说来，以下这些经历有助于产生沉浸体验：

- 设定要求学习新技能的规则；
- 设置目标；
- 提供反馈；
- 参与者对任务有控制感；
- 能够全神贯注，投入其中。

基于以上的特征，请你推测怎样的课堂经历能产生沉浸体验？在小学高年的课堂中，将学生分组，相互之间进行词汇定义接力赛，这样的方式具备了产生沉浸体验的因素：接力赛的规则、及时的反馈（可以及时检查对词汇的定义是否正确）、注意力高度集中以及主动参与。在中学课堂，（美国）内战时期所发生的生动历史事件深深地吸引了学生，他们开始计划和模拟某次现场战斗，这时学生们完全沉浸其中。

沉浸状态

某些活动如下象棋有利于产生沉浸体验。你什么时候产生过这种体验？

沉浸的状态很难达到也不容易维持（Schweinle, Turner, & Meyer, 2008）。为了达到沉浸的状态，个体需要在活动的挑战难度和参与活动所需技能的掌握程度之间形成恰当的平衡（Brophy, 2008；Csikszentmihalyi, 1997）。如果学生的能力超过活动的要求，他会觉得任务枯燥乏味，无法产生沉浸体验。同样地，如果学生缺乏特定活动所需要的技能，他们体验到挫败感，也无法进入沉浸状态。一个活动从一开始就要求学生要有意识地去关注和付出努力。如果学生也愿意花大量时间去学习和实践，从而掌握新的技能，这有助于进入沉浸状态（Csikszentmihalyi, 1990）。因此，高年级学生更易获得沉浸体验。因为他们更能理解要完成挑战性任务需要时间和持续的努力，他们能熟练地将完成挑战性任务视为提高他们技能的重要契机。

15.4.2　应用：营造能激发内在动机的学习环境

教师可以通过解读教材、设计学习任务、开展团体活动、展示学生作品的方式营造一个能激发学生内在动机的学习环境。让我们一起分别探讨这些方式。

通过强调教材的重要性和解读新旧材料之间的关系进行讲课。学生经常问教师："我为什么要学习这些知识？"当学生知道他们所学知识的重要性，知道何时且如何使用这些知识，他们会更可能认识到所学知识的价值，这将提高他们的内在动机（Brophy, 2008；Turner & Paris, 1995）。将要学的新知识与学生的兴趣联系在一起，能有效地让学生认识到将要学习的知识的价值。例如，一位高中物理教师将讲授一个新的物理定律，如果教师告诉学生这个定律在实际生活中的相关用处，将激发学生的兴趣和内部学习动机。当学生对材料本身感兴趣时，他们将对学习信息进行有意义地深入加工，学得更多（Ainley, Hidi, & Berndorff, 2002；Cordova & Lepper, 1996）。

另外一种强调知识重要性的方法就是将他们置于真实的具有现实意义的任务中。例如，在科学课上设计一个实验，在英语课上写一封信给国会会员，在社会研究课上组织一场访谈。真实的活动鼓励学生习得解决和执行现实世界任务的技能（Brown, Collins, & Duguid, 1989；Collins, Hawkins, & Carver, 1991）。学生的内在动机被激发，因为他们意识到学习具有现实意义。

利用教师的热情、材料的新颖性和学生的好奇心。如果教师利用信息的新颖性和学生对新信息的好奇心，热情洋溢地介绍新的学习材料，将激发学生的学习兴趣（Hidi，2000；Silvia，2005，2006）。利用材料的新颖性和学生的好奇心与皮亚杰（1954，1963）提出的"失衡"（disequilibrium）概念相一致。失衡是指由于信息与个体已有的观念不相符而引起的一种认知失调的状态。在皮亚杰的认知发展理论中，个体学习的动力是为了解决这种不平衡状态。

设计最佳难度水平的任务（Covington，2000；Stipek，1996）。如果任务的难度稍微高出学生现有的能力水平，将能有效地激发学生挑战任务（Piaget，1985；Vygotsky，1978）。接受最佳的挑战能提高学生的能力感和自尊。教师必须根据学生的能力水平谨慎地调整任务难度（Stipek，2002）。太难的任务将提高学生的焦虑水平，而太容易的任务则会让学生觉得枯燥乏味。任务的挑战性和个体技能水平的恰当平衡，有助于学生产生沉浸体验。允许中学生自主选择课程，就意味着给予他们选择和自己能力相符的课程的机会，这可能会促成他们在这些课程学习中的沉浸体验（Schweinle et al.，2008）。

给予学生选择参与活动的权利（Deci & Ryan，1992；Ryan & Stiller，1991）。虽然表扬和外部奖励能促进学生能力感的形成，但如果学生缺乏主动性或自我决定的权利，学生将无法形成学习的内在动机（Ryan & Deci，2000a）。也就是说，学生需要能掌控自己的学习。允许学生有一定自主性的教师将培养出更具有责任感、独立性和自我调节的学生。然而，如果学生自主选择的机会太多，则会让学习倍感压力。高效率的教师必须决定在哪些情境下，怎样让学生进行自我决定。例如，一位教师要求学生分组进行某个国家的社会研究项目，但允许学生选择自己感兴趣的国家进行研究。

创设小组合作的任务。小组合作学习能使学生重视学习的内在价值（Turner & Paris，1995）。在社会背景下相互学习不仅能挑战学生的高级思考方式，还能满足学生归属的需要（Ryan & Deci，2000；Vygotsky，1978）。合作学习效果在以下几种情况下最好。

- 学生需要相互依靠才能达到预定目标；
- 教师向学生示范如何高效地进行合作学习；
- 团队表现受到重视或得到某种方式的奖励（Driscoll，2005）。

展示学生的作品，强调学习过程中的努力、创造性以及完成任务的自豪感。教师可以将学生的作品展示在艺术墙、公告栏、网页上，或者举行类似科学博览会的活动。公开展示学生的作品能否提高学生的内在动机取决于教师选择展示什么样的作品（Malone & Lepper，1983）。如果只在公告栏张贴获得A的论文，可能会降低那些做得不错但没有获得A的学生的能力感。有些学生已经表现得很好但是没有超过班上的其他同学，这种竞争性的关注将提高这些学生的无能感（Stipek，2002）。相反，如果展示学生的作品是为了展示学生学习的进步或展示学生们完成同一个项目的多种方式（Fryer & Elliot，2008），那么这种展示就能有效提高学生的内在动机。这种认知过程能产生以下积极的体验：努力、自主感、成就感以及责任感（Turner & Paris，1995）。

> **思考：**想象一个你想要教授的班级。你将如何使用这些指南营造一个能激发学生内在动机的班级环境？

本章小结

1. 解释学生从小学升入中学的过程中，动机是如何变化的，讨论导致这种变化的原因

随着学生的成长，他们的动机也发生了变化，从关注内在动机逐渐转移至外在动机。外在动机指参与某项活动是为了得到外部的奖励，内在动机则指参与的某项活动本身就是一种奖励。从小学升至中学后，学生的学业内在动机逐渐下降。这可能是由于课堂环境中结构的变化，对成绩和表现评价的过多的关注，脱离语境的学习以及促进学习的外部奖励的过度使用。

2. 解释为什么任务附着型奖励可能降低内在动机，而表现附着型奖励可以提高内在动机

任务附着型奖励指仅仅完成了某项任务或参与了某一行为就给予奖励，降低了内在动机。学生认为任务附着型奖励具有控制性，他们学习仅仅是为了得到奖励。表现附着型奖励较少削弱学生的内在动机，甚至可能提高内在动机，因为这种奖励提供了学生掌握水平的信息反馈。然而，如果反馈是消极的，表现附着型奖励也会削弱内在动机。

3. 讨论在哪些情况下表扬能提高或是降低内在动机，并解释有效表扬的个体差异和发展差异

一般来说，表扬能提高内在动机，因为表扬是不可预期的，能够提供学生能力的信息反馈。但是，如果学生仅仅完成简单任务就受到表扬或者教师的表扬不真诚、具有控制性，表扬将降低内在动机。对于小学中年级的学生、成就动机较低的学生、家庭社会经济地位较低的学生、男性，以及外控型学生来说，表扬较有利。

4. 探讨教师可以用来营造一个能激发学生内在动机的学习环境的方法

教师可以采用很多方法营造能激发学生内在动机的学习环境。一般来说，教师可以通过强调新课程或新概念的重要性，通过使用热情的讲解、新颖的材料和学生的好奇心来激发学生的学习兴趣。教师可以为学生提供合作学习的任务，给予学生任务选择权，并确保所有学生选择最佳挑战水平的任务。教师可以合理展示学生的作品，确保能让学生产生努力、成就感及责任感等积极的体验。

案例学习：反思与评估

儿童早期：任务表

1. 总体而言，幼儿园的课堂行为是由外在动机激发还是由内在动机激发？有哪位学生不符合你的回答？根据本章的论述，你希望在六年级的班级具有同样类型的动机吗？请解释原因。
2. 在伊曼纽尔、克里斯蒂娜和马丁圆满完成配对任务后，伊丽莎白允许他们玩游戏作为奖励。这种奖励属于哪种类型？根据研究结论，这种奖励能有效提高学生的内在动机吗？
3. 克莱尔属于外控型学生还是内控型学生？你是如何得知的？针对她的学习动机，这种控制点如何影响表扬的效果？
4. 当伊丽莎白表扬阿兰娜和真广时，她偏离了哪条指南？你将建议伊丽莎白换成哪种表扬方式？请举例说明。
5. 为了玩游戏，有些学生如马丁和他的朋友们希望尽快完成任务。你该如何应用奖励策略激发这些学生重视他们的学习。
6. 伊丽莎白应怎样鼓励马丁产生学习数学的内在动机？

小学：写作障碍

1. 请举出这个案例中内在动机和外在动机的例子。
2. 由衣子告知学生完成写作任务后可以选择某项娱乐活动。这种奖励属于哪种类型？根据研究结论，这种奖励能有效提高学生的内在动机吗？
3. 根据研究结论，解释为什么由衣子的自由写作任务可能降低学生的内在动机。她可以采用哪些不同的方法提高学生写作的内在动机？
4. 对于香提，由衣子采用哪种类型的表扬？控制型还是信息型？根据本章所讨论的表扬指南，由衣子对香提的表扬有效吗？请说明原因。
5. 结合本章的论述及案例中的信息，将学生的作文展示在公告栏上能激发学生的动机吗？如果可以，请指出是哪位学生？通过什么方式？所激发的是内在动机还是外在动机？如果在你自己的班上，你将如何展示学生的作品？
6. 除了写作，由衣子可以采用哪些策略提高她所教的三年级学生的内在动机？

初中：数学复习

1. 八年级学生在数学课上的行为是由内在动机激发还是外在动机激发？根据本章的研究结论，他们的动机是初中生普遍具有的动机吗？
2. 根据本章的研究结论，采用第一名奖励和班级奖励能

提高学生学习数学的内在动机吗？请解释原因。
3. 杰克对杰里米的反馈是信息型的还是控制型的？这种反馈怎样影响杰里米的动机？
4. 根据有效表扬指南，请评价杰克与山姆之间的互动。想象杰克和山姆课后如何深入交谈。杰克该说什么以提高山姆学习数学的内在动机？
5. 第一名奖励和班级奖励应该是什么？这些奖励如何提高学生的内在动机？
6. 除了让学生进行竞争学习，杰克还可以采取哪些方法提高学生学习数学的内在动机？

高中：考试成绩

1. 根据动机的内部和外部取向，比较科学概论班级和物理先修班级中学生的学习动机。
2. 柯蒂斯班上学生的动机取向能代表所有的高中生吗？哪些因素导致了他们的动机取向？
3. 根据本章的研究结论，表扬玛德琳取得物理先修课程的最高分是一种有效的激励方法吗？请解释原因。
4. 柯蒂斯该怎么鼓励像切尔西这类的学生更多重视学习过程而较少重视分数？
5. 如果柯蒂斯希望采用一些策略激发科学概论班级学生对科学的内在动机和兴趣，你将推荐哪种类型的奖励？确保本章的论述能支持你的观点。
6. 除了提供奖励之外，柯蒂斯怎样在她的科学概论班级营造能激发学生内在动机的学习环境？

第 16 章
认知理论

学习目标

1. 定义期望和价值,解释它们如何影响学生的动机。
2. 比较两种不同类型的目标理论:掌握目标和表现目标。
3. 区分有助于提高动机的归因方式和降低动机的归因方式。
4. 阐述动机的主要发展变化趋势。
5. 区分不同种族和性别的动机差异。
6. 区分学生层面的策略和班级层面的策略以提高学习动机。
7. 解释习得性无助和焦虑如何影响学生的动机。

16.1 动机的认知理论

你认为个体的认知和动机有哪些关系?根据动机的认知理论,改变学生的动机需要改变他们的认知。因此,我们需要理解学生对成功以及学习任务的评价期望、学习目标的设置,和他们对成败的归因。在这一章,我们要讨论如下三个相关的认知理论。

- 期望价值理论。
- 目标理论。
- 归因理论。

在我们讨论如何提高学生的动机之前,先回顾一下什么是动机。当学生为了考试忙着死记硬背以取得好成绩时,他们表现出**外在动机**(extrinsic motivation),他们关注行为的外部奖励。如果学生出于兴趣或是喜欢某项活动而学习,他们则具有**内在动机**(intrinsic motivation),学习本身就成为一种奖励。有些学习行为同时具有内在动机和外在动机。例如,学生喜欢某项课题(内在动机),又希望能得到好成绩(外在动机)。

教师的目标是要提高学生的**学业内在动机**(academic intrinsic motivation),具有学业内在动机的学生对学习充满好奇心和持久性,重视知识和技能的掌握（Gottfried, Fleming, & Gottfried, 1994；Gottfried & Gottfried, 1996）。学生从小学升入中学后，与学业内在动机较低的学生相比，学业内在动机较高的学生能积极看待自己的能力，能取得较高的成就，他们体验到较少的焦虑情绪（Gottfried, Fleming, & Gottfried, 2001；Vansteenkiste, Simons, Lens, Sheldon, & Deci, 2004）。为了激发学生的内在学业动机，我们首先需要理解构成学生动机的认知基础。让我们从价值期望理论开始吧！

16.1.1　期望价值理论

哪些因素能激发学生参与课堂活动、完成家庭作业和课题？根据期望价值模型，答案包括以下两个成分（Eccles, 2005；Wigfield & Eccles, 2000, 2002）。

（1）**期望**（expectancy）：学生对成功的期望。例如，我是否能成功完成这项任务。

（2）**价值**（value）：承担某项任务的理由。例如，为什么我要完成这项任务。

期望和价值相互关联。个体倾向于重视他所擅长的（Jacobs et al., 2002；Wigfeld et al., 1997）。期望和价值还可以预测和个体动机有关的行为，例如：活动的选择、活动中的行为表现、努力程度和持久性（Denissen, Zarrett, & Eccles, 2007；Wigfeld, Tonks, & Klauda, 2009）。

1. 期望

学生对成功有不同的期望。有些学生在接受新的挑战性任务时具有积极的期望——相信他们能取得成功；而有些学生对成功抱有消极的期望，认为他们很可能会失败。期望取决于学生的**能力信念**（competency belief）。能力信念是关于个体在某个领域的能力相对其他个体和个体在其他领域能力比较的一个判断（Eccles et al., 1983）。例如，学生会说："数学是我的强项，我学得比我的朋友要好。"能力信念取决于我们过去的经验、对过去经验的解释以及社会和文化因素，例如父母的观点、性别角色的刻板印象——认为男生擅长数学，女生擅长阅读（Eccles, 2005；Wigfeld & Cambria, 2010a）。需要注意，能力信念不同于个人的自我效能感。自我效能感只针对特定的任务，并不包含个人能力和他人能力的相对比较（Wigfeld & Cambria, 2010a）。

2. 价值

为什么学生需要完成学业任务？个体可能会因为以下原因选择参与一项活动。

- **内在价值**（intrinsic value）：活动能满足个体的兴趣和好奇心，活动本身富有乐趣。例如，因为题目很有趣而愿意完成一项科学课题研究。
- **成就价值**（attainment value）：学生认为出色完成某项任务的重要性。例如，为了成为优秀的拼字者而学习拼字。
- **效用价值**（utility value）：可以满足短期和长期目标的外在效用。如，一位高中生为进入大学做准备而学习微积分。

学生也会依据他们所要付出的代价或活动的经费选择参与任务或是放弃任务。这些代价包括：完成任务所需的大量努力，放弃其他活动的时间（如购物），承担心理上的风险（如焦虑、害怕失败），成功所带来的社会影响（如被贴上呆子的标签）。

我们对任务价值的判断受到很多因素的影响（Wigfield, Eccles, Schiefele, Roeser, & Davis-Kean, 2006）。例如，一位高中女生决定学习微积分可能因为她喜欢数学（内在价值），或者擅长数学（成就价值），或者需要为进入大学做准备（效用价值）。这些价值形成的内部因素基于她对自我的认识（自我图式）、长期或短期的目标、对数学的能力观以及积极的过去经验。价值形成的外部因素则包括她的父母对学习数学的观点、父母对她取得成功的期望以及性别角色的刻板印象和文化传统。

学生对学业任务或课程的价值判断将影响他们的学业选择。例如，小学生对阅读的重视程度可以预测他们上高中后选择英语课程的数量（Durik, Vida, & Eccles, 2006）。价值判断同样影响青少年的成就选择。例如选择课程、参与运动、选择专业以及预期自己的职业（Eccles, Wigfield, & Schiefele, 1998）。

思考：回忆你在学校的一些经历，描述你的期望和价值。对于不同的课程，你的期望和价值有哪些不同？

16.1.2 目标理论

人们为了满足各种各样的学业和非学业上的追求而设置目标。**成就目标**（achievement goal）既包括选择任务的原因，又包括评价个体行为表现的标准（Ames, 1992；Pintrich, 2000）。例如，一位青少年希望在考试中取得好成绩以进入大学，因此决定将他成功的目标定为在历史考试中取得B。目标取向，即我们行为和选择的驱动，可以分别从两种掌握取向目标和两种表现取向目标共四个维度来描述，如表16-1所示。

表现趋近目标和掌握趋近目标都根源于个体的成就需要。具有这些目标的学生总是被成就需要所激励，自发寻找那些有机会获得成功的情境。具有掌握趋近目标（mastery-approach goals）的学生重视智力的提升，新的知识和技能的掌握以及能力的发展（Hulleman & Senko, 2010）。持有表现趋近目标（performance-approach goals）的学生同时受到成就需要和对失败恐惧的影响（Elliot & Church, 1997）。这类学生害怕失败，自认为能力低下，他们的目标就是向他人证明自己的能力并超越他人。

表现趋近目标和掌握趋近目标都会产生积极的结果，例如坚持和努力（Hulleman & Senko, 2010；McGregor & Elliot, 2002）。表现趋近目标的学生经常采用表层的学习策略，比如像死记硬背这种大多数情况下能够取得成功的方法。当然，掌握趋近目标的学生也并不一定导致高成就，尽管这类学生倾向于使用深层次的学习策略，例如，计划和组织学习材料，联系新的知识和先前所学知识，监控学习过程中的理解等（Hulleman, Schrager, Bodmann, & Har, 2002）。

尽管一些学生会被趋近某种有机会获得成功的状态所激励，但另一些学生则会尽量回避有可能失败的情境。掌握回避目标的学生会避免导致失败的情境，并会通过自己设定的绝对化的标准来判断自己的能力。例如，打球时避免出局或避免回答错误的可能性。完美主义者是典型的掌握回避目标者，因为他们从不允许自己出错（Elliot & McGregor, 2001；Pintrich, 2000）。相

表16-1 比较目标的掌握取向和表现取向

		掌握取向	表现取向
趋近状态		**关注**：掌握任务、学习和理解	**关注**：希望超越他人，打败他人，做到最好
		标准：自我提高、进步，对任务的深层理解	**标准**：做得最好或取得最高分，在班上表现最好
		结果： ● 产生内在动机和兴趣 ● 采用深层学习策略促进理解和回忆 ● 愿意接受挑战性任务，承担适度风险 ● 适应性求助 ● 努力和坚持 ● 积极的自我效能感和自我调节	**结果**： ● 产生内在动机 ● 采用有效但表层的学习策略 ● 努力和坚持 ● 较低的焦虑和积极的自我效能 ● 容许自己作弊
回避状态		**关注**：避免误解，避免学不会或无法掌握某项任务	**关注**：避免处于劣势，避免与他人相比显得愚蠢
		标准：不能出错，不允许学业失败	**标准**：不能取得最低分，不能成为班上表现最差的学生
		结果： ● 无计划学习 ● 增加测验焦虑 ● 产生对失败的消极体验 ● 产生求助回避行为（不求助他人） ● 降低内在动机	**结果**： ● 采用表层学习策略（如只记忆可能会考到的知识） ● 采用自我设限策略（如放弃尝试、耽搁、最少参与、为未完成作业找借口以及欺骗） ● 产生对失败的消极体验 ● 学习习惯杂乱无章 ● 产生求助回避行为（不求助他人） ● 退出活动 ● 低效能

资料来源：Cury et al., 2006; Daniels et al., 2008; Elliot & Church, 1997; Elliot & McGregor, 2001; Elliot, McGregor, & Gable, 1999; Elliot & Moller, 2003; Elliot, Shell, Bouas Henry, & Maier, 2005; Harackiewicz, Barron, Pintrich, Elliot, & Thrash, 2002; Harackiewicz, Barron, Tauer, Carter, & Elliot, 2000; Hulleman & Senko, 2010; Hulleman, Schrager, Bodmann, & Harackiewicz, 2010; Karabenick, 2003; Leondari & Gonida, 2007; Maatta & Nurmi, 2007; Middleton & Midgley, 1997; Moller & Elliot, 2006; Murayama & Elliot, 2009; Payne, Youngcourt, & Beaubien, 2007; Pintrich, 2000; Turner, Meyer, Midgley, & Patrick, 2003; Urdan, 2004; Wolters, 2004.

反，表现回避目标的学生通过与他人的比较来判断自己的能力。例如，他认为别人将会胜出的一次考试中自己将会失败（Elliot & Church, 1997；Elliot & McGregor, 2001）。为了避免失败，这类学生会使用如表16-1所列出的一些自我阻碍策略，这是一种将失败归因于低能力以外因素的有效方式，从而降低个体因失败而产生的羞耻感（Stipek, 2002）。

结合使用掌握目标和表现目标，可以提高学生的动机。在技能习得过程中，掌握目标起重要作用；而一旦习得某项技能，表现目标能提高学生对技能的兴趣（Zimmerman & Kitsantas, 1997）。例如，四年级学生学习计算分数或者高中生学着写学期论文时需要设置掌握目标，但是一旦学生熟练掌握这些技能，他们需要采用表现目标来维持他们的兴趣。学生也可以在学习过程中同时采用这两种类型的目标（Fryer & Elliot, 2008；Linnenbrink, 2005）。例如，班级的氛围可能是强调竞争和超越他人（一种表现趋近目标），然而，个人的目标可能是掌握取向目标。相反，起初设置表现目标的学生，可能通过对活动的投入和参与而对活动本身产生兴趣（Hidi, Weiss, Berndorff, & Nolan, 1998）。高中生认为学习主要由成绩和兴趣所激发（Hynd, Holschuh, & Nist, 2000）。与只设置一种目标或者都不设置目标的学生相比，同时设置掌握目标和表现目标的学生拥有较大的兴趣、较高的内在动机、较好的自我调节能力、较高的自我效能以及学业成绩（Barron & Harackiewicz, 2000；Midgley, Anderman, & Hicks, 1995）。

> **思考**：描述你在学校中的目标取向。对于不同的课程，你的目标取向有哪些不同？

16.1.3　归因理论

想想你是否有这样的经历：你认真准备考试，考完后惊讶地发现自己取得的成绩低于预期。根据归因理论，人类会本能地去探寻事件结果的合理解释，尤其针对重大事件或者结果超过预期的事件（Moeller & Koeller, 1999；Weiner, 1992）。依据过去的行为表现和社会规范，人们试图通过**因果归因**（causal attributions）解释我们的行为（Weiner, 2000）。

为了更好地理解归因如何影响学生的动机，我们先讨论归因的三个维度。

（1）**控制点**（locus）：我们所认为的影响成败因素的来源。我们认为成功或失败是由于内部的原因（如能力和努力），或者认为成功或失败是由于外部原因（如教师的帮助）。与外部归因相比，将成功归因于能力和努力能产生较高的自豪感、自信心、满足感以及自尊（Graham & Weiner, 1996）。

（2）**稳定性**（stability）：我们认为的影响成败的原因，随着时间的推移是否稳定。如果将成功归因于稳定因素（每次都特别努力的学习），我们就能预测下一次的成功。然而，如果将失败归因于稳定因素将降低我们对成功的期待，例如，这次失败是因为这个老师出的试卷太难了（Weiner, 1982）。当我们将失败归因于不稳定因素时，就不会降低我们对成功的期待，比如失败的原因是生病缺了很多次课。

（3）**可控制性**（controllability）：影响成败的因素是否与个人责任有关。成败是我们可以控制的（知识的掌握量）还是无法控制的（考试不公平）？如果将成败归因于努力程度，个体将逐渐对将来的行为表现产生积极的期待，因为努力是可以控制的（Weiner, 1994）。如果将成功归因于不可控的因素（如运气），则无法影响进一步学习的动机。然而，如果将失败归因于不可控的因素（如认为自己能力低，无法提高），我们会觉得羞耻，因而尽量避免可能导致失败的情境（Covington & Omelich, 1984a；Graham & Weiner, 1996）。

表16-2表明了学生经常使用的归因方式以及他们在控制点、稳定性和可控制性这三个维度上的不同特点。例如，两位学生在同一次考试中取得同样的成绩，但他们对成绩的归因可能完全不同。我们的归因方式不仅受到我们对自己的能力信念的影响，同时他人对自己学业表现的评价也会影响我们的归因。接下来，我们一起来讨论这两个因素。

1. 能力信念

把成败归因于能力将对个体的动机产生不同的影响，这取决于我们对能力的理解。

持有**能力增长观**（incremental view of ability）的个体认为能力是不稳定的、可以控制的，他们认为能力是不断变化的（Dweck & Leggett, 1988）。持有这种观点

表 16-2 归因的三个维度：控制点、稳定性和可控性

	内部		外部	
	稳定	不稳定	稳定	不稳定
可控	"无论学哪门课程，我一直都很努力"（对所有任务付出努力）	"为了这次考试我努力学习"（对一项任务付出努力）	"我不懂时总会寻求帮助"（经常向他人寻求帮助）	"我这次向老师寻求帮助"（不经常向他人求助）
不可控	"我就是不擅长数学，我怎样努力学习都没用"（能力实体观）	"考试时我生病了，所以无法集中注意"（疾病或情绪）	"老师不喜欢我"（教师的偏见）；"考试总是那么难"（任务难度）	"我运气好，猜对了我不会做的多选题"（运气）；"教室太吵了，我无法集中注意"（考试环境）

的学生将成功归因于能力，将激发他们不断提高自己的知识和技能。如果将失败归因于能力低，他们将努力尝试有效的学习策略，提高自己的能力，争取下一次的成功。

持有**能力实体观**（entity view of ability）的个体认为能力是稳定的、不可控制的，他们认为能力是固定的、无法改变的（Dweck, 2000；Molden & Dweck, 2000）。持有这种观点的学生认为能力需要通过他人（如教师和同学）的重视才能体现出价值。因此，如果他们将成功归因于能力高，他们将继续表现其聪明（有能力）的一面（Stipek, 2002）；如果将失败归因于能力缺乏，将对他们的学习动机产生消极影响，降低他们对下次成功的期待（Dweck & Sorich, 1999；Hong, Chiu, Dweck, Lin, & Wan, 1999）。

对于持有能力实体观的学生而言，避免给别人留下低能的印象比真正获得成功更重要（Dweck & Master, 2008）。当这类学生经历失败的时候，他们经常表现出一种自我阻碍的行为，如放弃尝试、拖延、找借口等，这些行为进而损害了其绩效表现（Cury, Elliot, Da Fonseca, & Moller, 2006）。持有能力实体观的学生相信努力了还没有取得成功，意味着能力低下，他们倾向于使用不够努力作为失败的借口，如"我考试不及格因为我没有学习"。这就等于告诉别人，他的失败是因为缺乏努力而不是低能（Blackwell et al., 2007；Hong, Chiu, Dweck, Lin, & Wan, 1999）。把不努力作为失败的借口可能会获得更多的同伴认同，特别是在努力的重要性和受欢迎程度同时下降的青春期（Juvonen, 2000）。

[**思考**：思考你最近一次的学业成功或失败。对于成败，你如何归因？]

2. 教师的反馈和评价

在对学生的表现进行评价时，教师的信念和反馈会影响学生的归因（Reyna & Weiner, 2001；Weiner, 2000）。持有能力实体观的教师认为学生的能力是固定的、不可改变的（Oakes & Guiton, 1995；Reyna, 2000）。持有这种能力观的教师仅根据学生最初的表现就快速给学生贴标签，即使学生之后的表现和他们原有观念不符时也很难改变他们原本对学生的成见（Butler, 2000；Plaks, Stroessner, Dweck, & Sherman, 2001）。如果持有能力实体观的教师对学生持有低的成功期待，他们对学生的最初看法将导致学生将失败归因于无法改变的低能力或是教师的偏见（稳定的、不可控制的归因），这将对学生的动机造成消极的影响。家庭社会经济地位较低的学生和少数民族学生更容易遭受教师的低能力暗示，这些暗示源自于教师对他们的期待和行为（Banks & Banks, 1995；Graham, 1990；McLoyd, 1998）。

在对学生表现进行评价时，老师们也许没有意识到自己的信念会对学生产生影响，但是一定注意到有些反馈形式可能会降低学生的动机。学生仅仅完成简单的任务就受到教师的表扬或奖励，或者教师主动提供帮助、同情学生的失败以及宽容学生糟糕的表现，教师表现出这些具有同情心的反馈将鼓励学生把自己的表现归因于不可控制的因素，进行能力实体观归因（Dweck, 2000；Graham & Barker, 1990；Graham & Weiner, 1993）。如果学生表现糟糕而教师告诉学生需要更加努力时，学生也将进行能力实体观归因，因为他们认为已经尽了自己最大的努力（Ames, 1990）。相反，如果教师对学生的成功给予中性的反馈（"是的，回答正确"），或者对学生提出更高的要求时，高中生（注意不是小学生）会将成功归因于自己的高能力（"我知道你可以做得更好"）

表 16-3 整合动机的认知理论

		持有能力增长观的学生	持有能力实体观的学生
归因理论	成功归因于	努力（不稳定，可控制）	不稳定因素（运气） 外部因素（他人帮助）
	感受	骄傲和满足	自卑，缺乏个性
	失败归因于	不够努力（不稳定、可控制）或者能力增长缓慢（不稳定、可控制）	稳定的因素（能力低）
	感受	内疚	羞耻
期望价值理论	能力信念	觉得自己能力高	觉得自己能力低
目标理论	目标取向	掌握趋近目标（努力提高他们的技能）	• 表现趋近目标（尽力看起来很聪明） • 表现回避目标（尽力避免看起来不如他人）
	策略类型	• 加倍努力 • 尝试新的学习策略 • 寻求帮助	• 不寻求帮助（因为这可能会显示自己能力低） • 选择非常容易的任务（确保成功） • 选择非常困难的任务（失败会归咎于任务困难而不是能力低） • 采用自我设限的策略

资料来源：Ames, 1992; Covington & Omelich, 1979; Cury et al., 2006; Dweck & Master, 2008; Linnenbrink & Fredericks, 2007; Maatta & Nurmi, 2007; Maehr & Zusho, 2009; Stipek, 2002; Tollefson, 2000; Turner, Meyer, Midgley, & Patrick, 2003; Urdan, 2004; Weiner, 1982.

（Brophy, 1981; Meyer et al., 1979）。

教师应该尽量避免表扬学生聪明。这可能降低学生的动机，因为这意味着学习是为了不犯错误和看起来很聪明（Dweck, 1999）。如果教师在学生完成某项认知任务后表扬他们很聪明，学生将认为智力是天生的，因而不喜欢更具挑战性的任务（Dweck, 2000; Dweck & Master, 2008）。持有智力实体观的初中生认为，糟糕的学业表现意味着低智力，而付出努力则意味着智力缺乏。据他们报告，如果他们考不好，他们会考虑作弊（Dweck & Sorich, 1999; Henderson & Dweck, 1990）。对智力的赞美给学生带来的负面影响，具有跨年龄、跨地域和跨种族文化背景的一致性（Dweck, 2007）。

期望价值理论、目标理论和归因理论之间存在重叠之处。学生会基于对成败的归因形成自己的能力信念和对成功的期待（期望价值理论）。（Wigfeld & Cambria, 2010a; Wigfeld, Tonks, & Klauda, 2009）。学生也会基于对自己能力的认识设定不同的目标取向（掌握取向或表现取向）（Linnenbrink & Fredericks, 2007; Maehr & Zusho, 2009）。例如，持有能力实体观的学生害怕失败，所以倾向于设置掌握回避和表现回避目标（Cury et al., 2006）。学生是采用趋向还是回避策略，取决于他们的目标导向和能力信念。正如表 16-3 所示，这些理论相互补充，共同作用，使我们能更好地从整体上理解学生的动机。

16.2 动机的发展和文化差异

要改变学生的动机，我们需要理解动机的变化发展趋势，以及不同文化背景下学生的个体差异。我们一起探讨以下影响因素。

16.2.1 动机的发展变化

大多数学生刚入学时具有内在动机。他们重视学习，拥有积极的能力信念，设置掌握趋近目标，把成功归因于努力和能力，将失败归因于低能力或者一些不稳定因素。随着学生从小学升至中学，学生的能力信念、价值观、目标以及归因将逐渐发生变化。

1. 期望和价值的变化

小学一年级的学生已经形成自己的能力信念，他们清楚自己擅长哪门课程，能够判断自己在学校课程中（如音乐、体育）的能力（Wigfield & Eccles, 2000; Wigfield et al., 1997）。在学生升至二年级或三年级之前，他们对成功经常产生不切实际的高期望（Stipek,

1984；Wigfeld & Cambria，2010a）。当然总是有例外，一些学龄前儿童经历了失败之后形成了消极的能力信念。他们进入学校后，他们可能会比其他学生经历更多更棘手的动机问题（Dweck，2002）。

小学低年级的学生主要通过任务所带来的愉悦程度来判断任务的价值（Wigfeld & Cambria，2010b）。美国和日本的小学男生更重视体育，而这些国家的小学女生则更重视阅读和音乐（Debacker & Nelson，2000；Jacobs, Lanza, Osgood, Eccles, & Wigfeld，2002）。随着学生的成长，他们在选择学业任务时越来越重视任务价值中的其他因素（Wigfeld & Cambria，2010b）。完成某项任务所获得的技能（成就价值）以及任务的难度水平（代价），成为学生选择任务时更加重要的因素（Wigfeld & Eccles，2000）。例如，一个男孩可能出于兴趣决定打棒球，但是他发现，随着他的成长，棒球活动具有更强的竞争性，要求更高的技能，这时他可能选择放弃打棒球。

随着从小学升至中学的年级转移，学生的能力信念和学业价值观呈现下降的趋势，这种趋势在学生从小学升至初中后变化最大（Wigfeld & Eccles，1994；Watt，2004）。从小学到高中，学生对于自己在数学、语言艺术、体育等这些学科的能力信念逐渐减弱（Fredericks & Eccles，2002；Jacobs et al.，2002；Watt，2004）。学生对这些学科的重视程度，以及在这些学科上所付出的努力也逐渐下降（Jacobs et al.，2002；Watt，2004）。有些研究发现，学生能力信念和学业价值观，展现出了和性别刻板印象一致的下降趋势（即女生在数学上下降更快，男生在语言艺术类下降更快），但其他研究则展现出不同的下降模式（Fredericks & Eccles，2002；Jacobs et al.，2002；Watt，2004）。

2. 目标取向的变化

许多儿童带着掌握取向目标来到学校。对于三年级的学生来说，目标的掌握或表现取向的趋近或回避行为越来越明显，但是没有表现趋近和表现回避目标在更大一些的学生身上的差别明显（Bong，2009）。

当教学目标变得更重视课堂实践时，学生为了适应这一变化也会持有表现取向目标（Linnenbrink & Fredericks，2007；Maehr & Zusho，2009）。如果教师强调对学生的表现进行评价（成绩和测试）以及不公平地奖励学生的成就（只展示做得最好的项目），在这种班级氛围中，学生倾向于设置表现取向目标（Ames & Archer，1988；Elliot, Shell, Bouas Henry, & Maier，2005）。将持有表现取向目标的学生置于表现导向的班级中，他们更可能去使用自我阻碍策略，特别是当他们学业受挫时（Leondari & Gonida，2007；Urdan，2004）。例如：当老师强调数学作业答案的正确性时，一个被夸"很聪明"的学生很可能会忘记做数学作业。相反的，当教师强调知识的真实掌握时，学生易将成功归因于自己的努力和有效的学习策略，会积极尝试寻找新的方法策略来应对失败（Ames & Archer，1988；Kaplan & Midgley，2000）。例如，当学生作业有错的时候，一个掌握取向的老师可能会让学生重做，这样能够引导学生采取积极的方法策略来应对挑战。

随着学生从低年级进入到高年级，许多学生采用**回避工作目标（work-avoidance goal）** 取向，即一种逃避学业任务的动机（Nicholls, Cobb, Wood, Yackel, & Pataschnick，1990）。青少年经常采用以下策略来逃避任务（Dowson & McInerney，2001；Meece & Miller，2001）：

- 假装不懂需要做什么；
- 抱怨任务分配；
- 忙于与任务无关的分心行为；
- 当面临选择时走捷径；
- 在团队活动中，不做出应有的贡献。

采用这些策略的学生认为能力是稳定的、不可改变的，而花费努力意味着能力低下。因此，他们重视表现目标，避免需要花费努力的学业任务（Dweck & Leggett，1988；Dweck & Sorich，1999）。

3. 归因的变化

学前和小学低年级的儿童对能力的定义很宽泛，认为能力包括社会行为、行为管理、工作习惯和能力（Stipek & Daniels，1990；Stipek & Tannatt，1984）。他们积极看待自己的能力，相信努力学习的个体是聪明的（Folmer et al.，2008；Schunk，2008）。因此，他们对成功的期望很高，遇到失败后也能重新振作（Stipek，1984）。

小学儿童随着年级的增长，他们对能力和努力的看法发生变化（见表16-4）。七八岁的儿童学会与他人进行比较，能理解竞争的规则，更加重视成绩和教师的评价（Blumenfeld, Pintrich, & Hamilton, 1986; Dweck, 2002）。由此，他们对自己能力的认识逐渐与教师对他们能力的评价相一致（Eccles et al., 1999; Harter, 1999）。他们认为成绩比花费努力和掌握技能更加重要（Blumenfeld et al., 1986; Nicholls, 1979）。

表16-4 能力和努力归因的发展变化

年龄	能力观	努力观
学前和小学低年级	乐观、持有能力增长观	认为能力等同于努力（"聪明=努力学习"）
小学（7或8岁）	乐观程度降低、更能准确理解老师的评价	能力比成功更重要
初中到高中	更加消极、持有能力实体观	努力意味着能力不足

初中生开始采用统一的标准来判断自己的能力，他们更愿意认为能力是一种稳定的特质，而不同于他们早期的观点，将能力视为努力的结果（Dweck, 2002; Feldlaufer, Midgley, & Eccles, 1988）。他们认为能力水平的差异将导致不同的努力程度和截然不同的结果（Tollefson, 2000）。一般来说，初中生认为，相比于花很少的努力就轻松完成任务，花费大量的努力才完成任务意味着自己能力低下（Anderman & Maehr, 1994; Folmer et al., 2008）。

> **思考**：思考在你的学习生涯中，你的能力观、价值、目标以及归因是如何变化的。

4. 影响动机变化的发展性因素

随着年级的增长，学生倾向于进行消极归因，他们的能力观和学业价值观下降，转而采用表现取向目标。究竟是哪些原因导致学生发生这样的变化？学生的认知发展及学习环境的变化或许可以做出解释。

年幼儿童所持有的能力增长观和他们对成功的高期望取决于以下两个因素。

（1）**儿童早期的学校教育强调积极的反馈和技能的提高**。家长掌握取向的行为会促进学龄前儿童的掌握取向（Turner & Johnson, 2003）。幼儿园和小学低年级老师也很强调知识和技能的真实掌握（Anderman & Anderman, 1999; Midgley, 2002）。学前及小学低年级的教师通过表扬、笑脸、小贴纸以及不否定儿童的努力这些方式给予学生积极的反馈（Blumenfeld, Pintrich, Meece, & Wessels, 1982）。小学低年级的教师同样重视努力和学习习惯（Blumenfeld, Hamilton, Bossert, Wessels, & Meece, 1983; Brophy & Evertson, 1978）。教师这些积极的反馈有助于提高学生对能力的信心。

（2）**儿童的认知发展水平**。年幼儿童受认知水平的限制，还无法将自己的行为与同伴进行比较，无法思考和评价他人的行为，因此，他们将表扬视为取悦权威人物的象征，而不是对自己能力的赏识（Stipek, 1984）。年幼儿童同样无法理解能力和努力的互补关系，即相比于高能力者，欲获得同样的成功，低能力者需要付出更多努力（Graham & Williams, 2009）。

学生从小学升入中学后，他们的能力观和学业价值观下降，学生倾向于持有能力实体观。以下两个因素或许能告诉我们原因。

（1）**学生能力逐渐增长，能够解释教师的评价反馈并学会与同伴进行比较**。年长儿童的自我评价更加现实，与年幼儿童相比，他们具有更多消极的观念。

（2）**学习环境发生改变，更加重视评价和同伴之间的竞争**。随着学生升入小学高年级（小学三到五年级），学生的能力通过排名、阅读能力小组和标准化测验等手段得到更加系统性的评价（Wigfeld, Tonks, & Klauda, 2009）。同时，学生开始对自己基于认知发展能力所取得的成就进行更多的社会比较（Wigfeld & Cambria, 2010a）。对学生不擅长的领域进行强制性的高风险测验会削弱他们的能力信念（Deci & Ryan, 2002）。升入中学后，学生开始感受到更加强调表现取向的氛围，更严厉的等级训练，以及更重视竞争性的结果（如荣誉榜和班级排名等）（Anderman & Maehr, 1994; Wolters & Daugherty, 2007）。在中学，由于老师常采用表现目标取向的教学方法，因此中学生更倾向于设置表现取向目标（Anderman & Anderman, 1999; Midgley, 2002）。

16.2.2 动机的性别差异

西方文化和东方文化背景下的男孩和女孩对于整体的学业能力具有相似观点（Stetsenko, Little, Gordeeva, & Oettingen, 2000）。然而，学生在成败的归因、能力观、期望和价值观方面存在性别差异。

在小学，对于不同的课程，男孩和女孩的能力观和价值观存在差异。男孩对于数学、科学、体育具有更积极的能力观，而女孩则对音乐、阅读和语言艺术具有更积极的能力观（Baker & Wigfield, 1999；Eccles, Barber, Jozefowicz, Malenchuk, & Vida, 2000；Freedman-Doan et al., 2000）。当学生升入中学后，女孩更加重视英语而男孩更加重视体育（Jacobs, Lanza, Osgood, Eccles, & Wigfeld, 2002；Stephanou, 2008）。

在小学阶段，女孩逐渐形成普遍的能力实体观（Dweck, 2000, 2002）。即使女孩比男孩出色，女孩也不太可能将成功归因于能力，她们还认为自己的能力低于男孩（Freedman-Doan et al., 2000；Stetsenko, Little, Gordeeva, Grasshof, & Oettingen, 2000）。相对男孩而言，女孩更经常倾向于持有能力实体观，即使获得奖励或者取得较高的成就（Eccles, Barbar, Jozefowica, Malenchuk, & Vida, 2000；Freedman-Doan et al., 2000）。然而这个结论并不具有跨学科的一致性，只倾向于在那些具有性别刻板印象的领域有效，如数学和科学等（Eccles et al., 2000；Meece & Painter, 2008）。女孩这种消极的能力观可能是由于她们较低的自信心以及对成年人评价的更加敏感（Meece, Glienke, & Burg, 2006；Oakes, 1990b）。到青春期，男孩更经常将成功归为内因，这将提高他们自尊，愿意付出更多的努力；女孩遭遇失败后则更加沮丧，自信心降低（Dweck, Goetz, & Strauss, 1980；Oakes, 1990a）。

文化规范，例如对数学和科学是男性成就领域的期待，可能会导致性别角色的刻板印象，即认为男孩更擅长数学，女孩更擅长语言艺术类课程。这些社会价值观可能导致能力观和价值观的性别差异。男孩重视数学和体育，是因为他们已经受到社会文化的影响，从而认为这些是属于男性的成就领域（Eccles, 2005；Wigfield & Cambria, 2010a）。家长们可能也不知不觉地传递着男孩在数学和科学上比女孩优秀的信念（Meece et al.,

动机的性别差异

能力观的性别差异在性别角色的刻板领域中更明显。（例如，男孩的体育能力强，女孩的阅读能力强。）

2009）。例如家长们会用不同的方式去鼓励男孩和女孩学数学。家长对孩子活动的参与和干涉也可能导致男孩和女孩选择不同的活动（Meece et al., 2009）。例如在一个研究中，相对于女孩而言，母亲更经常地给男孩买有关数学和科学的书籍，结果导致男孩对数学和科学更感兴趣（Bleeker & Jacobs, 2004）。教师和家长通过他们对活动的热情和支持程度向孩子提供活动的价值信息，这会影响学生对特定活动的重视程度（Wigfeld et al., 2006）。师生之间的互动同样可以看出教师对男孩和女孩不同的期待（Brophy & Good, 1974）。教师只有当男生取得学业成功时才给予表扬，而对于女生，不仅表扬她们的成功，也同样表扬不重要的行为，如写得工整或遵守要求，这将让女孩觉得自己能力低下（Dweck, Davidson, Nelson, & Enna, 1978）。

尽管如此，我们还是应该谨慎解释动机的性别差异。暂时还没有研究表明学生的成就目标取向存在显著的性别差异，而对于因果归因，性别差异不显著（Meece et al., 2006）。在实际的成就领域中，性别差异同样不显著（Lindberg, Hyde, Peterson, & Linn, 2010）。

16.2.3 动机的种族差异

动机的种族差异具有跨文化的一致性。让我们一起来探索吧！

学生的动机观念具有东西方文化的差异。相对于亚洲文化背景下的学生而言，西方文化背景下的学生具有更高的能力信念（Zusho & Pintrich, 2003；Wigfeld & Cambria, 2010a）。这个差异可能是源于亚洲文化对自省的重视，而西方文化对自我提升的重视（Heine & Hamamura, 2007）。例如，亚洲父母倾向于淡化孩子的成功，而对孩子的失败表现出更多的消极情绪反应（Ng, Pomerantz, & Lam, 2007）。日本和中国的学生比美国学生更倾向于将结果归因于努力而非能力（Heine et al., 2001）。亚洲父母对失败的负性反应更易引导学生对自我改善的重视（Ng et al., 2007）。这种归因态度与强调努力进取和能力可塑性的东方哲学不谋而合（Stipek, 2002）。

在美国文化背景下，非洲裔和拉美裔的美国青年男孩动机最低。非洲裔小学生认为要为自己的成败负责，对成功有较高的期待（Graham, 1984, 1994）。然而到了青春期，非洲裔和拉美裔的男生比其他种族的学生更加抗拒学业价值（Graham, Taylor, & Hudley, 1998）。少数民族学生学业价值降低的原因可能包括以下几个方面。

- 将学业成功归因于外部因素的趋势增高，他们认为学业成功取决于自己无法控制的外部因素（van Laar, 2000）。
- 他们认为学校教育无益于将来在社会和经济上的成功，因为种族歧视将限制他们成功的机会（Mickelson, 1990; Ogbu, 1994, 2003）。
- 老师对少数民族学生持有更低的期望，以及消极的班级气氛（Meece et al., 2009; Wood, Kaplan, & McLloyd, 2007）。

研究者并不能确定少数民族学生的动机取向在青春期发生变化的原因。且不说他们的种族差异，学生从小学低年级升至高年级的体验可能影响他们对学校教育的价值观。来自中上社会阶层的白人青少年，虽然他们的学业成绩处于中等水平，但他们同样怀疑学校教育的实用性。这种认为学校教育无效的价值观可能根植于以下原因：缺乏教师的支持、课程设置无意义、充满竞争的学校氛围以及被扼杀的自主性（Roeser, Eccles, & Sameroff, 1998, 2000）。

如同我们需要谨慎看待性别差异，我们也应该谨慎解释动机的种族差异。虽然上文引用了不同种族之间动机取向的平均差异的证据，但注意不应仅仅基于学生的种族就推测他们的动机。学生的动机更多源自于他们的成就经验、家庭的价值观、班级氛围，而不是民族和种族的不同。进一步理解学生动机的种族差异还需要更多的研究。

16.3　应用：如何提高学生的动机

认知理论提出了提高学生动机的有效策略。教师可以采用这些策略激发学生的动机、调整班级结构和设计任务。

16.3.1　学生层面的策略

改变学生对成败的归因。我们不能认为一个持有能力实体观的学生就一定拥有较低的动机水平和表现水平。能力实体观和能力增长观具有领域特殊性（Dweck, Chiu, & Hong, 1995），即学生可能认为自己在数学上的能力具有恒定性，但是在其他科目（如体育）上的能力是可以改变的。

教师可以通过在课堂上使用一些聚焦于如何应对挑战以及强调能力增长的简单策略。例如，让学生读一些有说服力的文章或者让学生参与讨论，训练学生将失败归因于不够努力而不是能力低等（Blackwell, Trzesniewski, & Dweck, 2007；Niiya, Crocker, & Bartmess, 2004）。在学科背景下对学生的归因进行训练有利于分数的提升，外部不可控归因的减少，以及动机的增强（Blackwell et al., 2007；Horner & Gaither, 2006；Good, Aronson, & Inzlicht, 2003）。首先，可以通过提问确认学生的能力观，如"你擅长数学吗？"（Stipek, 2002）。教师也可以通过询问学生对技能提高和高难度任务的期待和观点以了解他们的能力信念，如专栏 16-1 所示。

教育学生要重视挑战、进步和努力。鼓励学生把挑战性任务视为学习过程中必须面对的经历，而不仅仅是满足于一些简单的学习成就（Dweck & Master, 2008）。帮助学生意识到成功应该是知识和技能的提升，而不仅仅是看起来很聪明或者超越他人。这意味着努力对每个人而言都是很重要的，而不仅只是对那些能力低下的学生（Covington & Omelich, 1984b；Dweck & Master, 2008）。一些学生还没有意识到努力可以影响

> **专栏 16-1**
>
> **评估学生归因方式的一些简单问题。**
>
> 学生对问题的回答有助于教师确定学生的归因方式。
>
> 1. 与刚开始学习这项任务相比，你现在觉得好学吗？（选择一个答案）
>
> | 没好多少 | 好学一些 | 挺好学的 | 非常好学 |
>
> 2. 你有信心解决难题吗，对于这些任务，你需要帮助和练习吗？（选择一个答案）
>
> | 我从来都无法完成 | 我还需要一些帮助 | 我需要更多的练习 | 我现在能解决难题了 |
>
> 3. 你觉得你能很好地完成这项任务吗？（选择一个答案）
>
> | 1 | 2 | 3 | 4 | 5 | 6 | 7 |
> | 我绝对做不好 | | 我也许能做好 | | 我肯定能做得很好 |
>
> 4. 看看今天的数学作业。对你来说有多难？（选择一个答案）
>
> | 1 | 2 | 3 | 4 | 5 | 6 | 7 |
> | 很简单 | | 中等难度 | | 很难 |
>
> 资料来源：D. Stipek (2002). *Motivation to Learn: Integrating Theory and Practice*. Boston: Allyn & Bacon. Reprinted with permission from the publisher.

成功（Urdan, Midgley, & Anderman, 1998）。教师要教导学生，更多的努力必将带来更大的成就，以提高他们的现实成就（Craske, 1985；Van Overwalle & De Metsenaere, 1990）。

设置短期目标，采用策略逐步达到目标（Ames, 1990）。如果教师帮助学生设置短期目标和掌握取向目标，学生更愿意努力学习，因为他们认为通过努力和能力可以取得成功（Schunk, 1989；Tollefson, 2000）。采用这种方法能让小学生明白：能力不同的学生要想取得与他人相同的成就，需要付出不同程度的努力。强调掌握取向目标可以防止青少年将学业任务作为证明自己能力的手段（Tollefson, 2000）。

16.3.2 班级层面的策略

减少班级的竞争氛围。不考虑学生的目标取向，从幼儿园到高中的所有学生都认为学校充满了竞争（Maehr & Midgley, 1991；Thorkildsen & Nicholls, 1998）。当学生重视外在目标（超越他人），他们更可能将自己和他人比较，并且期望从教师那里获得老师的认可（Kernis, 2003；Patrick, Neighbours, & Knee, 2004）。这很可能影响学生对学习活动的注意，从而降低他们的内在动机（Vansteenkiste, Matos, Lens, & Soenens, 2007）。教师可以通过以下方式减少竞争，提高学生的动机。

- 采用掌握学习，老师呈现完学习材料之后，学生按照自己的学习节奏反复学习，直到达到特定的掌握水平。
- 采用合作学习，能力各异的学生在一起共同完成某项任务或达到某一目标。
- 提供各种各样的学业任务，降低学生进行社会比较的机会，从而促进学生重视掌握目标（Marshall & Weinstein, 1984；Rosenholtz & Simpson, 1984）。

采用合理的认同和评价方式。评价学生的学习表现时可以采用以下方法。

- 只有当学生付出努力或表现得好时才给予表扬，而不表扬他们很聪明或者擅长做某事（Dweck, 2000；Dweck & Master, 2008）。当学生表现不好时，教师积极的表扬将暗示学生的能力低，因为这种表扬与任务无关并不重要，这将降低学生的内在动机（Ames, 1990）。
- 应用表扬时需考虑学生的发展水平。对年幼儿童来说，因努力而受表扬能提高学生的自信心，他们将表扬视为能力高的表现，因为他们还无法区分能力和努力（Schunk, 2008）。然而，对于中学生来说，他们已经能够区分能力和努力，如果仅仅因努力表扬学生或者学生完成简单任务就受到表扬，他们将认为这种表扬意味着自己能力低下（Henderlong & Lepper, 2002；Barker & Graham, 1987）。

- 提供有利于学生进步的机会，让学生明白成功不仅与固定的能力挂钩，努力同样非常重要（Covington & Omelich, 1984b）。
- 谨慎使用强调社会比较的动机策略，例如公布最高分和最低分、张贴成绩单、展示学生的作品、跟踪进度等。这些策略助长学生进行能力比较而降低了他们的内在动机，将导致高学业成就的学生为了维持成功倍感焦虑，而低学业成就的学生一旦遭遇失败就放弃学习（Rose, 1989；Weinstein, 1993）。不过，这些做法并不一定都会降低学生的内在动机。例如，如果教师展示学生作品是因为学生取得进步或者达到了标准要求，那使用作品展示的策略就可能会促进学生的控制感（Fryer & Elliot, 2008）。

强调学习的价值。当教师强调将要学习的知识和学生学业及生活有关联时，学生就会重视它的效用价值（Brophy, 2008）。如果学生觉得所学知识是有效用价值的，他会更倾向于进行意义学习，即将所学的知识和先前知识经验相互联系，构建丰富的知识结构。这会促使学生愿意付出更多的努力，产生更浓厚的学习兴趣，获得更高的学业成就（Brophy, 1999；Wagner et al., 2006）。教师可以通过以下方法提高学生对学习的重视程度：

- 让抽象的学习内容更加具体化，并使之与学生切身相关；
- 将学习材料和学生的兴趣及背景相结合；
- 塑造兴趣和热情；
- 强调知识在现实生活中的应用。

但是，对于自认为能力低下的学生而言，上述策略并不是很有效（Durik & Harackiewicz, 2007；Godes et al., 2007）。例如，如果学生疲于学习数学，他们怎么会认为数学对自己的未来是很有帮助的？反之，如果让学生自己意识到学习内容和自己的生活息息相关，那么学习可能会更有效（Hulleman & Harackiewicz, 2009）。例如，让学生知道百分的计算可用于理解平均击球数，或者计算出超市的商品价格。因为关于效用价值策略的研究大都基于中学生和大学生，所以我们还不太清楚这种方法在低年级学生中的效果。

> **思考：**假设你将在你所教的班级应用这些指南，思考一些补充指南的具体方法。

16.4 严重的动机问题

16.4.1 习得性无助

习得性无助（learned helplessness）是指学生经历多次重复的失败并将失败归因于自己无法控制的因素而产生的一种情绪体验（Seligman & Maier, 1967）。他们将失败归因于外部的、稳定的和不可控的因素，如教师的偏见（老师不喜欢我）或者任务太难（数学对我来说太难了）。他们也可能将失败归因于自己缺乏能力（能力实体观），认为能力是稳定的及不可控制的（Dweck, 2000；Dweck & Goetz, 1978）。

专栏 16-2 列出了习得性无助学生的特征，教师可以用于辨别习得性无助的学生。习得性无助具有领域特定性，它可能只针对某一学科（Sedek & McIntosh, 1998）。即使高学业成就的学生也可能体验到习得性无助（Dweck, 2000）。习得性无助源于多次的失败经历，因此学前儿童较少产生习得性无助，他们的努力和成就经常获得教师的强化和鼓励（Rholes, Blackwell, Jordan, & Walters, 1980）。

教师应注意，仅仅为学生提供成功的机会无法缓解学生的习得性无助（Dweck, 1985）。要让习得性无助的学生相信自己能成功是件很困难的事情，因为他们相信（Ames, 1990；Diener & Dweck, 1978）：

- 别人做得比他们好；
- 认为成功与自己无关（例如，认为成功是不可控制的）；
- 当他们成功时，低估自己的行为；
- 将新的失败解释为自己能力缺乏的证据。

> **专栏 16-2**
>
> ## 习得性无助学生的特征
>
> 如果学生表现出以下行为，说明他们可能产生习得性无助。
>
> 习得性无助的学生：
>
> - 说"我做不到"；
> - 无法集中注意听教师的讲解；
> - 即使有需要，也不寻求帮助；
> - 什么都不做（如，盯着窗外发呆）；
> - 不经思考就猜测或者随机回答；
> - 取得成功时缺乏自豪感；
> - 表现出厌倦、无兴趣；
> - 容易沮丧；
> - 不愿意回答教师的问题；
> - 想尽各种办法逃避任务（例如，假装不得不去医务室）。
>
> 资料来源：D. Stipek (2002). *Motivation to Learn: Integrating Theory and Practice*. Boston: Allyn & Bacon. Reprinted with permission from the publisher.

为了降低习得性无助感，教师可以综合应用之前讨论过的动机策略。一般认为，如果教师强调理解（而非记忆）、创造性思维、学生的选择，学生则不容易产生习得性无助（Sedek & McIntosh, 1998）。

16.4.2 焦虑

在面临评价学生能力的情景时，几乎所有的学生都体验过焦虑。对大多数学生来说，轻微的焦虑并不影响他们的表现，如果任务很难，轻微的焦虑甚至还有助于他们的发挥（Ball, 1995; Sieber, O'Neil, & Tobias, 1977）。然而，对于部分学生，焦虑严重影响他们的动机和学业表现。

焦虑（anxiety） 具有认知和情绪成分（Sapp, 1999; Zeidner, 1998）。焦虑的学生心内十分担忧，它直接影响学生的学习和任务表现（Tobias, 1992; Zeidner & Nevo, 1992）。焦虑还伴随着紧张、烦躁等负面情绪体验，在生理上表现为心率升高、手掌出汗等。

相比于学前儿童，学龄儿童和青少年更经常体验到焦虑（Stipek, 1984）。父母及幼儿教师经常强化学生的努力，很少批评他们的失败。年幼儿童还无法认识到行为表现与认知发展水平之间的因果关系。因此，他们最初的焦虑源于失败产生的情绪体验，而后才具有认知上的体验（Harter, 1983; Wigfield & Eccles, 1989）。

焦虑对学龄儿童行为表现的影响体现在以下三个阶段。

（1）**输入阶段**：学习者在刚接触学习材料时会产生不安或烦躁的焦虑情绪。这种焦虑情绪会影响学生注意力的分配，无法专心做笔记。一个有数学学习焦虑的学生，很难集中注意力听老师讲解如何解方程。

（2）**处理阶段**：焦虑影响学生学习材料的能力。与低焦虑学生相比，高焦虑学生的无法有效使用学习策略，甚至他们学得越多，表现得越糟糕（Naveh-Benjamin, McKeachie, & Lin, 1987; Topman, Kleijn, van der Ploeg, & Masset, 1992）。

（3）**输出阶段**：当学生面临评定测试等类似情景时，焦虑将影响信息的提取。在这一阶段，考试焦虑的学生也许具有良好的学习习惯和策略，但是却表现糟糕，因为他们既要应付当前的任务，又担心他们的表现（Naveh-Benjamin et al., 1987）。他们无法注意到考试中的重要信息，与低焦虑的学生相比，他们表现出更多的分心行为，采用无效的考试策略，例如，误解指导语，按照自己的进度解题，没有先完成简单的任务等（Bruch, Juster, & Kaflowitz, 1983; Nottlemann & Hill, 1977）。对数学感到焦虑的学生在考完后头脑一片空白。

女孩的焦虑程度高于男孩（Eccles et al., 2000; Randhawa, 1994）。但是男孩更不愿意承认自己的焦虑。男孩和女孩的焦虑原因不同。女孩可能对成年人的社会赞许较敏感（比如担心没有让父母或师长为自己骄傲），而男孩更关注同伴的评价（Dweck & Bush, 1976; Maehr & Nicholls, 1980）。到了青春期，女孩对某些学科的焦虑程度增高，如数学和英语，因为她们对这些学科的刻板印象导致了焦虑。

引起焦虑的原因很多。如果父母责备或惩罚学生的失败而不是表扬他们的成功，或者他们严格控制孩子的行为时，父母就加强了学生的焦虑感（Krohne，1992；Stipek，2002）。持有能力实体观的学生（认为能力是稳定的、不可控制的）如果经历重复的失败，在面对能力评定时会感到焦虑（Covington，1986）。由于来自父母、同伴以及自我强加的不切实际的期望，即使高学业成就的学生也可能会体验到焦虑（Wigfield & Eccles，1989）。学校环境因素也会导致焦虑，包括以下几个方面。

- 严厉批评学生的努力或者设置极高的标准（Zatz & Chassin，1985）；
- 采用限时测验（Plass & Hill，1986）；
- 报告成绩的方式发生变化。小学低年级采用无等级计分，而到了小学高年级或中学，学校采用等级计分（Wigfield & Eccles，1989）；
- 年级的增长（小学升入初中或者初中升入高中）（Eccles, Midgley, & Adler，1984）。

教师采用哪些方法能减轻学生的焦虑？如表16-5所示，在学习过程中，焦虑程度不同的学生需要采用不同的方法减轻他们的焦虑（Naveh-Benjamin，1991）。在选择不同的方法时，需要重点考虑学生的发展水平。年幼儿童比年长儿童更愿意接受成年人的表扬和反馈，因此教师可以通过提供额外的支持和鼓励，选择适宜难度水平的任务让学生避免重复的失败等方法，减轻学生的焦虑（Wigfield & Eccles，1989）。除了进行技能培训之外，改变学生对能力、失败原因与焦虑的看法，对年长学生会更有用（Wigfield & Eccles，1989）。

表16-5 减轻学生焦虑的方法

方法	效果
改变学生对能力的看法	减轻学生对表现情境的焦虑
改变教材呈现的方式： • 清晰、准确的指导语 • 精心组织的课程 • 允许学生收集材料（如提供在课堂播放过的视频来源）	减轻可能妨碍学习新信息的焦虑
传授学习技巧	对于刚开始学习时由于焦虑影响到对新材料的存储和组织的学生来说，能减轻焦虑，并且有助于他们更好地学习
在测试前使用放松技术	对于不存在学习困难只是在提取信息时体验到焦虑的学生来说，能减轻焦虑，并且有助于学生的发挥
放宽时间限制，让学生明白测试并不注重能力，提供指导，减轻学生面对评价时的担忧	缓解考试焦虑

资料来源：Algaze, 1995; Dendato & Diener, 1986; Dweck, 1975; Fletcher & Spielberger, 1995; Hill & Wigfield, 1984; Linn & Gronlund, 2000; Naveh-Benjamin, 1991; Plass & Hill, 1986; Sapp, 1999; Stipek, 2002; Vagg & Spielberger, 1995; Wigfield & Eccles, 1989.

> **思考：** 你曾经感到焦虑或无助吗？思考导致焦虑与无助的原因以及你是怎样克服的。

本章小结

1. 定义期望和价值，解释它们如何影响学生的动机

期望是指个体对成功完成某项任务的预期，这种预期部分基于个体的能力信念。价值指选择某项任务的原因（成就价值、内在价值、效用价值以及需要付出的代价）。期望和价值共同决定个体参与某项任务的动机。

2. 比较两种不同类型的目标：掌握目标、表现目标

掌握趋近目标（提高知识）和表现趋近目标（打败他人）都能激发学生的内在动机，取得有益的结果。具有掌握回避目标和表现回避目标的学生都逃避需要展示能力的情境。但是掌握回避目标的标准是绝对的（最好或者最坏），而表现回避目标的标准却是相对的（与他人相比）。成就回避目标与缺乏内在动机有关。

3. 区分有助于提高动机的归因方式和降低动机的归因方式

将成败归因于努力的程度能激发个体继续努力学习。将成功归因于可控因素将激发下次行为的动机，而将失败归因于稳定的、不可控的因素（如能力实体观）将抑制学习的动机。如果教师表扬学生完成简单任务、对学生的失败表达同情和怜悯或者主动提供帮助，可能在无意间流露出认为学生能力低的信息。教师表扬学生的智力容易让学生形成能力实体观,当学生遇到难题或遭遇失败时,这种观点将降低学生的内在动机。

4. 阐述动机的主要发展变化趋势

年幼儿童刚入学时倾向于掌握取向。他们持有能力增长观,对成功有高期待,能够基于任务的内在价值选择任务。随着学生从小学升入中学,他们逐渐转向表现取向。青少年不重视掌握知识和努力,他们认为能力是固定不变的。因此,他们对学业任务形成较低的能力观、期望及内在价值。

5. 区分动机的性别和种族差异

与男孩相比,女孩更倾向于持有能力实体观,认为她们的能力较低,尤其针对数学和科学。研究表明,与其他种族学生相比,非洲裔和拉美裔的美国青少年动机最低。动机更多受到文化和环境因素的影响,而不是简单地由个人的种族决定。

6. 区分学生层面和班级层面的提高动机的策略

教师可以通过以下方法提高学生的动机:

- 改变学生对成败的归因;
- 强调有助于提高内在动机的价值观;
- 帮助学生设定短期目标和提供策略以逐步达到目标;
- 采用合理的评价和认同方式。

7. 解释习得性无助和焦虑如何影响学生的学习动机

习得性无助的学生认为自己无法控制学习结果,因此他们降低对成功的期望,缺乏学习动机。焦虑可能影响学生学习和提取材料时的行为表现。担心表现不好将引起焦虑,进一步降低学生的学习动机。

案例学习:反思与评估

儿童早期:任务表

1. 根据期望价值理论,梅丽莎完成学习任务的期待是什么?基于个案中的信息和本章的论述,你认为梅丽莎将如何对自己的数学能力进行归因?
2. 克里斯蒂娜和伊曼纽尔、马丁一样,她喜欢数学并擅长数学。基于本章的研究结论,推测她对数学的能力信念。等她升入小学高年级和初中后,这种能力信念将发生变化。请解释这种变化是如何发生的。
3. 想象你在家长会上遇见马丁的母亲。请向她解释为什么不应该夸奖马丁聪明。这种表扬将对他接下来的学习动机产生怎样的影响?
4. 基于目标理论,哪位学生的动机最难激发?如果基于归因理论,将会是哪位学生?请从个案中举例支持你的观点。
5. 基于表扬效果的相关研究结论,伊丽莎白鼓励梅丽莎更加努力,这种方法适用于幼儿园学生,而不适用于中学生。请解释原因。
6. 伊丽莎白意识到马丁、梅丽莎和克莱尔的动机需要各不相同。帮助伊丽莎白为每位学生制订一份提高动机的计划。考虑以下的修改思路:她对每位学生的期望、目标;对学生成败的反馈;提供帮助;任务的类型。并指出修改方案如何影响每位学生的期望、价值、目标及归因。

小学:写作障碍

1. 根据期望价值理论,卡特对于完成写作任务的期待是什么?卡特对于写作持有以下哪种类型的价值观:内在价值、成就价值还是效用价值?
2. 基于个案中的信息和目标取向理论,哪位学生的动机最难激发?香提、扎拉还是卡特?为什么?哪位学生的动机最容易激发?为什么?
3. 重温一次由衣子与詹姆斯和马森之间的互动。基于这些互动,詹姆斯和马森如何对他们的写作表现进行归因?他们有可能形成继续参与自由写作的动机吗?
4. 小学生会采用哪些信息对他们的行为表现进行归因?
5. 基于本章的研究结论和个案中的师生互动,评价由衣子提供反馈的效果。
6. 卡特开始写作时,表现出对写作的焦虑。由衣子该采用哪些措施缓解卡特的焦虑?

初中:数学复习

1. 用自己的话对期望和价值下定义。阿伦对于数学活动的期望和价值是什么?杰里米和瑞切尔对于数学活动持有以下哪种类型的价值观：内在价值、成就价值还是效应价值？
2. 根据目标理论，哪位学生的动机最难激发？山姆、杰里米还是雷切尔？为什么？哪位学生的动机最容易激发？为什么？
3. 杰克可能对阿伦的行为表现做出怎样的归因？杰克对学生的数学表现持有能力实体观还是能力增长观？
4. 萨姆将如何对她的数学表现进行归因？引用归因的性别差异有助于解释山姆的归因模式。
5. 杰克对萨姆的反馈存在哪些错误？
6. 教学过程中的哪个环节让萨姆产生焦虑并影响他的表现？杰克可以采用哪些具体的策略缓解萨姆的焦虑？
7. 区分杰克采用哪些具体的方法激发阿伦、萨姆和杰里米的内在动机？根据期望价值理论、目标理论和归因理论，解释这些具体的方法如何激发学生的内在动机？

高中：考试成绩

1. 切尔西对物理先修课程的成功期待是什么？推测可能产生这一期待的社会、文化和个体因素。
2. 对切尔西来说，物理先修课程如何具有内在价值、成就价值和效用价值。如果切尔西决定放弃物理先修课程，她将付出怎样的代价？
3. 解释为什么物理先修课程班级的学生可能采用表现取向目标。环境中的哪些因素可能引起这种取向？
4. 科学概论班级的学生具有哪些典型的目标取向？引用案例中的细节支持你的观点，并解释青少年持有这种目标取向的普遍程度。
5. 假设雷吉是非洲裔的美国学生。基于案例中的信息以及动机的种族差异研究，解释你为什么会担心雷吉的学习动机？你能采取哪些措施激发他的内在动机？
6. 尼古拉斯和切尔西的物理考试得了C+，他们将如何归因？基于归因的性别差异研究，为什么切尔西的归因模式很正常？
7. 你将向柯蒂斯提出哪些具体的建议，帮助他提高科学概论班级学生的内在动机？你会对物理先修班的不同学生给出不同的建议吗？如果不同，请指出原因和区别；如果相同，请指出原因。

第 17 章
自我理论

学习目标

1. 阐述学生和教师效能的结果期待和效能期待。
2. 解释自我价值如何影响动机，描述追求成功型、过度努力型、回避失败型、自甘失败型这四类学生的动机。
3. 解释自主感、胜任感和关联感如何促进内在动机的形成。
4. 定义内化，解释教育环境如何促进行为的内化。
5. 阐述教师能够用于提高学生内在动机的方法，并指出支持这些方法的自我理论。

在动机的自我理论中，"自我"具有能激发个体动机的特征。自我效能感、自我价值、自我决定理论都重视基于自我和动机的能力。我们将逐一研究以上三个动机理论，并探究如何将它们运用于提高学生的内在学习动机。这三个动机理论有以下两个共同之处。

- 它们都关注能力。能力是构成自我和个体动机的基础。
- 它们都关注内在动机。**内在动机**（intrinsic motivation）即出于兴趣或者活动本身的价值而参加某项活动的倾向。内部动机可以通过胜任感来实现，它不同于外在动机，因为外在动机（extrinsic motivation）是因为表扬、奖品、分数和赞誉等外部因素而参与某项活动的倾向。

但是，这些理论在某些方面仍存在区别，我们将在下文中讨论。

17.1 自我效能感理论

阿尔伯特·班杜拉（1986, 2001）的社会认知理论提出了自我效能感、自我调节和教师效能等许多重要的概念，为理解学生的动机和成就提供了必要依据。接下来我们一起探讨这些概念，看看它们如何影响学生的内在动机。

17.1.1 自我效能感和动机

自我效能感（self-efficacy），是对成功完成某项任务和行为一种预期，影响我们完成任务或参与活动的动机。为了激发行为，我们必须具有较高的结果期待和效能期待。**结果期待**（outcome expectations）是指一种由特定的行为引起特定行为结果的信念，即对成功的期待。**效能期待**（efficacy expectations）指我们认为自己拥有完成任务所需要的知识和技能。例如，一位小学生可能相信学习单词拼写能让学生成为更好的写作者（结果期待），但是为了激发他采取行动达到这一目标，她还需要相信她具备记忆特定单词拼写的能力（效能期待）。同样，一位中学生可能相信学习能让他在学校更优秀（结果期待），但他还需要相信他拥有合适的学业技能能够在学校课程的学习中取得成功（效能期待）。高效能期待和高结果期待的学生在完成学习任务时更自信，在面对困难任务时能坚持不懈，也就是说，他们的学习动机被激发了。而低效能期待和低结果期待的学生遇到失败时更容易泄气，导致他们缺乏学习动机，不愿意学习（Bandura & Schunk, 1981; Schunk & Pajares, 2009）。

对学校、体育运动及社会关系中的行为而言，自我效能是关键的决定因素（Bandura, 1977; 1977）。不同领域的自我效能感不同。例如，一位学生在数学方面可能具有较高的自我效能感，但在其他学科上的自我效能感并不高。有些学生在体育方面拥有较高的自我效能感，而学业上的自我效能感较低。男孩们倾向于在数学和科学方面拥有较高的自我效能感，而女孩们则在写作上拥有较高的自我效能感（Anderman & Young, 1994; Pajares & Valiante, 2001; Pintrich & DeGroot, 1990）。这种性别差异可能部分源自文化期待（Meece, Glienke, & Askew, 2009）。文化期待会影响父母的行为，从而间接影响学生的自我效能感和学习动机。例如，不管孩子多大，相较于女孩，母亲更有可能给男孩购买与科学和数学相关的书籍。

来自不同种族背景的学生，在不同科目上表现出不同的自我效能感。少数民族学生倾向于在阅读上拥有自我效能感，因为他们觉得自己的阅读能力和同龄白人具有可比性（Mucherah & Yoder, 2008）。美国非洲裔的和西班牙裔的学生对数学的自我效能感较低（Pajares & Kranzler, 1995; Stevens, Olivárez, Lan, & Tallent-Runnels, 2004）。相较于白人学生而言，西班牙裔学生对写作的自我效能感较低（Pajares & Johnson, 1996; Pajares & Kranzler, 1995）。由于自我效能感是针对特定领域的，因此学习第二语言面临的挑战可以部分解释西班牙裔学生在写作上自我效能感较低的原因。虽然不同学科领域的自我效能感不同，我们应该意识到不同种族和文化背景的学生整体上具有积极的学业自我效能感（Graham, 1994; Lay & Wakstein, 1985; Stevenson, Chen, & Uttal, 1990）。对于老师来说，理清学生自我效能感的形成经历，以及这些经历在不同文化群体中的重要性，比理清自我效能感的群体间差异更重要。

个体是如何形成关于自己的自我效能感呢？为什么一个高中生会认为自己擅长物理呢？研究表明，自我效能感受到以下 4 个因素的影响（Bandura, 1982; Usher & Pajares, 2008）。

（1）**过去的经验**。当学生过去曾经取得成功，并将这些成功归因于自己的能力和努力时，他们的自我效能感就会得到增强（Scholz, Dona, Sud, & Schwarzer, 2002; Zimmerman, 2000）。成功的经验是影响学生形成自我效能感的最重要因素（Pajares, Johnson, & Usher, 2007; Usher & Pajares, 2006a, 2006b）。权威型的育儿方式，即允许孩子尝试新的事物，给孩子设置合理的限制，用坚定而温和的方式对孩子的行为予以回应，能有效增强孩子的成就感和自我效能感。

替代性经验
一个男孩学习绑鞋带的最有效的榜样就是与他年龄相近的同伴。

（2）**替代性经验（vicarious experiences）**。观察与自己相似的人的行为有助于发展自己的自我效能感。当学生缺乏完成某项任务的个人经验时，观察与自己情况类似的榜样的行为尤其重要（Schunk & Miller, 2002）。例如，观察同龄人完成一项任务会比观察一位老师的表现产生更大的自我效能感（Schunk & Hanson, 1985）。然而，如果榜样被认为能力很强或者是个天才，观察这种榜样的行为表现将不会产生高效能期待（Zimmerman, 2000）。

（3）**言语劝说**。言语劝说包括说服个体将会成功，或者鼓励他们继续努力。父母鼓励孩子尝试各种不同的行为并提供支持，就是为了提高他们的自我效能感（Bandura, 1997）。言语劝说的效果不如过去的成功经验以及观察学习，因为言语劝说仅仅描述成功的结果，个体并没有亲眼见到或经历过，而只能依靠劝说者的可信任程度（Zimmerman, 2000）。

（4）**情绪唤醒状态**。疲劳、压力及焦虑常常被认为是缺乏能力的象征（Scholz et al., 2002；Tollefson, 2000）。而自信和热忱则被认为是有能力的情绪象征。高自我效能感的学生在完成学业任务时表现出较低程度的压力、焦虑和抑郁；而低自我效能感的学生则表现出沮丧、焦虑和无助感（Bandura, 1997；Scholz et al., 2002）。

来自不同背景的学生会受到以上描述的四个因素的不同影响。并且这些因素对学生自我效能感的影响具有性别和种族的差异。例如，男孩会在数学和科学研究上报告更强烈的成就体验和更低的焦虑，而女孩会在写作上持有更强的成就体验和更低的焦虑（Britner & Pajares, 2006；Lent et al., 1996；Pajares et al., 2007）。男生的学业效能更多受到替代性经验的影响，而女生则更多受到言语说服的影响（Usher & Pajares, 2006a, 2006b）。因此，相对于男生而言，恰当形式的表扬和鼓励对激励女生的学习动机更有效。

上述四个因素对学生自我效能感的影响也具有种族差异性。如，白人学生的自我效能感似乎受到以上4个因素的共同影响，然而非洲裔美国学生的自我效能感主要受到过去的成功经历和言语劝服的影响（Usher & Pajares, 2006a, 2006b）。相反，墨西哥裔美国学生的自我效能感相比白人学生则更多受到替代性学习经验的影响（Stevens, Olivárez, & Hamman, 2006）。

学习能力失调以及低能力组中的学生，倾向于比同伴持有更低的自我效能感，且报告更少的成就体验、经验替代学习和言语劝服。且他们的焦虑水平高于同龄学生的平均水平（Hampton & Mason, 2003；Usher & Pajares, 2006b）。

为了更好地理解如何提高学生的自我效能感，我们需要去探讨校园生活如何塑造学生的自我效能感。年幼学生对自己的能力过度乐观（Wigfeld & Cambria, 2010a）。他们把表扬视为对他们卓越表现的反馈，经常忽略社会比较（Usher & Pajares, 2008）。自我效能感随着学生的成长逐渐下降（Anderman & Midgley, 1997；Eccles & Midgley, 1989）。当孩子们在学校里成长，他们认知的发展和校园内涉及评价的实践活动（展示最优秀的作品，等级排名等）促使他们将自己的行为与他人进行比较。这些比较导致学生产生更现实的能力信念及更低的自我效能感。

从小学升入初中和从初中升入高中这样的转变会更进一步降低学生的自我效能感（Friedel, Cortina, Turner, & Midgley, 2010；Schunk & Meece, 2006）。中学生认为，学校对表现取向目标（强调成绩及能力的展示）的重视远远超过掌握取向目标（强调学习与提高）（Midgley, 2002）。青少年不断地评估自己在各学科中的自我效能感，以应对日益强调成绩和评价的中学环境（Schunk & Miller, 2002）。

班级活动也可能影响学生的自我效能感。如果一个班级中，老师对能力进行具体比较，会导致低学业成就学生拥有低自我效能感。例如在班级中，教师对学生的能力做出明确的比较，因此学业成就较低的学生的自我效能感也较低。例如，将学生按成就水平（如在小学班级中阅读和数学水平）分成同质群体——高能力组学生和低能力组学生。高能力组学生会逐渐降低低能力组学生的自我效能感（Schunk & Miller, 2002）。这种鲜明的比较在初中和高中较少见，因为在许多中学里，一个班级中的学生们都处于同等能力水平。

学生的结果期待和效能期待在学校中会发生变化。在刚入学时，学生们可能有较高的结果期待和效能期待。然而随着一年又一年的学习，他们得到了自己行为表现的反馈，他们开始相信他们有可能获得成功（结果期待），但是他们自身缺乏必备的能力和策略，或者缺乏在特殊环境中获得成功的工作热情（效能期待）（Tollefson, 2000）。

自我调节（self-regulation），即学生有意识地对自己的心理与行为进行控制、调节的能力。自我效能感影响学生的自我调节（Bong & Skaalvik, 2003；Pintrich &

Schunk，2002）。自我效能感高的学生更有可能在学习过程中进行自我调节，如目标设定、自我监控、自我评价和有效策略的使用（Zimmerman，2000）。大部分自我调节过程与内在动机有关。例如，高自我效能感的学生会有如下表现。

- 选择较难的任务，设置具有挑战性的目标（Seijts & Latham，2001；Zimmerman，Bandura，& Martinez-Pons，1992）。具有内部学习动机的学生会设置中等挑战性的目标以掌握知识和技能。
- 积极应对负面反馈，在经历失败时能够坚持不懈（Pugh & Bergin，2006；Seijts & Latham，2001）。具有内在动机的学生并不害怕失败，更确切地说，他们将结果反馈视为有利于他们进步的信息。
- 采用更有效的策略，如重新组织信息，形成新旧材料间的关联，重读材料，列出大纲以及监督行为（Bouffard-Bouchard et al.，1991；Pintrich & DeGroot，1990）。这些策略对从幼儿园至高中阶段不同水平的学生都适用（Zimmerman & Martinez-Pons，1990）。具有内在动机的学生更可能使用有效的学习策略以取得成功（Pintrich & DeGroot，1990；Pintrich & Garcia，1991）。通过自我调节，高自我效能感的学生取得较高的成就（Bandura & Locke，2003；Valentine，Dubois，& Cooper，2004）。

> 思考：思考一个你完全能胜任的学科和一个对你而言具有挑战性的学科。描述你在这两个学科上的自我效能感。在这两个学科中，你的结果期待和效能期待有什么不同？

17.1.2 教师效能感

教师效能感（teacher efficacy）是指教师相信自己拥有足够的技能进行有效教学并能对学生的成就产生积极影响的一种信念（Tschannen-Moran，Woolfolk-Hoy，& Hoy，1998）。教师效能感对学生的学业成就具有积极的影响（Goddard，Hoy，& Woolfolk-Hoy，2004；Hines & Kritsonis，2010）。教师效能体现在结果期待（所有学生都能学会知识的信念）和效能期待（自己有能力帮助所有学生学习的信念）（Ashton & Webb，1986；Gibson & Dembo，1984）。

与学生的自我效能感相似，教师效能也有不同的水平。教师教学效能较低可能由于各种原因。一些新老师觉得压力过大，有时没有做好准备应对教学中的挑战，虽然他们认为所有的教师都能对学生产生积极的教育影响（结果期待），但是他们缺乏有效的教育教学技能（效能期待）（Stipek，2002）。教师效能感低的原因可能是因为他们持有如下信念：

- 学校资源的缺乏限制了他们有效教学的能力，或者他们所在的地区或州所要求的教学方法并不高效（Stipek，2002）；
- 学生学业成就低是由于缺乏家长在学业上的支持（Guskey & Passaro，1994；Weinstein，Madison，& Kuklinski，1995）；
- 学生的能力低导致他们学业成就不高。

许多教师持有**能力实体观**（entity view of ability），即认为能力是稳定的、不可控的（Oakes & Guiton，1995；Reyna，2000）。持有能力实体观的教师在观察学生最初的行为表现后，就快速判定学生的能力水平，即使以后当他们遇到与最初假设相矛盾的证据时，也不愿意改变先前的判断（Butler，2000；Plaks，Stroessner，Dweck，& Sherman，2001）。相反，持有**能力增长观**（incremental view of ability）的教师则认为学生的能力是可以增长的（不稳定和可控的）。

有些教师认为学生能力低、不够努力、缺少家长的支持是导致学生学业不良的稳定因素，持这种观点的教师会对自己和他们的学生产生较低的结果期待（Tollefson，2000），可能影响教师与学生的期望和互动。教师效能感低的教师不经常理会低成就的学生，很少表扬他们，给他们布置繁多的任务，而与成就较高的学生有更多的互动（Ashton & Webb，1986）。此外，对于家庭社会经济地位较低、少数族裔的学生，教师更有可能认为他们能力低下。例如同情这些学生的失败，完成简单任务就给予表扬，或者主动提供帮助（Graham，1990；Mcloyd，1998）。这样一来，学生就会形成一种认为自己能力低下，而且无法改变的信念，将体验到较低的内在动机（Dweck，1999；Graham & Weiner，1993）。

教师效能感对学生的内在动机有积极的影响，高效能感的教师倾向于：1）花更多的时间计划和组织（Gibson & Dembo, 1984；Tschannen-Moran & Woolfolk-Hoy, 2001）；2）更愿意尝试新的教育方法。他们倾向于使用自我导向的学习活动和小组讨论，更愿意采用互动的教学方法如合作学习、同伴指导和基于问题的学习等，因为他们相信这些类型的学习活动能提高学生的学业成就（结果期待）(Tollefson, 2000）；3）因材施教，使得不同水平的学生通过自己的适当努力可以获得成功（Tollefson, 2000）；4）使用课堂管理策略以使学生专注于学习任务和学业成就的提高（Ross &Bruce, 2007；Woolfolk, Rosoff, & Hoy, 1990）；5）当学生遇到困难时，不厌其烦地帮助他们，培养学生积极的自尊（Ross & Bruce, 2007; Tschannen-Moran et al.，1998）。

总之，高自我效能感的教师倾向于持有掌握取向的目标，即强调学习、进步以及克服挑战的重要性，而不是表现取向目标，即强调超越其他同学（Wolters & Daugherty, 2007）。

17.2　自我价值理论

根据马丁·科温顿（1998, 2009）提出的自我价值理论，人类的基本需要是维持**自我价值**（self-worth），或者获得对个体自我价值的评价。人们通过维持自己是有能力的这一信念来保护他们的自我价值（Ames & Ames,1984; Covington, 2009）。

17.2.1　自我价值与动机

由于学校重视能力（有能力、聪明、成功），因此学生将能力理解为他们的自我价值（Covington, 1998）。因此为了证明自己的能力，他们努力学习。这将导致学生尽量避免消极后果——能力不如同龄人（Covington & Müeller, 2001）。由此，学生形成了**外在驱动**（extrinsically motivated），即学习由外在动机激发，而他们的内在学习动机水平下降。

学生的行为可能同时由内在动机和外在动机激发，但是在需要证明自我价值的外在压力下，他们的行为更多由外在动机激发。大学生（比如你自己）被问及为什么愿意做一些额外的、非指定的课程任务时，他们经常会说是为了满足自己的兴趣和好奇心（内在动机）。然而在现实中，大学生不会花时间研究他们感兴趣的课题，因为这将占用他们为考试而学习的时间（外在动机）（Covington & Müeller, 2001）。

学生从小学升入中学后，他们面对更加强调竞争和重视评价的环境，他们自我价值的提高依赖于通过竞争而获得成功的能力（Gottfried, Fleming, & Gottfried, 2001；Harari & Covington, 1981）。学习所获得的外在奖励，例如好成绩、在标准测验中表现出色等，是成功维持自我价值的象征。然而，由于成功的标准是通过与他人进行比较而界定的，因此低学业成就的学生在面临成功的高标准时，他们的自我价值会受到威胁（Stipek, 2002）。例如，美国2001年公布的《不让一个孩子掉队法案》（NCLB）明确制定了阅读和数学的熟练目标，并报告达到这些能力目标的进步评估情况，要求记录基于各种不同分类下学生的学业熟练水平，这些分类包括：社会经济地位、种族、是否残疾以及英语熟练水平。残疾和英语水平有限的学生接受学业挑战的同时也冒着可能降低自我价值的风险。通常，家庭社会经济背景较低的学生和少数民族学生，在标准化测验中表现糟糕，且更可能因此体验到较低的自我价值（Kim & Sunderman, 2005）。强调外部因素如测验分数和等级排名可能降低学生的内在动机（Lepper, Corpus, & Iyengar, 2005；Lepper, Sethi, Dialdin, & Drake, 1997）。

17.2.2　学生类型

根据自我价值理论，区分"追求成功"和"避免失败"（Covington, 2009；Covington & Beery, 1976）是理解学生的动机的关键。基于每个学生在多大的程度上受到追求成功或避免失败的驱动，可以将学生分成以下四种类型，如图17-1所描述。

追求成功型学生（success-oriented students）具有内在驱动。因为他们将能力作为一种取得成就的重要工具，他们将成功定义为成为最好的自己，而不关心其他人的成就。其他三种类型的学生将成功（以及由此产生的自我价值）定义为比他人做得更好，所以他们不断避免失败或者避免看起来比其他人能力低（Covington & Mueller, 2001）。

与追求成功型学生类似，**过度努力型**（overstrivers）学生对成功有强烈的渴望，但与追求成功型学生不同的

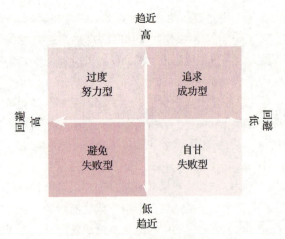

图 17-1 四种类型的学生

根据自我价值理论，不同的学生具有不同的动机

资料来源：From M. V. Covington and K. J. Mueller (2001), "Intrinsic versus extrinsic motivation: An approach/avoidance reformulation," *Education Psychology Review*, 13, (2), 157-176. Copyright © 2001. Reprinted by permission of Springer.

是，他们对失败极度恐惧（Beery，1975）。因此，他们通过表现得比别人更好来证明自己的能力。为了达到目的，他们会采用各种不同的策略确保他们取得成功（Covington，1984；Stipek，2002）。

（1）**只尝试很简单的任务**。这能保证他们不需要花费很多努力就能获得成功。

（2）**降低抱负水平**。一位学生可能对外宣称自己没有准备，只求能过。因为花很少的努力却能比其他人更好地通过考试（成功）意味着这个学生能力高。

（3）**反复练习正确的行为**。一位小学生为了在大声朗读时减少阅读错误而不断练习文章的某一部分。同样，外语或数学班上的一位中学生可能在回答问题前多次回顾正确的答案。

（4）**过度关注细节**。过度努力型学生怀疑自己的实际能力，不断通过极度努力来追求成功，总是过度准备或过于关注细节（Covington，1984；Covington & Berry，1976）。一位小学生可能每隔几个问题就会去问老师自己的数学解题思路是否正确，或者一位中学生在独立完成任务时可能需要教师的多次解释和反馈。

（5）**作弊**。有些学生可能将作弊作为一种极端的方法来取得表面上的成功，因为他们认为寻求帮助就意味着能力低下（Butler，1998）。

过度努力型学生的学习动机源于成功时所获得的自豪感及摆脱失败（避免消极结果）所带来的暂时轻松感，由此而形成一个需要不断证明自己的反复循环。（Covington & Mueller，2001）。

避免失败型学生（failure-avoiding students）对失败极度恐惧，但与过度努力型学生不同的是，他们缺少追求成功的高期待。避免失败型学生倾向于暂时避免失败以及由此产生的被认为无能的焦虑，并学会将轻松感而非自豪感内化（Covington & Mueller，2001）。为了避免被认为无能，他们采用许多自我设限策略来避免实际的学习（Covington，1984；Covington & Berry，1976）。

（1）将期望降到最低（不主动回答问题或者缺席某天的考试）。

（2）找各种借口（家庭作业丢失或未完成；将论文报告"忘记"在家里）。

（3）耽搁（在考试前开始学习或在截止日期前开始写学期论文）。

（4）设置不可能实现的目标或者选择很难的任务。

（5）放弃尝试或让别人认为你没有尝试。

（6）避免课堂参与以防止被提问到（坐在远离教师视线的教室后面，低头做笔记或假装出一副思考的样子）。

学业成就低的学生更倾向于使用自我设限策略（Leondari & Gonida，2007）。目前关于自我设限性别差异的研究仍未得到一个确定的结论，一些研究结果表明男孩比女孩采用更多的自我设限策略（Midgley & Urdan，1995；Urdan，Midgley & Anderman，1998），然而一些研究又发现其实并未存在显著的性别差异（Leondari & Gonida，2007; Urdan, Midgley, & Anderman，1998）。

自我设限策略是一种将失败归因于其他因素而非低能力的一种很有用的方法，从而减少学生的羞耻感（Stipek，2002）。自己投入很多努力才成功而其他人很轻松就获得成功意味着你能力低，如果在投入很多努力后失败则意味着公开承认自己能力低下（Covington & Omelich，1979）。但没有付出努力带来的失败则不会对能力造成消极影响（Covington & Berry，1976）。

然而，不努力有可能成为一把"双刃剑"（Covington & Omelich，1979）。因为教师重视学生是否努力，那些故意不努力的学生可能招致教师的不满和惩罚（Urdan et al.,1998；Weiner,1994）。作为惩罚，教师可能要求小学生在休息时间完成某项任务或者家庭作业，而对于高年级的学生，教师可能将他们留级或降级。因此，这些学生挣扎于两难的选择中：要么因为放弃尝试而被惩罚，要么开始尝试但承担着证明自己能力低的风险。

习得性无助

习得性无助的学生接受失败，不再愿意尝试。

与其他三种类型学生不同的是，**自甘失败型学生**（failure-accepting students）既不追求成功，也不避免失败。在面对由于未达到预期目标而带来的一次次失败时，他们接受失败并放弃证明自己的能力，维持自我价值（Covington & Omelich, 1985）。类似于习得性无助的学生，这类学生缺乏学习动机，因为他们认为过去的多次失败导致他们对学习失去控制。自甘失败型学生表现如下（Covington, 1984）：

- 对成功没有信心，认为成功是由外部、不可控的因素决定；
- 失败后的自我责备（如认为自己能力低）；
- 将最近的失败视作自己缺乏能力的证明。

自甘失败型学生与习得性无助的学生相似，这些学生缺乏学习动机，因为他们相信过去的失败经历是由外部不可控的因素造成的。这类学生的动机最难激发，因为积极的自我强化并不管用，很难让他们相信未来可能成功（Ames, 1990; Covington & Omelich, 1985）。

避免失败型和自甘失败型学生，当他们的胜任感受到威胁时，试图通过降低学业成功的重要性来保护积极的自我价值（Harter, Whitesell, & Junkin, 1998）。有些青少年将这种方法视为最后的退路，他们转向发展非学业领域的能力，如体育、音乐、艺术或者一些不良行

为（Stipek, 2002）。对教师而言，识别出学生是避免失败取向和自甘失败取向是很重要的，因为这有助于教师帮助这些学生发展更为积极的掌握取向行为。

> 思考：你认为你是哪种类型的学生？在你的学校生活中你的动机导向有改变过吗？如果有，是怎样改变的？

17.3　自我决定理论

根据自我决定理论，自主感、胜任感和关联感是人类基本的、与生俱来的需要（deCharms, 1976; Ryan & Deci, 2000a）。我们需要体验自主性或者能自我决定，也就是说，我们觉察到我们的行为是内部控制或自我调节的，我们能自由选择行为而不是迫于外部的控制和压制（Deci & Ryan, 1985; Vansteenkiste, Niemiec, & Soenens, 2010）。我们也有胜任感需要，即生来就渴望探索和尝试获取成功的能力（White, 1959）。为了有足够的安全感去探索我们的环境，我们需要感觉这个世界是相互关联的，或者确定自己与他人是有联系的，即关联感（Ryan, Deci, & Grolnick, 1995）。当这些需要在我们的环境中得到支持时，我们就能产生自我决定的感觉，或者体验到一种对感兴趣活动或目标的自由追求。不论在是西方文化还是在东方的集体主义文化（如：保加利亚、韩国、俄罗斯、中国）中，这些需求对于个体的心理健康而言都是很重要的（Vansteenkiste et al., 2010）。

自我决定理论与马斯洛需要层次理论（Maslow's hierarchy of needs）（一度流行的人本主义理论）有些相似之处。人本主义理论（humanistic theories）强调个体的内在因素，如需要，动机来源等。在马斯洛的需要层次理论中，个体容易受到基本需求的激励：

（1）生理需要，如食物、水、住所和衣服等；

（2）安全的需要，如感觉没有危险，并感到有秩序且稳定；

（3）爱与归属的需要，如一种给予和接受爱的需要，并体验友情，赞赏和归属感；

（4）尊重的需要，如对成就的和获得他人尊重的渴望；

（5）自我实现的需要，如一种去实现个人全部潜能的需要。

马斯洛提出，这五种需求是根据他们的生物紧迫性来组织的，即最紧迫的需要最先得到满足。为了获得高层次需要的满足，低层次的需要（例如生理和安全的需要）必须首先要得到一定程度的满足。生理需要、安全需要、归属需要和自尊的需要构成了缺失需要（deficiency needs），它是个体生存所必需的。而自我实现需要是一种成长需要（growth needs），个体不断地受到成长、成熟和满足感的驱动（Maslow, 1954）。尽管马斯洛从未用金字塔或是三角形来描述这种需要层级，但它们通常被以图17-2这种方式所呈现（Wininger & Norman, 2010）。

图17-2 马斯洛需要层次理论

对马斯洛理论最普遍的误读，就是认为个体需要按照需要层次理论的顺序逐渐追求更高层次的需求（Wininger & Norman, 2010）。事实上，这个需要层次并不是死板僵硬的，需求满足的顺序可能会因人而异（Maslow, 1954, 1987）。例如，学生会花大量时间学习以期望学习好，或者进入名校（自尊的需要），从而忽略了陪伴家人和朋友（爱和归属的需要）。同样地，需要的满足并不是"全或无"的模式，大部分个体的所有基本需求都得到了不同程度的满足（Maslow, 1987; Wininger & Norman, 2010）。

马斯洛需要层次理论在动机的研究中有重要的影响力，因为它提出内在需求是重要的信息来源。这个理论在实践中也仍然很受欢迎，因为它帮助教师理解阻碍学生学习的可能原因。马斯洛理论提出，如果学生的低层次需要大多数没有得到满足，他的学习兴趣将会受到影响。相似的，自我决定理论认为，如果自主感的需要、胜任感的需要和关联感的需要没有得到支持和满足，学生的内在动机就会受到消极影响。

17.3.1 自我决定和动机

我们讨论过关于自我效能感和自我价值理论，认为胜任感有助于产生内在动机。参与适当挑战水平的任务能满足胜任感，激发内在动机（Deci & Ryan, 1992; Grolnick, Gurland, Jacob, & DeCourcey, 2002）。当认知任务稍高于学生的能力水平时，他们会花费更多的时间，表现出更强的内在动机，他们完成任务时会产生强烈的喜悦和自豪感（Harter, 1978; McMullin & Steffen, 1982）。从小学到中学，学生对学业的胜任感逐步增强，由此提高他们的学业内在动机；而在升学过程中，胜任感较低学生的内在动机则会减弱（Harter, 1992; Harter, Whitesell, & Kowalski, 1992）。在学习过程中胜任感逐步增强的高中生在期末时会发现，和开学初相比，他们所学的课程更加有趣（MacIver, Stipek, & Daniel, 1991）。

只有当学生通过自主学习获得成功时，胜任感才能提高内在动机（Ryan & Deci, 2000a）。如果学生在一次考试中取得A（有能力）并相信他的学习行为是通过自我调节或是自主完成的，这种行为将产生内在动机。高度自主的学生更愿意参与学习生活，取得更高的学业成就，他们会在校学习直至毕业（Grolnick et al., 2002; Soenens & Vansteenkiste, 2005）。如果因为父母希望自己在学校表现好而努力学习，或者想给老师留下好印象而努力学习，这样的学习行为并非内在的自我调节，只会让学生的行为更多地由外在动机激发。

当学生觉得自己与他人有关联时，内在动机很可能增强（Ryan & Deci, 2000a）。学生觉得自己处于安全的环境中，并与他人有联系时更愿意进行探索，以增强他们的胜任感。如果学生的行为得到他们所喜欢的人重视或模仿，他们将形成学业的内部动机和行为（Ryan & Deci, 2000a）。例如，如果学生与关心他们学习的教师关系良好，他们有可能形成内部学习动机。如果学生认为教师冷漠，不关心他们，他们的内在动机将降低（Ryan & Grolnick, 1986）。相对于男生而言，师生间的相互关系对女生的动机产生更积极的影响。女生认为她们与教师的关系更亲密，与此同时老师也表示和女生的关系比较好（Howes, Phillipsen, & Peisner-Feinberg, 2000; Valeski & Stipek, 2001）。

17.3.2 成为自我决定者

类似于自我效能，自我决定也具有领域特殊性（Grolnick et al.,2002）。人们能自我决定一些行为如学业、日常工作或是参加宗教聚会（Grolnick, Deci, & Ryan, 1997）。个体通过**内化（internalization）** 来发展自我决定。内化，即将从外部获得的信念、态度和行为逐步转化成个人内在特质、价值观和自我调节行为（Grolnick, Deci, & Ryan, 1997）。图 17-3 展示了从非自我决定行为（无自我调节的行为）发展到自我决定行为（完全自主和内在调节行为）的连续状态。我们要明白自我决定论并不意味着各种形式的动机。（Vansteenkiste, Lens, & Deci, 2006）不同自主水平的个体具有不同类型的动机，这一动机主要取决于他们被成功内化的程度（Deci & Ryan, 1985；Ryan & Deci, 2000a）。对教师而言，为了更好地激励学生的内在动机，知道学生现阶段所展现出来的动机类型处于连续状态上的哪个阶段很重要。

（1）**无动机（amotivation）**，即缺乏动机。缺乏动机的个体不具有自我调节行为。个体仅是简单地"走过场"而不愿意采取行动。这可能是由于：学生没有重视活动且学习活动没有吸引力，（Legault, Green-Demers, & Pelletier, 2006；Ryan, 1995）；学生觉得自己没能力完成某一行为；学生觉得自己无法付出要达到成功所需的努力（Bandura, 1986；Legault et al., 2006）。男生的无动机倾向高于女生（Alvernini, Lucidi, & Manganelli, 2008）。

（2）**外在调节（external regulation）** 是自主性成分最少的外在动机类型。外在调节型个体的行为由外在规则如奖励、表扬、惩罚和最后期限所激发。一位小学生努力做好报告，这种外在学习行为是为了得到 A 等和 B 等的奖金，而一名高中生完成家庭作业是为了不被老师放学后留下。

（3）**内摄调节（introjected regulation）** 是另外一种外在动机类型，指个体参与某种行为是为了服从外在的压力。因为个体行为已经部分内化的但还没有将外在规则完全接纳为自我的一部分，此时人们从事某一项活动是为了避免责怪和焦虑，或是取得自豪感（Ryan & Deci, 2000a；Vansteenkiste et al., 2010）。一位初中生在打板球之前先学习（因为先运动再完成学业会让他感到内疚）就是一种摄入调节的表现，而一位高中生为了取得好成绩以证明自我价值，在考试中非常紧张（因为她还没有将学习视为内在价值的一部分）。

（4）**认同调节（identification regulation）** 是部分规则内化的一种动机类型，接近内在动机。认同某一行为价值的个体，接纳行为规则作为自己的一部分且更愿意参与活动，因为他们看到了自己与学习活动之间的关联。一位小学生说"我完成家庭作业是因为学习新知识会让我更聪明"，这就是认同调节；而一位高中生选择学习外语是因为他认识到外语对实现学历目标的重要性。

（5）**整合调节（integration regulation）**，即当个体通过认同和整合他们的价值而充分内化外在行为规则时，就出现了整合调节（Ryan, 1995）。一位高中生有规律地学习是因为他对自己学生身份的深刻认同。

动机缺失、外在调节和摄入调节被认为是受外力控制的（压力或强制的），而内在动机和内化较好的外在动机（认同调节和整合调节）则是自主的，或者说是自

图 17-3　人类动机分类

我们的自主程度影响我们的动机水平：从非自我决定到自我决定。

资料来源：Adapted from R. M. Ryan, & E. L. Deci (2000). "Self-determination theory and the facilitation of intrinsic motivation, social development, and well-being." *American Psychologist*, 55(1), 72, January 2000. Copyright © 2000 American Psychological Association. Used with permission.

表 17-1 自主感支持型教师的行为倾向和自主感支持型教学的有益结果

自主感支持型教师的行为倾向	自主感支持型教学的有益的结果
● 对学生有同理心，展现对他们的抱怨和消极情绪的理解 ● 鼓励学生表达自己的意见和喜好 ● 允许学生按照自己的进度学习 ● 征求学生意见 ● 提供课堂结构，以一种非控制性的方式传达教师期望，并提供给学生充足的信心，支持他们满足期望 ● 给予学生能力的反馈，并对学生能力有信心 ● 避免使用控制性的教育手段，例如控制性的言语、命令、威胁、强加的最后期限和密切的监控	● 更好的时间管理能力和注意力 ● 深层的、有意义的学习 ● 较强的创造力 ● 更好的学业表现 ● 更高的内在动机 ● 对家庭作业有更多的认同调节 ● 幸福感增强

资料来源：Assor et al., 2005; Deci, Eghrari, Patrick, & Leone, 1994; Jang, Reeve, & Deci, 2010; Koestner, Ryan, Bernieri, & Holt, 1984; Levesque, Zuehike, Stanek, & Ryan, 2004; Patall, Cooper, & Wynn, 2010; Reeve, 2009; Reeve, Jang, Carrell, Barch, & Jeon, 2004; Sierens, Vansteenkiste, Goossens, Soenens, & Dochy, 2009; Soenens & Vansteenkiste, 2005; Vansteenkiste, Lens, De Witte, De Witte, & Deci, 2004; Vansteenkiste et al., 2010; Vansteenkiste, Simons, Lens, Sheldon, & Deci, 2004; Vansteenkiste, Zhou, Lens, & Soenens, 2005.

我决定的（Vansteenkiste et al., 2010）。在学校里，女孩比男孩表现出更多的自我决定倾向，拥有更高水平的认同调节和摄入调节（Vallerand, Pelletier, Blais, Briére, Senécal, & Vallières, 1993）。研究一致发现，从小学到高中，学生的内在动机普遍下降，高中生动机缺失、外在调节倾向的情况比较普遍（Alvernini et al., 2008；Legault et al., 2006）。家庭支持和同伴支持有助于增强学生的关联感，从而可以避免学生缺失动机。

> 思考：你处于自我决定的哪个水平呢？你的父母或老师是否影响你的自我决定？

如果家庭和学校环境能够满足个体的胜任感需要、自主感需要和关联感需要，则有助于内化的形成和内在动机的激发（Grolnick et al., 1997；Ryan & Deci, 2000a）。充分支持孩子的父母会在孩子身上花很多时间，了解他们的日常生活，为他们探索和适应环境创造机会（Grolnick et al., 1997）。由此，他们的孩子逐渐形成掌握取向目标，自尊心得到增强，学业成就较高，并与学校有较多的联系（Eccles, Early, Frasier, Belansky, & McCarthy, 1996; Grolnick et al., 1997）。具有强烈自主性的教师在他们的教学中表现出更多的自主感支持行为（Roth, Assor, Kanat-Maymon, & Kaplan, 2007）。在东西方文化中，均发现了支持自主感的环境优点（Chirkov, Ryan, & Willness, 2005; Jang, Reeve, Ryan, & Kim, 2009; Vansteenkiste, Zhou, Lens, & Soenens, 2005）（见表17-1）。

自主感支持的学习环境对青少年尤其重要，这一时期的学生正经历着一些重要的转变，如经历青春期、建立他们的独立性和同一性、从初中向高中过渡等。在这一转变时期，自我决定是至关重要的。自我决定有助于问题的解决，有助于在面对新情境时灵活使用策略并能促进青少年早期社会认知的健康发展（Eccles, Midgley, et al., 1993；Grolnick et al., 2002）。然而具有讽刺意味的是，当学生的自主感需要逐渐增强时，学校似乎逐渐加强了对学生的控制（Eccles, Midgley, et al., 1993；Midgley & Feldlaufer, 1987）。初中生面对更多的规则和纪律，自我决定的机会减少，经历更加严厉的等级训练（Anderman & Maehr, 1994）。在中学里，学生们按照能力分组，他们有许多不同科目的老师，需要转换不同的课程，这样的学校结构不鼓励学生之间有太多的交往（Juvonen, 2007）。

17.4 自我理论的整合

17.4.1 自我理论的比较

你是否注意到这些理论的相似性？你可能会困惑，为什么我们需要三个和自我有关的独立理论？虽然理论间存在重叠，但它们可以给我们提供理解内在动机的独立视角。对老师而言，熟悉这些不同的视角，理解如何运用这些理论来促进学生的内在动机是很重要的。

表 17-2 描述了三个自我理论之间的相似点和区别。自我效能感、自我价值和自我决定是人类的基本特征。

在这三个理论中，胜任感是动机的重要组成部分。自我效能感的核心是个体是否相信自己具备成功完成某一任务的知识和技能。在自我价值中，自我价值是维持胜任感的基本需要。自我决定的核心是胜任感的需要。自我效能感和自我价值都聚焦于可感知的能力，即个体认为自己有能力（胜任感）。自我决定理论强调能力需求，一种培养和掌握知识和技能的需要。

表 17-2 自我理论比较

	自我效能感	自我价值	自我决定
描述	对成功地完成某项任务的期待	个体价值的整体评价	我们可以自主决定我们的行为
核心需要	相信自己具备成功完成任务所需要的知识和技能	保护我们的胜任感	自主感、胜任感和关联感
领域特定性	是	否	是
关注	感知到的胜任感		发展能力的需要

这三种自我价值理论也各有侧重。自我效能感和自我价值理论都关注能力的感知，关注个体是否认为自己有能力，而自我决定理论强调能力的需要，是一种掌握知识和技能的需要。自我效能感限定于具体的领域，涉及我们对完成某一特定目标的期望。同样，自我决定也限定于具体的领域，我们的自主感依赖于情境的变化。与我们需要保护自我价值的需求类似，自主感、胜任感和关联感也是人类的基本需要。这些理论虽然存在不同之处，但他们为提高学生的内在动机提出了相似的建议。我们将在下文讨论。

17.4.2 应用：提高内在动机

具有高自我效能感，积极的自我价值以及自我决定的学生与这三个特征都较低的学生相比，更能激发内动机。根据自我理论，教师可以通过以下的指南来提高学生的内在动机。

（1）**利用学生的兴趣和教材之间的关联性**。当教师指出新旧材料中的关系时，学生更有可能自我决定地学习（Assor, Kaplan, & Roth, 2002；Deci et al., 1994）。当学生最初学习兴趣较低时这种方法尤其管用。学习自己感兴趣的任务时，学生更加重视学习内容，更能从中找到乐趣。在一项研究中，当学习自己感兴趣的课题时，学生更重视他们学所到的内容，即使他们经历失败（Covington & Mueller, 2001）。学生更愿意参与能产生实际的、内在奖励的任务，例如与他人分享学习的结果，或者向别人解释为什么他们所学的内容是重要的（Covington & mueller, 2001）。

另一种增强学习内容与学生之间连接的方式就是，将学习内容置于真实学习活动之中。例如，在科学课上设计一个实验，在写作课上要求学生给当地政府部门写一封有说服力的信，在公民课上讨论创建一个降低污染的方案。真实活动鼓励学生习得解决问题，完成现实世界中重要任务的技能（Brown, Collins, & Duguid, 1989；Collins, Hawkins, & Carver, 1991）。学生也会因为所学的知识具有现实意义而受到内在激励。

（2）**提供现实的任务选择**。教师可以通过给予学生实际的选择权以提高学生的自主性，如让小学生选择他们想读的书，或者让初中生和高中生自己选择研究主题。当给予学生类似的真实任务选择权时，他们更倾向于从任务中发现乐趣，胜任感增强，取得更高的学业成就（Patall, Cooper, & Wynn, 2010）。给予学生对任务过程和结果的全部控制权，有助于学生个人控制感的增强，促进他们的自我决定以及提高他们的内在动机（Deci, Vallerand, Pelletier, & Ryan, 1991；Lepper & Hodell, 1989）。学生必须觉得选择是有趣的且和他们的文化价值观一致（Katz & Assor, 2007；Vansteenkiste et al., 2010）。同时，老师还应该给学生提供适量的具有最佳挑战水平的任务（Katz & Assor, 2007）。

（3）**提供成功所需要的指导和技巧示范**。教师需要明确地向学生传授策略如学习技巧、记忆术及数学的算法公式等，而不是期望学生能自己获得学习策略。学习策略能促进学生自我效能感和学业技能的增强（Pintrich & De Groot, 1990；Zimmerman & Martinez-Pons, 1990）。与在缺乏指导下阅读和答题的独立学习相比，教师对认知策略的示范能促进学生形成较高的自我效能感和学业成就（Schunk, 1981）。

（4）**强调掌握**。当学生完成中等难度的任务（略超过他们现有的能力）时，他们更愿意参与任务，更希望能掌握它（Harter, 1974）。强调掌握取向的学习能鼓励学生追求成功而非避免失败。科温顿（1992）描述了一种"等级选择安排"的掌握学习方法，学生可以通过累计学分（很多次的A，较少的B等）达到他们选择的等级，如果他们选择要达到较高的等级，他们就要完成更多的任务，表现得更好。学生不是和其他人进行竞争，而是为了达到某一种行为标准。与在传统竞争环境下学习的学生相比，用这种方法学习的学生学到了更多，他们的学习动机更好地被激发（Covington, 1998；Covington & Omelich, 1984b）。教师应该防止学生选择那些只需要付出最小化的努力并能保护自我价值的等级任务。例如，如果你知道学生有能力胜任 B 等级或 A 等级的任务而允许学生选择 C 等级的任务，这样反而强化了学生试图只付出最小的努力和避免失败，而不是在鼓励学生达到掌握的水平。

帮助学生设置适当的目标。教师可以将任务分解为较小的部分；设置短期的、中等难度的目标；为逐步达到目标提供策略支持。掌握任务中的小目标能增强学生对成功的信心（Covington, 1984）。当学生学会设置短期的、可操作的目标，并学会逐步成功的方法，他们将（Schunk & Miller, 2002; Tollefson, 2000）：

- 认识到成功是由于努力和能力；
- 更加愿意付出努力；
- 提高学业技能；
- 形成积极的自我效能感和自我价值。

需要记住的是，完成简单的任务或者帮助学生完成他们无法独立完成的任务并不能提高学生的效能期待，因为他们不会把成功归因为自己的能力或努力。

提供适当的反馈。教师通过反馈使学生认识到成功是由于自己不断地努力，反馈能增强学生的自我效能感，提高学习动机（Schunk, 1987；Schunk & Miller, 2002）。值得注意的是，如果在学生表现不佳的时候告诉他们需要继续努力，反而会将降低自我效能感，尤其是当他们相信他们已经尽力时（Ames, 1990；Tollefson, 2000）。如有可能，教师应该采用信息反馈而不是控制反馈。信息反馈提供学生能力的信息，能提高学生的内在动机（Deci, Koestner, & Ryan, 1999a；Grolnock et al., 1997）。例如，提供"你的论文论点清晰、引人入胜"说明这个学生做得很好。相反，如果用控制的方法给予积极地评价则会减弱学生的学习动机（Kast & Connor, 1988；Ryan, Mims, & Koestner, 1983）。例如，即使老师试图提出积极的，能提高学生动机的反馈，如"很棒，你应该一直这么努力"，学生仍能觉察到"应该"和"本该"等词语具有控制作用。

限制教学中外在约束条件的使用。一些教育方法如密切监督，使用威胁和命令，强加的目标和期限都具控制性，将降低学生的内在动机（Ryan & Deci, 2000b；Stipek, 2002）。然而，这些方法的采用、表达和实施方式的不同将带来不同后果。例如，目标和期限是指导中的必要成分，如果学生将它视为学习过程中一个重要组成部分，他将在学习中体验到更多的自主性。合理的目标和期限将激发学生的内在动机。

鼓励在班级中建立良好的相互关系。教师应关心学生，将学生视为独立的个体。我们之前讨论过，如果学生感觉到教师的关心，将能促进学生的内化、内在价值的整合及内在动机（Deci et al., 1994）。同样，要信任你的学生。例如，允许小学生把午餐带到教室，当教师离开考场时要求高中生遵守"无监考制度"。教师可以采用一些策略建立班级社区，使学生感受到重视和尊重，从而使其拥有更高的自我效能感、掌握取向目标、责任感以及更高的学业成就（Anderman & Anderman, 1999；DeBacker & Nelson, 1999）。教师可以采用一些策略建立班级的集体感。例如强调小组成就，鼓励学生参与合作行为（Burden, 2003）。

本章小结

1. 描述学生和教师效能的结果期待和效能期待

一位学生相信通过学习能有好成绩（结果期待），而且他具备足够的学习技能获得好成绩（效能期待）。教师也具有结果期待和效能期待，结果期待指教师认为所有的学生都有学习的能力，效能期待则指教师对自己教学效果的信念。

2. 解释自我价值如何影响动机，描述四种类型学生的学习动机：追求成功型、过度努力型、避免失败型、自甘失败型

我们的整体自我价值感来源于我们的胜任感，所以我们通过维持积极的胜任感以保护我们的自我价值。追求成功型学生具有内在学习动机，将学习作为提升自己能力的机会，并不害怕失败。过度努力型学生极度渴望成功但是害怕失败，他们采用各种策略确保自己比其他人表现得更好。避免失败型学生使用很多自我设限策略回避那些可能导致失败或被认为能力低下的情境。自甘失败型学生既不追求成功也不避免失败，因为他们已经学会接受失败。

3. 解释自主感、胜任感、关联感如何促进内在动机的形成

当个体具有自主性时，他们的行为更容易由内在动机激发。自主支持的环境有许多好处，它能增强个体的自主性、胜任感和内在动机。最佳挑战水平的任务能让学生觉得有胜任感，增强学生的自豪感，激发他们的内在动机。如果教师与学生建立良好的关系也能激发学生参与学校活动的内在动机。

4. 定义内化，解释教育环境如何促进学生行为的内化

在动机背景下，内化是一个逐渐形成的过程，个体从自主成分较少的自我决定行为（更多由外在动机激发）发展到自主成分较多的自我决定的行为。如果能满足学生的自主感、胜任感和关联感，教育环境就能促进内化的形成，激发学生的内在动机。

5. 阐述教师用于提高学生内在动机的方法，并指出支持这些方法的自我理论

教师可以通过以下方法提高学生的内在动机：1）利用学生的兴趣和教材的关联性；2）提供现实的任务选择权；3）指导成功所需要的技能；4）强调掌握取向学习；5）帮助学生设置合理的目标；6）提供合适的反馈；7）限制教学中外在约束条件的使用；8）形成良好关系。指出新旧学习材料之间的联系，提供学生自由选择的机会能让学生做出更多的自我决定行为。指导学生掌握成功所需要的技能将提高学生的自我效能感。当教师强调掌握取向目标并帮助学生设置中等难度的、短期的目标时，学生倾向于追求成功，形成积极的自我效能感和自我价值，提高他们的内在动机。提供信息反馈并强调努力同样能提高学生的自我效能感和内在动机。避免使用外在约束条件，促进班级中学生的相互关系将提高学生的自我决定。

案例学习：反思与评估

儿童早期：任务表

1. 根据自我效能感理论，梅丽莎完成学校作业的效能期待是什么？你怎样描述克莱尔和马丁的自我效能感？
2. 请解释为什么请一位同伴帮助梅丽莎明白怎样完成数学任务能提高她的自我效能感。
3. 伊丽莎白是怎样提高她所在班级学生的自我效能感的？
4. 基于自我价值理论，梅丽莎、马丁和克莱尔他们三位学生中谁的动机最难被激发？为什么？他们中谁的动机最容易被激发？为什么？
5. 根据个案研究，推测伊丽莎白的教师效能水平。
6. 假设伊丽莎白向一位更有经验的教师请教如何提高学生的自主感和胜任感。思考她的同事可能给出的具体建议，并解释这些建议如何提高学生的动机。

小学：写作障碍

1. 比较卡特和香提在写作方面的自我效能感。在自由写作中，卡特使用了哪些避免失败的策略？
2. 基于你之前的回答，根据本章讨论的关于性别角色差异的研究，解释你为什么能预测卡特具有而香提没有避免失败的动机模式。
3. 由衣子采用了哪些具体的方法提高卡特自由写作的自我效能感？如果是学生马森，你会建议她换一种方法以提高马森的自我效能感吗？为什么会或者不会？
4. 根据自我价值理论，由衣子是怎样鼓励詹姆斯和卡特提高写作的内在动机的？
5. 自我调节与内化一样吗？由衣子班上的哪位学生最具有自我调节的能力，由衣子怎样鼓励她班上所有的学生对于写作的内在调节能力？这将怎样影响他们的自我决定？
6. 由衣子可以做出怎样的改变来提高学生的自主感？这将怎样影响他们的动机？
7. 根据这个案例中的信息，推测由衣子班级的关系氛围。现在思考除了写作之外，由衣子可以怎样提高班级学生之间的相互关联，这种关联感怎样影响学生的自我决定和动机？

初中：数学复习

1. 你如何描述山姆解决数学问题的自我效能感？
2. 推测杰克是否具有较高的教师效能。采用案例中的细节来支持你的观点。
3. 杰克该采取哪些措施以促进他的学生形成积极的自我效能感？
4. 讨论一次掌握水平测试对学生胜任感、自我价值和动机的影响。
5. 根据自我价值理论，阿伦、萨姆和雷切尔他们三位学生中谁的动机最难被激发？为什么？他们中谁的动机最容易被激发？为什么？
6. 八年级的学生因为需要参加测试而感受到外在压力。给杰克提供一些建议，帮助他营造一个能促进学生进行自主学习以提高他们的学习动机的班级环境。杰克如何提高他班上学生的胜任感和相互关系？

高中：考试成绩

1. 你如何看待切尔西的自我效能感？比较切尔西和尼古拉斯的自我效能感。基于性别差异的研究，切尔西的动机模式具有怎样的特点？
2. 根据雷吉、塔米卡和卡拉的评论，描述科学概论班级学生的总体效能感。假设科学概论班级学生的学业成绩低于物理先修课程班级的学生，请解释这种按能力分组的学习（将学生分到能力水平不同的班级）可能对学生的自我效能感产生怎样的影响？科学概论班上的学生对学习科学的结果期待是什么样的？
3. 柯蒂斯能否让切尔西相信她下次能做得更好以提高她的自我效能感？请解释原因。
4. 根据自我价值理论，尼古拉斯、切尔西和雷吉他们三位学生中谁的动机最难被激发，为什么？他们中谁的动机最容易被激发，为什么？
5. 柯蒂斯认识到科学概论班级的学生与物理先修课程班级的学生具有不同的动机需要。帮助柯蒂斯设计一个激发动机的计划以提高不同班级学生的自我效能感，增强他们的自我价值，促进他们自我决定。请举出符合自我理论的具体例子。从科学概论班级的学生到物理先修课程班级的学生，激发动机计划有怎样的不同？

第六部分
课堂管理与教学

□ **案例学习**

儿童早期：毛毛虫圈
小学：生态系统
初中：课堂安全
高中：拒绝换衣服

□ **第18章　创设富有成效的学习环境**

学习目标

18.1　物理环境
18.2　行为规范和期望
18.3　创建积极的人际关系氛围
本章小结
案例学习：反思与评估

□ **第19章　理解和管理学生行为**

学习目标

19.1　学生不良行为的界定
19.2　行为管理的一般方法
19.3　如何处理特殊的不良行为
本章小结
案例学习：反思与评估

□ **第20章　教学：应用行为、认知和建构的视角**

学习目标

20.1　教学计划
20.2　行为主义教学方法
20.3　认知学习论教学法
20.4　建构主义教学法
本章小结
案例学习：反思与评估

□ **第21章　分组实践**

学习目标

21.1　按能力分组
21.2　合作性学习
21.3　应用：最佳实践
本章小结
案例学习：反思与评估

案例学习

儿童早期：毛毛虫圈

准备

当你阅读下列案例时，请注意：
1. 该案例的主要人物是谁？请予以描述。
2. 发生了什么事？
3. 案例发生在哪里？环境是影响因素吗？
4. 案例发生在什么时间？时间是影响因素吗？

莎拉·布莱娜在一所半日制的大学附属学前教育机构担任班主任。她负责8：30～11：30和13：00～16：00的课程。史蒂夫·休梅克，一位在攻读学前教育专业之余兼职的研究生给了她不少帮助。孩子们叫他们"莎拉小姐"和"史蒂夫先生"。莎拉非常喜欢在这样一个多元化的环境中工作。在她上午的课堂里，18个孩子中有5个不是出生于美国。玛蒂娃来自一个尼日利亚家庭；俊浩和他的双胞胎兄弟金顺来自韩国；艾丽娅和康斯坦丁都来自希腊。还有几个学生存在特殊需要，霍利因为发音困难而每周接受一次言语治疗。布拉迪患有一种影响肌肉控制的疾病，叫作Newman-Picks疾病。

今天早晨，孩子们正坐下吃早点。一旁有四张餐桌，每张都配有一塑料罐的牛奶、纸杯、纸巾和一盒格兰诺拉燕麦卷。康斯坦丁小心翼翼地将罐里的牛奶倒进他那张桌子的其他孩子的杯子里。本分发了纸巾，玛蒂娃则为每个孩子发了一根格兰诺拉燕麦卷。很快整个房间便充满了咯咯的笑声和叽叽喳喳的谈话声。莎拉和史蒂夫各自选了一个小组坐下并加入了谈话。这两位教师都特别重视轮换所坐的小组，以便可以在一周内和所有的孩子交流。当孩子们喝完了最后一口牛奶，吃完了最后一口格兰诺拉燕麦卷后，他们开始站起来，把椅子推进去，扔掉纸杯和餐巾纸。布拉迪帮助史蒂夫收拾桌子，莎拉则召集班上3～4岁的孩子到地毯上开始活动时间。

"今天我们要阅读我们最喜欢的故事之一，埃里克·卡尔的《好饿的毛毛虫》，"她告诉他们，"为了配合故事，我还带了一些特别的东西。"

莎拉带了一些绒布条让孩子们在她讲故事期间贴在绒布板上。11个孩子安静地坐在故事区地面的不同位置上，其余四个争着要坐在离老师最近的地方，两个仍然待在他们吃完点心后洗手的洗涤槽旁边。布拉迪完成了餐桌的清洁任务后，头朝活动圈张望。

莎拉摇铃示意他们现在是故事开始的时间，然后翻开一本大号书的第一页。霍利和玛蒂娃无视铃声，开始在水槽边泼水。正在早点区作最后检查的史蒂夫迅速介入，重新带着她们加入了活动。本、雅各布、奥斯汀和泰勒还在为争取一个靠近莎拉的优先位置而相互推挤。

"待在你们自己的位置上，孩子们！"莎拉指着地毯上剩余的四个空位说，那上面标着每个孩子的名字。当莎拉提醒这些孩子们该坐的位置时，他们不好意思地咧着嘴笑了，然后爬到了指定地点。等每个人都坐好并安静下来后，莎拉开始朗读。

史蒂夫在靠近阅读圈的地方坐下。莎拉不时地邀请孩子们上来把故事中的物品贴在绒布板上以保持他们的注意。"我要找一个安静地坐着的人帮我把毛毛虫先生贴在绒布板上。然后再找一些人来喂他。"

对正在不停扭动并大叫"选我，选我"的艾丽娅，莎拉只是说："让我知道你已经做好准备了。"

"泰勒，你等得很耐心，"莎拉说，"你上来帮助毛毛虫先生怎么样？"

泰勒急切地跳起来，把第一个绒布条贴在绒布板上。见艾丽娅安静地坐着，莎拉邀请她上来贴了一个。当故事快要结束时，她注意到俊浩开始乱动他背后架子上的篮子里的磁力魔方。

"俊浩，你认为这个故事的结局会怎么样？"她问。俊浩停止玩魔方并告诉她下一页将会出现蝴蝶。虽然需要大量训练，但孩子们似乎正在习惯这样的早晨常规阅读。

评估

- 根据上述情节,你怎样评价该教师的课堂管理技能?
- 你观察到哪些不良行为?
- 案例中的哪个部分可能需要莎拉和史蒂夫提高计划性和准备性?
- 与不同背景和能力的儿童相互交流会怎样影响儿童的学习?

小学:生态系统

准备

当你阅读下列案例时,请注意:
1. 该案例的主要人物是谁?请予以描述。
2. 发生了什么事?
3. 案例发生在哪里?环境是影响因素吗?
4. 案例发生在什么时间?时间是影响因素吗?

莉拉妮·安德森在林肯小学教三年级。今年她的班级有23名学习特点迥异的学生。其中一些学生,米西、塔米克和斯蒂文仍在基本阅读技能上挣扎。而杰克逊和爱丽莎已经达到五年级的阅读水平。一些学生,像凯利、杰森和梅根有很强的口语能力但数学却很糟糕。乔治刚从墨西哥移居过来,几乎不会说英语。

技能和能力水平的巨大差异使得课程计划和一般的课堂管理成为一个十足的挑战。莉拉妮发现当她事先做好计划并试图预见潜在的行为问题而不是等待问题发生时,进展会顺利得多。当她还是个一年级教师时,就已经掌握了这点教学智慧,而且她发现那是一个无论在传统背景还是混合年龄背景下都是十分有效而积极的方法。

今天莉拉妮的班级正在用2公升的汽水瓶做生态系统。在教室前面的桌子上,莉拉妮已经收集了一大堆泥土、石头、植物种子和水。仅仅这些东西就足以让课堂变得一团糟,但莉拉妮已经有了安排,而且她还有一个随时都可以提供帮助的家长志愿者。在分发材料前,莉拉妮让学生聚集在她那块干擦板周围。

"同学们,在开始这项令人激

动的计划之前,我们必须确保每个人都知道怎样做。"她解释道,"在活动结束后,这间教室必须像现在这样干净整齐。我要求你们每个人都认真听从指示并相互帮助记住它们。"

他们回顾了小组制作生态系统所需的材料和操作说明。莉拉妮展示了一个已经完成的生态系统样品。"太酷了!"一些孩子小声说道。她让小组重复指示然后让他们回到座位,每四五个学生围坐在教室的一张桌子旁。

学生们被同时召集到一张桌子去取他们的材料。罗宾·沃尔森,那位家长志愿者,帮助学生按量配给他们所需的各种材料。那些已经取完材料的学生返回座位,并被告知安静耐心地坐着直到所有人都做好开始的准备。莉拉妮已经在每个学生的座位上放了一份带有系列操作说明和问题的生态系统材料。当他们继续等待时,老师鼓励他们通读那些他们必须回答的问题。

东西看来已经积压得有些多了,因此莉拉妮加入了罗宾,和他一起分发材料。有了两个成人的帮忙,进展快多了,很快每个小组都准备好并开始搭建他们的生态系统。当大家都在工作时,莉拉妮注意到有两组学生的声音太大了。她拍手示意全班停下来,并一直重复这个动作。在完全赢得学生的注意后,她说:"我看到每个人都在忙,但我还得提醒你们小声些,以免干扰其他班级。"

接着,她和罗宾在教室四周走动,提醒学生该做的事情,并在必要时提供帮助。莉拉妮注意到奥斯汀把水撒在桌面上。由于已经预料到这种偶然情况,莉拉妮从容应对。

"奥斯汀,从水槽旁的纸筒里拿些纸,把桌子擦干净。"她说。奥斯汀拿了一团纸跑回来。等奥斯汀擦干了溅出来的水,她让他把杯子重新倒满水,并继续工作。

接踵而来的是另一个小组的争吵,莉拉妮走过去看出了什么事。

"我干得最多,我该把它带回家。"汉娜说。

"没门!"凯尔森叫道:"我和你做得一样多。"

科尔插话了:"嘿,它是我们大家做的,所以让一个人带回家保管是不公平的。"

布兰登叹了口气,用嘲弄的口吻说:"怎么办,傻瓜?把它瓣成四份让每个人都带回去?不可能!"

莉拉妮打断了他们的话,对全班同学说他们今天做得很好。"拿出反思表。先列出你们学到的三件事情。然后记下你们小组今天做得好的事情,遇到的问题,你们是怎样解决的,以及你们关于改进下次合作的任何想法。"学

生们迅速安静下来，拿出反思表，写了起来。

评估

- 莉拉妮在管理这个生态系统活动中表现如何？如果是你的班级，你会做哪些不一样的事情？
- 莉拉妮用什么方法迅速赢得学生的注意？你知道能够有效地示意学生安静并集中注意的任何其他方法吗？
- 描述一下如果莉拉妮事先就简单地把材料放在每张桌子上，和操作说明书摆在一起，会发生什么？你认为她在设计生态课时还必须考虑什么其他问题？
- 你认为莉拉妮根据学生的座位来安排小组是一个好主意吗？在这种类型的活动中还有其他组织小组的方式吗？

初中：课堂安全

准备

当你阅读下列案例时，请注意：
1. 该案例的主要人物是谁？请予以描述。
2. 发生了什么事？
3. 案例发生在哪里？环境是影响因素吗？
4. 案例发生在什么时间？时间是影响因素吗？

离姗姗来迟的铃声只有一分钟的时间了，索尔·加丁诺热切地等待着七年级最后一拨学生的到来。他已经在克罗斯比中学教了好几年的工艺课了，和这批学生也已经相处了三个星期。每隔九周，新的一批学生就会轮流来到他的班级，索尔发现这些学生都有着自己独特的个性。

索尔几乎把第一周的时间都用于讨论规则和程序。在他的课堂里，安全是重中之重，因为学生在完成课堂任务时所使用的都是具有潜在危险的工具。他要教他们使用带锯、钻床、汽缸式磨砂机、组合传送带和盘式打磨机、雕刻机、空气压缩机以及基本工具（如老虎钳、手锯、铁锤和夹钳）。

使用这些力量型工具通常会造成一种兴奋，但也是导致潜在混乱的学习环境。索尔已经设置了一个很搞笑的角色扮演情境，这通常会赢得学生的笑声，但也能使他们注意到正确使用各种工具的重要性。规则和程序已经很清楚地张贴在教室里，在新生上课的第一天，他会让他们把一份"安全合同"带回家和家长一起阅读，签字，然后带回来。

到了第三周，学生们已经被分为不同的项目组，每个小组都在考虑他们课堂项目的设计和制作。回想起他为了挑选项目负责人而进行的"求职面试"时，索尔不禁笑了起来。他要求对领导小组有兴趣的学生为项目负责人的职位提交一封简要介绍他们能力和资格的申请信。上周，他已经对这些申请者进行了面试并决定"雇用"安吉拉、罗德里戈、本以及凯特，他们各领导一个小组。索尔接着会见了这些项目负责人，提醒他们肩负的巨大责任。他们必须做到以下几点。

- 帮助小组成员确定项目。
- 给每个小组成员分配一个项目任务。
- 建立明确的期望。
- 将小组成员维持在任务上。
- 确保完成的项目达到各项作业评分标准。

安吉拉、罗德里戈和凯特兴奋地开始了。本有点儿紧张，因为这是他第一次负责掌管事情。索尔觉察到了这一点，在本朝他的小组走去时低声对他说："动手吧，勇敢的孩子！"

在开展项目活动的第一天，一切顺利。索尔已经将明确的指示列在黑板上以便每个小组都知道如何进行。

- 小组成员的介绍。
- 关于项目构想的头脑风暴（所有的观点都受欢迎才被记下）。
- 构想的讨论（优点和缺点）。
- 小组成员投票表决并做出最终决定。
- 角色的分配和责任。

当小组进行讨论时，索尔在教室四周走动。他观察到安吉拉在上课前心里已经有了方案，虽然她的小组也进行了头脑风暴，她还是设法使大家热衷于她的鸟笼构想。凯特的小组在头脑风暴时相互争吵，因此索尔觉得有必要给他们严厉的一瞥，并靠近他们直到他们安静下来。本非常想让他的小组制作玩具军用坦克，但经过激烈的讨论，小组最终决定制作带轮子的玩具青蛙。

两周后，罗德里戈的小组成员忙于制作他们所选的项目（即钥匙扣）。凯文和尼克的任务是等钥匙扣的形状被切割出来，边缘被磨平后，在身份牌式样的钥匙扣上进行雕刻。当他们一起在工艺实验室里工作时，凯文已经用一把尺子将钥匙扣在雕刻机上排好，

然后不断地用它来捅尼克。尼克看起来似乎有些生气，但索尔认为那只是个玩笑，并没有干涉。突然尼克开始朝凯文骂粗话并推他。这导致了一场报复性的推挤，结果尼克滑倒在地上。尼克爬起来，握紧拳头，直奔凯文想要继续扭打。班上的其他一些学生开始起哄"打架了，打架了"。当尼克就要靠近凯文时，索尔介入了，他挡在两个学生之间厉声叫他们住手。打架在数秒后结束，两个学生被送到了校长办公室。当班级开始平静下来并把注意力重新集中到项目活动时，索尔坐下来

记录所发生的事情。后来，他留了一份副本给校长并填写了一张学生行为警示表格送给两个男孩的家长。

评估

- 你怎样描述索尔课堂上的学习氛围？
- 你认为索尔的课堂管理是有效的吗，为什么？
- 索尔对小组项目的介绍和监督涉及计划和管理的什么方面？
- 你认为索尔组建项目小组的方式有效吗，为什么？

高中：拒绝换衣服

准备

当你阅读下列案例时，请注意：
1. 谁是该案例的主要人物？请予以描述。
2. 发生了什么事？
3. 案例发生在哪里？环境是影响因素吗？
4. 案例发生在什么时间？时间是影响因素吗？

时间是上午 7:15，距山谷高级中学第一节课的上课铃响还有 15 分钟。玛丽亚·萨拉查向总办公室走去，向秘书和校长打了招呼并取走了邮件。这是她教学的第二年，看到这学期更少学生和同事将她误认为是一名高中生，她感到宽慰了些。刚来到山谷中学时，她站在楼道里就像是一个新生，她很清楚地意识到，22 岁的年龄比她的学生大不了几岁。

玛丽亚是一名体育老师，她所接触的是各种完全不同的学生，从高一的新生到那些试图在最后一分钟得到必要的体育学分以便能够毕业的四年级学生。她班上的一些学生个头比她还高，但她已经赢得了"小发电所"的美誉。她精力充沛、热情洋溢并且很关心她的学生。

这是学期中期，当玛丽亚做好了第一节课的准备时，她有些好奇今天会怎样开始。上午 7:26，她的脖子上挂着一个哨子，耳朵后夹着一支笔，手上拿着成绩册，耐心地等待高一的学生到达体育馆西边。学生们在更衣室里换上要求的运动服，一个接一个地来到了体育馆。姗姗来迟的铃声响了，上课了，玛丽亚吹响了哨子，示意学生来到指定的地点。她打开成绩册，开始给学生进行今天

的第一次评估：穿好还是没穿好？

"……雅各布森，很好；珍妮丝，很棒；琼斯，不错，但下次请把首饰放在更衣室……约翰逊……"玛丽亚认为她的眼睛准是在欺骗她。布列安娜·约翰逊每天都穿着运动服到体育馆。玛丽亚走到她那儿，问道，"今天没穿，布列安娜？一切还好吗？"她真诚地关心她。

"我没穿，别告诉我该干什么。只有我妈妈可以那么做，这是我最后一次重申，你不是辛西亚·约翰逊。"布列安娜边吼边冲到露天看台。

这种反应完全出乎玛丽亚的意料。她不知该如何处理布列安娜的坏脾气，但她决定不在这件事上做过分停留，毕竟班上还有那么多其他学生。布列安娜一贯是个好学生，因此现在玛丽亚决

定不理会布列安娜，继续上课。

参与是这节课的主要评估因素。即使那些没穿运动服的学生也能得到分数——扣除未穿所要求的服装的分数。布列安娜怒气冲冲地喘着气在看台上坐了一会儿后，选择了睡觉。玛丽亚继续忽视布列安娜的行为并将注意力集中在课堂上。学生们轮流完成四组篮球训练，幸运的是，那个早上再也没有其他学生调皮捣蛋了。

上午8:19，第二节课的铃声响了。玛丽亚最终决定和布列安娜谈谈，但布列安娜在铃声响了之后就冲了出去。

布列安娜来到了她的第二节课，英文写作课。大卫·威廉姆斯已经在黑板上写了些句子让学生找出语法错误并进行纠正。上这节课的学生语言和阅读能力都很差。还有一些学生有学习障碍，有几个学生则是英语不熟练的语言学习者。

布列安娜跺着脚走到了教室后面，无精打采地坐在桌子旁，闭上了眼睛。作为一个有两年教龄的教师，大卫已经习惯了第二节课的动机和行为问题，虽然他对如何处理这些问题并不总是有把握。然而，他很清楚，在全班面前处理一个学生特别是已经显得十分激动的学生往往会适得其反。所以，今天他选择了忽视布列安娜并继续上课。

评估

- 在你看来，玛丽亚的性别在这种情境中会产生影响吗，为什么？
- 你认为玛丽亚在第一节课中对布列安娜事件的处理是否合适？你会以同样的方式做出反应吗？
- 对一所高级中学的英语课将重点放在基本技能诸如教授语法方面你是否感到惊讶，为什么？你的反应是基于个人的先前经验、观察还是从其他课程中得到的知识？
- 你为什么会认为大卫第二节课上的学生存在动机和行为问题？

第 18 章
创设富有成效的学习环境

学习目标

1. 描述课堂的物理环境、教学计划、时间管理如何影响学生的行为。
2. 讨论班级制定行为规范和期望的途径。
3. 阐述教师在师生之间、学生之间、家庭和学校之间、全校范围内等不同水平的互动中建立积极的人际关系氛围所起的作用。

18.1 物理环境

卓越的老师在课堂管理和学业指导方面看似毫不费力。然而，事实上，良好的课堂管理和富有成效的学习环境大部分在教师踏入教室之前就已经精心设计好了（Borko & Shavelson, 1990；Clark & Yinger, 1979；Osher et al., 2010）。为了创建尽可能良好的学习环境，教师要掌握如下三个重要的技能：环境能力，教学计划，时间管理。

18.1.1 环境能力

30多年的研究表明，教师组织教室物理环境的方式会影响到学生的情绪和行为（Burke, 2003；Dumm & Griggs, 2003）。例如，有吸引力的环境使个体感觉更舒服、愉悦、更高效、更执着于学习任务，并且更愿意帮助他人（Bell, Fisher, Baum & Greene, 1990；Weinstein Mignano, 2003）。教师需要发展**环境能力**（**environmental competence**），即有关物理环境如何影响学习的意识以及对如何控制环境来达到行为目标的理解（Steele, 1973）。课堂管理包括组织空间、时间、材料和程序以便教学顺利进行并最大限度地减少不良行为。

1. 教室布局

一个经过精心设计的教室通过提供一个舒适、安全的学习环境，最大限度地减少干扰和拖延，从而使教师成功地应对复杂的教学要求（见图 18-1）。以下几个重要方面是需要考虑的（Burden, 2003；Weinstein & Mignano, 2007）。

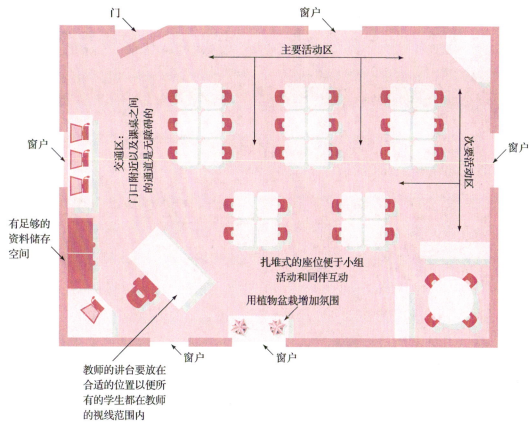

图 18-1　教室平面图
设计富有成效的教室平面图需要考虑多种因素。

- **固定设施**。门、窗户、壁橱、电源插座和实验设备是教室中固定的、不能移动的。这些设施所处的位置将影响教师的计划和组织。
- **教学材料和用品**。材料易取以及恰当摆放可以使教学活动准时开始和结束，并减少花费在过渡上的时间。
- **交通区**。交通区必须保持宽敞。如果可能的话，学生的座位必须远离拥堵区域（例如出入口周围、窄小的地方、削笔器周围）这样他们就不容易被干扰。
- **可视性**。教室的布局必须让教师和学生之间有清晰的视线。这样教师就可以很容易地看到那些需要帮助的学生，对学生进行监督并将问题行为或者偏离任务的时间减到最少。
- **灵活性**。教学必须多样化，因此教室设计应当尽量灵活以方便调整，使之适应于不同活动和分组模式。
- **氛围**。优秀的课堂管理者营造一种温暖的，具有吸引力的氛围。这包括对身体舒适性、安全性、次序感，以及能给予学生主人翁感和归属感的个人特长的关注（例如，展示学生作品或照片）。
- **障碍学生的便捷设施**。在制定有关教室设计的方案时，必须考虑障碍学生。例如，一个坐在轮椅上的学生需要绕行教室的无障碍空间。一个有听力障碍的学生需要坐在靠近教师的位置以便读唇。

2. 座位格局

座位的安排可以引发学生不同的行为模式（Adams & Biddle, 1970; Rosenfield, Lambert, & Black, 1985）。教师必须考虑所有可能的座位安排（见图 18-2），并选择与该教室所使用的教学类型以及特定学习目标相适应的座位模式。

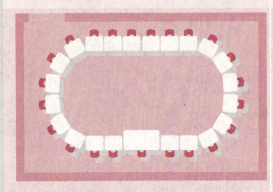

传统的音乐厅式的座位安排,每行课桌都面对着教师。如果教师希望能直接对学生进行指导并使师生互动最小化时,这种安排法是最有效的(Renne, 1997)。

当整个班级要进行头脑风暴时,学生围成一圈坐比扎堆或排成行而坐,活动参与度更高。

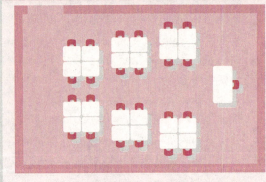

总体上讲,面对面坐更容易让学生分心,但是当进行小组活动时,这种安排有利于团队合作的开展。

图 18-2　座位安排及目的
教师可以选择与之教学目标相适应的座位安排。

有经验的教师通常会在学年初期让学生成排就座,因为这种安排更易于对全班保持控制。一旦行为规范和期望已经建立,学生就可以被安排成扎堆式、半圆式或者其他有利于不同类型学习活动的模式(Burden, 2003)。不管最终选择哪种安排方式,教师都应该能随时查看所有学生。

在设计座位布局时,教师必须意识到活动区对师生互动的影响。**活动区**(action zone)是教师最有可能和学生相互作用的区域。在面对成排就座的学生时,教师最有可能和坐在教室前排与中间的学生进行互动。坐在这些区域的学生比坐在周边区域的学生更有可能提问和发起讨论(Adams & Biddle, 1970)。由于其他座位布局也同样存在活动区,因此教师必须对互动的水平敏感并尽量关注所有的学生。为此,教师可以在允许时围绕教室四周走动,和那些坐得比较远的学生保持目光接触或进行点名,并偶尔改变座位布局(Weinstein & Mignano, 2007)。

3. 环境线索

环境线索(environmental cues)是指一些暗示合适

行为的刺激。在教室里，学生有关下一步该如何做的决定会受到那些暗示所希望的特定行为的环境条件的影响（March & Olson, 1989）。例如，在一间教室里，教师已经把活动清单放在每一张课桌上，并在黑板上写好指示语，学生一到教室后，便可引导他们开始活动，在这样的教室里学生的可选择范围就被缩小了。教师已经提供了两条环境线索（活动清单和黑板上的指示语）来集中学生的行为并使他们从事那些最明显的活动。有关环境线索的其他例子还包括：

- 不同学科领域的材料采用不同的颜色编码；
- 张贴指示说明教室的某一特定区域将被如何使用；
- 一份到期的作业检查清单；
- 用一套绿色/黄色/红色的交通灯系统来表示某一活动期间允许的噪音等级。

专栏18-1提供了两个额外的工具来帮助指导学生的行为。这些环境线索成为班级程序、常规和期望的重要提醒标志。

在教室里，对物理环境的悉心组织对于组织和支持有学习障碍的学生的学习尤为有益（Villa & Thousand, 2000）。那些有学习和行为问题的学生可能较易被所在环境发生的事情干扰。教师可以采用下述指南，使有学习障碍的学生更容易集中于学习任务（Swanson, 2005）。

- 将听觉和视觉干扰减少到最低限度。
- 提供一份日程表以便学生了解对他们一整天的期望是什么。
- 在活动开始和结束时提供过渡线索。
- 指定一个特定的地方来上交完成的作业。
- 设置清楚明确的边界来标明教室的不同区域将被如何使用。
- 尽量减少混乱并规定一个明确的地方存放材料。

[你见过教师使用什么样的环境线索来塑造学生的态度和行为？你如何理解线索须因教室里的学生年龄不同而不同？]

18.1.2 教学计划

高效的教室管理包括获得并维持学生对课堂活动的配合（Osher et al., 2010）。教师必须对此进行有效的规划，鼓励学生去教室上课并使其乐于参与班级活动（Osher et al., 2008）。让我们一起考虑一下教师在教学前所做的以下这些决策（Evertson & Emmer, 1982; Thompson, 2002）。

设置教学目标
- 使课程符合州的标准；
- 明确学习目标，以及学生将如何展示自己的知识或技能。

考虑学生对所学知识的准备情况
- 明确所需的先前知识，并考虑是否需要对特定的知识进行回顾。

考虑学生的差异性
- 采用不同教学方法满足不同能力水平学生的需要；
- 照顾有特殊需要的学生。

选择合适的学习材料和评价标准
- 选择相关的教学材料和资源；
- 选择评估手段来说明目标是否达成（事先做好，而不是事后的想法）。

全面的教学计划分为三个层次（Schell & Burden, 1992）。

（1）**长期计划**（long-range plans）确定课程的每一单元要花多长时间以及学年末要达到什么标准。

（2）教师制订的**单元计划**（unit plans）确定在给定的时间内（通常为2~4周）要完成多少内容。由于单元计划经常涉及要学习的特定主题或者成套概念，它们比长期计划更具体。

（3）**每日课程计划**（daily lesson plans）最后完成。尽管课程计划的形式可能随年级水平和科目类别的不同而变化，但典型的课程计划应包含了表18-1列出的各种要素。

高效能的教师在规划他的每日课程时，会关注这些课程如何达到多方面的目标，例如：学习目标、学生需

表 18-1 课程计划的基本要素

要素	评价标准
课题说明	课程/课题符合州的标准
目标	目标用具体的行为指标明确地陈述
所需的材料	学习材料适合学生的年龄、兴趣和发展水平
先决条件/先前知识	学生已经掌握本课所需的先前知识
吸引注意	课程包含一个合适的、能吸引学生注意的起始部分
教师介入（例如解释或者演示）	课程按逻辑顺序呈现并按照有利于学生掌握材料的方式进行设计
学生参与的机会/主动学习	课程包含各种吸引不同学生注意力的活动或者发言形式
练习（有指导的或独立的）	给予学生足够的机会练习新技能
课堂评估（正式或非正式的）	公正而准确地评价学生的学习
可能的调整（补救、补充或调整）	课程包含能够用于满足个别需要的丰富活动和补救活动
结束	课程包括合适的结尾

资料来源：Adapted from Thompson, 2002.

求、材料准备和时间限制。新手教师通常会犯太过关注内容的教学而不是学生学习的错误，这会导致他们仓促完成涵盖大量材料的计划（Thompson, 2002）。这种内容驱动的方法常常太过关注教师做什么和说什么，而很少明确学生需要做什么来掌握材料。在任何年级水平，教师都应该给予学生足够的时间来加工新的信息和大量的机会来应用所学的东西（Jensen, 2000）。在设计学生在校期间指定的任务或者给学生安排家庭作业时，要给学生提供实践的机会。相对于未给选择机会的情况而言，当学生拥有选择家庭作业的机会时，他们对于家庭作业报告出更高的内在动机和更多的胜任感，且在单元测试中表现得更好（Patall, Cooper, & Wynn, 2010）。

有效的课程包括集中注意力以及活动或者操作活动。例如，打破高中化学的讲授模式，代之以演示和给予学生亲自动手做实验的机会将促进学习。给予休息和其他非结构性活动的时间则可以使小学生从紧张的学习任务中得到休息，减少对他们的注意和记忆的要求，并使任务学习期间的信息加工更为高效（Bjorklund & Harnishfeger, 1987; Toppino, Kasserman, & Mracek, 1991）。

由于每个班级的学生都具有不同的能力，因此教师需要仔细地确定一个合适的教学难度水平，并在必要时因材施教。例如，他们必须考虑如何应对那些提早完成任务的学生以及那些需要额外时间来完成任务的学生的需要（Richards, 2006）。教师可能需要为障碍学生和天才学生设计不同的课程、活动、任务，或者采用不同的教学方法。有前瞻性的教师会提前考虑课程任何一个环节可能出现的问题，做好处理它们的准备，并根据需要随时进行调整，以确保最大的成功。他们还会反思什么有效和什么无效，以便下次能够改进教学。

18.1.3 时间管理

高效能的教师知道学业学习时间（academic learning time）（学生投入到有意义的、合适任务的时间）直接影响学生的学业成就（Berliner, 1988; Evans, Evans, Gable, & Schmid, 1991）。虽然大部分的州要求每年教学的时间要超过1000个小时，但当我们考虑到缺席、课间休息、午餐、用于安静和过渡的时间，以及分心的时间，实际用于学业学习的时间降到平均只有333小时（Weinstein & Mignano, 2003）。缺少计划或者缺乏时间管理常常会导致时间的浪费，例如（Karweit, 1989; Thompson, 2002）：

- 无效地使用课前几分钟和最后几分钟；
- 没能制定有效的日常规范和程序；
- 活动之间缺乏有效的过渡；
- 偏离主题。

1. 有效使用教学时间

高效能的老师通常会巧妙地将小块的教学时间予以最大化利用。他们会有意识地使用更清晰的教学目标，选择一系列有效且易参与的教学方法，使用评估来确定是否达到教学目标，以此进行教学。在一系列有关高效能教师性格特征的研究中，卡罗琳（Carolyn）和埃德蒙（Edmund）（Evertson & Emmer, 1982; Evertson, 1989）发现高效能的老师也会使用以下的方法将教学时间最大化利用：

- 提前准备好材料
- 在教学中选择直接有效的材料
- 使用连续一贯的方式来发布学习任务的信息。（例如：让学生将公告栏的作业抄到作业本上）
- 提醒学生，课堂时间要用来做与学习有关的活动，老师会关注学生正在做什么，学生要为自己的学习负责。

教室课堂管理的有效性反映在学生能拥有更好的行为和认知的自我控制，对课堂活动更高的参与度，在课堂上更少开小差（Rimm-Kaufman et al.，2009）。

2. 保持学生的参与

学业学习时间不能简单地认为是教师进行教学指导的时间，而应是教师进行教学指导且学生积极投入学习的时间。如果教师在课堂活动中缺乏保持学生注意力的能力，学校纪律不太可能弥补这一缺陷。当课程被设计得有意义且与学生兴趣有关时，学生更有可能注意和投入其中（Weinstein & Mignano，2003）。教师对课程的兴趣和投入程度是具有传染力的，能够影响学生的学习态度（Bakker，2005；Basom & Frase，2004）。教学应该针对具有一定挑战水平，但又不是压倒性的任务。教学应该具有不同的呈现模式并频繁给学生提供积极参与的机会（Acee et al.，2010；Finn & Cox，1992；Schussler，2009）。大量研究表明，有意义的参与由两个独立条件组成：学习强度和积极情绪反应。最优的学习环境应该包含以上两种成分以使得学习具有挑战性和趣味性、自发性和重要性（Andersen，2005；Rathunde & Csikszentmihalyi，2005；Shernoff & Csikszentmihalyi，2009；Turner & Meyer，2004）。

> 你是否曾经历在课堂上，一个教师仓促地教学，没有对教学进行调整去满足不同学生的需求？这如何影响你的学习和参与水平？

18.2 行为规范和期望

心理学家罗杰·巴克和赫伯特·赖特进行了一系列有趣的研究来考察特定背景下的规范和期望是如何影响个体行为的（Baker & Wright，1949；Baker，1968，1971）。他们考察了环境中那些已知与某种特定的行为模式（如篮球赛、教会唱诗班和童子军会议等）相关联的固定情境。他们创立了**行为场合**（behavior setting）这个概念用以描述这样的情境，不管进入其间的孩子有着怎样的个性特征，都会被迫采用一种相对统一的方式行动。行为场合可以通过考察特定环境中的物理和社会特征并询问"这儿适合做什么"而得到证实（Baker & Wright，1949）。理解了行为场合的强制性，教师就可以按有利于引发所期望的行为结果的方式来组织学习环境。

行为场合
在一个图书馆里，所期望的是什么行为？你是如何知道的？

在新学年初始，学生可能是带着关于如何在课堂场合中行动的先入之见进入教室的。教师可以通过在开学初期通过明确地传达规范和期望来重新定义这些**固定行为模式**（standing pattern of behavior），或者是与课堂场合有关的规范和期望。"有效的课堂管理，尤其是在低年级，是一种教育性的而非纪律性的活动"（Brophy，1976，P.185）。有经验的教师通过传授和示范所期望的行为而不是通过纪律约束使学生们适应自身的角色。

> 当你进入大学教室的时候，你认为你的行为期望是什么？这与餐厅里所期望的行为有什么不同？

18.2.1 开学第一天

学习环境在开学的第一天就开始成形，并且一旦建立，就会变得相当稳定（Patrick，Anderman，Ryan，

Edelin, & Midgley, 2001; Wilson & Wilson, 2007)。教师在开学第一天制定的规范和期望决定了哪一种行为模式最有可能持续一整个学期。表18-2提供了一系列促成良好行为和高水平学业成绩的指导原则。

表 18-2 制定规范和期望的指南

时间/教学管理	• 制订并遵守班级日程表 • 建立日常常规指南 • 有效地管理非学习时间 • 明确目标和责任 • 强调个人成就 • 采取有目的、适当的教学方法和活动 • 监督进展并提供矫正性反馈
行为管理	• 公告、传授和执行积极、简明和公正的规则 • 执行明确而恰当的后果 • 提供特定行为的反馈 • 将积极和消极事件的比例保持在3:1 • 使用各种干预和强化 • 个性化干预 • 慎用惩罚 • 鼓励自我管理和监控
教师要求	• 保持高期望 • 了解学生的个别差异并提供多样化教学 • 示范良好的行为和价值观 • 传达每个学生都能学习的信念 • 展示幽默、自信和热情

资料来源：Adapted from Stewart, Evans, & Kaczynski, 1997.

各种关于富有成效教师和没有成效教师的对比研究已经表明，开学的最初几天对于建立一个富有成效的、运转顺利的学习环境是至关重要的（Israel, Patrick, 2003; Wong & Wong, 1998）。在得克萨斯大学进行的一系列经典研究中，研究者分析了27名3年级教师和26名初中教师在开学最初几周的行为，结果发现有效教师和低效教师的行为存在明显不同（Emmer, Evertson, & Anderson, 1980; Evertson & Emmer, 1982）。如果教师能够在学年一开始建立良好的课堂管理，课堂将变得更有次序而且学生的期中成绩也更高。

富有成效的教师能预见并阻止潜在的问题行为，并利用开学初几天教给学生合适的行为，而不仅仅是等破坏性的行为发生之后再做出反应（Koegel, Koegel, & Dunlap, 1996）。以下几条原则可以指导教师在学年初期的计划和决策（Burden, 2003; Good & Brophy, 2000）。

• 对在开学最初几天不稳定的学生保持敏感，并设法帮助他们与教师、同学和课堂要求保持一致。

• 布置确保绝大多数学生都能成功完成的活动和作业，这样学生就可以在积极的起点上开始新的学年。
• 易接近、可看见、负责。
• 开始评估学生的能力水平并调整教学满足个别需要。
• 在开学第一天明确地传达规范、程序和期望。
• 密切监视学生对规范和程序的遵守情况并迅速干预以纠正问题行为。

18.2.2 课堂规章和后果

有效的课堂管理者除了对一般行为有明确的规定外，还兼有实施特殊任务的程序或规章（Emmer, 1980; Evertson, & Worsham, 2006）。**规章（rules）**描述了那些确保安全有效的学习环境所必需的行为，例如"尊重他人财产"或者"始终全力以赴"。规章必须反映以下目的之一。

• 增加工作参与。
• 提高安全性。
• 防止干扰他人或正在进行的课堂活动。
• 提高礼仪和人际关系水平。

每一条规章都应该是合理的、必要的，并与学校制度一致（Weinstein & Mignano, 2003）。表18-3提供了规章制定指南。

由弗里斯特·加德科尔创立的"明智纪律"方案，提出一种形成规章的独特方法。在这项方案中，规章产生于"你可以在教室做任何想做的事情，除非你的行为干扰了他人的权利"这一原则（Gathercoal, 1993, P.20）。这项方案是围绕着宪法之下一个公民所具有权利和义务而制定的。学生形成基于这些原则的课堂规章并正式同意遵守这些规章（Gathercoal & Crowell, 2000）。在教育学家琳达·阿尔伯特的《合作纪律》这部著作中，她采用了一种略微不同的方法，请注意她所说的3C原则：帮助学生形成效能感（capable），接触他人（connect），对班级做出积极贡献（contribution）。她建议教师和学生合作建立一套行为规范，并为违反课堂规章的行为确定一套执行后果（Albert, 1996）。

除了制定这些规章（独立或全班一起）之外，教

表 18-3 制定课堂规章的指南

一般性指导原则	课堂规章的例子
1. 尽早制定规章，最好在学年初期 2. 让学生参与规章的制定并明确为什么这些规章很重要 3. 限制规章的数量 4. 以简短明确的措辞果断地宣布规章。规章必须传达所期望的行为而不是不合适的行为类型 5. 明确奖励和后果 6. 把规章张贴在教室里或者给每位学生一个副本以便保存 7. 经常练习和回顾这些规章，尤其是在学年之初 8. 在学年初期告知家长这些规章和期望，这可以通过信件、电子邮件、家长会或者班级互联网来完成 9. 注意这些规章必须随学生的年龄和成熟水平而变化	**幼儿园：** ● 靠内侧行走 ● 低声说话 ● 遵循指示 ● 通过语言让他人明白你的需要 ● 友好待人 **小学高年级：** ● 有礼貌。要说话时先举手 ● 友好。除了帮助别人外，手不要碰别人 ● 负责。始终尽个人的最大努力来完成课堂任务和家庭作业 ● 周到。记住我们到这儿都是为了学习 **中学：** ● 准时。铃声一响就要坐在座位上做好准备 ● 尊重他人。在班级里每个人都是同等重要并值得尊重的 ● 做好学习准备。把家庭作业和其他材料拿出来做好准备 ● 遵守课堂程序 ● 遵守安全。不要给自己和同学制造危险 ● 深思熟虑。你希望他人如何待你，就如何对待他人

师还必须花时间来传授和强化这些规章。事实上，研究结果表明，有效的教师在开学初四天会花更多的时间在传达规章、程序和常规方面而不是在学习内容上（Leinhardt, Weidman, & Hammond, 1987）。在向全班介绍这些规章时，教师应该讨论制定这些规章的原因，提供合适行为的例子，并告知学生遵守和违反这些规章的后果。为了确保学生理解和记住这些规章，小学教师必须送一本纪律规划的副本给家长，把这些规章张贴在教室里一个显眼的位置，并定期地，尤其是在开学最初几周复习这些规章（Burden, 2003）。在中学，规章和期望常常在开学第一天作为所发的课程大纲的一部分传达给学生。

当规章被违反时，教师就要采取后果了。

● **传统后果**（conventional consequences）是那些通常在今天的教室使用的，例如暂停活动、丧失特权、驱逐出教室、退学。这些后果常常以一类方式实施，被用作一种惩罚的方式，以期阻止不良行为。**处罚层级**（discipline hierarchy）按照严重性递增的顺序列出一般后果（Canter & Canter, 1992）。

● **逻辑后果**（logical consequences）允许学生改正他们所犯的错误。如果他们弄得一团糟，那就整理清楚。如果他们损坏了属于其他学生的东西，那就偿还损坏的东西。逻辑后果针对错误行为本身，它们起的是矫正功能而不是惩罚功能（Charney, 2002）。

● **教育后果**（instructional consequences）指导学生如何改正行为并提供正确表现的实例。例如，幼儿园的孩子在排队去图书室时你推我挤、吵吵闹闹，会被叫回原座位。接着教师提醒他们如何正确排队，请一个学生演示安静排队的正确程序，然后让其余学生效仿（Curwin & Mendler, 1999）。

教育学家和作家简·尼尔森、林恩·洛特和斯蒂芬·格伦极力主张教师不应仅仅使用后果作为一种惩罚，而应代之以让学生参与生成问题行为的有效解决方法（Nelsen, Lott, & Glenn, 2000）。请思考以下例子（Nelsen, 1997）。

在班会课期间，一个五年级学生被要求进行头脑风暴来讨论两个因未听见铃声而上课迟到的学生的后果。他们列出的后果包括：

（1）让他们在黑板上写下名字；

> **专栏 18-1**
>
> ### 组织工具
>
> "你要飞到哪儿？"通行证插卡袋：学生把他们的相片卡放入和他们要去的地方（办公室、洗手间、图书馆等）相应的袋子里
>
> 班级职责插卡袋：学生卡放在各个袋子里，袋子前面有一个职责说明

（2）让他们在放学后再待上几分钟；
（3）剥夺他们明天那几分钟休息时间；
（4）明天不让他们休息；
（5）教师可以朝他们吼叫。

然后要求学生忘掉那些后果并进行头脑风暴来讨论有助于那两个学生准时的方法。下面是他们列出的解决方法：
（1）在上课铃响时拍拍他们的肩膀；
（2）大家齐声喊"铃响了"；
（3）他们可以在靠铃声更近一些的地方玩耍；
（4）他们可以通过观察别人来了解进教室的时间；
（5）把铃声调得大声些；
（6）他们可以找一个搭档来提醒他们该进教室了。

第一份列表关注过去以及让学生为他们的错误付出代价。第二份列表则关注促使学生将来表现得更好的方法，并将这种情况视作一次学习的机会。

班会（class meetings）已经成为一种被广泛运用的参与课堂管理的形式，期间教师和学生共同就班级规章和后果、教室安排和活动进行决策（Gordon, 1999; Kohn, 1996; Nelsen et al., 2000）。这给学生提供了学习技能（诸如倾听、轮流、考虑不同见解、协商、批判思考和问题解决）所需的关怀、支持及合作的氛围。在典型的班会里，学生围成一个圈，由教师在那天的议程上确定一个问题或议题。学生轮流发表他们的意见和关心的问题，集思广益说出可能的解决方法，并制定决策。

18.2.3 程序和惯例

班会确立了班级共同决策的惯例。在所有的年级水平，教师使用惯例和程序来管理班级生活的日常事务（Ball, 2002）。**惯例**（routine）是可预知的日程安排表或者行为的习惯程序。在典型的一天里，学生要经历许多活动，从全班上课到小组活动，从阅读到科学实验，从课堂活动到午餐。可以预知的惯例使学生可以顺利地从一个活动过渡到下一个而不至于损失学习时间。

程序（procedures）描述了在课堂上该如何完成活动。在学年开始之前，教师必须确定那些需要特殊程序来完成以保证课堂顺利进行的活动或者任务。

以下是三类主要的课堂程序（Leinhardt et al., 1987; Weinstein & Mignano, 2003）。

（1）**班级运转程序**（class-running procedures）是有助于课堂顺利进行的非学业惯例。这包括准时出勤、课前削好铅笔等，必须得到允许才可以去休息室，把要完成的任务记在学生手册上。专栏18-1介绍了小学教师完成常规任务时通常使用的组织工具。你在初中或者高中班级见过什么组织工具吗？

（2）**课程运转程序**（lesson-running procedures）通过明确教学和学习所需的特定行为来支持教学。这包括收集家庭作业，完成补充作业，在不同的学习中心转换，以及分发材料。

（3）**互动程序**（interaction procedures）特指谈话规章。它明确指出课堂里何时允许谈话以及谈话如何进行。某些情境像全班教学、独立课堂作业、小组活动、自由时间、过渡以及合作性学习活动则可能需要自己的一套谈话程序。互动程序也包括教师和学生在一天的不同时间里用来赢得彼此注意的程序，例如当学生举手等待点名时，或者当教师使用特定的词或手势来示意课程即将开始时。

[**思考**：规章和程序如何随发展水平而变化的？]

18.3 创建积极的人际关系氛围

富有成效的教师通过创建能促进积极师生关系和引导产生最佳行为的环境来进行积极主动的课堂管理（Freiburg & Lamb, 2009）。大量研究表明，教师在创建和维持能引导学生进行学业学习的积极课堂氛围中发挥着至关重要的作用（Elias & Weissberg, 2000; Patrick

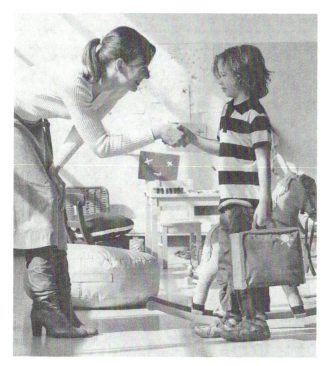

积极的师生关系
积极的师生关系随发展水平而变化。

et al., 2003; Weinstein & Mignano, 2007)。这种氛围包含对社会情感的重视,与学校的关联感以及学生的自律这几个重要方面(Waters, Cross, & Shaw, 2010)。

考虑到学生最大利益的周全规划有助于形成一个相互关心、支持的班级团体。感受到关心和支持的学生更具有坚持性,为自己制定更高的目标,取得更高的学业成就,更少产生抑郁和焦虑,并且更少表现出不良行为(Carter, McGee, Taylor, & Williams, 2007; Jones & Jones, 2001; Niebuhr & Niebuhr, 1999; Shochet, Dadds, Ham, & Montague, 2006; Wilson, 2006)。课堂生活就是一个相互关联的人际关系网络。

18.3.1 关爱的、富有成效的师生关系

> 我已经得出了一个可怕的结论。我是班级中的决定性因素。我个人的态度创造了氛围。我每天的心情决定了天气。我拥有惊人的权力来决定一个孩子的生活是悲惨还是幸福。我可以羞辱或者迎合他们,伤害或者治愈他们。我的反应决定了一场危机是升级还是缩小,是更人性化还是去人性化。
>
> ——海姆·吉诺特,《教师与学生》

实证研究表明,优质教学和积极的师生关系可以减少通常与低成就有关的因素的影响(Greenwood, 2001; Osher et al., 2004; Sze, 2005)。那些感受到教师关心的学生更有可能遵守课堂规章(Wentzel, 1997),更愿意在学习任务上付出努力(Goodenow, 1993),以及使用自我调节的学习策略(Ryan & Patrick, 2001)。具有良好师生关系的学生会更喜欢学校,且更少体验到孤独感(Birch & Ladd, 1997)。

虽然学生需要从人际关系中得到的东西可能会随发展水平的不同而变化,但积极的师生关系对任何年级水平来说都是重要的。学生在小学低年级与他们的教师建立起来的关系已被证实对他们在整个学校生涯中的学业成绩都有巨大的影响(Berry & O'Connor, 2009; Esposito, 1999)。师生关系在中学显现出显著的动态变化,包含了一个拥有更多教师、同伴以及课程选择的更大更复杂的体系(Hill & Chao, 2009)。

最近有一项研究要求学生对有爱心的教师进行描述。学生们倾向于将有爱心的教师定义为这样的个体。

- 展示能引发学生参与和投入的民主交流方式。
- 根据个别学生的差异和能力建立对学生行为和成绩的期望。
- 在他们的教学和与学生的交往中表现出一种"关心"的态度和兴趣。
- 提供建设性的而非苛刻的批评性反馈。

与此相反,中学生将缺乏爱心的教师描述成大喊大叫,打断学生说话,对学生传达低期望,以及不乐意提供个别帮助的教师(Wentzel, 2003a)。这些消极的交流模式致使学生脱离班集体,表现出不良行为,产生低的学业成就甚至辍学,特别是在非常贫穷的学校(Balfanz, Herzog & MacIver, 2007; Sutton, Mudrey-Camino, & Knight, 2009)。最近的教育改革着力于使中学更适应青少年的发展,为学生提供关怀的、个性化的和支持性的学习环境(Dickinson, 2001; National Association of Secondary School Principals, 2006)。表18-4提供了有助于教师创建良好师生关系的策略和需要注意的事项。

教师还需要考虑几个会影响他们与种族和文化不同的学生进行有意义沟通的因素(Brown, 2002; Delpit,

表18-4 培养良好师生关系注意事项

应该	不应该
• 努力去了解你班级里的每一位学生。记住学生的名字，并了解他们需要什么才能在学校里获得成功（Croninger & Lee, 2001） • 和每一个学生单独相处，特别是那些有学习困难或者害羞的学生。这有助于创建更积极的师生关系（Rudasill, Rimm-Kaufman, Justice, & Pence, 2006） • 注意你传递给学生的显性或者隐性的信息（Rimm-Kaufman et al., 2002）。谨慎通过言语和行为表现出你对学生良好表现的期望 • 通过重视良好师生关系的改善和维持来创建一个积极的班级氛围（Donohue, Perry, & Weinstein, 2003）	• 不要认为对学生友善和尊重就足以促进他们的学业表现。理想的课堂不止一个目标。在理想的课堂中，教师让学生的学业表现维持在一个适当的高标准上，提供学生和教师、同学以及学校产生情感联接的机会（e.g., Gregory & Ripski, 2008; McCombs, 2001） • 不要轻易放弃和学习困难的学生建立良好师生关系。这些学习困难学生从良好师生关系中的获益不亚于从良好同伴关系中的收获（Baker, 2006; Birch & Ladd, 1998） • 不要认为尊重与互动只对小学儿童重要，初中生和高中生同样能从这种互动中获益不少（Croninger & Lee, 2001; Meece, Herman, & McCombs, 2003; Wentzel, 2002） • 不要认为师生关系无关紧要。一些研究表明，与教师有很多冲突的学龄前儿童在与这些教师互动时体内应激激素会增加（Lisonbee, Mize, Payne, & Granger, 2008）

资料来源：American Psychological Association, http://www.apa.org/education/k12/relationships.aspx

1995; Gay, 2000; Howard, 1999）。有效的教学需要实施具有文化敏感性的教学策略和沟通方式，以及认可、尊重学生之间的多种文化和语言差异并做出回应（Abbate-Vaughn, Frechon, & Wright, 2010）。一种叫作文化回应班级管理（CRCM）的方法包含以下5个必要成分：（a）认可自己的民族优越感；（b）了解学生的文化背景；（c）理解更广泛的社会、经济和政治背景；（d）使用文化适宜的管理策略的能力和意愿；（e）致力于构建关爱型课堂（Weinstein, Tomlinson-Clarke, & Curran, 2004）。考虑如下几个影响班级互动的文化差异的例子。

- 非洲裔美国学生、美洲印第安学生、墨西哥裔美国学生、波多黎各学生、东南亚学生或者太平洋岛学生常常从互动与合作的教学方式中受益，因为这些方式更接近他们的家庭价值观和习俗（Garcia, 1992, 1995; Lomawaima, 2003）。
- 教师必须认识到那些不符合白人、中产阶级期望的典型互动模式可能反映了学生文化中特有的、重要的行为。在各种不同种族背景的学生中，那些喊出答案、不能在班级讨论中坚持轮流规则的学生常常被看成是爱捣乱的，而其他缺乏言语自信的学生则被错误地解释成缺乏动机或抵制教学（Cartledge, Kea, & Simmons-Reed, 2002; Irvine, 1990）。

不管学生的年龄和种族背景如何，以下三种教师行为对发展积极的师生关系是不可缺少的（Parsley & Corcoran, 2003）。

（1）表示对学生的高度信任。教师可以通过授予学生班级责任岗位来做到这一点。例如，可以请一个小学生来照料班级宠物，或者让一个高中生为校园剧策划节目。

（2）向学生表明教师关心作为个体的他们。教师可以通过如下途径表示他们的关心：给予学生个别关注，对学生的努力表示欣赏和鼓励，认可他们积极的个人特质，对他们的重要活动表示感兴趣。

（3）创造一个让学生敢于尝试的支持性学习环境。海姆·吉诺特曾提出了一些适宜的沟通方法（congruent communication approach），他（1972）概述了几种创设支持性环境的积极沟通策略。他建议教师认同学生的情感，避免使用讽刺，关注不良行为而不伤害自尊，以及适当地表达愤怒。吉诺特解释说每个教室的教师都应该问："现在我该如何帮助他们？"这些方法避免了找岔子、认定过失，以及给予惩罚等对学生错误的反应。

18.3.2 积极的学生关系

积极的、支持性的同伴关系给学生带来许多益处，这将转化成更强的社会适应以及更大的学业成功（Dubois, Felner, Brand, Adan, & Evans, 1992; Zins, Bloodworth, Weissberg, & Wahlberg, 2004）。在日复一日的班级互动过程中，学生们提供给彼此各种形式的必要支持来完成社会和学业任务（Schunk, 1987；Sieber, 1979）。例如，他们澄清和解释关于他们要做什么的教师指示，回答彼此的问题，并示范社会技能（Wentzel, Battle, Russell, & Looney, 2010）。

优秀的教师能够培养增强学生关系的态度和技能。提高学生建立和维持良好人际关系的技能包括（Elias & Weissberg, 2000）：

- 有效的沟通技能；
- 情感的自我控制以及适当的表达；
- 移情和观点采择；
- 乐观和幽默感；
- 非暴力的冲突解决和问题解决技能。

学年一开始，富有成效的教师会强调团体的重要性，学生间的相互鼓励，以及采用得体的举止以示尊敬（Bohn, Roehrig, & Pressley, 2004）。下面列出了通常在小学、初中和高中全校范围内传授的生活技能（Stipek, de la Sota, & Weishaupt, 1999）。

正直：根据对错标准行动
主动性：做该做的事情
灵活性：必要时能改变计划
坚持性：坚持而不放弃
组织性：有条不紊地工作
幽默感：爱开玩笑和打趣但不伤害他人
尽力：尽最大努力
有常识：认真地想清楚每一件事
解决问题：寻求解决方法
责任：做正确的事情
耐心：安静地等待
友谊：结交并拥有一个相互信任和关心的朋友
好奇：探究并寻求理解
合作：为了一个共同的目标一起工作
有爱心：表示/感受到关怀

集中于这些生活技能的校级预防计划已经使言语攻击、打架、少年犯罪和滥用药物不断减少（Botvin, Griffin, & Nichols, 2006；Spoth, Clair, Shin, & Rehmond, 2006）。除了提供生活技能训练，教师还可以采取特定措施来建立班级的团体意识和支持力，包括（Battistitch, Watson, Solomon, Lewis, & Schaps, 1999；Burden, 2003；Nelson et al., 2000；Soodak, 2003）：

- 制定合作、利他行为和社会责任规范；
- 增加学生在校期间的交往和一起工作的机会；
- 强调团体成就；
- 通过需要合作的活动或者需要班级全体成员的仪式来促进友谊的发展。

教师必须对那些妨碍了自己或他人的团队意识的学生行为做出反应（Stainback & Stainback, 1996）。与借助惩罚或者休学来处理那些表现出破坏行为的学生相比，许多教师更愿意采用支持学生的积极干预，即改变学校环境（例如改变座位布局，日程表或者管理模式）或者教给学生新的可替代的行为（Soodak, 2003）。

18.3.3 建立稳固的家庭和学校联系

良好的家庭与学校交流和支持学生教育的共同责任给学生带来多方面的好处。家长介入孩子的教育会有助于学生产生以下行为（Henderson & Berla, 1995；Hill & Chao, 2009；Seginer, 2006）：

- 更高的出勤率；
- 更积极的学习态度和行为；
- 更乐于完成家庭作业和更高的学业成就。

家校联结以及父母参与教育被认为是一种可以减少由个人背景所引起的学业成就上的差异，以及最大化学生潜力的方法（Dearing, Kreider, Simpkins, & Weiss, 2006）。通过告知家长学校的纪律政策，定期提供关于孩子行为的最新信息，并让他们参与全校范围内的纪律程序从而坚持不懈地使家长介入是创建安全有效的学校的常见做法（Dwyer, Osher, & Warger, 1998）。基于家庭的强化（home-based reforcements），是指根据学生在学校的行为表现在家里给予奖励（如言语或者实体奖励或者特权）和处罚（如丧失诸如看电视、吃点心的特权，或者推迟上床睡觉），这种方法已被证明可以改善学生的行为（Atkeson and Forehand, 1979；Jurbergs, Palcic, & Kelley, 2007；Leach and Byrne, 1986）。

然而在中学阶段，家长在教育上的介入在某些方面可能会存在数量或效果上的减少和减弱，比如来学校的次数（Singh et al., 1995；Stevenson & Baker, 1987）。然而，其他方面的介入有可能显著增多（Chao, Kanatsu, Stano, Padmawidjaja, & Aque, 2009）。在家长介入教育的各种形式中，**学术社会化**（academic socialization）和中学阶段的学业成就有最显著的积极关系（Hill & Tyson, 2009）。父母们提供学术社会化的情况有：父母互相沟通对成就的期望和教育的价值，培育处在青春期的孩子们的教育和职业抱负，与孩子们讨论学习策略，为他们的未来做准备和计划，如将学校中学习的教材与学生的兴趣和目标相连接。基于学校的介入和学生的学业成就也有积极相关，但是并没有学术社会化这么强烈。最终，家庭介入的结果是喜忧参半的。家长参与协助完成家庭作业并不会始终有助于促进学业成就。在传统上，家长参与普通教育过程中有关学生成绩的环节并保证提供学生完成作业所需要的环境和监督（Chao et al., 2009；Hoover-Dempsey, Bassler, & Brissie, 1992）。如今，关于学生状况的信息通常每周一次送到家中的资料夹，校园网站上张贴的最新信息、成绩单以及家长与教师的会议也会传达学生状况的信息。频繁的沟通更重要的是为了建立家庭与学校联盟来支持孩子的教育和发展。

个别家长可能因为种种原因而不愿意卷入孩子的教育。有些家长回想起他们当学生时的不愉快经历而持有消极的态度，或者觉得与学校人员一起工作很不自在。那些有过不良行为历史的孩子的家长则可能因为自我怀疑、否定、敌意和沮丧而退出学校参与（Walker & Shea, 1995）。其他家长可能将教师视为专家并觉得作为家长他们很少能够提供帮助（Turnbull & Turnbull, 2001）。这些问题在那些英语学习者的父母身上表现得更为明显。因为父母们本身可能并不擅长英语，且有着截然不同的教育经历（Panferov, 2010）。教师可以邀请家长光临学校和/或班级，或创设具有吸引力的氛围来消除部分抵制。

有时候，现实问题妨碍了家长的学校参与。交通不便、孩子无人照料或者缺乏弹性的工作时刻表使家长介入学校职能变得很困难。而且，家长群体中的文化、种族或者社会经济差距也使家长感到与那些他们觉得与自己极为不同的学校人员交往很不自在。教师必须意识到这些家长参与的障碍并设法拆除它们。例如，教师可以将时间安排在正常的学校时间之外以满足那些白天工作的家长们的需要。如果孩子无人照料是家长参与的障碍，教师可以偶尔举办让整个家庭都能参加的活动。如果教师和家长说的不是同一种语言，教师可以邀请一位会翻译的同事、家长或者学生参加家长-教师会议。

当教师和不同文化背景的学生一起工作时，家庭与学校的合作就显得特别重要。成长于非主流文化或者社区中的学生可能感受到比学校更为多样化的目标和期望。他们可能在家庭、同伴和班级背景的目标冲突之间挣扎（Hidalgo, Siu, Bright, Swap, & Epstein, 1995；Wentzel, 2003）。例如，一些亚洲裔美国学生可能对纠正其他学生的语言错误，或者对课堂讨论期间的竞争性反应感到不舒服。这种冲突的产生是因为在家里他们已经被社会化成重视集体主义、保全面子、相互依赖以及和睦融洽的氛围（Gay, 2000）。

富有成效的教师会和家长沟通，以便更好地理解那些可能影响课堂行为和学习的家庭生活。专栏18-2的指导方针提供了一些文化上的应对策略以用于培育稳健的家校联结（Panferov, 2010）

教师需要做些什么来联系家长并使学生取得最大的成功？有效的教师力争早日与家长进行频繁的沟通。家长需要了解学校事务、学业期望、孩子的状况、纪律期望，以及采取的措施。

专栏 18-2

发展与文化相适应的家庭教育关系

- 使用常规综合的沟通形式（书面和口头），最好是使用父母的母语
- 进行家访，建立家庭和学校文化的相互尊重。
- 将英语学习者的父母和学校内另一个能够帮助回答问题和给予支持的父母结对子。
- 提供双语家长工作坊，帮助家长了解如何最好地支持他们孩子的教育和如何成功的驾驭学校事务。
- 为父母创造分享他们文化的机会。

> **好消息!**
>
> 尊敬的杰克逊先生:
>
> 布兰登在今天上午的听从指示活动中表现突出。他为同学树立了一个很好的榜样。
>
> 教师: 牛顿先生
>
> 日期: 2011年10月1日
>
> 做得太好了!

沟通

和家长的频繁沟通是学生的教育进步和全面发展的一个重要影响因素。

教师可以创造多种沟通渠道来加强学校和家庭的联系。在学年开始之前,教师可以寄一封介绍信到学生家里来建立与家长们的联系。紧接着,可以安排诸如返校晚会或者开放参观日这样的活动,邀请家长到学校和教师会面,使他们对学校、班级和课程更为熟悉。其他常见的沟通形式包括:

- 每周或每月简讯;
- 家长检查和签字的作业;
- 寄往家中的个人便条和信件;
- 打电话;
- 电子邮件;
- 班级网站上的帖子。

18.3.4 树立学校的集体意识

学校的集体意识可以增强班级的关联感(Battistich, Solomon, Kim, Watson, & Schaps, 1995; Battistich, Solomon, Watson, &Schaps, 1997; Waters, Cross, & Shaw, 2010)。从理论上说,在合作精神的激励下,所有的教职员工和学生都会相互帮助。当教师和学生都具有强烈的集体意识时,学生对学校持有更积极的态度并表现出更高的学习动机,教师则体验到更高的教学效能(Langer, 2000)。研究表明,当教师具有更高的集体自我效能(collective self-efficacy)(即他们可以通过合作对学生的学习产生积极影响的信念)时,学生往往能取得更大的学业进步(Bandura, 2000; Goddard, Hoy, & Woolfolk, Hoy, 2000)。来自同事的支持能够提升学校的专业环境并对如何处理班级问题提供有洞察力的见解(Sykes, 1996)。一个强大的支持网络对新教师尤为有益,并已证实能增加工作满意度和教师留职率(Betoret, 2006; Klassen & Chiu, 2010)。

> 回忆一下曾影响过你学校经历的各种人际关系。什么样的教师、学生或者家庭与学校互动模式在你的印象中最为深刻?这些层面的人际关系如何影响你对学校的态度?

本章小结

1. 描述班级环境的组织方式,教学计划和时间管理如何影响学生的行为方式。影响学生在班级中的情绪和行为的若干组织问题

优秀的课堂管理者会创设一种温暖的、具有吸引力的氛围,并在诸如活动空间、座位布局和墙壁空间的使用等环境因素上进行有意识地选择。他们在计划日常课程的时候,会留意到这些课程如何解决教学中多个方面的问题,如学习目标、学生的需求、材料的准备和时间限制。他们通过有效规划,实施保持学生注意力和兴趣的策略来最大化学生的有效学习时间。

2. 讨论班级制定行为规范和期望的途径

规范和期望是根据课堂行为场合的强制性,教师在开学期间确立的基调,教给学生的规章、后果、惯例和程序建立的。许多教育学家主张让学生参与规章和违反后果的制定,并让他们分担解决影响课堂学习环境的问题的责任。

3. 阐述教师在师生之间、学生之间、家庭和学校之间、全校范围内等不同水平的互动中建立积极的人际关系氛围所起的作用

为了与学生建立积极的人际关系,教师需要表现出对学生的高度信任，将学生作为独特的个体来关心他们，创设一种支持性的让学生敢于尝试的学习环境，并帮助学生获得归属感和接纳感。教师可以给予学生合作和加深彼此了解的机会从而帮助学生形成良好的人际关系。教师可以通过尽早与家长进行频繁的沟通，欢迎家长来到班级做志愿者，以及支持家长创设良好的家庭学习环境来建立稳固的家庭与学校联系。最后，教师可以与其他教师和学校工作人员合作去满足学生的需要从而增强学校集体意识。

案例学习：反思与评估

儿童早期：毛毛虫圈

1. 莎拉在课堂上使用了什么环境线索来引导孩子的行为？
2. 在讲故事期间，莎拉如何应对俊浩的分心行为？这种应对有效吗？
3. 莎拉的课堂里有一套完全可预知的清晨惯例，这样的惯例如何影响学生的课堂行为？
4. 描述一下故事时间的座位安排。这种安排如何影响孩子们的互动方式？
5. 布拉迪的身体缺陷可能会在整个学年期间变得越来越明显，他该如何获得价值感？教师可以采取什么额外措施使布拉迪在班级里产生归属感和价值感？

小学：生态系统

1. 莉拉妮课堂里的座位布局是怎样的？这种特别的安排有什么优点和缺点？
2. 在生态系统活动期间，课堂程序执行的有效性如何？请解释。
3. 在新学年的最初几天进行生态系统活动是一个不错的选择吗，为什么？
4. 莉拉妮班级的这个小组项目将怎样促进学生关系？
5. 案例中的家长参与是如何发挥作用的？你认为它对项目的成功有重要作用吗？

初中：课堂安全

1. 为什么课堂规章和程序在一间工艺教室里显得特别重要？
2. 索尔班级里的规章和程序是如何传达给学生的？
3. 索尔怎样让学生参与了部分课堂决策？
4. 索尔在他的课堂里做了哪些事情来建立人际关系。评价他与学生建立联系的方式。
5. 家长可以用什么方式参与课堂管理问题？索尔如何使家长成为整个过程的一部分？

高中：拒绝换衣服

1. 行为场合这个术语是什么意思？体育馆这个行为场合与传统的课堂有什么区别？
2. 你认为玛丽亚已经在体育课的前几分钟制定了明确的惯例了吗，为什么？
3. 在这个案例中你发现什么证据可以表明玛丽亚对师生关系的态度？
4. 这个案例并未揭示玛丽亚是否与布列安娜的家长有先前联系。你认为必须告知布列安娜的家长她在学校的这次行为表现吗，为什么？
5. 如果玛丽亚教的是四年级学生而不是高中生，你对第四个问题的回答会有何不同？

第 19 章
理解和管理学生行为

学习目标

1. 阐述不良行为的界定并识别不良行为的各种起因。
2. 讨论五种主动处理课堂行为管理问题的方法。
3. 总结在应对轻度、中度和重度不良行为时要考虑的重要问题。

大量的研究表明，纪律问题是教育中最受关注的问题之一。多年来，这种关注反映在民意测验（Rose & Gallup, 1999）以及教师的报告中（Curwin, 1992; Greenlee & Ogletree, 1993; Marshall, 2002; Micklo, 1993）。教师报告说不良行为是他们职业压力的首要来源，常常引起诸如嗜睡、精疲力竭、紧张、沮丧和高血压等系列症状（Charles, 1999; Kendziora & Osher, 2000）。教师的职业压力会影响教师的课堂管理，还会潜在影响学生的学习和行为表现（McIntyre, 2011）。过去的教师把学生不良行为作为他们辞职的首要原因（Luekens, Lyter, & Fox, 2004; Osborn, 2006）。城市、农村和少数民族社区因教师人数锐减而受到巨大的冲击（National Commission on Teaching and America's Future, 2003）。有经验的教师也经常设法调离那些不良行为频发的学校，这使得学校落在那些经验更为缺乏，还未发展起有力的纪律技能的年轻教师手中（Charles, 1999）。

19.1 学生不良行为的界定

不良行为（misbehavior）指任何破坏课堂学习环境的学生行为，包括具有下述特征的行为（Levin & Nolan, 2000）：

- 干扰教学；
- 妨碍他人学习的权利；
- 构成心理或身体上的威胁；
- 损坏财物。

19.1.1 不良行为的程度和类型

一位教师注意到他的一个学生在课堂独立作业期间发呆。这是不良行为吗？当它没有妨碍他人学习或者伤害其他学生时，它可能表明学生分心了。这个学生可能是在做白日梦或者只是暂时停下来思考如何回答作业中的下一个问题。即使这个学生处于明显的分心状态，教师对这种行为的处理也很可能有别于一个学生干扰他人或者实施暴力行为的事件。教师必须能够区分不同行为的类型和严重性以便知道是否或者如何干预。那些看上去非常相似的行为可能引发教师的不同反应，这取决于所涉及的特定学生、时间或者行为发生的背景（Burden，2003；Doyle，1986）。例如，学生在考试时，和同伴交谈是不允许的，但在小组合作性学习中则可能是完全可行的。教师对学生行为的期望也会因时间而发生变化（Carter，1985）。最近的一项对学生的追踪研究（从小学最后一年到中学第一年）表明，相较于小学阶段，在中学阶段教师更可能管理学生，尤其是对主观定义的违规行为，如干扰班级秩序或未能遵守规则（Theriot & Dupper，2010）。不良行为的破坏性程度从轻度到重度不等（Burden，2003）。教师时常将不良行为分成三种主要类型。

（1）**轻度不良行为**，一般与学生开小差或分心有关。

（2）**中度不良行为**，像争吵或者胡闹，比轻度不良行为要稍微严重一些，并且更有可能妨碍他人学习。

（3）**无法容忍的行为**，涉及那些在任何情况下都绝对不能容忍的危险行为或者不道德行为。

关于这三类学生不良行为的例子见表19-1。

虽然教师可能对不得不处理更为严重的不良行为（如攻击、不道德行为或者挑衅行为）表示极度焦虑，但更轻微的不良行为发生得更频繁而且浪费了宝贵的教学时间。一些单独的分心行为看起来似乎无害，但是如果任其不管，则有可能导致一个干扰学习的无序低效的课堂环境（Canter & Canter，1998；Conoley & Goldstein，2004）。

19.1.2　不良行为的一般起因

学生在校行为不良可能是由成百上千个潜在的因素引起的，包括（Curwin & Mendler，1999）：

轻度、中度或者无法容忍
学生不良行为破坏学习环境。

- 厌烦；
- 无力感；
- 限制不明确；
- 缺乏发泄情感的适当途径；
- 自尊受到打击。

行为并非完全是由内部或者外部因素引起的。更确切地说，它是个人和环境相互作用的结果（Burden，2003），包括发展因素、生理因素、社会心理因素，以及其他环境因素。

发展因素：在校行为问题的一个根源涉及发展因素。在儿童早期，年幼的孩子正在学习恰当的课堂行为和期望（Rimm-Kaufman et al.，2009；Webster-Stratton, Reid, & Stoolmiller，2008）。他们可能对待在学校表现出高焦虑，特别是一天离开家数个小时对他们来说是一种全新的经历。教师可以通过明确地教给学生什么行为是可接受的和不可接受的，通过提供一个可以减缓从家庭到学校的过渡以及建立同伴联系的教育环境，来应对这些发展特征。

表19-1　不同程度的课堂不良行为

轻度不良行为	中度不良行为	无法容忍的行为
• 未经许可擅自离座	• 没有做教师要求的事情	• 不道德行为：作弊、撒谎、偷窃、故意破坏公物
• 没有从事指定的任务	• 大声讲话	• 攻击或者暴力行为（言语或身体攻击）
• 懒散	• 高声叫喊	• 欺凌行为
• 做白日梦	• 在教室里四处走动	• 滥用药物
• 课堂上打瞌睡	• 抛掷物品	• 骚扰教师或学生
• 偶尔迟到	• 胡闹	• 公然的违抗行为
	• 制造噪音	• 反抗教师权威
	• 争吵	• 未经许可擅自离校
	• 不听从	
	• 取笑	

小学生仍然很渴望得到教师的赞许,但同伴的注意和认可也变得很重要。在小学高年级,持续地经历了学业或者社会失败的学生可能变得越来越退缩。教师可以定期与学生交流社会和学业问题,帮助学生掌握形成与保持亲密的、支持性的人际关系所必需的技能,以减轻学生在此期间的焦虑（Catalano et al., 2003）。

当学生过渡到中学,他们进入到一个陌生的学校组织,可能又会感到焦虑。对"适应"和社会要求的关注可能超过学业（Murdock, 1999）。毫不奇怪,欺凌行为在中学期间达到了最高水平（Pellegrini, 2002）。教师可以向那些看起来缺乏社会联系的学生提供援助,并明确欺凌行为是无法容忍的,从而为这一阶段的学生提供支持。

发展的、生理的、社会心理的,还是环境的?
了解和满足学生的需要是课堂管理的重要方面。
资料来源:CALVIN AND HOBBES. 1995 Watterson Dist. by Universal Press Syndicate. Reprinted with permission. All rights reserved.

在高中阶段,教师会发现更高的作弊发生率,以及对那些努力赢得教师赞许的同学的不屑（Cizek, 2003）。暴力和滥用药物的问题在青少年中也变得更为普遍（Fingerhut & Christoffel, 2002）。在每一种年级水平,当教师把发展需要和挑战考虑在内时,他们更有可能成功地创设最佳的学习环境。

生理因素:身体健康状况会影响学生的不良行为。缺乏睡眠,营养不良,缺乏锻炼,过敏症或者疾病可能使学生难以专心、集中注意和清醒地思考。此外,神经系统的疾病,例如注意力缺陷多动障碍（ADHD）或者胎儿乙醇中毒综合征会导致冲动或者多动行为。身体因素还可能包括严重的损伤如视力或者听力缺失、瘫痪,或者严重的生理障碍。具有这些损伤的学生如果不能成功地完成课堂任务,可能会变得沮丧或者不知所措。

社会心理因素:社会心理因素涉及任何与学生有关的社会网络。在尤里·布朗芬布伦纳所提出的关于人的发展的生态系统模型中（Bronfenbrenner, 2005）,儿童与多种相互联系并随时间推移而变化的社会系统（家庭、同伴、学校、媒体）相互影响。例如,那些无法以其他方式获得成功感和支持感的学生,可能会转向那些贬低学校成就与亲社会行为的同伴群体（Wentzel, 2003）。初中生和高中生的犯罪行为通常是以团伙的方式进行的,在这些群体中,反社会的同伴规范激起了这些违法行为（Perkins & Borden, 2003）。

环境因素:另一个影响学生行为的源头是环境因素。课堂物理环境的外观既具有直接影响也具有间接影响,包括:

- 座位安排;
- 交通流量;
- 过度拥挤;
- 资源匮乏;
- 照明效果;
- 室内温度（Proshansky & Wolfe, 1974）。

考虑一下座位安排的直接和间接影响。如果学生按纵横排列就座,他们不太可能展开讨论,因为他们彼此无法听清楚（直接影响）。而且,脸部朝前的座位安排可以传达这样的信息,即教师希望注意力集中到教室前面而不是其他学生身上（间接影响）。

有时候,并非物理环境本身而是教师在那种环境下的活动引发了问题行为。当教师没有保持高度自我警觉时,他们的行为有可能产生相反后果,增加了学生不良行为的可能性（Kellough, 2005；Thompson, 2002）。例如,严厉的训斥、威胁和体罚产生的坏处总是多于益处（Weber & Roff, 1983）。如果教师设计的教学活动不能有效地吸引学生的注意,让学生积极参与,学生也容易产生不良行为（Doyle, 2006）。

坏处多于益处
严厉的训斥和威胁常常产生相反效果。

在某些情况下,不良行为的原因可能是复杂和出乎意料的;而在另一些情况下,不良行为可能源于那些可预期和防止的一般原因。作为有效的课堂管理者，教师必须十分注意自己的行为（Leflot et al., 2010）。当学生表现出不良行为时，新教师常常关注学生所做的错事。有经验的教师更有可能考虑自己能做什么特别的事来更好地理解和满足学生的需要（Emmer & Stough, 2001）。许多课堂管理/纪律计划都是基于这样的信念，即当学生的基本需要得到满足时，不良行为是可以避免的（Albert, 1996; Dreikurs, 1968; Fay & Funk, 1995; Glasser, 1998; Nelsen, Lott, & Glenn, 1997; Nelsen, Lott, & Glenn, 2000）。

[思考：对处理各种类型的问题行为，你觉得自己准备得如何？你最担心哪种类型的不良行为？作为教师，你有能力改变哪种起因的不良行为？]

19.2 行为管理的一般方法

每位教师最终都要形成一套指导课堂管理决策的个人纪律模型或方法，不管它是显性的还是隐性的。纪律模型是一套用来建立、维持和恢复课堂秩序的连贯做法（Burden, 2003）。表19-2给出了几种著名的课堂管理及纪律模型的主要特征。每种模型强调课堂管理的不同方面，并没有哪个模型是最成功的。当你发展自己的课堂行为管理哲学时，这些模型共同提供了各种可供参考的观点。每位教师都应该形成一种符合其信念系统但又不超出研究准则范围的管理风格（Cotton, 1990; Little & Akin-Little, 2008）。

如果在工作面试要求用三句话总结自己的课堂管理方法和纪律，你会如何应对？表19-2示例的模型哪个最适合你的课堂管理风格？

表 19-2　课堂管理和纪律模型

代表人物	主要关注点	实用建议
弗里茨·雷德尔和威廉·瓦腾伯格	群体动力	● 通过理解群体动力来建立控制 ● 使用诊断性思维来确定不良行为的起因并应用适当的后果 ● 采用同伴影响来控制不良行为
雅各布·库尼	富有成效的课程管理和监督	● 让学生积极投入课堂活动来控制不良行为 ● 依靠良好的教学技能将学生维持在课堂状态中 ● 应用明察秋毫、个人问责、挑战、热情和变化来防止学生厌倦和心神不宁
海姆·吉诺特	沟通技巧	● 你希望别人在同样情况下怎么对你说话，你就怎样对行为不良的学生说话 ● 通过关注该做什么而不是做错了什么来引导学生的行为 ● 展示自律并示范期望的行为
鲁道夫·德瑞克斯	合作决策和归属感	● 给予每个学生归属感 ● 当不良行为发生时，确定是什么驱动了这种行为 ● 帮助学生以积极的方式改变行为
B.F. 斯金纳	通过强化矫正行为	● 一发现所期望的行为就立刻给予强化以加强这一行为 ● 通过取消强化消退不期望的行为 ● 通过连续渐进法逐步塑造复杂的行为
李和马琳·坎特	教师自信/明确的规章和后果	● 学生具有在安全、宁静和高效的环境中学习的权利 ● 创设相互信任和尊重的氛围 ● 保持对课堂负责，但不是一种不友善或独裁的方式 ● 确定学生的个人需要并提供支持 ● 教每个学生如何负责地行动 ● 建立明确的规章和后果
托马斯·戈登	自我控制的纪律	● 让学生参与问题解决和班级规章与程序的决策 ● 确定问题归属——谁被问题情境所干扰
威廉·格拉瑟	学生对学校感到满意	● 帮助满足学生的归属、自由、权利和娱乐需要 ● 分配有意义且与学生有关的任务，并要求学生尽最大努力 ● 举行班会讨论课程、程序、行为和其他的教育主题
理查·科温和艾伦·门德勒	纪律和尊严	● 总是以保护学生尊严的方式和学生互动 ● 为那些具有危险行为（具有长期的不良行为历史）的学生提供有趣的活动，学业成功的机会和激励性反馈
芭芭拉·科洛罗索	培养内部纪律	● 给予学生解决自己问题的机会来帮助学生发展内部纪律 ● 给予学生决策和接受后果的权利和责任 ● 应用自然和逻辑后果代替收买、奖赏或者威胁

资料来源：Adapted from Charles, 1999, pp.8-9.

我们都听说过这句谚语，"一盎司的预防相当于一磅的治疗"，很多研究也都强调它和教学的关联。学习氛围和有效的教学实践可以促进任务参与和积极的态度从而防止不良行为（Winzer and Grigg，1992）。富有成效的教师知道纪律问题会破坏学习，因此他们采取主动的课堂管理方法（Kame'enui & Darch，1995；Kerr & Nelson，1998）。**主动课堂管理**（proactive classroom management）有三个显著特征（Gettinger，1998）：1）它在本质上是预防性的，而非反应性的；2）它把行为管理方法和有效的教学结合起来从而提高学业成绩；3）它聚焦于课堂管理的群体方面而非个别学生的行为。让我们考虑一些在主动管理的课堂中常见的成功要素吧。

19.2.1 建立明确的、积极的行为期望

教师而非学生拥有课堂的最终控制权是很关键的。如果这种控制感没有在早期建立，那么对权利的持续斗争将使学习环境在整个学年陷入混乱。教育家安·哈里森和弗朗西斯·施普勒（1983）提出了以下这些建议。

- 在学年一开始就设置限制并做好全年实施的准备，因为学生会不时检验它们。
- 只介绍你能始终如一地执行的规章。

如果规章条目太过繁琐，教师将疲于执行每一条规章，并有可能在学生破坏规章时开始放松或者忽视不良行为。这将导致教师失去在班级里的公信力。当学生察觉到教师提供明确的、前后一致的期望时，他们更有可能努力学习和持之以恒（Skinner & Belmont，1993）。同样，当完成特定任务的程序清楚，对学生行为的期望明确，以及对不良行为的处理前后一致时，有特殊需要的学生也更容易适应普通教育环境（Pfiffner & Barkley，1998；Scruggs & Mastropieri，1994）。

19.2.2 示范和强化所期望的行为

通过解释教师特有的语言、想法和行为，学生产生了一套关于在课堂里什么是合适的和有价值的期待。**观察学习**（observational learning），即观察和模仿榜样的行为，是一条培养技能和行为的有效途径（Bandura，1986；Schunk，2000）。为了建立和维持学生的信任，教师必须示范期望学生表现的行为（Kellough，2005）。研究表明，教师对学生的尊重程度可以显著地预测学生对于彼此的行为（Matsumura，Slater，& Crosson，2008）。

当学生确实表现出了所期望的行为，可以使用许多不同的方法来强化这些行为。表扬和积极关注是激励和课堂管理最有力的手段之一（Alber & Heward，2000）。有效的表扬必须是真诚的，必须视被强化的行为而定，必须明确表述什么行为是有价值的（Landrum & Kaufman，2006）。尽管表扬是强化期望行为的一个良好起点，但在某些情况下，教师可能还需要使用其他的强化物，如给予特权或者物质奖赏来维持或者增加所期望的行为（Schloss & Smith，1994）。对教师来说，关键是找到一个对学生个人来说有意义和有价值的强化物，并理解不同学生对有价值的强化物的看法是不同的。有些教师使用有趣的调查来加深对学生的了解并确定吸引学生个人的活动或者奖赏。教师也可以召集学生进行头脑风暴以及对团体奖赏进行表决。

为了显出团体正朝期望目标进步，教师可以在多种有形奖赏系统中进行选择。在小学课堂里，这种方法包括：

- 填满弹珠瓶（每次全班都表现出期望行为，就可以赢得一个或者两个弹珠）；
- 赢得字母拼成"PIZZ PARTY"，并填在贴图上。

赢得一场比萨聚会
行为奖励可以是个人取向或者团体取向的。

在中学，由衷的表扬和积极关注仍然是有效的强化物。教师可以使用的其他选择包括奖品或者证书，自由时间，有权使用特殊设备或资源、食物，以及特定比赛项目的入场券或者门票。

19.2.3 预防潜在的问题行为

有效的课堂管理者必须加强监控技能。雅各布·库尼（1970）在他关于课堂管理的经典研究中，比较了那些课堂相对有序且富有成效的有效教师和那些课堂极为混乱的无效教师。结果发现，当不良行为发生时，有效教师和无效教师的反应没什么不同。他们的主要区别在于有效教师首先更善于采取措施来防止不良行为发生。库尼确认有效的课堂管理者尤其擅长于这四个方面：明察秋毫、一心多用、整体关注和变换管理。

（1）**明察秋毫**（withitness）是指在所有时间对学生的行为保持意识和反应的能力。拥有这种能力的教师频繁地扫视教室，观察学生的面部表情和肢体语言，并体察课堂的总体氛围。尤其是，当他发现学生正在变得心神不宁和失去兴趣时，他们能调整课程来提高学生的参与水平（Carter, Cushing, Sabers, Stein, & Berliner, 1988）。

（2）**一心多用**（overlapping）是指处理不良行为且不中断正在进行的课程或者活动进程的能力。例如，在解释任务时，教师可以走近那个正在传递纸条的学生，轻轻地收起纸条，指出正在讨论的任务以引导学生的注意。这种维持课堂主要活动的同时处理问题行为的能力有助于建立更好的课堂秩序（Copeland, 1983）。

（3）**整体关注**（group focus）是指使尽可能多的学生积极参与适当活动的能力。擅长于此项技能的教师不会冒着降低全体学生的注意水平和课堂行为的危险而把太多的时间集中在一个特定学生的身上。

（4）**变换管理**（movement management）是指使课业以适当的进度进行，保持教学的流畅性（逻辑组织和次序），并成功地管理从一个活动到下一个活动的过渡的能力。

19.2.4 传授自我管理技能

有时候，即使是最富有成效的教师也无法监控所有学生的行为。指导学生采用自我管理，或者监视和管理自己的行为，可给予他们更大的自主感并且有助于他们发展个人责任心。研究者已经发现，当指导学生把成功或者失败归因为个人努力，学生的行为会得到改进。另外，传授以下技能也可以使学生的行为得到改进：1）学会检查自己的行为并判断其合适性；2）在整个任务中使用详细的、逐步的指示进行自我对话；3）在面对课堂问题时，学会采取解决问题的步骤（Anderson & Prawat, 1983; Cotton, 1990）。

在对小学和中学教师的课堂管理方法的研究中，研究者发现有效的教师都具有鼓励学生管理自身行为的详尽规划的系统（Emmer, Evertson, & Worsham, 2006; Evertson, Emmer, & Worsham, 2006）。教师应用自我监控技术来增加所期望的行为，如良好的学习技能和专注任务的行为，以及减少不合适的行为（Rhode, Jesen, & Reavis, 1992）。为了达到这个目标，教师应该鼓励学生对他们自己的财物负责，鼓励他们主动承担起完成任务，有效地管理时间的责任。额外的自我管理技术包括设定个人目标、记录个人的进步，以及自我强化（Briesch & Chafouleas, 2009）。有效课堂管理的最终目的就是帮助学生发展责任心和自我控制。如果教师不在或者离开教室一会儿，课堂必须能够在教师缺席时顺利运行。

19.2.5 有效地应对已发生的行为问题

最小干预原则（principle of least intervention）是指教师应当尽可能以最少干扰的方式处理课堂不良行为，以便把对教学过程的破坏降到最低限度。如果最小干预策略不奏效，教师就要上升一级去寻求一个干扰性更大的方法直至找到有效的策略为止。专栏19-1汇总的干预选项其干扰程度是从低到高逐级上升的（Harrison & Spuler, 1983）。这种方法是为了引导学生接近自我控制的目标并最大限度地减少对课堂教学流程的干扰。

专栏 19-1

最小干预原则

步骤1：**靠近学生**。

步骤2：**眼神交流**。

步骤3：**动作示意**。边上课边走到这个令人烦恼的学生面前，使用动作如摇摇头或者把一根手指放到嘴唇上让他知道这种行为是不合适的。

步骤4：**使用简单提示**，用不容置疑的口气宣布，无须回答。"安静！"或者"别吵了！"通常可以奏效。还可以逮住其他你还没注意到的学生不良行为。

步骤5：**陈述问题行为**（"你的讲话干扰了上课"）并重新引导学生。

步骤6：**暂停**。安静快速地将学生带到指定地点。

步骤7：**与学生私下谈话**。在教室外面和学生谈话。你可以让学生在教室外面等你，但由于你对学生负有法律责任，你应该尽快地与外面的学生会合。在每一种情境中发挥你的判断力来确定学生可以安全地等你多长时间。当你和学生谈话时，尽量不要生气。你想要学生停止不合适的行为。记录就此开始。在索引卡片上记下"帕特讲话干扰了上课；进行室外谈话，2006年3月24日上午10点15分"。

步骤8：**联系家长**。给家长写一张便条，描述孩子的不良行为以及你为了消除它而采取的措施。还要包括这种行为对该生造成的影响。记录你已经传送纸条的事实，或者保留一个副本。如果你认为通过电子邮件更容易联系家长，便条可以通过电子方式发送。

或者，你也可以直接打电话给家长，这样你就可以赢得家长的合作来消除孩子所表现出的不受欢迎的行为。你必须意识到虽然家长可能对孩子生气，但也可能朝你发泄怒气。安静地倾听，然后请家长和你一道帮助这个孩子。你想要传递的信息是，你关心这个孩子。记下你与家长的这种联系。向家长征求消除问题行为的建议，然后安排再次会面来讨论进展。记住，无论这种行为的原因是什么，你想要它中止。例如，虽然这个孩子不幸的家庭生活令人难过，但他在班上不停地讲话，干扰了你和其他学生。你的目标是帮助孩子们处理危机，而不是使它们成为不受欢迎的行为的借口。记录这次会谈。

步骤9：**把学生送到校长办公室**。告知校长这种令人无法接受的行为，以及你到目前为止所采取的干预措施，并寻求建议。

步骤10：**寻求外界援助**。一些长期的行为问题可能需要其他专家的额外干预。学校顾问，学校心理专家和儿科医生等也许可以提供处理问题的有益建议或者服务。

如果问题行为只是稍微惹恼了教师但并没有妨碍其他学生或者该问题学生的学习，对教师来说最好的做法就是简单地忽视它。这对于像短暂的白日梦，磨磨蹭蹭地开始做课堂作业，用铅笔轻轻敲打，或者动来动去等学生行为来说也许是一种合适的策略。教师还须判定，当临时性的、情境性的因素导致分心行为上升时，更温和地处理才是合适的。例如，如果教室里过热，或者如果学生为即将到来的节日或者特殊事件激动不已，他们可能更容易分心。

有时候，最好的反应并非完全忽视不良行为而是延迟采取行动以避免更大的干扰。例如，如果学生在限时测验期间使用铅笔而正确的做法是使用钢笔的话，可能最好的做法是等到测验结束再提醒学生正确的做法以供其日后参考。在测验期间纠正学生并要求他找一支钢笔会打断他的思路，还可能干扰其他学生。

当教师选择对不良行为进行反应时，可以执行特定不良行为的**逻辑后果**（Curwin & Mendler，1999；Dreikurs，Grunwald，& Pepper，1982；Elias & Schwab，2006）。例如，既然学生在紧邻密友而坐时很爱说话并干扰他人，那就应该把她安排在使她更不容易分心的其他座位。

随着过去课堂经验的累积和对当前学生了解的加深，教师也随着时间的推移学会应用最小干预原则。这个系统对轻度到中度的不良行为最为有效。严重的学生不良行为可能需要教师越过几种干扰性较小的措施并立

不请吃就捣蛋
当学生在期待一个特殊节日或事件时，他们很容易分心。

刻做出更为直接的反应。

> **思考：**最小干预原则的优点和缺点是什么？

19.3 如何处理特殊的不良行为

除了应用研究来指导实践，教师还可以从其他教师的忠告和经验中受益。下面是如何处理各种行为问题的建议，它们反映了从幼儿园到高中的教师经常使用的策略。

19.3.1 轻度不良行为

传递纸条：在教学的同时，教师可以朝刚刚传递纸条的学生走去，伸出一只手让学生交出纸条，装进口袋里，然后继续教学。教师不应该中断宝贵的教学时间向全班大声朗读纸条或者进行批评使该生感到尴尬。

话多：教师应该传达成为一名有礼貌的、积极的聆听者的重要性，并在合适的时机认真倾听学生来示范这种行为。当教师进行教学时，学生应该中止所做的事，并把所有的注意都集中在教师身上。教师可以使用预先安排的信号如鼓掌，举起一只手，或者响铃来吸引学生的注意。如果教师已经采取了这些预防性措施而某些学生仍然无节制地讲话，教师可以遵照最小干预原则的步骤使学生的行为回到正轨。

抱怨或者装病：通常，学生抱怨或者装病的关键是需要没有得到满足。学生需要关注和获得成就感。教师可以通过每天给予机会满足这两种需要从而防止长期抱怨的问题。学生的抱怨确实需要认真对待。教师应该听取学生所说的话，如果抱怨是合理的，对学生提出值得注意的问题表示感谢。如果抱怨是不合理的，教师可以简短地解释原因，然后重新使学生的注意力集中于当前任务上。

19.3.2 中度不良行为

取笑：取笑可以留下持久的情感创伤，所以，对教师来说，教育学生对他人的情感保持敏感是很重要的。下列有关取笑的准则或许会有所帮助（Weinstein，2003）：

- 了解友好的玩笑和有害的嘲笑之间的区别；
- 注意他人的身体语言和面部表情以便了解他们的感情是否受到伤害——即使他们没有告诉你；
- 决不能取笑敏感问题例如某人的身体、家庭或者个人弱点；
- 如果你取笑他人，也要接受他人的取笑，不要对以友好方式进行的取笑过度敏感；
- 如果关于某一话题的取笑惹恼了你，开口说出来。

顶嘴：当一个学生以挑衅或敌意的方式顶嘴时，教师会很自然地感到一阵暴怒。然而，对教师来说，要保持平静，不做出防御性的反应是很重要的。教师应该明确地表示，他们很愿意听取学生所说的一切，但除非学生也愿意礼貌地说话并且表现出同等的尊重。如果教师示范对学生的尊重，建立对可接受行为的明确期望，并提供给学生和平解决冲突的手段，像顶嘴这样的问题就可能减少到最低限度。这对于像学生间使用脏话和争吵等相关行为同样是适用的。

不做家庭作业：家庭作业必须是有意义的（有明确目的），在长度和难度水平上是合理的，并且作了明确的说明。考虑到许多学生繁忙的课程表和校外任务，教师在有可能的情况下应该提供课堂机会让学生完成作业。教师可以授予学生一些家庭作业方面的自主权，如果他们已经通过预备考试或者用别的方式证明对材料的掌握，他们可以选择跳过作业。如果教师已经尽了最大的努力，学生还不上交家庭作业，教师可以和学生单独会面讨论这个问题，并和学生一起思考解决办法。以下是一些可行的解决措施。

- 制定**后效合同**（contingency contract）或者协议，最好是教师和学生手写的，并提供下述信息：1）合适的学生行为的说明；2）不合适的学生行为的说明；3）合适与不合适行为的后果的说明（Henson & Eller，1999），在这里行为特指完成家庭作业（见专栏19-2）。
- 鼓励学生必要时使用家庭作业热线或者学习伙伴来获取支持。
- 让家长参与制定家庭作业时间表或者在家里指定一个有利于做家庭作业的地方（安静，相对不受干扰，光线充足）。

长期迟到：教师可以通过做好课前准备并准时上课来示范如何守时。学生可能并不把迟到当作真正的问题。通过学年初期的课堂讨论或者与迟到的学生逐个讨论，教师可以提高学生对迟到如何干扰学习环境的意识。让学生知道迟到会产生下列后果。

> **专栏 19-2**
>
> ### 后效合同实例
>
> 注意这个合同怎样把合适的和不合适的学生行为与特定的目标联系起来的。
>
> **我的合同**
>
> **名字**：鲍比·克劳斯特曼
> **日期**：2008 年 10 月 1 日
> **这是我的目标：**
> 1. 把所有的家庭作业记在笔记本上。
> 2. 完成所有的作业并在结束时进行检查。
> 3. 一到教室就把完成的家庭作业放进"in"箱子里。
>
> **这是我没有达到目标的后果：**
> 我将在课间休息时间留在教室里完成作业。
> 我将因为迟交作业而失去 10% 的分数。
> 三次出局规则：三次迟交作业后，以后任何一次迟交作业自动得 0 分。
>
> **这是我达到目标的奖赏/强化物：**
> ① 如果我每天完成作业并准时上交，将在我的家庭作业记录纸上赢得一个贴纸。
> ② 如果连续得到 5 个贴纸，我将得到班级百宝箱的一个奖品。
> 合同的审核日期是 2008 年 10 月 14 日。
> 签名：鲍比·克劳斯特曼
> 　　　玛丽·克劳斯特曼——妈妈
> 　　　牛顿先生（老师）

- 干扰教师和同学。
- 传达这个学生不关心班级的信息。
- 使这个学生由于错过重要的教学或讨论而陷入无准备状态。

如果学生因为合理的理由经常迟到，可以考虑安排他坐在靠门的位置以最大限度地减少对其他同学的干扰。

19.3.3 不道德行为

作弊： 一些行为可以明确地视为作弊，如抄袭他人的作业，在考试中偷看他人的答题纸，在报告中剽窃他人的成果。其他行为，例如和同学一起完成一项任务，则可能是模棱两可的。有效的教师必须解释清楚什么时候允许学生一起工作或者交流思想，什么时候希望他们独立完成任务。在互联网时代，学生还需要对剽窃或抄袭网络信息的相关规则有一个清晰的认识（Ma, Wan, & Lu, 2008）。减少作弊事件的有效策略包括：

- 和全班一起公开讨论应对作弊的策略；
- 强调掌握性目标而不是表现性目标；
- 传达充分理解材料的重要性；
- 每年变换课题和任务；
- 将座位分开使学生无法轻易看到他人的答题纸；
- 一场考试使用多种形式；
- 考试前让学生把所有的材料放在课桌里面或者下面；
- 提醒学生考试期间不要相互交谈；
- 在教室四周走动以监视学生的行为。

如果采取了预防性措施，作弊还是发生了，教师必须和有关学生进行私下谈话并执行逻辑后果（例如，学生得 0 分、必须重新做作业或者重新测验）。

偷窃： 大多数的偷窃事件发生在低年级，这时候学生对他们的冲动缺乏控制力（Weinstein & Mignano, 2003）。正如作弊一样，最好的方法之一就是先减少偷东西的可能。教师可以通过如下途径确保所有学生拥有他们需要的物品：

- 在学年开始前向学生家里发送学校用品清单；
- 建立万一学生忘记携带物品或者放错了地方可以向教师借的制度。

教师尽量不要使钱包、野外实习资金或者其他贵重物品处于无人看管的状态，不允许学生把贵重物品带到学校从而防止被偷窃。如果偷窃确实发生而且教师知道谁是责任人，教师可以和这个学生进行非对抗性的私下谈话。有时候低调的说法是最好的："我注意到你昨天离开时把凯文的书放进你的书包。请务必还给他。我不想让人认为你偷了它。"如果教师不知道东西是谁偷的，把它归咎于某个特定的学生是不合适的。教师可以向全班呼吁，让学生知道这个东西被"放错了地方"，并鼓励知道它在哪儿的学生尽快归还。如果和教师进行了私下谈话后，某个学生还继续偷东西，就应该联系学生的家长和校长。

破坏公物：和许多其他类型的不良行为一样，预防是阻止破坏公物的关键。如果已经教导过学生尊重他人和他人财物的重要性，如果他们对班级有一种主人翁责任感，他们就不大可能表现出破坏性。如果确实发生了破坏公物的行为，最好的处理就是执行逻辑后果。例如，如果学生在一张课桌上画满了东西，就应该让他在放学后留下来把课桌弄干净。

逻辑后果
惩罚必须针对特定的行为。

19.3.4 危险行为

欺凌行为：大约有16000名儿童每天逃避上学，数千名儿童完全离开了学校因为他们感觉在学校受到伤害或者害怕（Garbarino & Delara, 2002）。欺凌行为是学校里处理得最不充分的问题之一。由弗兰克·巴龙（1997）进行的一项研究报道，在所调查的8年级学生中，60%的学生报告说他们在中学受到过欺凌行为的困扰；然而，学校人员认为只有16%的学生曾经受到欺侮。这个问题因同伴骚扰和取笑在某种程度上是可接受的而显得更加严重（Hoover & Oliver, 1996）。

据皮尤网络（Pew Internet）与美国生活项目（2007）的一个报道推断，大约32%的青少年成为网络欺凌的目标，在高中女生中这个比例甚至更高（41%）。网络欺凌（cyberbullying）可以采取多种形式，包括伪造个人的在线身份来欺骗某人，散播谎言或者谣言，张贴令人尴尬的图片等。早期干预是防止后期生活中产生欺凌和攻击问题的最好方法之一（Aber, Brown, & Jones, 2003）。教师减少言语欺凌的途径有：

- 鼓励学生无论当面还是在线都相互尊重；
- 教学生相互移情并尽量从他人角度看问题；
- 明确威胁和恐吓是完全无法令人接受的，任何从事这些行为的学生将面临严重的后果。

打架或其他形式的暴力行为：课堂暴力行为是每个教师的梦魇。幸运的是，它相对不那么频繁并且在过去的十年间已经有所减少（Lynch, 2002）。一项由美国疾控中心的研究人员从事的研究发现，1993～1997年，宣称自己曾经携带武器如"枪、刀或者棍棒"到学校的学生比例从11.8%减少到8.5%。在校打架的学生比例从16.2%降低到14.8%（Brener, Simon, Krug, & Lowry, 1999）。最普遍的校园冲突类型是言语骚扰、言语争吵，以及包括打、踢、抓或者推在内的身体冲突。幸运的是，大多数打架都不涉及严重的伤害或者触犯法律（Deveo等, 2003）。

教师可以采用多种预防措施最大限度地减少课堂暴力行为的发生，以下是一些建议。

- 一有机会就示范尊重、礼貌、关心行为。
- 给予学生一起工作和逐渐加深彼此了解的机会，

但一定要组织互动确保积极的结果。
- 组织有助于学生练习耐心、慷慨、诚实和体贴的说话方式（不撒谎、说闲话、羞辱、取笑）的活动和经历。
- 帮助学生理解原因和后果，好让他们更好地理解自己的语言和行为是如何影响他人的。
- 教学生控制他们的反应。他们无法选择某人如何对待他们，但他们确实可以选择如何应对（或者选择不予回应）他人所说的话或者所做的事。
- 警惕地监控课堂里每时每刻发生的一切（明察秋毫）。
- 传授能帮助学生学习减少可能的暴力倾向的技能（如深呼吸、数到10，到另外一个地方冷静下来）。
- 明确对打架的严厉处罚。
- 表扬和鼓励试图和平解决冲突的学生。
- 了解暴力行为即将发生的信号。
- 如果你听到学生把武器带到学校的传闻，立刻报告校长。

1998年，美国司法部和美国教育部出版了一本帮助学校防止暴力的指南（Dwyer, Osher, & Warger, 1998）。如专栏19-3所示，指南包含了一系列预示潜在暴力行为的早期信号。学生一般会表现出多种信号，所以教师必须谨慎，不要对单个言语、手势或行为反应过度。如果确实发生肢体冲突，请采用专栏19-4的指南。一些行为，如袭击、殴打或者在校园内持有武器属于犯罪，还必须报告警察。请遵照你的学校关于打架后果的政策。

零容忍和排他政策。"零容忍"是当今的美国学校里，最受欢迎也是应用最广泛的纪律改革成果（Gregory & Cornell, 2009）。几乎所有美国公立学校都受到联邦法律的约束，对于枪支违反执行"零容忍"方法（1994年颁布的《学校禁枪法案》），对其他武器也使用了同样的方法，非法毒品、非处方药和其他被禁止的行为（APA Zero Tolerance Task Force, 2006）。"零容忍"是一种高度结构化的纪律政策，对于违反学校的规定给予严厉制裁（通常是长期停课或开除），而且一般不允许变通。零容忍政策很少或根本没有考虑学生的行为意图或他的不良行为的环境情况（Skiba & Peterson, 1999；Tebo, 2000）。

零容忍的拥护者声称，零容忍通过在违反纪律之后立即移除危险的学生，同时发出一个强烈的威慑消息给其他学生，来阻止校园暴力。这些说法没有得到实证检验，相反，研究表明，用驱逐政策会对学生产生负面影响，而且并没有起到预防作用（APA Zero Tolerance Task Force, 2006；Osher et al., 2010）。停课和驱逐影响有情绪和行为障碍的学生，以及有色人种的学生，导致他们逃学，失去了学习的机会和辍学（Gregory, Skiba, & Noguera, 2010；Osher, Morrison, & Bailey, 2003）。鉴于这些策略潜在的巨大负面效应，驱逐政策应该作为最后的处理手段。

> **思考**：想一想你即将任教的年级可能会看到的不良行为类型。积极的方法，正如本章中多个例子所示的，是如何促使不良行为事件降到最低程度的？

专栏 19-3

潜在暴力行为的早期信号

- 社会退缩；
- 极度的孤立感和孤独感；
- 极度的排斥感；
- 暴力行为的受害者；
- 被捉弄和被迫害感；
- 对学校缺乏兴趣以及成绩不良；
- 在写作和绘画中表现暴力；
- 失控的怒气；
- 长期的无法控制的袭击、威胁和欺凌行为模式；
- 纪律问题史；
- 攻击或暴力行为史；
- 无法忍受分歧、偏见；
- 吸毒和酗酒；
- 加入帮派；
- 非法获取、拥有和使用枪支；
- 严重的暴力威胁；

资料来源：Dwyer, Osher, & Warger, 1998.

专栏 19-4
肢体冲突的处理指南

1. 不要离开事发地；
2. 立即派一位学生去寻求楼内其他成人的帮助；
3. 简短、有力地命令学生停止；
4. 不要试图在没有其他成人在场的情况下阻止或者以身体制止打架的学生；
5. 确保班上的其他学生和打架的学生保持安全的距离，并让全班安静地坐着；
6. 在任何情况下都不允许学生为打架的任何一方助威或者起哄"打架了，打架了！"来煽动进一步的暴力行为；
7. 如果学生在打架中受伤，可求助于校医，有必要的话打电话给急救人员以获得其他更专业的帮助；
8. 随后尽快详细记录打架的所有细节，并给有关家长和校长提供一份副本；务必指出打架何时、何地发生，参与人是谁，采取了什么措施。

本章小结

1. 阐述不良行为的界定并识别不良行为的各种起因

不良行为可以是任何破坏课堂学习环境的学生行为。它包括干扰教学和他人学习的权利，影响身心安全，或者损害财物的行为。学生也许因为数百个可能的理由而在校行为不良。不良行为的一般原因随学生的年龄和发展水平的不同而变化。生理、社会心理和环境因素都会影响学生的课堂行为模式。

2. 讨论五种主动处理课堂行为管理问题的方法

主动行为管理包括预先制订计划来防止或者最大限度地减少行为问题，而不只是等不良行为发生后对其做出反应。第一，有效的教师在学年初期提出行为的期望，并且始终如一地执行违反规章的后果。第二，有效的教师示范合适的行为，例如尊重他人，接着对那些按期望方式行动的学生进行奖赏。第三，有效的教师运用明察秋毫、一心多用、整体关注和变换管理的能力来预防问题发生。第四，有效的教师具有适当的系统来激励学生管理自己的行为——自我管理。最后，在处理课堂不良行为时，有效的教师采用最小干预原则以最大限度地减少对教学过程的干扰。

3. 总结在应对轻度、中度和严重不良行为时要考虑的重要问题

轻度不良行为包括一些干扰行为，如传递纸条、多话或者抱怨。教师必须遵循最小干预原则，采用对教学环境干扰最小的方式来应对这些行为（如运用手势提醒学生回到课堂状态，重新引导学生关注当前任务）。中度不良行为包括一些更严重的行为，如取笑、顶嘴、不做家庭作业或者长期迟到。当这些行为发生时，教师必须帮助学生更好地理解这些行为对他们自己的学习和他人的学习造成的负面影响。最严重的不良行为包括作弊、破坏公物、欺凌行为和暴力行为等。对教师来说，了解可能促使这类行为发生的条件以及这些行为发生或即将发生的信号是很重要的。对严重不良行为的处理随情境而变化。一般而言，教师的处理应该与学校政策相一致，应该包括与一个更广的网络（家长、管理者、学校顾问等）的交流，应该优先考虑学生的安全和健康。

案例学习：反思与评估

儿童早期：毛毛虫圈

1. 莎拉和她的助手史蒂夫采取了什么措施预防不良行为？
2. 在莎拉的课堂里，你观察到了什么类型的不良行为？
3. 找出问题2中不良行为的起因，它们又是如何影响教师对所出现问题的反应方式的呢？
4. 学生的年龄怎样影响教师对课堂行为的预期？
5. 找出莎拉和史蒂夫所展现的关于明察秋毫、一心多用、整体关注和变换管理能力的特定例子。

小学：生态系统

1. 莉拉妮如何预防与生态系统活动有关的潜在问题？
2. 莉拉妮以什么方式将期望传达给学生？

3. 莉拉妮如何处理活动期间所发生的干扰?
4. 在这个案例中,莉拉妮是怎样应用逻辑后果的?
5. 描述莉拉妮对明察秋毫、一心多用、整体关注和变换管理能力的应用。
6. 莉拉妮将她的课堂管理方法描述成主动课堂管理,她这么说是什么意思?列举关于她如何实施这种方法的特定例子。

初中:课堂安全

1. 在这个案例中,你观察到了什么不良行为?你怎样根据严重程度来区分这些行为?
2. 就明察秋毫、一心多用、整体关注和变换管理能力的角度而言,你如何评价索尔的课堂管理?
3. 索尔如何提高学生的自我管理?你认为他给予学生太多管理自己行为的责任了吗,为什么?
4. 索尔采取了什么措施来处理发生在凯文和尼克之间的问题?他还应该做些其他什么事吗?
5. 与你计划用于自己课堂的管理方式相比,索尔的管理方式怎么样?
6. 如果这是一位女教师,那么她对这种打架场合的处理会有什么不同?如果打架的两个学生是女生呢?

高中:拒绝换衣服

1. 界定什么是不良行为。布列安娜在第一节课中表现出来的行为应该被归为不良行为吗,为什么?
2. 布列安娜在第一节课中的行为应该被忽视吗?讨论利弊来证明你的回答是正确的。
3. 如果这个学生是男生,你对问题2的回答会有所不同吗,为什么?
4. 你认为在其他学生活动时与布列安娜进行私下谈话的处理会更有效吗?如果是,它是如何起作用的?如果不是,采取什么方法会更有效,它又是如何帮助布列安娜的?
5. 在布列安娜爆发期间,玛丽亚的课堂管理会受到怎样潜在的破坏?
6. 玛丽亚没能和布列安娜谈论是什么导致她的行为变化。请问了解不良行为的起因会如何影响玛丽亚的下一步行为选择呢?

第 20 章

教学：应用行为、认知和建构的视角

学习目标

1. 界定学习目标，并说明其对课堂教学的重要性。
2. 描述掌握性学习和直接教学的目标，并讨论各种方法的优缺点。
3. 阐述发现性学习和讲解式教学是如何促进有意义学习的。
4. 描述建构主义教学中使用的基于认知学徒制的技术。

在许多教师培养课程上，你的学习内容经常涉及"教什么"以及"如何教"的问题，即学习你将教的内容（"教什么"）和如何开发课程计划和实施不同的教学方法（"如何教"）。有经验的教师不仅能够熟练地开展和组织教学，也能够熟练地做好课堂教学计划，思考让学生学习什么，制定适宜的学习目标和有效的教学方法等。在本章中，你将学习"为什么"教、"何时"教等问题，具体内容如下：

- 为什么建立学习目标很重要？
- 教师应该如何根据时宜选择更低水平或更高级的目标？
- 教师如何根据不同的目的和内容，选择不同的教学方法？
- 与其他教学方法相比，某种教学方法在什么情况下更为有效？为什么？

在我们探索这些问题的答案之前，需要指明的是：未来你可能遇到或使用的教学方法，按其方法取向来看，可归为以教师为中心取向，或是以学生为取向的方法。这一点也很重要。在以教师为中心的方法中，教师控制信息的总量和速度，以及学习环境的结构；在以学生为中心的方法中，学习环境是优化学生从学习材料以及同伴互动中获得的意义建构。在以学生为中心的方法中，教师是学生学习的中介者和促进者，而不是信息的散布者。当你读到各种各样的教学方法时，可以思考这些教学方法是以教师为中心还是以学生为中心取向，思考其关键点是否最适合你的学生和你的学习目标。让我们从所有好的教学开端——学习目标开始。

表20-1 学习目标及其定义特征

	行 为	条 件	标 准
定义	目标应告知期望学习者做什么	目标描述了作业中的条件	可能的话,目标要描述可接受的作业标准
地理例子	正确地解释陆地和海洋	当给予一份没有标识的世界地图时……	学生正确地标出七大洲和四大洋
英语例子	正确地使用语法、拼写和发音规则	给出五个句子要求改正时……	学生识别出句子中90%的语法、拼写和发音错误并进行纠正。

20.1 教学计划

学习目标是一堂高质量课的基础,也是教师评价学生学习的标准。教师制定学习目标,用于详细描述学生完成课程后该知道什么或者能做什么(Mager, 1975; Thompson, 2002)。学习目标应都具有以下三个特征。

(1)行为(performance):学习者将要学什么,学生需要展现出什么知识,他们需要完成什么任务。

(2)条件(conditions):学习者打算怎么做,描述学生执行任务的条件,他们需要使用什么方法和材料。

(3)标准(criteria):学生需要表现得多好,可接受的表现由什么组成,可能的话,描述学习者的表现将如何被测量(Mager, 1975)。

表20-1提供了学习目标的两个例子,具体表明教学目标如何体现行为、条件和标准三个特征。学习目标的条件和标准方面是指教学过程完成后,可用于评估和评价学生的学习情况。学习的评估将在第26章"学生学习评估"和第27章"测验的编制和使用"中专门讨论。制定教学计划时,仔细思考每一个学习目标的行为构成是最有帮助的。

在构建目标时,可以首先问问自己:要求学生掌握的是哪类知识,要求学生学习的是陈述性知识,或能够用言语传递的具体的零碎信息(如记忆50个州的首府)?是程序性知识,或是如何执行一项任务或者技能(如学习操作显微镜)吗?还是那些需要反映对概念之间的关系或者联系理解的概念性知识(如解释导致第一次世界大战的事件)?

第二步:询问自己学生应该会用知识做什么,他们将如何展示他们所学的知识。于2001年修订更新的关于认知任务的布鲁姆分类,指出了学生表现知识的六种途径(Anderson & Krathwohl, 2001; Bloom, Englehart, Frost, Hill, & Krathwohl, 1956)。教育学家经常把这些目标看成一个层次结构,每一种能力都建立在先前能力的基础上(见表20-2)。在确立学习目标时,问问自己要学习的内容是涉及低级目标(记忆、理解、应用)还是高级目标(分析、评价、创造)。掌握分数乘法是一个低级目标,而比较两篇文学作品是一个高级目标。

思考你想要学生获得的知识类型,以及你期望他们展示所学知识的水平,将有助于您选择最合适的教学方法。当我们探索各种以学生为中心和以教师为中心的教学方法时,要牢记这一点。下面让我们从基于行为主义的以教师为中心的教学方法开始讨论。

20.2 行为主义教学方法

简而言之,行为主义学习理论认为,学习导致个体行为的变化。这种思想起源于操作性条件作用论。操作性条件作用论认为,个体行为是两种环境刺激的结果,

表20-2 布鲁姆分类水平

分类	描 述	教学活动
记忆	学生回忆或者再认与他们学习时形式相近的信息、观念或者法则,而不必理解和运用这些信息	列举、标记、命名、陈述或定义事物
理解	学生在先前学习的基础上理解信息的意义,可不建立新的联系	解释、概括、释义或者陈述所学的信息
应用	学生在最少指导的情况下选择、转换或运用信息和原理解决问题或完成任务	运用、计算、解决、演示或者应用知识
分析	这类思维常涉及将材料分解成部分。学生识别、分类并将设想、假设、证据、陈述或问题的结构联系起来	分析、分类、比较或者对比信息
评价	学生在特定的情境中判断材料、方法或者观念的价值	评价信息、做出判断或者推荐、提供理由。
创造	学生把观念融合成新理论、计划或者建议。这一水平的关键在于创造出新的东西,而不是简单地重复信息或者采用某人的观念	创造、设计、发明、开发、假设

即前因和结果。前因是暗示期望行为的刺激或者情境，而结果则是提高行为再发生的可能性或减少行为未来发生可能性的刺激。例如，一个典型的课堂互动将涉及一个老师问一个问题（前因），学生给予反应和教师提供反馈（后果）。行为主义学习理论属于以教师为中心的教学方法，即教师充当信息的传播者，并帮助建构有助于学生从简单技能进步到更复杂技能的学习环境。直接教学和掌握性学习是这种教学方法的两个例子，在这种教学方法中，教师创设了学习的前因项和强化学生知识和技能的后果项。

20.2.1　直接教学

直接教学（direct instruction）的目标是使学习时间最大化，即学生花费在有意义、适当学习任务上的时间最大化。直接教学实现这一目标的主要手段包括：(1) 强调学习任务的完成；(2) 最大限度地减少分心行为（如打盹、游戏等）和与学习任务无关的师生互动（Joyce, Weil, & Calhoun, 2004；Rosenshine, 1979）。教师采取直接教学法，通过高控制力，创造结构化的学习环境，监控学生的学习过程。直接教学的假设是，教师将学习环境结构化，以细小到块的形式精确呈现信息，为学生提供大量的练习机会和及时的反馈，此时学生的学习效果最好（Kirschner, Sweller, & Clark, 2006；Mayer, 2004；Rosenshine, 1985）。直接教学还要求所有学生以相同的速度学习。让我们分析课前、课间和课后发生了什么，从而检验直接教学的典型结构。

采用直接教学法进行教学时，教师会先回顾前一天的课程内容，并检查学生的作业，这是一节课的开始。在这个环节中，允许教师识别学生出错的概念或技能，以便对整个班级进行再次教学。接下来，教师会激活先前知识从而导入新的学习内容（Joyce et al., 2004；Rosenshine, 1985），确定学习目标或者课程概述，为学生提供了材料的学习目的和学习程序。这些程序使学生做好充分的课堂准备，有助于提高学生的成绩（Fisher et al., 1980；Medley, Soar, & Coker, 1984）。

在课堂上，教师控制着课堂进度和新学习材料的呈现。教师"一小步一小步"地呈现学习内容，适时监控每一个学习环节，给学生提供不同的实例，建构模型，不断向学生解释难以理解的概念。教师也会向学生提问，既可提仅有一个正确答案的封闭性问题，也可提需要解释的开放性问题，检查学生是否真正理解所学的内容（Rosenshine, 1985）。

一旦学生理解了新学的内容，他们便可以通过以下四种结构化的练习，对所学内容进行强化：

(1) **受限练习**（controlled practice）：教师通过例子来引导学生，并提供即时的纠正性反馈。教师必须仔细监控这一阶段，防止学生学到不正确的程序或者概念。有经验的教师会给学生提供及时的反馈，告诉学生什么是正确的，促使学生澄清或者改正答案，并在必要时重复教学，而不是简单地提供正确的答案（Fisher et al., 1980；Rosenshine, 1971）。

(2) **指导练习**（guided practice）：学生独自练习，教师提供强化和纠正性反馈。例如，高中生在教师课堂检查他们任务的进展时，完成包含有西班牙语动词的工作清单。

(3) **独立练习**（independent practice）：当学生练习知识或技能的正确率能够达到85%～90%时，学生进入独立练习阶段。家庭作业就是独立练习的一个例子。

(4) **分散练习**（distributed practice）：学生也需要参与分散练习——在一段时间内分散练习的过程。这些短而频繁的练习比而长的练习机会更为有效，尤其是对小学低年级的儿童来说。为达到长期学习的目的，教师提供每周和每月的复习并在必要时重教。

直接教学在小学低年级（1～3年级）是一种很受欢迎的方法，这时大部分的教学集中于基本技能如阅读、数学、拼写、书写、和早期的科学和社会知识。直接教学在以下方面是有效的：

- 布鲁姆分类法中的低级目标，以及提高学生的阅读以及数学等基本技能（Brophy & Evertson, 1976；Denham & Lieberman, 1980；Joyce et al., 2004）；
- 作为对低成就学生的初步教学策略（Good, Biddle, & Brophy, 1975）；
- 对有障碍学生进行基本技能的教授（Reddy, Ramar, & Kusama, 2000；Turnbull, Turnbull, Shank, Smith, & Leal, 2002）。

直接教学也可以用于更复杂的技能和学科的教学。小学生通过直接教学，学会了如何设计科学实验，并将新学到学习策略应用到新的情境中（Chen & Klahr, 1999；Klahr & Nigam, 2004）。直接教学对于多步骤程序的教学非常有效，典型的例子如高中科目的代数、几何、计算机编程（Anderson, Corbett, Koedinger, & Pelletier, 1995；Klahr & Carver, 1988）。

直接教学并非对所有学生和所有情境都有效（Joyce et al., 2004）。例如，这种方法可能并不利于高成就水平的学生或者任务定向的学生，这些学生受内部驱使来执行和完成任务（Ebmeier & Good, 1979；Solomon & Kendall, 1976）。直接教学也不应该成为对低成就学生的唯一的教学方法，特别是当这些学生取得更大的成功时，教师应该转向结构性较少的学习方式，并强调更复杂的知识和技能（Mcfaul, 1983；Meams & Knapp, 1991）。此外，直接教学对于促进复杂技能的保留和转化是远远不够的（Dean & Kuhn, 2006）。教师应该将直接教学与扩展练习问题解决和策略应用的机会相结合。为了强调基本学习技能和复杂学习技能的平衡，直接教学可以和以学生为中心的方法一起使用（Kierstad, 1985）。

20.2.2 掌握性学习

掌握性学习（mastery learning）的基本理念是，给予足够的时间，所有学生都能够掌握所学内容（Carroll, 1971）。教师设置一个事先规定的掌握水平，如掌握单元测试80%的水平。没有掌握某一特定单元的学生可以重复这个单元或学习一个等同的版本，直到掌握这部分材料（Joyce et al., 2004）。这个方法由以下部分组成（Bloom, 1971）：

- 总的学习目标为一个科目或者教学单元；
- 把总学习目标按照简单到复杂的顺序分解成小单元，每个小单元都有自己的学习目标；
- 实施形成性评估，即在教学之前评估学生当前的成绩水平，并确定需要改进的地方；
- 将材料提供给学生，学生往往可以独立地学习；
- 为学生提供有关他们进步的反馈（强化学习）；
- 实施总结性评估，即一种确认学生已经学到什么的测验。

掌握性学习

在掌握性学习中，如图所示，学生按自己的速度独立学习。

前面所描述的教学序列已经被用于所有年级水平的学生以及从基本技能到复杂材料的课程（Joyce et al., 2004）。掌握性学习同样有益于不同成绩和能力水平的学生。通过调整时间以及对不同需要的学生的反馈，掌握性学习增加了使绝大多数学生达到教师预先设定的掌握水平的可能性。

教师也应该意识到掌握性学习的潜在弊端。在对采用掌握性学习进行教授的学生和那些采用不同方法教授相同材料的学生的对比研究中，采用掌握性学习的学生在教师编制的测验中表现出较高的成绩，但在使用标准化测验来测量成绩时并没有差别（Kulik, Kulik, & Bangert-Drowns, 1990；Slavin, 1990）。而且，这种方法可能扩大学生间的成绩差距而不是缩小它。当低成就学生在用额外的时间重复相同的内容以达到掌握目标时，我们必须想到高成就学生正在向更高级的单元迈进。

> 思考：思考一下你要教的年级。你考虑采用掌握性学习或者直接教学吗，为什么？

20.3　认知学习论教学法

认知学习理论认为，学习是个体主动建构知识的过程。基于这个观点的教学方法被认为是以学生为中心的，因为他们关注的是学生在知识建构时的心理过程，而不是行为主义方法中教师所使用的外部刺激。认知学习理论的一个重要概念就是**有意义学习**（meaningful learning），即通过以下方法主动地形成新的知识结构（Mayer, 2003）：

- 选择相关信息；
- 将信息组织进一个协调一致的结构；
- 将信息与有关的先前知识整合起来。

教师可以使用两种不同的教学方法促进有意义学习，即发现性学习和讲解式教学，也可以同时使用这两种方法。在当今的课堂里，从小学到中学的教师都认为这两种方法是互补的。当使用得当时，每一种方法都会具有促进有意义学习的特征。

20.3.1　发现性学习和有指导的探索

发现性学习（discovery learning）鼓励学生对要学习的信息进行非结构化探索从而主动地发现和内化概念、规则或者原理（Bruner, 1961）。例如，在没有明确的教师指导的情况下，让高中生用所给的各种斜面和物体进行实验，进而发现某个物理原理。

当然，没有来自教师的任何指导，发现学习也是徒劳无益的（Alferi, Brooks, Aldrich, & Tennenbaum, 2011）。由于缺乏预备知识或者激活了不恰当的知识，学生可能无法将需要学习的原理整合到自己的记忆系统中（Klahr & Nigam, 2004）；也可能因为发现过程中的可能性太多，学生根本无法发现原理（Mayer, 2004）。因此，发现学习经常在理解上导致分歧，产生负迁移或零迁移，即将已有的知识错误地应用于问题解决，或需要学生应用知识时无法提取知识。

指导性探索（guided discovery）是发现学习的一种类型，它比起纯粹的发现法更有助于知识的学习和迁移（Alferi et al., 2011；Mayer, 2004）。在这种方法中，教师提供足够的指导以确保学生发现要学习的规则或者原理。对于寻求发现物理原理的高中生，教师要提供一般的实验指南，指导他们的实验，并对他们的进展进行监控，并在必要的时候将他们的活动引导到正确的方向上。这种结构和指导让学生将认知资源集中于整合和重组知识并进行推论，而不是聚焦于如何开展发现过程本身（Alferi et al., 2011；Chi, 2009；Fletcher, 2009）。为了成功地使用指导性探索，教师在决定提供多少以及何种类型的指导时必须考虑学生的个别能力和需要（Mayer, 2004）。最近的研究表明，有指导的探索能有效地促进小学至高中的学生对新知识的学习和迁移（Akinbobola & Afolabi, 2009；Balim, 2009；Dean & Kuhn, 2007）。

20.3.2　讲解式教学

讲解式教学（expository teaching）（也叫作有意义的口头学习）的目标不是让学生独立地发现要学习的内容，而是要确保学习者以一种有意义的方式把新信息整合进记忆。

教师介绍新知识时会强调它与学生已知的东西、现实生活中的事例和情境的关联。为此，教师们会使用**先行组织者**（advance organizers），即于教学前呈现一般信息来提供给学习者整合新信息的框架。如花一些时间回顾本部分开头的本章大纲，它就是先行组织者的一个例子。先行组织者不仅仅是大纲，它们还可以是视觉呈现（如流程图），介绍一个过程，或一个类比，将新概念（如分子）和已知概念（如太阳系）进行类比。那些由言语或图表方式呈现的具体模型或类比构成，而非抽象的例子或者原理构成的先行组织者是最有效的（Mayer, 1992；Robinson, 1998）。先行组织者也促进学习和迁移，尤其是当新材料不熟悉或者困难的时候（Corkill, 1992；Luiten., 1980；Morin & Miller, 1998）。例如，相机可被用来作为一个类比来教小学生人类的眼睛是如何工作的。

在激活学生的相关知识后，教师以一种高度组织的方式呈现学习内容，即先呈现整体的或前提性知识，然后再到其分化部分的更具体的学习内容。这为学生整合新知识提供可靠的相关基础和框架。教师给学生提供在多种不同的情境中练习新知识的机会，以达到对新内容的完全理解。采用上述方法进行教学，讲解式教学是一种有效的教学方法，对科学、数学、社会学或健康等科目，尤其是对小学高年级到高中的学生，都是很有效的（Ausubel, 2000；Luiten et al., 1980）。

> 思考：你经历过发现性学习、指导性探索或者讲解式教学吗？回顾一下这些方法对你的学习的是否有效。

20.4　建构主义教学法

建构主义教学法被认为是以学生为中心的，因为建构主义强调个人在探索和与其所处的环境进行社会互动时的积极作用。许多建构主义教学方法是以**情境认知**为基础，情境认知的概念框架源于苏联教育心理学家列夫·维果斯基、瑞士心理学家让·皮亚杰和哲学家/教育家约翰·杜威的著作（Cobb & Bowers，1999；Rogoff，1990）。情境认知可以解释真实情境中的学习，例如学徒制，个体通过和专家一起工作获得必要的问题解决技能，并完成现实世界中的重要任务（Brown, Collins, & Duguid, 1989; Collins, Hawkins, & Carver, 1991）。

教育学家把情境认知带进学校，创设了**认知学徒制**（cognitive apprenticeships），即学生在指导下参与原本就很重要的真实活动从而形成认知技能（Brown et al., 1989; Collins, Brown, & Newman, 1989; Lave & Wenger, 1991）。学生一开始是在与他们的能力相称的水平上参与活动，然后逐渐发展到完全参与。例如，年幼的孩子起初仅仅只能通过谈论他们在学校的日常来参与餐桌上的谈话，但是随着他们认知和语言能力的不断发展，以及家庭成员的不断鼓励和支持，他们会逐渐转向讨论时事和社会问题。认知学徒制包括许多技术（Dennen, 2004; Enkenberg, 2001）。

- **示范**：成人或者更有经验的个体的示范。
- **解释**：讨论某个人的推论或者某个策略的必要性。
- **指导**：监视学生的活动并在必要时给予帮助和支持。
- **练习**。
- **支架**：对学生提供支持以便他们能够完成任务，然后再逐渐撤除支架。
- **探索**：形成和验证假设，发现新概念和新观点。
- **反思**：学生评估和分析他们的学习表现，发言（用言语表达反思的结果）。

认知学徒制

认知学徒制，像现实的学徒制（如图所示）一样，涉及有指导地参与真实的活动。

> **思考**：这些技术存在于下述的多种建构主义教学方法中。在你阅读时，试着在每种教学方法中识别这些技术。

20.4.1 探究性学习

探究性学习（inquiry learning），即学生在探究活动的背景下建构知识和发展问题解决技能的一种形式（Lave & Wenger, 1991）。典型的探究性学习包括以下几个阶段：

- 形成合适的研究问题；
- 搜集和组织数据；
- 分析和评价数据；
- 在发言中交流研究结果。

然而，探究过程并不只是一个有限的系列步骤，它常常作为一个连续的周期进行（Burner, 1965），如图20-1所示。这种方法看起来与科学方法很相似，探究学习任务可用于任何学科和任何发展水平。

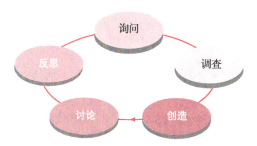

图20-1 探究性学习的周期

学生以询问研究问题为开端，以反思研究过程和结果而结束。

教师充当了促进者，运用他们的专业知识来引导探究课题和评估学生的进展以及探究方向。在组织和监控探究小组时，教师必须确保学生进行合作。如果允许一些学生接管小组的探究进程，那么所有学生为自己"建构"知识的机会就可能减少。相对于正常成就的学生，那些在独立见解和归纳思维方面处于劣势的智力障碍学生，可能需要额外的指导和支持以便使他们能够从探究过程中受益（Mastropieri, 1996; Mastropieri, Scruggs, & Butcher, 1997）。

20.4.2 合作性学习

合作性学习（cooperative learning）是指学生一起活

动以达到共同的目标。例如，在高中的美国历史课上，一个合作学习小组可以共同创建一个有关《权利法案》的介绍。在这个小组中，小组成员共同努力完成要演示的内容，每个成员呈现一部分，并依据小组最终的成果进行评级。合作性学习可用于从小学生直至高中的任何学科（Johnson & Johnson, 1986）。合作性小组活动必须包含以下五种要素（Johnson & Johnson, 1999, 2009）。

（1）**积极的相互依赖**：小组成员一起工作并相互依赖以便所有的小组成员都获得成功。

（2）**个人和小组责任**：每个成员必须对小组有所贡献以使小组获得成功和奖励。

（3）**人际交往技能**：信任、沟通、决策、领导和解决冲突对合作性学习的成功都很重要。

（4）**面对面的互动**：提供有效的帮助和反馈，高效地交换资源，质疑彼此的推理，并相互激励以实现目标，这些对有效的学习来说都是必要的。

（5）**小组加工**：反思小组运作的有效性以及如何改进对成功的合作性学习非常重要。

教师可以采用表 20-3 的技巧来设计包含这五种基本要素的活动。

数十年的研究表明，合作学习产生很多有益的结果：

- 更高水平的推理，创造性思维，以及对所学信息的长期保持和迁移（Johnson & Johnson, 1998）；
- 更高的阅读和数学成绩（Slavin, Lake, Chambers, Cheung, & Davis, 2009；Rohrbeck, Ginsburg-Block, Fantuzzo, & Miller, 2003）；
- 提高自尊，尤其是障碍学生的自尊（Johnson & Johnson, 1998）；
- 更强烈的内在学习动机（Johnson & Johnson, 1985）；
- 促进总体的同伴关系，包括障碍学生和非障碍学生的关系，以及不同种族学生之间的关系（Johnson & Johnson, 2000, 2002；McMaster & Fuchs, 2002）。

20.4.3 促进理解的方法

教师可以使用一些方法来促进学生的理解，这些方法通过社会互动来促进知识的建构，并体现了认知学徒制的几个特征。

交互式教学（reciprocal teaching）。这是基于维果斯基的最近发展区提出的一种认知策略，它对于熟练的阅读理解是必要的。一组的学生共同负责理解和评价课文（这就是为什么这种教学方法是交互式的）。教师首先示范四种阅读策略（提问主要思想，澄清、总结和预测），然后为轮流讨论的学生提供支架（Brown & Palincsar, 1987；Palincsar, 2003）。引导讨论者的支架可能包括提问、改述、详述（Brown & Palincsar, 1989；Rosenshine & Meister, 1994）。学生得到他们所需要的足够支持来完成活动（Collins et al., 1989）。阅读能力差的学生在

表 20-3 有效的合作性学习技巧

特　征	教学技巧
积极的相互依赖	• 制定一个小组目标，宣布所有的小组成员都必须达到他们的学习目标 • 提供基于小组成功的奖赏（例如，小组评级、加分或者有形奖赏） • 分发有限的资源 • 分派给每个成员具体的任务 • 划分工作给每个人，使得每个成员的任务对下一个成员完成他的任务都是必要的
个人和小组责任	• 任意选择一个学生的成果作为小组的代表 • 对小组的所有成员进行测验并算出平均成绩
人际交往技能	• 教授沟通技能，尤其是在小学 • 把社交目标纳入合作课程 • 告知学生在他们的小组里成功活动所必需的合作技能
面对面的互动	• 监控小组成员对资源的使用和挑战水平，并进行反馈 • 监控和支持互动与合作，尤其是对小学的学生
小组加工	• 给予时间让小组反思他们的运作，这样学生就不会想当然地认为速度和早点结束比有意义的学习更为重要 • 让学生鉴定在他们的交流中什么是有益的，什么是无益的 • 运用小组加工的信息来决定下次任务要做何改变，或者小组的人员配置需要做何调整

资料来源：Johnson & Johnson, 1986, 1990; McCaslin & Good, 1996.

向能力更强或经验更丰富的学生学习的同时，可以参与且提高他们的能力水平（Brown & Palincsar, 1989）。随着学生对技能的不断掌握，他们可以对交互式教学过程承担更多的责任，支架也逐渐撤除。

交互式教学特别适合小学，因为这一时期的阅读教学集中于理解能力的获得。这种方法使所有年龄阶段的学生在阅读理解方面取得实质上的进步（Rosenshine & Meister, 1994; Slavin et al., 2009）。它也能提高小学和中学的学习障碍学生的阅读能力（Alfassi, Weiss, & Lifshitz, 2009; Gajria, Jitendra, Sood, & Sacks, 2007）。由于学生必须明确地说出什么构成了好的问题、预测和总结，进而他们的策略变得脱离背景，最后可以应用于任何领域（Collins et al., 1989）。

教学对话（instructional conversation）。在很多小学课堂里，学生语言的功能仅限于已知的回答（Gallimore & Goldenberg, 1992）。相反，教学对话法认为，教学包含对话，即学生有重要的事情要说，他们的输入也是很重要的。教学对话法由10个要素组成（见表20-4），它体现了维果斯基在最近发展区内进行辅助学习的思想。教师和学生就一篇课文进行交流，这种交流看起来像是自发的讨论，但实际上这是一种带有教育性和会话性两个目的的计划性互动（Gallimore & Goldenberg, 1992; Gallimore & Tharp, 1990）：1）教育性目的，关注学习目标，即教师希望学生从文章的阅读中学到什么（例如词汇、理解、主题）；2）会话性目的，旨在通过真实的交流创建对课文内容的共同理解和解释。

教师可以使用教学对话法来促进小学生在阅读课期间与故事的互动和理解（Gallimore & Goldenberg, 1992; Saunders & Goldenberg, 1999）。与接受传统阅读理解教学的学生相比，参加教学对话的学生能取得本年级水平或者更高的阅读理解技能，并掌握更复杂的、更具分化的概念（Saunders & Goldenberg, 1992; Tharp & Gallimore, 1988）。这些研究发现最初是源自于文化多样性的群体。教学对话法最初被发明并用于美国夏威夷火奴鲁鲁市幼儿园三年级的孩子，后又经改造，用于加利福尼亚洛杉矶的拉丁裔学生（Au, 1979; Goldenberg, 1987）。虽然研究结果表明该方法是有前景的，但是这种方法还需要更多的实证支持（Gallimore & Goldenberg, 1992）。教学对话的有效性在其他年级和其他学生群体中还有待考证。该方法广泛推广的另一个潜在障碍是，若要有效实施教学对话，需要对教师进行一年的培训（Moll, 2001）。

交互式提问（reciprocal questioning）。这是一种强化学生在课堂中所学的新概念、信息或者程序的方法，它鼓励学生之间的结构性谈话。由于每个学生对新材料的理解可能不同，对这种冲突性观念的社会协商可以引起对知识的重新建构（Bearison, 1982; Glachan & Light, 1982）。例如，高中生在参加了一堂关于1820年《密苏里妥协案》的历史课之后，他们就可以根据表20-5所示的题干，各自提出二至三个问题，然后轮流在合作小组里提问和回答彼此的问题。通过在同伴小组里对课程内容提供解释，学生促进了自己对材料的理

表20-4 教学对话的要素

教学要素	如何实施
聚焦主题	• 选择一个主题或者一种观点作为集中讨论的出发点 • 制订一个关于主题如何展开的总体计划
背景知识的激活和使用	• 通过把知识穿插到讨论中为学生提供理解课文所需要的背景知识
直接教学	• 必要时直接教授技能或者概念
促进更复杂的语言或表达	• 通过让学生充分阐明他们的想法，提问他们，使用更复杂的语法和词汇重述他们的贡献，从而引出更复杂的语言
增强声明或者立场的基础	• 鼓励学生使用课文、图片和推理来支持一个论点或立场 • 探究学生说法的根据（例如，询问"你怎么知道"）
更少"已知答案"的问题	• 关注那些可能不止一个正确答案的问题
对学生的贡献做出反应	• 在保持讨论的焦点、连贯性和初始计划的同时，对学生的陈述和他们提供的进一步讨论的机会做出积极反应
连贯的交谈	• 确保讨论包含互动和轮流进行，以便后继谈话可以建立在先前基础上并进行扩展
挑战性的而非威胁性的氛围	• 创设一种开放的、支持性的氛围激发学生商讨和建构课文的意义
全体参与	• 鼓励学生自愿发言而不是直接确定谁来发言

资料来源：Adapted from Goldenberg, 1992/1993.

表 20-5 交互式提问的题干

促进的类型	目的	例子
核查理解	自我测验	• ……是什么意思？ • 用自己的话描述…… • ……的新例子是什么？
建构知识	通过以下途径建构新知识并把它和先前知识整合起来： • 解释 • 在材料之间建立评价性、比较性或证据性的联系	• 解释为什么…… • 解释怎么样…… • 你怎样解释…… • ……怎样与我们以前所学的知识联系在一起？ • 关于……你能得出什么结论？ • 如果……将会发生什么？ • ……如何影响…… • 你认为什么导致了…… • ……的长处和弱点是什么？
激发思考	通过表达不同观点来引发认知冲突	• 你认为如果……将会发生什么？ • 你同意或者不同意这种观点吗，为什么同意或者不同意？ • ……最好的是什么，为什么？
元认知	监控思维和学习	• 什么使你那么想？ • 你的理由是什么？

资料来源：Adapted from King, 2002.

解（Dansereau, 1988；Webb, 1989）。题干是这种方法中最重要的部分，因为它们鼓励学生从事以下活动从而引导讨论（King, 1990, 2002）：

- 向他人提供解释；
- 正视不同的观点，以全新的方式仔细思考材料；
- 通过元认知问题监控自己的思维。

对于如何产生问题，更多的指导胜过更少的指导。在金（King）的研究（1990, 2002）中，那些在使用"为什么"和"怎么样"提问方面受过训练的学生比未受过训练的学生提出了更多批判性思考的问题，并且给出和得到了更精确的解释（King, 1990, 2002）。

交互式提问产生了一些积极的学术成果。与参与小组讨论的学生相比，采取交互式提问的学生提出了更多的高水平、具有批判性思考的问题（King, 1990, 2002）。在同伴群体中对课程内容给予解释的学生，也提高了自己理解材料的能力（Dansereau, 1988；Webb, 1989）。从对小学生到大学生的研究也表明，与小组讨论、无指导的同伴提问和对材料的一般性回顾相比，交互式提问更为有效地促进理解（Fantuzzo, Riggio, Connelly, & Dimeff, 1989；King, 1991）。近期一项关于孤独症孩子的研究表明当被以交互式提问后，这些孩子在同伴小组内阅读时，可以增加提问和回答的频率（Whalon & Hanline, 2008）。

本章小结

1. 界定学习目标并说明为什么一节课具有明确的学习目标是非常重要的

学习目标是关于学生在课程结束后要了解什么或者能够做什么的描述。目标构成了一堂优秀课的基础，它是评价学生学习的标准。布鲁姆的认知目标分类方法是一个设计学习目标的有用工具，它设置了思维的六个不同水平：记忆、理解、应用、分析、评价和创造。

2. 描述掌握性学习和直接教学的目标，并讨论各种方法的优缺点

掌握性学习通过调整学生完成个别课程单元所需的时间和反馈，从而鼓励所有学生都达到对课程内容的掌握。掌握性学习可应用于所有的年级水平和难度不同的材料，但它可能扩大低成就学生与高成就学生之间的成绩差距。直接教学通过使用教师控制、结构化课程、练习和反馈使学业学习时间达到最大化。这种方法对教授基本技能，尤其是对低成就学生和障碍学生是有效的，但当用于高成就学生和任务定向的学生，或者作为教师唯一的教学方法时，它可能是无益的。

3. 说明发现性学习和讲解式教学是如何促进有意义学习的

有意义学习是通过选择和组织信息并把它和先前知识

联系起来从而形成新知识的过程。在发现性学习中，学生通过对课程内容的非结构化探索，主动发现和内化概念、规则或者原理。讲解式教学促进有意义学习的方式是：1）通过先行组织者激活学生的原有知识；2）强调新材料与学生已知的以及真实的事例、情境的关联；3）提供机会让学生在多种不同的情境中应用知识。

4. 描述建构主义教学中使用的基于认知学徒制的技术

探究性学习、合作性学习、教学对话、交互式教学和交互式提问都是使用认知学徒制的各种技术的建构主义教学方法。学生进行探究，技能练习、推理解释、反思和发言。教师在必要时进行解释、示范、指导、支持和撤除支持。有经验的学生也使用支架和撤除的认知策略来帮助缺乏经验的同伴。

案例学习：反思与评估

儿童早期：毛毛虫圈

1. 莎拉阅读活动中的什么要素看起来是根据学生的发展水平进行了精心设计的？
2. 你会怎样陈述莎拉阅读圈的行为目标？根据表现、条件和标准来陈述可能的目标。
3. 莎拉和她的助手史蒂夫采取的什么措施有可能增加学业学习时间？

4. 阐明莎拉在她的学前班该如何使用指导性探索法。选择一个特定的主题或者课程并描述她需要如何组织课程以达到最佳学习。
5. 阐明莎拉在她的学前班该怎样使用探究性学习和合作性学习。描述对障碍学生使用这些教学方法的好处和注意事项。

小学：生态系统

1. 在这个案例中什么迹象表明教师进行了精心设计？
2. 莉拉妮告诉学生这个活动的目的了吗？她确立行为学习目标了吗？行为目标的陈述怎样与评估相关联？
3. 阐明莉拉妮在生态系统项目中该怎样使用探究性学习。面对这样一个多元化班级的学生，莉拉妮在组织探究小组时应该预见到什么潜在的问题？
4. 如果你是这位教师，你会使用讲解式教学或者指导性发现方法来处理一节生态系统课吗，为什么？你所选择的方法在什么方面符合你的教学理念？
5. 假设莉拉妮采取了进一步的活动，她让每组学生就生态系统进行交互式提问。阐明这种方法的好处，并解释为什么这种方法比让学生对所学的东西进行总结更有效。
6. 假设莉拉妮使用直接教学来教授阅读，她需要考虑什么因素来满足不同学习者如米西、塔米克、斯蒂文、杰克逊、爱丽莎和乔治的需要？她可以采用本章中探讨的哪些其他方法作为直接教学的补充？

初中：课堂安全

1. 你认为索尔的小组项目的目标是什么？这些目标是根据表现、条件和标准传达给学生的？
2. 索尔教学的哪些方面看起来是经过精心设计的？哪些方面需要再加以考虑？
3. 索尔把学生分配到项目小组可能会怎样影响学业学习时间？
4. 确认认知学徒制所使用的技术，并描述索尔在他的工艺课上可以怎样使用这些技术。
5. 假设你是索尔的同事。向他说明他可以怎样使用合作性学习来提高分配项目的效率。

高中：拒绝换衣服

1. 为玛丽亚的第一节课确定两个合适的学习目标。
2. 玛丽亚所教的是健康和体育。你怎样理解体育课的课程计划与传统的科目如几何或者物理课程计划的区别？
3. 本章所讨论的哪种教学方法看起来最适合玛丽亚的课？请说明。
4. 根据案例中的细节，假设戴维在第二节的英语作文课上使用的是直接教学法。假如你是他的同事，请向他解释这种方法的弊端。
5. 如果你上第二节的英语作文课，描述你对案例中的学生所采用的教学方法。提供你选择这种教学方法的依据。
6. 假设布列安娜第二节课走进的是一堂英语先修（AP）课。说说你希望看到的教学方法。你的答案与你对第5个问题所给出的答案有区别吗，为什么？

第 21 章
分组实践

学习目标

1. 讨论班级内和班级间按能力分组的利弊。
2. 讨论弹性分组法的优点。
3. 明确合作性学习的特征并讨论这种方法的有效性。
4. 描述在小学和中学教育中处理学生差异以及实施合作性学习的有效做法。

教师要解决的首要挑战就是如何处理学生先前知识的差异和成绩水平的差异。当一组学生在某一特质如成绩或者能力上表现出差异时,这被称为**异质性**(heterogeneity)。当学生之间在某一特质上不存在变化时,这被称为**同质性**(homogeneity)。在历史上,第一个减少儿童异质性的尝试就是从一间校舍到按照年龄分组,现在称之为年级的转变。按年龄分组是 19 世纪的一次改革,但仍然没有解决各年级内学生能力的巨大差异问题(Goodlad & Anderson, 1987)。

大约从 1900 年开始,20 世纪的大部分时期,能力分组一直是减少异质性的普遍做法(Barr, 1995; Mills & Durden, 1992)。**能力分组**(ability grouping)是把成绩或者能力相同的学生编成小组的方法。**合作性学习**(cooperative learning),一种较为新近的方法,是将学生分成小组协同活动的方法,其特征是在各组内混合不同成绩水平的学生。虽然能力小组中的学生也可以协同活动,但按能力分组制造了一种比合作性学习更具竞争性的氛围。把学生分为高成就和低成就的不同小组,经常使高成就者和低成就者体验到不同的教师期望,为不同的学习目标学习,通常还伴有不同的课程(Weinstein, 1993)。

对能力分组与合作性学习的区分并不一定意味着一种分组结构优于另外一种。在选择分组结构来解决学生的能力差异时,教师需要考虑许多因素,既有学业性的,又有社会情感的。我们来看看不同的方法,并探讨一些分组的最佳做法吧。

21.1 按能力分组

能力分组的目的是通过让教师调整学习目标、活动、材料和教学进度来满足各个特定小组或班级学生的具体需要，从而提高所有能力水平学生的学习。当能力分组被正确实施时，所有能力水平的学生都表现出学业成绩的进步（Fielder, Lange, & Winebrener, 1993；Shields, 1995；Slavin & Madden, 1989）。来自少数民族群体和不利经济地位的学生也能从实施得当的能力分组中获益（Lynch & Mills, 1990）。

教师是否使用能力分组可能部分取决于他们对这种方法的看法（Chorzempa & Graham, 2006）。撇开看法不谈，为了客观地评价能力分组的益处，我们应该考虑两个关键的问题：

（1）能力分组的有效性如何？
（2）能力分组对所有学生都具有同样的益处（和不利影响）吗？

21.1.1 班级内能力分组

班级内能力分组（within-class ability grouping）是在独立的班级内把能力相同的学生编成小组的做法。这种分组方式是小学阅读教学中的常见做法（有时也见于数学教学）。例如，教师可以把全班分为高、中、低阅读成绩组，当其他阅读小组的学生在完成独立课堂作业时，教师可以把时间用于大声朗读和理解活动组。虽然班级内能力分组仍然普遍应用于低年级的阅读教学中，但目前表现出一种向所有班级阅读教学的变化趋势（Baumann, Hoffman, Duffy-Hester, & Moon Ro, 2000；Chorzempa & Graham, 2006）。

班级内能力分组
这种方法常用于小学的阅读和数学教学。

研究表明，与其他方法相比，班级内能力分组对学生的学习具有积极的影响。

班级内能力分组总体上比传统的教师领导全班教学、异质分组或者独立课堂作业更有效（Kulik & Kulik, 1992；Lou et al., 1996）。

它也比个别化的掌握性学习更有效（Lou et al., 1996）。掌握性学习是教师呈现课程并对学生进行测验的做法。没能达到事先设置的掌握标准（例如，测验的80%）的学生接受额外的教学，而超过标准的学生则进行充实活动。

数学和自然科学的能力分组较之混合教学，尤为有效（Lou et al., 1996）。数学和自然科学教学，相比其他学科，更具层级性，即新的概念和技能常常建立于先前内容的基础之上。班级内能力分组使教师得以调整教学使之适合各组学生当前的成绩水平。在混合能力班级里则相反，数学教学可能涉及一些低能力学生还未学会，而高能力学生已经掌握的材料。

尽管能力分组并未显示出对学生自尊的不利影响，但它确实促使一些学生的成绩超出其他学生（Kulik & Kulik, 2004）。高能力组的学生和天才学生从班级内能力分组中获益最多（Kulik & Kulik, 1990, 1992）。中等生从能力分组中获得部分益处，而低成就学生则从异质分组中获益更多（Lou et al., 1996）。因此，对能力分组的一个主要批评是它扩大了高成就者和低成就者之间的差距（Calfee & Brown, 1979；Hiebert, 1983；Moody, Vaughn, & Schumm, 1997）。

能力小组间的差距增大部分是因为低能力组和高能力组学生接受不同水平和进度的教学。与高水平阅读组的学生相比，低水平阅读组的学生花更多时间进行口头朗读和听教师朗读，花更少时间默读，并且花更多的时间进行技能的机械学习，而不是理解、讨论和解释（Allington, 1983；Chorzempa & Graham, 2006）。教师也常常频繁地打断低水平阅读组学生的口头朗读来纠正错误，从而放慢了教学的进度（Allington, 1980, 1983）。结果，不同能力水平的学生得到了不同程度的训练（Biemiller, 1977/1978；Juel, 1988；Nagy & Anderson, 1984）。高水平阅读组的学生每天阅读的词汇量是低水平阅读组的3至4倍（Allington, 1984；Biemiller, 1977/1978）。对学生进行阅读分组，再加上优秀阅读者比中下水平的阅读者更多的校外阅读训练，导致了所谓的马太效应（matthew effect），即中上水平阅读者的阅读成绩比中下水平的阅读者以更快的速度增长（Stanovich, 1986）。

马太效应

优秀阅读者，如图中所示的男孩，比中下水平的阅读者更经常进行校外阅读，并以更快的速度增进他们的阅读技能。

此外，班级内能力分组也使少数民族学生和来自低层社会经济地位的学生处于极为不利的地位。来自较高层社会经济地位的学生通常组成最高能力小组，而来自低收入家庭或者少数民族群体的学生则一般被安排在低能力小组（Chunn，1989）。许多因素可能影响这些分组决定，包括教师的期望、过去的成绩和标准化测验的分数。

21.1.2 班级间能力分组

班级间能力分组（between-class ability grouping）（也叫**轨道法**）是根据学生的成绩水平把他们安排在同一个班级，这是高中常见的做法，有时也用于初中。一个学生的过去成绩，单门科目（如数学或者语言艺术）的测验分数，或者几门科目成绩的综合都可用于决定其所在的"轨道"，这要取决于所在的地区或者学校。学生在小学阶段的能力小组安排常常是决定其在初中或者高中安置的另一个标准（Moore & Davenport，1988；Rist，1970；Rosenbaum，1980）。一个在小学处于低水平阅读小组的学生在中学或者高中很有可能被安置在低级轨道上。根据这种选择标准，学生被安排到不同的课程轨道上（如荣誉班、大学预备班、补习班/职业班），在这里所有课程（英语、数学、自然科学、历史等）学生都有相似的能力水平。图 21-1 分别展示了一个高级轨道上的学生和一个低级轨道上的学生的课程表实例。

对轨道法的一个批评是它加强了种族和社会经济分化。正如前面所讨论的，来自少数民族群体和贫困背景的学生常常被安排在小学的低能力组。由于初中和高中的轨道决策部分取决于过去在小学的小组安排，因此，非洲裔的美国学生，拉丁美洲裔的美国学生，或者来自低收入家庭的美国本土学生常常被安排在低级轨道（Darling-Hammond，1995；Loveless，1999；Oakes，1992）。

高级轨道的课程表

姓名：达西·林德科斯特	年级：新生
辅导教师：本纳特小姐	年级教室号码：214
2009～2010学年的课程表	
英语：高级英语写作	
数学：代数二级	
科学：生物学	
外语：高级西班牙语一级	
选修课程：美国政府	

低级轨道的课程表

姓名：戴维·霍姆斯	年级：新生
辅导教师：克莱恩夫人	年级教室号码：211
2009～2010学年的课程表	
英语：高一写作	
数学：代数入门	
科学：自然科学	
外语：西班牙语一级	
选修课程：美国政府	

图 21-1　一个高级轨道学生和一个低级轨道学生的课程表
高级和低级轨道的学生体验到不同的课程和教师期望。

在讨论轨道对学生的影响之前，我们应该记住这种影响并非由轨道本身引起的，而是由学生在各自轨道的不同经历导致的。轨道对高成就与低成就学生的不同影响部分是由于教师所采用的不同方法（Gmamoran，1992；Wheelcock，1992）。天才项目计划、荣誉课程和先修课程的学生明显受益于轨道法（Kulik & Kulik，2004；Robinson & Clinkenbeard，1998）。与非天才学生相比，教师对天才学生使用了十分不同的教学方法，并提供业已证明对天才学生有效的充实和加速教学（Brown，1993；Rogers，2002）。高级轨道的教师（Finley，1984；Oakes，1985，1990）：

- 花更多的时间备课；
- 使用更有趣的教学材料；
- 分配要求更高、更长的阅读任务；
- 呈现更复杂的材料；
- 在教学中传达更多热情。

相反，低级轨道的学生则常常被安排较少的英语、数学和自然科学课程（Darling-Hammond，1995；Loveless，1999）。他们的课堂也以低水平教学、机械练习和缺乏高层次内容为特征（Banks，2006；Gamoran，1990；Oakes，1992）。结果，轨道法给高级轨道的学生带来明显的学业优势。

研究表明，轨道法对中级轨道和低级轨道的学生几乎没有什么不利影响（Kulik & Kulik，2004）。然而，要察看轨道法的全部影响，仅通过比较高级轨道和低级轨道的学生并不能提供全貌。轨道法的影响因一些因素例如科目和性别而变化。

在一些层级性的学科中，例如数学，轨道法甚至有利于低级轨道的学生。对大约1052所学校的24000名中学生的研究显示，轨道法对所有能力水平的学生的数学成绩都具有积极影响（Mulkey，Catsambis，Steelman，& Crain，2005）。这个发现支持了以往的研究，即在混合能力代数班的中学生学得不如分轨道的代数班的学生那样多（Epstein & MacIver，1992）。

轨道法还可能对男女生产生不同的影响。在中学，当在英语和数学课上进行分轨时，高成就男生的抱负水平常常低于高成就女生（Catsambis，Mulkey，& Crain，1999，2001）。在数学学科（被认为是"男性领域"的科目），高成就女生花更多的时间做家庭作业，可能是因为她们要努力学习来与她们的男性同伴竞争。与之相反，男生（在男性成就领域更重视社会比较的人）当被安排在高级轨道时，可能不再感觉到优于其他学生，因为他们现在被安排在具有类似能力的同伴小组中（Catsambis et al.，2001；Schwalbe & Staptes，1991）。被安排在低级轨道的低成就男生则比低成就女生具有更积极的情感（Catsambis et al.，2001）。

在对轨道法进行总结之前，让我们一起看一下这种方法对学生非学业成就方面的影响。高级轨道上的学生和被放置在天才班的天才学生可能会经历自我概念（个人能力的评价）的轻微下降（Butler，2008；Preckel，Götz，& Frenzel，2010）。这可能是由于更激烈的成绩竞争以及与其他同样成就水平的学生比较而导致的（Mulkey et al.，2005）。这些学生都受表现目标驱动，即希望展现出比他人更高的能力，当遇到困难时不愿寻求他人的帮助（Butler，2008）。在较低轨道的学生，尤其是男孩，可能会经历学术上自我概念的小幅提升（Butler，2008；Mulkey et al.，2005），因为他们为了不比别人表现得更差，即表现回避目标，所以在遇到困难的时候更有可能去寻求他人的帮助（Butler，2008）。

> 思考：假设你在一个采用能力分组的学校里教书。能力分组对你所教的年级水平有什么不利影响？当你对学生进行教学时你会如何处理这些问题？

21.1.3 弹性分组法

弹性分组法可用于代替能力分组。正如能力分组一样，弹性分组法减少学生间的能力水平差异，使教师得以调整教学来适应特定学生的需要和能力水平。与班级内分组和轨道法不同，弹性法允许各能力小组随时根据学生成绩的变化调整小组成员，由此也避免学生因固定在低水平组而遭受歧视。

重新分组（regrouping）是指根据学生的当前能力水平将其安排在同质小组中接受阅读或者数学教学，但所有其他科目仍留在异质班级中（Slavin，1987b）。例如，如果两个二年级班级每天同时开设阅读课，学生就可以到各个专为特定的阅读水平设置的班级里。学生可以因成绩的改变而不断地被分组和重新分组。重新分组将阅读或者数学小组的数量减为一个班级组，缓解了班级内能力分组的常见问题，例如需要管理不同的小组，安排独立的课堂作业，以及死板的能力小组使学生遭受歧视（Gutierrez & Slavin，1992；Slavin，1987b）。当重新分组仅用于一个或两个科目，而且课程和教学进度都做了修改以适合学生的能力水平时，重新分组对学业成绩将产生积极的影响（Gutierrez & Slavin，1992；Mason & Good，1993；Slavin，1987a）。

几种**无年级计划**（nongraded plans）跨越年级和年龄水平灵活地将学生组织到同质小组中（Gutierrez & Slavin，1992）。**跨年级分组**（cross-grade grouping）是无年级计划中最简单的形式。来自不同年级的学生根据其阅读或者数学成绩水平被分配到同质小组中，每个小组都有不同的课程材料和不同的方法（Kulik & Kulik，1992）。由于跨年级分组比班级内能力分组涉及更多的小组，这使小组安排和教学可以更好地契合学生的能力水平（Kulik & Kulik，2004）。例如，在第一个最著名的跨年级分组计划——**乔普林计划（Joplin plan；Floyd，1954）**中，四到六年级的学生被安排到阅读水平在二年级到九年级之间的同质小组中（Kulik & Kulik，2004）。跨年级分组的学生，尤其是低成就学生，与混合能力教学班的学生相比，几乎没有表现出成绩的进步（Kulik & Kulik，2004）。天才学生则从跨年级分组中受益，因为这使他们可以和能力水平相同的同伴交往（Kulik，1992；Rogers，1993）。

在更大的范围内，可以灵活地对学生进行多学科分组，或者把整个学校组织成无年级、多年龄的课堂（Gutierrez & Slavin，1992；Slavin 1987a）。在**多年龄课堂（multiage classrooms）**中，不同年龄（如8岁、9岁和10岁）的学生根据其当前的成绩、动机和兴趣组成一个班级。这种结构减少了学生间的异质性，并促进了适合儿童发展的课程（Gutierrez & Slavin，1992；Lloyd，1999）。与无固定班级计划的目标相一致，这种分组方法有利于提高学生的成绩，并且不会对社会化或者心理社会调节产生负面影响（Gutierrez & Slavin，1992；Rogers，1991）。无年级、多年龄班级中的学生比分年级班级中的学生更喜欢学校，且具有更成熟的人际交往智力（Anderson & Pavan，1993；Goodlad & Anderson，1987；Veenman，1995）。

请注意多年龄班级有别于多年级班级。**多年级班级（multigrade classes）**，也叫作混合班或者分级班，是通过合并年级来解决注册人数下降或者班级规模不均衡的一种行政手段（Lloyd，1999；Veenman，1999）。这些班级中的学生分别接触不同的课程，因此保留了各自的年级水平。多年级课堂由同一位教师来教授不同年级的学生，但又保留了各自的课程和年级水平，对学业成绩并没有什么益处（Veenman，1997）。

> **思考**：作为一个学生，你更喜欢弹性分组法而不是按能力分组吗，作为一个教师呢，为什么？

21.2 合作性学习

合作性学习，一种将学生分组协同活动的方法，已成为从学龄前教育至大学教育中越来越流行的一种方法（Johnson, Johnson, & Smith，2007；Tarim，2009；Tsay & Brady，2010）。它被79%的小学教师和62%的中学教师以某种形式应用（Puma, Jones, Rock, & Fernandez，1993）。这种方法有别于学生分组活动——未必需要合作的**小组活动（group work）**。而且，与小组活动相反，合作性学习小组是典型的异质性群体，由低、中、高成就的学生组成（Johnson & Johnson，1986；Slavin，1980）。

21.2.1 合作性学习的特征

要让小组活动成为成熟的合作性学习，它必须包含以下五个要素（Johnson & Johnson，1999）：

1）积极的相互依赖；
2）个人和小组责任；
3）面对面的互动；
4）人际交往技能；
5）小组加工。

在组织合作性学习任务时，积极的相互依赖是要考虑到的最重要因素（Johnson & Johnson，1998；Slavin，1991）。**积极的相互依赖（positive interdependence）**，一种"荣辱与共"的感觉，可以通过以下途径实现（Johnson & Johnson，1986）。

- 制定一个小组目标，并规定所有的小组成员都必须达到他们的学习目标。
- 提供基于小组成功的奖赏（例如，当所有小组成员达到目标时，给予小组级别、积分或者有形奖赏）。
- 分发有限的资源使合作成为必要。
- 在小组计划中给每个成员分派特定的任务。
- 把工作划分给每个成员，使得每个成员的任务对下一个成员完成他的任务都是必要的。

构建一个让学生朝着单一目标或奖励努力的任务，有助于增加学生的学习动力和学业成就（Johnson & Johnson，2009）。但是，如果让学生相互依赖于资源、角色和任务，没有建立一个小组目标或奖赏，则可能会削弱学生的学业成就和动力，因为学生只关注从其他人那里获取资源，而没有分享（Johnson & Johnson, 2009）。

个人和小组责任（individual and group accountability）是合作性学习中的第二要素，是指对小组的个人责任感（Johnson & Johnson, 1990）。由于学生是以小组为单位来评级和获取奖励的（小组责任），因此每个学生均有责任完成他们的分内工作并帮助他人以实现小组目标（个人责任）。责任可通过多种途径落实，例如，随机挑选一个学生的成果作为小组的代表，或者对小组所学的材料进行测验，然后计算平均数（Johnson & Johnson, 1986）。

合作性学习还需要面对面的相互作用和人际交往技能。与简单地一起活动不同，**面对面的互动**（face-to-face interaction）要求学生相互提供有效的帮助和反馈来提高成绩，有效地交换资源，质疑彼此的推理，并相互激励以实现目标（Johnson & Johnson, 1990）。为此，学生必须具备**人际交往技能**（interpersonal skills），例如信任、沟通、决策、领导和冲突解决。教师应该教授和监控这些技能，尤其在小学阶段，而不是想当然地认为学生拥有这些能力。他们还应该把人际交往技能纳入合作性学习活动的目标体系，并讨论学生在小组中成功活动所需要的合作技能。

合作性学习并非以活动的完成而告终，而是结束于**小组加工**（group processing）。在小组加工中，学生明确什么是有益的，什么是无益的，并在进入下一个任务之前确定什么是需要改变的。要想合作性学习有效，提供小组加工的时间是必要的（Johnson & Johnson, 2009）。

教师可以根据不同的目的组织不同的合作性小组活动（Slavin, 1987b）。

（1）**约翰逊法**（以创建者戴维和罗杰·约翰逊命名）：学生在具有前述特征的小组里，一起从事一项共同的活动（Johnson & Johnson, 1975, 1978）。例如，刚教完诗歌形象语言的中学英语教师，可以安排学生组成合作小组，给每个小组发放一组诗用作比较，并要求小组最后作面向全班的发言。为了提高效果，小组必须是异质性的，且由3~4个学生组成（Lou et al., 1996; Marzano, Piedering, & Pollack, 2005）。教师可以根据诸如能力、兴趣、性别或者种族等标准来设计混合小组。

（2）**拼接法**：拼接法是为了给来自不同文化背景的学生提供相互依赖和合作的机会（Aronson, Blaney, Stephan, Sikes, & Snapp, 1978）。每个小组成员都是某块任务的专家并对其他成员进行指导以便共同完成任务。每个人的贡献都是重要的，每个成员都促成了总体目标的实现（Aronson, 2000; Aronson et al., 1978）。例如，四年级的学生学习奴隶制的废除就可以在合作计划中划分成不同的主题，例如奴隶的生活、奴隶争取自由的途径、废奴主义者的作用和哈莉特·塔布曼的作用。

拼接法
每个小组成员负责一块任务。

（3）**能力-中心法**：混合能力小组中的学生学习阅读、数学或其他学术材料，并根据所有小组成员的成绩来获取奖励。这些方法的例子见表21-1。

> 思考：你参加过小组活动或者合作性学习吗，你认为这两种方法都是有益的吗，为什么？

21.2.2 合作性学习有效吗

合作性学习对学生成绩的益处胜过让学生为最高等级或者最高分数竞争的竞争教学法，也胜过让学生独自从事任务的个别化法（Johnson & Johnson, 1998; Johnson, Maruyama, Johnson, Nelson, & Skon, 1981）。而且，合作性学习情境中的学生（Johnson & Johnson, 1990, 1998; Johnson, Skon, & Johnson, 1980）：

表 21-1 基于能力的合作方法

合作方法	特征
学生小组-成就分组（STAD）	• 小组由四个能力、性别和种族各不相同的成员组成 • 小组成员一起学习直到所有成员都掌握材料 • 根据超出以往测验成绩的程度，每个学生都可以为整个小组成绩做出贡献 • 在班级简报上对个人高分和好的小组排名进行表彰
小组-竞赛-友谊赛（TGT）	• 学生通过每周与其他小组中能力和自己相近的成员进行比赛来为自己的小组赢得分数 • 在班级简报上对个体优胜者和成绩最高的小组进行表彰
小组辅导个别化（TAI）	• 小组由4～5个不同能力的成员组成 • 小组成员以自己的速度学习一组数学单元，并与其他组员结成对子检查彼此的练习 • 测验成绩和一周内通过的测验次数纳入小组成绩 • 当小组成绩超出预先设置的成绩标准时，颁发证书
同伴协作学习策略（PALS）	• 给在特定技能上需要帮助的学生配对一个拥有这方面技能的学生来帮助他 • 当大声朗读时，听时，学生们互相配对成导师或教练，并在结构化活动中提供反馈
合作性综合阅读和写作模式（CIRC）	• 异质小组由一种阅读水平（例如中上）与另外一种阅读水平（例如中等）搭配成对的学生组成 • 在合作性学习小组中，学生完成独立的阅读要求，并从事阅读任务和综合语言艺术/写作任务

资料来源：DeVries & Edwards, 1974; Slavin, 1978, 1986; Slavin, Leavey, & Madden, 1984; Slavin, Madden, & Stevens, 1990; Slavin, Lake, Chambers, Cheung, & Davis, 2009; Stevens, Madden, Slavin, & Farnish, 1987; Webb, 2008.

- 花更多的时间在任务上；
- 更愿意承担困难的任务；
- 尽管遇到困难，仍表现出对任务的坚持；
- 表现出积极的态度；
- 表现出高水平的推理、创造性思维；
- 所学知识的长期保持和迁移。

但是，合作性学习对每个人都有利吗？

合作性学习通常对低成就学生最为有利，而天才学生从中获益最少。从小学至高中的低成就学生均从英语、数学、科学和社会等科目的合作性学习中获得学术性和社会性益处（Schachar, 2003）。而天才学生则不能从涉及混合能力小组的合作性学习活动中受益（Felehusen & Moon, 1992; Fielderd et al., 1993）。相反，那些至少有部分学校时间在同质小组中的天才学生比被进行异质分组的天才学生表现出更大的成就（Kulik & Kulik, 1987）。

社会经济地位和种族也是在评估合作性学习的有效性时必须考虑的因素。生活在城市中的学生，来自低收入家庭的学生和少数民族学生因为参与合作学习（如同伴协作学习）而获得更高的学业成就（Rohrbeck, Ginsburg-Block, Fantuzzo, & Miller, 2003）。非洲裔美国学生、美洲印第安学生、墨西哥裔美国学生、波多黎各学生、东南亚学生或者太平洋岛屿的学生常常从合作性学习活动中受益（Garcia, 1995; Losey, 1995; Miller, 1995）。合作结构更符合这些强调合作奖赏和集体成就的群体的家庭价值观和习惯（Garcia, 1992; Lomavaima, 2003）。合作活动也可能有助于第二语言的学习者，因为在这种背景中他们有更多的机会练习语言（Smith, 2006）。

合作性学习还具有许多非学业益处（Solomon, Watson, & Battistich, 2001）。

- 80多项研究表明，合作性学习可以提高自尊，尤其是障碍学生的自尊（Johnson & Johnson, 1998; Smith, Johnson & Johnson, 1982）。
- 合作性学习比竞争或者个别化方法更有利于激发成就动机或者内在动机（Johnson & Johnson, 1985）。
- 由于合作小组中的学生必须给予和接受个人以及学业支持，因此合作性学习促进了同伴关系，增强了学生的同情心，对差异的容忍力，接纳感和友谊的发展（Johnson & Johnson, 1998; Slolmon et al., 2001）。它促进了障碍学生与非障碍学生之间，不同种族的学生之间的人际关系（Aronson, 2000; Johnson & Johnson, 2009）。

21.3 应用：最佳实践

21.3.1 小学：有效地应用班级内能力分组

尽管弹性分组法可能比班级内能力分组更能够减少

学生间的差异和提高学生的学业成绩，但班级内能力分组在许多小学仍然相当普遍。班级内能力小组的组成需要仔细考虑，以及频繁的重新评估每位学生当前的成绩水平。下面的准则有助于确保班级内能力分组得到适当而有效的应用。

调整教学方法和材料以满足各组学生的需要。当无视能力小组，而对学生施以同样的教学时，能力分组是无效的（Lou et al., 1996）。例如，虽然低、中、高阅读小组的教学进度常常由于高成就阅读者可以更快学完课程而不一致，但小学教师仍然倾向于花同等时间在所有的阅读小组上（Allington, 1983；Barr & Dreeben, 1983）。这就意味着低成就小组的学生需要额外的教学时间以便缩小成就差距（Allington, 1984）。

保持较小的小组规模。以往的教师在实施班级内分组时，常常组织三个同质小组：中下、中等和中上。然而，现在庞大的班级规模向班级内能力分组提出了一个问题，因为它们造成了更大的组群。过大的小组规模已被证实对成绩有负面影响，因为大组的学生比小组的学生学得更少（Hallinan & Sorensen, 1985）。班级内能力分组的最佳规模为 3~4 个成员（Lou et al., 1996）。最近的趋势显示，教师倾向于组织更多的小组以减少组内成员（每个班级平均四个小组）（Chorzempa & Graham, 2006）。

频繁地变换小组安排（Smith & Robinson, 1980）。在班级内能力分组中，学生知道小组级别的存在，并且即使采取了措施来掩盖这种等级性（如，称小组为"海豚"和"鲨鱼"），但大多数学生都能意识到自己在等级中所处的位置（Eder, 1983；Filby & Barnett, 1982）。在小学低年级阶段，学生也开始将自己的能力与他人进行比较。固定的等级会增强低级小组学生的自卑感。通过频繁地变换小组安排，教师可以消除学生将自己所处的小组位置和其他学生进行比较所带来的负面影响。这也可以防止**持续的期望效应（sustaining expectation effect）**，所谓持续的期望效应，是指教师将学生保留在当前小组中，无意之中使得低成就学生的成绩维持在现有水平。小组一旦形成，教师就倾向于对小组的所有成员产生同样的期望（Amspaugh, 1975）。结果，他们有时候注意不到学生在某项技能中的进步，因此没能改变对该生的期望。不过，最近的资料表明，当学生在最初的阅读小组一直表现不佳时，教师会比过去更频繁地更换学生所在的小组（Chorzempa & Graham, 2006；Rowan & Miracle, 1983）。

21.3.2 初中和高中：分轨或者不分轨

中学和高中的分轨似乎具有混合效应，那些在高级轨道上、高级课程设置中以及天才项目计划中的学生比低级轨道上的学生体验到更多的学业益处。为了处理中学生和高中生的能力差异，教育者至少有两种选择：

- 取消分轨；
- 提高低级轨道学生的教学质量。

虽然研究证据显示，消除分轨会降低高能力学生的成绩水平（Argys, Rees, & Brewer, 1996；Kulik & Kulik, 2004），教育学家、研究者珍妮·奥克斯及其同事却提出一种在中等教育中不进行分轨而又有效教学的方法。这种方法：

- 要求所有学生选修公共核心课程；
- 取消补习课程；
- 除了为所有学生尤其是少数民族学生设置的公共核心课程外，还提供高级课程作为选修科目。

为了替代补习课程，奥克斯建议结合额外教学时间，课前与课后指导，家教中心来帮助那些学习困难的学生。为了适应学生的能力和兴趣差异，教师还需要重点教授学习策略，以及提供高级作业作为课程范围内的选择（Oakes, 1990a；Oakes & Wells, 2002）。

作为这种方法的一个例子，罗伯特·库珀（1999）报告了关于在一所多种族高中取消分轨的研究。教育者以按照能力和种族进行异质分组的英语和历史的公共核心课程取代对九年级英语和历史的分轨，其目的是对所有学生提供挑战性课程。那些传统上被安排在低级轨道的学生被要求选修"辅助"英语课取代选修课作为学习英语核心课程的学业支持。这使得他们有更多的时间来学习材料和完成作业。与奥克斯和威尔斯（2002）的提议一致，这种体系为所有学生提供了一个公共核心课程，与此同时又提供了教学支持来保证所有学生的成功。大多数学生报告说取消分轨的课程激发了他们的智力，并且觉得这些课程提供了一个积极的学习环境。

另外一些专家认为，可以对轨道进行修改以提高低级轨道学生的经验。亚当·加莫伦（1993）的研究已经明确了提高低级轨道学生成绩水平的几个准则：

- 对学生的高期望；
- 严格的课程；
- 鼓励班级讨论；
- 为低级轨道学生安排创新性任务和经验丰富的教师。

加莫伦和他的同事发现，在进行分轨的初中和高中，那些有效地对所有学生提供高质量教学的学校，甚至在低级轨道也强调智力刺激性的内容，高度条理性的思维以及对材料的深入探讨。这些成功部分归功于教师对所教科目的热情以及对保证班级公平的承诺（Gamoran & Weinstein，1998）。

21.3.3 有效地应用合作性学习

一般来说，当给予小组的任务并未很好地组织，或教师出于便利的原因对学生进行分组，没有确保所有合作学习的元素已经满足，就属于误用合作性学习（Gillies，2003；Marzano et al.，2005）。如果学生没有得到有关课程目标以及对个体贡献和最终作品的期望等方面的具体指导，他们将无法从合作活动中受益。同样地，当学生把大部分的时间花在小组中，而只有很少的时间独立学习和展示新知识与技能时，就属于过度使用合作性学习（Marzano et al.，2005）。有关合作性学习的研究已经产生了数条有助于教师有效实施这种方法的准则（Johnson & Johnson，1986）。

使学生做好合作活动的准备。 在让学生做好合作任务的准备时，详细说明本课的学业和社会目标以便学生了解任务目的。教师常常没有告知学生成功地进行小组活动所必需的合作技能。教师还必须明确地向学生解释积极的相互作用以便他们知道他们必须协作活动以取得成功。教师还可以通过以下措施帮助小组在合作期间有效地活动：

- 教授合作技能；
- 监控学生行为；
- 向小组提供支持（例如回答问题和澄清指示）。

> 在这个活动中，所有小组成员都必须：
> - 认真倾听；
> - 清楚地陈述自己的观点；
> - 轮流；
> - 提出建设性的批评；
> - 弄清他人的观点；
> - 阐明自己的理解。

人际目标
教师需要宣布人际目标来促进合作性学习。

形成合作小组。 虽然形成混合能力小组并非是合作性学习的关键要素（Mills & Durden，1992）。然而，合作小组一般情况下必须是异质性的。异质分组可以根据多种标准，例如能力、兴趣、动机甚至任意的作业（Johnson & Johnson，1986；Marzano et al.，2005）。而且，4～5人的小组通常最为有效，因为这样的小组小到足以保证每个学生都能积极参加（Lou et al.，1996）。但是，当学生缺乏合作性学习的经验或者教师的时间或材料有限时，小组应该由2～3人组成（Johnson & Johnson，1986）。

教师必须留心小组的性别构成。平衡小组中的男女数量以保证平等参与的机会（Webb，1985）。当女孩的数量超过男孩时，她们趋向于听从男孩；当男孩的数量超过女孩时，他们趋向于忽视女孩（Webb，1984，1985，1991）。

把障碍学生纳入合作小组也需要仔细考虑。当学习全新的或者挑战性的观念时，合作性学习对障碍学生并无帮助（Kirk，Gallagher，Anastasiow，& Coleman，2006），因此，它只应该在适合教学目标时使用。在实施包括障碍学生在内的合作性学习时，教师面临的最常见问题是（Johnson & Johnson，1986）：

- 部分障碍学生的恐惧感或者焦虑感；
- 非障碍学生对成绩的担心；
- 鼓励障碍学生积极参与的方式。

你可以通过调整课程来处理这些问题以便所有能力水平的学生都能成功地参与合作小组。调整课程，可以对每个小组成员采用不同的成功标准，或者改变每位学生需要掌握的材料数量。这种方法可以减轻非障碍学生的担心和障碍学生的焦虑。解释小组活动的程序，给予障碍学生特定的角色或者小组需要的专门知识，也可以减少他们的焦虑，从而鼓励他们积极参与（Johnson & Johnson，1986）。

提供小组加工的时间。 当学生评价小组活动和制定改进计划时，他们更不会认为速度和早点结束比有意义学习下面的每一句话都是询问小组的活动状况的。紧接着每句话的是数字。圈出你的答案。

如果几乎没有发生，圈出数字1
如果很少发生，圈出数字2
如果偶尔发生，圈出数字3
如果经常发生，圈出数字4
如果总是发生，圈出数字5

1. 所有的小组成员都觉得谈话很轻松。	1	2	3	4	5
2. 人们相互倾听。	1	2	3	4	5
3. 小组成员被要求解释他们的观点。	1	2	3	4	5
4. 一些小组成员试图对其他人发号施令。	1	2	3	4	5
5. 小组成员设法帮助他人。	1	2	3	4	5
6. 每个人在决策方面都有发言权。	1	2	3	4	5
7. 成员们作为一个小组表现出色。	1	2	3	4	5
8. 每个成员都有需要完成的职责。	1	2	3	4	5
9. 在这个小组中我感觉良好。	1	2	3	4	5

图 21-2　小组加工调查
教师可以给学生诸如此类的调查表来帮助合作小组成员反思小组的活动。

更重要（McCaslin & Good，1996）。在活动结束时，教师可以给学生一份如图 21-2 的调查表来帮助学生确定什么是有益的，什么是无益的。教师接着可以根据这些信息决定下次任务中需要改变什么，或者小组安排需要做何改变。

总之，记住能力分组和合作性学习都易受不当使用的损害（Clark，1990；Robinson，1990；Slavin，1990）。

一个分组策略是否有效取决于内容与教学的合适性（Mills & Durden，1992）。

> 思考：设想你正为了一份教职而接受校长的面试。根据你要教的年级水平，提供一份你对能力分组和合作性学习的见解的陈述。

本章小结

1. 讨论班级内和班级间能力分组的利弊

在班级内能力分组和班级间能力分组中，高成就者和天才学生都比低水平小组的学生获得更多的学业上的益处，而来自贫困家庭的学生和少数民族学生常被安排到低水平小组。轨道法有益于一些非学业性结果，例如对学校的深入参与，更好的成绩，对学科的积极态度。班级内能力分组并无影响自尊的倾向，但分轨对低成就学生的自尊具有少许益处。

2. 讨论弹性分组法的优点

跨年级分组和无年级计划对成绩具有积极影响，特别是对低成就的学生而言。弹性法之所以有效是因为它们减少了学生间的能力差异，使教师得以调整教学材料和进度满足学生的需要。弹性计划也产生许多积极的非学业结果。

3. 明确合作性学习的特征并讨论这种方法的有效性

真正的合作性学习必须包含五个要素：1）积极的相互依赖；2）个人和小组责任；3）人际交往技能；4）面对面的互动；5）小组加工。合作性学习比竞争和个别化方法更有利于学生的学习。女生和少数民族学生从合作性学习中获益更多，而天才学生则很难从中受益。合作性学习还能增强自尊、动机、不同背景的学生之间以及障碍学生与非障碍学生之间的同伴关系。

4. 描述在小学和中学教育中处理学生差异以及实施合作性学习的有效做法

要使班级内能力分组更为有效，教师必须调整教学以满足各组学生的需要，采用多个较小的分组，并频繁地变换小组安排。为了满足初中和高中所有能力水平学生的需要，学校必须注意消除对低级轨道学生的补习关注，而对所有学生强调高期望和高水平思维能力。对任何年级水平的有效合作性学习来说，教师都必须规定人际交往技能目标，强调积极的互动，组织异质小组，使用小的分组，并促进小组活动。当把障碍学生纳入合作小组时，教师还必须仔细考虑几个因素。

案例学习：反思与评估

儿童早期：毛毛虫圈

1. 班级内能力分组一般用于小学的阅读和数学课程，在幼儿园组织同质小组有道理吗，为什么？
2. 假设你赞成能力分组。你会按什么标准对幼儿园学生进行分组（能力、先前知识、年龄等），并会在什么类型的课程中进行？
3. 回顾关于有效地应用班级内能力分组的准则。解释为什么在学前班比小学班级更容易实施这些准则。

小学：生态系统

1. 如果你正在教这个三年级班级，你会在阅读或数学课中使用班级内能力分组吗，为什么？什么因素或者研究证据影响了你的决定？
2. 假设你想要在你所任教的小学取消班级内能力分组，因此你安排了一场与校长的会面来讨论新的选择办法。请提供反对班级内能力分组的有力论据，并阐明重新分组的做法及其优点。
3. 莉拉妮想在生态系统项目中安排学生组成合作性学习小组，而不是保持当前的小组形式即根据他们就座的位置一起活动，你会采用什么标准来组成合作小组（能力、兴趣等），为什么？
4. 根据生态系统活动结束时爆发的争吵推断，莉拉妮忽视了合作性学习的哪个要素？给她一些具体的建议来促进合作性学习的这个要素。
5. 解释一下为什么生态系统项目结束时的反思过程是合作性学习的一个重要要素。推测一下莉拉妮会在将来的小组计划中做何改进。

初中：课堂安全

1. 设想克罗斯比中学使用轨道法，而且案例中的七年级学生处在低级轨道上。讨论分轨对这些学生的利弊。在评估分轨的有效性时，为什么学生的性别、社会经济地位和种族是需要考虑的重要因素？
2. 校报上正在讨论是否取消克罗斯比中学的分轨。提供取消分轨的令人信服的论据。在取消分轨的课程中制定新的计划来满足高成就和低成就两类学生的需要。
3. 索尔以何种方式成功地实施了积极的相互依赖？他可以在这方面作何改进？
4. 索尔该如何促进小组的面对面互动和人际交往技能？提供具体例子或者建议。
5. 解释为什么索尔在为项目组织小组时考虑男女生人数的平衡是很重要的。
6. 当小组中有障碍学生时，索尔需要对小组计划作何修改？

高中：拒绝换衣服

1. 假设布列安娜是非洲裔美国人。根据有关分轨的研究，解释为什么发现来自少数民族群体的学生处在低水平英语班级中是毫不奇怪的。
2. 根据有关分轨的研究，描述分轨对布列安娜的学业成绩和自尊的可能影响。如果布列安娜是男生，你的回答会有所不同吗？
3. 假设你在给大卫提教学建议。描述一下你在第二节课将如何使用合作性学习来复习语法。别忘了给出具体例子来说明你将如何实施：1）积极的相互依赖；2）个人和小组责任；3）面对面的互动；4）人际交往技能；5）小组加工。
4. 大卫对第二节的英语作文课应用合作性学习有些担心。他不太肯定学生是否已经对这样一种方法做好了准备，并且觉得坚持他的历经考验的实在方法更安心。向大卫解释合作性学习的好处，尤其是对像他第二节课那样的学生。
5. 大卫想在他的第二节英语作文课上介绍文学。说明他可以怎样使用拼接法。
6. 假设你正在山谷高级中学的教工会议上讨论取消分轨。陈述有关取消分轨的令人信服的实例，并描述一种可以满足高级轨道的学生以及低级轨道的学生（如布列安娜）的需要的新课程。

第七部分
个体差异

□ **案例学习**

儿童早期：字母 P 的一天
小学：猎豹、狮子和美洲豹
初中：数学问题
高中：NSS

□ **第 22 章 智力**

学习目标
22.1 智力的定义
22.2 智力的测量：IQ
22.3 生理、社会和文化问题
22.4 应用：课堂上的智力理论
本章小结

案例学习：反思与评估

□ **第 23 章 天才和创造性**

学习目标
23.1 天才和创造性：他们仅仅只是聪明吗
23.2 天才
23.3 创造性
本章小结
案例学习：反思与评估

□ **第 24 章 认知障碍**

学习目标

24.1 当前班级里的认知障碍
24.2 智力障碍
24.3 特殊学习障碍
本章小结
案例学习：反思与评估

□ **第 25 章 情绪、社交和行为障碍**

学习目标
25.1 班级中的情绪、社交和行为障碍
25.2 障碍的特征
25.3 应用：干预
本章小结
案例学习：反思与评估

📖 案例学习

儿童早期：字母 P 的一天

准备

当你阅读下列案例时，请注意：
1. 该案例的主要人物是谁？请予以加以描述。
2. 发生了什么事？
3. 案例发生在哪里？环境是影响因素吗？
4. 案例发生在什么时间？时间是影响因素吗？

星期一的早上，安妮塔·卡希尔老师所在的班级里，孩子们都在急切地等待着，想知道今天语言艺术课自己将被安排在哪个分区。安妮塔是一位经验丰富的老师，她曾经教过幼儿园的孩子，也教过一年级的学生，今年她被选为学校全日制幼儿教育的第一位老师。

安妮塔老师在教孩子读写技能方面有一套有趣的方法。每周一，她都会介绍字母表中的一个新字母给孩子。当孩子们坐在阅读角的地毯上，认真地听安妮塔老师念一些与这周所学的字母有关的儿歌和绕口令时，意味着语言艺术课开始了！今天她念的是绕口令——"Peter Piper"，用于介绍字母 P 及其发音。

当安妮塔老师念完绕口令，她宣布："孩子们，我已经把你们的名字卡放在了每个分区，去找找看自己的名字在哪个分区！当你找到自己的名字，那么今天上午你就在那个分区学习。克雷格、阿德里亚娜和玛茜，我看你们三个人都跃跃欲试。起来吧，去找你们自己的名字吧！"此时，家长志愿者乔安娜·加拉赫开始帮孩子找到自己所在的分区。

安妮塔已经开设了四个学习分区——出版、美术、建筑和科学，在这些分区里学生进行不同的活动。孩子们可以选择自己想加入的学习分区。

在"出版"分区，米格尔、达尼尔和帕特正在给 P 开头的单词配画并将词记下来，而克雷格正在浏览苏斯博士的书《老爸身上跳》(*Hop on Pop*)，想在书里找到含有 P 的单词。吉莉安已经开始用自己最喜欢的以 P 开头的词在日报里写"故事"。

在"美术"分区，孩子们可以用美术用品做成字母 P 的形状。山姆、托尼娅和玛茜正在用胶水将棉球粘在纸张上做成一个肥大的 P，而特朗和尼古拉斯正在用胶水将几张粉红色的棉纸贴成粉红色的 P。

在"建筑"分区，托马斯、阿德里亚娜、彼得和艾米丽正在用积木搭建成字母 P 的形状。

在"科学"分区，丹尼尔、赖安、凯西和马库斯正在裁剪一些物品的图片，并将它们中带有 P 开头的食物和动物区分开来。

安妮塔老师会让孩子每周轮流到某个分区学习，这样他们就可以有不同的体验，而不是只待在自己喜欢的分区学习。就在安妮塔老师在各个分区巡视时，她无意中听到了一些有趣的对话。

"我真高兴轮到我来出版分区了，"帕特兴奋地说，"我最喜欢的就是画画。"帕特喜欢做些与画画有关的事，如上色、剪贴和搭建，但不喜欢其他的活动，她画的人物肖像非常逼真而且色彩鲜艳。

"嗯，我就喜欢写故事！"吉利安回答道。她会比别的孩子花更多的时间给自己日报上的日志提醒（journal prompts）做详细的回复。吉利安已经可以写一些完整而精短的句子。

"我的大 P 怎么样？"在艺术分区的玛茜问道。

"我最喜欢的颜色是紫色。"尼古拉斯边说边加上颜色，同时用力按住纸上那个涂有胶水的粉红色棉纸。

特朗是一个非常安静的女孩，当她在安妮塔老师的帮助下贴上了粉红色的棉纸时，她似乎完全没有理会玛茜和尼古拉斯在说什么。她的语言和精细运动技巧发展迟缓，而且在学校大部分的任务上，她都需要花更多的时间才能理解和完成。

在建筑分区，除了彼得外，其他孩子都在埋头完成自己的作品。安妮塔老师已经注意到了，这就是彼得典型的行为，在活动期间，他已经站起来两次。而此时他正把积木堆起来又推倒，制造很大的噪声。安妮塔老师绕过了他径直走到了阅读角，发现诺兰正在看书。她走了过去轻轻地拍了拍他的肩膀，低声问道："你不是应该去作字母P吗？"

"老师"，诺兰回答道，"我早就学会字母P和所有的字母了，这些很无聊，我想学阅读！""你很快就会学到阅读！"安妮塔老师给他一个鼓励的笑容。

安妮塔老师在各个分区来回走动，同时她回想起了最近一次家长会中与诺兰母亲的对话。他母亲告诉她，当诺兰发现一个新的有趣话题，就会花上数周的时间去了解，他会让家长读这方面的书给他听，或者看教育节目，并且和家长一起去"实地考察"（field trips）。他还喜欢花很多时间在猜谜上，或者给自己搜集的恐龙进行归类。诺兰是家里唯一的孩子，而他妈妈是个全职的家庭主妇，这样大部分时间可以对他进行一对一的辅导。虽然安妮塔是一个经验丰富的老师，但是她还是不确定该如何去调节水平各不相同的孩子们，特别是大多数的孩子还需要一段时间来适应这种全日制幼儿园的生活。

评估

- 安妮塔老师对于语言艺术课所采用的方法有什么收益？优点是什么？你可以采用别的方法吗？
- 对于诺兰的学习需要，安妮塔老师该怎么去调整？
- 这堂课中允许孩子们去表现自己的创造性方面有什么经验？
- 你知道特朗这类孩子有什么典型特征？安妮塔老师应该给特朗一些特殊的帮助或对他做一些特别的调整吗？为什么要？或为什么不要？
- 安妮塔老师那样处理彼得合适吗？为什么？

小学：猎豹、狮子和美洲豹

准备

当你阅读下列案例时，请注意：
1. 谁是该案例的主要人物？请予以描述。
2. 发生了什么事？
3. 案例发生在哪里？环境是影响因素吗？
4. 案例发生在什么时间？时间是影响因素吗？

2月里的某个星期二，天气很冷，早上9:00，在格伦达尔小学里，弗拉特利夫人让自己三年级班上的一群学生来到教室的角落里进行朗读。"猎豹组的同学带上课本到读书会这边来，"弗拉特利夫人说到，"其余的同学在还没有轮到你们组之前，请安静地在自己的位置上学习你们文件夹中的语音表。"

弗拉特利夫人已经在格伦达尔小学教了18年的书。在这座人口密集的大城市中有9所小学，葛兰代尔是其中的一所，该校学生具有多元化的特点。今年，弗拉特利夫人所在班级有24名学生，这比往常的学生数要稍微多点。大多数情况下，她采用班级授课制（whole-class instruction），不过，为了应对学生中阅读技能的不同发展水平，她将学生分成了四个阅读小组：

- 猎豹组，具有四年级的阅读水平。
- 狮子组，阅读水平处于三年级的最高水平。
- 老虎组，阅读水平处于三年级的中间水平。
- 美洲豹组，阅读水平处于在三年级的初始水平或略低于此等级。

当弗拉特利夫人与猎豹组的同学在朗读时，其他学生都忙于完成自己的任务。

在教室昏暗的角落里，特拉维斯在助教科米尔的帮助下进行学习。特拉维斯患有自闭症，他对于教室明亮的灯光，以及楼下繁华的马路上的汽车噪声非常敏感。大多数的同学都已经习惯了特拉维斯将自己的椅子前后摇来摇去，同时嘴里不断地喃喃自语，因而这些很难分散学生的注意力。

这时，丹尼斯已经完成了自己的语音表，她靠着马塞拉并低声说："我真希望我也是猎豹组的，这样就可以跟他们一样读课文章节了。他们念的故事好有趣哦！不像我们的课本很没意思。如果弗拉特利夫人给我机会的话我也可以像他们那样念，我只是在同学面前会念得不好。那样我太紧张了,所以就会出很多错误。有时候我觉得我的心脏都要从胸口跳出来!"

"至少你不属于'哑巴'阅读组里的!"马塞拉回答道。

马塞拉属于美洲豹组,这组的学生在阅读技能上稍稍落后于三年级水平。她没有办法很流畅地进行阅读,这是因为她的词语发音有问题,字母拼读也需要额外的帮助才能进行。在马塞拉三岁那年,由于她的父亲找到了一个工程师的工作,他们举家从秘鲁移民到了美国。在家里,马塞拉的家长只讲西班牙语,不过在新的幼儿园里,她很快就会讲英语。尽管马塞拉在阅读方面存在困难,但她还是一个聪明的学生,她对于外面世界充满着自然的好奇,还特别喜欢科学。

"嘘……你们两个会给我们这桌带来麻烦的!"坐在丹尼斯和马塞拉中间的卡尔小声说道。

卡尔一点都不介意自己是狮子组的,因为他喜欢做些对于自己而言比较简单的任务。这样他可以很快完成自己的任务,然后他就可以不厌其烦地画机器人、太空船、太空人。弗拉特利夫人觉得他做作业时很粗心。不过,为了鼓励他的创造性,她经常会送一些铅笔和纸张让他画画。卡尔家经济状况出了点问题,因为他父亲在城里上班的那个大工厂倒闭了,因而目前处于失业状态。卡尔在学校里享受免费午餐,同时学校还给他提供一定的文具用品。

当所有的阅读小组都轮流进行朗读后,弗拉特利太太收起语音表并宣布接下来是科学课。

"同学们,我们今天要学新的科学单元,这单元是关于固体、液体和气体,"弗拉特利说道,"我们的第一个实验是要测下哪些材料可以在水里溶解,哪些不会溶解。每位同学都有一杯水和一个塑料汤匙。每张桌子上都有一些材料,这些材料大家一起用。"

弗拉特利把用小塑料袋装的沙子、面粉、柠檬汁、蔬菜油和糖发了下去。她交代同学该做什么,并要求他们将结果记录在表格上,这样等所有的同学都完成之后就可以对这些结果进行讨论。当老师话音刚落,整个教室马上充满嘈杂声。马塞拉叫道:"我要试试柠檬汁!""我要看看沙子会怎样?"丹尼斯说道。"我就喜欢让我们做实验,"卡尔补充道,"这个比填表格有趣多了!"

评估

- 根据上述的例子,请说说丹尼斯、马塞拉和卡尔各自的优势领域是什么?你觉得弗拉特利夫人会怎样去评价他们各自的能力?
- 你认为哪些学生(如果有的话)可以被认为是有天赋的?为什么?
- 在你看来弗拉特利太太是否给她班上的学生提供了创造的机会?请举例说明。
- 如果要你鉴别出有特殊阅读障碍或数学障碍的学生,那么你觉得三年级的学生在这方面有什么特征?
- 弗拉特利是否应该让特拉维斯与其他同学一起参加科学实验?说出理由。

初中:数学问题

准备

当你阅读下列案例时,请注意:
1. 谁是该案例的主要人物?请予以描述。
2. 发生了什么事?
3. 案例发生在哪里?环境是影响因素吗?
4. 案例发生在什么时间?时间是影响因素吗?

这是切斯特菲尔德中学的第一学期,伊丽莎白·巴顿小姐正在给七年级的学生上算术课,教他们数学运算的顺序。伊丽莎白所教的班级学生在很多方面(特别是能力方面)具有差异。

琳赛数学学得很吃力。因为在阅读和数学方面都有困难,她在一年级时留级了一次。虽然在私人家教的额外帮助下可以提高自己的技能,而且大多数的学科都学得不错,但是琳赛在数学方面还是很容易失败,并且经常不上数学课。在其他情境下,琳赛非常优秀,她是小组项目中的领导者,她给校园剧设计布景,同时她还是七年级的副班长。

与琳赛刚好相反,山姆很喜

欢数学，而且学得很好。在数学课上，山姆很容易分心，他喜欢快速完成作业然后和同学讲话，他比其他同学要领先一些。当伊丽莎白还在给同学讲解第3道题时，他可能会问第6题的做法。他这样做经常会打断伊丽莎白，而且还会分散学生的注意力。

今天伊丽莎白已经把学生分成四组进行练习，之后她开始绕着教室来回走动，巡视学生的完成情况。

"每个同学都做了作业纸上的第一道题吗？"当伊丽莎白走近第一个小组时她问道。

德里克和艾玛已经得出了正确的答案，但琳赛和杰西还在做。伊丽莎白注意到，每个学生都是各做各的，并没有互相帮助。她本来希望通过小组学习可以帮助琳赛提高数学能力的。

"你们两个有答案了吗？"伊丽莎白问道。

琳赛没有回答。

"琳赛，让我看看你做到哪了？你这样做不对，你应该先算这两个相乘的数，然后再把得数跟另一个数相加。你可以理解吗？"

"嗯！"琳赛点点头。

"来，我们一起来试试第二道题，"伊丽莎白说道，"第二道题跟上一道题的做法是一样的。"

艾玛和德里克很快就做完了，杰西要稍微迟一点。她在多数科目上的学习都很刻苦，但在掌握概念方面要比其他同学稍逊一些。当然，这次，琳赛又是最后一个完成。而且其他同学的答案都是正确的，唯独她的答案又错了。当伊丽莎白试着要给琳赛解释这道题时，她发现山姆正无所事事地到处闲逛。

伊丽莎白来到山姆跟前问道："山姆，你们小组的同学所有的题目都做完了吗？"她略带怀疑。

"没有，不过我已经做完了！"山姆迅速答道。

"可是你知道你应该跟你的小组同学一起做啊！"伊丽莎白说。

"是的，我知道，可是跟他们一起做好没劲啊！"山姆答道。

伊丽莎白有点不快，她只好布置另外一些数学题目给山姆做，接着继续在其他小组巡视。她又来到琳赛所在的小组，发现琳赛和杰西并没有把注意力放在解题上，而是在讲话。伊丽莎白轻声地询问他们，"琳赛和杰西，你们俩是在讨论数学题吗？请回到练习上来。"

"我为什么要？"琳赛喃喃自语，她开始漫不经心地乱涂乱画，"我敢肯定我只会得出错误的答案，哎！"她叹了口气。

之后在教室休息室里，伊丽莎白把今天发生的事告诉了德克斯特·夏普——一位教八年级代数的老师。"我觉得我快失去这些孩子了，"伊丽莎白说道，"我班上只有少数几个孩子努力学习概念，而其他的大部分都不认真。而且我班上还有一个孩子，他完全提不起劲来学习，因为我们现在学的东西对他而言一点挑战性都没有。我需要找到一种办法能让每个孩子都参与进来。"

戴克斯特想了一会儿，说道："上学期我实行了一种'最具创造性的文字题'竞赛，如果学生提早完成自己的任务并有空余的时间，那么他们可以应用本周所学过的数学概念编一道文字题并提供答案，然后把这个问题交到我桌上的问题箱里。当然，他们也可以回家去编题目然后再来提交。竞赛的规则就是要求学生写出问题和正确的解题过程。到每周五时，我就会把他们提交的这些问题都汇总到一张表中，表中没有包含答案，然后让所有的学生来投票选出最有创造性的问题。"

评价

- 在你看来，某个人很快地完成自己的作业是不是"聪明"的标志？
- 伊丽莎白是否该给山姆出一些更具挑战性的题目或者是对他区别对待？请说明理由。
- 你觉得如果伊丽莎白的班级也举行"最具创造性的文字题"竞赛会获得多大的成功？
- 你觉得伊丽莎白对于琳赛的期望是什么？
- 伊丽莎白是否该给杰西一些特殊的学习注意训练？

高中：NSS

准备

当你阅读下列案例时，请注意：

1. 谁是该案例的主要人物？请予以描述。
2. 发生了什么事？
3. 案例发生在哪里？环境是影响

因素吗？

4. 案例发生在什么时间？时间是影响因素吗？

这是波尔·哈迪在施里夫波特高中教书的第二个年头，他在那里给九年级的学生上美国历史这门课。学生们特别喜欢他的课，因为他是一位充满激情和魅力的老师。学生们已经知道波尔先生会时不时地将某一著名的历史事件重新演绎成重要的历史形象，以此来开始每一次课。而且他还要求学生课堂上要做笔记，每个单元结束后会有一次单元测试。

第四节课的上课铃响了。波尔在上课之前先把作业收上来，这时他发现贾森没有交作业，于是他问道："贾森，你今天为什么不交作业啊？"

"我不知道，哈迪先生，我想我大概忘了。"

"好，那你知道你今天要参加午间监督学习中心（Noon Supervised Study，NSS）了吧！"波尔说道。

"可是从昨天起我就已经有两门其他的课程需要加入午间监督学习中心啊！"贾森回答道。

"贾森，"波尔解释道，"那么你就应该在家里就把作业做完啊！在每次课前完成作业是非常重要的。如果我不检查你们的作业，那我怎么知道每位同学是否去复习和理解了所讲过的材料啊？"

"但是哈迪先生，你知道我都能理解啊！"贾森争辩道。

波尔给贾森一个纸条，让他去午间监督学习中心。在贾森离开教室时，波尔为贾森已经有太多次被送去NSS而苦恼。贾森在班上是一位活泼而精力充沛的学生，虽然他很少做笔记，但是他喜欢分析历史事件，还喜欢探讨历史改变的其他可能性。

贾森到了NSS之后，他有40分钟的时间去完成自己的家庭作业。然而，他有三门课的作业要做，一门是波尔的，另一门是英语课，这门课他有两份作业要写，还有一份作业是健康课老师布置的。所有的这些作业都已经过了最后交作业的期限，他都不知道该从哪里开始着手，甚至连作业的要求也忘了。贾森意识到自己要在40分钟的时间里完成所有的作业是根本不可能的，于是他开始做健康课的作业，这个作业本该在三天前上交。他朝四周看了看，发现汤米、盖布、安东尼和萨拉也都跟他一样又来NSS了。在NSS学习的时间到了后，这些学生才去吃午饭。

波尔一整天都在想着贾森、安东尼和萨拉，这几个都是他今天第四节历史课的学生，他们已经好几次因为没有完成作业而被送去NSS。由于这些困扰一直在脑里挥之不去，在一天结束的时候，波尔决定去看看这些学生的成绩记录以求得到正解。

从贾森的成绩记录可以看到，他在整个的小学前大半部分成绩都很拔尖，但是到了五年级和六年级，他的成绩开始下降。波尔很想知道为什么安东尼——一名非裔的学生，在他三年级的时候会因为阅读障碍而被认为应该接受特殊教育？波尔知道安东尼在测试时需要延长时间，但他不知道安东尼的障碍程度如何。安东尼这方面的障碍并没有妨碍他的社会技能的发展。他有很多朋友，而且他还是新生足球队的队长，同时也是新生班级的副班长。

波尔发现萨拉的智力测验全A，即便她没有做作业但她的测试成绩也都是A，她在一年级时跳过级，而且从三年级到六年级，她都在天才班上数学课，所有的这些在波尔看来都没有什么值得惊讶的。萨拉的学业成绩记录还表明，为了转学到施里夫波特高中，她在数学和科学两门课上选择了低水平的分轨，这意味着其他的学科也同样需要更基础的水平才能跟她的课程匹配。波尔很想知道为什么她要选择这种分轨制班组。

评价

- 在你念高中的时候你觉得有哪些学生是"聪明"的？他们都有哪些特征让你觉得他们是聪明的？
- 你觉得贾森和萨拉为什么不做作业？
- 请回忆你自己的高中生活，想想看你做了哪些类型的作业？哪些作业是老师希望你完成的？这些都如何影响你在学校的动机和行为？
- 你觉得高中老师应该对那些有学习障碍的学生做哪些类型的学习调节？
- 你觉得高中老师所面对的学生会有哪些情绪、社会和行为方面的问题？

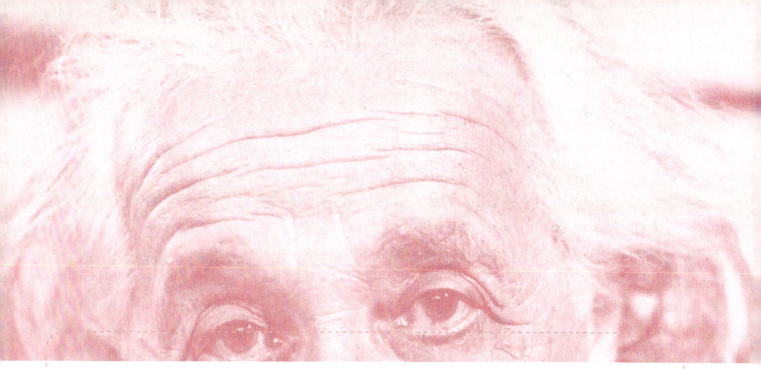

第 22 章
智　力

学习目标

1. 阐述斯皮尔曼智力的二因素理论，并与当代智力理论进行比较。
2. 阐述什么是智力测验，并对比个体智力测验与团体智力测验的差别。
3. 阐述环境、社会经济地位和性别是如何影响智力的。
4. 解释多元智力理论和成功智力理论在运用时的相似点。

22.1　智力的定义

当你听到智力这个词时你有什么感受？几乎所有的心理学家都同意智力包含对环境的适应（Sternberg，1996a，2005）。而20世纪的心理学家都强调认知技能，如抽象推理、表征、问题解决、决策和加工速度等在适应中的重要性（Hogan，2007；Sternberg, Conway, Ketron&Bernstein，1981）。然而，这些学者的观点与各种文化中的大众对智力的看法形成了鲜明的对比。让我们来看看不同文化背景下智力的含义。

- 在非洲文化中，例如肯尼亚和津巴布韦，聪明的人拥有促进和维持群体间和群体内成员之间关系的技能（Greenfield，1997；Sternberg & Kaufman，1998）。
- 而在亚洲文化中，如柬埔寨、越南和菲律宾的人们则认为在智力的定义中，动机、社会技能和实际技能与认知技能一样重要（Okagaki & Sternberg，1993；Sternberg，2004）。
- 美国的文化群体对智力持不一样的观点（Sternberg，2007）。研究表明，拉丁美洲移民强调智力中社交能力的重要性，相反，亚洲移民和英国移民的家长则强调智力中认知技能的重要性（Okagaki & Sternberg，1993）。

22.1.1　经典观点

现代理论家对于智力定义的争论持续了100多年，而且这种争议依然持续着。自查尔斯·斯皮尔曼（Charles Spearman）所提出的智力理论后，争论一直围绕着智力是单一的品质还是多种能力构成的。斯皮尔曼

（1904，1927）通过对大量的认知测验间关系的考察，提出了**智力的二因素论**（two-factor theory of intelligence）（见图22-1）。这两种因素是：

- g因素，即我们完成各种认知任务的整体能力；
- s因素，指的是特殊的技能，如词汇技能和数学技能。

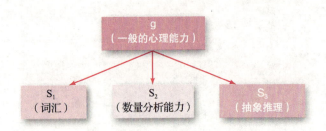

图22-1　斯皮尔曼的智力二因素论
智力是由一般的能力和特殊技能构成的

20世纪还有一些学者提出了智力是由多种因素构成的。其中有学者认为智力中有七种因素，及所谓的基本心理能力论（Thurstone，1938，1947）。另外有学者提出120种不同的能力，之后他又将种类改为180种（Guilford，1956，1988）。还有一些学者提出了智力的层次理论（hierarchical theories of intelligence），这类理论实际上是智力单因素g理论和多因素理论的折中。此类理论中最具影响力的一个理论认为，g是一种整体能力，它包含了两种次级能力（Cattell，1963；Horn，1994）：

- 一般晶体智力（general crystallized intelligence, Gc），我们的所有知识基础都源自正式或非正式的教育（可以把它看作是个体的知识库）；
- 一般流体智力（general fluid intelligence, Gf），即那些可以让我们推理、思考和学习新知识的能力（可以把它看作是个体学习的潜能）。

智力的层次理论对今天的智力发展依然有着理论和实践两方面的影响。晶体智力和流体智力出现在现代智力层次理论之中，而且还是现代一些智力（IQ）测验的基础。

[思考：你是如何定义智力的？在你阅读下面的内容时，请将你对智力的看法与现代智力理论进行对比。]

22.1.2　当代观点

现代一些研究智力的学者仍然关注g因素（e.g., Carroll, 1993；Gustafsson, 1994；Horn, 1994），然而，心理学家霍华德·加德纳（Howard Gardner）和罗伯特·斯腾伯格（Robert Sternberg）则认为如果我们在定义智力时，用范围更广的能力而不仅仅局限于与学业任务有关的少数能力，那么g因素就变得不是很重要了（Sternberg, 2003）。他们提出了不同但又互补的多元智力理论。

1. 加德纳的多元智力理论

加德纳（1983，1999）**在多元智力理论**（theory of multiple intelligences）（MI 理论）中指出我们具有8种智力。

（1）语言智力运用。语言去阐述或表达观点。

（2）逻辑数学智力。推理、对数学的知觉模式、有效地使用数字。

（3）空间智力。准确感受视觉－空间世界的能力。

（4）身体运动智力。擅长应用自己的身体。

（5）音乐智力。识别音乐的成分、表达音乐形式、用音乐来表达观点等。

（6）人际智力。准确地知觉和合理地对他人做出情绪反应。

（7）内省智力。反省、识别自己的情绪和知觉，知道自己的优点和缺点。

（8）自然智力。识别生物并能对其分类，对于自然界具有敏感性。

这8种智力之间相互独立，但会相互影响或在活动中共同起作用（Gardner&Moran, 2006）。例如，打篮球同时需要身体运动智力和空间智力，而芭蕾舞则包含身体运动智力、空间智力和音乐智力。在传统的智力测验中主要涉及语言和逻辑数学智力，而并没有包含其他6种智力。

参照表22-1中所列举的每种智力的例子和相应的指导活动，看看你自己具备哪些能力。根据多元智力理论你会如何描述自己的智力？你的答案（可能是音乐智力、身体运动智力或是几种智力的组合）不管是哪一种，都具有广泛的来源，例如：

- 你擅长的活动；
- 过去的成功经验；
- 兴趣或偏好。

表 22-1　加德纳的多元智力

智力	例子	指导活动
语言智力	诗人、作家、说书人、喜剧演员、发言人、对外联络员、政治家、新闻工作者、编辑、教授等	写诗、写短篇小说、扮演各种角色、促成某次会谈、开展某个主题的辩论
逻辑数学智力	数学家、科学家、计算机程序设计员、统计学家、逻辑学家、侦探等	设计某方面的实验、描述某种模型、进行推理以解释某东西
空间智力	猎人、侦察员、导游、室内设计师、建筑师、艺术家、雕刻家等	图解、画画或写生；制作某类幻灯片或艺术作品、绘图；绘制航空图、地图或曲线图
身体运动智力	演员、运动员、小丑、舞蹈演员等	建造或构建某东西、用自己亲手做的东西去展示某东西、计划和加入某类实地考察旅行
音乐智力	作曲家、指挥者、演奏家、乐器家等	用歌声表达思想、表达某方面的韵律、用乐器表达思想
人际智力	牧师、辅导员、管理员、教师、经纪人、教练、合作者、为人家长者等	应用社交技能去学习某东西、参与服务性项目、教授某人
内省智力	宗教领袖、辅导员、精神治疗医师、作家、哲人等	记录日记条目、评价自己在某方面的工作、描述自己关于某方面的价值观念和观点
自然智力	自然科学家、猎人、侦察员、农民、环保人士等	做观察笔记、描述环境变化的原因、应用观察工具（显微镜、双筒望远镜）去探索大自然

资料来源：Campbell, 1997; Johnson, 2000.

正如你会根据外在的来源来界定自己的智力，加德纳（1993）认为多元智力是存在于个体与环境中的客体和人的相互作用之中，而非个体头脑中的抽象实体。例如，我们每天都在真实性任务（即反映现实问题、任务或情境，例如，小学生解字符题或高中生设计做物理实验时所表现的逻辑数理智力）中觉察到智力。

加德纳的理论引起中小学教育的极大关注。许多学校将 MI 理论应用到实践中（见表 22-1），例如，印第安纳波利斯的重点社区学校使用加德纳的理论开发了一套完整的课程。尽管加德纳的理论教育工作者有很大的吸引力，但它缺乏实证支持。到目前为止，还没有研究报告公开证明 MI 理论的有效性（Gardner & Connell, 2000；Sternberg & Grigorenko, 2004；Waterhouse, 2006）。教育者应该谨慎实施任何尚未全面测试和暂未获得研究证据支持的理论。

2. 斯腾伯格的成功智力理论

与加德纳一样，斯腾伯格（1999b；2010a）也没有把智力仅仅局限于使个体在学校获得成功的能力。相反，他认为智力是使个体在生活中获得成功的能力。斯腾伯格的**成功智力理论**（theory of successful intelligence）认为，在评判个体是否成功时应考虑其个人目标，目标可以是与职业、课外活动、个人兴趣或社会服务有关的。我们的社会文化也会影响到成功的界定，因为成功所需要的知识类型以及成功的标准在不同的文化中有所不同。例如，在尤申基和肯尼亚，孩子们要培养自己在识别天然草药方面的专长，这是因为他们所生活的环境中会产生许多由寄生虫所引发的疾病；而在西方文化中的孩子要接受正式教育，因为在他们的文化中，教育会使得他们取得成功（Sternberg, 1999b, 2004）。

斯腾伯格指出我们都在不同程度上拥有分析性能力、创造性能力和实践性能力，而真正拥有成功智力的个体会寻找方法去平衡自己能力中的优点和缺点（Sternberg & Grigorenko, 2003）。

- **分析性能力**（analytical abilities）包含识别和定义问题、选择解决问题的策略，以及监控问题解决结果。分析性技能一般可以通过 IQ 测验测得，包括分析、评价、判断或比较和对照。

- **创造性能力**（creative abilities）包含产生解决问题的新异想法。具有创造性能力的个体也是敢于冒险的人，因为他们经常会产生刚开始并不流行的观点，但最后都会让别人信服他们的观点。评估创造性思维在于评价人们是如何应对新异事物的。

- **实践性能力**（practical abilities）包含将知识应用到现实生活情境、实行选择和解决方案中，并使之行之有效。那些实践性学习者在学习信息时，如果可以与他们的生活联系起来，那么就会学得更好（Sternberg, 1997）。

成功的个体可以通过有效地适应、塑造和选择环境来平衡自己的能力（Sternberg, 2002, Sternberg et al., 2008）。例如，一名小学生可能会通过在家里的阅读来改善他在学校里的朗诵技巧（适应环境）；一名优秀的中学生可能会要求老师布置一些更具挑战性的作业（塑造环境）；一名青少年可能会决定参加高中艺术课程，因为这与他的兴趣及他在音乐和艺术方面的能力相吻合（选择环境）。其他的因素，例如：社会经济地位、教育和文化背景等外部因素也会影响个体适应、塑造，以及选择环境的机会。例如，来自较低社会经济背景的学生可能无法获得像来自更高社会经济背景的学生一样的资源，从而限制了他们的选择。教育者需要结合学生所在的背景环境来评估一个学生的成就（Sternberg, 1999b）。

教师可以帮助学生识别自己在分析性、创造性和实践性三种能力中的优势和局限，而更为重要的应该是帮助学生找出自己的创造性能力和实践性能力。传统的学校教学方法和评价已经使得学生在分析或记忆能力方面有成功的优势，而这也传递了歪曲的事实，即只有这些能力在社会上才是有价值的（Sternberg, 1999b；Sternberg et al., 2008）。在真实生活中，许多在创造性和实践性领域有造诣的学生实际上在学校里只是中等生（Sternberg, 1997）。例如，服装设计师汤米·希尔费格、演员兼制作人亨利·温克勒，以及嘉信理财（美国最大的证券公司）的CEO查尔斯·施瓦布，尽管他们在学校里的学业成绩并不是很好，但都凭借自己的创造性和实践性能力获得了巨大的成功。而狭隘地仅仅关注分析性技能也会导致对那些具有多元文化背景的学生的低估。因而，将智力概念拓展到创造性和实践性能力，教育者就可以识别更多的文化和社会经济中对"聪明学生"的不同界定（Stemler, Grigorenko, Jarvin, &Sternberg, 2006；Stemler, Sternberg, Grigorenko, Jarvin, & Sharpes, 2009；Sternberg, 2010a）。

与MI理论不同，成功智力理论获得了一系列研究结果的支持。斯腾伯格和他的同事们开发了基于成功智力理论的测试，用于识别天才学生、评估学业成就，以及用于大学招生（Chart, Grigorenko, & Sternberg, 2008；Sternberg, 2006b, 2010b；Sternberg & Cofn, 2010）。研究发现，这些评估指标上的性能和成功智力理论一致，而且相比于传统测试，能更好预测成功。研究人员还研究了平衡分析性、创造性和实践能力的教学是否比传统教学更有效。从小学到高中，接受平衡教学方法的学生在记忆和在真实环境中展现知识的表现都优于接受传统教学方法的学生（Grigorenko, Jarvin, & Sternberg, 2002；

Sternberg, Grigorenko, Ferarri, & Clinkenbeard, 1999；Sternberg, Grigorenko, &Zhang, 2008；Sternberg, Torff, & Grigorenko, 1998a, 1998b）。

22.2 智力的测量：IQ

所谓的IQ测验是用一套认知任务来测量儿童和成人的智力功能。当IQ测验用于测量儿童，其主要目的在于预测儿童的学业成就。

22.2.1 个体智力测验和团体智力测验

斯坦福—比纳智力测验（第五版）（Roid, 2003）和韦氏儿童智力测验（第四版）（Wechsler, 2003）是学校最常采用的个体智力测验。**个体智力测验**（individual administered IQ tests）是用一连串无须阅读的分测验来测量个体的认知能力，这类测验主要由受过训练的主试与受测者一对一进行。例如，韦克斯勒儿童智力测验第四版包含四个子测验，主要测量四种一般的认知能力：口语理解、工作记忆、知觉（非语言的）推理和加工速度。表22-2分别列举了每个领域的分测验的样例。教育心理学家为了各种特殊的目的，应用个体测验来预测学生的学业成就，例如：

- 为天才项目寻找符合条件的学生；
- 甄选智力障碍和学习障碍的学生。

团体智力测验（group-administered IQ tests）包含客观题（如选择题），主要以纸笔测验的形式在团体中进行施测。过去学校应用团体IQ测验作为筛选工具，以帮助教师制定教学决策，并根据学生的能力对之进行分组（Cohen & Swerdlik, 2005；Sternberg, 2003）。如今学校对于IQ测验的使用频率远没有20年前高（Cohen & Swerdlik, 2005），这是因为专家们意识到教育决策的制定不能只依赖于单一的测验分数。

在需要用IQ分数来预测学生的学业成就时，应当首选个体测验。因为群体测验是同时对大量的学生进行施测，而测验的一些特征可能会影响到学生的分数，从而会导致对学生的智力功能的片面解释。团体测验不仅依赖于受测者对操作说明的理解，还与他们的阅读技能、所采取的测试策略有关。团体施测可能会导致学生注意力不集中，也可能会引起他们的焦虑。而个体IQ

表 22-2　韦氏儿童智力测验（第四版）分测验样例节选

认知领域	韦氏儿童智力测验第四版任务描述
口语理解	词汇：主试针对某个词提出一个问题（如"……是什么？"），学生给这个词下定义
知觉推理	方块设计：先给学生看设计图，然后要求他们在规定的时间内用红白相间的方块根据原设计图进行再现
工作记忆	数字广度：主试说出一连串的数字（范围从 2 到 9），要求学生按正确的顺序复述数字
加工速度	符号搜索：在规定的时间内，要求学生判断在一系列的符号中是否出现特定的目标信号。例如：目标：♠　系列：⊥ ≤ ■

资料来源：Simulated items similar to those in the *Wechsler Intelligence Scale for Children-Fourth Edition*. Copyright . 2003 by NCS Pearson, Inc. Reproduced with permission. All rights reserved.

测验可以对学生的认知能力提供更为准确的描述，这是因为它们无须学生阅读，且进行的是一对一的施测，这样有助于心理学家与受测者建立和谐的关系，从而可以判断学生的焦虑、动机和分心水平。

22.2.2　IQ 分数的解释

IQ 分数反映了受测者相对于其他相同水平的个体在同一测验上的相对位置，即所谓的 常模参照（norm-referenced）解释——判断学生在 常模群体（norm group）（所有的受测者都具有相似特征）中相对于他人自己的成绩如何。心理学家通过将受测者的原始分数（学生正确回答的项目数）转换为 离差智商（deviation IQ）（即 IQ 测验中学生相对于同龄人其得分高于或低于平均分多少）来解释常模参照。为了解释学生的离差智商，我们必须将之与正态分布（或钟形）曲线进行对照（见图 22-2）。一般对于相同年龄的个体，大部分智商测验都设置平均数为 100，标准差为 15。标准差（standard deviation，SD）主要测量分数偏离平均数的距离。

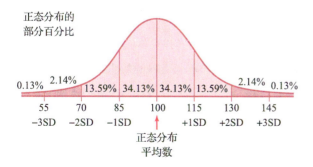

图 22-2　智商分数的正态分布
智商分布中平均数为 100，标准差为 15。

通过标准差，我们可以区分钟形曲线，从而可以进行常模参照解释，见图 22-2。

- 大约 68% 的受测者的 IQ 分数在平均数的 1 个标准差以内，也即得分在 85～115 之间。此范围内的成绩被认为属于平均水平。
- 大约 13.5% 的个体得分在 115～130 之间（如高于平均数 1～2 个标准差），同样地，大约 13.5% 的个体得分在 70～85 之间（如低于平均数 1～2 个标准差）。
- 差不多占总人口 2.5% 的人得分高于或低于平均数 2 个标准差。IQ 低于 70 的个体，如果同时还满足其他的标准，就会被诊断为智力障碍（精神发育迟缓）。而智商得分高于 132（占总人口的 2%）或高于 135（占总人口的 1%）的个体有资格进天才班（Sternberg, 2002），这类标准的指导方针在各个州有所不同。

22.2.3　解释 IQ 分数时的注意事项

由于 IQ 测验的结果常被参照以用于制定重要的教育决策，教育者在解释学生的 IQ 分数时应当谨慎。

IQ 测验分数代表的是个体认知技能有限的部分，通过这类测验的确可以获得智力中特定（但并非全部）的能力。智力的相关理论对于什么是智力暂未达成一致（Sternberg, 2005）。而且，不同的 IQ 测验测量的并不是相同的技能，因为 IQ 测验的开发是基于不同的智力理论，这样每一测验中包含略微不同的分测验而非采用标准任务。

IQ 分数只是个体在某一特定的时期其能力的简单反映。儿童的 IQ 分数仅仅只代表他们在实施测试时的成绩（Jarvin & Sternberg, 2003），因此，教育者在根据 IQ 分数来预测学生将来的学业成就应该要谨慎。

- 儿童在早期进行的 IQ 测验，其得分在婴儿期和儿童早期很不稳定（Sternberg, 2002）。
- 个体在 IQ 测验上的成绩随着所受的正式或非正式教育的时间推移而发生变化（Garlick, 2003；Jarvin & Sternberg, 2003）。即使是曾经被认为没有文化偏见（culture-fair）的流体智力（如抽象或非言语推理），也都受到文化和环境的影响（Sternberg, 2005）。但是，要记住的是，虽然因为教育和环境的投入可以提高个体的成绩，但是这个成绩相对于常模并不会随着时间的推移而发生急剧变化。因此，通常 IQ 分数从小学起一直到成年会保持稳定（Garlick, 2003；Moffitt, Caspi, Harkeness, & Silva, 1993）。
- 为了确保测验效度－测验的公平性和结果的准确性，对具有多元文化和语言背景的学生必须用他们自己的母语进行 IQ 测验，而且该测验必须是已经在个体所在的文化中已经广泛使用的。若采用翻译的测验，其效度就大打折扣（Kaplan & Saccuzzo, 2009）。例如，如果一名来自西班牙的学生在一份翻译成西班牙语的 IQ 测验中得分很低，那么我们很难确定这个低分是由于他能力低导致的，还是由于 IQ 测验的译文与英语原文的翻译差异导致的。同样，专家也应警惕使用口译者，因为口译者经常会不经意地把偏见带入测试情境中，这样就会降低测验分数的效度（American Educational Research Association, American Psychological Association, & National Council on Measurement in Education, 1999）。解释测试结果时，教育者需要考虑学生的社会文化和语言背景（Donovan & Cross, 2002；Harry & Klingner, 2006），例如，要考虑学生是否有机会学习被测试的内容。

> **思考**：你的朋友在某次团体 IQ 测验中取得很高的分数，为此他自认为自己很聪明，请你向你朋友解释他的错误推论。

22.3 生理、社会和文化问题

22.3.1 智力：遗传还是环境决定

遗传和环境的相互作用产生形形色色的行为，其中包括智力（Carroll, 1992；Sternberg, 1996a）。我们必须谨慎以免得出这样的结论：基因预先决定了个体将会具有某一水平的智力。已有的研究表明，环境对于智力的发展也具有巨大的影响作用。

儿童在入学之前，其 IQ 分数可能会受到与家庭环境有关的因素的影响（Bradley & Caldwell, 1984；Korenman, Miller, & Sjaastad, 1995）：

- 家长的情绪和言语回应（如，对儿童所提要求的回应，回答儿童的问题等）；
- 家长与孩子之间的亲子交往（如，与孩子一起玩，读故事给他们听）；
- 在家里提供适合孩子玩的玩具、活动和资源。

让我们来看看下列与亲子互动的影响相关的研究。对牙牙学语的 1～2 岁孩子的家庭进行实地观察发现，低收入家庭的家长平均每个小时与孩子交流 616 个单词，中等收入家庭的家长与孩子交流为每小时 1 251 个单词，而高收入家庭的家长与孩子的交流则为每小时 2 153 个单词。早期的语言经验会影响孩子的词汇增长率，而这些反过来可以预测他们在 9 岁时的词汇、语言技能和阅读理解能力（Hart & Risley, 2003）。

大多数专家都认为智力通过各种干预可以得到重塑甚至因此而提高（Grotzer & Perkins, 2000；Mayer, 2000）。例如，字母启蒙计划（the Abecedarian project），就是针对那些来自贫困家庭的儿童，在他们 6 岁时暂未进入幼儿园的前几周，给他们提供一个丰富的教育环境。结果发现这些孩子一直到 12 岁其 IQ 和学业成绩都有显著优势（Ramey, 1994）。学前儿童启蒙计划（Head Start）则是为那些处境较差的学龄儿童提供促进其智力发展的机会，这项计划已经帮助儿童为入学做好了认知方面的准备，同时也有助于儿童从早期到青春中期学习成绩的提高（Barnett, 2004；Lazar & Darlinton, 1982；Zigler & Berman, 1983）。

弗林效应（Flynn effect；Flynn, 1984, 1994）是指在世界范围内 IQ 分数随着代代相传而不断提高的一种现象（从19世纪30年代起，大约每10年IQ分数增加3个点）。这种现象是环境对认知能力影响的又一例子。对于这种现象中IQ分数提高的可能解释包括（Bron-fenbrenner & Ceci, 1994；Lynn, 1990；Sternberg & Kaufman, 1998）：

- 营养更佳；
- 受教育的人数增多；
- 家长的教育水平更高；
- 儿童早期疾病的减少；
- 亲子互动的增加。

22.3.2 社会经济和文化因素

1. 社会经济地位

IQ和社会经济地位（socioeconomic status, SES）之间的关系有充分的文献记载（White, 1982）。社会经济地位主要指家长的收入、职业和教育水平，来自高社会经济地位家庭的儿童比低经济地位家庭的儿童具有更高的智商。这些来自贫困家庭的孩子之所以成绩更差很可能是因为（Duncan & Brooks-Gunn, 2000；McLoyd, 1998；Sternberg, 2002）：

- 资源（书本、计算机、接受高质量的学前教育机会）匮乏；
- 营养不良；
- 更差的医疗保健；
- 由于家长具有更大的压力导致紧张的亲子关系。

然而，上述提到的这种关系并没有反映出全貌。当我们根据一些因素，诸如家长对教育的态度和亲子互动关系模式来界定儿童的家庭环境时，此时家庭环境比社会经济地位更能预测IQ测试的成绩（Bradley & Caldwell, 1984；Suzuki & Valencia, 1997）。如果家庭中家长重视教育，经常与孩子交流，读故事给孩子听，腾出时间陪孩子学习，那么不管这个家庭的经济和职业地位如何，孩子都极有可能获得更高的IQ分数。

那么，这一研究对教师而言有何意义呢？教师对于学生的期望是基于许多信息源的，而社会经济地位也是信息源之一。教师可能会根据学生的外表来判断他是来自社会经济地位较低的家庭，并因此无意识地形成较低的期望，从而导致 自我实现的预言（self-fulfilling prophecy）——一种毫无依据的期望，但它却使得教师的行为会朝着实现这一期望的方向而努力（Merton, 1948）。教师应该定期监控自己对学生成绩的期望以避免做出消极影响学生的假设或行为。

2. 种族

与社会经济地位和IQ之间的关系一样，种族和平均IQ分数间关系的文献记载也是颇丰。与白人学生相比较：

- 非裔美国人的学生IQ得分大约低于平均数15个点（大约低于平均数1个标准差）（Nisbertt, 1995；Reynolds, Chastain, Kaufman, & McLean, 1987），不过非裔学生和白人学生之间的差距越来越小（Hogan, 2007；Nisbett, 1995）；
- 西班牙裔学生在IQ测验中非言语测验部分的得分接近平均数，但在言语测验中的得分则低于平均数7～15个点（低于平均数1/2～1个标准差）（Hogan, 2007）；
- 来自中国和日本的学生在言语测验中的得分接近平均数，在非言语部分的得分则高于平均数1个标准差（Hogan, 2007）。

请注意这些分数代表的是群体的平均数，它会随着时间的变化而波动（Sternberg, 2002）。

人种或种族群体之间的差异该做何解释呢？这种差异可能是由 刻板威胁（stereotype threat）所导致的。所谓刻板威胁是指先前刻板知识的无意识、自动化激活对认知任务的成绩起阻碍作用。例如，当非裔美国人被告知所进行的测验是智力测验时，此时他们获得的成绩显著低于未被告知（是智力测验）时的成绩（Aronson et al., 1999；Steele & Aronson, 1998）。他们在进行测验时所激活的关于自己的种族群体和智力对成绩造成了阻碍。来自低社会经济地位家庭的学生和西班牙裔学生也受到了类似刻板威胁的影响（Croizet, Desert, Dutrevis, & Leyens, 2001；Schmader & Johns, 2003）。

同样，亚裔美国人、西班牙裔美国人、土著美国人等各种各样的标签也并非种族或人种的有意义的标志

（Hogan，2007）。西班牙裔美国人和拉美裔美国人主要来自波多黎各、墨西哥和古巴，当然不局限于此（Neisser, et al., 1996）。亚裔美国人包含来自多种文化背景的子群体，例如中国、日本、越南、柬埔寨、韩国、老挝、印度、巴基斯坦和菲律宾（Hogan，2007；Neisser et al.，1996）。而土著美国人包含许多不同的部落，这些部落大约有200种不同的语言（Leap，1981）。

最后，人种和种族群体间的差异更多的是因为社会经济地位和环境的影响而造成，而非种族本身导致的。当我们对比同一社会经济地位中不同种族或人种的IQ分数，例如同样都来自高社会经济地位的家庭，非裔、西班牙裔和高加索学生的群体差异非常小（Suzuki & Valencia，1997）。具有相同社会经济地位但种族背景不同的儿童IQ得分差异，与来自同一种族但社会经济地位不同的儿童的IQ得分差异相比，前者个体之间的差异更小。导致种族或民族之间在IQ得分差异的原因有很多。因此，教师应该注意不要基于种族或者其他任何可见的特点对一个学生的能力做出假设。

3. 性别

一般而言，并未发现在智力测验的整体表现上存在性别间的差异。因为出题者小心地删除了任何会导致性别偏见的题项，保留能维持性别平衡的题项，从而导致更多的男性和更多的女性回答正确（Halpern & LaMay，2000；Mackintosh，1996）。尽管男性和女性在平均水平没有差异，但是男性在认知测验中表现出更大的变异性，分布更具两极化。因此，在高分数组和低分数组上，男性人数均明显多于女性（Hyde et al.，2008；Lindberg et al.，2010）。当然，在数量和空间能力测验上，男性具有明显优势。但近期的研究也表明，在数学成绩和空间能力方面，没有显著的性别差异。让我们看看相关的研究。

男性在空间能力的某些方面，但不是全部方面具有一定的优势。在心理旋转任务上（如图22-3）上，男性成绩优于女性（Burton, Henninger, & Hafetz, 2005；Masters & Sanders, 1993；Voyer, Voyer, & Bryden, 1995），并且这种优势在成人和儿童之间一直保持稳定（Geiser, Lehmann, & Eid, 2008；Titze, Jansen, & Heil, 2010）。在空间导航任务上，男性成绩也优于女性，因为该任务需要通过地图、感知空间和现实环境重构新的路径（Iaria et al., 2003；Postma et al., 2004；Saucier et al., 2002）。但是，在对物体的空间位置的记忆力任务上，女性表现更好（Levy et al., 2005；Postma et al., 2004；Silverman et al., 2007）。

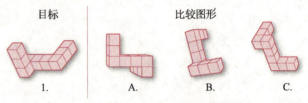

图 22-3 心理旋转

给个体一个目标图形，要求他们从一系列的比较图形中选出目标图形的镜像。

性别差异的刻板印象是，"男性在数学方面优于女性"，这一刻板印象可能并不正确，但却被媒体进一步夸大（Hyde，2005）。近期的研究表明，小学阶段，男、女生数学概念理解和计算能力等方面的差异很小、甚至没有差异（Hyde, Fennema, & Lamon, 1990；Lindberg, Hyde, Peterse, & Linn, 2010）。

尽管男女生在整体数学成绩上可能不存在差异，当前研究正在探索数学成绩背后的认知过程，考察它们是否存在差异。例如，研究表明，在小学低年级，男、女生在数学材料的快速回忆任务上并没有差异，甚至女生成绩可能略好于男生（Royer, Tronsky, Chan, Jackson, & Marchant, 1999；Willingham & Cole, 1997）。这可能源于女生信息检索速度更快，这与女生具有快速地从长时记忆中检索信息的优势研究结果一致（Halpern, 2000；Halpern et al., 2005）。但是，需要注意的是，目前尚没有充分的证据，足以证明在数学材料回忆方面，男、女生孰快孰慢（Carr & Davis, 2001；Royer et al., 1999）。

在解决数学问题时，由于男、女生采取不同的策略，导致他们在数学行为上的差异。在最近一项对幼儿园小朋友的研究中发现，在评估数学概念、计算和解决问题能力的标准化的数学测验上，并不存在整体的性别差异。但是，男孩总分数与空间推理能力分数相关，而女孩的总分则与语言能力相关（Klein, Adi-Japha, & Hakak-Benizri, 2010）。在高中阶段，男性在解决复杂的问题时仍略占优势（Hyde et al., 1990；Lindberg et al., 2010）。认知因素可能可以解释这种差异。

男、女生使用不同的策略，导致他们行为上的差异。男生倾向于使用空间想象策略解决数学问题，而女生则倾向于使用于言语计算策略（Geary, Saults, Liu, & Hoard, 2000）。在复杂的数学问题方面，以及计算、物理和生物等学科方面，女生学习问题解决策略的机会可能更少。但是，目前除了在物理的入学考试方面略有差异外，在其他方面，性别差异并不存在（Lindber, et al., 2010；National Science Foundation, 2008）。

"女生不如男生"的刻板印象，也可能阻碍了女生在复杂数学任务上的表现（Halpern, 1997）。例如，相较于告诉女生数学测验中没有性别差异，告诉女生在数学测验中男生更有优势，后一种情况下女生的学习成绩明显更差（Steele, 1997）。这一结果与大学生，以及近期对中小学的相关研究结果一致（Muzzatti & Agnoli, 2007；Schmader, 2002；Spencer, Steele, & Quinn, 1999）。

父母和教师的认知信念，即数学是男生主宰的学科，也会影响他们的行为，使其为不同性别的孩子或学生提供不同的经验，这种差异从小学儿童，到青少年，一直到高中，最终导致不同性别孩子或学生数学能力的差异性。

（1）父母为孩子提供不同的活动，并依据他们的表现提供不同的反馈（Wigfeld & Cambria, 2010a；Wigfel et al., 2006）。一项研究表明，相比于女孩，母亲更可能给男孩买和数学、科学相关的物品，这影响了他们后续对数学和科学的兴趣（Bleeker & Jacobs, 2004）。

（2）父母和老师也倾向于对男孩的数学能力给予更高的评价（Lindberg, Hyde, & Hirsch, 2008）。这些经历引导儿童去形成有关他们擅长什么以及什么对他们而言很重要的预期（Jacobs, Davis-Kean, Bleeker, Eccles, & Malanchuk, 2005；Lindberg et al., 2008）。在小学，男孩和女孩在数学成绩上并不存在差异，男孩对自己在数学和科学上的竞争力有更积极的信念（Eccles, Barber, Jozefowicz, Malenchuk, & Vida, 2000；Else-Quest, Hyde, & Linn, 2010）。那些成绩优异、有天赋的女孩，即使自己的表现比男生优秀仍倾向于对自己的能力给予比男生低的评价（Eccles et al., 2000；Freedman-Doan et al., 2000）。

（3）教师可能会无意地传达女孩在数学上表现不如男孩的信息。一项最近对一二年级有数学焦虑的女教师的研究表明，在学期末，女孩比男孩更可能相信男孩在数学上表现更好。持有这种刻板印象的女孩的数学成绩低于没有这种刻板印象的女孩及男孩的数学成绩（Beilock, Gunderson, Ramirez, & Levine, 2010）。

（4）随着学生进入高中，他们会遭遇更多关于性别刻板印象的经历。相比于成绩好的女孩，老师倾向于更频繁地将学习好的男孩分配到高级数学学习小组（Hallinan & Sorensøn, 1987）。高中数学老师也倾向于跟女生进行更少的互动及给予更少的反馈（Oakes, 1990b；Sadker, Sadker, & Klein, 1991）。

总之，类似于种族和社会经济地位的差异，性别差异总体上是很小的。老师们应该要注意，不要根据学生所处的某个特定的性别、种族和社会经济地位团体而对学生的能力做出推断。理解学生间的差异以及引起这些差异的因素是很重要的，这样老师能够开发相关课程、方法，并提供师生互动。这种互动可以为所有学生提供一个公平的教育经历。

> **思考**：为什么智力中社会经济地位、种族和性别差异的研究对教师而言非常重要？这些研究结果如何影响你的教育哲学？

表 22-3 多元智力理论：原则和滥用

一般原则	普遍滥用
重视学生间的差异，这样在构建课程和评价时才会对这些差异敏感	企图每一节课都在八个方面进行教学
将对差异的认识与学生和家长共享	将智力理论作为记忆辅助（如用舞蹈或哑剧来帮助学生记住课程中的材料）
课堂的呈现，应该让所有的学生都有机会掌握材料并证明自己已经学会	在学习活动期间通过播放背景音乐来提高学生的音乐智力
让学生逐渐为自己的学习负责	• 将内省智力作为自尊的理论基础 • 将人际智力作为合作性学习的理论基础

资料来源：Gardner, 1995.

22.4 应用：课堂上的智力理论

22.4.1 课堂上的多元智力

根据多元智力理论，如果教师遵循"一般原则"而避免普遍滥用的话，那么教师可以影响所有类型的学习者，见表22-3。多元智力理论既可以在学校范围内实施，也可以在个别的班级中进行。

学校范围法（school-wide approach）。教育者可以根据多元智力理论来识别社会所重视的技术和能力，并培养这些能力（Gardner, 1995）。在印第安纳波利斯的凯伊学校里，有一群教师跟随加德纳及其团队一起研究，以形成一种基于多元智力理论的课程。凯伊学校强调充分发挥学生身上的各种能力。他们通过使用跨越所有年级和所有学科的学校范围的主题来整合课程，并历经9个星期的深入而持续的研究。

各个级别的学校都可以创立一门反映多元智力理论的课程。在幼儿教育和小学课堂中，这一课程应该为学生提供大量的经验，以帮助他们发现自己的兴趣和天赋（Johnson, 2000）。有些小学采用一个主题的课程，例如在凯伊学校，语言艺术、科学、数学和社会研究被整合在一起。这就使得孩子可以体验更深奥的主题，并且可以使他们认识到自己该如何将知识和技能应用到多个学科中去。初中和高中可以通过增加一个全面的艺术项目、在班级里建立学习站、利用社区专家在其专长领域指导学生或是建立学校范围的科际整合单元，以便使自己现有的课程可以反映多元智力理论（Campbell, 1997）。

个别化班级。教师应该根据学生在真实活动，即学生自我评价活动中的不同表现来判断学生在智力方面的优缺点（Gardner, 1991, 1999）。例如，教师可以在学生设计新体育馆时通过观察来鉴定他们的空间智力，或是在作文竞赛中通过对学生的写作过程和作品的评价来鉴定他们的言语智力。

为了满足具有各种不同优势和弱点的学习者的需要，教师应该以多种方式去介绍主题（Gardner, 1991, 1999）。例如，作为教师，我们可以通过以下几点来了解智力。

- 叙事。智力理论和智力测验的发展历史。
- 实践经验。看IQ测验，学习如何进行IQ测验。
- 逻辑数量技术。IQ分数的解释练习。
- 有关存在的探索。探讨智力到底是由于天性还是教养导致的。

运用不同的方法来教授同一个主题，可以给学生提供机会，使他们应用自己的优势去学习该主题，同时也有利于他们发展自己智力中的薄弱领域（Kornhaber, Fierros, & Veenema, 2004）。

通过多种方法呈现教学内容的结果是，教师所涉及的主题变少了，但所涉及的主题更有深度，而且更多的学生将获得成功（Gardner, 1995）。这并不是一个全新的观念。数学成绩的国际比较表明，在数学成绩出色的国家里，数学教学就是集中在少数的几个颇有深度的概念上（Schmidt, McKnight, Raizen, 1996）。在多元智力理论实践指导多年的学校里，定性和定量的证据都表明了多元智力理论对学生学习具有有益的影响（Gardner & Moran, 2006）。在41所实行多元智力理论授权（MI-inspired）课程的学校里，49%的学校已经显示出成就测验分数的提高，54%的学校报告纪律问题减少了，60%的学校指出有更多的家长参与进来（Kornhaber et al., 2004）。

22.4.2 为成功智力而教

与多元智力理论指导教学一致，成功智力的教学目标就是要确保所有的学生都可以在学习上更上一层楼。教师所应用的教学方法必须集中在（Sternberg, 1997, 2010）：

- 分析性学习（分析、比较、评价、判断、评定）；
- 创造性学习（创造、发明、想象、猜想、设计）；
- 实践性学习（应用、付诸实践、实行、论证）。

基于记忆的教学法（事实性知识或回忆）仍然是学校学习的重要组成部分，因为如果学生没有知识基础的话，他们就无法进行有分析性和有创造性的思考，也无法以实践的方式进行思考（Sternberg, 2002）。教师可以通过教育方法在任何学科中对任何年级的学生教授分析性、创造性和实践性性思维，见表22-4中的举例说明。

表 22-4　教授分析性、创造性和实践性能力

学科领域	分析性	创造性	实践性
语言艺术	比较《汤姆·索亚历险记》和《哈克贝利·费恩历险记》中两个主人公的个性	以汤姆·索亚作为主人公写一篇小故事	阐述从汤姆·索亚说服他的朋友一起粉刷波莉阿姨的墙壁所用的方法中得到的启示,并描述关于说服的一般性经验
数学	解决一道数学文字题(运用公式 $D=RT$)	运用公式 $D=RT$ 自己编一道数学文字题	演示如何用公式 $D=RT$ 去估计驱车从一个城市到另一个靠近你的城市所需的时间
社会研究	对照、比较和评价支持奴隶制和反对奴隶制两种观点	根据内战期间某一战士为南方军或北方军而战所持的观点写一篇日记	探讨内战的应用,谈谈它对于今天内部分裂的国家有何启示
科学	分析免疫系统是如何应对细菌感染	针对滥用抗生素导致细菌的抗药性提出建议	建议个体可以采取的减少细菌感染的三个步骤

为成功智力而教,应该让学生培养适应、选择和塑造环境的能力。有助于学生发展成功智力的指导方针包括:

(1)平衡教学,这样在单元的进程中,学生可以接触强调分析性、创造性和实践性能力的课程。这有利于他们学会如何利用自己的长处,以及改正或弥补自己的不足(Sternberg,2002)。记住,这并非要求每一节课都要以三种不同的方式进行教学。

(2)要善于发现学生表达信息时所采用的不同方式。个体表征内容的偏好方式不同(口头、数量、空间),储存信息的偏好方式不同(视觉的和听觉的),以及产生的信息也不同(书面的和口头的)(Sternberg,1998)。教师应该不断改变评价学生学习的方法,而不是仅采用单一的评价模式,如书面测试。

(3)为学生提供机会,让他们通过对活动、作文主题、方案或文件项目的选择去塑造自己的环境(Sternberg,1998)。这与多元智力理论对学生选择的强调是一致的。

(4)在"相对新颖区"中教学,此时教学所采用的材料具有一定的挑战性(Sternberg,1998)。这种教学方法不仅仅鼓励学生去发展自己的创造性能力(对新异事物的反应),而且与皮亚杰(1972)和维果斯基(1978)的认知发展理论是一致的。

(5)鼓励信息加工(如阅读和数学)的自动化(Sternberg,1998)。拥有成功智力的个体其信息加工技能是自动化的,这样他们在进行分析性、创造性和实践性思维时就更有效。

当教师在课堂上应用成功智力时,学生可以学到更多东西。在贯穿初中到高中的研究中发现,在教师采用的教学方法与学生的优势(至少有些时候)相匹配的课堂,相对于传统的基于记忆的教学方法和教学方法与学生优势不匹配的课堂,前者中学生的成绩更好(Grigorenko, Jarvin, & Sternberg, 2002;Sternberg, Grigorenko, Ferrari, & Clinkenbeard, 1999)。这一结果在不同的被试和不同类型的评价(事实性知识或高阶思维)中也得到验证。

> 思考下你想教的年级,你会将哪一种理论应用到你的班级里?理论的哪些方面会影响到你的决策?

本章小结

1. 阐述斯皮尔曼的二因素理论,并将之与现代智力理论进行对比

斯皮尔曼强调智力理论的第一个层级,认为人类拥有一般的认知能力(g 因素)和特殊的能力(s 因素)。加德纳和斯腾伯格认为,如果我们将智力界定得更为广泛以便包括其他的能力,那么 g 因素就会变得不那么重要。加德纳提出了八种智力,其中只有两种是 IQ 测验中能测量到的;而斯腾伯格的理论包含了三种智力——分析性、创造性和实践性能力的平衡,其中只有分析性能力在 IQ 测验中有涉及。

2. 阐述智力测验测量什么?比较个体智力测验和团体智力测验

智力测验测量一套特殊的技能,所测量的技能因测验的不同而有所差别。测验主要评估个体在某一特定的

时间点的认知能力。个体智力测验中的认知任务无须阅读，主要由主试和受测者进行一对一的测试。团体智力测验包含客观题，而且需要自己阅读。心理学家应用个体智力测验去诊断学生的智力障碍和学习障碍，并为"天才项目计划"选拔符合资格的学生。团体智力测验可用于帮助制定人员安置决策。

3. 阐述环境、社会经济地位和性别是如何影响智力的

儿童入学前的家庭环境中的许多因素与其智力相关。如果家长对于孩子的需要做出回应并提供机会去促进孩子的认知发展，那么孩子就倾向于获得高智力分数。来自社会经济地位较高家庭的孩子同样也具有高智商。虽然种族群体间智力分数的平均得分有所不同，但我们在解释这些差异时必须小心谨慎。例如，西班牙裔和亚裔的措辞就不太准确，而且种族群体的智力分数会随着时间的推移而发生波动。社会经济地位同样也可以解释大量的种族群体在智力中的差异。智力中存在的性别差异很小。男性的空间能力比女性略胜一筹，青春期男生的数学技能也比女生要好一些。

4. 解释多元智力理论和成功智力理论在课堂运用中的相似点

多元智力理论和成功智力理论的目标都是相对于传统教育，影响更多的学生；两个理论都强调教师应该对于学生中的个体差异敏感；它们都主张在某一学科中采用多种方法，以便更好地利用学生的优势，并帮助学生培养自己的薄弱领域；两个理论都提倡让学生去选择有助于自己展示优势或弥补不足的作业和任务。

🔖 案例学习：反思与评估

儿童早期：字母 P 的一天

1. 安妮塔的语言艺术课的活动如何反应斯腾伯格的成功智力理论？
2. 安妮塔的语言艺术课的活动如何反应加德纳的多元智力理论？
3. 运用多元智力理论和成功智力理论比较吉利安和帕特两人的能力。

小学：猎豹、狮子和美洲豹

1. 根据加德纳的多元智力理论你会如何描述马塞拉和卡尔？根据斯腾伯格的成功智力你会如何描述案例中的每一个学生？
2. 格伦达尔小学所在的区域运用团体智力测验去帮助教师将学生安排到合适的年级水平进行阅读和数学学习。卡尔的 IQ 分数是 117，请你运用图 22-2 中的正态曲线图来解释这一分数意味着什么？
3. 假设卡尔是非洲裔美国人，那么为什么说他的 IQ 分数相对于他的实际认知能力可能被低估？
4. 请你写封信给教育委员会，解释为什么团体智力测验不适合作为学校安排学生到各个能力组的依据。请用列举具体的例子来支持你的观点。
5. 根据智力中社会文化问题的研究，对于马塞拉的家庭背景影响了他对科学的兴趣你是怎么看的？
6. 弗拉特利夫人该如何运用多元智力理论去教授科学这门课？她又该如何运用成功智力理论来教好这门课？

初中：数学问题

1. 在中学的学期开始，琳赛及其同学一起进行一次团体智力纸笔测验。她的 IQ 分数是 113。请用图 22-2 的正态曲线图去解释这个分数意味着什么？你有多大把握认为这个 IQ 分数可以准确反应她的认知能力。
2. 根据加德纳的多元智力理论，你觉得山姆具有什么特征？
3. 根据斯腾伯格的成功智力理论，你会认为琳赛在分析性、创造性或实践性三种能力上具有一种优势或多种优势的结合吗？
4. 伊丽莎白该如何将加德纳的多元智力理论结合到她的算术课堂？
5. 斯腾伯格的成功智力中哪一类型的能力是伊丽莎白的

4. 在与诺兰母亲交流的第二个家长会后，安妮塔决定对诺兰做一个天赋评价的测定。为什么说要评定诺兰的认知能力，采用个体智力测验比团体智力测验更有效？
5. 诺兰的 IQ 得分是 143，请运用图 22-2 中的正态曲线对该分数进行解释。基于诺兰的 IQ 分数，你可以预期他在以后的年级中会有高智商吗？请说明理由。

教学方法中所强调的？伊丽莎白该如何使自己的教学可以包含斯腾伯格的理论中的所有能力？

高中：NSS

1. 萨拉在小学的时候参加过《韦氏智力测验（第四版）》，该测验是为天才项目选择优秀学生。当时她的 IQ 分数是 132 分。请运用图 22-2 中的正态曲线图来解释这个分数意味着什么？

2. 在三年级时，安东尼被怀疑有学习障碍，并被送到一位心理学家那里接受测验。心理学家让他进行《韦氏智力测验（第四版）》，他的得分是 125 分。请运用图 22-2 中的正态曲线解释这一分数。（注意，单纯的 IQ 分数无法预测一个学生是否具有学习障碍）。

3. 你认为贾森对于自己在学校的成功会有什么期望？这种期望会怎样产生自我实现预言？

6. 请解释诸如性别刻板印象和性别刻板威胁这类因素如何影响琳赛在学习算术中的动机和成绩。

4. 想象你是哈迪的同事，请阐述多元智力理论和成功智力理论，并根据这两个理论给哈迪一些建议，帮助他改变以讲授为主的教学形式。

5. 评价哈迪对考试和家庭作业的应用，你觉得加德纳会认为哈迪强调了多元智力理论中的哪一种智力？斯腾伯格会认为自己的成功智力理论中那一种（或哪些）能力在哈迪的课堂中得以强调？

6. 想象你是哈迪的同事，根据多元智力理论和成功智力理论，建议哈迪可以采用其他的方法去评价学生的学习，而不应该只单纯依赖于考试和家庭作业。

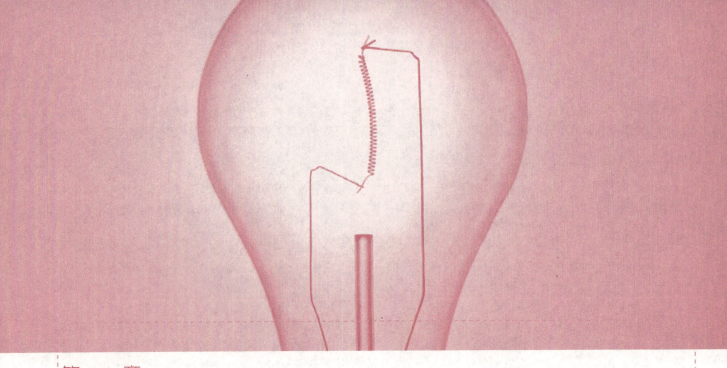

第 23 章
天才和创造性

学习目标

1. 阐述智力与天才和创造性有何关系。
2. 探讨那些被认为有天才的学生身上所具有的特征。
3. 解释种族、社会经济地位和性别是如何影响对天才的界定的。
4. 探讨可以有效满足天才学生需要的有效教学方法。
5. 探讨那些有创造性的学生身上所具有的特征。
6. 阐述你在课堂上可能用于鼓励学生创造性表达的实践经验。

23.1 天才和创造性：他们仅仅只是聪明吗

教师在教那些有天才和高创造性的学生时面临着独特的挑战。这些学生的学习方式与同龄人有质的差异，例如，他们对外界环境的观察、对信息的加工以及解决问题都是非常独特的。因而，教师需要了解天才和创造性的特征，只有这样才能满足这些学生的需要，从而提供适合他们进行最佳学习的教学。在我们探讨天才和创造性的特征，以及教师该如何鉴定学生的天才并开展有针对性的教学之前，我们要先了解天才和创造性与智力之间有什么关系。

当我们提起天才时，就会不由自主地想到那些极端聪明的人，这类人在学校里成绩和标准化测验中处于超常水平。这类人或许是"聪明的"，但还不是天才的，因为天才包含的不仅仅只是认知能力。现代两大智力理论——霍华德·加德纳的多元智力理论和罗伯特·斯腾伯格的成功智力理论——都认为天才是智力的延伸。然而，在这两大理论中，智力是多维度的，是由几种独立但又相互联系的能力构成的。

根据多元智力理论，所有的个体在以下八种独立的智力上都具有自己的优势和缺点（Gardner，2006）。

（1）**语言智力**。运用语言去阐述或表达观点。
（2）**逻辑数学智力**。推理、对数学的知觉模式、有效地使用数字。

（3）**空间智力**。准确感受视觉-空间世界的能力。

（4）**身体运动智力**。擅长应用自己的身体。

（5）**音乐智力**。识别音乐的成分、表达音乐形式、用音乐来表达观点等。

（6）**人际智力**。准确地知觉和合理地对他人做出情绪反应。

（7）**内省智力**。反省、识别自己的情绪和知觉，知道自己的优点和缺点。

（8）**自然智力**。识别生物并能对其分类，对于自然界具有敏感性。

身体运动能力
应用自己身体的能力，如舞蹈和体育运动，根据多元智力理论，身体运动能力是人类所拥有的8种智力中的一种。

有天赋的个体在各个领域（如数学、写作等）中游刃有余，这是因为他们的智力具有特定的优势，而且他们能够利用环境中的机会去培养那些优势（Gardner，1993）。

根据成功智力理论，所有的个体都拥有三种不同程度的能力（Sternberg，1996b）。

（1）**分析性能力**。分析、选择策略、评价、监控结果。

（2）**创造性能力**。生成新异的观点去解决问题。

（3）**实践性能力**。把知识应用于解决问题、进行选择和寻找解决方案。

那些懂得寻找方法来平衡自己能力中的优势与不足，以便更好地去适应、塑造和选择使自己成功的环境的人同样也是充满智慧的人（Sternberg & Grigorenko，2003）。在成功智力中，天才的界定与智力相关。如果个体能够凭借自己所具有的能力，将自己的生活经验转化为成功的结果，那么他就是有天才的（Sternberg，2003）。一个人可以具有分析性、创造性和实践性的天才。

关于智力和创造性之间的关系仍存争议。下列有5个假设试图解释他们之间的关系（Sternberg & O'Hara，1999）：

（1）创造性是智力的子集；

（2）智力是创造性的子集；

（3）创造性和智力是重叠的；

（4）创造性和智力在本质上是相同的；

（5）创造性和智力完全无关。

创造性是应该看作智力的一部分还是该从智力中分离出来，依赖于我们怎么界定智力和创造性的。

在多元智力理论和成功智力理论中，创造性是智力的一部分。例如，某人可能具有言语和音乐的创造力，而言语智力和音乐智力都包含在多元智力理论中。在成功智力中，某人可能在创造力中有特别的优势。然而，根据这两大理论，个体可能充满智慧，但未必特别有创造性。例如，某人可能拥有成功智力，因为他会充分利用自己分析性能力中的优势去补偿自己其他领域的不足，如创造性能力的不足。

此外，在不同的领域中由于创造性的表达不一样，因而所要求的智力程度也会有差异（Getzels & Csikszentmihalyi，1976）。例如，有创造性的画家或演员相对于诺贝尔物理学奖获得者对于智力水平的需要就不一样（Sternberg & O'Hara，1999）。尽管越来越多的人关注创造性领域的研究，但是对于创造性和智力之间的关系却还是没有达成一致。

> **思考**：当你听到天才和创造性这两个词汇时，你是怎么想的？请你尽可能多地列举它们的特征，并在你接下来的学习中在心里默记这些特征。

23.2 天才

23.2.1 特征

你觉得**天才**（giftedness）具有什么特征？让我们来看看有天才的学生所具有的普遍特质：

- 天才学生掌握特定领域中的知识或技能的时间要比同龄人更早（Steiner & Carr，2003；Winner，1996）。通常在某些特殊的学科中，如阅读、数学、科学、艺术或音乐，他们具有超常的能力，或者可以说他们所有的能力都高于平均水平（Renzulli, 2002）。

- 这些学生相对于没有天才的学生，他们加工信息更快速，接受新知识的能力更强，通常采用更有效的策略，而且对自己理解力地监控也更强（Davidson & Davidson, 2004; Robinson, 2000; Steiner & Carr, 2003）。
- 这些学生都是独立的学习者。相对于一般学生，他们几乎不需要老师的直接指导和支持（Winner, 1996）。他们自己独自去探索发现，用独特的方式去解决问题，在将自己的知识应用到新异的情境中时，表现出很大的弹性和创造性。
- 天才学生拥有更高水平的兴趣和本能的动机，在他们的天才领域里，求知的本能驱动着他们去学习和掌握那些主题（Winner, 2000）。当他们还在幼儿时，他们就开始表现出不同寻常的好奇心，喜欢问为什么，还具有强烈的求知欲（Creel & Karnes, 1988; Gross, 1993）。到了小学后，这些学生喜欢有挑战性的任务，在自认为简单的任务中会表现出厌烦，对于自己的成绩具有更高的个人标准，有时甚至会追求完美（LoCicero & Ashbly, 2000; Parker, 1997）。

在天才研究专家约瑟夫·伦朱利（1978b, 2002, 2011）看来，天才不是一组独特的品质，而是三种包含了许多（上述提到过的）特质的一般特征的混合物。

（1）**超常的能力**（above-average ability），从两方面进行界定：

- 一般能力，即加工信息、综合信息或抽象思维的能力；
- 特殊能力，即在特殊领域，如数学、诗歌或科学中获取知识和技能的能力。

（2）**高任务承诺**，对于特殊的任务、问题或领域精力充沛、充满高度的热情。高承诺、高精力、高热情使得其在行为上坚持不懈、充满耐性、努力实干，并且自信能够全力以赴（Renzulli, 1990）。

（3）**高创造力**，这种能力有助于他们在特殊问题或领域中产生有趣的、切实可行的想法。

图 23-1 为伦朱利关于天才的三环观（1978b, 2002），图中的阴影部分就是天才，即三个品质相交的区域。

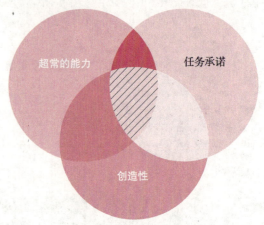

图 23-1　伦朱利的天才三环观
天才是三种品质的相交处，即图中阴影部分

伦朱利还描述了天才的两种形式。第一种形式是**校园型天才**（shoolhouse giftedness），反映了学业成绩任务中的技能。这类学生具有很高的整体认知能力和学业成绩，他们在诸如阅读或科学等特殊领域很擅长，或者说他们在加工信息和学习新事物中效率很高。第二种形式为**创造生产型天才**（creative-productive giftedness），它反映了个体产生有创造性想法的能力。这类学生喜欢探索，喜欢创造和问题解决。正如我们接下来要探讨的，识别天才的传统方法主要关注的是校园型天才。

23.2.2　识别天才

1. 标准化 IQ 分数

1926 年，斯坦福——比纳 IQ 测验的创立者路易斯·推孟（Lewis Terman），从狭义上将天才定义为 IQ 分数为全体中前 1% 的人群，在接下来的几乎整个 20 世纪，所有的学者都将天才等同于 IQ 测验中的一个分数。IQ 测验也是"天才项目计划"中选拔有资格学生的主要工具（Brown et al., 2005）。正如图 23-2 中所示，虽然各个州之间的指导原则有所差异，但如果学生的 IQ 分数高于 132（总人口的前 2%）或高于 135（总人口的前 1%），就有资格入选"天才项目计划"（Sternberg, 2002）。教师推荐法也经常被用到，不过通常这种方法只用于挑选哪些学生有资格参加 IQ 测验，测验的分数仍然是决定因素（Renzulli, 1990）。仅仅凭借测验分数来判断天才,往往会导致"天才项目计划"在选择学生时出现偏见。有些在艺术领域或领导方面有创造性或实践性天才的学生就会被低估,因为教育者只根据校园型天才的定义来筛选(Renzulli, 1999)。

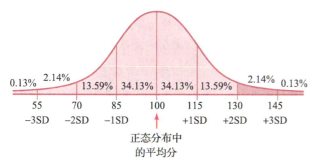

图 23-2 智商分数的正态分布
天才往往被认为是 IQ 分数在 IQ 分布中前 1% 或 2%。

当采用这种单一测验(single-test)分数作为标准时,女性、有学习障碍的学生、贫穷家庭的孩子,以及少数民族的学生往往不具备进入"天才项目计划"的资格(Freeman, 1995; Gallagher, 1992; McKenzie, 1986; Stormont, Stebbins, & Holliday, 2001),原因如下。

- IQ 分数潜在地排斥少数民族学生,因为他们往往很难在标准测验中取得好成绩,这样就没有机会进入"天才项目计划"(Banks, 2006; Harris & Ford, 1991; Maker, 1996)。同样,来自低收入家庭的学生也有被"天才项目计划"低估的风险,因为他们没有足够的有助于发展其天才的家庭和社区资源(Borland & Wright, 1994; VanTassel-Baska, 1998)。天才的发展需要一个具有丰富刺激的环境,这种环境可以给学生提供机会、资源和鼓励(Renzulli, 2002)。
- 教师经常会低估来自不同种族背景的学生,而支持来自中产阶级家庭的白人学生。这是因为教师通常会预期天才应该具有优秀的学习成绩和良好的行为,后者身上的特征与教师的这一期望比较一致(Bonner, 2000; Bryn, 2008; MillerWashington, 2010)。
- 即使那些有学习障碍的学生同时也可能具备天才,但往往也会被"天才项目计划"所低估。这是因为这类学生的天才很可能被自身的障碍所"遮盖",因此仅仅表现出一般的能力(McCoach, Kehle, Bray, & Siegle, 2001; VanTassel-Baska et al., 2009)。
- 女孩进入"天才项目计划"的也是凤毛麟角,特别是到了高中,参与的女生更是急剧下降(Read, 1991)。青春期女孩由于希望得到同伴接受的压力使她们隐藏了自己的认知能力方面的锋芒,以便赢得更多的社会接受(Basow & Rubin, 1999; Genshaft, Bireley, & Hollinger, 1995; Stormont et al., 2001)。例如,青春期女孩对自己在数学领域的自我概念,兴趣以及动机的评价都低于男生,因为数学被认为是男性的优势领域,而且这种评价的差异在天才学生间更加显著(Preckel et al., 2008)。

2. 多维度评估

尽管用 IQ 测验来为"天才项目计划"筛选合格学生非常流行,但现代理论和研究都支持采用多层面的方法,这与 2001 年《不让一个孩子掉队法案》中对天才的界定所列举的是一样的(PL107-110):

"有天才的和有才能的"两个词当被用于形容学生、儿童和青少年时,意味着他们在某些领域如智力、创造性、艺术、领导才能,或是在具体的学科领域中具有突出的成绩,这些人需要的不仅仅是学校提供的常规教学,还需要其他的服务和相应的活动以帮助他们充分发展这些能力(Title IX, Part A, Section 9101(22))。

为了筛选天才学生,特别是那些有多元化背景的学生,教育者需要抛开对标准测验的依赖,而应考虑一些来自非测验的信息(Renzulli, 2002)。下列是学者们推荐使用的一些标准(Renzulli, 1990; Renzulli & Reis, 1991; Sisk, 1988)。

(1)教育者开始可以用智力或成就测验分数来鉴定学生传统的学业天才。根据天才三环观,如果学生的成绩在某一学科或技能领域中是前 15%~20% 的,那么这些学生就可以被认为是拥有高于一般人的能力(Renzulli, 1978b, 2002)。这与前面提到的 IQ 分数要在总人口的前 1% 或 2% 的要求显著不同。不过,在这种情况下要证明学生的能力高于一般人不应该仅仅通过测验来获得。

（2）教师可以根据学生的表现（而不是测验获得）行为来进行推荐。例如根据学生表现出来的创造性、任务承诺、兴趣或特殊的才能等去推荐。那些有创造性的学生可以提出多种解决问题的方法——正如创造性测验中所评估的。高任务承诺的学生对于特定的主题或学科材料非常入迷，而且本身就有很强的动力驱使自己在这些领域里获得好的成绩（Renzulli，1978b，2002）。他们身上洋溢着热情、充满自信、具有目标定向的行为、坚持不懈，而且完全摆脱自卑感（Mackinnon，1965；Ogden，1968；Roe，1952；Terman，1959）。

（3）选拔委员会对于那些不符合测验分数要求或教师推荐的学生，可以采用别的评价标准，如家长和同伴推荐、自我推荐、创造性测验，或是根据产品来评价（如，特殊的提议、等级或档案）。

（4）选拔委员会同时还可以考虑学生以前的老师的推荐，这样可以避免忽略那些没有被现在的老师所推荐的学生。

采用这种多层次鉴定模型可以克服单一测验分数标准法的不足，而且与联邦政府所提出的用于指导天才鉴定的多元法（multi-method approach）相吻合。家长、教师、管理者以及学生对于这种方法都持肯定态度（Renzulli，1988）。

23.2.3 应用：对天才学生的教学

《不让一个孩子掉队法案》将天才教学界定为，为了充分发展其潜能，他们需要特殊的活动和服务，而不是学校所提供的那些。然而，在学校里，教师对于这些学生在大多数的教育活动上不会采用特殊的教学方法，他们顶多在课程上做少量的修改来满足这些学生的需要（Archambault et al.，1993；Westberg，Archambault，Dobyns，& Salvin，1993）。教师通常会采用一些方法来决定如何满足天才学生的需要。

主题或课程的高级教学。教师可以给天才学生提供与他们的能力水平相当的高级教学。因为在特定的学年中大量的课程内容包含的信息和技能是天才学生已经掌握的。因此加速教学有助于天才学生的学业提高（Kulik & Kulik，2004；Reis & Purcell，1993；Rogers，1993）。**加速**（acceleration）既指使学生快速进行跨级（如跳级），也指给学生在一门或两门科目上提供超过年级水平的教学，同时允许他们在其他科目上与同龄人保持同样的水平。与一般观念相反，跳级并不会对社会和学生的情绪幸福感造成危害（Jones & Southern，1991；Kulik & Kulik，1984；Richardson & Benbow，1990）。

对于那些在阅读或数学方面非常优秀的学生，教师可以采用**跨年级分组**（cross-grade grouping）以提供加速教学。根据这种方法，天才学生在阅读或数学科目上会被分配到其他年级，该年级中学生的阅读或数学成绩水平与他们相当。例如，一名有天才的二年级学生可能会去四年级学习阅读和数学，而其余的时间则跟自己的同学一起学习；或者允许一名聪慧的九年级学生与毕业班的学生一起学习微积分，此外的其他科目还与自己的同学一起学习。

充实（enrichment）。对于那些聪明的学生要给他们提供机会以发展其关键思维和问题解决技能，"充实"则可以让他们受益匪浅（Johnson，2000；Kulik，1992；Rogers，1991）。"充实"活动允许学生在常规课程之外开拓和加深自己的知识。为了最优教学，教师在创设充实活动时应该满足表23-1中列举的标准。

高级教学法和"充实"的实施。在决定进行加速或"充实"活动时，教师必须考虑学生的兴趣和学习偏好（独立工作、实际参与的活动、合作等）。如果教师不考虑学生的需要和兴趣，就统一给学生更高级的或更有挑战性的任务，学生很快就会意识到，如果自己"完美地完成任务"，迎接他们的只有更难的工作等着他们，这样就可能对他们的动机产生消极的影响（Renzulli & Reis，2004）。

表23-1 成功的充实活动标准

充实活动的标准	例　子
考虑学生的兴趣	允许三年级有天才的学生追求自己对天文学的兴趣，让他们通过研究银河系并制作课件进行陈述
让学生置身于真实情境，以使有意义的学习发生	进行一项关于替代燃料能源的课题，以帮助解决全球变暖问题
鼓励学生采用那些在现实生活中用于解决问题的真实的方法和资源	应用计算机、显微镜、图书馆资料、访谈法、实验法
形成切实可行的解决方案或形成活动的最终产品	制作模型、海报、陈述、戏剧

当教师为学生选择加速学习内容或充实活动，他们可能会使用**课程浓缩**（curriculum compacting），即一种将教材压缩为可以满足所有天才学生需要的有效工具。这种方法包括通过前期摸底测验来评价学生在教学单元中对于单元内容已掌握的知识，然后只教授现有教学目标无法满足学生的那部分内容（Reis & Renzulli，2004；Renzulli，1978a）。例如，在高中历史课上，学生可能会看到为某一特定单元而准备的指定材料，还会通过测验来考察掌握程度，接着与老师约定在课程范围内独立完成一个自己感兴趣的设计。

浓缩课程对于天才学生而言有几大优点。它让学生可以挑战简化的课程（Renzulli & Reis，2004）。厌烦和动机缺乏有时会导致天才学生不及格，浓缩课程可以消除天才学生的厌烦并提高他们的学习动机（Baum，Renzulli，& Hebert，1995）。因此，浓缩课程有助于这类学生取得更好的成绩（Reis & Purcell，1993；Renzulli，Smith，& Reis，1982）。浓缩课程同样也被成功应用于许多人文学科中的部分学生，这些学生对某些学科很精通，而且高于一般水平，但暂未达到天才水平（Reis & Purcell，1993；Renzulli & Reis，2004）。

> **思考**：你能回忆起曾经有些材料在你看来很没有挑战性并让你厌烦的吗？你会不会喜欢寻找一些更具挑战性的材料，或是针对当前的材料进一步去开拓你的知识，为什么？

23.3 创造性

创造性究竟是某些个体独有的天赋，还是我们每个都拥有的潜在创造性能力呢？观点之一认为，真正的创造力是毋庸置疑的，仅限于天才和历史上的伟大人物，如牛顿、甘地和爱迪生等。另一种观点认为，每个人都有潜在的创造力，并在日常生活中以不同的水平表现出来。大创造力和小创造力的差异在于表达的程度，它们分别处于创造力频谱的两端（Isbell & Raines，2007；Lassig，2009；Root-Bernstein，2009）。为了更好地理解创造性的本质，让我们一起来探讨创造性的过程，以及那些有创造性的个体的特征。

创造性的发生具有突发性和无法预见性，通常随着灵感的迸发，我们可能会突然发出"有了"的欢呼（Davis，2003）。然而，事实上创造性是一个循序渐进的过程，它散布在许多细小的洞察力中（Gruber，1981）。任何创造性思维首先都需要非理性且奔放的幻想，紧随其后的第二个阶段才是冷静的逻辑、分析和评价（Davis，2003）。大多数有创造性的方案或想法的实现需要经历四个阶段（Osburn & Mumford，2006；Wallas，1926）。

（1）**准备期**：搜集与问题有关的所有的事实和现有的观点，并将这些观点在大脑中进行对比。

（2）**酝酿期**：放松阶段，在这一阶段问题并没有消失，但个体可以做些放松的事情，如玩或睡觉。例如，阿基米德就是在洗澡的时候找到了问题的解决办法；数学家庞加莱在上公交车的时候来了灵感；化学家凯库勒在梦中发现了苯的分子结构。

（3）**豁然期**：个体在不经意间突然迸出："找到了！"

（4）**验证期**：个体证明、评价和验证自己新发现的过程。

23.3.1 特征

创造性之所以很难界定在于它的复杂性和多层面性，它是由大量的特质、技能和能力构成的（Runco，1996）。

- 有创造性的个体具有**发散思维**（divergent thinking），这是一种"跳出思想框架"的思维模式，对于问题有多种解决办法。他们常常具有与众不同的想法，以独特和新颖的方式去体验环境，对文化有着巨大的影响（Csikzentmihalyi，1996）。发散思维是区别于传统中在学校所强调的**聚合思维**（convergent thinking），即只要求一个结论或正确答案（Kousoulas，2010）。

- 有创造性的个体喜欢挑战复杂事物，能够容忍不确定性，喜欢冒险（Colangelo & Davis，2003；Sternberg，2000）。他们敢于提出假设，并用新的不落陈规的方法去重新界定问题。他们还允许自己犯错误，敢冒天下之大不韪而去提一些当时可能并不流行的观点。许多重要的发现和发明，例如家庭电脑，刚开始都被认为是冒险的想法（Sternberg & Lubart，1995）。

- 创造性还需要具有与领域相关的知识（Amabile，

1983；Sternberg，2006）。有创造性的个体需要具备与领域有关的知识，这样他们才可能在该领域处于领先（sternberg & Lubart，1999）。例如，一名科学家发现了与肥胖有关的基因，那么他必须具备基因的相关知识。

- 有创造性的个体充满好奇心和内在动机（Colangelo & Davis，2003；Sternberg，2006）。他们从事一切有创造性的活动都是出于强烈的兴趣和乐趣。面对障碍他们坚持不懈，具有很高的自我效能（对于自己能完成某一任务的信念），同时他们还是自我调节的学习者（能控制自己的学习）(Colangelo & Davis，2003；sternberg & Lubart，1999）。

[思考：想想你曾经应用过聚合思维的具体情境或课堂有哪些？然后也想想你应用发散思维的具体情境或课堂。]

23.3.2 识别创造力

我们该如何去测量一个人的创造性水平？在过去的25年里，研究者提出了大量的测量创造性的方法。而在近些年来，也开发了成百上千个的测验、测量工具以及评价量表（Houtz & Krug，1995；Hunsaker & Callahan，1995）。

1. 评估创造力的方法

在判断一个学生是否具有创造力时，教育者经常会借用图23-3中所列举的创造性特征一览表来进行鉴别。此外，他们还会应用发散思维的标准化测验，例如，托兰斯创造性思维测验（Torrance Tests of Creative Thinking，TTCT）（Torrance，1974）。TTCT测验是由相对简单的言语和图形任务组成的，这些任务主要包含一些与发散思维和问题解决有关的技能：

- 提问（根据情境图提出自己所能想到的问题）；
- 产品改进（针对一个玩具，列举出所有可能的改进办法，以便让儿童在玩这个玩具时有更多的乐趣）；
- 非比寻常的用途（列出某一物品有趣且非比寻常的用途）；
- 画圈（将空心圆加入到不同的画中，并给每幅画取个名字）。

非比寻常的用途
你可以想出回形针有多少种用途？

图23-3 创造性一览表
学校经常采用这类创造性一览表去帮助甄别那些有资格进入"天才计划"的学生

TTCT的计分有几种标准。可以根据原始分数来算出成绩，或者根据某个观点是否真的是独一无二的来算分；也可以根据个体所想出的观点的数量来评价，即所谓的流畅性；还可以根据个体改变思维的方向或另辟蹊径的能力来评价（灵活性），或是根据个体将某一观点延伸得更为有趣和复杂的能力来评价（精制性）。诸如 TTCT 这类的纸笔测验为我们提供了简洁、便于操作以及客观的评价策略。然而，这些评价方式要求并不严格，对创造性的测量可能并不准确（Sternberg, 1999a）。

一些研究者已经关注对创造性产品的分析，而不仅仅只是创造性过程本身（Amabile & Hennessey, 1988；Kaufman, Niu, Sexton, & Cole, 2010）。**共识测评法**（consensual assessment technique），是指收集学生创造性活动的样本，并由多名教师同时对样本的创造性进行评价（Hennessey, 1994）。例如，在对小学儿童的一项研究中发现，教师应用一些维度来评价学生的写作创造性，如评价文章的一般创造性，以及评价自己对故事的情节、新异性、想象力、逻辑、情感色彩、语法、细节、语言和简洁性等方面的喜欢程度。教师们的评价结果往往很一致，因此，这一方法常常被用作纸笔型创造性测验的替代或参考（Amabile & Hennessey, 1988）。共识测评法在美国、沙特阿拉伯、中国和韩国都得到了应用，说明这种对创造性作品进行分析的方法具有跨文化的可靠性（Hennessey, Kim, Guomin, & Weiwei, 2008）。

根据最终结果来测量创造性，要求评价产品的专家必须熟悉所评价的领域（Gardner, 2000）例如，一个对艺术不懂行的人很难去评价一幅画的创造性。

2. 种族、性别和创造力

如果创造力和传统的智力测验得分高度相关的话，我们就可能会发现它和智力测验一样存在种族差异。然而，过去 25 年的研究发现，创造力在不同种族之间不具有显著差异（Kaufman, 2006）。许多研究是基于托兰斯创造性思维测验（Torrance, 1966, 1974）或者其他发散性思维测验，但是不论使用哪种测量类型研究，所得到的结果都相当一致。

大多数的研究并未发现创造性存在性别差异，而且已经发现的一些差异并不具备稳定性（Baer & Kaufman, 2006；Kogan, 1974）。例如，一个重复研究发现，女性在言语上创造力得分更高，男性在图形创造力上得分更高（DeMoss, Milich, & DeMers, 1993；Fichnova, 2002）。然而，在其他的研究中发现了完全相反的结果（e.g., Chan et al., 2001；Dudek, Strobel, & Runco, 1993）。当创造力使用教师评级的方式进行测量时，测量结果和学生的性别无关，但是和参与评价的老师的性别有关（Kousalas & Mega, 2009）。

具有创造力的孩子似乎偏离典型的性别范式。因为传统上认为，敏感性是女性特质，独立性是男性的美德，而这两种特质对创造力都至关重要（Harrington & Anderson, 1981；Hittner & Daniels, 2002；Norlander, Erixon, & Archer, 2000）。然而，一些孩子可能会牺牲他们的创造力去保持他们的男性或女性的特征（Torrance, 1960, 1962）。对性别问题敏感的教师能够削弱性别刻板印象带来的负面影响（Kim, 2008）。

一般领域和特殊领域的创造性思维能力虽然有所差异但是仍然存在相关。年龄、年级、性别、种族和学习障碍状况均会影响一般领域和特殊领域的创造力。但是，不同的生活经历（教育和文化）对特殊领域创造力的影响要大于一般领域的创造力（Hong & Milgram, 2010）。

23.3.3 应用：在课堂上提高创造性

人们曾经认为，创造力是天生的，是不可教会的；然而，现在人们普遍认为，创造力是可以学习和提高的（Do & Gross, 2007；Sternberg, 2006c）。学习环境——经常被认为是社会的缩影，不仅能促进创造性的发展也可能起到阻碍作用（Esquivel, 1995；Simonton, 2000）。由于在课堂上，教师提出的问题往往只要求学生说出正确的答案，这样，有创造性的学生的成绩完全建立在服从和聚合思维的基础上（Fleith, 2000；Schirrmacher, 2006）。当教师无法获悉和评价学生的创造性时，那些有创造性的学生就可能退出学习或拒绝学习。相反，如果教师很重视学生的创造性，这种情况下，学生的学业成绩就会提高（Sternberg, Ferrari, Clinkenbeard, & Grigrenko, 1996）。

教师态度。 带有特定情绪或情感情境可能阻碍也可能会提高学生的创造性（Adams, 2001；Piirto, 2007）。学生通常会形成一种观点，即教师在班上是否对创造性观点进行评价反映了教师对创造性的态度和行为。为了培养学生的创造性，要让学生可以自由地表达自己的观点、进行发散思维，并允许他们冒险和犯错（Fleith, 2000；Sternberg & Williams, 1996）。教师还可以通过提出的问题类型、问题解决策略、创新性的实践等去设计创造性，以便鼓励学生的创造性表达（Amabile，1996；Rejskind，2000）。

教学策略。教师可以通过帮助学生发现自己的兴趣来提高他们的创造性。因为这样学生就可以在内在动机的驱动下去学习和探索自己感兴趣的领域（Sternberg，2000）。教师还可以帮助学生学会判断哪些任务只要聚合思维就足够了，而哪些任务则需要创造性的参与（Goswami & Goswami，1999）。创造性思维可以通过以下几种方式得以激发：

- 教师可以提出一些具有发散性、迷惑性或开放式（需要解释或为假设辩护）的问题（Gallagher & Gallagher，1994；Hershkovitz，Peled，& Littler，2009；Marshall，1994）；
- 可以鼓励学生质疑假设并重新界定问题，因为创造性思维包含了知道问题是什么以及该如何提问，而不仅仅只是知道答案（Csikszentmihalyi，1990；Sternberg & Williams，1996）；
- 教师还应该让学生在学习上有更多的选择，如让他们选择自己的作文主题，或是选择该如何解决问题（Sternberg & Williams，1996）。

教学活动。由于创造性的洞察力不会突发而至，因而教师应该为学生进行创造性思维实践留出足够的时间（Sternberg & Williams，1996）。这意味着不是塞给学生一堆材料，而是设计一些活动和任务以便促进学生去实践自己的创造力（Fleith，2000；Longo，2010）。合作性学习，指学生在一个异质的群体中一起学习，针对某个项目或任务共同合作的实践活动，这种学习可以激发学生的创造性（Sternberg & Williams，1996）。这样，学生可以学会不同的观点，同时也可以从不同的角度来观察世界。许多广泛使用的课程项目为学生提供了一个发展其创造性的情境（Morrison & Dungan，1992；Piirto，2007）：

- 年轻作家集市，即儿童自己写书；
- 思维冒险旅行，即几组儿童为制造新产品等问题而展开竞赛；
- 发明集会，即儿童发明新东西的地方；
- 历史日竞赛，在这里儿童可以研究历史人物，也可以进行角色扮演；
- 科技博览会，学生设计和进行实验的地方。

评价性学习。教师可以通过奖赏学生的创造性来说明自己对创造性的重视（Runco & Nemiro，1994）。但是如果教师使用的测验包含的只是聚合思维的问题，那么就无法向学生证明自己重视创造性（Kousoulas，2010；Sternberg & Williams，1996）。更确切地说，他们应该允许学生去冒险，使学生不会因为担心受到消极评价而不敢犯错。因为要知道当我们在犯错时分析如何改正错误，这也是创造性思维的一部分（Sternberg & Williams，1996）。教师应该为学生提供非评价性练习的机会，提供有建设性的批评意见，同时不强调对成绩的评价（Rejskind，2000）。对于那些在自己独立的项目中找到克服障碍方法的学生，即使最后的产品可能有点瑕疵，也应该给予表扬（Sternberg & Williams，1996）。

> **思考：** 想想你想要教的年级，结合学过的促进创造性的指导原则，谈谈你的教学哲学，即列举出你在促进创造性方面的特殊方法。

本章小结

1. 阐述智力与天才和创造性的关系

现代智力理论，如多元智力理论和成功智力理论，它们都认为天才不仅仅只是在 IQ 测验中获得非常高的分数。因为个体的能力在各种领域里具有不同的优势和劣势，他们可能在特定的能力或领域里是天才。创造性到底是智力的一部分还是独立于智力，取决于我们是如何界定智力和创造性。根据智力的现代理论，创造性是智力的一部分，即个体在创造性中具有特殊的优势，或是个体可能在某个领域中具有创造性。然而，某人可能智商很高但并不是特别有创造性。

2. 探讨所谓的天才学生身上所具有的特征

天才学生优于一般人，尤其是在认知能力方面。他们学习速度快，在特殊领域中对于知识技能的掌握快于同伴，同时往往也是独立的学习者；他们还具有很高的任务承诺水平和内在的学习动机；他们好奇、喜欢钻研、刻苦勤奋、充满自信；他们喜欢挑战，面对容易的任务会表现出厌烦，为自己设置高个人目标，有时甚至接近完美。天才学生通常也是具有创造性的天才。

3. 解释一些因素，如种族、社会经济地位，以及性别是如何影响对天才的界定的

在过去，少数民族（特别是非裔美国人和美国土著人）和具有丰富背景的学生在标准化 IQ 测验及成就测验中总是处于劣势。结果，这些学生进入"天才项目计划"中的人数很少。具有学习障碍的学生更是被"天才项目计划"低估，因为他们身上的天才往往被障碍所掩盖。女生更不可能被"天才项目计划"接纳，特别是高中阶段的女生。

4. 探讨可以有效满足天才学生需要的方法

天才学生可以从加速和充实活动中获益。加速的实现可以通过在同一个年级给学生增加高级任务，或是进行跨年级分组，或是跳级。教师应该明确学生已经掌握的课程内容，教给学生的材料应该侧重学生没有接触过的。由于天才学生需要挑战的机会，还需要批判性思维和独立工作，因此应该为他们提供能发挥其个人兴趣的丰富经历。

5. 探讨在创造性学生身上会发现的特征

有创造性的个体往往能够容忍不确定性，进行发散思维，喜欢挑战复杂的东西，爱冒险，而且充满好奇，具有内在动机。面对障碍，他们锲而不舍，充满自信，他们是自我监控的学习者。有创造性的学生在回答或解决问题时会有许多想法，其产品具有独特性和新颖性，他们还可以将自己的观点扩展得更具迷惑性和复杂性。

6. 探讨在课堂上用于促进创造性表达的实践

教师可以通过创建课堂环境来促进学生的创造性表达，如创设让学生觉得舒适的环境，这样他们就可以进行智力冒险、分享观点、在复杂任务上进行合作，以及做出决策。教师应该让学生知道他们重视创造性，并塑造学生的创造性行为，对于那些勇于挑战的学生给予奖赏。教师可以通过以下方式促进学生的创造性：提开放性问题、鼓励学生提问、对学生产生的观点进行评价、给予学生学习的选择、为学生提供进行发散思维的机会。教师应该记住，在评价学生时，不能只根据他们的测验成绩，或只评价他们的聚合思维。

案例学习：反思与评估

儿童早期：字母 P 的一天

1. 请评价诺兰、吉利安和帕特是否可以被认为是天才？请运用本章所探讨的天才的特征、天才的联合定义来支持你的观点。
2. 根据伦朱利的天才三环观，结合案例中提供的信息，你认为诺兰是天才吗？请说明理由。你还需要知道与诺兰有关的别的信息吗？
3. 如果诺兰被诊断为天才，请说说你是否会为他选择加速或充实等教学活动吗？请举出合适的例子来说明你会如何实施所选择的方案？
4. 运用本章中所探讨的特征，解释哪个或哪些学生在你看来是有创造性的。
5. 解释安妮塔老师在课堂上该如何去促进学生的创造性？
6. 安妮塔老师可以采用什么活动去鼓励发散思维？

小学：猎豹、狮子和美洲豹

1. 运用本章所探讨的天才特征和天才的联合定义来谈谈在你眼里，马塞拉或卡尔是不是天才？请说明理由。
2. 根据伦朱利的天才三环观，结合案例中提供的信息，你认为马塞拉或卡尔是天才吗？请说明理由。你是否还需要知道一些别的信息？
3. 卡尔似乎是来自社会经济地位较低的家庭，请根据本章中所列举的研究证据谈谈上述这一因素对于卡尔被认定为天才的机会有何影响？
4. 弗拉特利夫人可以采用什么策略去满足天才学生在阅读和科学中的需要？这些策略可能会有什么差异或相似点？
5. 弗拉特利夫人的科学课中的实验包含了聚合思维或发散思维吗？请举例说明。
6. 弗拉特利夫人该如何调节自己在阅读课和科学课中的

教学策略，以便让学生在课堂上有更好的机会去表达自己的创造性？请举出具体的例子。

中学：数学问题

1. 你认为山姆是天才吗？请运用本章中所探讨的特征，结合案例中提到的细节来论证你的观点。
2. 伊丽莎白该如何满足山姆的学习需求？举出实例，并运用本章中所涉及的研究来支持你的观点。
3. 请解释伊丽莎白该如何应用浓缩课程去满足自己班上的各种不同技能水平的学生需求？

高中：NSS

1. 请用伦朱利的天才三环观去评价贾森可能是天才吗？你是否还需要别的信息来支持你的结论吗？
2. 根据天才的联合定义来评估安东尼是否是天才？请说说有哪些因素可能会使得教育者低估安东尼这类人进入"天才项目计划"的资格？
3. 根据为"天才项目计划"甄别学生的相关研究，对于萨拉选择低年级的数学和科学课，你是否很惊讶？说明理由。
4. 波尔认为如果萨拉觉得作业更具挑战性、更有意思，那么她就可能会更愿意去做作业。如果他为了拓宽萨拉的

4. 请解释戴克斯特的文字题竞赛是如何体现本章中所探讨的创造性四阶段的？
5. 根据本章中提到的信息，有哪些标准可以用于筛选最具创造性的文字题？
6. 伊丽莎白还可以用哪些别的方法去促进学生的创造性？请举例说明。

历史知识而采用充实活动的教学，那么为了确保萨拉能够在充实活动中获得最优的受益，他该考虑什么？
5. 在你看来波尔在历史课上让学生对历史事件进行角色扮演是否是有创造性的？请运用本章中探讨的信息来论证你的观点。
6. 波尔发现他的学生通常都挺喜欢上他的课，但是对于他所采用的评价方式（测验、作文和家庭作业），学生并没有热情。请你为波尔介绍一种可以在《美国历史》课上使用，且能够促进学生表达创造性的评价方式。

第 24 章
认知障碍

学习目标

1. 阐述《身心障碍个人教育促进法案》对个体认知障碍的诊断及相关服务。
2. 探讨智力障碍学生身心方面的缺陷，以及应对这些缺陷有效的课程方法。
3. 说明 IQ 成绩差异法和干预反应法是如何判断学习障碍的。
4. 阐述那些被诊断为阅读和数学障碍的学生身上的特征缺陷，以及矫正这些缺陷的方法。

24.1 当前班级里的认知障碍

教师在障碍学生的教育中扮演着重要的角色。他们不仅为接受特殊教育评价的学生提供参考，而且还成立委员会为那些该接受特殊教育的学生进行诊断，并进行课程修订以应对课堂上这类学生的独特问题。谁是障碍学生？让我们一起来看看联邦特殊教育法的答案。

《身心障碍个人教育促进法案》(Individuals with Disabilities Education Improvement Act，IDEIA，2004)，作为早期特殊教育法案（1975年提出）的最新修订版本，认为有障碍的学生有以下特点：

1）具有精神发育迟缓、听力障碍（包括耳聋）、语音或语言障碍、视觉障碍（包括失明）、严重的情绪障碍（参照"情绪障碍"这一章节）、肢体障碍、自闭症、脑损伤，以及其他的健康缺陷或特殊的学习障碍；2）那些由此而导致的需要特殊教育和相关服务的个体［PL 108-446，Section 602.3（A）(i-ii)］。

图 24-1 反映了具有认知障碍的学生，特别是学习障碍和智力障碍（过去称为精神发育迟缓）的学生从幼儿园到 12 年级（K-12）接受特殊教育的分布情况（美国教育部，2005）。在本章中，我们主要探讨具有认知障碍的学习者的特征和教育需求。图中所呈现的其他类别的障碍为其他章节的主题。

24.1.1 特殊教育的转介和资格

IDEIA 要求政府为 3～21 岁的障碍儿童提供"免费且合适的公共教育"。一种合适的公共教育包括为学生提供有益的教学方法和课程的修订设计。具体而言，这意味着为学生提供特殊的教育和相关的服务，如语音和语言治疗、咨询、物理治疗、社会服务和便利的交通运输。

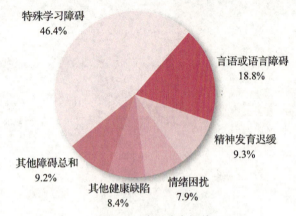

图 24-1　障碍分布概貌

本图反映了从小学到高中具有各种障碍的学生在 IDEIA 中所接受的特殊教育和相关服务的百分比。

其他障碍包括多重障碍（2.2%）、听力障碍（1.2%）、躯体障碍（1.1%）、视觉障碍（0.4%）、自闭症（2.7%）、聋盲（0.03%）、脑损伤（0.4%）以及发展迟缓（1.2%）。

判断一名学生接受特殊教育和相关服务的资格，通常来自教师的推荐，有时也由家长推荐。家长必须同意学校心理专家对其孩子进行教育评价。一旦评价结束，下一步就是决定该学生是否符合 IDEIA 列举的资格标准，如果符合了，那么就可以指定特殊的教育计划。根据 IDEIA，学校必须形成一个**个别化教育计划**（Individualized Education Plan，IEP），该计划概述了课程、教育修订，以及规定了一些意在提高学生的学业、社会或行为技能的服务。IEP 包含一些重要的特征，见专栏 24-1。该计划含一支多学科综合队伍，即所谓的 IEP 队伍，主要由学生的家长（有时是学生本人）、教师、学校心理专家以及其他相关的成员（如语音-语言病理学家、职业治疗师、阅读教师）构成。对于障碍学生的筛选和培养，以及对于个体教育计划每年的修订都是由这个队伍完成的。

在编写 IEP 中涉及的所有人都必须对学生和家长的权利有所了解。

- 对于学生的记录必须保密。根据《**家庭教育权和隐私法**》（Family Educational Rights and Privacy Act)，只有那些具有合法教育权益的学校职员，才可以在未经家长同意的情况下获得学生的记录。
- 家长或（当家长没有空时）指定的代理人有权检查与自己的孩子有关的所有记录，并且有权参与每次与自己孩子的鉴定、评价和安置相关的决策。
- 在制定 IEP 的会议中必须保护家长，家长同时也可以是这类会议的倡导者。
- 在计划实施之前必须征得家长的同意。
- 如果家长愿意，那么他们也可以具有独立的教育评价权。
- 为学生制定的与鉴定、评价和安置有关的决策，家长有权提出质疑或提出上诉，而且他们受到正当法律程序的保护。
- 对于学生的安置进行评价或发生变化之前，必须给家长发一份用他们的母语写的书面通知。
- 当 IEP 会议进行的决策与学生的开学（如中等教育和中学后教育）有关时，必须邀请学生参加会议，因为规划学生的未来必须要考虑他们的爱好和兴趣。
- 学区不需要对学生进行评估，以决定其是否有资质在学校外的环境中接受服务。但是，他们需要帮助学生从学校过渡到高等教育或者就业（Madaus & Shaw，2006）。

特殊教育和相关服务的资格推荐表

学生：_____　　出生日期：___　年龄：___　年级：___
家长/监护人：_____　第一语言：□英语 □其他：___
地址：_____　　推荐人：_____
　　　　　　　　　推荐时间：_____
电话：_____　　与学生的关系：_____

1. 涉及的领域：
□学业　　□社交/情绪　□粗/精细动作　□日常生活活动
□与健康有关　□行为　　□交流　　□其他：（特殊的）
A. 描述具体问题：_____
B. 阐述已经尝试的可选择策略及其后果（如果需要可以另行加页）：

2. 特殊服务历史：
你知道该学生现在或过去是否接受过一些特殊的服务？□有 □没有
如果有，请描述服务的类型、地点、提供者。

3. 其他的相关信息：

4. 告知家长：
学生的家长/监护人是否已经被告知？　　　　　□是 □不是
如果是，通知的方法：_____
告知家长/监护人的日期：_____

障碍推荐表

根据 IDEIA，这类表格常常被用于推荐有障碍的学生

> **专栏 24-1**
>
> ### IEP 中包含的信息
>
> 1. 学生当前的学习成绩和相关行为表现。
> 2. 可测量的年度目标和短期的教学目标。
> 3. 需要说明对学生年度目标实现情况进行测评的方法，以及将学生的进展报告给家长的时间。
> 4. 为州范围和区范围的评价性测验提供合适的方便条件，特别是《不让一个孩子掉队法案》所规定的条件。在一些情况下，如果教育者决定学生应该进行其他评价时，IEP 需要解释为什么要选择这种替代的评价，以及为什么这种评价适合学生。
> 5. 为学生提供的特殊教育和相关服务的类型有哪些，以及学生需要的这类服务时间是多长。IEP 还需要说明学生有多少课程将不在普通的教育班级里进行。
> 6. 与其教育培训或就业有关的、可测量的、年龄 14 岁及以上学生的高等教育目标。
> 7. 开学服务声明需要涉及 16 岁（或者可以更小，酌情而定）的学生高中毕业之后独立生活、继续教育或就业的目标。

24.1.2　规划和安置

IDEIA 为了确保学生能接受免费合适的教育，要求将障碍学生"最大限度地"安置在普通班级里，即**最少受限制环境（least restrictive environment，LRE）**。只有当学生的障碍本质或严重程度已经妨碍了学生在普通班级中通过额外的辅助和服务无法正常学习时，特殊班级、独立学校、抽离计划才可以被使用。LRE 不应该与**主流化（mainstreaming）**、**全纳（inclusion）**相互混淆，LRE 的演变体现在过去 30 年法律上对它解释的不断变化。

- 在主流化中，有特殊需要的学生在适当的时候与一般儿童安排在一起。例如，学生一天中大部分时间在特殊班级里学习，而在一些学科（如音乐、艺术、社会研究）和活动（如午饭、休息、图书馆看书、实地考察）上则与一般学生一起进行。
- 全纳，是一种新近流行的方法，指在大部分或全部上课日里，将所有的学生都安排在普通班级里，包括那些严重障碍的学生（需要专业辅助人员的帮助）。全纳对于每一个学生而言是否是最好的方法仍然存在争议（Benner, 1998；Zigler, Hodapp, & Edison, 1990）。

大约只有 14% 的智力障碍学生大部分时间是在普通班级里学习的，而大约有一半的特殊学习障碍的学生从初中到高中大多在普通班级里学习（U.S.Department of Education, 2009）。不管怎样，要将学生安排到最少受限制环境中学习，必须在个案的基础上根据相关法律做出决定。

> 思考：在你受教育期间是否也有个别化教育计划？你是否知道你身边的朋友或亲戚中有谁参与个别化教育计划？你还记得计划中提供给你（朋友或亲戚）的服务或设施是什么？

24.2　智力障碍

24.2.1　智力障碍的诊断

《身心障碍个人教育促进法案》为大约 10% 的年龄从 6～21 岁的智力障碍学生服务（U.S.Department of Education, 2009）。智力障碍是一个相对新出现的术语，用于代替过去的智力落后。美国智力和发展障碍协会（American Association on Intellectual and Developmental Disabilities，AAIDD）将智力障碍界定为"一种在概念、社会和实践适应技能中表现出来的以智力功能缺陷和适应行为缺陷为特征的障碍。"（Luckasson et al., 2002, p.1；Schalock et al., 2009）。判断一个学生是否具有智力障碍，包含评价这个学生是否在认知能力和适应行为的测量上具有重大损伤。

心理学家通常用个体 IQ 测验如《儿童韦氏智力量表（第 5 版）》（Wechsler, 2003）或《斯坦福 - 比纳量表（第 4 版）》（Roid, 2003）来评价智力能力的损伤。这类测验主要评定的认知技能范围有：言语、一般知识、数量技能、短时记忆、排列能力和非言语推理。在这类测验中，判断智力障碍的典型标准是 IQ 得分小于或等于 70 分，通常低于平均 IQ 分两个标准差。这意味着学生的成绩显著低于他所在的群体（总人口中只有 2%～3% 的个体得分会小于或等于 70 分）。

与评价学生的认知功能一样，评价他们的日常功能或适应行为也很重要。适应行为，指独立行事和对社会负责的行为（包括概念性、社会性和实践性技能）（Reschly, 1989）：

- 概念性技能指在社会运作中必需的认知技能，如阅读、写、理解沟通和交流技能。交流技能包含遵照指示、听力技能、提问，以及提供与本人相关的信息；
- 社会性技能包括礼貌的行为、有责任心、遵守规则和社会法规，具有人际交往技巧，同时既不幼稚也不轻易受骗；
- 实践性技能包含日常的生活技能和工作能力，如着装、洗澡、打扮、做饭、打扫、逛街、理财、职业技能以及使用公共交通工具。

为了评价适应行为，心理学家应用标准化工具从适应行为的三个方面（上述提到的）来评估。瓦恩兰适应性行为量表（Vineland Adaptive Behavior Scales）（Sparrow, Ballr, & Cicchetti, 1984）就是目前评价适应性行为的颇为流行的测量工具，它通过与家长和教师的访谈搜集了一些领域，如交流、日常生活技能、社会性和运动技能中与个体的典型行为有关的信息。例如，访谈者可能会问，那所念幼儿园的小孩是否每天都刷牙（日常生活），以及他是否能够握笔（动作技能）。

适应性行为中的缺陷可以通过判断这三个维度中某一个维度的重大缺陷，也可以通过总分偏低来加以判断。判断缺陷的具体标准是：

- 运用适应性行为的标准化工具来测量，三个维度（概念性、社会性或实践性）中有一个得分比平均数低两个标准差；
- 标准化工具测量获得的总分低于平均得分两个标准差，这就意味着个体的功能实质上低于一般人。

对障碍的诊断必须包含多样化的评价，还必须用标准化的测量工具，这种工具必须具有文化公平性，即不管是来自种族多样化还是低社会经济地位等背景的学生都是适用的。从20世纪60年代起，少数民族（特别是非裔和土著美国学生）从初中到高中被诊断为障碍并被安排到特殊班级的人数往往占着过大的比重（Artiles, Trent, & Palmer, 2004; Blanchett, 2006; Reid & Knight, 2006）。

- 非裔和土著美国学生相对于所有其他种族的学生

总和，前者更可能接受智力障碍的服务（Hosp & Reschly, 2004; U.S.Department of Education, 2009）；
- 来自贫困家庭的学生也更可能接受认知或行为障碍方面的特殊教育服务（Caspi, Taylor, Moffitt, & Plomin, 2000; Evans & English, 2002; U.S. Department of Education, 2009）。

对于这些数据的解释应该谨慎，我们不应把这些数据解释为人种、种族，或社会经济地位是与认知障碍高风险联系在一起。许多环境因素都会影响儿童的智力发展。例如，来自社会经济地位较低家庭的孩子可能具有低IQ分数，这是因为他们相对于那些社会经济地位中等或偏上的家庭的孩子，更缺乏可以促进认知发展的资源，例如他们没有足够的书本，也没有计算机，更不可能到高质量的幼儿园就读。此外，来自社会经济地位较低家庭的孩子和来自多样化文化背景的孩子在IQ测验和其他认知能力测验上得分不如白人孩子，原因还在于歧视和偏见。

24.2.2 应用：普通班级中的教师指南

当教师决定要如何对普通班级里的智力障碍学生进行教学时，首先必须记住有障碍的学生和一般学生之间的相似性要大于差异性（Westwood, 2003）。例如，两个10岁的男孩，其中一个是智力障碍，另一个是正常儿童，他们两个可能都喜欢运动，喜欢去体育馆，也都热爱艺术，并且都喜欢与群体一起学习而不是单独学习。牢记这一点之后，教师必须以下列问题开始（Ashman, 1998）：

- 在哪一种情境下学生会学得更好？
- 需要教给他们什么技能？
- 要教给他们那些技能什么方法最有效？

教师可以运用一些指导原则使智力障碍学生的学习机会得以最大化。

应用直接教学法进行教学。 直接教学（direct instruction）是由巴拉克·洛森西（Barak Rosenchine）提出的，它是一种结构化的教学方法，主要包含小步子教学、为学生提供充分的指导和独立实践的机会、给学生直接的反馈，以及在必要时进行重复教学（Rosenchine, 1979, 1988; Rosenshine & Stevens, 1986）。这种方法对于障碍学生很有效，特别是对于基础技能的教学（Reddy, Ramar, & Kusama, 2000; Turnbull, Turnbull, Shank,

Smith, & Leal, 2002)。

关注过度学习，或在技能掌握之后的再训练。许多智力障碍学生都很难将信息存储进长时记忆，这很可能是因为注意问题或缺乏有效的记忆策略（Hallahan & Kauffman, 2000; Westwood, 2003）。这些学生需要大量地重复技能练习，只有这样才能帮助他们轻易地自动从长时记忆中提取信息（Westwood, 2003）。

鼓励动手学习。这种方法对于各种类型的技能和学科都很有效，因为智力障碍学生在抽象思维方面存在困难，因而需要给他们呈现具体的例子（Reddy et al., 2000）。数学学习不仅应该包含以课本和数据表为主的传统方法，还应该包含真实的生活情境，如购物、测量、烹饪等。同样，阅读技能也应该在真实的生活情境中进行训练，如让学生阅读游戏规则、食谱、说明书、路标和报纸。

适当时应用合作学习。合作学习要求异质的（混合）学生群体为达到共同的目标而一起学习。只要是适合小组教学的就可以采用合作学习（Farlow, 1995）。不过，教师应该根据障碍学生和一般学生的不同认知需要和教育目标来调整课程的内容。例如，在中学的社会研究活动课上，一般学生的学习内容可能与地理和历史有关，而障碍学生则要学习词汇或社交技能。合作学习可以提高障碍学生的自尊，同时也有助于培养障碍学生与一般学生之间积极的同伴关系（Acton & Zabartany, 1988; Johnson & Johnson, 2009; Salend & Sonnenschein, 1989）。

培养概括化能力。智力障碍学生很难将自己所学的东西概括化，即很难将新学的知识迁移到新的情境中（Meese, 2001; Taylor, Sternberg, & Richards, 1995）。因此，教师需要找到一种方法以鼓励和促进学生对自己的知识和技能的概括化。通常，教师要做的只是提醒学生他或她过去曾经成功地完成过某一技能。例如，在学校的商店里，当学生正在思考自己该给店员多少钱时，教师可以提醒她，"我们在班级里已经学过怎么算钱。"培养概括化能力的其他样例包括（Mastropieri & Scruggs, 1984; Westwood, 2003）：

- 在学生完成某一技能后立即给予反馈；
- 练习技能多次，即鼓励过度学习；
- 当学生表现出某种技能时给予强化，如给予特权、自由时间、纪念品；
- 同一技能在不同的情境中进行重复教学，并逐渐扩大教学内容的范围以便让学生练习以获取新的信息；
- 要求学生判断某一特殊的技能或策略是否可以被用于解决新问题。

请记住所有的学生对所获得的新知识进行迁移都有难度。上述的这些方法对于促进所有的学生培养概括化能力都是有效的。

> **思考**：请你思考将来你是否会教学前期的儿童或小学生？还是计划教初中或高中的某一特定的科目？你在课堂上会如何应用这些原则？

24.3 特殊学习障碍

24.3.1 特殊学习障碍的诊断

特殊学习障碍（specific learning disabilities, LD）在《身心障碍个人教育促进法案》中代表的是最大的特殊教育类别（Reid & Knight, 2006; U.S. Department of Education, 2009）。LD 最早出现于 1963 年，当时指那些有学习困难但在现有的类别范畴（如智力落后）中没有资格接受特殊服务的学生（MacMillan & Siperstein, 2002）。今天，在 IDEIA 中智力落后已经被排除在 LD 的成分之外。

> "特殊学习障碍"这一术语指一种或多种基本的心理过程（包括语言的理解或使用、口语或书面语）的失调，这种失调可能导致听觉、思维、讲话、阅读、书写、拼写或数学计算等方面的能力出现问题。该术语所涉及的情况有知觉障碍、脑损伤、轻微脑功能障碍、阅读障碍和发展性失语症。该术语不包含主要由于以下原因导致的学习问题，即由于视觉、听觉或肢体障碍造成的，或是因为智力落后、情绪障碍导致的，抑或是因为环境、文化或经济不发达形成的。[PL 108-446, Section 602.30 (A-C)]

在探讨 IDEIA 中规定的学习障碍类别下，什么样的学生才有资格接受特殊教育之前，我们应该先要注意 LD 定义中的几个问题。

- 这一定义是排斥性的，即它只对学习障碍不是什么进行界定，而没有界定学习障碍是什么。
- 这一定义没有详细说明学习障碍的缺陷特征。例如，如果一个儿童不能读、写、拼写，或不会做数学计算，那么是哪一种心理过程受损？这种学习障碍可能涉及的是发音的心理过程受损，也可能是因为记忆缺陷导致的。
- 这一定义太过于宽泛，它就像是一把大伞企图把学校中潜在影响学习的所有可能的认知技能都笼罩住。因此，它就不可能对每一种类型的LD做详细的说明。而对于每一种学习障碍的详细描述有助于教育者准确地判断哪些学生具有学习障碍，哪些学生没有。

判断IDEIA中规定的学习障碍类别下某一学生是否有资格接受特殊教育，往往围绕三个阶段（如果能在早期发现），而学习障碍的初次诊断在初中或高中阶段比较不普遍。

在近几十年里，IQ-成绩差异（IQ-achievement discrepancy）常常作为诊断LD的主要方法。这种方法是基于这一观点，即学习障碍学生之所以具有学习问题不是智力低下导致的（LD定义中排除了将智力落后作为LD的原因）。如果学生在某一（或某些）学科领域中的成绩显著低于其现有IQ本该达到的水平，那么就可以判断该学生具有学习障碍。个体成就测验，特别是由心理学家指导执行的，可被用于学习障碍评估。

让我们来看看IQ-成绩差异的例子。一个9岁的男孩在韦氏儿童智力量表（第四版）上的IQ总量表（Full-Scale IQ）分数为105，即处于总体IQ分数的平均水平。然而，KTEA-II测验表明他在拼写的子测验上的标准分为70，在所有的复合阅读上的标准分数是68。低于70的标准分是偏离平均数两个标准差，即这个男孩在这些技能上远远低于他所在年龄组的平均数。相反，在KTEA-II的计算和应用问题这两个子测验上，该男孩的得分在平均水平，其标准分为92和93（85～115为平均范围）。因此，这个男孩的阅读和拼写成绩显著低于我们对于其IQ分数的预期，而他的数学得分则与IQ分数一致，处于平均水平。这个男孩很可能会被认为在阅读和拼写方面需要接受特殊的教育服务。

自从采用了IQ-成绩差异方法后，研究者针对这种方法在理论、统计和实践基础的准确性问题上收集了许多有挑战性的证据（Morrison & Siegel, 1991; Siegel, 1992; Stanovich, 1991a, 1991b）。以下几个实际问题，颇为重要。

- 各州之间，甚至同一州内不同学区之间对怎样应对IQ-成就差异有很大不同（Mercer, Jordan, Allsopp, & Mercer, 1996; Vaughn, LinanTompson, & Hickman, 2003）。例如，每个州对于诊断学习障碍所需要的学生的IQ与成绩之间的差异量都有自己的指导原则（Reschly & Hosp, 2004）。
- 找到智商和成就测验分数间的差异并不能为教育者提供制定补救计划的有用的指导性信息（Aaron, Joshi, Gooden, & Bentum, 9 2008; Semrud-Clikeman, 2005）。教育者有必要收集额外数据，如其他相关测验信息、学生工作样本等，来判定学生的优缺点。
- 使用这种方法，少数民族的学生比白人学生更可能因为学习障碍而接受特殊教育（Blanchett, 2006; U.S. Department of Education, 2009）。这种异常的表现可能由许多的原因造成，其中包括标准测验的偏见和歧视。
- IQ-成就差异被许多人认为是一个"等待失败的方法"，学生继续在学业上挣扎，直到两者的差异变得足够显著才被认为具有学习障碍（Bradley, Danielson, & Doolittle, 2005; Fuchs & Fuchs, 2006; Hale, Wycoff, & Fiorello, 2011）。

IQ-成绩差异法的局限性导致近年来的一些教育方案与规定的重要修订。根据2004年的IDEIA，学习障碍的诊断不需要使用IQ-成绩差异法，而是采用一种所谓的干预反应法（response-to-intervention，RTI）。在大多数州，教育者可以选择多学科评估报告，来识别学生是否需要进行特殊教育。

应用这种方法，教育者可以判断学生是否会对"科学的、基于研究的干预"做出反应。RTI的目标是通过在早期阶段识别和矫正儿童的学习问题，从而减少在小学中间年级因为学习障碍而需要特殊教育的学生数量（Carreker & Joshi, 2010; Fuchs, Mock, Morgan, & Young, 2003）。RTI同时也试图减少被误诊为学习障碍的学生数量。例如，具有阅读障碍的学生可能并不是因为真的具有包含特殊认知缺陷的阅读障碍（正如我们接下来要探讨的），相反，可能是以下的原因导致的。

- 社会经济落后。例如，由于没有资源、家长不会讲英语等导致他们缺乏技能准备）。

- 缺乏合适的教学。例如，没有人教给他们必要的阅读或数学技能)。

RTI 包括筛查和监测在同一学区内所有学生的学术技能的进展，并对表现低于年级预期水平的学生提供干预措施，该筛查和监测基于预先确定的标准化测验及格线，抑或基于高风险测验中适度的进步程度（Bradley et al., 2005; National Research Center on Learning Disabilities, 2007）。截至 2007 年，37 个州已采用或正在开发 RTI 模型。一些州（如康涅狄克州）强制要求，只能使用 RTI 来确定特殊教育资格（Berkeley, Bender, Peaster, & Saunders, 2009）。虽然 IDEIA 没有官方授权的 RTI 模型，但是典型的 RTI 模型具有 3 个层次：

第一层：防护层。对整个班级的学生进行一般性的教育指导和筛查，这对大约 80% 的学生有效（Bender & Shores, 2007; Cates, Blum, & Swerdlik, 2011）。

第二层：二级干预层。以小组的形式进行短期、高强度的干预措施。目标是大约 15% 的学生，即那些在第一层未取得足够进步的学生（Fuchs & Fuchs, 2007）。

第三层：三级干预层。是干预强度最大，通常是一对一，大约 5% 的学生需要这一层级的干预。

干预的类型，如朗读的流利性、理解、算术计算等，以及每周需要接受干预的次数，这些均取决于学生的需求。一个干预持续 10～15 周的时间，在此期间要频繁地监控进展（Cates et al., 2011）。

要准确地识别一个学生是否需要更密集、更频繁的指导，即从第一层移至第二层或第三层，应使用双重差异法（dual discrepancy method.Cates et al., 2011）。学生的学业成绩应：

（1）与年级水平的预期相比，低于平均水平，即有差异；

（2）学生表现出缓慢的进步速度，以至于随着时间的推移学生的学业表现和基准之间的差距逐渐扩大（Cates et al., 2011）。

如图 24-2 所示，一名未接受干预学生朗读的流利性情况，即每分钟正确读取的单词数量。筛查测量中，学生每分钟可以正确地识别出 24 个字。与每分钟正确识别 60 个字的基准相比（图中 X 所示），这名学生的表现低于年级水平的预期。学生在整个过程中几乎没有进展，说明学生的学习速度太缓慢不足弥补和年级水平预期之间的差距。在 RTI 评估过程中的任何时间节点，参与评估的学生均可被诊断为存在学习障碍，需要接受特殊教育（VanDerHeyden & Burns, 2010）。但是在大多数州，直到第三层以后，才开始进行特殊教育评估（Berkeley et al., 2009）。

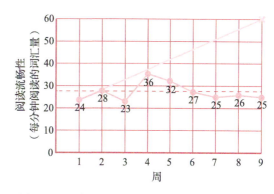

图 24-2 一名未接受干预学生的口头阅读流畅性

与 IQ- 成就差异法一样，RTI 也存在不足。它最大的应用缺陷是各州在具体实施时存在巨大差异：

（1）第二层、第三层的干预次数，以及每一层次教学小组的规模存在差异；

（2）监测真实干预过程的要求不同，如依据指导手册、软件或相关资料，跟踪教师或助手实施特殊教育有效程度的监测不同。

（3）进度监测的次数不同；

（4）确定开始特殊教育的时间不同。

与 IQ- 成就差异法相比，采用 RTI 法可能会使相同数量甚至更多的儿童被诊断为学习障碍（Fuchs & Deshler, 2007）。RTI 的另一个问题是其信度和效度问题。由于 RTI 仅基于进程监测，而不使用任何其他额外信息，将学生分为干预有反应和无反应的两组，这可能并不是一个鉴别学习障碍的有效指标（Fletcher, Barth, & Stuebing, 2011）。另外，学校采用不同的筛选和进程监控方法，以及不同评估标准来测量"无效反应"（failure to respond），无法获得一致的结果（Barth et al., 2008）。一个学生使用一种测试测出干预无效，但是当使用另外一套测验和标准时，却测出他对干预是有反应的。

单独使用 RTI 并不能有效鉴别学习障碍。RTI 只是告诉我们一个学生未对教育者的最佳干预做出反应，但是我们并不知道为什么学生没有反应（Hale, Wycoff, & Fiorello, 2011）。这种方法有助于鉴别出学习迟缓的学生以及具有认知缺陷的学生（Kavale，2005），但它本身也不能将智力障碍和情绪/行为障碍与特殊学习障碍区分开来（Mastropieri & Scruggs，2005）。

IDEIA 规定，没有一个单独测试或程序可以被作为确定一个学生是否存在障碍的唯一标准。且要求所有潜在的障碍领域都要被评估。最佳的做法应该包含对认知过程潜在的学术技能进行评估（Hale et al.，2011）。大多数专家一致认为将 RTI 和 IQ- 成就差异相结合，可以提供对特殊教育资格最全面和准确的评估（Carreker & Joshi，2010；Feifer，2008；Kavale et al.，2008）。

正如你接下来会进一步看到的阅读和数学障碍，特别是这些障碍的矫正，请牢记这一点：矫正是小学的个别化教育计划重点关注的，而在初中和高中阶段则关注得较少。RTI 的干预在中学教育中也不那么普遍（Berkeley et al.，2009）。具有学习障碍的初中生往往不会接受矫正服务，取而代之的是为他们在普通班级里学习课程提供特殊照顾。特殊照顾包括记录者、语音书、延长作业时间，以及辅助技术。

24.3.2 阅读障碍

在研究中阅读问题经常被归为发展迟缓或者是认知缺陷（deficits）。**发展迟缓**（developmental delay）是指某一学生的成绩差于同龄的其他学生，而与年纪小的学生相似，说明该学生获得认知技能的方式与其他学生一样，只是发展的速度较为缓慢。这也说明当给予合适的干预后该学生将赶上其他学生。相反，缺陷指在某一特殊领域的"障碍"，这并不影响学生的一般认知功能。学生在这一领域的成绩比同龄人和年纪小的学生都要更差，也即说明学生获得技能的方式与其他学生有质的不同。这也说明缺陷很难通过传统的教学方法得以矫正（Stanovich，1993）。

疑似学习障碍学生多学科评价报告表

学生：_____ 出生日期：_____ 年级：_____
学校：_____ 报告日期：_____

标准	标准匹配	
用于诊断疑似学习障碍学生是否具备特殊学习障碍的资格检查标准	是	否
☐ 为鉴别疑似学习障碍的学生，学区会使用识别过程去判断该学生是否对科学的、基于干预（作为评价程序的一部分）的研究做出反应。（H.R.1350 Section 614（b）（6）（B））。文件材料请附在多学科评价报告表之后		
☐ 为诊断以疑似学习障碍学生的资格，学区使用了严重差异模型，并应用了以下的标准		
1. 能力和成绩之间存在严重的差异吗？如果是，请在下面选出是哪一个（些）领域：（注意：至少必须确定一项） ☐听力理解　　☐阅读理解　　☐基本阅读技能　　☐口语表达 ☐书写表达　　☐数学计算　　☐数学推理		
2. 在口语或书面语言的理解或应用的基本心理过程中是否诊断出失调？		
3.（a）严重的差异主要是因为：	是	否
a. 缺乏阅读和数学方面的指导 　　▲（基于数学和阅读的作业单）	注意：如果所有的（√）都在否这一栏，那么该学生符合 #3 的标准	
b. 视觉、听觉或运动神经受损		
c. 智力落后		
d. 情绪障碍		
e. 环境、文化或经济落后		
f. 有限的英语能力		
g. 动机		
h. 情境性心理创伤		
3.（b）在上述的 #3（a～h）中是否所有的"否"栏都打上"√"		
4. 是否需要特殊的教育与相关服务用于矫正 #1 中所确定的严重差异		

学习障碍的评价
学校可以选择采用 IQ- 成绩差异法或干预反应法来评估学习障碍学生是否应该进行特殊教育

1. 特征

有阅读障碍的个体在语音加工方面存在缺陷，这抑制了他们识别单词和解码单词的能力（Fletcher et al., 1994；Lyon, 1995；Stanovich & Siegel, 1994）。解码是一种针对词汇的发音策略。对于初学者在词汇识别中获得技能，或是在文本中识别单独的词汇都非常必要。熟练的阅读者具备的词汇识别和解码技能已经达到自动化程度，这意味着他们可以非常快速地实施技能而无须太多的注意和策略这类的认知资源（Perfetti, 1992；Stanovich, 1990）。自动化使得阅读者可以运用认知资源去理解自己在阅读某一段落时所读的内容是什么。相反，词汇识别和解码困难会导致阅读理解困难（Perfetti, 1985；Perfetti & Lesgold, 1977）。

相对于一般的正常学生，阅读障碍的学生从小学到大学阶段都缺乏自动化的词汇识别和解码（Cisero, Royer, Marchant, & Jackson, 1997；Compton & Carlisle, 1994）。在阅读过程中，为了对词进行解码，他们需要在工作记忆中先对词进行语音表征（如，对词语的字母发音和对词的命名），而这种语音表征存在困难。结果，许多词语因此无法存储进长时记忆进行表征，从而就无法被自动化提取——即使这些词是阅读障碍学生经常碰到的。因此，阅读障碍的学生因为缺乏自动化的词汇识别和词汇解码，从而导致了阅读理解的障碍。

阅读障碍学生所面临的困难与那些效率低下的阅读者完全不同。前者在词汇识别和解码方面比同龄人和年纪小的学生都要更差，也即他们在阅读方面有缺陷；而效率低下的阅读者在阅读任务上差于同龄人，但与年纪小的学生差不多，说明这是一种发展迟缓（Stanovich, 1988, 1993；Stanovich & Siegel, 1994）。阅读障碍学生的阅读问题主要是与语音加工缺陷有关，而效率低下的阅读者的阅读问题则与许多因素有关，如语音加工困难（与阅读障碍学生一样）、比一般人更差的口语理解力、可应用的策略贫乏、较低的综合 IQ（Stanovich, 1988, 1993）。

教师和学校心理专家可以应用阅读障碍学生的一些特征性的缺陷来选择恰当的评估，以决定该学生是否应该因为阅读障碍而接受特殊教育。

- 对幼儿园和一年级的儿童进行评价，所涉及的评价包括语音意识（phonologicaawareness）、字母和词汇识别，以及快速命名（快速地从长时记忆中提取物体、字母、颜色和数字的标志）。
- 对于初等教育和中等教育阶段的儿童，评价则包含对词汇识别、解码、词汇量和阅读理解的测量。对于词汇识别和词汇解码的定时测量非常重要，因为这种测量为自动化提供了指标。定时测量包含一些标准化测验，例如 KTEA-II、《韦氏个体智力测验（第二版）》，以及词汇阅读效率测验（Torgesen, Wagner, & Rashotte, 1999）。

2. 应用：阅读障碍的矫正

研究表明大量的系统读音法教学有助于阅读障碍学生获得词汇识别和词汇解码的技能（Foorman, Francis, Winikates, Schatschneider, & Fletcher, 1997；Torgesen, Wagner, & Rashotte, 1997；Torgesen et al., 1999）。**系统读音法教学**（systematic phonics instruction）注重教儿童识别和掌握音素（通过读音表达），如单词 bat 中首字母的发音为 /b/，并将这种知识应用到字母 - 读音的对应和解码中。通过大量的读写能力训练，如唱歌、背诵儿歌、阅读等，一般的儿童自然而然就会掌握**字母原则**（alphabetic principle），即知道字母是通过读音来表达。阅读障碍儿童无法获得字母的原则，而且很难学会识别和解码单词。因此，对于学习障碍学生，词汇的识别和解码教学必须一开始就使他们外显地意识到其语言的语音结构，以及语音是如何与印刷字母相匹配的。

在将学习障碍的相关研究结果转化为教育实践之前，必须注意以下几点。

（1）即使研究表明系统读音法教学有利于阅读障碍的学生，但这并不意味着同一种方法在每一个学生身上会取得相同水平的进步。一项研究表明，在进行这种教学直到结束后，还有 24% 的学生其技能仍然低于一般水平（Torgesen et al., 1997）。在另一项研究中，在经过大量培训之后，还有 1/3～1/2 的学生其单词识别和解码的水平仍低于平均水平（Torgesen et al., 2001）。

（2）在研究案例中，儿童接受了大量的这类指导。例如，儿童在整个学年中接受的研究干预从 88 小时的个别化教学（如，Torgesen et al., 1999）到每天 60 分钟的课堂教学（如，Foorman et al., 1997）。而在研究之外，学生不可能接受数量如此庞大的矫正指导。许多学校没有充足的资金和人力资源来给有阅读障碍的学生提供在校期间足够时长和强度的干预，来促进他们阅读能力的发展以使得他们的技能达到平均水平（Torgesen et al., 2001, 2010）。

（3）教师不应该期望学生对字母-读音对应和语音技能的掌握就可以自动提高自己的词汇识别和解码能力。一些研究表明外显训练学生的语音意识，同时教他们识别和解码词汇，并不会带来长期的词汇识别收益（Olson, Wise, Ring, & Johnson, 1997；Torgesen et al., 1997）。词汇识别和解码技能的训练必须达到过度学习的程度，只有这样自动化的词汇识别才有助于更高层次的阅读加工，如理解（Cisero et al., 1997；Royer & Sinatra, 1994）。有研究指出，词汇识别自动化训练的可能性可以提高阅读障碍学生的阅读技能（Royer, 1997）。

（4）教师必须记住，除了进行语音训练之外，还应让他们读一些内容丰富、语义连贯的篇章（Stahl, 1998）。研究表明，给阅读障碍的学生提供简单的阅读材料可能给他们传达了错误的信息，即教师认为他们不能够读一些更有挑战性的材料，以及阅读仅仅只是解码词汇。而且，当给学生呈现一些他们已经接触过但没有成功经验的材料，他们也可能做好了会失败的预期（Stahl, 1998）。因而使用新异的教学材料就可以避免这一问题，同时可以通过为学生提供好玩而又有趣的活动来提高他们的学习动机。

对于那些仍在努力提升基本阅读技能和理解能力的年长学生，可以使用一些额外的策略。例如，采取诸如分解多音节单词等聚焦于单词分析的干预措施，可以有效地提高阅读成绩（Curtis, 2004；Wexler, Edmonds, & Vaughn, 2007）；词汇教学可用于科学和社会研究等以文字内容为主的课程当中；给出简单的定义、举例或非实例以及使用语义地图等是进行词汇教学的最有效方法（Kim, Vaughn, Wanzek, & Wei, 2004）；给学生预览标题或关键字，并让他们做出预测，从而在阅读之前激活先前知识，阅读之后再让他们证实或拒绝先前预测，这种方法可以提高学生的阅读理解能力（Roberts, Torgesen, Boardman, & Scammacca, 2007；Klingner, Vaughn, & Boardman, 2007）；鼓励学生进行总结，并和先前知识，其他科目的知识，或现实生活中的应用相结合，可以提高阅读理解能力；交互教学、元认知策略的教学方法，如质疑主要思想、澄清、总结和预测等，都可用于提高学生的阅读理解能力。

24.3.3 数学障碍

当前我们对于数学障碍（mathematics disability, MD）的理解总是局限于小学的算术技能（Geary, 2004）。然而，在初中和高中工作的教师应该要知道学生障碍的认知起源，以便为这些学生更好地制定合适的课程和特殊照顾。

1. 特征

为了理解数学障碍的本质，让我们来看看研究者戴维·吉尔里提出的MD的几个亚类别（1993；Geary & Hoard, 2005）：

（1）语义记忆型；
（2）程序性型；
（3）视觉空间型。

数学障碍的**语义记忆型**（semantic memory subtype）具有语音缺陷的特征，这一特征类似于阅读障碍。在算术问题3+2=5中，数学障碍的学生对于从阿拉伯数字到词语（如，词语三和二）的转换在工作记忆中的保持很短，这样对于问题（3+2）和答案（=5）之间的联系就无法在长时记忆中得以表征。因此，由于许多算术法则没有存储进长时记忆，即使是经过大量的训练，也无法自动化提取（Geary, 1993, 2004）。相对于正常学生，具有语义记忆型数学障碍的学生有以下几个方面的特征（Barrouillet, Fayol, & Lathulière, 1997；Bull & Johnston, 1997；Geary, 2004）：

- 从长时记忆中提取更少的算术法则；
- 在运用事实-提取（fact-retrieval）作为策略时会犯更多的错误；
- 过度使用计数策略（如用手指计算或口头计算）而不是应用提取策略；
- 特别是与年幼的正常成绩的学生相比时，障碍学生对于数学法则的提取率具有变异性（有些很慢，而有些很快）。

与低效率的阅读者一样，数学障碍的**程序型**（procedural subtype）也具有发展迟缓的特征，因为这类学生的成绩往往与年纪更小的正常成绩的儿童相似。程序型数学障碍的学生通常会应用发展不成熟的程序来解决算术问题。例如，他们在问题解决时喜欢采用全数的策略，即他们会从1开始数。如，在解决3+4时，他们会说"1，2，3，4，5，6，7"以获得7这一答案。相反，正常成绩的儿童会在一年级和二年级之间的某个时刻改变这种策略而采用持续数的策略（Jordan & Montani, 1997；Ostad, 1998）。采用这种策略时，学生会找出算式中比较大的加数（4），并由此开始数，"5，6，7，"以获得答案。在以下情况，程序型数学障碍的学生会频繁出错（Geary, 1990；Hanich, Jordan, Kaplan, & Dick, 2001；Russell & Ginsburg, 1984）：

- 数数；
- 执行数学解题步骤；
- 计算小学中年级阶段普遍出现的多步骤计算题，如：

$$\begin{array}{r} 38 \\ \times 13 \\ \hline 494 \end{array}$$

视觉空间型（visuospatial subtype）是三种类别中最近才被提出的，且暂未得到广泛研究的一种类别，主要指对于数字信息的空间表征困难，如遗漏数字、颠倒数字、看错运算符号（+，-，×等），对于多项式题中数字很难对齐、很难应用位值和小数点。视觉空间困难也会影响数学领域的技能，这种现象普遍存在于初中和高中，例如几何学和复杂的文字题（Dehaene, Spelke, Pinel, Stanescu, & Tsivkin, 1999；Geary, 1996）。

由学校心理专家所进行的诊断性评价往往包含个体标准化成就测验，这类测验测量一系列的技能，从数学的事实性知识到数学计算（贯穿小学到初中阶段），以及问题解决。学校心理专家选择的标准化测验应该测量的是学生某一时间中的数学计算能力，以评估他们对于数学法则的自动化提取。

此外，学校心理专家或教师也可以对学生的数学能力继续非正式的评估。非正式评估要求教师与学生进行一对一面谈，通过面谈了解学生的知识，以及他们是如何获得问题答案的。

- 对于从幼儿园到二年级的学生，教师可以给他们大量的算术问题，以判断学生所用的计算策略类型（Jordan, 1995）；

- 对于小学高年级的学生，教师可以实行一种错误分析法（Fleischner, 1994）。例如，数学错误有时只是因为在写答案时竖式中数字没有对齐导致的。学生还可能因为进位或借位而出错，通常也被称为程序错误（Brown & Burton, 1978）。请看下列问题中，学生由于缺乏进位知识，以及不能理解位值而出现的问题。

$$\begin{array}{r} 93 \\ + 57 \\ \hline 1410 \end{array} \qquad \begin{array}{r} 46 \\ + 39 \\ \hline 715 \end{array}$$

2. 应用：数学障碍的矫正

根据障碍的本质，我们在干预时可以注重计算法则和计算策略的培养，或是鼓励学生进行自动化地提取法则。教师可以采用大量的游戏进行计算法则的教学，如无关顺序（可以按任何顺序来计算物体）、提取（某些类别的项目可以在一起计算）、稳定顺序（按照固定的顺序进行计算，总是遵循"1，2，3，…"）（Garnett, 1992；Geary, 1994）。

对于那些采用不成熟计算策略的学生，教师应该专注于如何帮助他们逐渐采用成熟策略。那些依赖于全数策略的学生可以通过使用手指或用于数数的物体（即所谓的教具）来训练持续数策略（Garnett, 1992）。使用教学工具来促进学生对数学原理的理解（Gersten et al., 2009）。还可以通过让学生认识较大的加数，以及运用交换律（如，5+4=4+5）来训练学生。

为了鼓励学生自动化提取法则，教师应该提醒学生不时地自问："我知道这个法则吗？"例如，当碰到6×8这一问题，学生就应该先自问是否这个问题自己已经知道而且可以直接从脑中提取答案，而不是依赖于一些计算策略。过度依赖计算策略会阻碍自动化提取法则的发展。

教师还可以介绍给学生一些**快捷策略**（shortcut strategies），以帮助他们快速提取信息（Jordan, Hanich, & Kaplan, 2003；National Research Council, 2001；Robinson, Menchetti, & Torgesen, 2002）。例如，如果学生已经知道3+3=6，那么他们就可以导出3+4的答案。另外一种快捷策略就是交换律（3+4=4+3）。快捷策略将相似的问题联系在一起，以便促进法则在长时记忆中的存储，并因此可以直接提取。表24-1提供了为

表 24-1 为数学障碍学生组织数字法则教学指导原则

方法	教学序列	例子
加尼特（1992）	+1 法则 +0 法则 系子（ties） 系子 +1 系子 +2 +10 数字法则 +9 数字法则 剩余法则	2+1, 3+1, … 2+0, 3+0, … 5+5, 6+6, … 5+6, 6+7, … 5+7, 6+8, … 1+10, 2+10, 3+10, … 6+9 比 6+10 小 2+5, 2+6, 2+7, 2+8 3+6, 3+7, 3+8 4+7, 4+8 5+8
桑顿和图希（1985）	持续数 +0 法则 同样数重复相加（如系子） 总和为 10 +9 相邻数重复相加 剩余法则	+1, +2, +3 法则 2+0, 3+0, 4+0, … 5+5, 6+6, … 6+4, 3+7, … 4+9, 9+3, … 4+5, 3+4, … 7+5, 8+4, 8+5, 8+6

数学障碍学生组织教学的两种不同的方法。虽然方法有所不同，但目的是一样的，即都是在解决算术问题时减少工作记忆的负荷，并允许学生通过计算得到足够的联系，这样，那些法则才会进入记忆。

一些研究者反对对数学法则机械式的死记硬背，因为这样只会加重工作记忆的负荷，而这正是许多数学障碍儿童的弱点（Geary, 1994）。然而，还有一些研究者发现，通过采用死记硬背地练习或是更为特殊的**自动化训练**（automaticity training），有助于矫正数学法则提取的缺陷。在一项对数学障碍学生的研究中发现，6 周的夜间练习包括对加法、减法和乘法运算法则的快速提取促进了法则提取的速度和准确性（Royer & Tronsky, 1998）。这种快速训练使得学生放弃了无效的计算策略，而更加关注法则提取的策略。

在课堂教学中，教师可采用探测－练习－修复自动性训练方法（Detect-Practice-Repair, DPR；Poncy, Skinner, & O'Mara, 2006），该方法包括以下几个阶段：

- 定时评估，确定尚未自动识别的数学知识；
- 5 个知识为主，不断重复；
- 即时评价，给出成绩，表明学习进度（Axtell, McCallum, & Bell, 2009；Poncy et al., 2006）。

大多数传统课堂教学方法都是将已知和未知的事实结合使用，导致教学时间的浪费，因为大部分的实践材料学生是已经知道的（Axtell et al., 2009）。由此可知，DPR 更为有效。研究也表明，该方法对于中小学数学学业不良学生是很有效的。DPR 也可作为 RTI 干预模型中的一种有效干预措施（Axtell et al., 2009；Poncy et al., 2006）。

> **思考**：关于阅读和数学障碍的研究和实际应用主要聚焦于小学生。那么，在初中和高中阶段的教师该如何辅助那些被诊断为阅读或数学障碍的学生呢？

本章小结

1. 阐述《身心障碍个人教育促进法案》对认知障碍的诊断，以及相关服务

法律明确规定，智力障碍和特殊学习障碍的学生需要根据《身心障碍个人教育促进法案》接受特殊教育及相关服务。在家长的知情同意下，学校心理专家可以对学生进行诊断性评价。根据评价的结果，多学科综合队伍决定该学生是否有资格接受特殊教育。《身心障碍个人教育促进法案》要求发展一种教育计划以满足学生的个体需要，并将学生安置到最少受限环境中。

2. 探讨智力障碍学生身心方面的缺陷，以及当前用于应对这些缺陷的有效方法

具有智力障碍的个体不仅在智力方面有重大缺陷，而且在某一（些）领域的适应行为（概念、社交和实践行为）也存在问题。通常进行诊断所依据的是在标准化 IQ 测验和适应行为的标准化测量中的得分，即低于平均数两个标准差。直接教学和合作学习对于智力障碍学生而言是有效的教学方法。教师也应该鼓励学生动手学习，让他们注重知识和技能的重复，并且形成将技能在各种情境中的概括化能力。

3. 说明 IQ-成绩差异法和干预反应法是如何诊断学习障碍的

当某个学生在一种或多种成就测验上的成绩低于他的 IQ 本该达到的水平，学习障碍的诊断可以通过这种 IQ 和成绩之间的差异来诊断。此外，还可以应用干预反应法来诊断学习障碍，根据这种方法，当学生被认为在幼儿园或一年级时有处于障碍的危险，且对于基于研究的干预无法做出反应，那么他们就可以被诊断为学习障碍。

4. 说明阅读和数学障碍学生身上的特征性缺陷，以及矫正这些缺陷的方法

阅读障碍学生缺乏自动化的词汇识别和解码，而这反过来会影响他们的阅读理解。同样，患有语义记忆型数学障碍的学生具有法则提取缺陷，他们即使是经过大量的训练，也很难存储和提取数学法则。上述两种都被认为是缺陷，与此相反的是，低效率的阅读者和程序型的学习障碍者被认为是发展迟缓。系统读音法已经成功地应用在一些阅读障碍的学生身上，然而，干预法鼓励发展自动化的信息提取，认为这样对于阅读障碍的学生才是有效的。

案例学习：反思与评估

儿童早期：字母 P 的一天

1. 该案例研究中没有详细指出有什么障碍，要说有的话，那么特朗算一个。根据案例中提供的信息，特朗具有智力障碍的可能性有多大？你还需要哪些额外的信息用于支持你的观点？
2. 请你描述下你在幼儿园里预期会找到的概念性、实践性和社交技能。你觉得幼儿园中有智力障碍的孩子在上述这些领域里会有什么困难？
3. 假设特朗有智力障碍，那么安妮塔老师该如何修改自己的语言艺术活动课以帮助特朗提高认知功能？

小学：猎豹、狮子和美洲豹

1. 特拉维斯具有智力障碍。请你推测特拉维斯在教室里可能体验到的自己在概念性行为、社会性技能和实践技能上的缺陷有什么？
2. 如果特拉维斯的缺陷只是在适应行为上而不是智力能力上，那么我们可以说他具有智力障碍吗？请说明理由。
3. 在弗拉特利太太对特拉维斯进行教学时，给弗拉特利太太提一些具体的建议。你提的这些建议与你对正常儿童教学中所提的建议有什么差别？

初中：数学问题

1. 与琳赛一样，杰西似乎数学也学得不太好。这两个学

4. 吉利安在读写能力方面似乎有些优势。你觉得在一个幼儿园里较晚学会阅读的孩子会遇到什么困难？
5. 为了证明基于研究的方法已经被用于解决学习困难的学生的问题，请指出安妮塔老师在语言艺术课上需要提供什么类型的教学和活动？且这类活动与干预反应法诊断学习障碍是一致的。
6. 请应用本章探讨的指导原则，说说安妮塔老师为了证明基于研究的方法已经被用于解决有学习困难的学生的问题，她在数学教学中应该关注哪些特殊类型的技能？

4. 根据阅读障碍的特征性缺陷，请你评价马塞拉是否具有特殊阅读障碍？如果她真的具有阅读障碍，那么请你根据 IQ 成绩差异法，说说她的 IQ 和成绩测验结果会是怎样？
5. 如果马塞拉的母语不是英语，那么她能否被诊断为特殊阅读障碍学生吗？评价 IDEIA 对特殊学习障碍的定义。
6. 假设马塞拉的确具有特殊阅读障碍，那么对于弗拉特利帮助马塞拉提高阅读技能方面你有什么建议？

生中，你觉得哪一个学生是数学障碍，而哪一个属于

发展迟缓？为什么？
2. 假设琳赛正在进行数学障碍评价，根据IQ-成绩差异法，你觉得如果她具有数学障碍，那么她的IQ和成就测验的结果会是怎样？你觉得她在阅读、拼写和书写方面的测验结果会是怎样？
3. 杰西并没有任何确定性的障碍。如果你怀疑她具有智力障碍，那么你觉得她会有什么特征？
4. 根据本章所探讨的智力障碍的定义，杰西作为一名12岁的孩子有没有可能被诊断为智力障碍？

5. 假设琳赛具有数学障碍，那么你觉得从她的个别化教育计划上会看到什么类型的干预和（或）服务？如果她是四年级学生又会有何不同？
6. 如果琳赛具有数学障碍，伊丽莎白老师可以采用什么策略或教学方法去帮助她在数学上取得成功？如果杰西具有智力障碍，伊丽莎白老师该如何满足她的认知需要？伊丽莎白对于数学障碍学生和智力障碍学生所采用的教学策略是否有重复的地方？

高中：NSS

1. 为什么你会认为在九年级的历史课上很难找到智力障碍的学生？请探讨最少受限制环境这一问题。
2. 波尔的历史课上来了一名轻度智力障碍的学生，他表现得积极活跃。该学生的IQ得分为68，具有严重的社交技能障碍，不过他的概念性技能和实践性技能没有什么问题。请说说波尔为了满足这名学生的特殊学习需要做什么样的潜在调整？
3. 你觉得安东尼会表现出哪些特征性阅读缺陷？这些如何影响他在历史课上的成绩？

4. 请说说安东尼的种族因素在其被诊断为需要接受特殊教育中起着什么样的作用？干预反应法是如何防止学生被误诊为该接受特殊教育？
5. 你觉得在安东尼的个别化教育计划中会看到什么类型的干预和（或）服务？这与他在三年级的个别化教育计划有何不同？
6. 在高中阶段，安东尼在阅读方面不可能有矫正性干预，波尔可以在自己的历史课上采用头脑风暴法去帮助安东尼阅读和理解课文。

第 25 章
情绪、社交和行为障碍

学习目标

1. 阐述《身心障碍个人教育促进法案》和 504 条款对个体情绪、社交和行为障碍的诊断及相关服务。
2. 解释焦虑和抑郁是如何影响学生成绩和社会功能的。
3. 解释注意缺陷多动障碍和品行障碍是如何影响成绩和社会功能的。
4. 阐述自闭症的特征,并解释它们是如何影响成绩和社会功能的。
5. 阐述对治疗情绪、社交和行为障碍有效的干预。

25.1 班级中的情绪、社交和行为障碍

具有情绪、社交和行为障碍的学生面临着独特的问题时,这些问题会妨碍其学习进程(Epstein, Kinder, & Bursuck, 1989;Kauffman, 2001)。这类障碍与认知障碍,即智力障碍(前面提到的是智力落后)和学习障碍的学生所具有的问题不一样。具有情绪、社交和行为问题的学生很可能具有糟糕的同伴关系、在班级里缺乏互动,以及学业成绩较差。他们焦虑、抑郁、自闭,具有注意缺陷多动障碍(ADHD)和品行障碍(conduct disorder)。他们代表了联邦法律中接受特殊教育服务学生中的异质类别(heterogeneous category)。

图 25-1 中反映了 2004 年《身心障碍个人教育促进法案》(IDEIA;一项联邦法律,它为 13 类障碍学生提供特殊教育基金)规定的从幼儿园到 12 年级接受特殊教育学生的比例分布图。其中,自闭症在图中体现在"其他障碍总和"中,在学龄儿童和成年人中占 2.7%。不过,在 IDEIA 中,自闭症虽然只是一小部分,但也有自己的类别,ADHD 就没有自己的类别。患有 ADHD 的学生符合特殊教育资格标准(但并非总是如此,这一点我们稍后还会谈到)的,可能也符合"其他的健康障碍"类别或"情绪障碍"类别。焦虑、抑郁、严重攻击、品行障碍的学生同样也体现在"情绪障碍"类别中。情绪障碍被界定为:

在很长一段时间里表现出以下一种或多种特征的状态,而且当这种状态达到显著程度时反过来会影响学业成绩——

A. 不能学习，且其原因是智力、感觉或健康因素无法解释的；

B. 不能建立或维持与同伴或老师之间的令人满意的人际关系；

C. 在正常环境下表现出不合适的行为或情绪；

D. 经常流露出愁苦或抑郁的情绪；

E. 倾向于表现出与个人或学校问题有关的躯体症状或恐惧。[美国联邦法规，Title 34, Section 300.7（c）(4)(i)]。

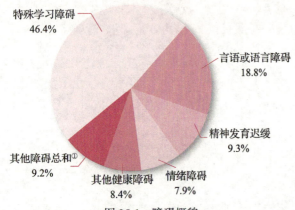

图 25-1　障碍概貌

本图反映了从小学到高中具有各种障碍的学生在 IDEIA 中所接受的特殊教育和相关服务的百分比）

注：①指其他障碍包括多重障碍（2.2%）、听力障碍（1.2%）、躯体障碍（1.1%）、视觉障碍（0.4%）、自闭症（2.7%）、聋盲（0.03%）、脑损伤（0.4%）和发展迟缓（1.2%）。

教师为学生接受特殊教育评价提供参考，同时也在委员会中决定接受特殊教育的学生资格，在课堂上还会进行行为和课程的修改以应对这些学生的独特问题。为了有效地实行这些任务，教师需要明确法律对于特殊教育资格的规定，而最重要的一点是要了解那些影响情绪、社交和行为障碍的学生学习、同伴交往的具有特征性的行为。

25.1.1　特殊教育资格

在提供的特殊教育和相关服务上，障碍学生有权获得"免费且合适的公共教育"，包括学业指导、言语和语言治疗、咨询、物理治疗、社会服务和便利的交通运输。判断一个学生是否有资格获得这些服务，需要推荐，特别是来自老师的推荐，有时也来自家长。家长必须同意学校心理专家对其孩子进行综合教育评价，该评价包含多种来源的信息（成就测验、行为测量等）。接着，一支由学生的家长、教师、学校心理专家以及其他相关的成员构成的多学科综合队伍，按照联邦法律规定对于学生是否符合资格标准进行评估。

障碍推荐表

根据 IDEIA，这类表格常常被用于推荐有障碍的学生

根据 IDEIA，对于诸如焦虑、抑郁、ADHD 或品行障碍本身的早期诊断并不能保证学生获得资格。学生的障碍必须具有以下特征：

- 持续很长的一段时间；
- 已经达到显著程度；
- 反过来影响学业成绩。

根据 IDEIA，如果学生障碍没有满足上述这些要求，那么他就没有资格接受特殊教育。

教师应该知道 IDEIA 这一规定的局限性也会影响到资格的判断。上述定义中模棱两可的陈述会导致不一致的诊断。例如，定义中提到障碍必须持续很长的一段时间，且已经达到显著程度，然而，多长的时间才算得上"很长"？还有，我们该如何测量"已经达到显著程

度"？"反过来影响学业成绩"这一要求同样也可以有多种解释（Jensen, 2005）。结果，对于资格的确定随着不同的州而改变，甚至不同区域间的学校也有所不同（Osher et al., 2004；Parrish, 2002）。

此外，在IDEIA的情绪障碍类别中，来自不同种族群体的学生被认定为可以接受特殊教育的比例相差很大。相对于白人学生，非洲裔男生和土著学生人数偏多，而亚裔和拉丁裔学生人数偏少（Fierros & Conroy, 2002；Parrish, 2002；U. S. Department of Education, 2009）。我们要注意不要将这些结论解释为人种或种族是与情绪或行为障碍有关的高风险因素。下述两点可以更好地解释种族之间的这种差异。

- 在种族和患情绪、行为障碍风险水平之间，社会经济地位可能是一个中介因素（Fujiura & Conroy, 2002；Parrish, 2002；U. S. Department of Education, 2009）。
- 这种比例失调的诊断也可能是教育者在提出特殊教育建议时，只考虑学生在课堂的行为而忽略了他们的文化背景。学生无视依序轮流发言的课堂讨论规则而脱口说出答案可能反映了特定的文化模式，即该文化模式评价的是行动而不是捣乱行为，而对于没有果断回答问题的那些学生则可能会被认为缺乏动机或抵制教学，从而被认为是不正确的行为。

有特殊需要的学生可能不符合IDEIA的资格要求，但可能符合1973年《美国复健法案》第504条款（Section 504 of the Rehabilitation Act of 1973）——美国联邦政府的一项反种族歧视法案。该法案维护障碍个体的权益，规定他们可以参与由美国教育部资助的任何项目或活动，包括进入公立中小学。具有躯体或智力障碍的学生不是自动就可以获得504条款中规定的特殊服务，他们的障碍必须妨碍到正常的学习。虽然如此，不过504条款中的资格规定比IDEIA还是更具弹性。

25.1.2　计划和安置

不过，IDEIA和504条款都维护障碍个体"免费且合适的教育"权益，此处的"合适"在两种法律中包含了不同的措施：

- 在504条款中，"合适"意味着障碍儿童所接受的教育与正常儿童相当。例如，为盲人学生提供磁带书本，这样他们就可以获得与正常学生同样的信息。学校制定 504条款计划（Section 504 plan），主要概括教育的类型（一般课堂或特殊教育）和服务，以便让障碍学生和一般学生一样可以充分发挥作用；
- 在IDEIA中，"合适"指设计一种课程计划以便为障碍学生提供教育获益。学校会制定一种个别化教育计划（Individualized Education Plan, IEP），主要包括课程、教育修订，以及相关服务的提供，旨在提高或改善学生学习、社交或行为技能。IEP中包含一些重要的特征，详见专栏25-1。

IDEIA和504条款都要求教育者将障碍学生"最大限度合适地"安置在普通班级里，即最少限制环境（least restrictive environment, LRE）。在过去的三十年里，这两种LRE方法是从不同的法律解释演绎而来。

- 在主流化中，有特殊需要的学生在适当的时候与一般儿童安排在一起。例如，学生一天中大部分时间在特殊的班级里学习，而在一些学科（如音乐、艺术、社会研究）和活动（如午饭、休息、图书馆看书、实地考察）上则与一般学生一起进行。
- 全纳，是一种新近流行的方法，指在大部分或全部上课日里，将所有的学生都安排在普通班级里，包括那些严重障碍的学生（需要专业辅助人员的帮助）。全纳对于每一个学生而言是否是最好的方法仍然存在争议（Benner, 1998）。

从小学到高中大约30%的情绪障碍学生在IDEIA指导下在普通班级里进行大多数课程的学习。特殊教育班级或抽离计划（该计划中，学生为了接受矫正或治疗而从普通班级里抽离出来），比较普遍适用于初中和高中阶段所有障碍的学生（U. S. Department of Education, 2005）。在504条款下，有资格接受服务的障碍学生可能被安置在特殊的班级里，也可能留在普通班级里接受调节或帮助，也可能同时接受调节和帮助，这要视学生具体需要而定。

> **专栏 25-1**
>
> ### IEP 中包含的信息
>
> 1. 学生当前的学习成绩和相关行为表现。
> 2. 可测量的年度目标和短期的教学目标。
> 3. 对于学生如何向年度目标前进的测量进行说明，对于何时将学生的进展报告交给家长也需要说明。
> 4. 为州范围和区范围的评价性测验提供合适的方便条件，特别是《不让一个孩子掉队法案》所规定的条件。在一些情况下，如果教育者决定学生应该进行别的评价时，IEP 需要解释为什么要选择这种替代的评价，以及为什么这种评价适合学生。
> 5. 为学生提供的特殊教育和相关服务类型有哪些，以及学生需要的这类服务时间是多长。IEP 还需要说明学生有多少课程将不是在普通的教育班级里进行。
> 6. 对于年龄在 14 岁以上的学生，需设置与其教育、训练或雇用有关的可测量的中学后教育（postsecondary）目标。
> 7. **转衔服务**（transition service）声明，即 16 岁（或者可以更小）的学生高中毕业之后在独立生活、继续教育或就业方面的目标。

[思考：你自己或你认识的人是否因为情绪、社交或行为障碍而接受特殊教育服务？你还记得你或别人当时的障碍类型，以及所接受的服务或帮助是什么吗？]

25.2 障碍的特征

我们将讨论一些具体的障碍，以及被用于诊断这些障碍的行为或症状的集合。在对这些具体障碍进行概述之前，有必要去检验他们适合哪种障碍类型。有两种描述障碍的类别：1）内化障碍；2）外化障碍（Achenbach, 1992）。内化障碍包括情绪和认知困境，如恐惧、焦虑和抑郁等。外化障碍包括更多类似冲动性和攻击性等行为特征。教师必须对这两种障碍都保持警惕，特别是内化障碍，它可能不是那么容易在忙碌的教室里被识别出来。虽然这两大类非常不同，但是一些儿童和青少年会同时表现出内化的情绪和外化的行为问题（Fanti & Henrich, 2010）。第三类由发展性障碍组成，即儿童未达到基本技能的期望水平，通常指的是沟通和社交技能。

在下面几节中，我们将探讨近 5～10 年间公众较为关注的，焦虑和抑郁等内化障碍、注意缺陷多动症（ADHD）和品行障碍等外化障碍，及自闭症障碍谱系障碍等一组发展性障碍。

25.2.1 焦虑和抑郁

在 IDEIA 的情绪障碍定义中，焦虑被认为应该采用"与个体或学校问题有关的躯体症状和恐惧"作为标准，而抑郁的标准则为"经常流露的愁苦或抑郁的情绪"。那么焦虑和抑郁的学生具有什么样的学习和个人特征？焦虑和抑郁又是如何影响他们的学业和同伴关系的呢？让我们进一步来探讨这些问题。

1. 焦虑

大约 20% 的儿童和青少年受**焦虑障碍**（anxiety disorder）所困扰，它包含大量的障碍：广泛性焦虑症、强迫症、恐慌症、特定对象恐惧症、社交恐惧症和分离焦虑障碍（Albano, Chorptia, & Barlow, 2003；Merikangas, 2005）。要将每一种障碍都做详尽的描述超出了本书的范围，不过我们可以探讨焦虑障碍的一般特征。

焦虑障碍与我们每个人都会时不时地感受到的偶然焦虑大大不同。它包含了挥之不去的苦恼和无法适应的感受、思维、行为和心理反应（Albano et al., 2003；Albano & Krain, 2005；Ollendick, King, & Muris, 2002）。焦虑的学生总是担心自己能力不足，即使并没有人对此做出评价。因为他们总是过度服从、追求完美或是对自己缺乏信心，他们可能会因为对自己所做的事情过度不满而重新再做一遍。焦虑的学生可能还会害怕失败、担心遭到同伴的攻击或欺负，并因此而采取一些逃避行为，如不去上学（American Psychiatric Association, 2000；DeVoe et al., 2003）。有时教师可能需要推荐焦虑的学生接受心理专家的进一步评估，他们可以根据专栏 25-2 中的行为来判断焦虑的个案。

> **专栏 25-2**
>
> ## 焦虑个体的特征性行为
>
> 出现以下的相关念头：
> - 被威胁；
> - 被批评；
> - 显得无能；
> - 对于自己的思维和行为失去控制；
> - 爱猜想自己爱的人死亡。
>
> 焦虑的躯体症状：
> - 心率加快；
> - 大量出汗；
> - 呼吸加快；
> - 头痛、胃痛、恶心、肠道问题；
> - 肌肉紧张；
> - 发抖或寒栗。
>
> 还有：
> - 脑子里会出现危险和受辱的活生生的画面；
> - 逃避或远离唤起焦虑的情境；
> - 公开表达自己的消极情绪（如哭、叹气）
>
> 资料来源：Albano et al., 2003; Cullinan, 2007; Egger, Costello, Erkanli, & Angold, 1999; Freeman, Garcia, & Leonard, 2002; Nishina, Juvonen, & Witkow, 2005.

发展差异。焦虑在青少年中普遍存在，特别是女孩（Cullinan, 2007）。不过，焦虑的问题类型随着年龄的变化有所不同。分离焦虑——一种与家长或抚养人分离有关的焦虑，往往出现在婴儿和年幼的儿童身上；而社交恐惧，则是一种在特定的社交和行为情境中唤醒的焦虑，更多的时候会在青少年身上出现（Albano et al., 2003；APA, 2000；Verhulst, 2001）。一些研究表明，小时候的焦虑，如分离焦虑，与后期的社交焦虑密切相关，且可能会贯穿整个青春期（Hayward et al., 2008）。

对学校成绩和同伴关系的影响。焦虑的学生会经历着不良的学业和社交功能。他们往往会表现出比自己的能力水平更低的行为，取得较低的分数，IQ 测试得分也更低（Davis, Ollendick, & Nebel-Schwalm, 2008; Langley, Bergman, McCracken, & Piacentini, 2004; Wood, 2006）。学生高度的焦虑唤醒状态减少了他们对于学业任务的关注，并妨碍了他们对于学习内容的学习和（或）回忆（Ma, 1999；Wood, 2006）。高度焦虑的学生还可能避免与同伴交往，或是无法很好地进行人际交往，这是因为他们主要关心他们在别人眼里是什么样子的，从而妨碍了对社交线索的关注（Barrett & Heubeck, 2000; Langley et al., 2004）。一项对非洲裔美国人长达七年的追踪研究揭示了焦虑的长期影响，即一年级的焦虑症状会和八年级时的学术及社交困难密切相关（Grover, Ginsburg, & Ialongo, 2007）。

> **思考**：对照专栏 25-2 中列出的焦虑特征，谈谈在你在教学中和普通班级的环境中，对于焦虑学生会做出哪些变化来帮助他们？

2. 抑郁

我们每个人难免有时会觉得忧郁或悲伤，但这并不是抑郁。**重度抑郁症**（major depressive disorder）指的是至少持续两周的抑郁情绪或对一切丧失兴趣，同时伴随至少四种额外的抑郁症状，并且会持续两个月之久（APA, 2000；Hammen & Rudolph, 2003）。被认定是重度抑郁发作，其症状必须造成个体在社会、职业或其他功能类型上严重的压力或损害，这些症状不是药物治疗、药物调节、亲人丧失或药物滥用导致的（APA, 2000）。请参照专栏 25-3 中所罗列的抑郁症状。教师在需要向心理学家推荐抑郁学生以接受进一步评价时，可以使用这类列表工具去帮助自己诊断学生中可能的抑郁个案。

发展差异。抑郁障碍在年幼的儿童身上非常少见。至青少年早期，大约只有 2% 的学生经历某种类型的抑郁障碍，而到了青春期，抑郁的比例上升到 20% 左右（Hammen & Rudolph, 2003；Lewinsohn & Essau, 2002）。在青春期之前，抑郁的发病率在男孩和女孩之间的比例相等，而在青春期后期，女性体验到某种类型抑郁的比例大概是男性的两倍（Cullinan, 2007）。

对学校成绩和同伴关系的影响。抑郁症与低学业成绩和高退学率联系在一起（Chen, Rubin, & Bo-Shu, 1995；Cheung, 1995；Franklin & Streeter, 1995）。在青春期抑郁还可能导致同伴孤立和自杀行为（Marcotte, Lévesque, & Fortin, 2006）。

> **专栏 25-3**
>
> ### 抑郁的特征性症状
>
> 症状包括：
> - 蔓延的悲伤情绪；
> - 易怒；
> - 不能维持注意，无法思考或集中注意；
> - 翘课、逃课；
> - 对活动丧失兴趣；
> - 体重急剧变化（或是孩子的体重不增），食欲、睡眠或精力急剧变化；
> - 持续很长时间的没有来由的哭泣；
> - 无望；
> - 很强的无价值感或内疚感；
> - 社会性退缩；
> - 有死亡或自杀的念头。
>
> 资料来源：APA, 2000; Garber & Horowitz, 2002; Gresham & Kern, 2004; Harrington, 2002; Lewinsohn & Essau, 2002; Weller, Weller, Rowan, & Svadjian, 2002.

25.2.2 注意缺陷多动障碍和品行障碍

IDEIA 对于情绪障碍的界定不是去确定特殊类型的行为障碍，而是概括性地界定为"正常环境下不合适的行为或情感类型"。教育者经常把这一标准解释为攻击和（或）冲动。接下来我们会探讨符合这一标准的两类行为障碍：注意缺陷多动障碍（Attention Deficit/ Hyperactivity Disorder，ADHD）和品行障碍（conduct disorder）。

1. 注意缺陷多动障碍（ADHD）

与同龄人相比，ADHD 患者由于神经方面的障碍影响了自我调节（Barkley, 1997, 2007; Douglas, 2005）。自我调节包括维持注意、抑制冲动性或不合适的反应、维持对计划的执行控制、监控过程，以及在工作记忆中选择合适的策略（Douglas, 2005; Martinussen, Hayden, Hogg-Johnson, & Tannock, 2005）。在美国的儿童和青少年中有近 5% 的学生被诊断为 ADHD，其中男孩人数是女孩的 2 倍（Cullinan, 2007; Pastor & Reuben, 2008; Waschbusch, 2002）。在所有的文化中都可以找到 ADHD 患者，不过在数量上有所差异（Ross & Ross, 1982）。尽管媒体报道和专家提供的信息都指向 ADHD 被过度诊断，但却鲜有实证数据可以反驳这一说法（LeFever, Arcona, & Antonuccio, 2003; Sciutto & Eisenberg, 2007）。

ADHD 患者中有三种亚型：

（1）**注意缺陷为主型**（predominantly inattentive subtype），具有注意缺陷特征，如很难维持注意、健忘，或是很难组织任务；

（2）**多动-冲动为主型**（predominantly hyperactive impulsive subtype），具有多动或冲动的特征，例如烦躁、持续不断的身体活动、过多的话语，以及很难安静地玩耍；

（3）**混合型**（combined subtype）同时具有注意缺陷和多动-冲动特征。

对 ADHD 的诊断中要求这些特征必须持续至少 6 个月以上。ADHD 诊断的其他标准有以下几种。

- 个体在 7 岁之前必须表现出一些症状。不过，这并不意味着儿童必须在 7 岁之前就要接受诊断。ADHD 最早的诊断往往在出现学习适应问题的小学阶段。小孩或学前期的儿童会出现许多疑似 ADHD 的行为，这些行为对于他们的年龄或发展阶段来说是正常的。这就使得我们很难在年幼的、活泼的孩子的适龄行为中区分出 ADHD 症状（APA, 2000）。
- 出现的症状不是由其他障碍导致的。其他的一些障碍也会使得个体表现出注意缺陷、冲动或多动问题，在这种情况下，就不能诊断为 ADHD；
- 症状必须在两种或多种情境下都出现。如果教师（学校情境）认为某个孩子表现出注意缺陷、冲动-多动的行为，而家长（家庭情境）并没有发现类似的行为，那么这个问题很可能具有情境性，而并非是孩子的机能问题。
- 注意缺陷或冲动-多动行为必须是在学习或社会功能上具有临床重要障碍。有些学生表现出 ADHD 的行为症状，但有好的成绩，而且也形成固定的同伴关系，那么就不能被诊断为 ADHD。

并发症。40%～60%患有ADHD的儿童至少有一种并发的障碍（Jensen et al., 2001）。虽然任何障碍都可能与ADHD并发，不过一般并发的障碍有品行障碍、心境障碍（mood disorder）、焦虑、面部痉挛（tics）、抽动-秽语综合征（Tourette's syndrome），以及特殊的学习障碍（Jensen, et al., 2001; Mayes, Calhoun, & Crowell, 2000）。

发展差异。ADHD对于不同年龄的个体有着不同的影响。最初被诊断为具有多动-冲动为主型的儿童，可能会因为之后出现的注意问题而被认为是混合型。冲动性在不同年纪的儿童中的表现也不一样。学前的幼儿可能会表现出烦躁、精力旺盛、无法安静地玩耍、很难遵守依序轮流规则，这些行为会持续到小学阶段，变成与冲动、攻击和社会调节有关的问题（Campbell, Endman, & Bernfield, 1977; Campbell, Ewing, Breaux, & Szumowski, 1986）。到了小学高年级，冲动性的学生可能会出现凌乱的思维和计划，不顺从和学业失败，而且变得越来越有攻击性，也遭到同伴的拒绝（Cullinan, 2007）。具有冲动性的青少年可能会做出轻率的、鲁莽的决策，例如对作业敷衍了事，不考虑后果地说出一些不敬的话语（Schachar & Tannock, 2002）。他们还喜欢与那些不受人欢迎的青少年交朋友，结果就形成了不利的同伴群体，出现挑衅和攻击性的行为、不端和鲁莽的行为、吸毒和犯罪行为（Anastopoulos & Shelton, 2001; Barkley, 2003; Hinshaw & Blackman, 2005; Pelham & Molina, 2003; Weiss & Weiss, 2002）。

对学校成绩和同伴关系的影响。专栏25-4列出了注意缺陷或冲动的学生在学校中可能碰到的典型问题。ADHD学生往往在阅读、数学和写作上存在困难，而且与同伴相比他们总体成绩更差（Frazier, Youngstrom, Glutting, & Watkins, 2007; Zentall, 1993）。工作记忆缺陷也可能是低学业成绩的部分原因（Gathercole, Pinkering, Knight, & Stegman, 2004; Jarvis & Gathercole, 2003）。教师可以在集中和有组织的工作之间让学生多次休息以提高学生的课堂表现（Ridgway, Northup, Pellegrini, & Hightshoe, 2003）。

ADHD还会影响学生的社交生活。患有ADHD的学生表现出一些社交无能的行为，例如（Cullinan, 2007; King et al., 2009; Wehmeier, Schacht, & Barkley, 2010）：

- 缺乏合作；
- 不能等待依序轮流或玩的时候不能遵守规则；
- 挑衅和对抗；
- 攻击。

ADHD儿童，特别是男孩，因为无法控制自己的行为，可能会遭到同伴的社交拒绝，并使得自己与家长和教师之间的关系也变得具有冲突的特点（Barkley, 1990; Erhardt & Hinshaw, 1994）。因此，ADHD学生在青春期更可能被排斥或驱逐，并因此出现同伴关系问题（Barkley, 1990; Melnick & Hinshaw, 1996; Stein, Szumowski, Blondis, & Roizen, 1995）。

专栏25-4

学校情境下ADHD的特征

学校情境下的注意缺陷行为：

- 对于指令、解释或演示注意困难；
- 作业中漏掉重要的细节；
- 爱做白日梦，很难维持注意；
- 逃避或不喜欢那些需要持续脑力劳动的任务；
- 学业拖延；
- 随处乱放需要的东西因此经常找不到，很难组织任务；
- 缺乏对细节的密切注意，疏忽大意；
- 无视或不服从教师的教导和学校的规章制度。

学校情境中的冲动-多动行为：

- 只注意有趣和新异的活动；
- 在暂未形成最好的答案之前就迫不及待地要回答问题；
- 在一件事情没有完成之前又去做另一件，虎头蛇尾；
- 因粗心大意而出错；
- 焦躁不安，很难安静地坐着或玩；
- 在口头和肢体上扰乱课堂，脱口说出答案；
- 很难参加要求依序轮流的任务；
- 精力旺盛，故常常被误认为是有意捣乱。

资料来源：Barkley, 2003; Cullinan, 2007; Schachar & Tannock, 2002; Weiss & Weiss, 2002; Zentall, 1993.

> 思考：参照专栏 25-4 中列举的学校情境中的 ADHD 的特征，想想你在你所想教的年级里会如何处理这些行为。

2. 品行障碍

有 3%~5% 的美国儿童和青少年会表现出攻击性的典型行为——**品行障碍**（conduct disorder）（Connor, 2002; Hinshaw & Lee, 2003）。具有品行障碍的学生会表现出一些持续的行为（APA, 2000）：

- 对人和动物的攻击（如，恃强凌弱、好斗、身体上的虐待）；
- 破坏财产（如放火）；
- 欺诈或行窃（如入室偷盗、诈骗）；
- 严重违反规则（如逃学、离家出走）。

个体必须具备上述三种或以上所有的症状，并且持续 12 个月以上。这些特征性的行为往往在家里、学校和社区都明显表现（APA, 2000; Jensen, 2005）。此外，这些行为还必须是由于一种潜在的心理障碍导致的，而不是因为儿童或青少年在受威胁的情境（如所在的社区很贫穷或是具有高犯罪率）下做出的防卫行为（APA, 2000）。

发展差异。品行障碍最早可能出现在学前期（APA, 2000）。儿童的抚养人或其童年早期的教育者常常会忽视孩子表现出的攻击性，认为等孩子长大了这些行为自然就会消失（Jensen, 2005）。当儿童在 10 岁之前表现至少一项特征性行为（特别是打架和敌对）时，就可以认为这是他们幼年时期品行障碍的开始。男孩更可能出现这种**儿童期的障碍类型**（childhood-onset type），他们的攻击性体现在打架、偷窃、破坏行为，和学校里的纪律问题（APA, 2000; Foster, 2005; Hinshaw & Lee, 2003）。这种类型的品行障碍一般很稳定，而且很难改变，因此可以预测孩子到青春期出现的更为严重的反社会、攻击行为（Walker, Colvin, & Ramsey, 1995; Webster-Stratton, Reid, & Hammond, 2001）。如果早期缺乏干预，那么这种反社会行为可能会从儿童期到青春期逐步上升，并出现更多的不正常行为，如偷窃、破坏公共财产、欺骗他人（Jensen, 2005; Walker et al., 1995）。

品行障碍的学生在 10 岁之前没有表现出任何特征性行为的话，那么他们形成的就是**青少年期的亚类型**（adolescent-onset subtype），这种类型一般发生在女孩身上。具有这类型障碍的女孩往往具有撒谎、离家出走、逃学、吸毒和滥交等行为（APA, 2000）。相对于儿童期的障碍类型，具有青少年期亚类型的学生其行为更少会持续到成年期，也不会出现更多严重的反社会行为。

对于学校成绩和同伴关系的影响。具有品行障碍的小学生和中学生一般具有更差的言语技能，综合学业成绩也比较差（APA, 2000; Gresham, Lane, & Beebe-Frankenberger, 2005）。不过专家们并不能确定，到底差的学习成绩是品行障碍的原因，还是品行障碍的结果。

与 ADHD 学生一样，具有高度攻击和反社会行为倾向的学生逐渐也会被同伴隔离出来。到了四五年级，被同伴排斥的学生很可能会转向那些消极的同伴群体，这样就导致他们在青春期出现严重的行为问题，如青少年犯罪、吸毒、加入帮派组织，以及其他的一些犯罪活动（Jensen, 2005; Walker et al., 1995）。延续至青春期的不良行为模式，可预测成年期的犯罪行为，也决定着他们以后在教育、就业及社会关系中的机会十分有限（Jensen, 2005; Walker et al., 1995）。

25.2.3 自闭症谱系障碍

自闭症是一种发展性障碍。过去数年来，自闭症受到极大关注。传统的自闭症诊断逐步被自闭症谱系障碍（autism spectrum disorders, ASD）诊断所取代，后者还涵盖了轻微的，以及重度的自闭症症状。作为一组发展性障碍，ASD 影响患者的社会互动、交流和行为（Matson & Nebel-Schwalm, 2007; Swinkels et al., 2006）。

- **社会互动障碍**：可能是由于患者很难有非言语的行为，如目光接触、面部表情和肢体语言等，缺乏社会或情绪交流，也很难去分享兴趣，或是无法建立良好的同伴关系。
- **交流障碍**：语言发展的迟滞或缺乏、不会自主的假装游戏、缺乏对重复语言（如重复唱广告歌）的使用，或是不能参与和维持对话。
- **重复的行为模式**，如拍手、敲击、将玩具排成长队、自伤行为，或是特别专注于某些物品（如不断地开关玩偶盒）(Turner, 1999)。

儿童在三岁之前表现出了社会互动、交流或想象游戏的发展迟滞，才可以被认为是自闭症（APA，2000）。许多自闭症儿童会表现出听觉和触觉的极端敏感（Klein, Cook, & Richardson-Gibbs, 2001）。例如，一名自闭症学生可能会在听到教室之外的交通噪声，或被别人触碰后发怒甚至觉得痛苦（Wilson, 2003）。

自闭症的患病率很难确定，因为一些研究仅仅包括典型的自闭症障碍，它的患病率是很低的。但是，我们所说的自闭症患病率大多数指的是自闭症谱系障碍的患病率。它的患病率在过去15年里明显增加，其主要原因有：1）其他疾病现在被标记为自闭症；2）对障碍症候群的检测更有效；3）自闭症患病率实际上在增长（Coo et al., 2008）。最近的数据显示，110个美国儿童中约有1个患有ASD，ASD患病率约1%（疾病控制和预防中心，2009）。在许多其他文化中也发现了类似的患病率（Mansell & Morris, 2004; Naoi, Yokoyama, & Yamamoto, 2007）。

共病（comorbidity），指的是同时存在的两种或两种以上的障碍。大约75%的自闭症患者同时患有智力障碍，其中，约40%患有严重的智力障碍（Fombonne, 1999; Howard, Williams, Port, & Lepper, 2001）。智力障碍诊断的一个标准是IQ测验成绩显著低于同龄人，由于自闭症患者在交流中的缺陷，使得他们在IQ测验中语言任务要差于非语言任务（APA，2000）。

发展差异。社会和交流障碍可能随着时间的变化而变化（APA，2000）。患有自闭症的婴儿可能不会有情绪和社交反应，如没有目光接触、反刍食物，对家长的声音没有反应，也没有身体接触等。但是，随着年龄的增长，他们会对社会互动变得更有兴趣或是更愿意主动地参与社会互动。不过即使如此，他们的互动方式也与一般儿童有所不同。例如，不合时宜地侵入人际互动，或是不能了解他人的界线。在青春期，一些儿童在行为上会有些恶化，但大部分儿童会有所改进。大约2/3的自闭症患者到了成年期仍然没有学会独立生活的技巧，而且还会持续为工作上的社交问题和日常的功能所困扰（APA，2000; Howlin, Mawhood, & Rutter, 2000）。

自闭症患者中男性是女性的3～7倍，这种患病率的性别差异主要与IQ有关（CDC, 2009; Towle, Visintainer, O'Sullivan, Bryan, & Busby, 2009）。在IQ上有严重认知障碍的个体，尤其是女孩，更可能被诊断为自闭症（Bryson, 1997; Ehlers & Gillberg, 1993）。而在中等认知障碍上，女孩相对于男孩比较不易被认为是自闭症，这是因为女孩的交流技能使得她们具有更好的社交适应，从而掩盖了自闭症的一些症状（McLennan, Lord, & Schopler, 1993; Volkmar, Szatmari, & Sparrow, 1993）。

对学校成绩和同伴关系的影响。由于自闭症患者具有智力障碍，他们在普通班级里会面临巨大的学习挑战。交流和社会互动中的问题对于他们的学习提出了加倍的挑战，而且还会影响他们形成适合年龄的同伴关系。他们经常会表现出冷漠，缺乏与他人的目光接触，没有躯体上的亲近，也不会产生移情（Rutter, 1978）。与一般的看法相反，即使自闭症患者缺乏交朋友的社会和交流技能，但他们并不喜欢独处。因此，培养少数几个亲密的朋友对于自闭症患者非常有益，因为朋友的质量而非数量会影响着自闭症患者是否感到孤独（Burgess & Gutstein, 2007）。

25.3 应用：干预

不管是哪一种障碍类型的学生，都应该在普通班级里正常上课、学习。通常，学生会服用一些医生开具的处方药以减少焦虑或抑郁症状、提高注意力和减少冲动，这样有助于提高学生在学校的学业成绩和社会功能。药物干预不属于教师的控制范畴，也超出了本书的论述范围。然而，教师在通过采用一些行为矫正方法塑造学生在班级里的积极行为中起着重要的作用。

25.3.1 干预类型

作为普通班级纪律的一部分，教师可以采用**应急管理（contingency management）**技术来管理障碍学生。应急管理包含对学生表现出的特殊行为所产生的结果的应用。在塑造学生合适的班级行为时，鼓励教师在学生出现恰当的行为时给予积极强化——应用积极的结果（表扬、标签等）。同时，教师还应该注意对于学生的消极行为不应给予注意以免强化他们的这种行为。对于学生脱口而出的答案，**点名**甚至斥责都会强化这种不恰当的行为。教师在执行积极强化时，可以应用代币制这一具体方法。代币制（token economy）指学生可以通过自己好的行为来获得代用币，当他们代用币累积到一定程度就可以换取小玩具或是喜欢的活动。还有一种所谓的**反应代价**（response cost），即学生表现出不恰当的行为时会丧失代用币。

消极的结果或者惩罚同样也可以用于促进行为障碍的学生（如 ADHD）行为的改善（Sullivan & O'Leary, 1990）。言语责备，当所给予的言语责备具有一致性，且紧接着隔离和剥夺某种特权时，这些作为班级纪律的组成部分，对于行为障碍学生往往是有效的（Abramowitz, O'Leary, & Futtersak, 1988; Acker & O'Leary, 1987; Pfiffner & O'Leary, 1987）。

心理学家还可以教老师采用**认知-行为管理**（cognitive-behavior management, CBM），这种技术是教会学生应用一系列他们可以记住的、内化的，并可以应用到不同的学校任务中的指导方法去调节自己的行为（Barkley et al., 2000; Miranda & Presentación, & Soriano, 2002）。CBM 的目标是通过形成新的思维模式和良好的决策制定技能进行自我管理。CBM 技术包含自我监控、自我评估、自我评价和自我强化（Lee, Simpson, & Shogren, 2007）。例如，如果是为了让学生能够坐在课桌前独立而安静地完成作业这一目标，那么学生可以定期检查自己的行为，评价自己是否达到目标，如果达到了，那么他就可以将一个代用币扔进一个罐子里；如果没有达到目标，那么他就可以判断自己需要做什么样的努力才能让一切重归正轨。这样，学生就获得了控制自己行为的能力，而不是由成人根据结果来控制他的行为。CBM 还有助于学生将自己的行为推广到其他的课堂情境中去（Koegel, Koegel, Harrower, & Carter, 1999）。

对于患有焦虑的学生，学校心理专家可能会运用**系统脱敏法**（systematic desensitization）去减少学生的恐惧和焦虑。系统脱敏法技术是基于这一假设的，即焦虑和恐惧是对特定刺激的条件性（或习得的）反应。系统脱敏法是放松训练与逐渐暴露唤醒焦虑的刺激物相结合的一种技术。例如，对于害怕参与班级活动的学生，可以让她从回答同学的提问到在小组中演讲，再到当着全班同学回答问题，一步一步进行放松训练。

还有研究关注**多模式干预**（multimodal interventions），这种干预由多种方法结合而成。例如，学生可能同时进行药物调节和认知-行为管理，或是同时接受药物调节与应急管理。越来越多的学校采用认知-行为管理法去逐渐加大对于焦虑和抑郁的药物治疗。由于药物治疗是 ADHD 常用的方法，对于 ADHD 学生也常常实行由药物治疗、行为矫正，以及有时采用的学业干预构成的多模式干预。

25.3.2　干预的效果

由于学生间障碍的本质和严重程度不同，因而对于每一个学生来说，没有一种干预法是普遍有效的。教育者应该明确每一种干预法对于不同障碍类型的效果，这样在学校情境下该实行哪种干预实践他们才有可能做出明确的决策。

内化障碍。系统脱敏法对于减少儿童和青少年中的各类恐惧（包括考试焦虑、演讲和学校恐惧症）是有效的（Lane, Gresham, & O'Shaughnessy, 2002; Morris & Kratochwill, 1998）。应急管理技术对于减少学生的恐惧和焦虑也同样有效（Lane et al., 200; Morris & Kratochwill, 1983）。认知行为疗法（Cognitive behavioral treatments, CBT）已被发现不仅可以有效缓解焦虑的即时症状，还能持续遏制焦虑的症状直至成年期（Saavedra, Silverman, Morgan-Lopez, & Kurtines, 2010）。CBT 也可用于满足少数民族学生的需要，因为他们的价值观受到不同文化的影响（Wood, Chiu, Hwang, Jacobs, & Ifekwunigwe, 2008）。

研究表明，不良青少年更易罹患抑郁症，他们常与同伴谈论负面情绪但却不寻求帮助、总是回避问题、从不和同伴及他人谈论自己的感受和想法等（Eacott & Frydenberg, 2009b; Stone, Uhrlass, & Gibb, 2010）。旨在提高有效应对的干预措施主要有：教授青少年与他人分享自己的问题和感受，获得支持，或问题解决、规划解决问题的策略。该干预方法已被证实可以有效地减少抑郁症状，特别是对农村青少年，他们通常鲜有机会可以获得针对精神障碍患者的服务（Eacott & Frydenberg, 2009b）

由认知-行为管理法和药物治疗构成的多模式干预对于治疗焦虑和抑郁特别有用。多模式干预有助于改变学生的思维、情绪和行为（Harrington, 2002; Smith, Lochman, & Daunic, 2005; Weller, Weller, Rowan, & Svadjian, 2002）。此外，对于抑郁青少年的研究也表明，抗抑郁药物治疗与认知-行为管理法结合应用的效果，要好于单独使用其中的一种干预方法（抑郁青少年治疗研究小组，2004）。

外化障碍。 幼儿预防计划（preschool prevention programs）可以显著改善儿童的行为，也可以预防那些具有行为障碍风险的儿童出现更多的严重行为（Serna, Lambros, Nielsen, & Forness, 2002；Serna, Nielsen, Mattern, & Forness, 2003）。对于ADHD或具有攻击倾向的学前期儿童，代币制和反应代价法可以减少他们的攻击性行为和破坏性行为（McGoey, Schneider, Rezzetano, Prodan, & Tankersley, 2010）。而包含父母训练的多模式干预不仅能有效减少破坏行为，也能够提升有外化障碍的儿童的社会技能。但是，大多数的干预对于提高学业成绩往往不是很有效（Walker et al., 2009; Broadhead, Hockaday, Zahra, Francis, & Crichton, 2009）。少数干预措施能有效促进学业进步，如与同伴一对一的学习、计算机辅助教学、对阅读和数学等基本技能的干预等（Jitendra, DuPaul, Someki, & Tresco, 2008）。

已有研究表明，应急管理技术、父母教养的应急管理技术等，可有效地减少ADHD患者破坏性行为引发的意外事件，也可有效地减少这些儿童的其他行为障碍。如每日报告卡可以有效地减少ADHD儿童的破坏性行为。该方法要求患者在卡片上列出目标行为，并对其进行评估，看目的是否达到。ADHD患者对于学业干预、行为管理和班级环境改变等综合性干预措施有积极的反应（McInerney, Reeve, & Kane, 1995）：

- 可有效地减少ADHD学生的破坏性行为，明显优于单独采用认知-行为管理法（Antshe & Barkley, 2008）；
- 结合药物治疗和行为干预（如，家长训练、学校方面的干预、暑期治疗），有效地提高了儿童的学业成绩、学校行为和亲子互动，同时减少了消极的行为（MTA合作小组，1999a，1999b）。其效果明显优于单独的药物治疗、单独的行为治疗（Conners et al., 2001；Swanson et al., 2001）。这些结果获得了《对ADHD儿童的多模式治疗研究》的支持——这是关于多模式干预对ADHD的效果迄今最长最深入的一篇研究报告。

发展性障碍： 由于自闭症患者会体验到多重的障碍，他们经常需要大量的干预，如语音和语言治疗、社交技能训练、职业治疗和行为矫正等。集中的应急管理技术可以提高自闭症孩子的综合功能（Eikeseth, in press）。教师可以通过让自闭症孩子与一般同学一起活动、在他们表现出恰当的社交技能时给予积极的强化等，来提高自闭症学生的社交技能（Kohler, Anthony, Steighner, & Hoyson, 2001；Strain & Danko, 1995）。对于患有自闭症的幼儿、儿童和青少年，都可以通过认知-行为管理法来提高他们的社交技能（Lee et al., 2007）。简而言之，对于自闭症患者来说并没有单一的行之有效的干预方法。而比采用哪一种干预方法更为重要的是干预的时间安排和长度。早期大量的干预对于自闭症儿童很有帮助。这类干预开始于2岁和4岁之间，每周在15个小时以上，以1～2年为一个周期，成人的周期率要低于儿童（Filipek et al., 1999; Rogers, 1996）。

> **思考：** 设想一个你想要教的年级，想想你可以使用应急管理技术去减少学生的焦虑和破坏行为，以及增加障碍学生合适的课堂行为的途径是什么？

本章小结

1. 阐述IDEIA和504条款对情绪、社交和行为障碍学生的鉴别，以及相关服务

具有情绪、社交或行为问题的学生在IDEIA下可能有资格接受特殊教育或相关的服务。他们表现出的症状必须达到显著的程度，即持续很长的一段时间且严重影响学习行为。504条款对于接受特殊教育的资格规定提供了更具弹性的标准，不过这种资格并没有得到确保。这两项法律都要求应该将学生安置在最少受限制环境中。

2. 解释焦虑和抑郁是如何影响学生的学习和社交功能的

患有焦虑症的学生其表现低于自己的能力，成绩差，逃避同伴之间的互动，而且由于他们在学习和社交情境中会出现焦虑的高唤醒状态，这就导致他们可能会出现社交互动中的无能。抑郁学生学习成绩往往更低，更可能被同伴隔离，而且可能具有自杀行为，在青春期还可能休学。

3. 阐述自闭症的特征，并解释这些特征如何影响学习和社交功能

自闭症包含社会互动、交流和行为障碍。由于许多自闭症患者具有某种程度的智力障碍，他们在普通班级里面临着重大的学习挑战。他们在交流和社会互动中的障碍增加了他们对学习和同伴关系发展的挑战性。自闭症患者几乎没有人能够在社会中独立生活。

4. 解释 ADHD 和品行障碍是如何影响学生的成绩和社交功能的

ADHD 学生表现出的许多行为会影响他们的学校任务。例如，幼儿表现出的烦躁不安和过度活动，年长儿童中表现出的组织、计划和决策制定困难问题，这些问题导致他们在阅读、数学和写作方面的困难，从而降低综合的成绩。冲动和多动行为可能导致患者与成人之间的冲突关系，也可能在社交中被同伴拒绝，这种情况在青春期尤为常见。品行障碍的学生往往具有更低水平的言语能力和学业成就，因此而逐渐被同伴所排斥，在青春期时会出现犯罪行为。

5. 阐述治疗焦虑、抑郁、自闭症和行为障碍的有效干预措施

系统脱敏法和应急管理技术是减少学生恐惧和焦虑的有效策略。自闭症儿童需要大量的干预，而且早期大量的治疗对他们最有帮助，他们在大量的应急管理和认知-行为管理中也有积极的反应。认知-行为管理和应急管理技术对于减少破坏行为也很有效。ADHD 学生在多种干预相结合的模式中具有积极反应。

🍃 案例学习：反思与评估

儿童早期：字母 P 的一天

1. 根据案例中提供的信息，彼得有没有可能患有 ADHD？请说明理由。如果彼得是女孩的话，那么你是否会改变上述说法？
2. 安妮塔老师可以通过观察哪些行为来判断彼得可能患有 ADHD？这些症状与高年级的学生表现出的症状有何不同？
3. 根据应急管理技术，安妮塔老师可以采取哪些特殊的策略来帮助彼得持续完成任务？

小学：猎豹、狮子和美洲豹

1. 假设特拉维斯患有自闭症，那么弗拉特利夫人在满足特拉维斯的学习和社交需要方面会面临什么样的挑战？
2. 根据专栏 25-2 及本章提供的信息，评价丹尼斯是否可能具有焦虑障碍？
3. 本周有几天里，弗拉特利夫人班上有位学生总是愁眉不展。与往常相比，她吃的非常少，而且对于平常感兴趣的事情也不屑一顾。对于弗拉特利夫人而言，在判断这名学生是否具有重度抑郁障碍的症状时，哪

初中：数学问题

1. 运用专栏 25-2 中的特征评价琳赛是否具有焦虑障碍？你还需要哪些额外的信息来支持你的结论？如果琳赛

4. 想象德温是安妮塔老师班上的品行障碍学生。运用本章中的信息，阐述德温在语言艺术活动课上会怎样表现？
5. 诺兰具有抑郁的症状吗？请说明理由。应用专栏 25-3 中的信息及本章中的研究来支持你的观点。
6. 为什么你会预期在幼儿园里不会看到太多的焦虑问题？请将之与初中或高中的情境进行对比。哪些因素可能会影响到初中或高中的焦虑形成？

些因素是她该考虑的？

4. 根据本章提供的信息，对于弗拉特利夫人改变科学实验以帮助特拉维斯提供社会功能方面你有什么特殊建议？
5. 根据本章中的信息，给弗拉特利夫人一些特殊的建议，以帮助丹尼斯缓解大声朗读时的焦虑。
6. 本案例中没有涉及任何患有 ADHD 的学生。请你根据本章提供的信息为案例塑造一名 ADHD 学生，并阐述小学阶段 ADHD 学生的特征。

是一个男孩，那么你的结论会有所不同吗？
2. 运用专栏 25-4 中的特征来评价山姆是否可能患有

ADHD？你还需要什么别的信息来支持你的结论？
3. 你是不是把山姆想象成男孩？这样的想象对于问题2中你的评价有怎样的影响？
4. 假设山姆是非洲裔美国人，那么这会影响你在问题2中的评价吗？对于具有少数民族和低社会经济背景的学生，研究中涉及的对他们的情绪和行为障碍的判断是什么？
5. 伊丽莎白该如何应对山姆的破坏行为？根据应急管理技术说说该采用的特殊策略是什么？
6. 伊丽莎白该如何避免像杰西和琳赛这样的学生形成对数学的焦虑？根据本章提供的信息给出具体的建议。

高中：NSS

1. 在波尔老师的班级里，焦虑如何影响他的学生？想想与课堂行为、作业表现和同伴互动有关的具体例子。
2. 波尔通常会让学生在课堂上做报告，但是他发现有几个学生当众报告时非常焦虑。本章中有哪些特殊的方法可以用于减少焦虑？请另外采用头脑风暴法来探讨波尔可以用于降低学生焦虑的方法。
3. 为什么你会觉得在九年级历史课堂上几乎找不到自闭症的学生？
4. 运用专栏25-4来评价贾森是否是ADHD患者？你还需要什么别的信息来支持你的结论？
5. 该案例没有涉及任何品行障碍的学生。请运用本章中提供的信息为该案例塑造一名品行障碍的高中生，并阐述该学生的特点。特别是给波尔提供一些他在班上会观察到的行为，或是学校行政会给他提供的那类信息。
6. 根据应急管理技术，对于如何促进像贾森、安东尼和萨拉这类学生的作业完成，请给波尔具体的建议。

第八部分
课堂测评

□ **案例学习**

儿童早期：动物园
小学：写作天赋
初中：评估的自选模式
高中：创新的评估策略

□ **第26章 学生学习评估**

学习目标
26.1 什么是评估
26.2 评估的规划
26.3 课堂评估信息的交流
本章小结
案例学习：反思与评估

□ **第27章 测验的编制和使用**

学习目标
27.1 高质量课堂测验的特点
27.2 编制一份测验蓝图
27.3 编制测验题目
27.4 测验分析和修订
本章小结
案例学习：反思与评估

□ **第28章 表现性评估**

学习目标
28.1 评估的宽泛视角
28.2 表现性评估的制定
28.3 表现性评估的评分
28.4 表现性评估的优势与不足
本章小结
案例学习：反思与评估

案例学习

儿童早期：动物园

准备

当你阅读下列案例时，请注意：
1. 该案例的主要人物是谁？请予以描述。
2. 发生了什么事？
3. 案例发生在哪里？环境是影响因素吗？
4. 案例发生在什么时间？时间是影响因素吗？

桑杰·贝特德恩在中西部一个大城市的实验幼儿园任学前老师。该所实验幼儿园附属于当地的一所大学，为那里攻读学前教育专业的学生提供调查、研究及培训场所。桑杰现在正在攻读他的硕士学位。他每周有四个下午会在这个幼儿园与一名有25年教学经验的资深教师薇薇安·斯坦尼奇一起工作，薇薇安除了在幼儿园教学，也在该幼儿园所附属的大学任教，教授"幼儿的发展性评价"课程。对这位经验较为丰富的搭档，桑杰心怀敬畏，每次都希望自己能做到最好。薇薇安老师注重发展性测评的合理运用，所以她开办了这个班级，增加了许多评估机会，通过日常观察对学生进行评估。

一天下午，孩子们（4～5岁）在教室的各个角落参与活动。在水槽旁边的地板上，米利亚姆和格雷格在一个画板的两侧画画。桑杰走过来看孩子们画画。

"米利亚姆，你画的是什么呢？"桑杰问道。他看到薇薇安投来一丝责备的眼神，但仍然问道："米利亚姆，请你告诉我你画了什么呢？"米利亚姆正开心地在画板上画着漩涡状很浓的色彩。她没有立刻回答桑杰的问题，格雷格在另一边喊道："嘿，桑杰老师，你过来看我的画啊！"桑杰走过去看了格雷格的画，对他所作的画大加赞赏。格雷格画的主题为"家"，但是桑杰发现格雷格所画的家人，每个人脑袋都很大，而且手臂和腿都往外伸（不是真实的躯干）。于是桑杰明白对于小朋友而言，在他们早期的绘画当中，这就是画人的一种特别方式。他笑道："我发现你的画都画到了纸的边缘。"

"我有一个很大的家庭。"格雷格回答道。

"哇！那你给我介绍一下你画里的人吧。"桑杰说道。于是格雷格很兴奋地开始介绍他画中的每位家人。

桑杰接着又走到另外一块区域，这里小朋友唯一可以利用的就是各式各样的木头方块。他们正在用这些木头方块给各种塑料制作的动物们搭一个巨大的动物园。他们围绕着自己的区域建造，并开始延伸到堆放点心的桌子附近。辛迪和奥雷里奥正在因为动物园的笼子是应该上锁，还是应该让动物们自由活动而争执。费琳大声说道："坏的动物应该被锁起来，好的动物要让他们自由活动。"奥雷里奥于是就问怎么才能区分动物的好与坏。桑杰开始听小朋友讨论哪些动物是坏动物。另一个"动物园建设者"马库斯提议他们应该重新规划动物园，让好的动物在一侧，坏的动物在另一侧。其他小朋友似乎都很赞同这个意见，于是他们收起那些塑料动物们，并重新放置。奥雷里奥从教室的玩具房拿了一个玩具然后把它放在"坏动物区域"，并指着那个玩具大声笑了起来："这个是我的妹妹。"随着动物园规模的增加，建设者小组的组员也增加了起来，超过半个班级的小朋友都参与到动物园建设的团队中。半个小时后，桑杰发现应该让小朋友们开始收拾并准备到点心桌用餐了。

可正当他宣布到收拾时间时，他听见有几个小朋友在大声嘟囔。马库斯问桑杰可否让他们这个星期保留着这个动物园。桑杰向薇薇安老师咨询后，薇薇安并没有提出异议，他对薇薇安这么快答应要保留这个"庞大的动物园"表示诧异。小朋友们开始欢呼雀跃，然后洗手准备享用他们的点心。辛迪和奥雷里奥拿着一张纸和一把蜡笔走到桑杰老师跟前，请他在他们的纸上写下"Zany动物园"几个字。于是桑杰说道："不如我教你们怎么写，然后你们自己来写吧？"他们答应了然后开始在纸上小心地写起来，写好之后，他们把那张纸贴在了动物园的入口。

趁孩子们吃点心的时间，桑杰花了一些时间快速地记录发生在课堂上的趣事，之后他会整理成课堂教学报告在家长会上与家长们分享。这天下午，桑杰通过活动发现不同的孩子拥有不同的能力、特长和兴趣。接着，他加入了孩子们的用餐。

从桑杰开始在这所幼儿园工作开始，他就自愿在孩子们的点心时间为他们讲故事。"我们要自己讲故事"，孩子们说道。桑杰明白孩子们说的，但是他还是非常期待点心时段为他们讲故事。薇薇安经常用一些很古怪的句子开始讲述一个故事，比如"我喜欢我的头上戴着粉红色的泡泡糖"，接着最靠近她的一个小朋友就开始接话，比如"那是因为我的名字叫'胡巴布巴'（泡泡糖名牌）"，就像这样，每个小朋友轮流讲述这个故事。如果当天小朋友们讲的故事相当精彩，薇薇安就会请小朋友们重新描述一遍让她记录下来。星期五，小朋友们就会将当日讲述的故事表演出来。桑杰想，今天的故事一定会和动物园里那些疯狂的动物们有关。

评估

- 学龄前小朋友的年龄都在4～5岁之间，如果你是老师，你会怎么样评估他们的知识与技能？
- 在你看来，与这个年龄段的学生相处，有哪些比较重要的技巧？
- 你觉得这个课堂没有采用任何传统测试的原因是？

小学：写作天赋

准备

当你阅读下列案例时，请注意：
1. 谁是该案例的主要人物？请予以描述。
2. 发生了什么事？
3. 案例发生在哪里？环境是影响因素吗？
4. 案例发生在什么时间？时间是影响因素吗？

布里吉塔·布莱兹望着学校餐厅的"小作家作品展"，不由得感到自豪。短短几个月之前，布里吉塔邀请27名学生到她的四年级班级上课，今天这些学生们正在向家长、同学和社团展出他们的作品。学生们绕着餐厅围成几个圈，轮流向他们邀请的贵宾展示他们的作品、插图，阅读和讲故事的技巧。

布里吉塔对阅读和写作充满着热情，也努力工作与她的学生们一起分享这份热情。她的房间到处可见各种连环画、小说、儿童杂志、诗集，还有著名演员、政坛人物和体育明星阅读书籍的海报。新学期开学的前几天，布里吉塔给每位新生阅读一封她以前学生写的信，以此欢迎他们。这封信为新生们展望将来一年的学习，同时也为他们展示去年"写作天才们（他们都这样自称）"的聪明才智。信是这样写的：

欢迎你，小精灵们！接下来你将会有一场精彩的冒险，但你最好要有心理准备。布莱兹老师将会如同当初教育我们一样教你们阅读和写作，而且是没有回头路的。开始旅途之前，你要随身携带一本小笔记本，准备随时随地记录"故事片段"，收集"好词佳句"，还要爱上"拟声法"。你说你不知道什么是"拟声法"吗？别担心，很快你就会知道了……

这些信激发了学生们对写作的好奇心，为了保持学生们的好奇心，布里吉塔想了很多方法。看着她的小作家们在学校餐厅展示他们的作品，她想起了自己如何在课堂引起学生们对阅读和写作的关注。两年前，大草原小学（Prairie View Elementary School）招收了一批新的写作老师并引进了一个新的写作课程。布里吉塔尝试用很多不同的方式帮助学生掌握优秀写作的一些概念和原则，同时她还给学生非常宽裕的时间练习写作技巧。每个星期一上午，她的学生都要接受一个"语法风暴"，这是一个小测验，尽管布里吉塔从来没有这样说过。每位学生都会分到一张练习卷，有10个句子，他们需要指出并修改句子中的语法、标点和拼写错误。学生完成之后，布里吉塔会公布答案，指出句子的错误及修改方案以便他们校对，同时她还引导学生们讨论最容易犯的但也是最难察觉的错误。另外，学生们在周五还有一个词汇测试，即单词和词义的配对。

布里吉塔相信学生要通过写作练习才能真正掌握写作，她提供不同阅览者和写作目的的情境对学生的基本写作技巧进行针对性的测试。她的学生不仅给自己写过信（并寄给自己），而且每周还给家长写新闻报道。有时候，布里吉塔也会让写作课有点变化，她曾经组织了历时一个月的写作任务，称为"最棒的粉丝"，在这个任务中，她让每位学生充当当地高中足球队队员的粉丝。每位学生每个礼拜都要给自己的粉丝写信，足球教练还会将这些信贴在球员们的柜子上。每周布里吉塔都会要求学生把新学的句型应用到写作中。月底，她还邀请这支足球队到班级里与学生们见面，每位球员还和自己的粉丝拍了照。

这个学期布里吉塔班上的写作天才们创作了他们自己的自传、议论文、诗集和插图连环画，这些都作为"小作家作品展"的作品。学生们利用同学和老师的回馈评估自己的作品并提高自己的写作水平。而与创作伙伴和老师在写作前和创作过程中的讨论，也帮助他们更好地选择话题并提高他们对自己作品的修改水平。举办此次"小作家作品展"也是学生们得到回馈的一个很好的机会。每位受邀的嘉宾会得到一张评估表格，从不同方面对学生们的作品提供意见，他们会对至少五名学生提供写作方面的意见。

布里吉塔对这一年来学生们创作学习的回忆突然被打断了，因为有人撞了一下她的胳膊，是珍妮，一名安静的四年级学生，她这个学期创作了一些很优美的诗，珍妮告诉布里吉塔她邀请的贵宾来了，是一名著名的儿童刊物作家。在作品展中，这位作家朗读了他作品的一些节选，并与小组讨论了自己的创作之路。

评估

- 布里吉塔花这么多课堂时间在写作上是在给学生传达什么信息？
- 你觉得布里吉塔的写作指导和评估方法对提高学生写作技巧是否有实质性帮助？为什么？
- 如果你是布里吉塔班上的学生，你会如何回应她在这个案例中描述的一系列任务？

初中：评估的自选模式

准备

当你阅读下列案例时，请注意：
1. 谁是该案例的主要人物？请予以描述。
2. 发生了什么事？
3. 案例发生在哪里？环境是影响因素吗？
4. 案例发生在什么时间？时间是影响因素吗？

艾达·雷福特是一名特库姆塞中学的社会学老师，今天早上她期待着向她的八年级学生们宣布期末考试的计划。这学期过去三周了，艾达想出了一个更有趣、更有创意的方法来测试学生们对所学知识的掌握情况。当艾达的这第一批学生来到教室，艾达指着黑板上的几个大字："测试：自选模式。"

她告诉学生们："我发现你们每个人都有自己的优点和才智，所以我想给你们一个机会真正地展示你们的才华，这将作为我们本学期的最后一课。我们没有传统的期末考试，你们可以选择任何一个形式，借助自己的特长来描述你们这学期开学以来所学的知识。"

学生们一脸茫然。

"卡莉，让我先给你举个例子，你曾经说过你非常喜欢摄影，是吗？所以你可以选择设计一篇图

作品形式
广播节目
专题摄影
宣传画
连环画
模型

片作文，挑选与我们所学内容相关的不同照片，然后结合所学描述每张照片的含义。"

"太棒了！你是说我可以不用考试吗？"卡莉问道。

"当然了，"艾达转身对杰雷德说，"杰雷德，我知道你在这个季度的篮球赛中担任播音员，所以你可以利用自己的口才设计一个广播节目带我们回到那个历史性的一刻。"

学生们都开心地笑了起来，因为他们在这个考试中可以有很多选择。

"现在让我们花几分钟时间来一起头脑风暴，每个人都可以想到几个方案，有没有谁对考试有自己感兴趣的方案呢？"

几位学生都举起手来，艾达接着用了些时间在黑板上记录下学生们的提议：建一个模型，设计网络版的历史事件，设计一本历史连环画，设计一张历史时间表的海报，演一出与历史人物的脱口秀节目。学生们都兴奋地讨论起来，下课了，学生们都一涌而出，但有三位学生留了下来与艾达谈话。

妮蒂是女子田径队的队长，她对艾达说："雷福特老师，您的主意真的很棒，我知道您这样是为了让我们从中得到更多乐趣，但是我恐怕没办法。因为我每天放学之后都要参加田径训练，而且在接下来的几周每周末都要参加，另外我还有一份兼职工作，我想没有足够的时间来很好地完成这个任务。如果我没有参加田径，我想我一定非常支持这个活动，但是现在我只能选择参加考试。"另一位田径队的学生卡拉也有同样的忧虑。

艾达回答道："孩子们，让我想一想，怎样可以比较公平。"

安吉拉在两位女学生离开后走到艾达跟前，说："同学们都在讨论用数码相机、摄像机、美术工具、服装来完成这次的任务。但我没有这些东西，我母亲在打两份工，她经常提醒我生活比较困难。如果她能有时间陪我去买一张广告纸，我就足够幸运了。所以我宁愿选择考试，与其他同学相比，我太没优势了。

"别担心，安吉拉，我们一起想办法，请让我考虑一下，明天上课再跟你说"。艾达回答道。

她希望这个决定可以受到所有学生的欢迎，因为它可以让学生们自由地表现自己。大多数学生都很兴奋，但在她其他八年级班上的一些学生也同样提出了异议。其中有一位很优秀的学生向艾达提议将考试分类，因为每个人的情况都不一样。艾达意识到自己没有考虑周全，于是上网查询了一些评分的标准。

第二天，艾达在班上分发了以下的讲义：

关于我们的期末考试，你们有两个选择，每个选择都是100分制：
（1）**试卷考试**，包括50题多项选择题，范围是我们这学期所学的内容。考试内容包括课堂阅读、讲座、讲义和PPT。
（2）**应用本学期所学知识完成一个作品**。在开始之前，设计构想需要通过我的同意，以下是作品的评分标准：

评分标准

	优	良	差
内容（50分）	准确描述课程理论和概念	描述一些对课程理论和内容的理解	没有应用课程的理论和概念
结构（10分）	主题和内容组织良好	结构上的存在一些问题，妨碍对作品的理解	条理不清，结构含糊
清晰度（10分）	作品整体简洁，细节明朗	整体比较清晰	混乱，草率了事
语法和句法（10分）	语法和句法无误	存在一些语法和句法毛病，妨碍对作品的理解	不经校对的错误
关联性（10分）	作品包括丰富的例子，并应用第三单元的内容描述	作品包括一些例子，并应用第三单元的概念和理论	未能举出实例或未描述对第三单元概念和理论的应用

评估

- 对于艾达测评学生的期末考试方法你的第一反应是什么？
- 让学生自己选择考试的方式是否合适？并解释原因。
- 这个测试方法可能存在什么问题？
- 你觉得这种方法会不会影响学生的学习态度？

高中：创新的评估策略

准备

当你阅读下列案例时，请注意：

1. 谁是该案例的主要人物？请予以描述。
2. 发生了什么事？
3. 案例发生在哪里？环境是影响因素吗？
4. 案例发生在什么时间？时间是影响因素吗？

在过去的12年里，乔·梅迪奥一直是美国东南部小镇上一个大型公立高中杰弗逊高中的校长。最近他参加了教学评估问题会议，并提交了许多可替代传统评估的备选方案。由于他对听到的建议感兴趣，于是乔·梅迪奥决定返回学校把消息传达给各位教师。学校业务进修日定于下周举行，乔·梅迪奥要在会上对评估方案做一些简要的说明。他要求教师在研讨会开始讨论前回顾一下相关材料。他是这样写给老师们的：

备忘录

来自：梅迪奥校长

回复：有趣的课堂评估备选方案

我从上周参加的会议上了解到许多学校正在设计和使用创新评估策略，包括真实性评估、制作手册、过程评估、展览和示范。我想与大家分享几个案例，在即将召开的专业发展论坛上我们将以小组的形式进行讨论。以下是来自全国各地教师提出来的一些想法：

英语 在俄勒冈州的一所高中，学生要完成一个由三部分组成的毕业作品方能毕业。

（1）学生要选择一个感兴趣的课题，进行研究，并撰写一篇作文。

（2）他们以作文为背景回归到现实生活中进行应用。当然这些应用既要满足高中英语的需求，又能选择丰富多彩的跨学科项目。一名志向远大的歌手，用她所学的知识自编自演了精心编排的歌曲。另一名学生构思了一个"大哥哥和大姐姐"的活动策划，招募学生帮助来自单亲家庭的儿童。

（3）项目的第三阶段是正式为座谈小组教师和社区成员做一个正式的陈述，其中有些教师和社区成员都是这个领域的专家。继正式陈述之后，评判者要问每个高中生几个问题，以此评估即兴演讲的技巧、知识水平和自信程度。

社会研究 在罗得岛的一所高中，要求九年级的学生完成一个以面试和笔试为基础的口述历史项目，并在课堂上陈述他们的发现。学生要洞悉考点，确定恰当的来源，设计一套面试问题，并对这些问题进行表述。评估学生的标准包括：他们是否调查三个核心问题，至少要描述一个变化，选择面试的四个适当来源，提出有确实根据的问题，指出在回答"事实"和"观点"间的主要区别，并有效地组织他们的编写，在全班同学面前陈述。

在新罕布什尔州，为十二年级学生设计的评估标准由四部分构成：

（1）根据本学期的内容，他们要举行本学期期末考试，但需经教师批准。

（2）在本学期他们需提交一份符合语法要求的、针对中心课题的书面研究报告。

（3）就他们所选择的课题做一个30分钟、多媒体口头报告。

（4）组建四个评估小组来评估其他学生的陈述，每个小组中扮演的角色不同，有些是善于总结重要细节的记者，有些是提出改善意见的辅导员。

数学 在加利福尼亚州的一所初中，数学老师表述一个概念后，将任务分配给学生论证如何更好地理解这个概念。例如，用数学方法估算面积和周长的关系，他要求全班同学用一个规定的面积，比如"1250平方英尺"（约116平方米），并设计一个梦想家园的模型，使用方格纸作为地板。这些策略有助于判断学生对知识的掌握程度。他发现："在我们开始这个项目前，虽然我认为我的学生已经充分了解了面积间的关系，其实他们在试图找到问题的具体答案这个过程中，才真正地、更多地掌握了所学的知识。如浴室应是多少平方英尺。"

你们中有许多人目前仍使用传统的测试方式来评估你的学生。下周我们在召开研讨会时，我要对你们当前评估计划的优缺点进行讨论，我将对可能被纳入我校评估方法的各种方案进行探讨。

评估
- 作为一个学生，你对乔·梅迪奥备忘录关于评估条款范围的讨论的第一反应是什么？作为将来的一名教师，你有何反应？
- 这些评估条款与你高中课堂相比有什么区别？
- 你认为杰弗逊高中的教师们能否接受乔的观点？为什么？

第 26 章
学生学习评估

学习目标

1. 描述在教育决策中使用的评估方法。
2. 解释为什么制订评估计划是成为富有成效的教师的重要方面。
3. 讨论决定课堂评级程序的重要因素。
4. 讨论将评估信息传达给家长和学生的不同方法。

26.1 什么是评估

和许多人一样，当你听到"测评"这个词时，脑子里首先弹出的意思是测试和评分。虽然这是一部分，但课堂测评实际上是一种更广泛的术语，它包括衡量和评价。你也许会听到评估、测量和评价这三个术语交替使用。但是，这些术语在教学环境下使用应该更加确切。现在让我们一起阐明具体每一个术语的意思到底指什么。

- **评估**（assessment）是对有关的课程、学生、课题、教育政策做出决定，获取并使用信息的过程（Nitko & Brookhart, 2007）。这个定义也描述收集信息的实际工具（测验、作文、项目等）。
- **测量**（measurement）指的是在评估过程中使用定量或数字描述的方式描述一个人具有的属性或技能（Haladyna, 2002）。
- **评价**（evaluation）是对学生的作品或表现做出价值判断的过程。课堂评价往往以等级评分（Haladyna, 2002）的形式出现。

简单地说，评估过程是由测量和评价组成的。

26.1.1 教育评估的目的

评估以不同的形式和目的贯穿在整个学习过程中，学生在哪它就出现在哪里。比如在实验室、健身房、教室或考察地。评估的最终目的就是辅助学生学习和发展（Earl, 2003; Wiggins, 1998）。评估涉及各种各样的、允许教师使用的数据收集工具：

1）提供学生学习进度和成就水平的反馈意见；

2）引导和激励学生自主学习；
3）提高总体教学的效果；
4）适当做出调整，以便更好地满足个别学生的需求。

评估过程提供了一种责任感，即报告结果对学生、教师和学区的学习具有促进作用。

学生评价为教学决策提供了宝贵的信息。这些评估数据可以起到如下作用（Kulieke et al., 1990）。

- 诊断：监测学生的优缺点，以及在特定领域内取得的进展。
- 定位：根据适宜的教学水平对学生进行调整，即把初中生分配到初级还是高级阅读小组，把初中生分配到英语基础班还是高级班。
- 辅导：帮助学生做出适当的、符合他们技能和兴趣的教学及职业选择决定。
- 招生：选拔学生参加各种节目，例如天才项目计划、特殊教学评估和服务或进入如国家荣誉协会等具体组织。
- 认证：确定是否掌握特定的标准，如实现逐级达到高级水平或者完成各项目后毕业。

> 思考：结合你自己生活的例子，想想教育项目定位或组织排序是如何应用评估数据的，在未来认证中你的评估数据又将如何应用。

26.1.2 教师能力标准

直到20世纪80年代，很少有教师知道在课堂上如何使用测试设计或其他类型的评估资料。专家认为，只要有可能，教师就应使用课堂外专家研发的测试资料，教师几乎不需要决定收集的大规模政策评估数据的类型，也不需要决定日常课堂教学计划（Pellegrino, Chudowsky, & Glaser, 2001；Shepard, 2006）。今天，我们的评估理念已经大大超出了专用测试。现在，教育工作者已开始扩大实施评估，旨在更广泛的领域内评估学生的学习效果，包括知识、推理能力、表演技巧和性格（Costa & Kallick, 2000；2006，加拿大西部和北部教育合作协议）。

1987年，三个专门的教学协会已开始着手制定评估学生的标准，并以此提高教师的能力。来自美国教师联合会、全国教学评估委员会和全国教师协会的代表共同制定标准，呼吁教师在选择、设计、应用、交流，以及评价学生的评估信息和评估活动时展示其技能。这些协会制定的标准大纲要求教师具有七大技能，以便更好地履行他们的评估责任（Sanders et al., 1990）。教师必须具有：

1）围绕教学目的选择适当的评估方法；
2）围绕教学目的制定适当的评估方法；
3）对外界制定的和教师设计的评估方法进行管理、评定和解释；
4）当涉及个别学生、教学计划、课程开发、学校改善的相关决策时能运用评估结果；
5）制定有效的评分程序；
6）与学生、家长及其他教育工作者交流评估结果；
7）识别不道德的、非法的、不恰当的评估方法和评估资料的使用；

教师对学生课堂水平的评估职责范围包括教学前、教学中、教学后，详见表26-1。

关于性格

随着性格与合作技能和其他职业行为的关系日益密切，性格问题对教师候选人的要求也越来越高。性格问题需要加以关注并尽快解决。所有的教师候选人不仅要按照以下指标接受评估，而且应该上报其负面性格。

性格指标

协调合作：协调工作的能力，特别是在智力成果上的合作。
诚实/正直：向自己及他人证明真实性的能力；证明守信的美德。
尊重：尊重和评估的能力，体谅和尊重自己及他人。
崇尚学习：尊重知识，强烈的求知欲望。
情感的成熟：有能力调整情绪，与周围环境相协调。
反思：审查、分析和评估的能力，评估过去成功的决策案例，从而为未来做更好的打算。
灵活性：接受和适应变化的意愿。
职责：独立工作的能力、责任心、可信赖性、准确的判断力。

学生姓名（请打印）　　　　学号　　　　专业

对责任心的解释：

教师候选人已讨论了这种责任心。我的签名证明我了解文件的内容及真实性。

学院/职员签署　　　　学生签名

学院/职员姓名（请打印）　　　　部门　　　　日期

广泛的学生学习成果

现如今的评估不仅仅是测试，还包括广泛的学生学习成果，例如这里所列出的性格指标。

表 26-1 评估责任，教学前、教学中和教学后

阶段	教师的责任
教学前	• 了解学生的文化背景、兴趣、技能和能力，作为它们应用学习领域和/或项目领域的范围 • 针对具体的课堂内容，了解学生的动机和兴趣 • 规划指导个人或学生团体 • 教学目标与评估配套 • 制订一个全面的评估计划
教学中	• 监测学生在教学目标中的进展情况 • 确定学生在学习和教学中的受益和困难 • 教学调整 • 给予临时的、具体的、可信的好评和反馈 • 激励学生学习 • 鉴定学生完成教学目标的程度
教学后（课后或学期末）	• 确定每个学生短期和长期教学目标的完成程度 • 基于评估结果向学生和家长或监护人传达学生的优势与不足 • 为学校级别的测评分析、评价和教学决策提供记录和报告评估结果 • 分析在指导前和指导期间收集的评估信息，以了解每个学生迄今取得的学业成就，并制订未来的教学计划 • 评估教学的有效性 • 评估课程和教学材料的有效性

资料来源：摘自 http://www.unl.edu/edu/buros/bimm/html/article3.html.

26.2 评估的规划

教师评估什么以及如何评估能揭示学生学习的价值，还有助于学生、教师、学校的行政人员明确其学习目标。因此，教师不应该在教完一节课或一单元后进行评估；相反他们应该事先仔细地选择或设计（Wiggins & McTighe, 1998）。评估规划的第一步是确定评估的时间。教师可计划为一年，一次评分阶段（通常九周为一个阶段），一个单元或者一节课。一个全面的评估计划应包括：

• 学习目标；
• 时间范围；
• 测评类型（例如课堂作业、家庭作业、测验、测试、自我评估）；
• 评价类型（例如评分标准、每个评估所占的比重）。

表 26-2 为小学水平科学类评估计划的一个样本

26.2.1 评估方法的选择

有几种不同类型的评估方法可供教师选择，详见表 26-3。研究表明，教师对不同评估方法的偏好与他们对这些方法的实践经验的频率有关（Struyven, Dochy, & Janssens, 2008）。教师需要不断实践发展自己的评估专业知识（Gearhart & Osmundson, 2009）。在评估学生的学习时，教师还必须根据评估目的做出最恰当的决定。

表 26-2 某一小学水平的科学单元的评估计划样本

第一单元	
水循环 一般学习任务	理解水循环是什么，它是如何工作的，它是怎么帮助生物的。解释水循环的能力，并将此理解运用到现实生活中
时间范围	本单元将在两个星期完成
形成性评估	a. 三个家庭作业（来自科技教材第8章） b. 浓缩示范（小组活动）。老师会要求学生解释他们在做什么，水循环是如何工作的，以及它与现实生活的关系 c. 对基本概念的小测验于本周一结束
总结性评估 权重	单元结束有个笔试（几个简答题、一个论述题） a. 家庭作业：30% b. 小测试：10% c. 单元结束后测试：60%

表 26-3　评估方案

方法	描述
观察	系统地观察学生是如何表现或执行的，通过诸如轶事记录或观察清单来记录来源
询问	询问课堂上需要理解的重点问题
学习交谈或面谈	在课堂上与学生研究讨论他们混淆的理解和来源
作业	征求理解的作业
示范、陈述	给学生以口头和多媒体的形式展现、演示他们学习的机会
项目和调查	给学生机会证明调查学习与他们的报告或手工制作间的关系
组合设计	系统地收集学生的作业，论证他们的学习成果，进展和反映
模拟	模拟或角色扮演的任务，鼓励学生揭示概念间的联系，并把他们的学习环境模拟到现实生活中
学习日志/反思日志	记录学生在学习中获得知识的过程
测验和考试	给学生机会通过书面形式展示他们所学知识
自我评估	学生反思自己的成绩并用设定的标准断定其学习状况的过程
同伴评估	基于预先设定的标准，由他的同伴评价其成绩的过程

资料来源：Adapted from Western and Northern Canadian Protocol for Collaboration in Education (WNCP), 2006, p. 17.

评估是正式的还是非正式的？ 正式评估（formal assessment）通常是一个预先计划的，系统尝试掌握学生的学习情况，并提前公布，让学生有时间准备和学习。它包括各种测验、测试、作业以及任务。**非正式评估**（informal assessment）是自发的，观察学生在课堂上的日常行为和表现。它可能涉及诸如倾听、学生互动观察和提问的技巧。

评估的目的是形成性的还是终结性的？ 形成性的和总结性的评估是对评估的运用。**形成性评估**（formative assessment）可以一边进行课堂评估，一边帮助教师和学生确定教学进展情况、检查理解程度，并做出相应调整来提高学生的学习，尽管评估仍在进行中。正式的和非正式的评估方法都可以用来收集形成的数据，但非正式的评估更适合这一目的。在一个单元或期末，**终结性评估**可以帮助教师评估学生的学习进度以及教学方法的成效。总结性的信息往往用书面形式来确定学生在实现班级特定目标中的进展情况。如测试、测验、作文、评定量表的得分或学生档案记录。总结性信息可用于成绩单等级的划分、补救措施或事先起草决定、提供和反馈老师自身的效率。形成性的评估用于指导学生的学习、通报教学成果。而总结性评估用于记录教学成就（Shepard, 2006）。从理论上讲，形成性的和总结性的评估工作，要与重要学习目标的进展情况保持一致，并需提供学生对有关教学材料的理解和掌握的信息。

使用纸-笔测试或以成绩为基础的评估好不好？ 教师往往依赖于传统的测试方法，即学生会把答案写在纸上。在某些情况下，它可能更适用于绩效评估，可了解学生掌握的学习技能。

评估的正确性重要吗？ **真实性评估**（authentic assessment）测量学生正确使用方法的能力，将智力问题、角色及现状模拟到现实世界里，而不依赖于专有的纸笔考试形式。真实的评估可能要求学生开展某项活动或设计某个产品，以显示其掌握了技能或知识。而不是完成一个与其定义的词汇相匹配的测试。例如，教师可能要求学生确定对某一问题的立场，用他们在课堂上学到的一部分丰富的词汇给国会代表写信。

评估会涉及技术的使用吗？ 传统上讲，计算机主要用于测试成绩。今天，计算机的评估作用已扩展到多种用途了（Bitter & Legacy, 2006; Britten & Cassidy, 2006; Gronlund, 2006）。例如，软件可用于管理测验、考试以及记录成绩（例如 WebCT, BlackBoard 平台）。其他软件程序允许创造电子组合和超媒体方案（例如超级插件）可以帮助学生开发自己的多媒体演示。在科研教室，计算机可以用来模拟实际操作研究（Shavelson & Baxter, 1991）。计算机作为学习过程的一部分，学生从计算机中受益的大小取决于学生的年龄、计算机的机型、学生使用计算机的频率。即使对幼儿园和小学生，计算机也具有潜在的功效，包括提高运动技能、数学思维和创造力，对批判性思维和解决问题的测试得分较高，标准化语言的评估得分也较高（Cardelle-Elawar & Wetzel, 1995; Clements & Sarama, 2003; Denning & Smith, 1997;

Haugland & Wright, 1997）。基于计算机的编写程序可以成功地被集成到面向处理的编写程序中，以便：

- 为青年作家提供关键性支持或平台，使他们能够完成无法单独完成的任务（Clements & Nastasi, 1993）；
- 让学生能够创作出更长更多元化的故事，而不用太担心犯错误（Davis & Shade, 1994）；
- 在写作时，帮助学生重获信心，并增强他们写作的动力，创作更多的作品（Apple Classroom of Tomorrow, 1995）。

同时，计算机能够作为分数较低的学生学习的练习工具，就算失败也不会被公之于众（Bredekamp & Rosegrant, 1994）。

创建评估计划可能是一项极具挑战性的工作，但授课教师却能获益良多（Nitko & Brookhart, 2007）。知道如何选择和/或设计评估部分能提高教学质量，且使教师更灵活（Stiggins, Rubel, & Quellmalz, 1986）。随着教师在课堂评估的发展中不断积累经验，他们就会明了各类型评估程序的优势和局限，进而提高他们解释和使用评估数据的准确性（Boothroyd, McMorris, & Pruzek, 1992; Plake, Impara, & Fager, 1993）。

26.2.2 评估数据的使用

当今在教育环境下，评估应是一个动态的过程，而不是教学结束的信号（Elliot, 2003; Nirmalakhandan, 2007）。评估数据可协助教师评价教学和课程的成效。形式多样的课堂评估也给教师创造了更多机会去了解他们的学生。在教学中，有效率的教师始终监控学生教学目标的进展情况。如果学生试图努力领会一个概念或实施一项技能，教师可以调整教学以更好地满足学生的需要。评估有助于促进学生的学习，而老师们（Lambert & Mc Co nibs, 1998; Shepard, 2000）：

- 通过使用课堂评估方式可以更多地了解学生完成任务时表现出的知识和技能；
- 把这种知识作为新教学的一个起点；
- 能在教学当中观察学生思想观念和理解能力的变化。

学生也可以通过评估来了解自己。当评估反馈学生的学习情况时，就可以监督学生的学习，纠正其错误，并使学生养成温故而知新的习惯（Costa, 1989, 1996 & Chappuis, 2008），有效的评估可以帮助学生树立个人学术期望并提高成绩。

> **思考**：想想学生发展水平或你打算教的学科，并参考表 26-3。对特定的发展水平或学科领域，你会使用什么类型的评估？您将如何评价这些评估类型？

26.3 课堂评估信息的交流

在评估周期结束时，老师希望确定是否每个学生都已达到学习目标，并与学生、学生家长或监护人交流学生的优缺点。教师也可报告评估数据以便提供学校级别的分析和决策，例如决定学生是否已符合晋升到下一个年级的标准。为了有效地交流评估信息，老师需要一套明确的评分标准和一个通报系统，以及了解什么程序是恰当的，并保密地使用评估资料。

26.3.1 评级程序

给学生的能力评等级是一项具有挑战性且具有争议的任务（Marzano, 2000; Trumbull & Farr, 2000）。评分的形式有很多，这对老师如何公正且正当地选择评分体系是很重要的（Gus- key & Bailey, 2001; Linn & Gronlund, 2000）。评估专家们普遍建议教师应清晰地保持学生的评级记录，以此测定学生成绩是否达到预先设定的学习目标；然而，很多教师在评分时容易产生混淆，因为等级体现的是学生的态度、努力和成绩的混合体（Stiggins, Frisbie, & Griswold, 1989; Waltman & Frisbie, 1994）。例如，在一些课堂上，如果学生的阅读能力已经达到标准水平，但在等级测试中表现失手，教师可扣 10% 或多于 10% 的阅读分数。其他学生，虽然其实际等级测试分数只达到 B 级，但鉴于其付出的努力，教师们会给出 A 级的分数。等级分数究竟是什么呢？它们不再是纯粹的为达到具体学习目标的学术性成果或成功的反映。为提高等级评定系统的可信度和有效度，有以下必需步骤，见专栏 26-1。

> **专栏 26-1**
>
> ## 评级准则
>
> 1. 向学生解释评级准则。
> 2. 设置合理的标准，并帮助学生获得成功。
> 3. 尽可能客观，避免偏见。
> 4. 消除学术等级中的非等级混淆变量（例如杜绝行为不检）。
> 5. 等级一致。
> 6. 始终让学生了解他们在课堂上的地位。
> 7. 在确定等级界限时，要给予学生质疑的权利；所有测量方法都有偏差。
> 8. 用合理的方法权衡评估类型。在给作业打分时，需考虑与课堂上已讲授内容的关联程序、关系、思维过程、所需技能、对所有学生一视同仁，评估结果要客观可靠。
> 9. 考虑失败对学生的影响。用F表示成绩差，而不是"失败"。
> 10. 要知道学生的综合分为零会对学生会有什么影响，并考虑零的替代方案。
>
> 资料来源：Drayer, 1979; Nitko & Brookhart, 2007.

评级模型。教师有三种不同的模型可供选择，根据不同的目的和语境划分等级：标准参照的字母评级，常模参照的字母评级和基于成长的评级。

- **标准参照的字母评级**（criterion-referenced letter grades）：在标准参照的字母评级中，等级代表学习目标的进展，而各个等级指标都有事先明确的规定（例如：60%~69%＝D，70%~79%＝C，80%~89%＝B，90%以上＝A）。理论上讲，如果所有学生都能达到预定的标准就可以拿到A等级。等级标准参照的字母评级适用于给学生提供反馈，使他们清楚自己与学习目标的距离，同时还适用于在最后计分阶段记录学生某个特定学习目标或标准的完成。

- **常模参照的字母评级**（norm-referenced letter grades）：常模参照的字母评级对学生的主要影响是，学生会与班上其他人比较自己的等级。其中最常见的一种类型就是用曲线划分等级。在此评级标准下，就算一个学习非常刻苦的学生在测试中答对了92%的题目，如果其班级平均水平达到92%，那他也只能得到C等级。当一个班的平均水平非常低时，教师们的典型做法是采取这种方式而增加取得高分学生的人数。然而，这种评级方法通常都会损害到学生与学生之间或教师与学生之间的关系，同时也会减低大部分学生的积极性。当评估被视为标准项目不可分割的一部分时，等级常模标准便不再适用，因为它并不能准确地反映学生对知识的掌握程度。例如，当学生们答对的题目数平均达到50%，反映了只有少数学生掌握知识，而事实上大部分学生可能已达到合格或更高的程度。

- **基于成长的评级**（grow-based grading）是指通过对学生的表现和教师对学生能力的评语比较从而实现评级。无论学生的实际知识水平或在班上的实际排名如何，只要他们达到或超越了被认定的标准就能得到比较高的分数。由于老师的评价通常比较主观且会受个人偏见的影响，无法客观地测量学生的实际能力。例如，在该模式中，如果一个储备知识较少（通过先前测验成绩可知）的学生在学习新知识的过程中取得了巨大的进步，他可能和一个拥有较丰富储备知识（通过先前测验成绩可知）的学生被列在同一个等级里。在形成性评估里，如果要反馈一个学生的学习进度，基于成长的评级方法可能就十分有用，但在评定最终的班级成绩时会因有失公正而引来争议。

计算成绩。为了在一个学期或评分期中计算成绩，老师必须决定是采用基于分值的评分系统还是基于百分比的评分系统。**分值评分系统**是一个很流行的方法，每次考试、课堂小测、作业或课题都会根据其全局重要性而给予一定的分值。例如：一次考试可能相当于100分，一次写作作业相当于50分，而课堂小测为10分。分值根据具体的标准而给分，例如，一个正确答案2分。**百分比评分系统**（percentage grading system）是另一个选择，老师依据学生正确回答或完成信息的百分比给学生评分。在评分期结束后，老师算出学生累计的所有百分比评分的平均数，作为该学生最终的评分。

在分值评分系统和百分比评分系统中，基于预先设定的界限值，一个学生的分数可以转换成为一个字母等级。举个例子：一个学生获得 500 分中的 450 分或者平均 90% 的成绩，他可能得到 A 等级。学校系统为获得 A、B、C 等级经常建立等价的百分数分类。但是，百分数从一个校区到另一个校区可能会变化。在一校区，90%～100% 可能被认为是 A 等级，但是在另一个相邻的校区，94%～100% 可能才是获得 A 等级的范围。

评分和动机。 20 世纪 60～70 年代，行为主义心理学严重影响了动机理论，奖赏或惩罚程序导致增加或者减少一种特定行为的可能性。在这种教育气氛中，教师和管理者普遍认为评估和评分可以促进学生努力学习（Brophy, 2006; WNCP, 2006）。然而，最近几年，研究显示评分和动机的关系变得越来越复杂，并且难以预测。得低分的学生可能会退步，责备别人，认为学习是"愚蠢"的，甚至感到绝望（Tomlinson, 2006）。低分可能会"恐吓"学生对自己或者对学校表示绝望。但是这并不意味着不能给学生判低分或者学生在课堂上只期待成功（Clifford, 1990, 1991）。在学习的过程中，应该允许学生犯错误——甚至有时候失败。但是，在课堂上给予的评估应该为学生的学习和改进动机提供支持。例如，老师应当提供若干个评估任务，使学生有机会从自己的错误中学习，并在随后的任务中有所提高。如果学生在获得低分的同时得到老师旨在阻止他们犯同样错误的具体、建设性的反馈意见，那么他们很有可能不断取得进步。

考虑有特殊需要的学生评分等级。 近年来，普通班级的障碍学生人数急剧增加（Handler, 2003）。虽然包括障碍学生产生了许多积极的结果（Baker, Wang, & Walberg, 1995; Calculator, 2009; Hunt, Farron-Davis, Beckstead, Curtis, & Goetz, 1994; Rafferty, 2005; Waldron）该过程对分级和报告提出了独特的挑战。这些学生的成绩是应该基于年级水平的标准，还是应该以某种方式进行调整？成绩应该只基于学业成就，还是应考虑学生的努力，取得的进展或某些其他综合的因素？教师应努力为有特殊需要的学生提供公平，准确和有意义的成绩（Guskey & Jung, 2009）。

针对教学过程主要发生在特殊教育教室的学生，特殊教育教师通常能给予绝大部分成绩。普通教育教师只能针对学生涉及的少数学科领域来给予成绩。然而，对于在普通教室中学习的特殊学生，成绩评定的职责划分就不太清晰（Bursuck et al., 1996 Polloway et al., 1994）。通常，普通教育教师负责在报告卡上给出所有成绩，特殊教育教师负责单独报告特殊儿童教育项目目标的进展情况。

当一个学生在普通教育内容领域的表现受到学习障碍的影响时，成绩问题变得更加复杂（Guskey & Jung, 2009）。假设一个六年级学生，由于多重且严重的障碍，不能表现出六年级标准要求的学业熟练程度。但该生学习努力，能很好地达到特殊儿童教育的目标。判定这个已经付出巨大努力并取得进步的学生学业失败，似乎就不公平。不过，让尚未达到该年级水平的学生通过考试似乎也不合适。

从法律角度来看，IEP 必须"确保孩子能够通过测验并升级"（*Board of Education v. Row-ley*, 1982）。因此，接受特殊教育服务学生没有通过测验，被认为是教育服务提供不到位的标志。为了指导教育工作者为障碍学生制定适当的政策进行评分，Jung 和 Guskey 开发了五步评分模型（Jung, 2009; Jung & Guskey, 2007）。该模型如图 26-1 所示，旨在帮助障碍学生适应基于标准的学习环境，并满足接受 IEP 特殊教育服务学生的法律要求。

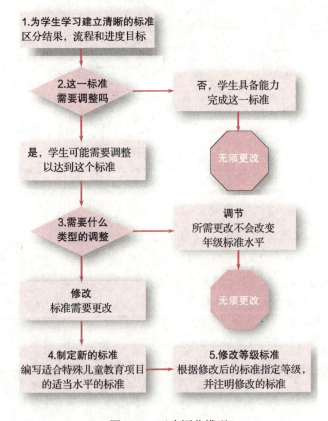

图 26-1 五步评分模型

资料来源：Guskey, T. R., & Jung, L. A. (2009). Grading and Reporting in a Standards-Based Environment: Implications for Students With Special Needs. *Theory Into Practice*, 48, 53–62.

> 思考：如果你班上一个学生的评估得分是89.3%，而达到A需90%，想想你会做什么，你会四舍五入，还是坚持你一贯的准则——什么等级就什么等级？你将如何证明你的决定？

26.3.2 成绩单和叙述报告

老师在处理学生的成绩记录和报告学生进步方面有很多方法。技能掌握情况的成绩单通常用缩写字母代表等级（E是极好的，S是满意的，N是有待提高）。字母等级被频繁地用于小学高年级、初中和高中水平，而成绩单或陈述式进度报告则经常在童年早期水平使用。**陈述性进度报告（narrative progress reports）**提供有关每个学生在课堂上的学习和表现的详细书面陈述。专栏26-2提供一个陈述式报告的例子。

学校可能在一份成绩报告单中结合了好几种方法。例如，字母等级可能被用来表明学科成绩，但是一份成绩单或等级量表还可能被用来传达关于学生表现或学习习惯的附加信息，并附有用于批注叙述评论的空间。学校管理者和外部评论员可能需要一份简明的、稍稍可量化的总结报告，记录每位学生在责任和学习方面的进步；但是家长们可能会想要更多的详细信息，如关于孩子们掌握的标准、优缺点或他们与同龄人相比的学识水平。家长可能更加重视关于学生学习和发展的详细报告，但是这样的报告需要老师花很多时间去准备，并且写陈述性报告的技能是需要在专业教师的指导下不断练习的。与附有短评的成绩单或等级量表相结合的修订陈述性报告会成为一种可行的办法。

使用个人计算机的老师们可以用一个简单的电子数据表程序来记录和计算学生的成绩。成绩簿软件程序允许教师从各种各样的成绩记录和报告选项中做出选择。记录和报告等级的选择。有时学区会提供并需要使用一个特定的成绩簿程序。其中一些方案的链接在保密网站上，在本学期内，家长可以随时登录（用专用的户名和密码）查看自己孩子的等级。

26.3.3 家长-教师沟通

关于家庭与学校沟通的研究表明，家长希望（Cuttance & Stokes, 2001）：

- 在学业和非学业领域，对孩子的进展情况保持良好的沟通；
- 了解自己孩子的优缺点；
- 对如何支持孩子学习收到中肯和有建设性的建议。

教师家长会议是一种建立强大家校联系的有效方式。为家长更好地理解孩子的学习提供了机会，并让教师从家长那里获得对孩子们更深入的了解。家长和老师可能对分级的意义有不同的理解，所以与家长明确地交流学生在班级里的等级是非常重要的（Waltman & Frisbie, 1994）。表26-4体现了家长-教师会议前、中和后的指导，目的是尽量扩大会议沟通的机会。

专栏 26-2

陈述式报告

日期：2008年11月
学生：泽维尔·罗伯茨
班级：幼稚园

泽维尔是本届幼儿园班上的小孩子之一。一开始，他总要在教室门口徘徊好久才进来。第一个月里，泽维尔慢慢地跟新同学变得熟悉，表现也更自在了，现在一到学校，他很愿意马上就投入清晨学习中心的学习当中。泽维尔跟班上每个小朋友都处得很好，但他跟尼克和埃弗里特的关系最好。他们喜欢在阅读区玩积木，玩布里奥列车，并聚在阅读区的豆子袋上看图画书。

在过去的一个月里，泽维尔已对阅读表现出浓厚的兴趣，他经常寻求词汇发音方面帮助。在上午活动圈子里，当我们做名片活动时，他认识许多图形文字，并很容易就认出名片上同学的名字。本学期我们一直都在教孩子们字母识别和字母组成。泽维尔认识了字母表中全部大、小写字母，但他现在还在学习如何独立书写字母。他能准确地抄写字母，但有时在默写总会漏掉一些，这对他这个年龄来说是非常典型的。

我们一直鼓励孩子整理自己的东西，泽维尔有一点困难，他总是沉溺于做自己的事情，要三番两次的提醒才能让他放下手中的东西而准备进入到下一个课堂活动，这要锻炼他才会有进步。总的来说，泽维尔在班上是个快乐天使，他天真友好、好奇心强而且想象力丰富。

表 26-4　家长 – 教师会议的指南

会前	• 对你预期的结果有明确的目的和理解 • 计划你要讨论的要点 • 如有必要需要一名翻译 • 收集学生作品样本，包括进度报告和其他有关等级的信息 • 识别学生的优缺点 • 预测家长的反应和问题，并做笔记，以解决你认为可能会提出的问题 • 安排使家长感觉舒适的座位 • 确保你自己和家长有笔和纸 • 制定会议日程，将"请勿打扰"的牌子贴在门上，使你及家长免受打搅 • 接见家长并陪同他们到你的房间
会中	开始： • 迅速准备开始 • 以感谢家长参加会议开始，尝试用友好的气氛尽快建立友好关系 • 首先，正面评价学生。谈论学生的资质、特殊才能、进步和潜力。着重强调优点，即使面临的讨论话题比较严肃。永远不要忽视这个事实：儿童或青少年对家长来说都是非常重要的 进行： • 热切关注家长 • 使用家长感觉舒服的语言，避免教育行话 • 表明态度，即学生的福利是你的首要任务 • 讨论学生的作业和/或行为的具体例子 • 简明地以事实提出要讨论的问题，表达你希望共同成功地解决的意愿 • 讨论反复出现的问题，需告知家长你所看到的进步。陈述用什么步骤去改正 • 总是允许不安或愤怒的家长先发言 结束： • 简明扼要地重述会议要点后结束会议 • 决定你要在会后做什么 • 再次对家长的关注，以和你一起度过的时间表示感谢
会后	• 花时间整理有关讨论内容的详细笔记 • 写下任何你同意采取跟进的步骤 • 与家长保持联系

资料来源：Adapted from Thompson, 2002.

所有年级的教师都应该在整个学年内与家长保持开放的沟通渠道，而不仅是每周报告的时候。除了家长 – 教师会议，家庭学校交流可能包括：

• 每周一次的简报；
• 在"周五文件夹"中将信息和作业发送给家长；
• 在课堂或学校网站上张贴信息；
• 与家长通电话；
• 与家长通邮件，将笔记提交给家长。

虽然家庭学校的沟通很重要，但老师也需要对学生的教育记录保密。对教学记录的特殊用途，教师应熟悉1974年的《家庭教育权利和隐私法案》（Family Educational Rights and Privacy Act，FERPA）。FERPA也被称为"巴克利修正案"，规定18岁以下的学生父母可以审阅学生的在校记录；然而，学校必须得到父母的书面许可，以便向其他机构公布学生的在校记录。

本章小结

1. 描述实施的教学决策的评估方法

为学生个体、教学质量和教学活动的成效提供评估数据信息。评估可以用来判断学生的优缺点，并与相当教育水平的学生作比较，帮助学生进行适当的教育和职业选择，要符合学生的技能和兴趣。它也被用来确定入学资格的各种方案，并提供技能认证。评估有助于确定教学计划的价值和成效，提供修改方向，以便更好地满足学生的需求。

2. 解释为什么制订评估计划是成为一个富有成效教师的重要组成部分

一个全面的评估计划需要描述学习目标、时间框架、评估类型以及对每节课或课程体系的评价。具体来说，它揭示了评估使用的频率、类型（正式的、非正式的、形成性的、总结性的、真实性的、以技术为基础的、测试的、以性能为基础的）、如何进行分级、如何运用评估数据为学生提供有用的反馈、帮助教师提高他们的教学实践。

3. 讨论课堂上决定分级程序的重要因素

评级时，教师有三种不同的模型可供选择：标准参照、常模参照、以成长为基础的评级。教师也必须决定是否要使用分值或百分比计算等级。最后，设计分级程序的目的应该是支持和测量学生的学习并提高学习的积极性，如经常提供具体的评估反馈。

4. 讨论将评估信息传递给家长和学生的不同方法

评估信息可以以成绩单的形式传达给家长和学生，成绩单包括具体的字母等级、学生行为评分等级、学生进步的陈述。家长－教师会议允许教师如实传达他们在课堂上的等级。除了成绩单和家长－教师会议，家庭与学校的沟通可能包括每周通讯、张贴在班级或学校网站的信息、电话或寄给家长或监护人的说明。所有沟通方法应遵循1974年《家庭教育权利和隐私法案》(FERPA) 执行。

案例学习：反思与评估

儿童早期：动物园

1. 最初，这些案例似乎与评估没有什么关系。当你进一步观察时，你发现评估需要什么类型的技能？
2. 教师桑杰·贝特德恩采取几个步骤收集和记录评估信息？
3. 形成性评估类型应遵循什么？
4. 评估儿童时，什么类型的文件是适合的？
5. 为了与家长进行学前儿童评估信息的交流，在成绩单上标上等级分数是否有意义或是否合适？为什么？
6. 给家长提供陈述性报告的好处是什么，特别是当教育对象只有4～5岁大时？
7. 教师们依据日常观察获得的学生信息对教学方案进行修改的证据是什么吗？为什么这种修改是重要的？
8. 如果经验丰富的薇薇·安斯坦尼奇要桑杰在下周制订一个评估方案，那么在制订这个有效的方案时，她可以提供什么样的指导呢？

小学：写作天赋

1. 布里吉塔是否合理地设计出一个优秀的写作技能评估方案呢？解释你的答案。
2. 该四年级课程将采用什么样的作业或任务作为形成性评估的信息源呢？
3. 形成性评估将进行什么样的活动来获取信息呢？
4. 在布里吉塔的课堂上，学生们在评估过程中采用了哪些方法？请描述一下。
5. 课堂上，学生们全班一起修改他们有语法语病的句子，你认为布里吉塔有必要再对他们的作业进行批改并评定等级吗？为什么？
6. 参考教师能力标准，请说说布里吉塔的明显优势在哪？并解释你的回答。

初中：评估的自选模式

1. 请用你自己的话描述艾达能力评估方法的目的？
2. 在评估学生对本学期最后一个单元内容的理解时，考试和项目评估的效果是否会一样？
3. 从考试的结果来看，艾达将怎么给学生的学习作总结？
4. 从项目评估的结果来看，艾达将怎么给学生的学习作总结？
5. 通过考试／项目评估收集的评定数据，艾达会如何决定自己的教学方式？如何确定自己的评估方案的有效性？
6. 哪一种方式适合艾达给该项目评定等级分数？
7. 学生的哪些能力信息可以跟家长进行交流？

高中：创新的评估策略

1. 参考乔的备忘录中的评估实践的描述，指出哪些是形成性评估的实践例子。
2. 参考乔的备忘录中的评估实践的描述，指出哪些是总结性评估的实践例子。
3. 在乔的备忘录中，他强调了教育评估中的哪些教师能力标准？
4. 用你自己的话描述下俄勒冈州毕业生计划的目的？
5. 在新罕布什尔州的人文课堂上，你会给老师提哪些有关评定学生能力等级方面的建议？
6. 老师可以怎样跟家长交流备忘录中的评估信息，请列举几个方式。

第 27 章
测验的编制和使用

学习目标

1. 讨论效度、信度、公平性/等价性和可行性在测验编制中的重要性。
2. 解释如何利用测验蓝图来编制良好的测验。
3. 讨论每种测验题型设计的有用性。
4. 比较并对比五种测验题型在计分时需考虑的因素。
5. 描述测验题目分析和修订的好处。

27.1 高质量课堂测验的特点

你可能会发现测验仅仅只是在课堂内有用的评估方式之一。在设计和评估课堂测验时,你需要变得自在一点,因为教师使用测验会非常频繁。编写好的测验题目需要花费相当多的时间和练习。研究者已经确认了一套高质量的测验编制原则(Gronlund, 2003; McMillan, 2007; 美国国家研究委员会, 2001)。尽管如此, 无数教师在他们设计课堂测验时依然违反这些原则。质量差的测验将减弱教师评估学生知识和技能的准确性,而高质量的评估可提供关于学生成绩的可靠且有效的信息(McMillan, 2007)。让我们从四个方面来评判测验的质量。

- 效度;
- 信度;
- 公平性和等价性;
- 可行性。

27.1.1 效度

效度(validity)通常被定义为一个测验能够测验到它想要测验的东西的程度。判断效度时要与测验的目的结合起来。例如,一个测验是用作评估关于美国政府的社会研究这个单元,那么这个测验的问题就应该要关注这个单元所覆盖的信息。教师能够通过评估这个测验的内容效度和创建一种有效的测试题目编排来优化这个测验的效度。

内容效度（content validity）指的是测验在多大程度上精确地代表了内容范围或反映了教师已经讲授过的内容（McMillan，2007）。一次测验不可能包含学生学到的每个知识点，但是它应当提供一种有代表性的学习模板（Weller，2001）。一个测验如果它只覆盖课堂上的一点内容并关注无关信息或者它只涵盖指定阅读的这一部分内容，但是完全忽视课堂上重点强调的其他材料，那么它的内容效度就会很低。在编写测验时，教师可以考虑以下几个内容效度问题（Nitko & Brookhart，2007）。

- 测验问题是否将重点放在那些我们日常反复强调的知识内容上？
- 测验问题是否应该包含课堂上各个层次的教学目标？
- 指定给各个类型的问题的比重是否反映了其相对于其他类型问题的价值？

测验编排。测试的编排或者说外在形式也会影响到测验结果的效度。举例来说，想象你正在做一个题目被教师写在黑板上或者教师口述题目的测验。教师的字迹或者学生看黑板的能力可能会影响测验结果，降低测验分数的效度。在黑板上写下测验题目或者口述题目也会将学生听觉和视觉上的问题陷于某一特定的不利位置。口述题目会使测验速度慢下来，并使学生很难在提交测验前的最后时间里回头检查他们的答案。你曾经做过一个说明不够清晰的测验吗？考生不能理解考试说明会降低成绩水平，降低测验结果的效度。

教师在决定如何编排测验时可以遵照以下指南。

- 一般来说，测验需要用打印机打出来，确保每个学生都有一份，除非是口述的拼写测验或者听力理解能力测验。
- 每个测验都要在第一页或者封页的顶部有一个清晰的说明。典型的说明包括题目的数量和格式（如多项选择题、作文），作弊的处罚，完成测试所允许使用的时间和教师可能强调的进行测验时所采用的策略（如"在作答前请完整地阅读每一个问题"或者"试着去回答每一个问题"）。

- 测验题目要按照形式进行编排（如全部选择题在一个部分，全部是非题在另外一个部分）。另外，测验专家通常还建议按照难度递增的顺序来安排类似的题目，因为这样可以减少学生的焦虑从而提高成绩（Tippets & Benson，1989）。

	周一	周三
克莱尔	87	88
金	83	80
克丽丝蒂	74	73
道格	77	78
尼克	93	92
泰勒	88	88
阿比	68	69
马库斯	70	72

信度
两次测验分数的一致性体现了信度。

27.1.2 信度

信度（reliability）是指测验结果的一致性程度。如果一个教师在周一的时候让学生做一个测验，然后在周三的时候又让学生重复做这个测验（在这期间没有额外的指导和练习），学生这两天的成绩应该保持一致。让我们来考虑几个影响测验信度的因素。

测验的长度和时间。你更喜欢做只有5道题的测验还是一个有25道题的测验？题目更多的测验一般信度要高于题目少的测验。然而，考虑到其他制约条件，较长的评估也不总是一个实际的选择，例如评估需要大量时间。当你设计测验的时候，要保证每一个认真学过材料的学生有充足的时间去完成评估。要考虑学生完成每道题所花费的平均时间，然后相应地调整测验的题目数量。表27-1提供了一些初高中水平学生完成典型测验中不同测验题目所需要的时间。要牢记小学生比高年级的学生要求更为简短的测验。在小学，分配给每个科目的上课时间可能会少于初高中平均每节课的时间。所以小学生大概只有30分钟用来测验（要求较少的题目），而初高中学生大概有50分钟。低年级的学生测验时间更短还因为他们能够集中注意的时间更短，并且他们比高年级的学生更容易疲劳。

表 27-1 某些评估任务的时间要求

任务类型	每题的大约时间
是非题	20～30 秒
选择题（单选）	40～60 秒
词汇填空	40～60 秒
选择题（多选）	70～90 秒
匹配（5题/6选项）	2～4 分钟
简答题	2～4 分钟
多项选择题（有计算）	2～5 分钟
文字题（简单运算）	5～10 分钟
小作文	15～20 分钟
数据分析/图表	15～25 分钟
画模型/分类	20～30 分钟
大作文	35～50 分钟

资料来源：Reprinted from Nitko & Brookhart, 2007, p. 119.

测验间隔（即多长时间测验一次）也会影响信度。测验题目的数量和类型可能受到自上一次评估以后所涵盖资料总量的影响。关于测验频率研究的回顾提供了以下几个结论（Dempster，1991）。

- 定期测验能够促进知识更好地记忆，也似乎比花费相当时间在学习和复习材料上来得更有效。
- 如果学生学完材料后马上进行测验并在一段时间后重新测验相同材料，那么测验在促进学习方面会更有效。
- 对测验中积累的问题进行归纳总结是高效学习的关键，因为积累的问题为学生提供了一个复习和应用前一单元所学知识的机会。

评分客观性。在这里，**客观性**（objectivity）指的是两个或两个以上合格的评估者在学生表现的成绩问题上意见一致的程度。一些测验题目的类型，比如选择题、是非题和配对题，要比简答题和作文题在评分上更加容易做到客观。客观的评分可提高测验分数的信度。但这也并不意味着应当删除更多的主观题，因为主观题有它们自己的优势。这一点我们会在本章的随后部分进行阐述。

27.1.3 公平性与等价性

公平性（fairness）是全部学生都有平等的机会去学习材料和展示他们知识技能的程度（Yung，2001）。请思考以下选择题：

哪一种球的直径最小？

A. 篮球
B. 足球
C. 长曲棍球
D. 橄榄球

如果那些来自低收入背景的学生回答错了这个几何问题，是因为他们没有掌握直径的概念还是他们缺乏关于这类问题的过去经验呢？你是否认为女孩也可能缺乏关于这类问题的经验？女性，作为一个群体，其对于有关力学或物理技能（Patterson，1989）或者数学、科学或者工艺技术题目（Moore，1989）的得分没有男性高。非洲裔美国人、拉丁裔美国人以及美洲土著学生，和英语作为第二语言的学生一样，在正式测验上表现得没有英裔美国人好（Garica & Pearson，1994）。亚裔美国人在美国社会中与成绩优异的学生享有同样声望，他们的数学成绩高于英裔美国学生，但在口头能力上的得分要相对较低（Tsang，1989）。

高质量的评估应该没有偏见，没有导致某个小团体学生（同一种族、社会经济地位、性别、宗教、残疾）在测验中处于劣势的系统误差（Hargis，2006）。题目带有偏见的测验会降低测验分数的效度。在测验中，使来自不同文化和语言背景的学生处于劣势地位的其他因素还有以下几点。

- 速度或由于规定时间限制而无法完成全部的测验题目（Mestre，1984）。
- 考试焦虑和考试技巧（Garcia，1991；Rincon，1980）。
- 对于问题和相关说明的不同理解（Garcia，1991）。
- 不熟悉的测验条件（Taylor，1977）。

为了确保所有学生都有一个平等的机会去展示他们的知识和技能，教师需要进行关于格式、回答、环境、时间或者进度的个人评估调整（Elliott, McKcvitt, & Kettler, 2002）。

除了保证班级里每个人的公平以外，评估还必须体现出从这一学年到下一学年或甚至从前一堂课到后一堂课的公平。如果你打算在某个特定单元的测验中使用不同的问题，你应当确保这个测验和下一个测验具有等价性。**等价性**（equivalence）意味着过去和现在的学生，或在不同上课时段学习同一个课程的学生，必须了解和掌握复杂度和难度相似（不是完全一样）的任务，以便能够取得相同的成绩（Nitko, & Brookhart, 2007）。这需要假定内容或学习目标没有发生改变，并且以往评估的结果分析是符合要求的。

27.1.4 可行性

评估学生是非常重要的，但是花费在评估上的时间应当不影响提供高质量的教学。当设计评估时，教师需要考虑**可行性**（practicality）问题，即一种特定的评估形式应当在经济和高效的范围内方便设计、管理和打分。例如，在出题时，作文题就比优秀的选择题更少。但是，选择题却可以更快更客观地进行打分。实践任务比如集体项目或课堂发言很难建构一个合适的题目，但是这些题型可以让教师有时间更好地了解学生的学习掌握情况。当确定选择哪一种题型来测验时，需要考虑以下因素。

题型相对容易设计且不必花费太多时间去打分；

- 花费在测试题型上的时间能够更好地使用在教学上；
- 其他能更有效地实现评估目标的题型。

> **思考：** 为你打算教授的年级设想一种可能会用到的特别测验，你怎样保证它的效度，信度和公平性？并评估你的测验的可行性。

27.2 编制一份测验蓝图

为了提高信度、效度、公平性和等价性，在设计测验前请尝试编制一份蓝图。**测验蓝图**（test blueprint）是一种评估规划工具，用于描述测验所覆盖的内容以及学生展示他们对内容理解情况的方法。当有一个表格呈现在你面前，就像表27-2，它叫作**双向细目表**（table of specifications）。在表格上，行标题（左边往下）指出评估将要覆盖的主要主题。列标题（横跨顶部）列出了布鲁姆（1956）认知目标分类的六大分类等级，它为测验提供了框架。前三类（知识、理解和运用）通常被称作基础目标，后三类（分析、综合和评价）通常被称为高级目标。作为考虑不同认知目标的综合框架，在规划教学时这些目标都需要实现。双向细目表中的每一格子指代一个特别的学习目标。这些学习目标从左到右越来越复杂。在最左边一列，学生被要求定义术语，然而在最右边一列，学生被要求从一个有意义的角度分析和评价信息。对于每一个格子，教师都需要决定每一种题型要

表 27-2　高中"科学"单元测验蓝图样本

内容大纲	认知分类中的主要类别					
	知识	理解	运用	分析	综合	评价
1. 力的概念	辨别力的概念并列出每一概念的实证支持（2题）					
2. 力的类型	定义每一种类的力以及术语速率（2题）	为矢量或者标量分类，并描述它们（2题）				
3. 二维力	按照一维因素定义二维合力（2题）		找出物体上合力的分力 X 和 Y（6题）			
4. 三维力	按照一维因素定义三维合力（1题）					
5. 质量的交互	定义术语惯性质量、重量（weight）、主动引力质量和被动引力质量（6或7题）		计算两物体之间的万有引力（8题）		形成一个质量的定义用来说明惯性质量和重量的不同（1题）	

资料来源：Kryspin & Feldhusen, 1974, P.42.

出多少题，每一题占的比重多大（每一题几分）。每一题的比重应当反映知识点的价值和重要性（Gronlund, 2003；Nitko & Brookhart, 2007）。

在规划一个测验时，不必全部包括布鲁姆认知目标分类中的所有六大分类等级。测试覆盖范围与学习目标和日常教学中教师强调的重点概念或者技能相符合才是更为重要的。当教案、教学活动和学习目标相匹配并且均符合美国国家标准时，教学就是最有效的。当评估与学习目标、教学活动相匹配时，评估就是最有效的。假定学习目标没有改变，那么同样的蓝图可用于在不同的课堂和学年中开展多次测验。

> **思考**：采用表27-2的双向细目表样例，为你打算教授的年级编制一个特定单元的测验蓝图。你的测验将涵盖哪些主题，你将要求学生怎样展现他们的知识？

27.3 编制测验题目

在你选择测验范围的内容之后，是时候该考虑采用何种测验题目类型了。有几种可利用的测验题型：二选一试题、配对题、选择题、简答题以及作文题。二选一试题（例如正确/错误）、配对题和选择题被叫作**再认任务**（recognition tasks），因为这些问题要求学生从无关或者错误的表达当中找出正确的信息。这一类的题目也被叫作**客观测验**（objective testing）题型，因为它们只有一个正确的答案。简答/填空题（填在空格里）以及作文题被叫作**回忆任务**（recall tasks），要求学生从记忆当中提取出正确的答案。这种类型的题目也被认为是**主观测验**（subjective testing）题型，以求更开放的得分解释。客观和主观题型的不同主要表现在三个重要方面。

（1）**参加测验的总时间**。教师有可能要求学生在50分钟的课堂时间内做完30题选择题，但在相同的时间内，教师可能仅仅要求学生做4道小作文题。

（2）**测验评分的总时间**。客观题得分是直截了当的，只需要一个正确回答的答案。如果教师使用光学扫描识别（答题纸），他们就可以在很短的时间内扫描出很多答案。初中或高中教师采用同样的50个测试题的测验，他们在几分钟内就可以扫描完大量的答题纸。因为简答或作文题会涉及更多的主观判断，它们需要花费更多的评分时间。教师可能会选择学生较少的班级使用作文题进行评估。

（3）**评分的客观性**。由于简答或作文题是主观的，老师们在为这些题型评分时可以通过使用评估准则来提高它们的客观性。**评估准则**（rubric），是一种评估工具（见图27-1），为学生的回答预先设定评分标准，使评分更简单、更透明。评估准则保证学生之间或间断评估（当教师为一组作文评分时，停下来后，然后继续评分）的评分一致性。

教师应该选择那种能够最直接评估特定技能或学习成果的题型（Gronlund, 2003）。下面你将会看到每一种题型都有其独有的特征。当然，在这些特征中，也有一些共通的法则。

- 衡量必要的技能或知识。
- 专注于重要的而非琐碎的选题范围内容。
- 包含准确的信息，包括正确的拼写。
- 清晰，简洁，不带偏见。
- 以一种适当水平的难度和适当的阅读水平编写。

作文的评估准则		
标准	最高分	实际得分
格式（键入，双倍行距）	2	
表明支持或反对的立场	3	
提供描述所表明立场的合适的细节水平	5	
有确切资料来源的用以支持回答的论据	5	
语法、拼写、标点符号和笔迹的清晰性	5	
包括适当格式的参考资料	5	
总分	25	

图27-1 评估准则
当使用主观测验题时，评估准则能保证评分的一致性。

27.3.1 二选一试题（正确/错误）

二选一试题（alternate-choice item）提出一个命题，然后学生必须将其判断和标记为真或假，有或没有，对或错。二选一试题是再认任务，因为学生只需要认出这个任务是否与他们记忆中的事实相匹配。一个真或假的判断题可能表述如下：

> 一个等边三角形的三个边的长度相等。　对　错

教师也可以设计多个需要真或假回答的题目。例如：

> 地震学家认识到：
> 1. 由于地球内部力量的作用，地球表面是处于不断运动的状态。　　　　　　　　　　对　错
> 2. 地震是破坏断层线的岩石所产生的震动。
> 　　　　　　　　　　　　　　　　　　对　错
> 3. 地震的时间和地点是很容易预测的。　对　错

当问题的答案为非此即彼时，二选一试题都是最理想的。它们允许教师在短时间内提出许多问题，使得大范围的题目涵盖在被评估的领域之内成为可能。但是，这种题型的一个明显缺点就是学生有50%的机会可以通过猜测而得到正确的答案。优秀的二选一试题应该比你所预期的更难编写。教师可以采用专栏27-1中提到的建议。

27.3.2　配对题

配对题（matching exercise）为学生提供用于配对的一列前提和一列回答。学生们必须用其中的一个回答来匹配对应的每一个前提。配对是一个再认任务，因为这些答案是列在测验题目中的。一个简单的配对题类似于此：

> **说明**：在左栏里是南北战争开始以前发生的事件。对于每一个事件，请在右栏中选择事件发生的日期，并在事件描述旁边的横线上填上相应的字母选项。
>
> 事件的描述（前提栏）：　　　　　日期（回答栏）：
> _____ 1. 英国军队在波士顿惨案中向示威者开枪，杀死5人。　　a. 1763
> _____ 2. 英国议会通过《茶叶税法案》。　　　　　　　　　　b. 1765
> _____ 3. 议会通过《印花税法案》，在美国殖民地引发抗议。　c. 1768
> _____ 4.《巴黎和约》结束了法国在北美的统治。　　　　　　d. 1770
> 　　　　　　　　　　　　　　　　　　　　　　　　　　　　e. 1773
> 　　　　　　　　　　　　　　　　　　　　　　　　　　　　f. 1778

配对题对于评定一个学生的联想能力或看清两件事情关系的能力是很有用的（例如，词汇和它们的定义、

专栏 27-1

对/错判断题编写指南

1. 使用短语、简单的词汇和句子结构。考虑下面的对/错题："对/错题更多的会受猜测影响，如果设计得好，并且也没有合理的干扰时，就应该以选择题来代替。"像这样长且复杂的句子很容易产生困惑，因而去判断它的对错就更困难了。
2. 在每个句子当中包含唯一一个中心观点。思考下面的对/错题："对/错题是测验专家的首选，也被叫二选一回答题型。"这个题目有两中心观点：被专家所喜欢的和被称为选择性回答题型。
3. 谨慎使用否定叙述句，避免双重否定。双重否定也容易产生困惑。
4. 使用精确的措辞，以便句子可以被明确的判断为对或错。
5. 编写虚假陈述，可反映出那些犯常见误解的学生没有达到学习目标。
6. 避免使用那些从教科书中或者阅读材料中逐字复制过来的句子，因为学生很可能只是简单地记住了判断题的真假而没有真正理解。这就降低了学生考试成绩的效度，难道学生真的理解材料了吗？
7. 观点的陈述应该标注资料来源（例如，依据教科书；依据研究……）。
8. 评估因果关系时，尽量使用正确的表述。例如，采用"暴露在紫外线可以引起皮肤癌"而不用"暴露在紫外线不会引起皮肤癌"。评估正确的肯定句比评估错误的否定句更不容易引起含糊不清。
9. 不要以泄露答案的方式过分限制陈述句。避免使用特殊的限定词（例如，"总是""绝不""全部""没有一个""只有""经常""可能"和"有时"等趋向于正确的表述）。
10. 真题和假题设置的长度要相当，并且真题和假题的数量也要相等。
11. 将题目随机排序并编号，以便使它们不太可能出现可预见的重复（例如，避免"真假真假"或"真真假假真真假假"）。

资料来源：Ebel, 1979; Gronlund, 2006; Lindvall & Nitko, 1975.

个人和他们的成就、历史事件和日期)。这种题型提供了一个能够节省空间并客观评估学习目标掌握情况的方法。这个词语或短语可与符号或图片灵活匹配(例如,将一个国家的名字与该国在地图上的轮廓相匹配)。好的配对题可以评估学生对概念、观点和原则的理解。然而,教师经常会犯这一常见错误,即采用配对题仅为考查学生对目录的记忆(例如名字和日期),而不去编写能够评估更高水平的配对题。为了编写有效的配对题,应该考虑以下指南。

- 解释清楚配对的预期基础,如上述样题中说明的那样。
- 前提栏和回答栏要简短。
- 编排符合逻辑顺序的回答栏,如在样题中,日期栏是按照时间顺序编排的是。
- 前提栏以数字编号而回答栏则以字母区别。
- 较长的叙述出现在前提栏,而较短的叙述则出现在回答栏。
- 为前提栏编写合理的回答栏。一个明显与所有前提都不相符的回答会给正确答案提供暗示。

- 避免"完美"的一对一配对,包括纳入一个或多个不正确的回答作为选项,也要避免将一个回答作为多个前提的正确答案。

27.3.3 选择题

每一个**选择题**(multiple-choice item)都包含一个**题干**(stem),或者介绍性的声明或问题,以及一组**应答选项**(response alternatives)。选择题之所以被叫作再认任务是因为正确答案来自选项当中。一个典型的选择题类似于此:

> 阅读选段"响应学习者"的主题是什么?
> a. 学业成就
> b. 问题和回答技巧
> c. 管理学生行为

选项中包括一个关键选项(正确答案)和**干扰选项**(distractors),或者错误选项。上述例子中包含着三个选项:一个关键选项和两个干扰选项。其他的选择题可能包含四个选项(a, b, c, d)或者五个选项(a, b, c, d, e)。专栏 27-2 提供了编写选择题的一系列详细指导,涉及内容、风格、编写题干和选项的技巧。

专栏 27-2

选择题编写指南

涉及的内容

1. 每一个题目都必须反映特殊的内容和一个特殊的心理行为,如测验规范所要求的那样。
2. 题目均以重要的学习内容为基础,避免琐碎的内容。
3. 采用新的资料来测试高阶学习情况。测验题目应对教科书语言或教学语言进行改写,以避免测验仅是简单回忆。
4. 测验中每个题目的内容应当与其他题目的内容无关。
5. 编写题目时应避免过度具体和过度宽泛的内容。
6. 避免基于主观判断的题目。
7. 避免作假题目。
8. 确保为考生准备的词汇简单易懂。

编写题干

9. 确保题干的措辞非常清晰。
10. 题干中应包含中心观点,而不是包含在选项中。将每个题目中的阅读量最小化。避免在每个选项中重复短语,试着将它作为题干的一部分。
11. 避免过度空话。
12. 题干应使用肯定措辞;避免出现像"不"或"除非"这样的否定词。如果非要使用否定词,请一定要谨慎,确保以大写和粗体形式出现。

编写选项

13. 提供三个选项是比较适当的。
14. 确保只有一个选项是正确的答案。
15. 使所有的干扰选项看似合理;运用多数学生容易误解的概念作为干扰选项。
16. 选项应使用肯定措辞;避免出现像"不"这样的否定词。
17. 保持选项独立,不能重复。
18. 保持选项在内容和语法结构上的性质相同。例如,一个选项以否定形式出现("禁止在大厅跑步")那么所有的选项都应该是否定形式。

19. 保持所有的选项长度大致相同。如果正确答案比干扰项长很多或短很多，这可能为考生提供一种线索。
20. 应避免或谨慎使用"以上所有选项都不是"这样的选项。
21. 避免出现"以上所有选项都是"这样的选项。
22. 改变选项中正确答案的位置（例如，正确答案不能总是C选项）。
23. 选项（A，B，C，D）的安排要符合逻辑或用数字排序。例如，一道历史题的日期回答选项应该按时间顺序排列。
24. 避免给正确答案提供线索，例如：

a. 特定限定词，包括"总是""绝不""完全""绝对"等；
b. 选项与题干相同或与题干有相似的词语；
c. 语法不一致也会给考生提供正确答案的线索；
d. 显而易见的正确选择；
e. 两个或三个选项为考生提供正确答案的线索；
f. 公认的、荒唐的、荒谬的选项。

涉及的风格

25. 编辑和检验题目。
26. 运用正确的语法、标点符号、大写和拼写。

资料来源：Adapted from Haladyna, Downing, & Rodriguez, 2002.

选择题作为再认任务，是被大多数评估专家认可的，因为这一题型提供了许多优点。这种题型可用来评估许多学习目标、事实性知识以及高层次的思维过程。由于选择题并不要求写作，那些不擅长写作的学生在展示他们对内容的理解时就有了一个比他们在回答论述题时更加平等的竞争环境。所有学生在做选择题时猜对答案的概率会比在做真假是非题或者配对题时低得多。再者，学生选择的错误干扰项可以让教师深入了解学生理解错误的程度。

然而，由于选择题是再认任务，所以并不需要学生独立回忆信息。选择题并非是评估学生写作技巧、自我表现、综合思想或者是你想在某种情况下让学生展示出他们能力的最好选择（例如，列出一个数学题的解题步骤）。而且，糟糕的选择题可能是肤浅的、琐碎的，甚至会限制事实性知识。

编写客观题的指南（例如在专栏 27-1 和专栏 27-2 中的指南）对于确保课堂测验的效度是尤其重要的。糟糕的测验题目会给学生提供正确答案的线索。例如，**特殊限定词**（specific determiners）（总是、绝不、全部、没有一个、只有、通常、可能等）会给答案提供额外线索，并且能够让那些没有认真学习的学生可以使用**考试技巧**来正确回答一些是非题或选择题。**考试技巧**是一种应试策略、利用糟糕测验题提供的线索以及过往应试经验来提高自己分数。而考试技巧也会随着年级、应试经验以及获得好评估的动机水平而不断提高（Ebel & Frisbie, 1991; Sarnacki, 1979; Slakter, Koehler, 3c Hampton, 1970）。

27.3.4 简答 / 填空题

简答 / 填空题（short-answer/completion items）有三个基本种类。**疑问题**呈现一个直接的问题，学生需要提供一个简短的回答（通常只用一个字或短语），如下所示：

1. 美国肯塔基州的首府在哪里？	法兰克福
2. 符号 Ag 在元素周期表上代表的是什么？	银
3. 一码有多少英尺？	3

填空题 提供了一个不完整的句子，并要求学生填补空白，正如以下的例子：

1. 肯塔基州的首府是 法兰克福
2. 3 ×（2+4）= 18

联想题 （有时叫作辨别题）提出一系列学生不得不记住的术语、符号、标签等的含义，如下所示：

元素	符号
钡元素	Ba
钙元素	Ca
氯元素	Cl

简答题是比较容易设计的。教师可以利用以下这些普通指南帮助他们设计有效的简答题。

- 尽可能的运用疑问题，因为这是最直接的简答题设计,也是专家的首选。
- 确保题目清晰简洁,以便得到唯一一个正确的答案。
- 为了方便阅读,空白处应放在最后。
- 简答题的填空处应限制在 1～2 个字之内。
- 明确说明正确答案的精确度水平(一个字、一个短语、一些句子),以便学生能够明白在他们的回答里应该包含多少内容。

虽然简答题通常用来评估学生较低水平的技能,如回忆事实,但是如果这种题型设计得好也可以用来评估复杂的思维技能。简答题降低了学生因随意猜测而得到正确答案的可能性,避免了二选一试题和选择题中的缺陷。

简答题也更容易进行客观评分,尤其是当正确答案是一个单词时。如果学生提供的回答与正确答案很靠近但没有 100% 准确也可以给予其一定得分。你可能偶尔会发现学生提供的回答是始料未及的。例如,如果你问"谁发现了美洲",学生的回答可能包括克里斯托弗·哥伦布、莱弗·艾瑞克森、北欧海盗或者穿越海洋的探险者。这时候你就应该主观判断这样的回答是应该给满分还是只给部分分数。因为随着评分变得更加主观,信度在不断下降,所以在决定是否给予部分分数时,教师应当采用一种评分准则来保证学生之间得分的一致性。

27.3.5 作文任务

作文任务可以为那些无法被客观题充分评估的认知技能(如果有的话)提供评估。作文任务分为两类。**限制性作文题**(restricted response essay)不仅限制了学生回答的内容,而且也限制了他们回答的方式。一个限制性作文题可能如下表述:"列出记忆系统的三个部分并用简短的语句解释每一部分都是怎么运作的。"**申论题**(extended response essay)则要求学生自由地在文中表达他们的想法和观点,并以他们觉得合适的方式组织这些信息。这种题型通常没有唯一的正确答案,而回答的精确度只是一个程度的问题。教师可以运用以下指南来设计有效的作文题。

- 涵盖合适的内容范围和学习目标。一个作文题可以涉及一个或多个学习目标。
- 设计那些能够评估知识应用和高层次思维的作文题,而不是简单的事实回顾。
- 确保题目的复杂度适合学生的发展水平。小学生可能不要求在作文本上写长篇作文,但是初高中学生可能要求创作更加详细的作文。
- 明确题目的目的、回答的长度、时间限制和评估标准。例如,一个高中教师可能如此表述作文题:"你现在正在学校董事会发言,请提出三个支持单一性别班级的论据",而不是表述为"讨论单一性别班级的优点"。修正的作文题为作答提供了一个目标并明确了学生需要写作的数量。教师也应该明确作文将如何进行评估,例如,是否对拼写和语法以及学生的观点进行评估。

测验题目的预期目的以及信度和可行性问题决定是采用限制性作文题还是申论题。限制性作文题将评估的重点具体到特定、明确的领域。其具体性水平将使学生更可能按照预期的那样对问题进行解释。评分也因为可能的回答受到限制而变得容易。一方面,由于构成正确答案的内容更容易清晰界定,评分变得更加可靠。另一方面,如果你想知道学生如何组织和综合信息,这种聚焦于狭窄范围、受限制的题型可能不能很好地服务于这个评估目的。申论题适合评估学生的写作技巧和论题知识。如果你的学习目标包括组织想法、批判地评价某一个立场或观点、交流感受或展示创意等这样能力的话,那么申论题为学生提供了一个很好的机会。

由于申论题是主观性的,这种题型的评分信度通常比较低。假如评估同样的作文答卷,几个不同的教师可能会给出不一样的分数,或者在评卷前后,同一个教师可能对学生的作文给出不一样的分数。当对每个学生回答的评分不一致时,评估结果的效度就会降低。同样,教师也可能倾向于根据不同的标准去评估不同学生的作文。比如,一篇作文从其创造性方面进行评估,而另外一篇则更多地从语法和拼写角度进行评估。申论题的一个重要缺点是其评分过程十分耗时,尤其是如果教师要提供详细的写作反馈以帮助学生提高他们的成绩时就更费时了。

限制性作文题和申论题具有特定的评分考虑因素。作文答卷,尤其是申论题答卷,其评分的信度和可行性更低。不过也正如之前所讨论的,评估准则可以帮助教师更公平更一致地给作文进行打分。下面将提供一些其他的非方法来确保评分一致性。

使用一组锚文章(anchor essays)——教师以不同层次的评估准则选择学生作文作为成绩样本(Moskal, 2003)。例如,一个教师可能会有一个有代表性的 A 作文、B 作文等。锚文章提高了评分的信度,因为它们为教师如何评判学生的作文提供了一个对比。一组没有记名的锚文章可以用来向学生和家长解释不同层次的评估准则。

- 如果一次考试有一个以上的作文题,那么在为下一个问题进行评分前应该先对所有学生的第一个问题进行评分。这个方法可以提高教师评分的一致性。
- 把主题内容评分与其他因素(如拼写或整洁度等)评分区分开。
- 为了提高公平性和减少评估偏见,可以通过让学生把其名字写在试卷的背面以达到你匿名评分的目的。
- 花些时间在学生的作文上写上有效的反馈。

在设计了测试项目之后,请使用专栏 27-3 对测试问题进行最终的检查。

> **思考**:为你打算教授的年级设想一个学生可能受测试的特殊单元。你会考虑用什么样的测验题型呢,为什么?你将会为单元的前测和后测分别选择什么不同的题型呢?

专栏 27-3

测试清单

议题	与测试有关的问题	教师的职责
内容	测试涵盖哪些内容	决定测试结果应该代表什么,并与学生交流测试内容
对照标准	测试项目或任务是否符合内容标准(期望学生应该知道什么或能够做什么)	确保测试内容与预期要测试的领域完全匹配(领域内的所有方面都被覆盖;每一个方面都被均匀覆盖)
项目/任务建构	测试题目或要求学生履行的任务是否清晰?方向是否明确	为了达到适当的水平、清晰度、正确的语法和拼写及遵守公认的测试开发指南,教师要检查所有的测试题目、提示、指导语和其他的学生资料
实施条件	学生考试的条件是否有利于他们最好地发挥?时间限制是否合理	确保测试条件舒适,不受干扰,时间安排不影响学生的成绩
评分	测试如何计分	开发正确的、符合测试方向的评分标题、答案要点、评论草案等,并客观应用
学习的机会	所有学生都有足够的机会学习将要被测试的知识或技能吗	确保在课堂教学、活动、家庭作业、实验室活动中或其他环境中含括所要测试的内容,以便让所有学生有足够的时间和机会来掌握所要测试的内容
公平	测试或程序的一些方面是否将一些学生置于不公平的劣势或不利地位	审查项目/任务,以确保对学生性别、文化、种族、语言多样性等差异的敏感性,消除任何偏见
座位	测试的空间安排能否满足有特殊需要的学生	确定什么样的座位安排对学生在测试过程中正常发挥自己的真实知识水平或技能是必需的。确保座位安排没有提供不公平的优势

资料来源:Cizek, 2009.

27.4 测验分析和修订

没有一个测验是完美的。好教师为了改善测验题目会评估他们所用的测验并做必要的修订。当采用像二选一试题和选择题这样的客观测验题型时，教师可以通过运用**项目分析**（item analysis）的方法来评估测验试题如何发挥作用的。项目分析是采集、概括和运用学生答卷信息，并为每一道题目做出相应决策的过程。当教师采用光学扫描的答题纸作为测试答题卡时，他们运用计算机程序，不仅可以对答卷进行评分，而且还可以进行项目分析。项目分析提供两种统计数值来表明测验题目如何发挥作用：一个是项目难度指数；一个是项目鉴别指数。

项目难度指数（item difficulty index）提供了正确回答一个题目的考生比率，从 0 到 1。有效的题目应该有一个中等的试题难度，以便区别那些能理解材料的学生和不能理解材料的学生。这能提高测验评分的效度。根据以往实践总结出来的经验，试题的适中难度指数范围为 0.3～0.7。但是，一个理想的难度指数应该把猜测概率也考虑进去。例如，一个有四个选项（A、B、C、D）的选择题，猜对的机会有 25%。这种题型的理想难度指数是 25%～100% 的中点，即 62.5%。因此一个四选项的选择题的难度指数应该接近于 0.625。

难度指数如果很低（如 0～0.3）则表明很少有学生能正确回答。这个信息可以区分出那些需要重新讲解的特殊概念，提供关于教学优点和缺点的线索，或指出那些糟糕和需要修订或删除的试题。难度指数如果很高（如 0.8～0.9）则表明大多数学生可以正确回答这个问题，也说明该题太简单了。如果我们想让学生考得好，太简单的题目不能区分出那些能很好理解材料的学生和那些不能很好理解材料的学生，而这种区分正是我们评估学生成绩的一个目的之一。

项目鉴别指数增加了这一关键的信息。**项目鉴别指数**（item discrimination index）说明一个特殊的测试题区分高分学生与低分学生的程度。它是用来计算那些正确回答特定题型的高分组（最高分者）和正确回答这些特定题型的低分组（最低分者）的比例的差异。其指数范围在 −1 到 +1 之间。如果一次测验设计良好，我们就可以期望所有测试题都有明确区别，这意味着那些得高分的学生能正确回答这些试题，而那些得低分的学生则回答错误。测试题的鉴别指数如果很低（低于 0.4），为零或负数，会降低测试评分的效度。这些情况下测试题都应该被重写或更换。低鉴别指数表明该试题不能精确地区分那些理解材料和不理解材料的学生。当试题鉴别指数为 0 时，这表明这个试题完全不能区分高分者和低分者。许多鉴别指数为 0 的测验不能为学生成绩提供一种有效的衡量方法。而鉴别指数为负数则表明，得低分的学生倾向于正确回答这些题目，而得高分的学生则倾向于回答错误。如果一次测验包含鉴别指数为负数的试题，那么考试的总分就不会提供有用的信息。

当项目分析表明特殊测试题不能像预期的那样发挥作用时，必须调查问题的根源。项目分析可能表明问题起源于以下一些方面。

- **试题本身**。例如，选择题的干扰项很糟糕，那些模棱两可的选项和问题导致随意猜想，或者试题没有正确答案。
- **学生表现**。学生可能会看错并误解题目。当设计一种新的测验题时，教师可能认为该题措辞清晰并且只有一个明显的正确答案。但是，项目分析显示，学生可能并不像预期的那样解答该试题。
- **教师工作**。当低项目难度显示学生不能理解材料时，这表明教师的工作有待提高。也许这个概念需进一步阐明或者教师需考虑讲解材料的不同方法。

丢弃没有很好发挥作用的某些试题，修订其他试题，并在每一次测验上测试一些新的试题，不断地修改最终将产生更高质量的测验（Nitko & Brookhart, 2007）。一旦"良好"的试题被选中，教师就可以在计算机文件里用软件把测验题储存起来，以便他们可以选择测验题的子集，做一些修订，组合试题并打印出课堂上需要用的测试题。某些软件甚至允许教师根据他们的课程标准来分类整理试题。计算机应用程序的使用在质量、价格、用户便捷性和培训量上都各不相同。

> **思考**：一项项目分析显示，测验题中有三个试题的难度指数很低，你计划在你下次使用这个测验前修订这些试题。因为这些糟糕的试题会影响学生的分数，你要怎么做才能提高你现有学生测验分数的效度呢？

本章小结

1. 讨论效度、信度、公平性/等价性和可行性在测验编制中的重要性

课堂测验应该在其效度、信度、公平性/等价性和可行性的基础上进行评估。教师必须考虑测验能够衡量到想要衡量的东西的程度（效度），怎样保证结果的一致性（信度），所有学生都有平等的机会去学习和展示他们知识技能的程度（公平性/等价性），以及如何使测验在经济和高效的范围内方便设计、管理和打分（可行性）。

2. 解释如何利用测验蓝图来编制良好的测验

测验蓝图是一种评估规划工具，用来描述测验所覆盖的内容以及学生展示他们对内容理解情况的方法。测验蓝图，或双向细目表，可以帮助老师设计良好的测验，因为它使测验能够与教学目标和实际教学相匹配。测验蓝图考虑到每个学习目标、将被评估的内容、教学期间强调的材料，以及让学生完成测验的总时间的重要性。

3. 讨论每种测验题型设计的有用性

二选一试题允许教师在短时间内提出涵盖各种各样主题的大量问题。配对题对于评定一个学生的联想能力或看清两件事情关系的能力是很有用的。选择题是评估专家的首选，因为它们注重阅读和思考而不要求写作，让教师能够深入了解学生陷入知识误区的程度，并且能够用于评估多种学习目标。简答题比较容易设计，不仅可以用来评估高水平和低水平的思维技能，而且还可以减少学生通过随机猜测而回答出正确答案的概率。作文题可以为那些无法被客观题型充分评估的认知技能（如果有的话）提供有效评估。

4. 比较并对比五种测验题型的评分时需要考虑的因素

像二选一试题、配对题和多项选择题这样的客观题都只有一个正确答案，因此比较容易快速评分。简答题/填空题如果设计良好，只要它们措辞清晰并且只有一个十分明确答案的话，也是可以较容易快速评分的。作文题，尤其是申论题，由于评分的主观性较强和时间耗费较长，其评分信度较低、可行性较差。评估准则使教师在对作文评分时能够更具公平性和一致性。

5. 讨论项目分析和修订的好处

项目分析决定一道测验题是否如预期的那样发挥作用，指出需要对学生阐明的概念领域，并指明在未来的材料讲解中需要改进的课程内容。删去没有很好发挥作用的某些试题，修订其他试题，并在每一次测验上测试一些新试题的过程最终将产生更高质量的测验。

案例学习：反思与评估

儿童早期：动物园

1. 桑杰和薇薇安在这个情境中没有做任何纸笔测验。当决定是否用传统测验作为一种评估形式时，他们应该考虑哪些因素？
2. 如果薇薇安和桑杰选择给小孩做测试或小测验，那么他们应该采取什么步骤来确保他们测验结果的效度？
3. 哪些问题会对学龄前儿童测验结果的信度产生潜在干扰？
4. 在薇薇安和桑杰的班级里，大多数的学龄前儿童并不知道如何自学。这会对测验编制产生怎样的影响？并该如何运用于这个年龄段的孩子呢？
5. 薇薇安和桑杰该如何系统地评估他们学生的一系列特定的学业技能（例如字母或数字再认）？
6. 实验学校坐落在一个大城市里，并有不同群组的学生。当为这些学生设计评估时该如何做到公平？

小学：写作天赋

1. 布丽吉塔为"语法风暴"活动（测验）提供一个答案并和学生一起讨论。这种答案的使用如何影响评分的客观水平？
2. 布丽吉塔采用配对题（测验）来评估学生对他们每周词汇的理解。这种评估形式的优缺点是什么？
3. 如果布丽吉塔决定想通过多项选择题代替配对题来使她的测验多样化，那么为了设计良好的多项选择题，她应该要牢记哪些因素？
4. 布丽吉塔结合传统测验和写作活动来评估学生的写作技巧。对于一个四年级的班级，还有其他课程可以使用测验来进行评估吗？请解释。
5. 设想布丽吉塔将进行一次社会学习测验，并想把写作技巧作为此次评估的一部分。这种作文题的优缺点是什么？

6. 基于你所读到的本章内容，在第五个问题中，关于如何在社会学习测验中对回答进行评分，你可以给布丽吉塔什么建议？

初中：评估的自选模式

1. 在艾达看来，多项选择题测验的设计、实行和评分该如何做到评估的可行性？
2. 在中学考试中，50分钟课堂时间做50道多项选择题是否合适？为什么？
3. 与其他可用的题型（二选一试题、配对题、简答题、作文题）相比，多项选择题有什么优点？你能否根据不同的课程提供不同的答案？
4. 对于只用多项选择题来测试学生对课程内容的理解会有哪些局限？
5. 艾达提供了一种评估准则，以帮助她的学生更好地理解考试中对他们的期望。她该怎样为那些选择参加考试的学生阐明她的期望？
6. 如果你为艾达的考试编写试题，为确保这些问题设计良好，你会遵循哪些指南？

高中：创新的评估策略

1. 测验的哪些优势可以解释为什么这么多杰弗逊高中的教师将它们作为主要的评估手段？
2. 在备忘录中描述的新罕布什尔州人文学科课程中，学生被要求设计他们自己的测验作为课程设计的一部分。这些学生该如何运用测验蓝图来设计良好的测验？
3. 新罕布什尔州的教师该用怎样的标准来评估学生设计的测验质量？
4. 设想新罕布什尔州的教师结合学生创造的测验题作为最后的考试。教师该如何判定这些问题最终发挥作用呢？
5. 加利福尼的教师用一个"梦想的家"的课题来评估其学生对区域面积间关系概念理解。在测验上运用多项选择题是否可以评估这个层次理解水平？请解释。
6. 设想罗得岛的社会学习教师希望让学生们密切注意其他人的口头历史介绍，然后她告诉学生将会根据这些材料进行一次测验。如果她想在回顾事实的基础上进行测验并使测验评分快而简单，你会建议她在测验中选择怎样的题型？请解释。

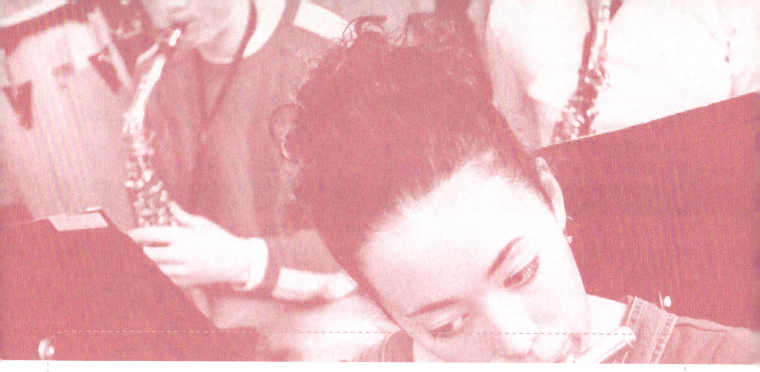

第 28 章
表现性评估

学习目标

1. 定义表现性评估并列举表现性评估的形成性应用和总结性应用的例子。
2. 定义真实性评估并阐明其本质特征。
3. 描述三种主要的表现性评估类型并说明使用每一类型的基本理由。
4. 描述对表现性评估的系统评价的三种方法。
5. 探讨表现性评估的一般优势与不足。

28.1 评估的宽泛视角

自 2001 年开始执行《不让一个孩子掉队法案》起，美国联邦政府就要求教育学家使用标准的义务教育考试，但他们也意识到狭隘的考试方式以及测试标准的使用不当对教育结构和学生学习质量会起到消极的作用（Resnick & Resnick, 1992；Shepard, 2006）。由于对考试局限性的不满，政策制定者、州级和区级评估团队的负责人和喜欢在课堂上应用更好的评估方法的教师不得不寻求另一种评估方式，为学生提供展现他们才能和学识的机会。当今的评估趋势包括以下几方面（McMillan, 2007；国家研究委员会，2001）：

- 评估方式多元化；
- 对更广泛的能力和天赋进行评估；
- 把评估当作教育的重要组成部分；
- 评估任务与实际生活密切相关，或代表了某一特定学科的任务。

在这里，我们将通过对表现性评估方法进行考察，使教师能拓展对学生的才能和学识的看法，并以多层次的方式对学生进行评估。

28.1.1 表现性评估

表现性评估（performance assessment）要求学生完成一项活动或设计一种作品，通过评估该项活动或作品，以评估其技能、知识和能力（Airasian, 2005；Perlman, 2002）。表现性评估要求学生能够实际应用所学专业而非单单只是回答专业方面的问题,同时,也需要学生运用高层次的问题解决能力对一些东西进行操作、创造或设计（Gronlund, 2006）,表现性评估可以在个人独立完成的模式下进行,也可以在团队合作完成的模式下进行,它们可能还会涉及个体的口语和书写方面的能力。

和其他传统的评估形式一样,表现性评估也包含形成性和总结性应用两个方面。例如：1）乐队指挥员听每个长笛手演奏然后提出改善建议；2）体育教师观看学生投罚球,然后给他们提供关于身体姿势、手和手臂动作方面的建议；3）工业技术教师观察学生使用钻床,看看他们是否能够进行安全的机器操作。

以上这些形成性评估（formative assessment）被广泛应用于教育计划并在整个学期里发挥监督作用。评估的目的是通过提供当前的反馈信息而提高学生的能力。

在形成性测试中,教练在当下就提供反馈,从而提高学生罚球技术。

在学期末,教师也可以通过总结性评估（summative assessment）来评定自己的教育成果。例如：1）乐队指挥员聆听长笛手的演奏是为了安排接下来九个星期的座位安排；2）体育教师观看学生打篮球是为了对学生的技术和合作能力进行评分；3）工业技术教师观察学生使用钻床是为了对他们使用安全护目镜进行评分。

以上列举的例子,教师都是在对学生的技能进行鉴定,评估他们达到目标的进度。这些例子是在对方法和行为进行评估,但是表现性评估也包括了对学生创造的实体作品的评估。绝大部分过程决定了最终结果,因此教师将两者当成一个单一任务中的一部分而对其进行评估。事实上,多元化工序,例如作为实验室实验或研究论文的一部分,可能会产生单一或多种作品的可能性（例如,实验结束后留下一份完成的化学溶液外加一份实验报告）。

为使表现性评估符合教学目的,作为一个教师,应该选择那些能够直接对正在测试的特定技能或学习结果做出评估的方法（Gronlund, 2006）。选择使用表现性评估方法之前,应该清楚确定这种教学行为的目的（Moskal, 2003）。比如说,如果是为了评估学生的技能,与其要学生回答长笛演奏方面的选择题,还不如要求其演奏一首长笛曲更能获得全面和有意义的信息。

28.1.2 真实性评估

真实性评估（authentic assessment）是指给学生出一些问题求解任务,并要求他们用具有真实意义的知识和技能进行解答（Nitko & Brookhart, 2007）。为了给学生出一些他们在工作上或私人生活中会遇到的难题或任务,教师需要给他们机会锻炼与现实生活和环境相关的重要的解决问题的技能（Hambleton, 1996；Popham, 2005）。要解决重大问题,就必须学会资源配置和利用、善于和其他人沟通合作、综合基本技能与高层次思维和创造力（Popham, 2005；Wolf, Bixby, Glenn, & Gardner, 1991）。真实任务的要求有如下几点（Powers, 2005）：

- 出一些杂乱的,并且难以界定的问题,这跟学生在现实生活中扮演的角色或遇到的困难是相似的；
- 模拟学生在现实世界里对知识、技能和能力的综合；
- 必须有完整的过程和合理的回答、能力表现或结果；
- 具有多种正确的途径解决方案（尽管任务已经明确规定正确答案的范围大小、标准和准则）

在当今发达的技术环境下,真实性评估可以通过计算机情景模拟来进行,为学生设置一个情景,然后要求学生对问题进行解答或做出一些决策。由于这些场景是动态的,能够根据学生的反应发生变动,因此每个学生所遇到的情景都会稍微有所不同（Nitko & Brookhart, 2007）。计算机模拟呈现的场景比真实生活场景更为简洁,更具连贯性,而且还能对学生的表现进行计算机自动化计分的优势（Jones, 1944）。研究表明,在某些案例里,学生通过计算机模拟而获得的效果跟在实际生活操控真实物体的效果是一样的（Triona & Klahr, 2003）。报道指出,通过计算机模拟,学生的各种技能也有了提升了,其中包括阅读能力（Willing, 1988）、问题解决能力（Jiang & Potter,

1994；River & Vockell，1987）、科学探究技能（例如，测量运算、数据阐释等）（Geban，Askar，& Ozkan，1992；Hupert，Lomask，& Lazarowits，2002）、三维视觉能力（Barnea & Dori, 1999）、矿物鉴定能力（Kelly, 1997/1998）、抽象思维能力（Berlin & White, 1986）、创造力（Michael, 2001），以及将相关代数方程运用到现实环境中的代数技能（Verzoni, 1995）。

表现性评估并不等于真实性评估，我们能够布置一个表现性评估任务但不具有任何真实性，尽管依然要求学生通过对技能的运用来完成，但这种技能并不具有真正意义或适用于现实世界环境。比如说，当一个学生被要求到黑板上写出一道数学题的解算过程，但如果这道数学题跟复杂的现实世界问题的解决方案不相同时，我们便不能称之为真实性评估。

> 思考：请用你自己的话说说你是如何理解表现性评估和真实性评估的不同之处？你的大学课程是如何运用表现性评估方法的呢？你又会如何将它运用到你的教学里呢？

28.2　表现性评估的制定

在你决定需要对哪些知识和技能加以评估，并总结出表现性评估会是最适合你的目标之后，便应该考虑哪种表现性评估将是最合适的。我们将从三种表现性任务的基础方面进行考察，这三种类型是报告、项目和档案袋。每项表现性任务都有其独特的地方，但首先让我们来看看那些适用于各项表现性任务的指导方针。

（1）**所选的表现性任务应反映其活动价值**。每个你挑选出来的评估任务都等于在告诉学生这样一个信息：什么是你看重的以及你希望他们从中学习到什么。例如，你在班上安排了许多合作性学习任务，实际上你就是在告诉他们合作和团队学习的重要性。

（2）**完成表现性任务能带来珍贵的学习经验**。相比于其他评估形式，表现性评估的执行时间会比较长，因此，花费的课堂时间必须能带来更高的成效，教师对学生学识和才能应该有更深一层的了解，而学生也能掌握到预期的学习内容。

（3）**目标和宗旨应紧贴可测量的表现性活动结果**。图 28-1 列举了表现性活动和作品的例子，它们是对布鲁姆及其同事提出的认知分类里各个水平的认知目标的印证。布鲁姆的认知分类里包含 6 种认知技能（Bloom, Englehart, Frost, Hill, & Krathwohl, 1956）。在做教学规划的时候，应综合不同的认知目标来思考这六个分类。

28.2.1　报告

表现性评估方式都包括一种或多种的报告形式，包括示范、实验、口头演讲和展示。

示范（demonstration）要求学生能够利用知识和技能完成其明确而复杂的任务（Nitko & Brookhart, 2007），通常是不需要别人来回答，只通过一个正确或最好的演示来完成，通常情况下，也没有项目评估的时间长或复杂。例如学龄前儿童系鞋带、小学生在消防演习中演示正确的排队方式、初中生用显微镜观察载片，以及高中生驾驶汽车等。

实验（experiment）则是学生设计、实施并对研究结果进行解释的过程。教师可以通过实验对一个学生能力做出评估，看看其是否能够利用学到的技能和方法，例如估算或预测、搜集和分析数据、总结、假设并呈现结果。实验的方法适用于各个年级的学生，通过做实验，学龄前儿童可以测试哪些物体会下沉或漂浮，小学生可以测试各种植物的生长环境，初中生可以预知设计电路的一系列步骤，而高中生可以判断不同的化合物混合在一起发生的反应。

口头演讲（oral presentation）包括面试、演讲、短剧表演、辩论或编剧等方式，适用于需要通过口头表达展示自己能力的知识或使用口语交流的学生。在做口头演讲的时候需要递交书写材料，例如面试问题清单、演讲草稿、辩论赛笔记卡或短剧剧本。跟其他表现性评估一样，口头演讲可以由个人或集体合作完成。

展示（exhibition）是一种公开演示，在一个特定区域对一系列巅峰作品进行展览，通常是毕业作品或期末作品。展示的东西是在一个单元或计划周期的学习之后的成果，是对阅读、写作、提问、演讲和听力各种能力综合运用的结果。展示可以对学生的质询和表达能力进行真实性评估，能够鼓励并让学生参与到社会活动中。学龄前学生可以展示他们的手指画或积木图，小学生可以展示他们自己写的故事文章，初中生可以展示他们的科技作品，而高中生则可以展示自己在工程课上设计和制作的车辆（或者用这些车辆来竞赛）。

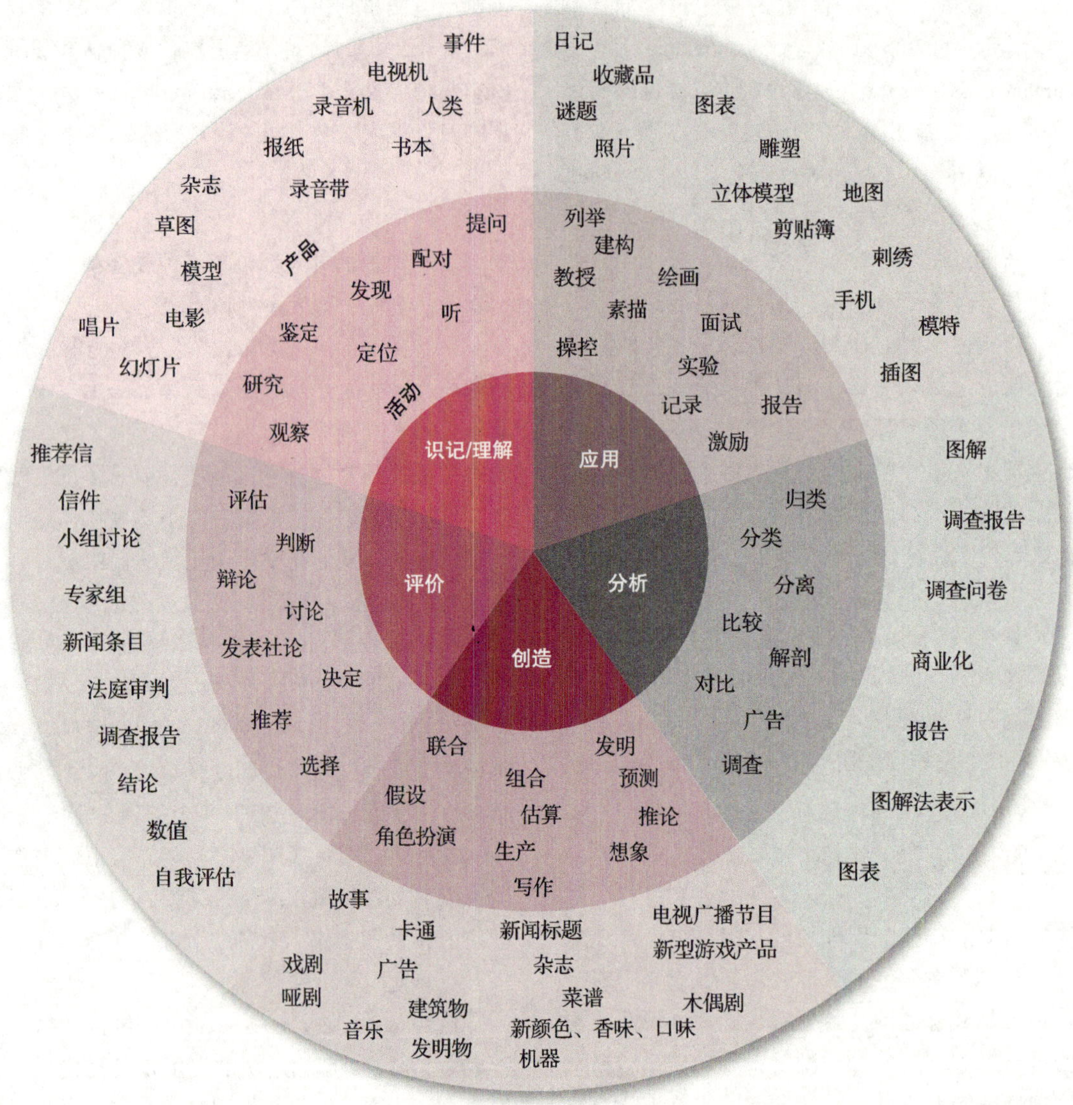

图 28-1 认知类别
对应于布鲁姆认知分类中六个认知目标的各个表现性活动和作品（本图里，识记和理解被归为同一类）

28.2.2 项目

项目（project）是一种活动，通常需要持续一段时间完成，并以学生做出某种作品为止，如模型、功能配件（如地图或立体模型）、实质性报告或一系列的手工艺品（Banks，2005），可以由个人或团队合作完成。除了评估学业之外，集体合作项目还可以用来评估学生之间的合作性。关于合作性学习的研究指出，只有集体目标和个人责任感并存时，学生才能取得最大成就（Johnson，2005；Slavin，1988）。当每个组员都把整个项目当成自己的项目（个人责任感）来完成时，团队才能取得成功（集体目标）。例如，教师布置一个项目，项目的要求是形象地说出小说《双城记》的主题，要求学生分组来完成。根据对中心思想的认识、语言组织、美学标准和独创性四个标准，教师对各组的共同劳动成果进行评定并对各组给出一个分数。

完成项目的过程中，教师可以获取很宝贵的教育经验，但作为一种评估方式，项目的效果有多好取决于项目本身的构思有多好，要有效利用它，就必须具备以下四个条件（Nitko & Brookhart，2007）。

（1）项目必须围绕一个或多个重要的学习目标，这些学习目标在之前的书面教学指导或分级标题里就有所提及。构思好的项目还要求学生具备广泛的才能和学识。

（2）学生要创造优秀的作品都需要一定的资源，因而每个学生在获取资源的方式上都必须是平等的，如果发现学生在获取资源的能力上大相径庭，比如计算机，就应当限制他们的资源利用度。

（3）对于长期专题项目，如果能够通过设定中期期限，要求进行定期的进度报告，并且帮助他们克服一些可能会危害项目进行的困难，使学生的作业能够正常执行，那将会取得更大的成功。

（4）每个学生应做好自己的本分工作，如果是以团队合作的方式来执行项目，那么应该界定好每个学生的明确任务和责任。

28.2.3 档案袋

近年来，通过档案袋进行评估的做法迅速增加（Burke, 2006; Butler & Mcmunn, 2006）。**档案袋（portfolio）** 是指系统的学生作品集，收集范围非常广泛，包括写作范文、艺术作品、绘图、草图、摄影作品、录音带或录像带、教师评论、同伴评论、工作进度表、修改本、学生的自我评价——任何能证明学生在教学或评估范围内学到知识的东西（Knotek, 2005; Wolf et al., 1991）。好的档案袋能够捕捉到学生作品的复杂性和变化幅度。由于档案袋可能包含了长时期搜集而来的各种各样的学生作品样本，所以是一种能够展现进度的工具（Berryman & Russell, 2001）。

教师可以采用历程档案袋或最佳作品档案袋两种方式。**历程档案袋（process portfolio）** 收集的是学生在不同阶段的作品，能够体现其当时的能力和成就（Gronlund, 2006; Knotek, 2005），我们通常称之为成长档案袋或发展档案袋。**最佳作品档案袋（best work portfolios）** 指的是一些精心挑选的作品集，它可以作为最终的总结性评估资料（Johnson & Johnson, 2002）。要有效利用任何一种档案袋，都必须遵守以下一些原则。

（1）**确立档案袋评估的目的。** 档案袋是为了评估学生的成长或发展情况，还是为了展示其最优秀作品？

（2）**让学生参与档案袋作品的收集。** 许多教师允许学生对其将被收录的作品发表看法（Weasmer & Woods, 2001）。如果学生可以自行选择被收集的作品，应该附上反馈意见表以说明选择的原因（Airasian, 2005）。

学生反馈：自我评价

学生名字：_____ 日期：_____
档案袋中的作品是（例如，第一份草稿、诗歌、概念图）：

作品展示出我的哪些能力：
——冒险精神　　　　——实证能力
——毅力　　　　　　——组织意见能力
——合作精神　　　　——使用各种句子结构进行写作
——能使用写作技巧　——使用有效的听写策略
——参与讨论　　　　——自我编辑
——其他：_____

注意：

目前计划：

学生签名：_____

（3）**跟学生一起回顾档案袋的内容。** 定期跟每个学生进行讨论，讨论关于档案袋的当前状态、回顾进展情况并为接下来要收集的作品做规划。

（4）**给评估制定精确的标准。** 清晰且系统的标准可以使关于档案袋的工作进展更明朗化，评分也会更加有效（Burke, 2006; Gronlund, 2006）。当档案袋作为完整体现学生的学业水平的资料时，这些标准必须能够评价出该档案袋有多好。

> 思考：作为一个学生，当你被分配到表现性评估任务时会有什么反应呢？对你会有怎么样的影响？作为一个教师，你什么时候开始使用表现性评估方法？怎么用？在给你的学生做表现性评估时，有哪些问题需要考虑呢？

28.3 表现性评估的评分

一旦确定表现性评估方式，教师就应该决定该如何给表现性评估进行评分。评估方式是否涉及作品、能力，抑或两者都有，应该有条理地进行评价，才能保证公平一致地对所有学生进行评估，任何带有主观因素的表现性评估都与目标不一致。比方说，在评估一个学生的示范时，有教师可能会觉得他能"时不时"地运用到位的眼神交流，也有教师则会觉得他用得"很少"。其实两位教师观察到的是同样的示范，但却给他们所看到表现的赋予了不一样的价值。确定表现性评估的评分信度或一致性涉及**评分者信度（inter-rater reliability）**，或者两个独立评分者给出一致或相似分数的程度。表现性评估要有可靠的证据证明给出的分数或评级是有意义的，正如标准成绩测验和随堂测试使用的客观题（例如，选择题和判断题）。然而，表现性评估远比传统的评估模式更难获得信度。

创建评分系统，比如核查表、评定表或评估准则，都能够帮助教师提高表现性评估评分的信度，有了这些评分系统，在给学生能力打分时便有了预设的标准、评定等级也变得更加简单和透明（Kubiszyn & Borich, 2003）。这些评分系统阐明了对学生知识和能力的期望，也明确规定了如何给不同类型的知识和次级技能评价和加权。评分系统规定得越详细，教师在给学生评分时就能更加一致，同时信度也更高。

28.3.1　核查表

核查表（checklist）是评分系统中最简单的计分方式，当你要查询某一作品或表现的特定因素时，这种方法是很合适的，而且所有因素的权重都是相同的。基于一系列规定的标准，核查表能提供快捷简单的评估，例如，行为或特征可以被标记为"过去"或"现在""完成"或"未完成""是"或"否"。使用核查表时，你可以在其发生时就标记下来，再根据核对的项目总数给出分数。不过，它忽略了质量的变化，给出的分数高低并不能体现某一技能的执行能力。核查表主要用来记录学生的表现。例如，评定口头演讲技能时，核查表将关注学生的如下表现：

- 与观众是否有眼神交流
- 声音是否洪亮，足以使各个角落都能听到
- 发音是否清晰
- 使用手势是否适当
- 是否在规定时间内演讲完毕

28.3.2　评定表

评定表（rating scales）是对过程或结果的各个成分的质量进行评价的一种方式；例如，你可以设定1～10点评分法对某种能力或技能进行评定，10分便是最高分。**图表评定表**（graphic rating scales）是评定者采取在一条线上或统一数据表里标记一个分数来反映能力水平的方法（例如，从不、很少、有时、经常、总是）。**数值评定表**（numeric rating scales）则将结果量化。你可以设定1表示"从没发生"的行为，2表示"很少发生"，3表示"偶尔发生"，4表示"经常发生"，5表示"总是发生"。**描述性评定表**（descriptive rating scales）就只是采用一个简单的数字或名词描述各个能力级别。例如，你可以用以下描述性词汇来评定一个学生的项目组织能力。

- 榜样：具有很好的想法和信息组织能力。
- 熟练：组织能力有些不足，会干扰理解能力。
- 不足：计划散乱，不具备组织能力。

除了评价学习成绩之外，评定表也可以用于评定学生的行为表现，如任务完成时间，积极性和小组项目参与度。

团队工作中的表现	不满意	中等	满意	良好	优秀
参与性：能出席所有团队会议并参与大部分工作					√
工作投入：饱满的工作状态并能够鼓励其他成员			√		
工作态度：热情有干劲，能全力支持其他成员的工作				√	
可靠性：周到、周密、可靠、准确				√	
合作能力：为了既定的目标乐于与他人一起合作			√		

在团队工作中，图表评定表可以用来评价学生的表现
图标评定表还被用来反映连续工作中的表现水平。

28.3.3　评估准则

评估准则（rubric）是一种表现性评估评分方式，适用于当多种标准同时被评估，作品或行为表现显得非常重要时，尤其适用于给涵盖多个领域内容的复杂任务或活动评分。通过明确成绩标准，评估准则提高了评分一致性和准确性，就此，教师可以给学生的表现评分，并把学生的能力情况转达给家长。

整体性评估准则（holistic rubric），如表28-1所示，要求教师从整体上对全过程或整个作品进行评分，而不考虑单一的组成部分（Nitko, 2001）。一方面，教师采用这种评估方法依赖于A作品、B作品等作品特征的评估准则；另一方面，却不能就每个特征给出具体的数值分数。相反，他们用最适合的词汇来描述文章或项目

并给出相应等级。尽管整体性评估准则更方便制定和计分，从而很快便可以使用，但与分析性评估准则相比，少了很多给学生的反馈信息。

表 28-1　整体性评估规则模板

得分	描　述
5	对问题理解完全到位，能够达到所有任务要求
4	对问题理解相当到位，能够达到所有任务要求
3	不能完全理解所有问题，能够达到大多数任务要求
2	对问题理解不到位，达不到大部分任务要求
1	完全不能理解此问题
0	没有反应/没有完成任务

资料来源：Mertler, 2001.

采用**分析性评估准则**（analytic rubric），如表 28-2 所示，教师先对每个作品或行为表现的独立部分进行分开评分，然后综合各个部分分数获得总成绩（Moskal, 2000；Nitko, 2001）。分析性评估准则根据不同的评分标准对各个部分分数分级，比方说，观点得分 10 分，组织能力得分 10 分，句子结构得分 10 分等。通过这种方式，教师可以给学生提供更详细的反馈信息，使其清楚自己在作品或行为表现方面的优点和弱势。详细的反馈表有助于提高学生的学习能力，因为它把其能力分成几个详细的任务组成部分，并且能够识别出学生的学习进度。不过有时，很难将作品或行为表现的各个部分分开，并给予独特的定义。而且当整体效果和质量显得很重要时，那么采用整体性评估会更合适。

评估准则也可以分为普通类或任务专用类，**普通类评估准则**（generic rubric）是教师经常用来对整套作业进行年度评估的标准模式，内容包括可以适用于多种不同作业（例如，写作、科学实验或数学解题）的评分指标。普通类评估准则对教师和学生来说都很有用，对教师而言，它是一种有效工具，任何情况下都可以使用这种常规模式。而反复地使用普通类评估准则也可以使学生在下一个任务里的表现能力会有所提高，因为这种标准的清晰度和一致性很高。使用年度普通评估准则（分析性模式）能够提高学生的成绩（Khattri, Reeve, & Adamson, 1997）。**任务类评估准则**（task-specific rubric）是在普通类的基础上进行修改的，使其能够适应某一特别任务的特定学习目标。有些情况下，某一作业并不属于常规作业系列，或者有其自己独特的一套学习目标。这时候，任务类评估准则就比普通类更加实用了。

另外，设计和评估建议对分析性和整体性评估准则也是非常适用的（Arter & McTighe, 2001；Moskal, 2003）。有效评分准则的设计可以分为三个基本步骤，即图 28-2 中所标的七个步骤中的前三个（Mertler, 2001；Montgomery, 2001；Tombari & Borich, 1999）。

（1）**确定将要评价的标准**。评分准则的标准必须紧贴作业要求以及预期的目标与宗旨。这些标准务必要以可观察的行为或作品的形式体现出来，并用简单易懂、详细清晰的语言文字将准则书面化，让学生清楚地知道在进行评估作业之前的期望目标。如果语言过于复杂，学生难以理解，那么准则的优势也不复存在了。

（2）**确定表现水平的级别数目**。应用于评分准则的量表应能够清楚地反映各个学生成绩水平的差异。相比于重叠分类、主题混淆的评分准则，类别较少、主题突出的评分准则更为可取。给每个类别或水平评分的时候，应当明了地反映该活动的价值。对于分析性评分准则，如果其各个因素的权重不一致（比如，拼写跟语法

表 28-2　分析性评估规则模板

	初级 1	进展 2	熟练 3	典范 4	得分
标准 1	反映了行为表现的初期水平	反映了行为表现正逐步进入熟练水平	反映了行为表现的熟练水平	反映了行为表现的最高水平	
标准 2	反映了行为表现的初期水平	反映了行为表现正逐步进入熟练水平	反映了行为表现的熟练水平	反映了行为表现的最高水平	
标准 3	反映了行为表现的初期水平	反映了行为表现正逐步进入熟练水平	反映了行为表现的熟练水平	反映了行为表现的最高水平	
标准 4	反映了行为表现的初期水平	反映了行为表现正逐步进入熟练水平	反映了行为表现的熟练水平	反映了行为表现的最高水平	
标准 5	反映了行为表现的初期水平	反映了行为表现正逐步进入熟练水平	反映了行为表现的熟练水平	反映了行为表现的最高水平	

资料来源：Mertler, 2001.

的权重比文章内容大），就应当清楚地说明原因。

（3）**从最高级别开始，依序清晰地界定期望目标**。这一步可能会有集体讨论的特色，它描绘出用评估准则，以及不同水平的评估标准评估的每一个属性。另外，每个评分级别之间必须要有清晰的界限。以下是使用5点量表对初中水平作文的描述。

- **5分代表优秀**，文章组织结构严谨通顺，内容切题，条理清晰，无拼写、语法错误。
- **4分代表良好**，文章组织结构基本严谨通顺，内容基本切题，条理清晰，无拼写、语法错误。
- **3分代表合格**，文章结构基本严谨通顺，条理基本清楚，基本切题，少量拼写、语法错误。
- **2分代表不及格**，文章不足之处包括：语言组织不到位或未充分展开，主题思想表达不充分，内容空泛，较多拼写、语法错误。
- **1分表示差等**，文章内容偏题，内容不完整，思路混乱，语句不完整。

图28-2根据评估准则的整体和分析类型细分出更多步骤。

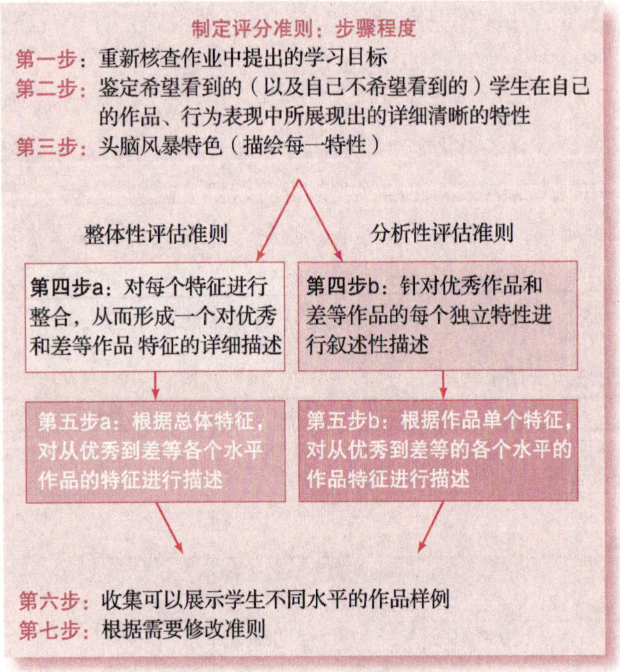

制定评分准则：步骤程度

第一步：重新核查作业中提出的学习目标
第二步：鉴定希望看到的（以及自己不希望看到的）学生在自己的作品、行为表现中所展现出的详细清晰的特性
第三步：头脑风暴特色（描绘每一特性）

整体性评估准则 / 分析性评估准则

第四步a：对每个特征进行整合，从而形成一个对优秀和差等作品特征的详细描述

第四步b：针对优秀作品和差等作品的每个独立特性进行叙述性描述

第五步a：根据总体特征，对从优秀到差等各个水平作品的特征进行描述

第五步b：根据作品单个特征，对从优秀到差等的各个水平的作品特征进行描述

第六步：收集可以展示学生不同水平的作品样例
第七步：根据需要修改准则

图28-2　制定评分准则的步骤

流程表的前三个步骤是制定有效评分准则的基础，第四步和第五步则表明制定整体性评估准则和分析性评估准则的不同之处。

当评估准则确立之后，教师就应该考虑如何有效地使用该准则。Barbara M.Moskal（2003）曾就表现性评估结果的评分、解释和使用方面给出了几点建议。

（1）**分数或等级跟评分准则的关系应立即透明化**。如果用到分析性评估，那么报告中应包含每个分析水平的分数，如果总分或等级已给出，接着就要解释是如何进行评分或分级的。学生跟家长都应该清楚最后评定的等级或分数跟评分标准之间的联系。

（2）**表现性评估的最终结果应该用来提高教学质量和评估过程**。从学生身上收集到的信息如何反过来去提高以后的课堂授课质量呢？教师从中学到了什么呢？为了以后的教学，又该如何改善表现性评估和评分准则呢？教师应把通过课堂评估获取的信息用于改善教学质量和评估本身。

> 学生时代你做过最难忘的表现性评估是什么？为什么会觉得难忘呢？请为你自己评估其作为一种学习经验的价值，并将其作为自己知识和技能的代表进行评估。

28.4　表现性评估的优势与不足

在决定是采用更传统的评估方式（通常指考试）还是某种表现性评估方式时，教师需要权衡每种方式的优点与不足。表现性评估具有其他评估方式无法比拟的几点优势，它能使学生、教师和家长同时受益（Linn & Gronlund, 1995；Oosterhoff, 1999；Rudner & Schafer, 2002）。

- 表现性评估要求学生能够运用储备知识建立新的知识结构，通过探索和钻研参与到学习活动中，并构建出自己的理解。表现性评估的目的是为了给学生机会进行自我评估。
- 表现性评估为教师评估学生的学习方法和最终学习成果提供了途径。这些任务能够评估学生的做事能力，而不仅仅只是回答如何做事的答题能力，因此，在某种程度上，它对学生技能的评估显得更为有效。
- 通过表现性评估，家长有机会知道他们的孩子在某领域范的能力，而这些是传统的考试方法做不到的。在有些情况下，家长还可以利用跟孩子探讨选择和收集所需资源的机会跟孩子们分享自己的兴趣、爱好和经历。

虽然有很多优势，但表现性评估并不适用于所有情境（Miller & Seraphine, 1993; Nitko & Brookhart, 2007）。站在可行性立场，要完成一项表现性评估需要耗费学生大量时间，所以教师必须确定这样的时间投入是值得的和有意义的。要设计一项高质量的表现性评估任务相当困难，但质量低下的任务又不能有效地评估学生的学习和能力。只要求学生完成一个任务很难看出他在其他方面的能力。例如，在艺术课上指导一个学生给陶罐上釉，这样的任务只能告诉我们学生的上釉技术水平如何，但我们却不能得知这个学生是否会在转盘上制作陶罐，或是否了解陶器这种艺术的悠久历史。要注意的是，我们很难创建出一个有效的表现性评估的评分准则，而且这样的评分信度也比其他方式都要低。而给表现性评估分等级也相当耗时，一般也不考虑采用。

在考虑采取什么评估方式时，效度作为高质量的表现性评估的一个特点，必须要考虑到。课堂语境下的效度主要用来衡量表现性评估对教学决策和学生能力水平的提升有多大的贡献（Brookhart, 2003; Moss, 2003）。为了更好地保证表现性评估的效度，教师应该确保评估符合如下几个条件（Nitko & Brookhart, 2007）：

- 包含具有代表性和与主题密切相关的内容；
- 能够代表思维过程和技能；
- 能和其他评估方式保持一致性；
- 作为一个学年中多元化评估方式的一部分而存在。

总的来说，总结性表现性评估填补了其他更客观的方式留下的空白（Hanna & Dettmer, 2004）。在评估过程中，教师查找模式，核查矛盾例证，将学生能力的成长状况与既定的目标或能力标准作对比（Sherpard, 2006）。教师可以从表现性评估报告中看到传统评估方法体现不出的学生能力水平。而传统评估方式跟表现性评估方式的结合，则能更清楚和完整地让我们看到一个学生的知识和能力水平，因此信度也大大上升。

> 思考：你会如何将表现性评估应用到你的教学中使其发挥最大效用？什么情况下你会决定不使用表现性评估？

本章小结

1. 定义表现性评估并列举表现性评估的形成性应用和总结性应用的例子

表现性评估是通过要求学生完成一个项目（程序）或创作一个作品而达到展示他们技能、知识和能力的一种评估形式。形成性表现性评估通过即时的信息反馈可以帮助学生做出相应的改善，而总结性表现性评估则是帮助教师在单元或学期结束后评价学生的学习进展，以及教学方法的有效性。

2. 定义真实性评估并阐明其本质特征

真实性评估通过将个体在现实世界中的难题、角色或状况进行模拟的程序，从而达到对个体重要能力的测量。真实性评估会呈现给学生一些复杂的任务，要求学生通过对自身拥有的不同类型的知识和技能的整合来解决问题。真实性任务可能会很棘手，并且往往难以界定，这些问题类似于学生在现实世界里会遇到的难题。解决问题的方法也是多种多样的，但评估行为表现或作品的标准必须要有明确规定。

3. 描述三种主要的表现性评估类型并说明使用每一类型的基本理由

常见的表现性评估形式是项目、档案袋和报告。项目是一种活动，通常需要持续一段时间完成，并以学生完成某一作品为止，好的项目任务需要学生应用并整合广泛的技能和知识来完成。如果是团队任务，还可以提升学生们的合作能力。档案袋是指系统收集的学生作品，其收集范围非常广泛。由于档案袋中的作品可能包含学生的不同作品，时间跨度也比较大，因此是一种很好的能够体现学生进步的评估方法。报告的形式多种多样，它能够向我们展示学生在一个单元或项目学习中获得的进步，它需要阅读、写作、提问、口头表达和听力等能力的综合应用。

4. 描述对表现性评估的系统评价的三种方法

在对表现性评估评分的过程中，需要预设一些参照标准，如核查表、评定表和评估准则，从而使评分变得更简单、更公开和更一致。在设计表现性评估过程中，同时制定相应的评分系统能帮助教师给学生设定学习目标。而在任务开始时将这些标准告知学生有助于他们更好地理解并取得成功。核查表是三者之中最简单的,教师只需标记某一行为表现或技能是属于现在的或过去的即可。评定表包括图表、数字和描述性格式,教师只需注明学生的表现能力水平或等级即可。评估准则为每一成绩水平或等级的评定提供了最为细致的参照标准。

5. 探讨表现性评估的一般优势与劣势

表现性评估的优势包括:与现代学习理论保持一致(基于先前知识、积极参与和意义建构),对知识、技能和能力的整合,评估学生的学习过程和学习成果的能力,以及评估学生做事能力而不是简单的知道什么。但是,高质量的表现性评估很难设计,完成和评分也比较耗时。另外,表现性评估客观性较低,而且相比其他测试方式信度也不高,如果设计得不好,会影响效度。

案例学习:反思与评估

儿童早期:动物园

1. 薇薇安和桑杰是如何在课堂上采用表现性评估的?
2. 为什么在这样的课堂环境中使用表现性评估就比较好呢?
3. "动物园"的创设属于一种真实性任务吗,为什么?
4. 如果薇薇安和桑杰采用档案袋的评估方法,那么应该收集哪些手工艺品?请至少列举5种适合收集的作品。
5. 薇薇安和桑杰是如何带动学生参与到评估活动中的?
6. 在学前班学习期间,薇薇安和桑杰是如何使用核查表和评定表来收集学生信息的?这种方式有什么好处?

小学:写作天赋

1. 课堂上,布里吉塔通过使用多种不同的表现性评估来引起学生的写作兴趣,使用表现性评估时,为了保证效度,她应该注意哪些问题?请举出具体例子。
2. 使用表现性评估时,为了保证公正性,布里吉塔应该注意哪些问题?
3. 布里吉塔在对学生的写作能力做评估时,哪些成分是属于真实性评估的范畴,为什么?
4. 布里吉塔制定了评估准则,并邀请客人们填写关于"写作天才们"的看法。与一些简单的开放性问题相比,把带有标准的评估准则给评分者后再进行评估的好处是什么?
5. 在审查学生的作文时,如果布里吉塔想要给出分数,她应该使用哪种评分系统?并请描述它是如何起作用的。
6. 请依据你在本章所学的内容,给布里吉塔提出两个或以上关于评估过程中如何使用计算机的建议?
7. 如果布里吉塔正使用档案袋评估方式,结合本案例所提及的内容,应该收集哪些手工艺品?

初中:评估的自选模式

1. 为什么艾达的项目选择属于表现性评估的一种呢?
2. 表现性评估给学生带来的好处是什么?它又给教师带来什么好处?
3. 表现性评估对学生而言有什么坏处?对教师又有什么坏处?
4. 在对学生的项目评分时,为什么使用评估准则是非常重要的?
5. 事先给学生评估准则的复印件的目的是什么?
6. 该项目属于真实性评估方式吗?你能回答学生是根据什么来选择自己项目的吗?请说明理由。

高中:创新的评估策略

1. 俄勒冈州的高中毕业生英语项目的信度、效度、公正性和实用性问题会引来哪些争议?
2. 问题1中的争议应如何解决?
3. 俄勒冈州高中毕业生英语项目中的第三阶段是要求学生在一群由教师和学生组成的评审团面前进行正式陈述,这种公开展示学习成果的好处是什么?
4. 来自加利福尼亚州的数学教师采用的评估方式属于真实性评估吗?
5. 问题4提及的评估方式为这位教师提供了什么样的信息?
6. 来自罗得岛的教师使用的口述历史项目能够取得哪些学习目标?
7. 乔可以跟教师分享什么方法来帮助决定什么时候采用表现性评估方式,什么时候采用传统考试方法?

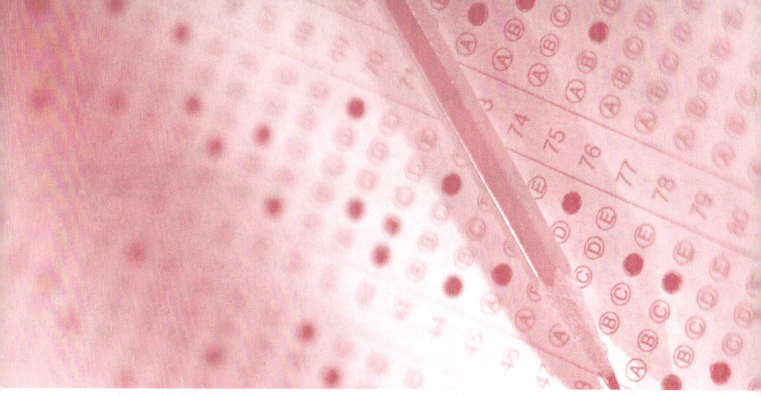

第九部分

标准化测验

■ 案例学习

儿童早期：入园准备
小学：测验中的勇气
初中：教师在作弊吗
高中：SAT 成绩

■ 第 29 章 标准化测验和成绩

学习目标
29.1 标准化测验的类型
29.2 测量的基本概念
29.3 测验分数的类型
29.4 好测验的特征
本章小结
案例学习：反思与评估

■ 第 30 章 标准化测验中的问题

学习目标
30.1 高风险测验及其责任
30.2 应用：帮助高危学生
30.3 测验公平与测验偏见
30.4 教师资格与执照
本章小结
案例学习：反思与评估

案例学习

儿童早期：入园准备

准备：

当你阅读下列案例时，请注意：
1. 谁是该案例的主要人物？请予以描述。
2. 发生了什么事？
3. 案例发生在哪里？环境是影响因素吗？
4. 案例发生在什么时间？时间是影响因素吗？

简和西尼女士是亚利桑那州本特利小学的幼儿园教师。每年4月的这个星期，教师们都会为即将入园的幼儿园学生准备预备性测验。这些测验有助于教师了解每个孩子的长处与短处，以便在8月孩子们入园时，教师的教学方法和传授的社会经验能符合学生们需要。简和西尼准备花30分钟时间与准备入园的学生家长进行面谈。这些教师要着手两项工作：一是对孩子们开展一对一的准备性评估测验，另一项工作是与孩子们的家长或监护人会面，向他们发放关于入园准备事宜的小册子，并回答相关问题。埃米是春季学期内在简督导下工作的一名教师。她将观察对孩子们的评估测验以及教师与家长的会面过程。简和西尼正在进行面谈前的最后准备工作。她们让埃米做好准备工作。

简说："埃米，虽然你现在还没有资格使用我们用于测验的布里根斯Ⅱ甄别系统（BRIGANCE® K & 1 Screen–II），但你要观察我们怎么做。你要练习操作这个系统，这样在我们完成测验操作时你才能提出好的问题。你清楚我们必须严格遵守测验材料中所写的那些操作指南，是吧？"

"是的。我已经在家练习过这些操作程序，也把这些操作指南读给我的室友听了。"埃米回答道。

这时，西尼插话："嗯，测验其实是最容易的一部分，难的是回答家长们的问题。简，你还记不记得去年11月，杰克逊夫人在教师与孩子家长见面会上提出她的女儿不需要把幼儿园余下的课程上完？"西尼转向艾米，继续说，"她这么说是因为她女儿在我们区文字评估中的年级等价分数为1.2分。她认为这个分数可以上一年级了。"

简回答道："是啊。我们花了半个小时说服她，告诉她，年级等价分数并不意味着她的女儿马上就可以上一年级。这个分数不能作为学生升级或降级的依据。很高兴我们已经决定不再向家长们提供这类的成绩。它们会引起一些混淆。"

埃米说："很难将测验成绩向别人解释清楚。昨晚，我竭力向我的室友解释这些成绩的意思。她不明白假如一个小孩测验成绩高于平均分两分，为什么不能说明这个小孩就是在平均水平之上？我努力解释说，严格意义上讲，平均分只是指一个范围，而不是指一个精确的数值。"

"好了。在这次会谈中，我们不需要这么精确地向家长们解释这些分数。埃米，你只要坐在我身边，观察对孩子们的测验评估以及与家长们的会谈就可以了。"简说。

当他们各自开始重新阅读首个接受测验的孩子的资料时，西尼说："埃米，我忘记问你了……你是否收到参加教师执照考试的消息？"

埃米回答道："是。我已经通过了亚利桑那州的教师执照考试，但是我的未婚夫和我七月准备搬到犹他州去，所以这对我而言确实不是什么好消息。我还要参加犹他州的教师执照考试。我真不明白为什么一个州的证书在另一个州就不能用。"

简说："好了。要讨论州和全国性执照考试，一天都讲不完。我看我们的第一个小朋友已经来了。"

听到有一家人已经走进教室了，她转向门口。"早上好，我是简。你一定是玛丽，要成为一名幼儿园学生了，我想你一定很兴奋吧！"简一面微笑地说，一面向玛丽眨着眼。

玛丽沉默不语。她胆怯地看着陪她一起来的两个女士。

那位年纪较大女士转向那位年轻的，用西班牙语讲了些什么。年轻女士用西班牙语作了回答，然后她转向简说:"我叫安妮。我是玛丽的姐姐。我是家中唯一会讲英语的。我今天来是给我的妈妈和妹妹当翻译的,可以吗?"

简说:"哦,是这样。我们很高兴您能来。我们有西班牙语版的甄别测验系统,我们也有专人给讲西班牙语的孩子进行测验。所以在甄别测验时,就不烦劳你了。但在家长会面时,希望您能为您的妈妈当个翻译。"

安妮转向她的母亲,她们用西班牙语交谈了一两分钟。安妮问:"你是不是说,在玛丽测验时,我不要陪在她身边?我妈妈担心她会不会因为英语讲不好而在成绩评估上落后其他的孩子?"

简安慰安妮说:"请告诉您的母亲,全部的测验都是用西班牙语。所以考试成绩是看玛丽的能力,而不是她的语言。明白吗?"

安妮再次把这些话翻译给她母亲听。她听后对简点点头,但仍有些疑虑。

评估

- 你认为教育者应该举行入园准备测验吗?为什么?
- 为什么玛丽母亲会对学校如何使用她女儿测验分数感到担心?

小学:测验中的勇气

准备:

当你阅读下列案例时,请注意:
1. 谁是该案例的主要人物?请予以描述。
2. 发生了什么事?
3. 案例发生在哪里?环境是影响因素吗?
4. 案例发生在什么时间?时间是影响因素吗?

鲍曼夫人在林肯小学已经当了两年的校长。这所城里的小学有着来自不同种族背景的学生。两年前,该校的阅读标准成就测验成绩比之前有所上升。但是在刚刚过去的学年中,学校三、四、五年级学生的成绩下降到州合格水平之下。下班之前,她给全校的教师和助教们写了一封电子邮件。邮件的内容如下:

致:林肯小学的教师们
来自:鲍曼夫人
主题:**关于春季考试的建议**
时间:2008年10月29日
各位,下午好!

我校下一次教师岗位培训计划将于11月14日开始。培训内容涉及标准成就测验成绩问题。我们学校的阅读标准成就成绩与上一年相比出现下滑,并低于州合格水平。我希望你们每一个人在下周五前能给我回信,说明成绩下滑的原因以及可以采取的措施,以便我们在11月14日来讨论这些问题。烦请你们给出具体翔实的意见,这样我们才能在剩下的几个月中予以落实,为下一次春季考试做好准备。

祝好!
鲍曼夫人

第二天早上之前,校长就收到了许多回复。这是因为比起面对面的交流而言,职工们在网络交流这一形式中总是能说出更多的意见。电子邮件的内容包括:

费尔南德斯女士(四年级教师):我们的测验成绩之所以下滑,是因为我们有太多的学生存在学习障碍,而我们又无法提供适宜的帮助。我们需要对每名学生进行评估,以决定我们该采取何种措施来确保今后我们的测验成绩不会过分受这类学生的影响。

惠特尼先生(五年级教师):问题在于我们采用了常模参照测验,然后用标准参照测验的标准来解释其结果。假如我们的成绩只是稍微比全国的常模平均值低一些,那么比州合格线低一些并没有什么问题。因为我们仍然在平均范围之内。我同意我们不能从此走下坡路,但我们也没有必要像现在这样惊慌失措。

勒布朗女士(阅读专家):我每天都与一些学生在一起,这些学生对阅读某些句子存在困难。标准成就测验要求在相当短的时间内完成大量阅读。我们要允许给某些学生多一些时间来完成这些测验。我不确定哪些学生应该多一些时间,以及给多少时间为宜。但是无论如何,这些学生在规定的时间内是无法完成测验的。

塞弗特女士(五年级助教):我们的学生需要更多的考前准备。许多学生对这种测验形式不太熟悉。他们不知道如何完成计算机计分的答题卡。我们应该让所有学生对这部分程序进行练习。或许他们从去年开始就应该要参加测验，或者我们要让他们参加类似的标准成就测验，这样他们就能练习应试技巧。

里瓦德妮娅女士（特殊教育教师）：去年测验的成绩并不能全面反映我们学生的能力。您还记得在测验开始前的那个星期离我们学校两个街区发生的那起枪击案吗？结果，我们封校一直到那天下午5点。我认为，许多学生还没有从那起事件造成的恐慌情绪中平静下来。正如我预料的那样，他们在考试中发挥失常了。我想，如果这次考试在枪击案发生之前举行，考试成绩应该会好许多。所以，我觉得我们不要太在意这次成绩。

华盛顿先生（四年级教师）：对这个问题，我不太明白。我们的成绩只是低于全国的平均水平半个标准差。我校学生主要来自低社会经济地位的家庭。鉴于我们学校所服务的人口特点，为什么别人还要对我们提出更多的要求呢？

康女士（三年级教师）：我很高兴你能这么认真地对待这个问题。这是我从事教师职业的第一个年头，但是当我看到我们平均百分等级分只有48分时，我感到震惊。如果我们的学生连一半的测验题目都没有做对的话，那我们确实太失职了。我不明白为什么前一年当我们的平均百分等级分只有46分时，学校没有采取必要的措施。我们应该探讨是否要对课程设计进行一些根本性的改变。

评估

- 在阅读了教师们的反馈后，你认为鲍曼校长应该怎么思考此次标准成就测验的失利？
- 你认为，对此次标准成就测验失利的解释谁更准确？请据此给每个人的邮件内容评分（1＝一点也不准确，2＝有些准确，3＝非常准确）
- 你认为，邮件中谁的建议对提高标准成就测验成绩更有帮助？请据此给每个人邮件内容评分（1＝一点都没用，2＝有些帮助，3＝非常有帮助）

初中：教师在作弊吗

准备：

当你阅读下列案例时，请记下：
1. 谁是该案例的主要人物？请予以描述。
2. 发生了什么事？
3. 案例发生在哪里？环境是影响因素吗？
4. 案例发生在什么时间？时间是影响因素吗？

莉萨小姐担任三县中学的社会科学教师已经12年了。由于校长生病请假八周，莉萨被任命为代理校长。她要求所有教师放学后留下来参加一个简会。会议的内容是关于下周举行的为期两天的标准化考试的程序问题。当她正在办公室里准备会议内容时，教师们开始走进位于她办公室隔壁的会议室。莉萨听到了教师们的一些谈话。

她听到黑尼女士说："我们每年都要开这种会。我真不明白为什么要开这种会。"

马尔科姆先生说："嗯。去年有人说教师帮助他们的学生作弊，我想今天的会议可能要讨论这个问题。"

黑尼回答道："我不知道这种'作弊'是什么意思。我从没把考试答案告诉我的学生，或是考试时给他们额外的时间作答。我让我的学生完成考试，把答案写在答题卡上。考试后，我花了很长时间根据他们的答案来填写答题卡。许多学生都不够细心，他们通常用画线来选择答案，结果把考试搞砸了。填写答题卡是确保他们的答案能被准确地读出来。这不算作弊。"

莉萨走进会议室。"早上好，各位。我知道你们都很忙，但是我只是想我们应该讨论下下周考试的基本程序问题。我想问，你们当中是否有人对考试程序有什么疑问。"

莱恩斯先生问道："是的。这是我第一次参加这种考试。我阅读了所有关于此次考试的指南和时间规定。我想我已经做好准备了。我的问题是有关我班上学生的。他们中一些人需要额外的时间和帮助。对于他们，我该怎么办？"

莉萨回答道："这是一个很好的问题。你们当中许多人将要对那些需要帮助的学生进行测验。几周之前，有关部门人员已经开会研究，以确定在测验期间该给这些学生怎样的帮助。我这儿有份针对这类学生的帮助指南，明确说明他们该得到怎样的帮助。会议结束时，我会给你有关的帮助指南。如果你在阅读完这份指南后还有任何疑问的话，请务必让我知道。还有其他问题吗？"

"是的，我有一个，"哈尼女士说，"我知道去年有传闻说，有教师没有严格遵守考试程序。你能否给我们讲讲这个情况？我很难相信这个学校的教师会作弊。"

莉萨回答："我不确定作弊是否是一个合适的词。问题是，某些教师没有严格遵守考试指南中规定的标准程序。例如，学生们必须将答案写在答题卡上，但一些教师是在考试结束后自己去填写答题卡。而且，还有人说，一些教师给他们学生额外的时间完成考试中阅读理解部分。这是去年出现的两个问题。这正是今天召开这个会议的原因。我们必须确保严格遵守考试程序。"

莱恩斯问，"去年我们学校的成绩远超全国的平均分，这是真的吗？从州政府获得资助意味着什么？如果今年我们成绩提升的话，我们是否会得到额外的资金用于提高我们的薪水？"

莉萨回答道："我们的成绩只比平均分高出半个标准差。我们去年从百分位数50分和标准九分5分分别上升到63分和6分。这次假如我们严格遵守考试程序，结果成绩下滑，我们可能要遭受上级的彻底调查。因为假如测验正常的话，考试成绩不应该这么剧烈地波动。而且，重要的不是我们如何与全国平均分相比较。因为在实施《不让一个孩子掉队法案》后，我们需要关心的是州设定的标准。"

评估

- 鉴于莉萨给出的信息，你认为三县中学的学生成绩是处于平均水平之下，还是平均水平之下，或是处于平均水平？
- 你认为黑尼女士去年为她的学生填写答题卡是作弊行为吗？
- 在标准测验中给予学习障碍的学生额外时间和帮助是否公平？请解释你的答案。

高中：SAT 成绩

准备：

当你阅读下列案例时，请记下：
1. 谁是该案例的主要人物？请予以描述。
2. 发生了什么事？
3. 案例发生在哪里？环境是影响因素吗？
4. 案例发生在什么时间？时间是影响因素吗？

周一上午，亚历克西娅小姐早早地来到学校为她的高年级数学班做课前准备。她的一些学生于上周末参加了SAT考试。由于已经知道了考试成绩，她相信今天大部分的课堂讨论都要围绕着他们的考试成绩以及他们想要上的大学。在过去的几周里，亚历克西娅努力地帮助她的学生做着考试准备。她用答题卡对学生进行课堂测验，提供降低考试焦虑的知识，从官方网站下载SAT试卷的数学分卷并用上课时间让学生进行练习。

当听说卢由于英语熟练程度不够而在州成就测验中获得特殊的照顾时，亚历克西娅感到特别高兴。卢对于能否在SAT测验中取得好成绩，并进入一所好的大学感到非常担心。亚历克西娅在过去的几周里花了一些时间与卢探讨在她发挥不利的情况下进入一所社区学院的可能性。当卢在重压之下精神有些无法支撑时，亚利山大与她讨论了在SAT考试中保持冷静的重要性。

亚历克西娅向第一个到教室的学生打招呼："J.T，周末的SAT考得怎么样？"

J.T的回答充满自信，甚至有些许狂妄："数学部分我得了600分。我保证可以进入州立大学。"接着，他比较担心地说："贝萨妮只得了400分。昨天她哭了一整天。她已经开始查找社区学院的资料了。假如她今天没来上课,我也不会感到意外。她害怕别人问起这事。"

卢走进教室,面带笑容,但稍显羞涩。她用不太流利的英语说:"福特尼小姐,我数学得了500分。我想这已经可以了。"

亚历克西娅回答:"哦,太棒了!你肯定用了课上我们讨论的一些考试技巧,如放松、认真思考……"

特雷弗一进门就嚷嚷,打断了亚历克西娅的话:"不要问我!任何人都不要问我SAT的成绩!"

亚历克西娅环视了一下教室,发现一些学生情绪兴奋,急切地要与别人交流,而一些学生显得并不着急。贝萨妮则低着头,避免与其他人目光接触。于是亚历克西娅决定今天不讨论SAT成绩的事。"好了。同学们,早上好。让我们来讨论上周布置的家庭作业……"

放学后,亚历克西娅在走廊上碰到学校咨询员汤姆先生。"嗨,亚历克西娅,你知道卢的SAT数学成绩了吗?她高兴坏了!她很感谢你帮助她解决了考试焦虑问题。"

"我知道了。今天早上她第一个告诉我的。我也很高兴对她有所帮助。你有没有听说特雷弗的事?"亚历克西娅问。"他好像对他的成绩十分沮丧。"

汤姆回答说:"哦,情况并没有那么糟。我听他告诉别人,他数学得了600分。他认为这对考入第一志愿的大学不利。我不得不承认,他考这么低的成绩,我也感到惊讶。并不是说600分是个低分,而是因为他太优秀了。他在我们州成就测验中分数非常高。我不认为这次成绩真正代表他的能力。你认为呢?"

"嗯。我不如你那样了解他全部的学业经历。我只知道他是一个非常聪明的学生,学习动机很强。我看他并不像班上多数同学一样对这个测验感到紧张,似乎他认为这个考试没什么大不了的,也许他没有好好准备吧。"亚历克西娅回答道。

"哦,"汤姆说,"他这次分数低,也许是因为他是个黑人。作为一名黑人,我知道面临一些重要考试时,我总是感到很紧张,总是无法考到我期望的分数。我在SAT考试中感到紧张,即便在后来的教师执照的Praxis I 和Praxis II 考试中也是这样。"

亚历克西娅回答道:"应该还有其他因素与之有关。我知道上周他得了重感冒。也许他成绩不好与这个有些关系。"

评估

- 你认为亚历克西娅用课堂时间帮助学生准备SAT考试,这合适吗?为什么?
- 根据案例中提供的学生的SAT成绩,你认为这个学校学生的SAT成绩总体上低于平均分,还是高于平均分,或是处于平均分水平?是否成绩相差太大难以判断?
- 汤姆认为少数族群因素是在标准考试考得低分的一个原因,你是否同意他的观点?你的回答是基于看法、经验还是其他的信息?

第 29 章
标准化测验和成绩

学习目标

1. 描述四大类标准化测验的目的，以及教师该如何使用标准化测验。
2. 解释标准参照测验与常模参照测验的区别。
3. 解释正态分布的基本特点。
4. 描述四种测验分数，并解释每种测验分数的优点与局限性。
5. 解释为什么效度与信度是测验的两个重要特性，以及为什么教师需要测验的信效度信息来解释测验分数。

29.1 标准化测验的类型

你一生当中要参加多少次标准化测验？你能记得你为什么要参加这些测验吗？也许你参加 SAT 或者 ACT 测验是为了申请某个大学，或是参加 Praxis I 测验是为了接受本科教育。在探讨为什么各种教育者都使用标准化测验之前，我们首先需要给如何使一个测验标准化做个界定。**标准化测验**（standardized tests）有两个特质（Gregory, 2007; Haladyna, 2002）：

（1）它们是由测验出版公司的测验专家们编制的。

（2）所有学生在相同条件下（因此叫作标准化），由受过专门培训的主试进行施测。例如，所有学生接受相同的指导语、测验项目、时间限制和计分程序。

你可能非常熟悉那些非标准化的测验，诸如从小学开始你就一直进行的课堂测验。课堂测验通常由教师个人编写，考查课堂内学到的专门知识，主要针对学区设置的课程内容。教师可以把课堂测验当作对学生知识的形成性和总结性评估手段（Linn & Gronlund, 2000）。评估包括用来收集信息的所有程序，对个人或方案做出的推论和判断（Reynolds, Livingston, & Willson, 2006）。形成性评估，比如家庭作业和课堂小测，可以帮助教师决定下一步的教学计划，并监督学生在整个考核期内的学业情况。教师可以使用总结性评估，例如测验和累积性作业，来评估学生在一个教学单元或一个学期结束时的学业成绩。

标准化测验就像一些课堂测验一样，主要用于总结性评估，但它们针对更广泛的学业领域，诸如数学的总体成就，而不是一个学期内数学的课程。有关对课堂测验与标准化测验异同点的总结，请参看表 29-1。

表 29-1 课堂测验与标准化测验的比较

	课堂测验	标准化测验
目的	形成性和总结性	主要是总结性
内容	针对一个专门时间内课堂教授的内容	州或学区规定的专门性或一般性的内容
题目来源	教师自己编写	专家组编写
执行程序	可根据学习困难的学生及其特殊需要灵活执行	标准化而不管环境或个别差异
长度	一般情况下较短,不超过一个小时	通常较长,几个小时
评分程序	主要由教师评分	主要由机器评分
信度	通常较低	通常较高
分数	个人分数或正确率(粗分)	对比事先制定的标准或常模
评分	用于评定一门课程的成绩	用于评定学生总体能力或成就,不用于评定课程成绩

资料来源:Haladyna, 2002。

> **思考:**你还记得从小学到高中,你参加过什么标准化测验吗?它们究竟用于什么目的?当你阅读下列标准化测验分类时,想一想这些测验。

29.1.1 标准化测验的分类

标准化测验有多种目的。一些标准化测验(称为单科测验)包含几个分测验,用于评估一个专门领域内容,比如数学。其他标准化测验包括成套测验,几个测验合并一起,反映一个学生更加全面和总体的能力表现。它可能包括词汇量、拼写能力、阅读能力、理解能力、数学计算能力和数学问题解决能力等能力测验(Chatterji,2003)。如表 29-2 所示,标准化测验根据其目的分为四大类。

(1)**标准化成就测验**(standardized achievement tests)评估当前知识掌握情况,包括一般性和单一领域的学习结果与技能。标准化成就测验不一定就与任何具体的州或学区的课程内容相一致。相反,它用于确定学生个体以及学区的优点和不足之处。准备性测验与成就测验类似,用于测量儿童当前多方面的学业能力(阅读、数学、词汇)以及非学业能力(运动和社交),还用于小学低年级儿童的安置和课程选择。

(2)**标准化能力测验**(standardized aptitude tests)评估一般性或某一领域的未来潜在能力或学习能力。能力测验用于特殊学校(例如,私立学校或大学)和特殊课程或班级(例如,高级数学)录取或挑选学生。标准化智力测验也被认为是一种能力测验,因为它也是为了预测未来个体在学校的成就。

(3)**职业或教育兴趣问卷**(career or educational inventories)评估个体对特定活动的喜爱程度。这类问卷主要用于帮助高中生和大学生规划未来的教育方向,也可以帮助公司和企业挑选他们的员工。一些测验也可以被认为是能力测验,因为它们也用于预测个体未来的成就。

表 29-2 四大类标准化测验举例

	名称	种类/目的
标准化成就测验	艾奥瓦基本技能测验(ITBS) 成就及精熟测验(TAP) 大都会成就测验(MAT) 鉴别能力倾向测验(DAT)	成套成就测验(K~8 年级) 成套成就测验(9~12 年级) 成套成就测验(K~12 年级) 成套测验用来预测 7~12 年级学生教育目标
标准化倾向测验	学术能力评估测验(SAT) 一般能力倾向成套测验(GATB) 兵种倾向选择成套测验(ASVAB)	单科测验用于预测大学学术表现 成套能力测验用于预测工作表现 成套能力测验用于入伍者工作申请和训练项目的安排
职业或教育兴趣量表	斯特朗兴趣量表(SII) 库德一般兴趣调查表(KGIS)	高中生和大学生使用,确定职业兴趣的测量工具 6~12 年级的中学生使用,确定兴趣倾向的测量工具
人格测验	大五人格问卷(NEO-FFI) 明尼苏达多项人格问卷(MMPI-2)	从五个人格维度来评估个体的测量工具 用于临床诊断的辅助工具

（4）**人格测验**（personality tests）评估个体的特点，诸如兴趣、能力、价值观、行为模式等。人格测验在教育领域的运用较受限制，这主要有两个原因：一方面是心理学家和心理咨询人员主要将人格测验用于临床障碍的诊断，而这些主试人员还必须受过研究生水平的培训；另一方面大多数的人格测验只适合十八岁及以上的个体。

教师使用的主要的标准化测验都是团体测验。团体测验易于操作和评分，成本也较低。个体测验，如人格测验和智力测验，需要专业培训，施测、计分和解释都费时，且操作成本较高。虽然教师们接受培训的目的主要不是为了如何操作这些个体测验，但是他们在决定哪些学生可以接受特殊教育和得到相应服务时，将会面对这类个体测验的成绩。

29.1.2 标准参照测验与常模参照测验

测验分数的解释不仅包括理解测验测量内容（测的是一般性知识还是专门性知识，是当前知识还是未来潜在能力），而且包括理解评估测验分数的方法。测验分数是一种**量度**（measurement），它是评估过程中一种量化或描述性的数字。但测验分数本质上与其评估方法密不可分。**评估**（evaluation）是一种主观上的判断或是对测量和测验分数的解释（Haladyna, 2002）。比如，一个学生参加了一场测验，在30道题中回答对了20道题（量度），但是这个成绩是否就是好成绩呢，是比先前成绩有进步，还是显著低于预期的成绩，这就需要进行评估。编制标准化测验主要是为了使任何一个测验分数都可以通过与某些数值进行参照而得以评估。这些数值包括两种，一种是专门的标准；另一种是对许多相似个体测验分数统计而得到的数值（即常模）。

标准参照测验（criterion-referenced tests）为了一个学习目标，将个体测验分数与事前预设的标准或者行为表现标准进行对照。多数情况下，标准参照测验用于测量教育目标或特殊技能的掌握情况，表明个体知道或不知道的内容。标准参照测验的项目与专门的学术技能与课程内容相关。选择这些标准，是因为它们代表了专业知识的水平。律师、医生、护士和教师要获得相应资格证书从事他们的职业，必须参加标准化测验，其成绩要达到规定的资格标准。一些学生参加的测验（比如州掌握测验）也是标准参照测验。

常模参照测验（norm-referenced tests）将参加测验的个体的表现与一组相似的受测者（常模）的表现相对比。**常模样本**（norm samples）是指这样一组个体，他们代表总体的某些特征，如性别、年龄、种族和社会经济地位等。例如，一个标准化测验的常模样本可以是全国所有五年级学生，或是州所有五年级学生，还可以是学区所有五年级学生。全国性使用的标准化测验（如表29-2列举的成就测验）的常模样本容量必须够大，要能代表学生总体，这样才有助于对测验分数做出准确的解释。常模参照测验的项目要尽可能对受测者进行区分。比如，在学区人才计划中，由于招收人数有限，就要使用常模参照数学成就测验来选拔学区小学中最优秀的学生。

这两类测验最主要的区别在于测验的目的或情境，就如表29-3所示，即在具体目标或情境中，哪种测验最有用。众多标准化团体成就测验为教师提供了标准参照和常模参照的两种分数解释标准（见图29-1）。如果没有提供两种解释的标准，那么究竟用何种测验则取决于测验的目的。标准参照测验能提供资料掌握程度的信息，但无法知道受测者之间的比较性信息。相反，常模参照测验不能提供掌握程度的信息，或是特定个体的优缺点，但是它使用一些测量的基本概念（将于后文讨论），通过比较个体间测验分数，为我们提供了大量信息。

表29-3 标准参照测验与常模参照测验的比较

	标准参照测验	常模参照测验
目的	考察某一特定领域知识的掌握情况	将分数与相类似的被试的表现进行比较
内容	针对某一领域或内容范围	一般领域或内容范围
项目选择	难度水平相似	难度水平变异性大
分数	与标准相比的分数与正确率	与常模群体相比较的标准分，百分位数或年级等价分数

资料来源：Gregory, 2010.

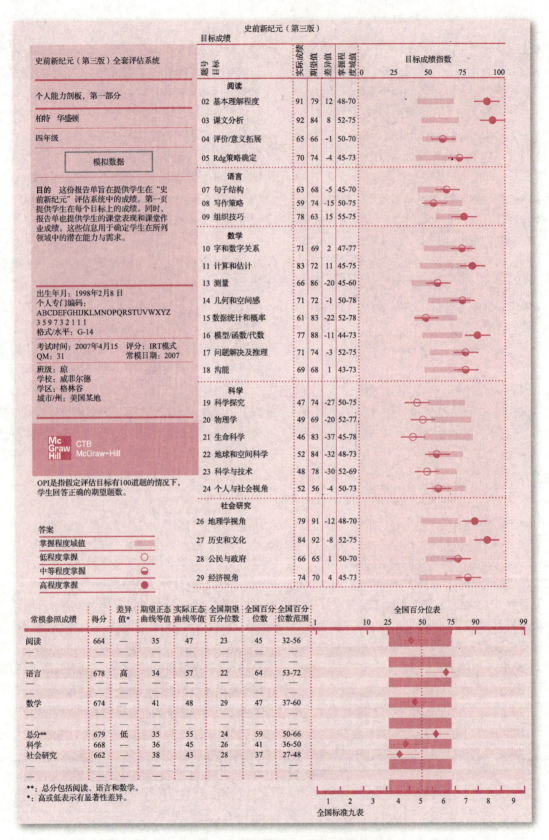

图29-1 一份标准化测验成绩的简要报告单

许多成就测验都提供两种成绩。一类是标准参照成绩，列在科目成绩之下，考查学生对学习内容的掌握程度。另一类是常模参照测验成绩，列在报告单最后，可以在受测者之间进行比较。

29.2 测量的基本概念

为了准确地解释测验分数，教师必须理解一些基本的测量学概念，并综合使用这些基本概念对学生个体或团体（如班级或学区）进行评估。

29.2.1 集中趋势及变异性

一个用于估计或比较的基本量数是**集中趋势**（central tendency）。该量数反映全体数据典型或代表性的特征。让我们看看一个班级测验或是标准化测验的分数。设想你所教的11个学生在他们第一次测验中得到如下的分数：63，65，72，75，76，78，83，87，87，92，98。那么什么量数才能告诉你这组数据的集中趋势呢？三种最常用的集中趋势的统计描述量数是均值、中数和众数。

（1）**均值**（mean）：将所有数据的总和除以数据的个数，得到均值，或称为平均数。将11个分数相加（和为876），再除以11，得到均值为79.64。

（2）**中数**（median）：按从小到大排列的一组数据中居于中间的数，叫中数。在这个例子中，中数就是78，中间的那个数值，因为有5个数据在它左边，5个数据在它右边。在偶数数列中，中数就位于数列中点，或者说是居于中间位置的两个数的平均数。

（3）**众数**（mode）：指一组数据中出现频数最高的那个数，叫众数。在这组数据中，众数是87，即在数据中唯一出现两次的分数。当一组数据两个数不断出现时（且次数相同），这组数据就有两个众数。

均值、中数、众数提供了一组数据最具代表性的信息，但是没有给出**变异性**（variability）的信息，即一组数据分布或散开的广度。让我们比较下列两组测验分数：

一班成绩：6，7，7，8，8
二班成绩：4，7，7，8，10

两个班级的平均分都是7.2，但是二班的分数变异性更大。**全距**（range）是一种简单的变异数。一组数据最大值与最小值的差，就是全距。一班的全距为2（= 8 − 6），二班全距为6（= 10 − 4）。

最常用的变异量数是**标准差**（standard deviation, SD）。它表示一组数据的变异程度。标准差比全距的计算复杂，它等于每个数据与平均数的离差的平方根。这听上去好像很复杂，如何计算标准差并不重要，重要的是要理解测验分数中标准差的含义。图29-2说明两组数据在变异性上的不同之处，一个变异大，另一个变异小。

标准差小说明多数分数与平均数离得近。在一个课堂测验中，教师希望所有学生都能取得好成绩，成绩都差不多，这表明所有学生都达到了课程教学目标。

标准差大表示数据分布很分散。一个标准化成就测验，分数变异性大不仅是很典型的，而且是最优的分布。因为测验项目的设计必须能对学生总体的学业成就进行很好的区分。

上述例子中，一班的标准差是0.84，二班为2.17。在一组小样本数据中，数据的变异性很明显。但在大样本数据中，比如参加标准化成就测验的几千个学生的分数，标准差就能提供数据分布的科学统计量。

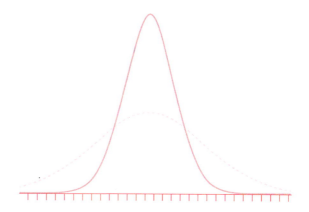

图29-2 标准差大（虚线）和标准差小（实线）的两种正态分布
在标准差小的正态分布中，多数数据靠近平均数。而在标准差大的正态分布中，数据分布更为分散。

29.2.2 正态分布

次数分布（frequency distribution）是一组数据最简单的分布。这些数据可以直观地用直方图，或者柱形图来描述。例如，图29-3描述教育心理学课程的期末分数。X轴表示期末考试分数，Y轴表示每个分数等级的学生人数。如图29-3所示，7名学生没有通过考试，17名学生得到D，45名学生得了C，37名学生得了B，15名学生得到A。在这个图中，多数分数落在中点的右边（较高的成绩），少数分数落在中点的左边（较低的成绩），这说明这个分数是偏态分布。

偏态（skewness），或是次数分布的对称或非对称，显示一个测验的成效如何。图29-3就是一个负偏态分布（长尾偏向左边），表示分数集中在高分这一端。正偏态分布表示分数集中在低分这一端（长尾偏向右边）。负偏态分布的课堂测验是教师所希望的（表示多数学生都掌握了知识）。在标准化测验时，正偏态分布说明测验太难，而负偏态分布则说明测验太容易。

对于一个标准化测验，我们希望其次数分布是对称和钟形的，即 **正态分布**（normal distribution）（见图29-4a）。SAT 和 IQ 的成绩都呈明显的正态分布（见图29-4b、c）。正态分布具有以下特性：

- 均值、中数和众数相等，均处于分布图中点，说明一半分数高于均值，一半分数低于均值。
- 平均数上下一个标准差内包括大约68%的分数。
- 平均数上下两个标准差内包括大约95%的分数。
- 平均数上下三个标准差内包括大约99%的分数。

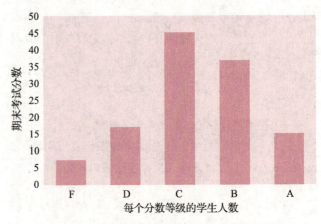

图 29-3　教育心理学课程期末考试分数柱形图

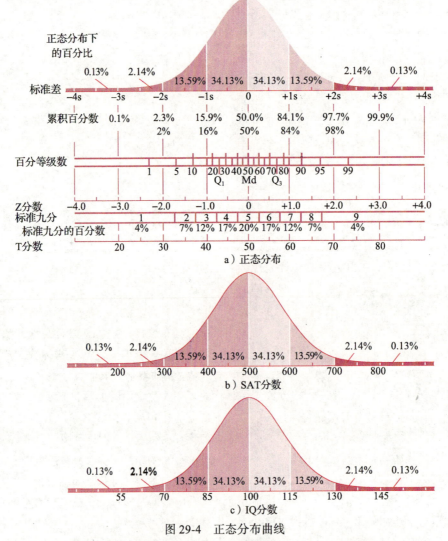

图 29-4　正态分布曲线

对于标准化测验，正态分布图是对称、钟形的曲线图。SAT 与 IQ 分数分布是明显的正态分布。

29.3 测验分数的类型

29.3.1 原始分数

课堂测验与标准化测验最先得到的是**原始分数**（raw score），它主要是指正确答案的个数或百分数。为了评估课堂成绩的结果，我们主要使用原始分数。对于标准参照测验，原始分数要与事前设定的标准进行对照以做出解释（例如，通过 / 没有通过，掌握 / 没有掌握）。

在常模参照测验中，为了能为家长及教师提供一个适宜的评估和容易理解的解释，测验编制者通常都要对原始分数进行转换。下面我们要考察几个常用的常模参照分数。

29.3.2 百分位数的

百分位数（percentile score）（或百分等级）是将原始分数按从低到高的顺序排列而得出的。它表示在常模样本中高于或低于该原始分数的受测者人数的百分比。例如，百分位数为 80 表示该受测者的分数比常模样本中 80% 的受测者都高。注意不要将一个测验中正确答案的百分数与百分位数相混淆，后者是与常模样本中个别成绩相比较。比如，在一个测验中，一个受测者可能在 100 道题中回答对 65 道（65%），但是这个分数的百分等级取决于其他受测者的表现。如果原始分 65 是正态分布中的平均分（即钟形曲线的中点值），那么原始分 65 的百分位数为 50，表示常模组中一半的人得分小于或等于 65 分。

使用百分位数的一个问题是百分位数在正态分布中并不均匀分布。原始分数分布曲线中段的一个细微差别将导致百分位数的巨大差别，而在数据分布的两端（高分与低分端），较小的百分等级差对应着较大的原始分数差。这表示百分位数高估了正态分布曲线中段区的间距，而低估了正分布曲线两端中任何一端区域的间距。

举个例子，表 29-4 表示 SAT 分量表得分的正态分布。百分位数如下：

学生 A 考了 500 分——百分位数为 50
学生 B 考了 600 分——百分位数为 84.1
学生 C 考了 700 分——百分位数为 97.7
学生 D 考了 800 分——百分位数为 99.9

如果我们看百分位数，学生 B 似乎比学生 A 高许多（百分位数 84.1 比 50），学生 C 和学生 D 似乎表现得差不多（百分位数 97.1 和 99.9）。实际上，这几个学生之间的分数差别是相同的（都是 100 分）。因此，不要将两个学生之间的百分位数进行对比。百分位数的解释只能用于一个学生的分数与整个常模表现之间的比较（例如，学生 A 的成绩等于或高于 50% 参加测验的学生）。

29.3.3 年级等价分数

年级等价分数（grade-equivalent scores）是基于常模样本特定年级水平的中数值。例如，在参加标准成就测验的常模样本中的六年级新生分数的中数值为 100，那么所有得分为 100 的学生的年级等价分数为 6.0，或为六年级新生。6 表示年级水平，0 表示学年初。一个学年有 10 个月，小数点后表示学年的月份。比如，所有六年级学生在该学年的第七个月测验成绩的中数值是 120，那么得分为 120 的学生的年级等价分数为 6.7。

年级等价分数经常被误用，因为有人会认为年级等价分数是用于解释学生学业表现的数学统计数据。然而，年级等价分数不能加减乘除。因为每个测验（或是成套测验中的分测验）的年级等价分数都是来自常模样本的中数值，而中数值每年都在变化，每次考试也都不相同，即使相同成套测验中的分测验间也不一样。因此，年级等价分数不能用于比较学生每年学习成绩的进步，以及学生每次考试的优缺点，甚至不能比较学生们在标准化测验分测验的成绩。年级等价分数只能用于描述一个学生的成绩是否高于、等于或低于该生所在年级的水平。

我们有可能会对年级等价分数产生误解。有人可能会认为一个学生的成绩如果高于他实际的年级水平，那么这个学生就会通过更高级的课程学习，或是如果一个学生的成绩低于其实际年级水平，那他就应该降级。例如，一个二年级学生在阅读成就测验中的年级等价分数为 5.2。假如有一个五年级学生参加适合二年级学生的阅读测验，我们可以说这个二年级学生的分数相当于那位五年级学生的分数。换句话说，我们只能说，这个二年级学生的阅读能力高于他（她）所在的年级，而不能说二年级学生达到五年级的水平。这种对年级等价分数的误解源自于下列两个问题。

（1）年级等价分数的计算不需要关于分数分布的任何变异性信息。六年级新生分数的中位数值可以是 100，但是学生成绩有巨大的变异性。并不是所有的六年级新生的成绩都是 100。学区、教师及政府期望所有的学生都取得这个分数，这是不切实际的（Anastasi & Urbina, 1997）。

（2）年级等价分数的变异性随着年级水平的递增而增加。低年级学生的成绩表现相对接近，而中高年级学生的表现则出现较大的变异（Anastasi & Urbina, 1997）。因此，如果一年级学生的得分低于年级水平一个年份，那么他的学业成就远远低于其同伴的水平。如果一个九年级学生的得分比他（她）实际年级水平低一年，那么他（她）实际上学业成就属于平均水平。

鉴于年级等价分数可能被误用，大多数教育者和心理学家都不建议使用这个分数。

29.3.4 标准分数

标准分数（standard scores）用于简化分数间的差别。在一些情况下，它比百分位数和年级等价分数的描述更为精确。例如，在智力测验和 SAT 中，要根据平均值与标准差将原始分数转换成标准分数，从而对测验结果做出解释。转换成标准分数时，智力测验的平均分为 100，标准差为 15；SAT 分测验的平均分为 500，标准差为 100。

标准分数的一般计算方法，是利用平均分与标准差，将原始分数转化为 Z 分数。转换公式如下：

$$Z 分数 = （原始分数 - 平均分）/ 标准差$$

如图 29-4a 所示，**Z 分数**（Z-scores）是一个平均数为 0，标准差为 1 的数据分布，其域值在 -4 到 +4 之间。由于 Z 分数基于单位标准差计算，学生之间的成绩比较就比百分位数或年级等价分数更加准确，更不容易被误解。

由于负数会导致一些混淆，而且在解释学生能力或成就时，负数也会引发一些负面的解释，因此另一个常用的分数就是 **T 分数**（T-scores）。T 分数也是根据标准差来计算的，但它的平均分是 50，标准差为 10（即 Z 分数乘以 10，然后再加上 50）。我们再看看表 29-4a，T 分数 60 代表高于平均分一个标准差（即 Z 分数的 1），T 分数 40 代表低于平均分一个标准差（即 Z 分数的 -1）。T 分数主要不用于标准测验或能力倾向测验，而是常用于人格测验和行为测验工具之中，特别是用于障碍的临床诊断（Gregory, 2007）。

标准九分（Stanine scores）基于百分等级数，将原始分数转换为从 1 到 9 的个位数系统，这样就可以很容易用正态分布曲线进行解释，如表 29-4a 所示（Gregory, 2007）。虽然标准九分的 4，5，6 分都可以解释或评估为一般水平，但它的平均分是 5 分，包括了全体分数中间的 20%。标准九分的 1，2，3 分是低于平均水平的，7，8，9 分则是高于平均水平。由于标准九分是基于百分等级数，因此它在分数比较方面也不如 Z 分数与 T 分数准确。

> **思考**：一般而言，教师们需要将标准测验的成绩向学生的家长进行解释。作为一种选择，你倾向于使用哪类分数来解释呢，为什么？你在提供分数解释时，哪一类分数使用起来更加得心应手？

29.4 好测验的特征

测验和测验分数具备的一些特征对于解释测验分数至关重要，这些特征包括：

- 标准化的测验操作（正如本章开始时所阐述的那样）；
- 在常模参照测验中，必须要有大规模和具代表性的常模样本；
- 在解释结果时要使用标准分数。

教师在选择测验或解释测验结果时还必须评估其他两个特征：信度与效度。如果没有足够的证据表明该测验是可信且有效的，那么对测验成绩进行解释是毫无意义的。现在让我们来详细考察这两个概念吧。

29.4.1 效度

你怎么知道一个测验分数准确反映了它所要测量的东西呢？要回答这个问题，我们需要能够评估一个测验分数的效度。**效度**（validity）是指一个测验多大程度上测量了它想要测量的东西，且测验分数提供了准确而又有意义的解释。要记住，效度指的是测验分数，而不是测验本身（即测验题册中所有题项）。让我们考察下面的例子。

- 仅仅因为测验分数是为了预测个体的智力（如智力测验得分为 120），并不意味着这个分数就能测个体的智力。
- 一个测验也许对大多数人是有效的，但是测验分数对于一个特定的个体可能是无效的。例如，如果一个学生在参加一个标准化成就测验时忘了戴自己的眼镜，那么测验分数对他而言就是无效的。同样，一个非英语母语的学生参加了一个以英语为母语的测验，那么测验的成绩就不可能对其特定科目的学业成就做出真实性评价，因为这个评估是基于这个测验的成绩（Haladyna, 2002）。

效度不是一个"全或无"的概念（要么有效，要么无效）。它不可能被证明，相反，它取决于研究中获取的证据在多大程度上支持测验成绩的有效性。所有的效度都可以看作是结构效度（construct validity），或是看作多大程度上准确地测量到这种不可观察的、非具体性的心理特质和特征（结构性）。一个测验分数的结构效度要由以下证据予以支持。

（1）内容效度（content validity），即测验用的测题对所要测试内容范围的准确代表性程度（Reynolds et al., 2006）。例如，标准化8年级数学成就测验的50道题是否准确地代表了8年级数学考核内容的范围？内容效度的问题与课堂测验有关，因为多数教师会从他们可能提出的问题中，选择一组问题来代表特定学习目标的知识基础。

（2）效标关联效度（criterion-related validity）则是表明测验的分数与一些效标的相关——这些效标是测量其他变量的结果（Reynolds et al., 2006）。例如，用于预测大学期间成就的能力测验应该与之后进行的大学GPA相关（GPA是对大学生一般能力有关的结果测量）。效标关联效度有以下两种类型。

- 同时效度（concurrent validity）：表明测验分数与其他效标评估时间的同步程度，比如数学成就与学生目前的数学成绩。
- 预测效度（predictive validity）表示测验分数与在未来得到的效标的相关度，比如能力倾向测验与之后进行的大学GPA测验的相关度。

（3）聚合效度（convergent validity）表示测验分数是否与对这一心理结构的不同方法测量的数值相关。例如，编制用以测量智力的新测验得分应该与一个原有的智力测验得分相关。

（4）区分效度（discriminant validity）表示一个测验分数与其他测量不同心理结构的测验分数是否无关。例如，阅读测验得分不可能与思维旋转或空间能力的测验得分相关。

（5）理论效度（theory-based validity）表示测验分数与该心理结构的理论维度是否相一致（例如，在成就测验中，老生比新生得分更高）。

29.4.2 信度

假如你星期一对一名学生进行标准化的能力倾向测验，星期五又对他实施一次相同的测验，你认为这两次测验得分是不同的、相似的还是相同的呢？一般认为两次测验的成绩是相似的，因为这个学生不可能得到完全相同或是完全不同的成绩。这种一致性叫作测量成绩的信度（reliability）。信度是一个从高到低的连续体。信度指数可以通过多种方法计算，这取决于测验的类型与测验计分的程序。例如，在星期一和星期五用同一个测验进行测量是一种信度操作程序，叫作测验-重测。计算两次测量成绩之间的相关得到的就是重测信度指数。信度指数，或称为信度系数，其域值在0~1之间，值越高说明信度越高（Haladyna, 2002）。

- 大于或等于0.9表明极为可信。
- 0.8~0.9之间表明可信。
- 小于0.8表明不可信。

为了更好地理解信度，我们来考察另外一种测量形式——你的体重计。你是否曾经站在体重计上称过体重，并读出体重计上的数值，然后想："这不对吧"？你重新称了一下，结果显示与上次有极为细微的差别，这个差别是测量误差所致。测量误差（measurement error）是在所有测量中都存在的测量缺陷的一种累积。测验分数，也像其他所有的测量一样，也是一种有缺陷的测量形式。测验中测量误差来自多种因素（Gregory, 2007; Reynolds et al., 2006）：

- 测题的编制（如问题措辞的清晰度）；
- 测验的操作（如测验的操作者有很重的口音，增加了学生的焦虑感）；
- 个体因素（如焦虑、生病、疲劳）；
- 测验的计分（如主观的、判断性的评估，例如问答题）。

尽管这些测量误差的来源是难以预测的，但标准化测验的编制者还是对特定测验的可能误差进行了估计，他们称之为**测量标准误**（standard error of measurement, SEM）（在公众调查，如政治性投票中也叫作误差幅度）。测量标准误的计算，要使用测验的信度系数和测验常模样本分数的标准差。不过，相比标准误的计算，如何利用标准误来解释测验分数更为重要。对于个体的测验分数，标准误有助于确定**置信区间**（confidence interval），或者说个体的真实分数（如真正的能力）处在什么范围之内。例如，一个学生在标准化成就测验中获得原始分为25，标准误为4。如果我们计算得出置信区间为68%（原始分加上或减去标准误），那么这位学生的成绩区间就在21～29之间。那么我们也就有68%的把握说，这名学生在标准化成就测验中的真实分数在21～29之间。

我们利用原始分数68%的置信区间来简单解释标准误是如何决定一个学生的真实分数。不过，要记住，大多数的标准化测验结果将报告95%或99%的置信区间，置信区间将使用标准分数（Z分数、T分数、标准九分等），而不使用原始分数。许多心理学家和测验的编制者建议使用置信区间来提醒专业人士、学生家长和研究者，测量误差存在于所有的测验分数之中（Gregory, 2007）。

需要注意的一点是信度与效度之间的关系。例如，你的体重计很可靠，但是最近你发现它总是比之前少10磅（约4.5千克）。这说明虽然测量不能准确地得出我们要测的东西（效度），但我们能得到稳定的测量结果（信度）。总之，有信度不会导致有效度。测量必须要有信度（任何有效的测验也必须能稳定地测量出所要测量的内容），但是信度并不保证获得效度。体重计可以稳定地显示一个人的体重为350磅（约158.8千克），而这个人实际上重110磅（约50千克）。在这个例子中，体重计可信，但无效。假如一个标准化能力倾向测验准确地预测了学生在大学的成就（效度），这个结果应该在多次的测验中保持前后一致（信度），比如在12年级开始时或结束时。假如这个测验结果缺乏信度，那么测验的效度也会受到损害。

教师们在准备解释测验分数时，需要评估该测验的信度与效度。大多数的标准化测验都会公布效度证据和信度系数，教师们和学区人员可以利用它们来判断哪个测验是好测验。

> **思考：**设想一下，你的学区现在正使用一个信度为0.90，具有良好声誉的标准化测验。在学年开始的时候，正如你预料的一样，你的一个学生在测验中表现十分优秀；但是在学年结束时，同样一份测验，该名学生却考得很差。这名学生的测验分数有效吗？可能是什么因素对这名学生分数的信度与效度造成影响？

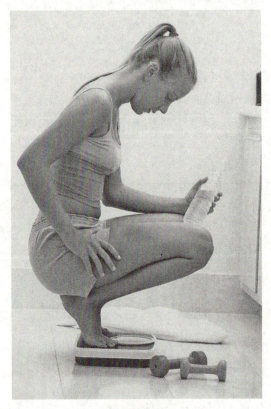

测量误差

所有测量，包括体重计和标准化测验分数，都存在缺陷。

测量误差存在于所有的测验分数之中

标准误或误差幅度用于判定置信区间，或是判定真实分数落在哪个范围之内。在这个政治性投票中，总统实际的支持率在32%～42%之间。

本章小结

1. 描述四个主要的标准化测验的目的及教师如何使用标准化测验

标准化成就测验用于评估当前知识掌握程度，或者是评估一般领域或特定领域知识的学习程度；标准化能力倾向测验评估个体未来在一般领域或特定领域的学习潜力；职业或教育兴趣问卷评估个体对于特定活动的偏好；人格测验用于评估个体的个性特点。由于团体测验易于操作，且成本低，因此教师可能更主要进行的是团体测验。但在面临特殊教育资格判断时，教师可能需要对个别测验的结果进行解释。

2. 解释标准参照测验与常模参照测验的区别

虽然许多标准化测验提供标准参照和常模参照的解释，但测验与结果解释的类型取决于测验的目的。标准参照测验是说明个别学生对知识的掌握情况以及存在的优缺点，例如这个学生是否符合某种资格要求。相较而言，常模参照测验允许在学生的分数间进行比较，这类测验分数用于做出诸如从一组学生中选出最优秀者一类的决定。

3. 解释正态分布的基本特点

正态分布是一种特殊类型的次数分布。一些次数分布可能是偏态分布，即多数的分数落在分布曲线的高端或低端；正态分布呈钟形且左右对称。三个集中趋势指标（均值、中数、众数）均相等，并处于正态分布图的中点位置。分数的变异性是标准的，68%的分数落在平均数上下一个标准差内，95%的分数落在平均数上下两个标准差内，99%的分数落在平均数上下三个标准差内。

4. 描述四类不同的测验分数，解释它们的优势与局限性

1）原始分数是答题正确数或答题正确率。它们提供课堂测验准确的信息，但是不易在学生个体之间或组别之间进行比较分析。2）百分位数是所有受测者中得分高于或低于该学生原始分数的百分比。百分位数表明该学生在其所在组中的表现情况，但无法与其他学生分数进行比较。3）年级等价分数是特定年级水平分数的中数值，说明一个学生的分数是处于年级水平，还是高于年级水平或是低于年级水平。年级等价分数常常被误解，所以专家不推荐使用。4）标准分数把百分等级数转换成个位数系统（如，标准九分），或是将原始分数转换成基于特定平均分和标准差的分数（如 Z 分数和 T 分数）。标准分数解释较为容易，它允许不同分数之间进行比较。

5. 解释信度与效度是测验的两个重要特质的原因，以及教师对测验分数做解释时需要信效度信息的理由

要判断一个测验的质量，教师们应该评估效度资料与测验分数的信度。效度指一个测验多大程度上测量了其所要测量的内容。测验的信度指测量的一致性。高信度的测验具有很小的测量误差，而低信度的测验有很大的测量误差。教师们通过信度与效度的信息来判断一个测验的质量，以决定是否使用该测验。通常使用测量的标准误，而不是原始分数或标准分数，来判定置信区间。置信区间提醒教师及其他专业人士，测量误差存在于所有测验之中——包括一些高质量的测验。

案例学习：反思与评估

儿童早期：入园准备

1. 布里根斯Ⅱ甄别系统测量个体的粗大肌肉运动技能和精细肌肉运动技能、肢体部分的知识、计算能力、口头理解能力，以及许多识字与运算能力。这些标准化的准备性测验在哪些方面与标准化成就测验相类似？
2. 当埃米向她的室友解释平均水平是指分数范围时，测量中哪些基本概念可以用来代表这个分数范围？
3. 解释为什么年级等价分数会对像杰克逊夫人一样的家长造成误解？哪一类的分数能较好地比较学生间学业成就的区别？
4. 玛丽的妈妈对学校如何看待和使用玛丽的测验成绩表示担心。一个"好测验"的哪些特点是她所担心的？这些担心被证实了吗？为什么？
5. 假如玛丽在布里根斯测验中的百分位数是38，你将如何解释这个分数与其他学生分数的关系？如果一个学生百分位数是49，那你又如何解释呢？你如何将这名学生的分数与玛丽的分数做比较？
6. 用自己的话给效度下定义。请你解释，如果玛丽采取的是英语版的布里根斯Ⅱ甄别系统，那么她的准备性测验结果有效吗？假如她在参加英语版测验时，她姐姐在一旁充当翻译，那情况一样吗？

小学：测验中的勇气

1. 惠特尼先生提到的常模参照测验与标准参照测验存在差别。请解释他对如何使用测验分数的解释是否准确？
2. 基于正态分布的知识，以及华盛顿先生提供的"测验分数低于平均分半个标准差"的信息，你认为与全美学生相比，该校学生的表现有多糟？
3. 如果测验成绩高于全美平均分半个标准差，鲍曼校长还会像现在这样担心吗？为什么？
4. 请解释康女士对百分位数的理解错在哪里？
5. 里瓦德妮娅女士表示，测验成绩没有准确反映学生的能力。那么，这里说明的是一个好测验的什么特点呢？请解释去年学校附近发生的事件是如何影响测验的这个特点的？

初中：教师在作弊吗

1. 为什么莱恩斯先生花这么长的时间为标准化测验做准备？假如一个教师事前没能仔细阅读考试指南，也没有留意考试时间限制，结果会怎样？
2. 假如全美测验成绩呈正态分布，根据代理校长莉萨提供的信息"前一年成绩只比平均分高半个标准差"，莱恩斯先生认为"学校的测验成绩远高于全美平均分"的理解是准确的吗？为什么？
3. 莉萨使用百分位数说明学校的测验成绩在过去的两年间上下波动。请解释为什么百分位数用于比较每年成绩的变化不是最好的？
4. 当莉萨说"测验分数不应该这么剧烈地波动"时，她是指一个好测验应具备的什么特点？当她补充说"如果测验发挥作用的话，它至少不应该这样"时，她是指一个好测验的什么特点？为什么对于教师而言，了解这些特点是十分重要的？

高中：SAT 成绩

1. SAT 是哪种类型的标准化测验？为什么一个学生有可能在成就测验中取得高分而在 SAT 测验中考得不好？
2. 请解释一个常模参照测验（如 SAT）在大学入学时是怎么被当作标准参照测验使用？
3. 根据关于 SAT 成绩章节讲授的知识，解释案例中四位学生在数学分测验中的成绩变异性有多大？
4. 如果另外一名学生在数学分测验中得到 700 分，那么他对应的标准九分得分是多少？相应的 Z 分数呢？
5. 如果特雷弗下月再次参加 SAT 测验，在数学分测验中得到 800 分，他两次分数的差别怎么说明这个测验分数的好坏？根据案例中提供的信息，是什么因素在这么短时间内影响了特雷沃前后两次成绩？

第 30 章
标准化测验中的问题

学习目标

1. 解释为什么 NCLB 是高风险的，并描述这个法案存在的三个问题。
2. 简要解释教师如何避免高风险测验的六种消极后果。
3. 解释学校的照顾措施如何提高高风险学生测验分数的效度。
4. 解释测验公平性与测验偏见之间的区别，概括有关标准化测验中文化偏见的表现。
5. 简要概括最有可能在未来作为全美标准的两种测验方案。

30.1 高风险测验及其责任

30.1.1 高风险测验的定义

高风险标准化测验已经实施 40 多年了，不过，许多人仍相信标准化测验及与测验表现息息相关的利害关系是 2001 年《不让一个孩子掉队法案》最早提出的新观念。**高风险测验（high-stakes testing）** 是指对学生、教师、教育当局或学校有重要影响的所有测验（Haladyna, 2002）。测验的利害关系包括：

- 州或学区的测验结果公布在当地报纸上；
- 测验结果决定升级或毕业；
- 测验结果决定是否获得从事特定职业的资格证书或执照；
- 学生在标准化测验中表现突出，教师可以增加业绩工资或资金；
- 根据州测验的成绩给学区分配教育经费；
- 将教师未来的聘用与学生标准化测验的成绩挂钩。

首批高风险测验的出现是为了应对 1957 年苏联发射第一颗人造卫星。政客开始对僵化的美国教育制度提出质疑，他们提出要利用测验对学校进行评估（Kreitzer, Madaus, & Haney, 1989）。由于担心美国在学术上落后于其他国家，作为应对措施的组成部分，政府于 1965 年出台了《初等与中等教育法案》（ESEA）。该法案为低收入家庭的儿童提供特殊的经费与服务。20 世纪 70～80 年代，学校使用标准化基本技能测验，针对不同时期的课程标准，对学生的表现进行衡量。

第二次测验浪潮始于 20 世纪 90 年代，即高风险测验运动。它之所以家喻户晓，是由于以下两个事件。

- 美国教育部于 1983 年发表《危机中的国家》报告。这份报告建议各州制定更为严格的标准以改善课程质量与教育责任的考核，让学校承担起达到这些标准的责任（美国教育部，1983）。
- 国际教育成就评估协会（International Association for the Evaluation of Educational Achievement, IEA）于 20 世纪 90 年代开展的研究发现，美国 4 年级学生在数学和科学上的成绩高于其他国家的学生。但到了 8 年级，学生的成绩只达到平均水平。到了 12 年级，美国学生在数学与科学上的成绩就低于许多国家的平均水平（Thomas, 2005）。

高风险测验运动要求州、学区及教师评估学生的学业水平，并作为一种手段，搜集课程及教学方法变革所需的必要信息，从而促进学生学习。各州开始实行掌握测验——这种测验将评估学生各学科的学业成就，以判定他们是否达到课程目标。在许多州，测验分数与学生的切身利益息息相关，如升级、毕业等，且测验结果会公布在媒体上（Thomas, 2005）。

高风险测验导致的一个重要结果就是**责任制**（accountability）的拓展——教师与学区将对学生的表现承担起责任。由于担心各州不会尽力落实责任制和其他教育目标，美国国会颁布法律，要求学区对学生的学业负责。2002 年 1 月，小布什总统签署法令，重新授权《初等与中等教育法案》，并将之改名为《不让一个孩子掉队法案》(NCLB)。各州可以不遵守 NCLB，但是没有达到该法要求的州将得不到联邦政府的经费资助。

> 思考：你认为教师必须为学生高风险测验的表现负责吗？为什么？

30.1.2 不让一个孩子掉队法案

1. NCLB 的指导原则

当提到 NCLB，我们通常会想到责任制。然而，NCLB 是建立在四项原则基础之上的，责任制原则仅是其中一项。其他三项是扩大家长选择，提高本地控制度、灵活度和阅读优先。下面我们将对诸项原则进行介绍。

责任制。NCLB 要求各州切实落实责任制系统，这个系统涵盖了所有公立学校及所有学生。为此，NCLB 要求每年对 3～8 年级学生进行阅读、数学和科学科目的标准化考试，10～12 年级的学生必须参加一次此类考试。各州可以自行编制符合课程标准的标准化测验题，也可以选择最符合课程标准的全美试题。各州也可自行制定各科成绩等级标准：1）不及格；2）基本合格；3）熟练；4）优秀。

各州要报告测验的成绩以及各类别学生的考试率（参加州测验的学生比率），诸如不同社会经济地位、人种、族裔、是否残疾及英语有限程度等，以保证没有一类学生掉队。到 2014 年，所有学生在各种科目上都要百分之百达到熟练等级水平。NCLB 要求各类别学生要达到 95% 的考试率，并要求所有类别学生每年都要取得"**年度适当进步**"（adequate yearly progress, AYP）。AYP 是一个由各州自行制定的、每年可测量的进步目标，以表明学业水平向熟练等级前进。达到各州设立的 AYP 水平的学区将受到表彰，如评为优秀的学校、教师将会得到现金奖励。没有达到 AYP 目标的学校与学区将面临下列后果。

（1）如果某一类别的学生**两年后**没有达到 AYP 目标，或是有一个类别的学生没有达到 95% 的考试率，该校将被列为"急待改进学校"（Kim & Sunderman 2005）。此类学校必须制订改进的方案。

（2）如果**三年后**没有达到 AYP 目标，"急待改进学校"的标签继续保留，州将为该校低收入家庭的学生提供资金援助，并提供教育服务，如补习。

（3）如果**四年后**没有达到 AYP 目标，学校必须进行结构性调整，如更换教职人员，开设新的课程等。

（4）如果**五年后**没有达到 AYP 目标，学校将被重组，被州或私立机构接管，或转变为慈善学校，或由新的教职人员重新组建（Kim & Sunderman, 2005）。

扩大家长选择。由于 Title I①学校中低收入家庭的学生很多，故联邦政府对其进行资金援助。在 Title I 学校上学的学生，假如他们的学校连续两年没有达到 AYP 目标，他们可以转学到学区内更好的公立学校。学区必须从 Title I 经费中拿出一部分，为这些学生上新的学校

---

① Title I 指美国教育部历史最悠久的最大联邦资助项目，它每年通过县学校系统向贫困学生提供总额达 70 亿美元的资助。——译者注

提供交通便利。

提高本地控制度与灵活度。 虽然NCLB采取严格的责任制措施，但它也赋予了各州很大的灵活度来使用联邦基金。各州可以将它所得基金的50%划拨给Title I学校或4个由州政府批准的方案，以推动1）教师质量提升；2）教育技术进步；3）学校安全与非毒品化；4）创新方案实施。

阅读优先。 NCLB实施一项为期6年的阅读优先行动，这项行动对各州予以基金援助，以确保每个学生都至少达到三年级的阅读水平。各州划拨经费，利用早期K-3阅读筛查系统（early K-3 reading screening）确定存在阅读困难的学生，并在低年级为他们实施基于科学研究的阅读干预措施。

尽管许多州使用标准化测验分数来决定学生的升级和毕业，但NCLB却没有要求将分数用于这些目的。教育与心理测验标准（Standards for Educational and Psychological Testing, AERA, 1999）制定了以测验分数决定升级和毕业的指导原则。

- 如果以测验分数决定是否升级或毕业，则必须有证据表明学生有机会学习到该测验所涉及的知识。
- 必须有证据表明测验与其他成就相关的结果有关联（如其他成就测验、学业等级等）。
- 升级或毕业的决定不能只基于单一测验分数。
- 学生应该有多次机会参加决定其升级或毕业的测验。

使用标准化测验分数是相当严肃的事情。凡是由于没有通过标准化测验而留级的学生很有可能退学。许多没有通过标准化测验的学生，即使他们达到了学校规定的准许毕业的其他所有要求，还是无法获得高中毕业证书（Thomas, 2005）。

2. NCLB存在的问题

虽然NCLB的目标是为了促进学生学习，使学区和教师担负起责任，然而在其实施过程中也出现了一些问题。

（1）**由于AYP水平是由各州确立的，因此存在着州与州之间不一致的情况。** 如同样的AYP分数在这个州是合格的，但在另一个州则可能是不合格的（Thomas, 2005）。

（2）**所有学校与学生都需要达到科目统一的平均数水平。** 然而，学生平均分的差别，尤其是在低年级，通常反映了他们入学之前的认知能力与知识背景特点，而不是反映学校教育结果之一的学业成就水平（Kim &Sunderman, 2005）。因此，AYP应该包括基于学前基础之上的学业成就改善的测量。

（3）**使用平均分差别是对少数族裔学生和经济落后地区学校的偏见。** 根据NCLB责任制标准，一个类别学生的不佳表现将导致整个学校AYP水平达不到标准。当学校各类别学生越多时，这些学校的AYP未达标率就越高（Kim & Sunderman, 2005）。许多拥有高少数族裔学生率的学校，其学生的经济水平也相应较差，因此他们面临双重不利的因素，即他们需要在少数族裔和低经济水平这两种类别上都达到AYP的标准。有相当多的少数族裔的学生在Title1学校上学，假如这些学校AYP没有达到标准的话，他们将受到联邦政府的惩罚。在伊利诺伊州、加利福尼亚州、佐治亚州、亚利桑那州、纽约州和弗吉尼亚州，需要改进的学校都有大批非洲裔和拉丁美洲裔的学生，而达到AYP标准的学校都有大量白种裔和亚洲裔的学生（Kim &Sunderman, 2005）。最近的研究显示，没有证据说明在加利福尼亚和得克萨斯州，责任制对少数族裔学生的学业成就有改善作用（Kane & Staiger, 2002, 2003）。

（4）NCLB**的实施对提高贫困学校表现不佳的学生的成绩，或改善黑人和白人学生之间的成就差距几乎没有什么作用**（Braun, Chapman, & Vezzu, 2010; Forte, 2010）。最近的研究显示，将2000年～2007年（实施NCLB时期）的成就变化与1992年～2000年（实施NCLB前）的变化相比，两者只有微弱的差异。这项研究表明，NCLB的责任制对于改善黑人学生的成就，减少黑人和白人学生之间的成就差距，并不比在NCLB实施前的效果好（Braun et al., 2010）。

30.1.3 负面结果及测验分数污染

高风险测验对学生教师和学校产生许多负面后果影响。测验分数污染就是其中重要的负面后果之一。由于受与测验所希望测量的结果（测验效度）无关因素的影响，测验分数系统性地提高或降低，这就是**测验分数污染**（test score pollution）。在这种情况下，测验分数的提高与降低不是因为学生学习能力变化所致的，而是其他因素作用的结果，包括教师与校方因应达标的压力而采用的不道德行为。高风险测验的消极影响可以表现在许多方面，但通过以下适当的措施可以避免（Haladyna, 2002）。

教学指导环境。如果教师"为测验而教"，那么教学指导环境就会受到消极影响，测验分数就会被污染。"为测验而教"是指教师改变了原有课程和评估的程序，使其紧跟标准化测验的标准。学区与州的课程设置也有可能受标准化测验的极大影响。当课程设置仅仅反映测验涉及的内容时，污染的危险性就增加了（Pedulla et al., 2003；Stecher, Barron, Chun, & Ross, 2000）。因此，许多教师将测验准备期与执行期视为有价值教学丧失期，这导致教师的道德水平下降。这在贫困学区或少数族裔占多数的校区是真实存在的。这些学校学生更有可能在测验中考得低分。

- **建议**：虽然教师认为无力提高学生的分数，无法改变高风险测验的政策，但他们应根据学区与州的课程设置进行教学，而不是"为测验而教"。如有可能，教师应一同参与使用哪种标准化测验的决策，看看哪种测验较为符合当地或州的课程设置标准。

测验准备。教师要让学生熟悉测验的形式，教给他们应对测验的策略。不过，不少测验的准备行为是不道德的。比如，教师或学区可能给学生提供之前考过的测验题，或是在测验之前让学生进行考试预演。由于担心责任制及与测验失败后的惩罚，教师承受着巨大的压力，竭力要提高学生的成绩（Koretz, Barron, Mitchell, & Keith, 1996）。一项全国性的调查发现，各州负责高风险测验的教师比那些负责非高风险测验的教师花费更多的时间进行测验准备，包括预演测验内容，给学生提供测验练习题目，以及使用商业性的测验准备资料（Pedulla et al., 2003）。

- **建议**：教师应该教给所有学生测验的策略，通过在课堂评估中使用类似的测验等方法，使学生熟悉测验的形式。但教师不该为学生提供以往测验的复本，也不能在考试前进行考试预演。

测验的操作。测验的操作程序是测验分数污染的一个来源。如果个别学生被延长考试的时间，允许在测试题本上而不是在计算机答题卡上作答，或者由于他们可能考不好而不让他们参加考试，那么测验分数的污染就产生了（Haladyna, 2002）。虽然NCLB要求95%的考试率，但有些学区会系统性地决定哪些学生是属于考试日当天可以不用参加考试的5%的学生。

- **建议**：遵守标准化测验的操作程序，如阅读专门操作指南，遵守标准化考试时间规定，只使用法定的答题卡。如果一些学生存在严重的学习障碍，或没有第二种语言帮助，从而造成有效的测验分数无法获取，那么这些学生可以不用参加标准化测验（更多信息参阅表30-1及后续章节）。教师应遵守免试规定，为这些学生提供另一种评估方式。

作弊。作弊是指在学生的学习能力没有提高的情况下，采取一种显而易见的方法使测验分数得以提高。尽管我们主要都在讲学生的作弊情况，但是我们也发现教育者为了取悦公众与立法机构而在标准化测验中作弊。教育者的作弊包括给学生念答案，在考试结束后擦去学生错误的答案，并填入正确的答案。

测验污染

学生作弊是测验污染的一个主要来源。但是教育者为了取悦公众和立法机构，也在标准测验中作弊。

- **建议**：不要作弊！注意并报告学生作弊的情况。在标准化测验中作弊的后果包括解除与你的雇佣关系，并（或者）取消你的教师资格。

情绪特征。考试焦虑和动机的情绪特征会影响学生，人为地降低或提高测验成绩。低年级学生倾向于对自己和自己的学业能力有正面的评价，认为标准化测验对教师和学区而言是有价值的和有用的。当学生逐渐长大，经历了多次的测验和评分程序之后，根据每次测验的反馈信息，他们对自己的积极评价逐渐消失。尤其是成绩低的学生，其积极性会下降，考试焦虑也会上升。

而成绩高的学生，特别是较高年级学生，他们参加标准化测验的动机下降，因为他们明白，标准化测验与其说是为了帮助他们学习，还不如说是为了迎合某项教育政策。如果动机太强，比如一些机构团体对高分学生的承诺，或是学校对高分学生的认可都会对测验成绩造成影响，因为这种情况下，测验成绩更多地反映了动机水平而不是学业成就水平（Haladyna, 2002）。

- **建议**：确认并报告重度考试焦虑案例。通过教授合乎考试道德的考试技巧来帮助学生做好考试准备（如前所述），从而降低考试焦虑。不要允诺学生说，测验中表现好可以得到不适宜的奖励。

高危学生。高危学生指有学习障碍或有限英语熟练程度的学生，还包括生活贫困的学生。这些学生有可能拖累整个学区的测验分数。

- **建议**：确认高危学生，为之提供如下合适的帮助。

30.2 应用：帮助高危学生

高危学生（students at risk）是一个术语，用于专指存在无法达到学校标准化成就测验水平的一群学生。美国政府用四个指标来界定高危学生：1）母亲教育水平低于高中；2）使用食品券或其他社会福利形式的家庭；3）单亲家庭；4）非英语为母语的家庭。前三个指标用于评估贫困家庭，最后一个指标用于评估英语水平有限程度。有学习障碍的学生不在界定高危学生的四个指标之中，但应该要包括在内。因此，高危学生应该包括以下三组学生。

（1）**家庭贫困学生**。大约21%的学生生活在贫困之中。家庭收入与标准化成就测验的成绩高度相关。生活贫困的学生在一些标准化成就测验中的得分相当低。其原因包括营养不良，家长教育水平不高导致学生在课外很少有学习的机会，缺乏学前准备资源，转学率高，低收入学区的教学质量低等。担心高风险测验中无法达标给许多贫困学生造成很大的压力，他们当中许多人因此辍学。

（2）**英语不够熟练的学生**。英语熟练程度有限学生是美国政府专门术语，专指母语非英语的个体。在教育领域还有一些相类的词，如英语学习者，英语作为第二语言。根据有关双语教育的联邦法律，如果学生符合下列三种标准之一，就可以被认定为英语熟练程度有限学生：1）出生于非英语母语的国家；2）来自口语非英语的家庭环境；3）来自美洲土著居民和阿拉斯加土著居民的封闭式文化。美国学校大约有14%的学生英语熟练程度有限。在高风险测验中，学校会给予英语熟练程度有限学生必要的帮助，对他们的学业成就做出有效的评估。

（3）**有障碍学生**。学校中大约有11%的学生有认知、行为或社交等各类型的障碍。这些障碍使他们可能在标准化成就测验中考得低分。学生在认知、情绪、行为上的障碍会损害他们的学习能力。与同龄的伙伴相比，他们的学业成绩更低。联邦法律为如何教育和考评这类学生提供了指引。

为了能与普通学生一样获得同等机会表现自己，高危学生需要得到帮助（Reynolds, Livingston & Willson, 2009）。**帮助措施**随着标准化测验操作程序和评分的方法不同而不同。得到帮助的高危学生的测验成绩效度会比没有得到帮助的高危学生的更高，进而他们的分数会得到与其他所有学生一样的推论与解释（Lissitz & Schafer, 2002）。

例如，LEP学生可能在数学成就测验中得分很低，但这不是由于他们欠缺数学技能，而是由于他们在理解用英语表达的问题和答案选项时有困难。

专栏 30-1

高危学生使用标准化测验指南

- 测验手册应报告相关数据，表明测验项目不存在任何偏向——与其他学生相比，学习障碍学生及英语熟练程度有限学生在测验中不应处于劣势。
- 测验手册应确定对于特殊人群应如何予以帮助，并提供这些帮助的必要说明，以便操作者可以正确地解释测验分数。
- 对于实施个别测验的受测者的帮助要适宜，帮助措施要以相应的研究为根据，也必须符合标准化测验的要求。
- 多语言版本的测验应该是可比较的（测量相同内容）。
- 翻译者必须精通测验语言与受测者语言，应是翻译方面的专家。

资料来源：AERA, 1999.

当对高危学生进行测验时，教育者们应该牢记《教育与心理测验标准》(Standards for Educational and Psychological Testing, AERA, 1999) 中提出的指引，如专栏30-1所示。不过，如果测验是用于测量与学生障碍和语言限制有关的技能时，帮助措施就不合适了。例如，在一些情况下，将测验问题大声地念给一个学生听是可以的，但如果测验是考查阅读能力，这种帮助措施就不可以了。在这种情况下，给予学生这种帮助就是不公平。

表30-1下面列出了为高危学生提供的四个方面的常见帮助措施（Lissitz & Schafer, 2002; Reynold et al., 2006）。

（1）**呈现形式**：学生可以获得不同形式的指导或是辅助设置，帮助其理解测验问题。例如，英语熟练程度有限的学生可以得到一本英语翻译字典或者得到一名翻译的帮助。

（2）**答题形式**：对问题做出反应并提供答案的形式进行变换。例如，一个有运动损伤的学生可以将答案告诉给一名记录员，记录员再把它记录在计算机答题卡上。

（3）**考试时间安排**：学生可以获得额外的考试时间或考试机会，但不是无限时间。当帮助措施需要更多的时间时，延长考试时间是十分必要的，比如在需要阅读和翻译帮助时。

（4）**考试场所安排**：学生可能需要在专门的场所中考试，比如独立的教室或是特殊的座位，而不是标准化集体测验的场所。例如，有身体障碍的学生可能需要坐在茶几旁而不是课桌旁。

帮助措施在各州间的区别很大，其合理性大多数都没有经过科学研究的证明。不过，法律规定，学校官员要对在标准化测验中如何帮助特殊的学生提出意见，这是"个别化教育计划"（Individualized Education Plan, IEP）的一部分。这个法规详细列举了家长与学校之间正规或特殊教育的规定以及相关服务条款，以满足学生教育的需要。学生允许得到帮助的程度取决于其风险的程度。比如，在英语熟练程度领域，许多州都要求学生首先必须参加基础英语熟练程度测验，在该测验中的成绩决定了帮助措施的类型和次数。虽然没有确定的标准，但依然有一些常用的帮助或指引（Lissitz & Shafer, 2002; Reynolds et al., 2006）。

- 在测验评估期间提供常规协助。
- 只有有需要时才提供协助，并尽可能促使学生独立完成测验。
- 持续评估提供协助的必要性，如有可能，改变或中止协助。

表30-1 高危学生帮助措施举例

呈现形式	答题形式
口试到笔试	口试到笔试
笔试到口试	笔试到口试
布莱叶盲文形式	用布莱叶点字法记录反应
手势语	手势语反应
大字体	答案指向
阅读服务	使用辅助标记作答
增加题目间空隙	使用录音机进行反应记录
减少每页题目数	扩大答题卡上答题空间
改写答题指南	在测验题册上作答
提供额外的例子	
专门的计算机程序来朗读上下文	
时间	考场安排
延长考试时间	个别测验
提供多次考试间休息	小组测验
多场次考试	特殊座位安排
数天内分次考试	提供个人阅读小单间以消除外界干扰
变更考试时间	特殊灯光照明

资料来源：Reynolds, Livingston, & Willson, 2006.

> 思考：请想象你参加一个有关个别化教育方案的会议，该会议内容涉及你所负责年级的英语熟练程度有限学生。在讨论在州掌握水平测验中为这些学生提供帮助时，会议小组应该考虑哪些因素？

30.3 测验公平与测验偏见

测验公平与测验偏见这两个术语有时是混用的，它们都是指测验设计与实施的正当性。不过，这两个术语实际上有不同的意义与内涵。

测验公平（test fairness）的意思更为广泛，它指如何正确使用测验的道德问题（Gregory, 2010）。测验公平包括测验偏见、测验过程的公平对待、测验结果的公平对待，以及在标准化成就测验中为学生提供同等机会以学习测验呈现的资料（AERA, 1999）。教育与心理测验标准就为测验与测验使用中的公平问题提供了指引。

测验公平的首个方面就是测验偏见，人们极为关注标准化测验的偏见问题。**测验偏见**（test bias）是测验分数中一类系统性误差（AERA, 1999）。它有时是，但有时又不是文化差异造成的。**测验的文化偏见假说**（cultural test bias hypothesis）认为，标准化测验与测验程序的设计本身就存在着对不同群体的偏见，如性别、人种、民族或社会经济地位。这个假说还认为，不同群体的测验分数差异是测验本身造成的，而非实际上群体技能或能力的差异造成的。

能说明测验中的文化偏见的最经典例子是不同种族群体中 IQ 平均分的差别。非洲裔美国人的 IQ 平均分大约比白种人低 1 个标准差（或 15 分）。如果控制了社会经济地位的变异，那么非洲裔美国人的 IQ 平均分只比白种人低 0.5～0.7 个标准差（或 7～10 分）。同样，西班牙裔得分比白种人低 0.5 个标准差，而亚洲裔得分等于或高于白种人。不同种族测验分数间的差别通常被作为支持文化测验偏见的一个证据。

使用不同群体平均分的差异作为文化测验偏见的证据时，有两个问题应该注意。首先，由于测量的心理结构是看不见、摸不着的（如智力、成就、心理能力等），不像重量或高度一样是可观察的。因此，无法确定平均数上的差异不是来自智力或成就上的差别，而是文化偏见所致（Reynolds et al., 2006）。另外，同一个群体中的个体间（组内变异），其测验分数的变化比两个群体间（组间变异）更大。图 30-1 给出了两个群体间成绩的正态分布图。如图所示，两组之间的重叠部分是很大的，说明组间差别是不明显的。

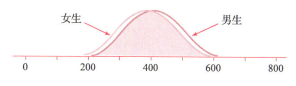

图 30-1　相似性高于差异性

比较男生与女生历年的数学成绩，我们发现两者的平均分存在着差异。但两者平均分的重叠部分很多，说明男女生成绩的组内变异远大于组间变异。

目前普遍接受的判断测验的文化偏见假说的科学方法是效度证据的检验。效度是指一个测验测量到其所要测量内容的程度，它提供了对测验分数准确且富有意义的解释。测验的效度由不同的证据予以支持，如果存在测验的文化偏见，那么这些证据就值得怀疑。

（1）**内容效度**，或者测验题目反映所要测量变量的准确程度，可能会由于下列原因而引发质疑。

- 题目呈现的信息是某个群体专用的或对某个群体不友好的。
- 题目的措辞对一些文化群体而言不熟悉或难以理解。
- 在其他文化中可接受的答案，评分时却由于评分者对某个文化群体的偏见而给予高分或低分。

内容效度的分析工作主要由判断检查专家组进行。**判断检查专家组**（judgmental review panel）由少数群体成员组成，负责对每个题目是否存在偏见进行独立评判，有时进行小组讨论。假如根据事先规定的标准，一个题目被多人判定为有偏见，则需要被删除（Popham, 2006）。

（2）**预测效度**，指测验分数与将来要评估的变量的符合程度。例如，SAT 成绩可预测未来大学学业等级。假如测验成绩无法公平地预测不同群体的未来表现，即高估或低估了某个特定群体的表现，那么预测效度就值得怀疑。

（3）**结构效度**，指测量一个无法观察的心理特质的准确程度，如学业成就。结构效度的评估可以通过项目分析而实现。一种项目分析的方法就是**项目功能差异**（differential item functioning, DIF）法。它是一种统计测量方法，用于测量相较于其他某个群体，一个项目对一个群体的难度有多大。假如一个项目的 DIF 检验表明，该项目对一个群体的难度远高于另一个群体，则该项目的结构效度就值得怀疑。

研究表明，美国出生的种族群体在结构良好的标准化智力与能力倾向测验中表现良好（Gregory, 2007；Reynolds et al., 2006）。

- 判断检查专家组的评估认为，测验中的文化偏见一般是不可信的，因为他们几乎没有发现内容效度方面的瑕疵。
- 测验似乎具备预测效度，因为分数没有低估非洲裔美国人的未来表现。
- 对能力倾向测验的 DIF 分析表明，在项目难度方面，群体之间不存在差别，这为结构效度提供了支持。

如果测验的文化偏见假说不能解释在标准化测验中不同群体间的分数差别，那还有什么其他因素可以解释他们之间的差异呢？一种假设将之归因于基因，但几乎没有理论或经验证据支持 DNA 与标准化测验之间存在着联系。最有可能的解释是环境因素，少数族裔学生更可能在低收入水平的学区学习，而那里的教学质量是不好的，这就造成了不同群体学生间实际能力的区别。例如，多数在幼儿园的中产阶级的白人孩子能正确回答以下问题：2 加 2 等于多少？你很难说，这个问题存在着文化偏见。相反，低收入家庭和学区的教育水平落后，可能导致这些学生不能正确地回答这些问题（Popham, 2006）。

> **思考**：在阅读这一章节之前，你相信标准化测验会对某一群体有偏见吗？你的看法基于何种证据（个人经验、媒体宣传还是先前上过的课程）？你现在改变看法了吗？如果是的话，是何种证据对你产生了主要的影响？

30.4 教师资格与执照

与法律和医疗领域的职业一样，教师也必须参加高风险测验以达到教师资格和执照所规定的要求。**资格**（certification）是对个体达到职业培训方案标准的一种认可。**执照**（licensure）是出于保护公众的目的，由政府制定的、个人从事某项职业（如法律、医疗）时必须遵守的规定。执照考试由各州负责举行，个人在进入某一职业之前必须要通过这类考试。为达到大学毕业的资格要求，一些学业课程要求学生必须通过州举办的执照考试。当这些学生毕业并获得专业资格时，他们都已经通过了州执照考试。不过，并非所有大学都要求学生要通过州执照考试以获得大学资格证书并获准毕业。学习这些课程的学生在被允许从事某职业之前，还必须通过执照考试。所有州都要求教师必须获得执照，但执照考试在各州并不相同，这是由于全国没有一个统一的考试。有以下两种考试在许多州中广泛使用（Haladyna, 2002）。

为响应美国教育部发表的《危机中的国家》报告中提出的要求，1987 年美国政府成立"全美职业教师资格标准委员会"（The National Board for Professional Teaching Standards, NBPTS）。NBPTS 有 63 个委员，基本上都是教师，其目的是制订全美教师资格标准以及设置全美教师资格考试方案。个人如果想要获得全美教师资格，必须要有三年的教学经历，同时递交申请资料、教学录像带、教学计划以及学生工作的案例。由经过培训的专家对这些资料进行审查，审查费是很昂贵的，通常为 2000 美元。不过，许多州通过部分出资，或者规定如果获得全美资格就予以薪资的手段，为教师提供经费支持。NBPTS 考试方案的效度证据正不断累积，但一些问题仍然需要解决。例如，评估者如何得知教学录像带是真实的？申请资料及学生工作的案例是否是随机抽取的，或者这些资料是否代表了学生最好的表现？尽管建立全美教师执照考试方案的前景是光明的，但评估材料与评估过程的效度仍需进一步考察。

第二个测验的方案是 Praxis 系列测验，由教育测验服务机构（the Educatonal Testing Service, ETS）开发设计。ETS 是个非营利性组织，大学预修课程考试（the Advanced Placement test, AP）、SAT 和其他的标准化测验就是由它们设计的。由于 30 个州目前都使用 Praxis 系列测验，因此这个测验方案将可能成为全美执照考试的标准。Praxis 系列测验包括三个部分。

（1）**Praxis I：学术技能评估**，通过职业前技能测验（Pre-Professional Skill Test, PPST）评估基本阅读、写作，及数学能力。传统形式是笔纸测验，包括多项选择题和小作文，这方面的知识也可以通过计算机形式予以考察。许多州使用 PPST 的成绩作为接受教师参加教育课程学习的入门成绩。

而且，考试的信度与效度也存在问题。

尽管许多州仍在设计他们自己的考试方案，一个全国性执照考试方案很有可能于近期被采用。人们希望更自由地从一个州搬到另一个州，获得教师职位而不需要重新考取其他州的执照。为形成一个全美统一的高水平职业，其他大多数职业都有一个全国的机构和执照考试。NCLB 要求所有的教师都应达到法律规定的高水平，这样学区就能获得联邦政府的基金援助。NCLB 强调，高水平的教师必须要：

- 获得学士或以上学位；
- 达到州规定的资格水平和执照要求；
- 证明他是所从事学科领域的专家。

然而，**高水平教师**（highly qualified teacher）这一术语目前几乎没有什么意义，因为资格和执照的要求因州而变，专家的标准也在变。

将各州联系在一起的一个机构是州际新教师评估和支持联合会（Interstate New Teacher Assessment and Support Consortium，INTASC），这是一个美国州首席学校官员理事会（Coucil of Chief State School Officers）提出的方案。INTASC 的任务是：

- 制定适用于各州的教学教育政策；
- 开发用于颁发执照和评估教师的新技术；
- 制定教师预备方案的新要求；
- 制订职业发展的新方案。

INTASC 也设计新的执照考试内容，即教学知识测

（美国）全国性执照的标准考试

Praxis 系列目前被 30 个州所采用，可能成为全美执照考试的标准。

（2）**Praxis Ⅱ：学科评估**，评估与教师职业相关的学科知识的掌握程度。这个成套测验中的许多测验考查职业性知识和技能，以及专门学科领域内容。其中有一部分考试内容是要求从不同等级水平进行案例研究，以此评估教学原则的运用能力。Praxis Ⅱ 已经为许多州所采用，作为他们的执照考试方案，一些大学课程也把它列为获得资格或毕业必须通过的考试。

（3）**Praxis Ⅲ：课堂表现评估**，由经过培训的考官对第一年从事教学实践的教师进行评估。与 NBPTS 测验方案一样，对教师进行培训与考查评分的费用不菲。

表 30-2　美国州际新教师评估和支持联合会（INTASC）

标准	内容	描　　述
1	学科内容	教师要理解关键概念、提问方式及他所教授的学科结构，创造出新的学习经验使学科内容对学生产生意义
2	学生学习者	教师要理解儿童学习与发展的规律，并能提供学习机会支持他们智力、社会性及人格的发展
3	不同学习者	教师要理解学生在学习上的个体差异，创造出适合于不同学生学习的教学方法
4	教学策略	教师要理解和使用不同的教学策略，鼓励学生发展批判性思维能力、问题解决能力和操作技能
5	学习环境	教师要理解个体、群体的动机与行为，创造一个学习环境鼓励学生进行积极的社会交往、学习活动与自我激励
6	沟通	教师运用有效的语言、非语言知识和媒介沟通技术，训练学生在课堂上积极提问、团结协作和支持性互动活动
7	教学计划	教师的教学计划要基于学科、学生、学习环境以及课程目标之上
8	评估	教师要理解和运用正式和非正式的评估策略，以评估和确保学生智力、社会交往及生理方面的持续性发展
9	职业发展	教师应是一个反思型实践者，不断评价其选择与活动的有效性，并能积极地寻找机会促成其职业发展
10	合作、道德与关系	教师要培养与同事、家长及其他机构成员的合作关系，以保障学生的学习与利益

资料来源：INTASC, 1992.

验（Test for Teaching Knowledge）。许多教师预备方案已经设计出课程内容、所需的职业经历及评估方法。这些评估方法符合INTASC提出的核心标准和原则（见表30-2）。教师职业的未来将受多个机构与测验方案的影响，最终会形成全美标准和一个统一的执照考试。

> 思考：复习表30-2中INTASC的标准。评估你的教师预备方案是否符合这些标准。

本章小结

1. 解释为什么NCLB是高风险的，描述这个法案存在的三个问题

NCLB之所以是高风险的，是因为它规定各州、学区以及教师要对学生的学业成绩负责。NCLB存在的三个问题是：1）在学业熟练水平的评定上各州不一致；2）熟练性的要求没有把校外因素纳入其中；3）只根据某类学生的低成绩而将拥有大量各类别高危学生的学校判定为不合格。

2. 简要解释教师如何避免高风险测验的6个消极后果

1）教师不应该"为测验而教"，而应该根据学区和州设置的课程标准进行教学；2）教师应该教授所有学生应试策略，使他们熟悉测验形式，但是不能允许学生使用以往的试卷，或是在考前进行考试预演；3）教师必须遵守标准化测验的程序，不能允许学生延长考试时间，或改变答题方式；4）教师自身不能作弊，必须关注并报告学生的作弊情况；5）当高度的考试焦虑成为影响学生成绩的一个因素时，教师应该予以确认并及时报告；教师不能允诺学生不符合规定的奖励，并将其作为提高学生考试动机的一个手段；6）教师必须确认高危学生的情况，并为之提供适宜的帮助。

3. 解释帮助措施是如何提高高危学生测验分数的效度

与没有得到帮助的高危学生相比，得到帮助的高危学生的测验成绩拥有更高的效度。帮助措施包括改变：1）测验资料呈现方式，例如给予学生不同的指导或辅助设备以帮助他们理解问题；2）答题形式，例如学生可以使用不同于标准化形式的答题形式；3）测验的时间或安排，允许学生延长测验时间或分次进行测验等；4）考场安排，允许学生特殊的位置安排。改变标准化测验操作和评分的方法可以使高危学生得到公平的测验机会。

4. 解释测验公平和测验偏见，总结标准化测验中文化偏见的证据

测验公平是一个广义概念，说明测验使用的道德性问题，它包括测验偏见。测验偏见是测验分数的系统性误差，它可能是，也可能不是文化差异导致的。虽然不同群体间测验平均分的差别通常作为测验中文化偏见的证据，但采取效度指标来说明更加科学。至今为止，针对效度的研究表明，在大多数的标准化测验中并不存在文化偏见。

5. 简要概括将来最有可能用于全美标准的两种测验方案

1）全美职业教师资格标准委员会（NBPTS）已经制定全国教师资格考试方案，具备三年教学经验的个人均可参加。考核资料包括申请资料、教学录像带、教学计划和学生工作案例。尽管这个考试方案可能成为全美教师执照考试的备选项之一，但该方案在评估申请者表现的效度方面仍存在问题。2）Praxis系列测验包括三个独立组成部分，分别是学术技能评估、学科评估及课堂表现评估。Praxis系列测验已经被许多州作为教师执照标准使用，并有可能在未来成为全国教师执照考试方案。

案例学习：反思与评估

儿童时期：入园准备

1. 当简和西尼还是孩子的时候，幼儿园甄别要么还没有开始，要么还没有正式使用。是什么历史性事件导致学区开始执行这类测验？
2. 简为玛丽安排西班牙语测验翻译的做法是正确的吗？为什么？
3. 根据本章有关测验公平性的内容，为什么简不同意玛丽姐姐安妮担任玛丽参加幼儿园甄别测验时的翻译？不让她姐姐参与测验过程，这公平吗？为什么？
4. 玛丽母亲很关心校方将如何解释玛丽的测验成绩，并且对她女儿在测验中能否受到公平对待而表示担忧。为什么她认为在测验中存在测验偏见？她的担心合理吗？
5. 设想简、西尼及艾米有更多的时间讨论跨州教师执照的事。她们可能提出哪些证据来支持或反对全美执照考试？

小学：测验中的勇气
1. 假如两年内测验成绩低于AYP的目标，该学区将面临怎样的后果？
2. 费尔南德斯女士指出学校有大量学习障碍的学生。根据NCLB存在的问题，请解释这是否是一个合理的观点。
3. 塞弗特女士提出许多方法提高学生的测验成绩，如可以进行更多的考前准备。根据测验分数污染的描述，

初中：教师在作弊吗
1. 解释为什么达到州设定的成绩比高于全国测验平均分更重要？
2. 测验成绩比去年进步可能是由于测验分数污染。在讨论这个学校测验成绩被污染问题时，提到了什么事情？请列举该校测验成绩受污染的其他例子。
3. 黑尼女士的行为属于作弊吗？为什么？
4. 莉萨已经得到予以学生帮助的工作指南。她提到负责

高中：SAT成绩
1. 根据本章提供的定义，请问SAT是否是高风险测验？为什么？
2. 亚历克西娅在SAT考试中为学生提供的额外帮助是否属于测验分数污染？为什么？
3. 在州成就测验中，卢可能得到哪类的帮助？谁决定她将得到哪种帮助？
4. 卢的考试焦虑和特雷弗的动机怎么会成为影响测验成

6. 小学成就测验分数至关重要，因为NCLB强调学校和教师的责任。幼儿园准备测验如何帮助教师更好地为学生做好准备，以达到NCLB提出的要求？你能举出使用幼儿园准备测验的缺点吗？

她提出的是个好主意吗？为什么？
4. 为什么勒布朗女士提出给有阅读困难的学生延长测验时间是一种测验分数污染？她的建议怎么变为一个合理的解决方法？
5. 费尔南德斯女士建议，要对有障碍的学生进行评估，应该对他们实施帮助。谁可能有权做出这个决定？提供帮助的一般性指南是什么？

这类学生的人员已经确定了，他们在考试期间需要为学生帮助。这些人员可能是指哪些人？
5. 基于本章对高危学生的讨论，你希望哪类学生应该得到帮助？指导书中应该包括哪些类型的帮助？
6. 根据本章提供的有关莉萨的信息，你认为她是不是NCLB所界定的高水平教师呢？为什么？

绩的因素？亚历克西娅是否恰当地处理了她学生的这些问题？为什么？
5. 汤姆对测验偏见的解释多大程度上说明了特雷弗的SAT得分？使用本章提供的研究证据来支持你的观点。
6. 汤姆参加了他所在州举行的Praxis系统测验。还有其他什么考试用于教师的执照考核？当使用其他这些测验时，应注意哪些问题？

心理学教材

《发展心理学：探索人生发展的轨迹（原书第3版）》
作者：[美]罗伯特 S. 费尔德曼 译者：苏彦捷 等

哥伦比亚大学、明尼苏达大学等美国500所大学正在使用，美国畅销的心理与行为科学研究方法教材，出版30余年，已更新至第11版，学生与教师的研究指导手册

《儿童发展心理学：费尔德曼带你开启孩子的成长之旅（原书第8版）》
作者：[美]罗伯特·S.费尔德曼 译者：苏彦捷 等

全面、综合介绍了儿童和青少年的发展。北京大学心理与认知科学学院苏彦捷教授领衔翻译；享誉国际的发展心理学大师费尔德曼代表；作哈佛大学等数百所美国高校采用的经典教材；畅销多年、数次再版，全球超过250万学生使用

《发展心理学：桑特洛克带你游历人的一生（原书第5版）》
作者：[美]约翰·W.桑特洛克 译者：倪萍萍 翟舒怡 李瑷媛 等

全美畅销发展心理学教材，作者30余年发展心理学授课精华，南加利福尼亚大学、密歇根大学安娜堡分校等美国高校采用的经典教材

《教育心理学：主动学习版（原书第13版）》
作者：[美]安妮塔·伍尔福克 译者：伍新春 董琼 程亚华

国际著名教育心理学家、美国心理学会（APA）教育心理学分会前主席安妮塔·伍尔福克代表作；北京师范大学心理学部伍新春教授领衔翻译

《教育心理学：激发自主学习的兴趣（原书第2版）》
作者：[美]莉萨·博林 谢里尔·西塞罗 德温 马拉·里斯-韦伯
译者：连榕 缪佩君 陈坚 林荣茂 等

第一部模块化的教育心理学教材；国内外广受好评的教育心理学教科书；集实用性、创新性、前沿性于一体。本书针对儿童早期、小学、初中、高中各年龄阶段的学生，分模块讲解各种教育策略的应用。根据各阶段学生的典型特征，各部分均设置了相关的生动案例，使读者可以有效地将理论和实践结合起来

更多>>> 《斯滕伯格教育心理学（原书第2版）》 作者：[美]罗伯特J.斯滕伯格 温迪M.威廉姆斯 译者：姚梅林 张厚粲 等

心理学教材

《社会心理学（原书第14版)》
作者：[美]尼拉 R.布兰斯科姆 罗伯特 A.巴隆 著 译者：邹智敏 翟晴 等

版次最高的社会心理学教材之一！权威经典，生动有趣，前沿趋势，实用全面！非心理学专业读者的第一本社会心理学读物！顶级社会心理学家为普通读者经营的心理学百货商店！著名心理学家菲利普·津巴多热烈推荐！最时尚的思潮与久经考验的古老真理天衣无缝地结合在一起

《变态心理学（原书第3版）》
作者：[美]德博拉 C.贝德尔 辛西娅 M.布利克 梅琳达 A.斯坦利 译者：袁立壮

哥伦比亚大学等100多所美国大学采用教材
根据DSM-5标准全新改版
生动活泼，通俗易懂，案例丰富
国内广受欢迎的外版变态心理学教材

《心理学导论（原书第9版）》
作者：[美]韦恩·韦登 译者：高定国 等

中山大学心理学系系主任高定国教授领衔翻译
中国著名心理学家、《普通心理学》主编彭聃龄教授推荐
美国心理学会颁发的卓越教学奖得主韦登教授撰写
心理学导论类优秀教材之一

《人格心理学：全面、科学的人性思考（原书第10版）》
作者：[美]杜安·舒尔茨 西德尼·艾伦·舒尔茨 译者：张登浩 李森

美国200多所高校使用教材；大量研究主题与不同理论流派相融合；发现什么使我们成为现在这个样子；探索什么决定了我们看待世界的方式；华中师范大学心理学院教授、博士生导师郭永玉倾力推荐

《人格心理学：经典理论和当代研究（原书第6版）》
作者：[美]霍华德·S.弗里德曼 米利亚姆·W.舒斯塔克 译者：王芳 等

全球名校学生喜爱的心理学教材，著名心理学家许燕推荐，北师大心理学部王芳教授团队翻译。阐述人格心理学8大理论取向和科学研究，启发读者对于人性的批判性思考

更多>>>   《心理学入门：日常生活中的心理学（原书第2版）》 作者：[美]桑德拉·切卡莱丽 诺兰·怀特 译者：张智勇 等
《心理学史（原书第2版）》 作者：[美]埃里克·希雷 译者：郑世彦 刘思诗 柴丹 张潇涵
《变态心理学：布彻带你探索日常生活中的变态行为（原书第2版）》 作者：[美]詹姆斯·布彻 等 译者：王建平 等